칼빈-그의 신학사상의 근원과 발전

칼빈주의시리즈 **9**

칼빈

그의 신학사상의 근원과 발전

프랑수아 방델 지음
김재성 옮김

크리스찬
다이제스트

차 례

제1부 간추린 생애

제2부 신학적 교리

역자 서문

　신학을 체계적으로 공부해 보고 싶은 사람들이라면, 교파나 교단이나 누구든지, 선입견을 버리고 항상 칼빈으로부터 시작하라고 나는 항상 권고한다. 바로 칼빈의 손을 통해서 16세기 유럽 종교개혁 시대의 사상과 신앙이 체계적으로 정립되었기 때문이다. 그러나 막상 칼빈의 방대한 저술들을 어떻게 공부할 것인가는 쉬운 일이 아니다. 그것은 칼빈을 전문적으로 연구한 학자들에게도 쉬운 일이 아니다.

　칼빈의 생애와 사상을 간단하게 요약한 단행본으로서 제시하는 일은 칼빈 학자들 모두에게 일종의 사명이자 꿈이라고 볼 수 있다. 역자 자신도 앞으로 한국 기독교를 위해서 칼빈 연구의 진수들을 펴 보이고 싶은 열망을 갖고 있는데, 그러한 연구의 기초가 되는 입문서를 먼저 소개하는 것이 우선 순위라고 생각한다. 이 책은 한 권으로 된 칼빈 연구 입문서 가운데 가장 탁월한 저술이다. 저자는 이 책에서 칼빈의 생애와 사상을 16세기 유럽 종교개혁 시대의 정치적·지성적 배경과 칼빈 사상과의 관계를 깊이 파헤치는 탁월한 능력을 드러내 보이고 있다.

　칼빈이 개혁의 물결에 접하여 회심한 것은 프랑스 파리 등지에서 젊은 유학생으로 공부하던 시절이었다. 청년기의 칼빈은 개혁사상을 받아들이지 않던 당대의 소용돌이 속에서 여러 곳으로 피신할 수 밖에 없었고, 그때마다 대적자들과 마주쳐야 했고, 도움을 주는 추종자들과도 사귐을 가졌었다. 이런 과정에서 칼빈의 사상 형성에 영향을 끼친 여러 요인들을 명쾌하게 보여주고 있다.

저자는 칼빈의 신학사상 형성과 발전에 도움을 준 초대교회의 교부들로부터 당대의 개혁들, 루터와 츠빙글리의 글을 원전과 대조하여 주는 치밀한 연구를 제시하고 있다. 이 책의 장점은 「기독교 강요」를 충실하게 요약하면서도, 그런 사상을 갖고 있던 여러 고전과 당대의 사상가들과 세밀히 비교하여 줌으로써 칼빈의 사상 형성을 보여준다는 점이다. 이러한 저자의 방법론은 깊은 역사적인 지식과 원저자들에 대한 신학이해가 없으면 불가능한 일이다. 물론 여러 사람에게서 배운 바를 어떻게 칼빈이 독창적으로 종합하였던가를 일일이 언급하고 있다. 저자는 칼빈과 그의 책에 등장하는 앞선 시대의 인물들과의 관계를 중점적으로 보여주면서도, 칼빈의 독자성을 무력화시키려는 어떤 의도에도 단호히 반대하기 때문이다.

이 책은 21세기 학문의 관점에서 볼 때, 다소 오래된 연구서이다. 칼빈 서거 400주년이던 1964년을 맞이하여 영어로 번역되어 세계의 독자들에게 알려졌다. 이 책이 나온 이후로, 지난 50여년간 칼빈의 방대한 저술들을 파헤친 수많은 석, 박사학위 논문들이 전세계에서 출판되었다. 그럼에도 불구하고, 칼빈의 사상을 전반적으로 이해하려 한다면, 이 책이야말로 가장 신뢰할 만한 입문서이다. 어떤 학파의 입장에 서서 편견을 가지고 연구한 책이 아니기 때문이다. 더구나, 어설픈 현대의 칼빈 연구서들과 비교할 때에도 전혀 손색이 없는 좋은 입문서이다.

역자가 프랑스 스트라스부르 대학교를 방문하였을 때, 칼빈 연구에 진력하다가 하나님의 품에 안긴 방델 교수의 연구실 앞에서 그의 빛나는 업적을 기념하는 명패가 걸려 있음을 보았다. 방델 교수의 학문적 성취를 이토록 높이 기리는 학교의 배려를 볼 때에, 방문객의 한 사람으로 진한 감동을 느꼈다. 이 책을 통해서 독자들도 역시 깊은 감동을 얻으리라 확신한다.

1999년 7월 10일
칼빈 탄생 490년을 맞으면서
김 재성 씀

책머리에

금세기 초 칼빈의 저작에 대한 기념비적인 출판이 완성된 이후로, 이 프랑스 종교개혁자 칼빈의 성품과 사역에 관한 연구들이 활기를 띠어왔다. 앞서 언급한 출판에 뒤이어서, 그의 탄생 400주년이 되는 해는 칼빈주의 사상 전체를 파악하거나 칼빈 전기의 여러 부분을 재정립하려는 작품의 출판에 신선한 자극을 던져 준 해였다. 다소 간략하게 요약된 출판물들 사이에서, 가장 뛰어난 학자인 에밀 두메르그의 「요한 칼빈」이 두드러진다. 그 영웅의 명성을 높여준 7권의 이 두꺼운 책은 그 분량에 있어서 뿐만이 아니라, 칼빈 생애의 아주 작은 부분까지도 설명하는 저자의 끊임없는 배려에 있어서도 위대한 작품임을 나타낸다. 두메르그의 작품에 대해서 그 책이 성인(聖人)의 생애를 다루듯이 쓰였고 변증적인 성향을 띠고 있다고 비난하며 신학적 편견과 칼빈주의 교리에 대한 왜곡된 해석을 담고 있다고 좋아하지 않는 사람들에게도 이 책은 여전히 정보의 보고로 남아 있다.

이러한 연구들이 칼빈에 대한 관심을 고취시킴에도 불구하고, 이와는 대조적으로 피 베른레(P. Wernle)는 30년 전에 출간한 그의 칼빈주의 신학에 대한 개론서의 서두에서, "칼빈의 「기독교 강요」는 20세기에 와서는 19세기보다 덜 읽혀질 것이다"고 단언했었다. 그러나 이것은 역사가들이 조심스럽게 피해야 할 예견이었으며, 실제로 그 예견을 뒤엎는 일이 일어났다. 17세기 이후로 칼빈의 저술들을 읽는 독자들이 오늘날과 같이 많은 때는 일찍이 찾아 볼 수 없었다. 지난 20년 동안에 칼빈의 종교사상과 목

회활동에 대해서 어떤 특별한 측면을 보다 분명히 하려는 목표를 가지고
연구한 수많은 논문들과 논설들이 출판되었다. 어느 누구라도 짐작할 수
있듯이, 이런 연구들은 모두 다 똑같은 가치를 지니고 있는 것은 아니며,
이 연구들이 각기 다른 이야기를 하고 있어서, 칼빈조차도 그의 제자들의
설명에서 자신의 생각을 찾아내기 어려웠을 것이라는 점은 확실하다. 하지
만 이제까지 거의 알려지지 않았던 이 개혁자의 여러 가르침이 몇몇 다른
사람들의 전문적인 수고를 힘입어 밝히 드러난 것도 사실이다.

　본서의 목적은 좀더 신중하면서도 보다 더 야심적인 것이다. 어떤 놀랄
만한 새로운 것이나 전례 없는 해석을 내 놓으려는 것만은 아니다. 오히려
다소 넓게 벌어진 간격을 메워야 하는 진정한 필요를 어느 정도 충족시키
려는 것이다. 더 이상 서점에서 구할 수도 없을 뿐더러 그 역사적 방법이
시대에 뒤떨어진 것으로 취급당하는 두메르그의 책을 제외하고는 칼빈주
의 교리를 전체적으로 해석한 책이 없다. 그래서 원문에 대한 심도 있는
조사와 가장 최근의 연구를 토대로 하는 새로운 역사적 연구가 필요했다.
하지만 이번 연구가 그동안 제기된 모든 문제와 논쟁의 세미한 부분까지
완벽하고 철저한 방법으로 칼빈의 종교사상을 드러내려는 것은 아니다. 그
렇게 하려면 어떤 방대한 분량의 책이라도 부족할 것이다. 필자의 의도는
역사적 중요성과 그의 가르침의 핵심적 사항을 정확하고 간결하게 설명하
려는 것이다. 되도록 칼빈주의의 독창성을 드러내는 여러 측면들을 강조하
면서, 동시에 칼빈 이전의 교부들이나 그보다 앞선 개혁자들의 사상에 단
지 동의만 했던 점들도 다루었다.

　여기서 우리는 칼빈 사상의 근원에 대해서 다루게 될 것이다. 그것은 16
세기 사상사에 있어서 매우 중요한 문제이며 어떤 이들이 생각해온 것처
럼 단순한 개인의 학식을 논하는 것이 아니다. 그것은 나에게 있어서 칼빈
의 지적 형성과 그가 영향을 받은 사고의 계보를 명백하게 하려는 시도인
것이다. 우리는 그의 사상의 근본을 발견하고 그것의 윤곽을 더 확실히 볼
수 있는 가능성을 가지고 있다. 칼빈과 그에 앞서간 사람들 사이에 어떤
관계가 맺어지든지 간에 칼빈은 그들의 사상을 되풀이하거나, 혹 그 사상

에 조금이라도 흠이 갈까 두려워하던 자는 아니었다. 칼빈은 그의 첫 작품에서부터, 그가 에라스무스에 관해서도 그랬던 것처럼 그의 독자성을 보여 주었다. 그가 사상을 빌려온 루터, 어거스틴 또는 부처와 같은 저자들에 대해서조차 그의 고상한 독자성을 유지하였다. 이 점에 있어서 명백한 증거를 제시하는 것은 쉬운 일이다. 칼빈의 교리와 그에 앞선 스승들 중 한 사람의 가르침 사이에는 무수한 유사점이 존재한다. 어떤 이는 내가 제시할 수 있는 것보다 더 많은 것을 제시할 수도 있을 것이다. 하지만, 칼빈이 스승들로부터 빌려온 글들은 그의 펜에 의해서 다른 색깔의 옷을 입게 되었다. 나는 그의 모든 글과 주석들, 그리고 그가 매우 개인적인 방식으로 해석하기를 주저하지 않았던 성경의 주석에 이르기까지 자신의 독자성을 유지했다는 사실을 보여 주고자 한다.

본서는 칼빈의 생애를 완전히 설명하려는 의도로 쓰여지지는 않았으나 모든 전기적인 사항들을 배제하는 것은 불가능했다. 마치 루터의 사상을 설명할 때에, 그의 전기적 자료를 분리하는 일이 불가능하듯이, 칼빈의 삶을 특징지었던 중요한 사건들을 배제한 채로 칼빈의 사상을 설명하려는 것은 역사적인 진리에 역행하는 것이다. 그의 지적 형성과정 중 제네바와 스트라스부르에서의 사건들 그리고 적어도 몇 개의 교리적 논쟁들은 그의 사상 발전에 깊은 영향을 끼쳤다. 이러한 이유에서 나는 이 책의 첫 부분에 그의 생애를 개략적으로 다루었다.

교리의 해설 부분은 칼빈의 「기독교 강요」에 있는 순서를 따랐다. 그리고 기독교 강요의 여러 판으로부터 중요한 언급과 인용을 발췌하였다. 본서의 객관성을 고려하여 독자가 원문을 직접 접할 수 있도록 하기 위해서 되도록 많은 인용을 사용하였다.

모든 현대의 저작들을 언급할 수는 없었다. 만약 그렇게 한다면 이 개관서는 거의 참고도서 목록으로 바뀌어야 할 것이다. 그래서 가장 중요한 연구서들만 참고하였다. 따라서 독자들은 본의 아닌 누락을 양해해 주시기 바란다. 또한 가장 최근의 몇 작품들도 누락할 수밖에 없었다.

본인이 가능한 한 역사적인 방법에 따라 집필했다는 설명을 덧붙이지 않아도 될 줄 안다. 나의 의도는 칼빈의 사상을 이데올로기적 편견이 아닌, 문서들과 역사적 환경에 드러난 대로 설명하는 것이다. 이것을 위해 번안과 공감의 노력이 필요했으나 그렇다고 무조건적인 집착을 의미하지는 않는다. 만약 그랬다면 우리는 모든 철학이나 종교사상의 역사를 비난하는 것으로 끝을 맺어야 할 것이다.

제1부

간추린 생애

제 1 장

칼빈의 청년기

칼빈의 생애가 루터의 생애처럼 일련의 전작으로 당당히 내놓을 수 있는 주제는 아니었다하더라도, 지난 반세기 동안에 이루어진 연구는 상당한 것이었다. 하지만 아직도 자료의 부족으로 인해 이 프랑스 개혁자의 생애의 수많은 부분이 알려지지 않거나 부정확하게 알려져 있다. 칼빈은 스스로 자신에 대해서 이야기하는 것을 좋아하지 않았다. 전기작가들이 관심을 보일 만한 사건들에 대해 침묵을 지키게 된 것은, 그의 소심성과 여러 사람들로부터 자신을 보호하려는 귀족적인 경향, 그리고 자신은 하나님의 뜻을 이루는 도구 정도밖에는 아무것도 아니라는 확신 때문이었다. 우리가 가지고 있는 몇 안 되는 자료들 중에 특히 청년기의 칼빈에 관한 것들은 신중하고도 정밀하게 연구되어 왔다. 역사가들은 칼빈의 유년시절의 사건들을 연결하여 재구성하는 일에 모든 것을 다 쏟아 부었다. 대체로 몇 가지 사항을 제외하고는, 적어도 새로운 자료들이 발견되기 전까지는 오늘날 우리가 알고 있는 것이 칼빈에 대해서 파악할 수 있는 전부라고 보아도 틀림이 없다.[1]

---

1) 오늘날 가장 가치있는 칼빈의 전기는 E. DOUMERGUE, *Jean Calvin, les hommes et les choses de son temps*, 7 vols, Lausanne, 1899-1917와 Neuilly 1926-7의 것이며, 이외에 중요한 칼빈의 전기들은 다음과 같다. F. W. KAMPSCHULTE, *Johann Calvin, seine Kirche und sein Staat in Genf*, 2vols., Leipzig. 1869-99; W. WALKER, *John Calvin, the Organizer of*

1. 학창 시절

요한 칼빈(Jean Calvin, 이미 한국에 보편화된 발음을 따라서 또한 라틴어나 독일어에서 그렇게 부르듯이, 칼빈으로 일관되이 표기하고자 한다. 프랑스어로는 '칼뱅' 혹은 '깔뱅'으로 불려지고 있으나, 세계 칼빈학회에서도 칼빈으로 통칭하고 있기 때문이다 — 역자) 혹은 꼬뱅(Cauvin)은 1509년 7월10일 노와용(Noyon)에서 태어났다. 그의 고향은 대성당이 있는 오래된 도시였다. 그곳의 주교는 그 도시의 지배자인 동시에 프랑스 12귀족 중 하나였다. 노와용은 칼빈이 태어난 해부터 1525년까지 인근지방 귀족 출신인 샤를 드 앙제(Charles de Hangest)에 의해 다스려졌다. 이러한 사실은 칼빈에게 중요한 것이었다.[2] 왜냐하면 그는 유년시절부터 몽모르(Montmor) 집안의 사람들 같은 귀족가문에 속한 사람들과 접촉하게 되었기 때문이다. 칼빈은 이 앙제 가문의 세 젊은이들과 함께 파리에 공부를 하러 가게 되

Reformed Protestantism, New York, 1906, and the small volume by AUG. LANG, *Johannes Calvin,* Leipzing, 1909. 근래에 출판된 중요한 저서로는 R. N. CAREW HUNT, *Calvin,* London, 1933과 P.IMBART DE LA TOUR, *Calvin et l'Institution chetienne,* Paris, 1935가 있다. 그리고 칼빈에 대한 가치있는 입문서라고 할 수 있는 2권의 연구자료를 추가해야할 것이다. J. D. BENOIT, *Jean Calvin, la vie, l'homme, la pensée,* 2판, 1948과 Calvin, directeur d'ames, Strasbourg, 1947, 칼빈의 청년시절에 대해서는 다음의 저서들을 참고하라. A. LEFRANG, *La Jeunesse de Calvin,* Paris, 1888 ; J. PANNIER, *Recherches sur l'evolution religieuse de Calvin jusqu' a sa conversion,* Strasbourg, 1924와 같은 저자의 *Recherches sur la formation intellectuelle de Calvin,* Paris, 1931 ; QUIRINUS BREEN, *John. Calvin, a Study in French Humanism,* Grand Rapids, Mich., 1931 ; MARG. MANN, *Erasme et les debuts de la Reforme francaise,* Paris, 1934 ; A. MITCHELL HUNTER, 'The Education of Calvin' in the *Evangelical Quarterly,* 1937. pp. 20ff.

2) Cf. A. LEFRANC, *La Jeunesse de Calvin,* pp. 34와 186 ff. ; E.DOUMEGUE, *Jean Calvin,* vol I, pp. 13 ff.와 536.

었고 이들 중 하나인 성(聖) 엘르와의 클로드 신부(Claude, Abbé of St-Eloi)에게 1532년에 쓴 세네카의 "클레멘티아"(관용론, *De Clementia*)에 관한 주석을 헌정하였다. 이런 관계가 칼빈의 청년기 인격 형성에 영향을 끼치지 않을 수 없었을 것이다. 그가 피카르 가문 사람들(Picard compatriots) 대다수와 같이 논리적 감각과 재치있는 사고력을 나눌 수 있었다면, 그가 몽모르 가문의 모임에 끼일 수 있을 만큼 세련된 귀족적 태도와 취향을 가졌기 때문이었다.

칼빈의 가족은 공장직공과 뱃사람 집안 출신인 아버지 제라르 꼬뱅(Géard Cauvin)의 집념과 야망에 의해 부르주아 계층으로 한 단계 신분이 상승하였다. 1481년에 제라르는 시(市)의 등기 관리인이 되었고 그 후에는 주교관의 사무관, 회계사, 주교관의 비서직, 그리고 마지막에는 대성당 참사회의 소송대리인의 직책까지 역임하였다. 1498년에는 시민권을 얻을 수 있게 되어졌다. 그때에 그는 젊은 유산계층인 쟌느 르프랑(Jeanne Lefranc)과 결혼하여 네 아들 샤를(Charles), 장(Jean), 앙투안(Antoine) 그리고 프랑수아(Francois)를 낳았고, 또 두 명의 딸을 낳았는데, 한 사람의 이름은 마리였고, 또 다른 딸의 이름은 알려지지 않고 있다. 프랑수아는 어려서 일찍 죽었다. 샤를은 성직자가 되었으나 1537년에 출교당하여 죽었다. 마리와 앙투안은 이 개혁자를 따라서 제네바로 갔다. 그곳에서 앙투안은 칼빈의 저술활동을 도왔으나 불행한 결혼 생활로 인해서 주로 독신으로 지내야만 되었다.[3]

칼빈은 매우 일찍 어머니를 여의었는데, 그녀에 관하여 우리가 아는 것은 경건한 신앙으로 좋은 평판을 얻고 있었다는 것 외에는 거의 아는게 없다. 그의 아버지는 아들들에 대하여 큰 꿈을 가졌던 것으로 보이는 데 특히 요한(장)에 대하여 그랬다. 그는 주교단과 참사회 사이에 좋은 관계를 유지하여 요한으로 하여금 노와용 성당에 속한 라 제지느(La Gésine)

---

3) E. DOUMERGUE, op. cit., vol. pp. 22 ff.; W. WALKER, *John Calvin*, pp. 30ff.

제단에서 성직록을 받을 수 있게 하였다. 이것은 요한 칼빈의 나이 12살 때의 일이다. 이 성직록으로 칼빈은 그의 아버지의 수입에만 무리하게 의존하지 않고도 학업을 계속할 수 있었을 것이다. 1529년에 알려지지 않은 이유로 그 직책을 사임하였으나 1531년에 다시 맡게 되었다.

1527년에 또 다른 성직록의 수혜자가 되었는데 이번에는 성 마르땡 드 마떼빌르의 보좌사제가 된 것이다. 나중에는 뽕 주교(Pont l'Evêque)의 보좌사제로 자리를 바꾸었다. 그곳은 꼬뱅가의 출신지였다.[4] 제랄드 꼬뱅은 그의 아들을 위한 여러 가지 혜택들을 얻고자 이런 일들을 당시의 관례에 따라서 수행하였다. 그는 요한이 신학공부를 할 수 있도록 유도하고자 스스로 확신을 가지고 있던 것으로 보이는데, 그것은 주교 밑에서 관리로서 일하는 직책을 가지고 있던 처지에 비추어 본다면 놀라운 것은 아니었다. 어떤 학자들은 칼빈이 처음 종교개혁을 지지하는 입장을 분명히 밝히기를 지체한 이유로 그가 꼭 필요한 수입원을 포기해야 하는 상황에 놓여졌기 때문이라고 설명하려 한다; 그러나 이런 가설을 입증할 만한 것은 아무것도 없다.

칼빈은 고향에 있는 까뻬뜨(Capettes) 대학의 과정을 마친 후에 학업을 계속하기 위해서 파리로 갔다. 1523년 그가 14살 되던 해였다. 처음에는 대장장이인 아저씨의 집에서 기숙하며 가정교사로부터 학습을 받았다. 그러나 그 교사로부터 형편없는 인상을 받은 것 같다. 훗날 칼빈은 그를 무능한 자로 기록하였다.[5] 칼빈은 곧바로 마르슈 대학(the Collège de la Marche)의 입학 자격을 얻었다.

그곳에서 그는 현대교육의 창시자 중의 한 사람인 유명한 마튀랭 코르디에(Mathurin Cordier)의 지도를 받게 되었다. 청년 칼빈이 코르디에의

---

4) DOUMERGUE, op. cit., vol. I, pp. 37 ff.; p. 13 ff; BREEN, *John Calvin*, p. 13 ff.; LEFRANC, op. cit, pp. 193 ff.; K. MULLER, 'Calvins Bekehrung', pp. 220 ff.

5) LEFRANC, op. cit., p. 59; *Opp.*, 13, 525.

라틴어 강좌에서 도움을 얻은 것은 짧은 기간이었지만 이것으로 그들의 지속적인 우정이 시작되었다. 이 우정은 몇 년 후에 칼빈이 제네바와 로잔 (Lausanne)의 교육기관을 코르디에에게 맡기기 전에 그에게 보낸 호소에 표현되어 있다.[6]

어떤 이유에서인지 칼빈은 마르슈 대학에서 몬테귀 대학(the Collège de Montaigu)으로 옮겼는데 이 대학은 정통신앙의 요새로 알려져 있었으며 학생들은 경직되어 있었다. 이 대학에서 15세기말에 스탕동크 (Standonck)가 공동생활 형제단의 정신과 방법을 소개하였다. 그의 후계자는 유명한 베다(Beda) 또는 베디에(Bedier)로서 신학부에서 루터파의 이설(異說)과 인문주의자들의 방법론에 대항하는 논쟁을 주도하고 있었다. 칼빈이 몬테귀 대학에 들어오기 몇 년 전에 베다는 어떤 이단(Tempete)에 의해 교체되었는데, '거룩한 이단자'라는 별명의 이 사람은 학생들에게 공포의 대상이었다. 어쨌든 베다는 계속 교육을 지휘하였다. 라블레 (Rabelais)와 에라스무스의 풍자는 그것이 무엇을 의미하는지 정확한 신념을 위해서는 의지할 수 없다. 그러나 몬테귀를 지배했던 엄격한 훈련과 그곳에서 가르쳤던 대부분의 스승들의 지성이 퇴보했음에도 불구하고 스탕동크의 정신이 여전히 조금은 남아 있었다.[7]

칼빈은 그곳에 머물고 있던 5년 동안에 심각하게 어려웠던 것 같지는

---

6) DOUMERGUE, op cit, vol I, p. 60. 코르디에(Cordier)에 대해서는 J. LECOULTRE. *Mathurin Cordier et les origines de la pedagogie protestante*, Neuchatel, 1926을 참고하라.

7) ERASMUS, *Colloqia: Ichtyophagia*, edn Le Clerc, vol. I, p. 806; RABELAIS, *Gargantua et Pantagruel*, liv. I, chap. 37과 liv. IV, chap 21. 몬테귀 대학의 역사와 조직에 관하여는 다음의 저서들을 참고하라. M GODET, 'Le College de Montaigu' (*Revue des Erudes Rabelaislennes*, 1909, pp. 296 ff.)와 M. GODET, 'La Congregation de Montaigu', Paris, 1912, 그리고 특별히 pp. 59-68; A. RENAUDET, *Prereforme et humanisme a Paris*, Paris, 1916, pp. 172 ff, 267 ff, 309 ff.

않다. 오히려 그는 약간의 자유를 즐기면서 있었던 것으로 보인다. 그곳에 있던 스승 중에 안토니오 코로넬(Antonio Coronel)이라는 스페인 사람이 있었는데, 그의 철학 강의를 통해 이 젊은 피카르드 출신에게 확실히 깊은 인상을 남긴 것 같다.[8]

또한 칼빈이 도착한지 얼마 되지 않아, 저명한 유명론자이자 신학자인 요한 메어(John Mair, 혹은 Major)가 몬테귀의 교수로 다시 일하게 되었다. 그도 역시 이 미래의 개혁자에게, 일반적으로 인정되어오고 있는 것보다는 훨씬 더 깊은 영향을 끼쳤던 것 같다. 1529년에 요한 메어는 위클리프, 후스, 그리고 루터의 개혁에 맞서 가톨릭 교리를 변호하려고 쓴 사복음서 주석을 출간하였다. 그런데 그는 그 이전에 이미 그의 강의에서도 이 주제를 다루었을 것이다. 그리고 칼빈이 그의 강의에 참석하여 루터파의 이론을 접하게 되었을 것이다.[9] 어쨌든 요한 메어는 칼빈에게 피터 롬바르드의 문장에 대한 지식과 그에 대해서 자신이 직접 작성한 오컴주의적 해석에 관해 가르쳐 주었던 것이다. 마지막으로, 칼빈이 교부들, 특히 성 어거스틴을 심도있게 대하게 된 것은 몬테귀에서의 일인데, 칼빈이 그의 초기의 출판에서 보여주었던 교부들에 대한 뛰어난 지식이 설명될 수 있을 것이다.

칼빈은 학업을 계속하는 가운데 틈틈이 동년배의 몽모르가 사람들이나 그의 사촌 올리브탕(Olivétan) 등과 가깝게 교제를 유지하였는데, 사촌 올리브탕은 그 때 이미 종교개혁에 가담하였고 당시 유행했던 인문주의에

---

8) Cf. IMBART DE LA TOUR *Calvin et l'lnstitution chretienne*, p. 10. 베자가 쓴 「칼빈의 생애」(Opp., 21, 121)에서 언급된 '그 스페인 사람' (Spanard) 이라는 것은 칼빈 자신이 직접 사용한 말에서 나온 것으로 보인다. 칼빈에 끼친 Coronel의 가르침은 PRANTL, *Geschichte der Logik im Abendland*, vol. IV, pp. 252 ff.에서 비평적으로 언급되어진 것보다는 훨씬 더 중요한 것이다.

9) J. Mair의 경향에 대해서는 RENAUDET, op. cit., pp. 366 ff., 463 ff., 470, 593, 658과 *Dictionary of National Biography*, 'Major (John)' 라는 항목 을 찾아 보라.

대해서도 열렬한 관심을 보였다. 칼빈이 신학 교수진에서 상당한 영향력을 발휘하는 푸르시 드 캉브레(Fourcy de Cambrai)와 같은 진보적인 인물들과 교분을 나눈 것은 매우 놀라운 일이다. 그러나 칼빈에게 끼친 캉브레의 영향도 국왕 프랑수아 1세의 주치의였던 바젤(Basle)의 기욤 콥(Guillaume Cop)과 비교할 수 없을 것이다. 특히 콥의 세 아들 중 니콜라(Nicolas)는 그 유명한 1533년의 총장 연설을 한 장본인이었다.

콥은 당대 최고로 손꼽히는 인문주의자들의 친구로 자처하였으니, 그중에 한 사람 기욤 뷔데(Guillaume Budé)와 왕래하며 지냈고, 왕립 학자들에 의해서 세워질 교육기관에 대해서는 에라스무스와 서신을 교환하기도 하였다.[10] 온갖 새로운 사상에 개방적인 이러한 환경속에서 칼빈은 르페브르 데타플(Lefèvre d'Etaples)과 루터 및 멜란히톤의 저작들을 공부했을 것이고, 최소한 그들에 관해서 자주 들었을 것이다. 그럼에도 불구하고 이 시기에 데타플의 개혁파의 무리에 가담했다고 상상되지는 않으며, 더욱이 루터의 사상을 수용할 정도가 되었던 것은 거의 불가능해 보인다. 그는 자신이 "교황권의 미신에 철저히 빠져있었다"고 당시의 자신에 대해서 우리에게 말하고 있다. 이 말에는 그가 이 미신들로부터 돌아서려고 하지 않았다는 것을 암시한다.[11] 다른 한편으로는, 아마도 1529년의 마르부르그의 강화[12] 이전에, 성찬에 관하여 츠빙글리와 오이콜람파디우스에 대한 루터의 논박이 그로 하여금 앞의 두 사람의 글을 읽지 않도록 했었다고 주장한다. 그럴 가능성이 있는 것은, 우리가 놀랄 만큼 거의 확실하게도 그가 루터의 어떤 저작들을 읽을 기회를 가졌음에도 로마 교회에 대한 그의 태도에 거의 영향을 주지 못했다는 점이다. 적어도 1530년까지 그가 인문주의자의 위치에서 벗어났다거나 혹은 로마 교회와의 결별을 주장하는 자들

10) 청년 칼빈과 관련된 주제는 BREEN, op. cit., pp. 23 ff. 의 도서목록 소개에 제시되어 있다.

11) *Opp.* 31, 22 (시편 주석의 서문)

12) *Opp.* 9, 51. 본문의 해석은 논란의 여지가 있다.

의 주장에 대해 어떤 반응을 보였다는 추측을 할 만한 아주 작은 증거조
차도 전혀 찾아 볼 수 없다. 그리고, 그후에도 1533년까지는 칼빈과 종교
개혁 운동 사이에 어떤 관계가 있었다는 주장을 할 만한 확실한 근거가
없다.[13]

또한 미래의 성경 번역자인 올리브탕이 칼빈의 신앙생활에 영향을 끼쳤
다는 직접적인 증거를 찾을 수가 없다. 1528년에 올리브탕은 스트라스부
르로 피신했기 때문에 그 후의 칼빈의 성장에 도움을 줄 수도 없었다. 필
자는 올리브탕이 칼빈에게 영향을 주려고 노력했었다는 암시 같은 것을
찾아낼 수는 있다고 본다. 칼빈은 회심 직후에, 올리브탕의 프랑스어 성경
을 회중에게 추천하기 위해서 그 서문을 썼기 때문이다.

칼빈이 파리에서의 머물던 시기에 대한 정리를 끝마치기 전에 우리가
반드시 생각해야 할 것은, 그가 기욤 뷔데의 주위에 모였던 가톨릭 인문주
의자들 중의 한 사람과 아주 흡사했었으리라는 것이다. 뷔데에게 있어서는
훌륭한 르네상스의 재확립이야말로 어떤 가톨릭 교리에 대한 공격보다도
훨씬 더 중요한 일이었다. 그러한 경향은 해가 갈수록 더욱 더 두드러지게
나타났었다.

처음에 칼빈의 아버지는 그를 성직자로 만들고자 하였고, 그래서 칼빈도
그러한 목적으로 신학을 공부하였다. 그러나 1528년 또는 1529년에 이르
러 이 젊은이는 그의 첫번째 목표를 포기하였다.[14] 그는 철학적인 연구 과
정을 마치고 문학석사 학위를 취득하게 되었다. 그의 지적 형성에 있어서

---

13) 여기에 반대하는 견해에 대해서는 다음의 저서들을 참고하라.
DOUMERGUE, op. cit. vol. I, pp. 155 ff. 155 ff. 181 ff.; PANNIER,
Evolution religieuse de Calvin; K. HOLL, *Johannes Calvin, Gesammelte
Aufsatze*, vol. III, p. 255, n. I. 최근에 대부분의 저자들은 Doumergue의 견해를
따르지 않고 있다.

14) 칼빈이 전문직업의 방향을 바꾼 정확한 날짜는 불분명한 채로 남아있다.
그의 이름이 첫번째로 등장하는 문서는 1529년 4월 30일, 문학 석사를 취득했다
는 기록이다.

매우 중요한 순간을 그는 시편 주석 서문에서 이렇게 적고 있다.

어렸을 때부터 아버지께서는 내게 신학을 공부시키려고 하셨으나, 대체로 법학을 공부하는 사람들이 부유하게 된다는 생각을 하신 이후부터 아버지의 마음은 바뀌게 되었다. 그것이 내가 철학을 그만두고 법학을 공부하게 된 동기이다. 나는 아버지의 뜻에 따라 순종해서 나 자신 열심히 법학에 몰두하려고 노력했다. 그러나, 하나님께서 그의 숨겨진 섭리 가운데 결국 나를 다른 길로 돌이키게 하셨다.[15]

제라르 꼬뱅이 결심을 바꾼 이유는, 그의 성격을 우리가 알고 있는 바에 따라서, 자신의 아들을 위해서 넉넉하고 뛰어난 지위를 발견하도록 하려는 야심 때문이었다. 그러나 그것만이 유일한 이유는 아니었다. 그가 그의 아들로 하여금 신학을 포기하게 한 것은 그가 더 이상 노와용 교회의 고위 직분자들의 후원을 확보할 수 없었기 때문에, 요한에게 일류 직업을 갖도록 하고자 나름대로 생각한 바에 의한 것이다. 그가 교회의 재산에 대한 사무를 관리하고 있을 때에 그 내역에 대해서 납득할 만한 설명을 할 수 없었기 때문에 노와용의 참사회와 마찰을 빚게 되었다.[16] 그래서 그는 아들이 다른 분야에서 직업을 찾지 않으면 안되겠다고 생각하였다. 한편 피에르 드 레스뜨왈르의 명성에 신빙성을 두고 요한으로 하여금 오를레앙에서 법학을 공부하도록 보냈던 것이다.

당시 오를레앙의 법학 교수진은 상당히 유명했다. 최소한 8명은 넘었고 그 가운데 피에르 드 레스뜨왈르는 당대에 최고의 프랑스 법학자로 인정을 받았다.[17] 칼빈은 몬테귀 대학을 떠남으로써 그 대학에 체질화된 비인

15) *Opp.* 31, 32.

16) LEFRANC, op. cit. p. 17; WALKER, op. cit. p. 51.

17) J. BOUSSARD, 'Universite d'Oreans au XVIe siecle,' (*Humanisme et Renaissance*, vol. V, 1938. pp. 233 ff.); K.MULLER, 'Calvins Bekehrung, p. 20I; G. BEYERHAUS, *Studien zur Staatsanschauung*, pp. 27 ff.

격적인 규칙들에서 뿐만 아니라 그곳에 만연되었던 까다로운 정통교리로
부터도 벗어날 수 있었다. 피에르와 그의 동료들은 전통적인 신앙에 얽매
여 있었으며, 그들의 보수적인 경향도 잘 알려져 있었던 것이 사실이다. 그
러나 그와 더불어, 그들은 인문주의자들의 노력들에 대해서 어느 정도 개
방되어 있었으며, 그들이 이룩한 성과를 인정하고 그것을 법학에 이용하려
는 자세도 가지고 있었다. 더군다나, 오를레앙 대학에는 몇몇의 파리 대학
들에게 있던 관습적인 위협 때문에 학생들이 시달릴 염려는 전혀 없었다.
피에르 레스뜨왈르는 칼빈에게 깊은 감명을 주었다. 그는 인격적으로 균형
잡힌 사람이었고 매우 신앙적이며, 양심적인 사람이었다. 아내가 죽은 후
에, 성직자 직분을 가졌다. 그러나 무엇보다도 칼빈이 흠모해 마지 않은 것
은 그의 지성이었다. 칼빈 자신의 말에 의하면, "그의 날카로운 마음과 법
에 관한 노련함과, 경험에 의해 감명을 받았으며, 우리 시대의 불변하는 왕
자였다."[18] 피에르는 유명한 이탈리아의 로마 법학자 알치아티(Alciati)와
견줄 수 있는 단 한 명의 프랑스 법학자였다. 알치아티는 후에 부르제
(Bourges) 대학에서 칼빈과 만나게 되지만 계속적인 교제를 갖지는 못한
다. 칼빈의 입장에서 볼 때, 알치아티의 영예는 영특하지는 못하지만, 자신
의 최초의 법학교수의 견고한 공적에 비해서 훨씬 견고한 장점을 가지고
있음이 분명하였다. 칼빈의 법학적 개념들은, 비록 프로테스탄트에 대한
적대적인 태도를 가지고 있던 스승이었음에도 불구하고 항상 피에르 레스
뜨왈르의 가르침에 절대적으로 의존하고 있음이 분명하였다.

그러나 오를레앙에서 칼빈은 줄기차게 법학공부에 전념하면서도 또한
다른 학문들을 연구할 수 있는 길을 발견하였는데, 이것들은 인문주의 이
상에 가까운 것들이었다. 끊임없는 노력의 결과로 이 젊은 학생은 몇 개월
안에 헬라어의 기초를 터득하게 되었지만, 그것이 불치병의 원인이 되어
결국 요절하게 되는 데에까지 이르게 되었는지도 모른다. 그의 독일인 선
생인 로트바일의 멜키오르 볼마르(Melchior Wolmar)는 파리에서 그리스

---

18) *Opp.* 9, 785 (*Antapology* of Nicolas DUCHEMIN의 서문)

어 교육을 받고 그 당시에 호메로스에 대한 몇 편의 주석을 출판하였다.
그는 독실한 루터파 교인으로서 신앙전파 활동으로 의심을 받던 처지였는
데, 오를레앙에서 그런 활동을 했고, 1529년에 나바르의 마르그리트 공주
의 요청으로 부르제 대학에 자리를 잡은 뒤에도 여전하였다.[18b] 이 사람에
대해서 우리가 알고 있는 모든 사실로 볼 때, 칼빈을 자기의 입장을 가진
사람으로 회심시키려고 노력하지 않았다고는 볼 수 없으나, 칼빈 자신이
신앙적인 영역에서 볼마르가 끼친 영향에 대해서 한 마디도 언급하지 않
은 것은 주목할 만한 사실이다. 이런 것을 입증해 줄 만한 어떤 자료도 발
견되지 않았다. 따라서 칼빈의 회심이 오를레앙에 체류하던 시기까지 거슬
러 올라가며 주로 볼마르의 영향 때문이라는 것을 보여주기 위해 제시된
가설들을 뒷받침해 줄 근거가 전혀 없다는 사실을 인정해야 할 것이다.[19]
그와는 정반대로, 우리는 칼빈이 그 시기 동안에는 어떤 식으로든 그의 종
교적인 태도를 눈에 띌 정도로 바꾸지는 않았다는 것을 알 수 있다. 그는
점점 더 인문주의 사상에 심취되어갔을 뿐이었다. 그리고 그 당시에 그가
맺었던 대부분의 우정이 그로 하여금 더욱 인문주의자의 명분에 집착하도
록 했던 것으로 보인다.

그런 예를 들자면, 프랑수아 다니엘(아마도 그를 통해 칼빈이 라블레[20]

18b) Cf. D. J. DE GROOT, 'Melchior Wolmar' *in the Bulletin de la Soc. de l' Hist du Prot.francais*, vol. 83, 1934, pp. 416 ff.

19) Cf. LEFRANC, op. cit., p. 39. 만약 칼빈이 볼마르의 종교적인 영향을 받
았다면 고린도후서 주석(*Opp.*, 12, 364)에서 볼마르에 대한 헌정사를 기록할 때,
그것을 빠뜨리는 실수를 하지 않았을 것이다. 그러나 칼빈은 오직 볼마르에게서
헬라어를 배웠다는 것만 말하고 있다. 칼빈과 동시대의 가톨릭 역사학자인
FLORIMOND DE RAEMOND는 그의 저서 *l'Historire de la naissance, progress et decadencd de l'heresie de ce siecle, Rouen*, 1623, p. 882를 통해
서 볼마르가 칼빈의 개종에 결정적인 역할을 하였다고 주장한 바 있다.

20) Cf. H. CLOUZOT, 'Les Amities de Rabelais en Orleans' in the *Revue des Etudes Rabellaisiennes*, vol. III, p. 174 ff.

를 알게 된 것 같다)과 프랑수아 드 꼬낭, 그리고 무엇보다도 니콜라 뒤슈
맹(Nicholas Duchemin)과의 우정이 그러했는데, 이들 세 사람 모두 여
전히 옛날 다니던 교회에 충실하게 머물러 있으면서 열정적인 인문주의자
들이었다. 그들 가운데서 칼빈은 콥 혹은 뷔데와 마찬가지로 똑같은 선입
관과 분위기에 처해 있었던 것이다.[21]

　1529년 학기 중에, 그는 오를레앙을 떠나 부르제로 갔는데 거기에는 유
명한 알치아티가 로마법 교수로 자리를 잡았던 때였다. 칼빈은 그에 관해
많은 것을 들었던 것은 의심할 바 없는데, 그가 들어온 바 모든 경이로운
사실들을 직접 경험하고 확인하고 싶었다. 게다가 루이 11세가 1463년에
「개요들」(Digests)와 「권위론」(Authentica)의 연구를 장려하기 위해서 이
대학을 설립한 이래로, 로마법은 줄곧 이 대학의 전공과목이었다. 루이 11
세는 이런 과목들이야말로 절대 군주론을 지지할 수 있는 법적 근거로 간
주했던 것이다. 훗날 베리 공작부인이 된 나바르의 마르그리트는 개인적으
로 이 학문의 중심지에 관심을 쏟았는데 그때까지는 그 대학의 유망함이
거의 입증되지 못했었다. 그리스어 학자 볼마르를 부르제 대학에 초빙한
사람이 바로 그녀였다는 사실은 우리가 이미 언급한 바 있다. 그녀는 이
대학을 더욱 빛내기 위해서 그 당시 유럽에서 가장 훌륭한 법학자 중의
한 사람이고 뛰어난 인문주의자였던 밀라노 사람 알치아티를 데려왔다.[22]
알치아티가 부르제에 5년간 머물게 되었는데, 그곳에서 그는 자신을 야만
인들을 찾아온 이탈리아 인문주의의 대사쯤으로 여기고, 기회 있을 때마다
정신적인 면에서 자신의 우월성과 자기 민족의 정신을 주장하였다. 그는
고대 주석자들의 방법에 아직도 충실해 있는 프랑스인 동료 교수들의 질
투를 회피하기 위해서, 그들이 사용하고 있던 비교적 답답하고 쓸데없는
해석들과 고유의 라틴어를 사용하였다. 하지만 그 라틴어는 키케로조차 이

---

　21) LEFRANC, op. cit., pp. 74 ff.: DOUMERGUE, op. cit. pp. 133 ff.
　22) BEYERHAUS, op. cit., pp. 31 ff.와 BREEN, op. cit. p. 45에 소개되어
있는 목록을 보라.

해하기가 어려웠을 것이다. 전지역에서 그의 강의를 듣기 위해 모여든 학생들은 그에게 들으려 기대하던 것과는 전혀 다른 것을 듣게되자 그에게 실망을 했고, 상당히 격렬하게 항의를 하였다.[23] 그런데 이것은 알치아티가 인문주의 방법론을 전개하는 것을 정당화시키기 위해서 찾고 있던 구실이었다.

16세기 말 경의 위대한 프랑스 법학자들의 좀 뒤떨어지긴 하지만 매우 건전하고 성실한 방법론에 비교하여 볼 때, 알치아티가 보여준 것이 조금은 희극성이 보이는 얄팍한 정도의 것이었음에도 확실히 문학적이고 세련된 것이었다. 칼빈은 알치아티의 허풍이 심한 강의를 매우 싫어했다. 그럼에도 불구하고 이탈리아 인문주의의 진정한 대표와의 직접적인 첫 대면은 미래 종교개혁자에게 깊은 흔적을 남겼다. 피에르 드 레스뜨왈르가 칼빈에게 줄 수 없던 것, 즉 법률문제를 보는 새로운 관심을 불러일으켜 주었고, 그의 흠잡을 곳 없는 유려한 문체의 가치를 인정하게 했다. 칼빈의 정확하고 잘 다듬어진 라틴어 실력은 부분적으로는 알치아티로부터 받은 자극 덕분이었다.

그러나 칼빈이 그에게서 느꼈던 혐오의 감정이 남아 있었는데, 알치아티가 오를레앙에 있는 맞수에 대해서 비판하고 조롱하는 것 때문에 더 격화되었다. 그리고 알치아티의 절친한 친구인 알부키우스(Aurele Albucius)가 레스뜨왈르를 비난한 책자에 이러한 비평들을 사용하자, 칼빈의 친구 니콜라 뒤슈맹은 그의 책 「변론서」(*Antapologia*)에서 그런 비평들을 반박하였다. 칼빈은 그 책의 서문을 씀으로써 그 반박에 자신도 함께 합류하였다. 또한 그가 1531년 파리에 갔을 때 그 책의 인쇄를 확인하기로 동의하였다.[24]

---

23) LECOULTRE, 'Une Grève d'etudiants au XVIeme siecle' (*Melanges*, pp. 69f). 그러나 칼빈이 이 사건에서 어떤 역할을 하였다는 기록은 전혀 발견되지 않는다.

24) 이 작품의 실례를 분석한 것은 BREEN, op. cit. pp. 52-60을 보라; 이것

칼빈은 아버지께서 중병에 걸렸다는 소식을 듣고 너무나 갑자기 부르제를 떠나야만 했다. 그는 서둘러 노와용으로 가서, 제라르 꼬뱅의 임종을 지켜보았으며, 또한 그는 2년 이상 그의 아버지에게 가해졌던 출교의 사면을 받으려고 노력하는 중에 참사회와 실랑이를 벌이게 되었다. 그 논쟁을 주도한 것은 그의 형 샤를이었지만, 샤를마저 출교를 당하게 되어 논쟁이 악화되었다. 결국, 이 논쟁은 칼빈으로 하여금 로마 가톨릭의 교제로부터 분리시키는데 일조하였고, 마침내는 완전한 결별을 하도록 그의 마음을 굳히는 준비를 시켜준 꼴이 되었다.[25]

아버지의 죽음은 칼빈으로 하여금 자신의 운명을 스스로 결정하게 만들었고 자유롭게 자신의 진로를 택할 수 있게 했다. 그래서 그는 노와용에 불안하게 남아있던 일들을 처리하자마자 문학연구에 전념하려고 파리로 갔다. 하지만 그가 법학을 완전히 포기한 것은 아니었다. 그 당시에 파리에는 프랑수아 1세가 황실 지도자들(Royal Leaders)이 교육을 맡는 새로운 형태의 왕립대학을 설립했다. 그 대학은 1518년 루뱅에 설립되었던 3개 언어를 사용하는 단과대학을 모방한 것으로서 그 이전의 대학과는 전혀 다른 형태의 것이었다. 뷔데(Bude)가 에라스무스에게 이 새로운 대학의 책임을 맡기려고 파리로 데려오기 위해 여러 차례 애썼지만, 에라스무스는 건강과 나이를 구실로 이 제의를 거절했다. 이 새로운 대학은 처음에는 약간의 어려움을 겪었으나, 그후 자립해서 유지해 나갈 수 있었던 것 같다. 이 대학은 지속적인 영광을 얻게 될 운명이었는데, 그 대학으로부터 바로 그 유명한 프랑스 대학교(College de France)가 탄생된 것이다.[26]

은 J. BOHATEC, *Bude und Calvin*, Graz, 1950, p. 439, n. 6에 의해 바르게 교정되었다.

25) LEFRANC. op. cit. pp. 17ff; 이 책의 저자는 노와용에서 발생한 이 사건을 너무나 지나치게 중요하게 생각했던 것으로 짐작된다: 그럼에도 불구하고, 이 사건을 전혀 고려하지 않고 간과하는 것 역시 잘못된 일이다.

26) A. LEFRANC, *Histoire du College de France*, Paris, 1893.

칼빈이 얼마나 이 새 대학에 매료되었는가를 이해하는 것은 쉬운 일이다. 왜냐하면 이 대학은 교수에게 연구와 가르치는 데에 있어서 완전한 자유를 주었고, 학생들에게는 학과 선택에 완전한 자유를 허용한 가장 순수한 인문주의 정신으로 구상되었기 때문이다. 칼빈은 이미 볼마르로부터 그리스어를 어느 정도 습득했기 때문에 그리스어 연구를 계속하기로 결심하고, 피에르 다네(Pierre Danes)의 과목을 신청하였는데 이 사람은 그 새로운 왕실 지도자들(Royal Leaders) 중에서 가장 유명한 인물 중의 한 사람이었다.[27] 칼빈은 또한 히브리어 학자인 바타블(Vatable)을 가까이 접하여 아마도 이때부터 히브리어 기초를 배우기 시작하였던 것 같다. 비록 전통적인 견해로는 그가 실제로 히브리어를 배운 것은 바젤과 스트라스부르[28]에서였다고 하나 어쨌든 당시 히브리어는 인기가 있었다. 소르본느 대학에서는 히브리어가 멸시를 받았지만, 인문주의 써클에서는 부수적인 언어로 인기를 끌었다.

1531년과 1532년 사이의 겨울 동안에 칼빈은 자신의 최초의 서적을 완성하느라 작업에 몰두하고 있었는데, 「세네카의 관용론에 대한 해석」으로 1532년 4월 4일에 출판되었다. 이 책으로 칼빈은 유명한 인문주의자들 사이에 자리를 차지하게 되었다. 이 작업이 끝나자마자 그는 법학 공부의 마지막 대미를 장식하는 학위를 얻기 위해 몇 달 동안 오를레앙에 돌아와 있었다.[29]

---

27) Ibid., p. 172.

28) A. BAUMGARTNER, *Calvin hebraisant et interprete de l'Ancien Testament*, Paris, 1889, pp. 8, 14 ff. 와 이 책에 대한 VUILLEUMIER의 평론, *Revue de Theologie et Philosophie*, Lausanne, 1889.

29) 칼빈이 오를레앙을 오고간 기록은 다소 혼선을 불러일으키고 있다. 그는 1533년 5월과 6월에 피카르(Picard) 정부 소송 대리인을 대신해서 1년간 대리인의 직무를 이행했었다: 참고. DOINEL, 'Jean Calvin a Orleans, *Bulletin de la Societe de l'Histoire du Protestantisme francais* vol. XXVI, 1877, p. 174. 그가 오를레앙에 두번째 머문 기간은 1년간 지속되었을 것으로 짐작된다;

II. 세네카의 관용론에 대한 주석: 칼빈의 인문주의

대부분의 칼빈의 전기 작가들은 칼빈의 이 최초의 저작에 몇 페이지 이상을 할애하지 않는다. 심지어는 단 몇 줄밖에 지면을 할애하지 않기도 한다. 기껏해야 그들은 칼빈의 미래의 종교적 방향전환을 나타내는 암시를 찾기 위해 이 책을 검토할 정도이다.[30] 그러나 「관용론 주석」(*the Commentary on the De Clementia of Seneca*)은 '한 사려 깊은 학생의 매우 훌륭한 작품' 을 훨씬 뛰어넘는 작품이다.[31] 그것은 그 책이 가진 풍부한 지식과 문체로 인하여 주목받을 만한 책이며, 오히려 저자가 발라(**Valla**), 에라스무스, 뷔데와 다른 이들이 사용했던 완성된 방법론을 활용했다는 점에서 주목을 끌 만한 책인 것이다. 이 책은 약간의 시간이라도 투자해서 읽는다면 그만한 가치가 있는 책이다.

독자들은 칼빈이 왜 하필이면 이 세네카의 논문을 선택하였는가에 대하여 의문을 갖다가, 별다른 어려움 없이 세네카가 바로 이 논문을 네로 황제를 설득하여 백성들에게 보다 관대하게 대하도록 할 목적으로 쓴 것처럼, 칼빈도 프랑수아 1세로 하여금 프로테스탄트 교도들에 대하여 융통성 있고 관대한 정책을 고려하도록 하기 위해서 이 논문을 택했다고 주장하

WALKER, op. cit. p. 70: LANG, *Johannes Calvin*, p. 14와 PANNIER. *Evolution religieuse*, p. 31.

30) 하지만, 매우 예외적으로, 주목할 만한 다음 논문은 특별히 취급되어야 한다. H. LECOULTRE 'Calvin apres son commentaire sur le De Clementia de Seneque' in the *Revue de Theol. et Philos.*, Lausanne, 1891, pp. 51-77. 그리고 BREEN, op. cit, vol. I, pp. 67-69는 주제와 관련된 중요한 내용들을 담고 있다. DOUMERGUE, op. cit. vol. I, pp. 210 ff.에는 새로운 내용들이 포함되어 있지 않다. 그러나 BEYERHAUS, op. cit. pp. 1-25에서 논하고 있는 설명은 이 해석서의 정치적인 내용과 관계있는 것이다. 최근에 A. M. HUGO가 이 주석에 대한 관심 있는 논문을 작성하는데 진력하고 있는데, 그 중에서 특히 칼빈과 스토아주의의 관계에 대한 내용은 매우 뛰어난 것이다.

31) PANNIER, *Evolution religieuse*, p. 23.

게 된다.[32] 물론 칼빈이 이 책을 쓰는 동안 이런 종류의 관심을 가졌으리라는 것도 있을 법한 일이다. 그러나 그 같은 가설을 입증할 만한 것은 아무것도 없다. 칼빈으로 하여금 그가 하지도 않은 말을 하게 하지 않는 한, 그 같은 의미로 분명히 해석될 수 있는 말은 한 줄도 없다.[33] 그가 종교개혁에 합세하기 이전에도 격렬한 핍박을 반대했었다는 것은 그의 인문주의적 신념을 가지고도 충분히 보증할 수 있을 것이다. 그러나, 다시 한 번 말하지만, 이러한 것이 그가 세네카의 본문에 써놓은 박식한 해설 속에서는 전혀 나타나지 않는다.

이 주석을 쓰게 된 외적인 동기는 훨씬 더 단순했던 것 같다. 에라스무스는 세네카의 작품을 두 번이나 출판하였는데, 1529년에 나온 2판에서 별로 만족스럽지 못한 부분이 많았다. 그래서 독자들이 한 번 더 잘 써 보라고 공개적으로 초청하였다. 그런데 진담반 농담반으로 던진 이 호소가 칼빈의 야망에 하나의 도전이 되었던 것이다. 칼빈은 그의 서문에서 에라스무스가 세네카에게서 간파하지 못한 점들을 자기가 찾아냈다고 주장하고 있다.[34] 23살의 젊은 청년의 입장에서 그 같은 자신감은 매우 주제넘게 보였고 에라스무스를 추앙하는 사람들로부터는 비난을 받았다.

그러나, 보다 더 일반적으로 말해서, 문제는 칼빈이 왜 세네카에 대하여 쓰지 않으면 안되었는가 하는 점이다. 여기에도 역시 그 대답은 어렵지 않다. 스토아 철학파의 학자들 특히 세네카의 경우에는 더욱 특별나게도, 오늘날 우리가 이해하기 어려울 정도로 인기를 누리고 있었다는 사실을 상기하는 것만으로도 충분하리라 본다.[35] 스토아철학의 윤리는 선택된 사람

---

32) 참고. Ibid. p. 20. 비교. DOUMERGUE, op. cit. 213 ff.

33) LECOULTRE, op. cit. p 72; WALKER, op. cit. p. 69: M. MANN, op. cit. p. 163.

34) *Opp.* 5, 6.

35) 종교개혁시대의 스토아주의에 대한 가장 훌륭한 연구서는 여전히 이 책이다: L. ZANTA, *La Renaissance du stoicisme au XVIe siecle*, Paris, 1914. 여기에다 BREEN. op. cit. pp. 67 ff.를 첨가하면 좋을 것이다.

들만이 접할 수 있는 뛰어난 교훈이라고 생각되었으니, 칼빈이 살던 동시대인들과 그후에도 오랫동안 생각되어져 왔다. 따라서 매우 귀중한 것이라고 간주하였다. 이와는 대조적으로 이탈리아 르네상스는 가장 현세적인 의미에서, 심지어 가장 세속적인 의미에서 개인의 미덕과 행복을 매우 기꺼이 찬양했다. 이탈리아의 에피쿠로스파의 상당수 사람들에게 있던 진실한 사색의 깊이가 무엇이었던지 간에, 행동에서나 글 속에서나, 에피쿠로스라는 이름에 붙은 악평 — 말하자면 아주 정당하지 못한 — 을 사실인 것처럼 말하기를 주저하지 않는 자들이 있었다. 그러한 에피쿠로스파의 쾌락적인 경향에 맞서서, 기독교 인문주의자들은 스토아 철학에서 그 효과적인 대응책을 발견했다고 생각하였다. 그러나 이 대응책은 그 자체의 위험이 없지 않았으니, 곧 도덕생활의 중심을 양심에 둠으로써 자연과 초자연의 대립을 무시하는 경향이 있었다. 일면에서 보면, 스토아 철학자들이 인간에게 중요성을 두고자하는 관심을 가진 것처럼, 인문주의자들의 근본적인 열망과도 서로 일맥상통하는 쪽으로 그들을 유도하였던 점도 있다. 인간이라는 존재에 대해서 그러한 관심을 돌린다는 것은 인간성의 통일성과 모든 인간의 평등에 대한 하나의 신념을 강조하는 의미를 포함하는 것이다. 여기서 다시, 스토아 철학은 인문주의자들 가운데서 동정적인 반응을 얻었음이 틀림없지만, 이 인문주의자들 중 가장 악명 높은 자들은 모든 국가간의 구분과 종교적인 구별을 철폐하자고 주장하는 사람들이었다. 마지막으로, 진리와 과학적 연구에 대해서 스토아 철학은 대단한 열심을 가지고 있었는데, 그런 것들도 역시 인문주의가 가진 열망의 특성과 같은 것들이 있었음을 인정했던 것이다. 그 당시에 종교적인 문제들에 대한 접촉점은 그 내용에 대해서 무엇을 생각하고 있든지 간에 무수히 많았다.

오랜 동안 반쯤은 예식적으로 흘러버린(half-ceremonial) 종교, 반쯤은 마술적인 종교가 되어버린 것들에 대항하여 스토아 철학들은 많은 인문주의자들이 기독교를 포기해야 한다는 심리적인 갈등을 느끼지 않고도 쉽게 참여할 수 있는 종교적인 이상을 수립했다. 인문주의자들은 스토아 철학의 윤리가 고대의 몇몇 교부들에게 커다란 감명을 주었으며, 말년의 세네카에서 스토아 철학사상의 본질이 가장 쉽게 접근할 수 있는 방식으로 표현된 것임을 발견하였다. 세네카는 신학자들과 도덕주의자들이 항상 가장 쉽게 인용하는 저자들 중의 한 사람이었다. 인문주의자들은, 다소 강조하는 경향이 있다하더라도, 훨씬 오래된 경향만을 유일하게 따르고 있었다.

에라스무스가 세네카에게 얼마나 많은 관심을 갖고 있었는지 앞에서 밝힌 바 있다. 하지만 칼빈은 에라스무스의 찬사가 너무나 인색하다고 생각했다. 우연한 기회에 츠빙글리는 가장 좋아하는 저자 중 하나로 「관용론」 (*De Clementia*)의 저자라고 말한 바 있다. 그는 나중에 종교개혁자들의 진영에 가담한 뒤에도 여전히 세네카에 대한 집착을 버리지 않았다. 사실 츠빙글리의 "섭리에 관한 설교"(Sermon on Providence)는 거의 세네카의 책에서 선택된 구절들에 대한 주석처럼 보여질 정도이다. 칼빈도 역시 인문주의자들과 교제를 하면 할수록 더욱더 인문주의적 열정을 갖게 되었음을 분명히 드러내고 있다. 그러나 칼빈은 그의 「관용론」 주석에서 스토아 철학과 기독교의 유사성을 강조하는 데에 주의를 기울였다. 그는 스토아 철학자들과 기독교인들이 모두 다 우연을 배제하고 세상 군주들을 지배하는 초자연적 섭리의 존재를 긍정하는데 있어서 서로 일치하고 있다고 확신하였다.[36] 따라서 그가 후에 섭리라는 개념에 부여한 중요성은 적어도 부분적으로는 스토아 철학에서 비롯되었다는 것은 상당히 가능성 있는 일이다.

하나님의 섭리에 대한 국가의 복종에 관하여, 칼빈은 그의 주석에서 "로마서 13장의 말씀대로, 만물이 하나님의 뜻에 따라서 복종하며, 하나님 외에는 어떤 권세도 있을 수 없다는 것이 우리 종교의 가르침이다"고 주석하였는데,[37] 이것은 세네카의 논지를 따라서 주장한 것이다. 또 다른 한 편을 보면, 칼빈에게 근본을 이루고 있는 귀족적인 성격은 기회 있을 때마다 나타난다. 그는 군중에 대하여 적대적인 태도를 취하는데, 그는 군중이란

---

36) *Opp.* 5, 18.
37) *Opp.* ibid.

본래 선동적이고 이성이나 분별력이 결핍되어 있다고 생각했다.[38] 「관용론」에 빈번히 나타나는 정치에 대한 언급을 보면, 칼빈은 도덕적인 자제력에 의해 합법적이고 정당하게 주어진 왕권의 지지자이자, 동시에 전제정치에 대하여는 적대자로 자신을 나타낼 기회를 갖게 해 주었다. 그가 그때까지 마키아벨리의 군주론을 읽었는지 모르지만, 칼빈의 「관용론」 주석에는 다음과 같이 마키아벨리의 주장과는 반대되는 말이 있기에, 즉 "백성의 뜻을 거슬려 정치하거나 부당한 방법으로 권력을 사용하는" 전제군주를 부정하는 말을 볼 때에 칼빈이 그 책을 읽었을 가능성은 상당히 높다.[39]

이전에 피에르 드 레스뜨왈르(Pierre de l'Estoile)의 제자였던 그로서, 왕은 합법적인 방법으로 권력을 갖고 백성의 유익을 위해 봉사하는 사람인데 비해서, 전제군주는 백성의 유익을 박탈하며 백성의 대적이라는 전통적인 견해를 옹호하였다. 칼빈은 로마법이 채택하고 있는 공적인 권력의 개념 정의를 채택할 때에, 특별히 로마법 학자들의 견해를 좇아 군주는 시민법 위에 초월하여 그 자신이 살아있는 법이며 법은 곧 생명(lex animata)[40]이므로 독자적으로 법을 제정할 수 있다고 하였다. 그러나 그는 세네카와 스토아 철학자들이 설명한 바와 같이, 정의와 평등개념을 첨가함으로써 공권력이 적용될 수 있는 영역을 제한하였다.[41]

스토아 철학의 색채를 띤 이 인문주의자로서의 모습은, 역시 보편적으로나 예견할 수 있듯이, '자연법' 사상에서 나타난다.[42] 한 예로 칼빈은 합법적인 군주에 대하여 말할 때, 그 군주가 세습적인 왕권을 그의 가족에게 물려주는 것은 자연법에 대한 존중에서 확정되는 것이기에 복종하라고 말하고 이 때문에 군주로서 인정되어야 한다고 한데서 볼 수 있다.[43] 여기서

---

38) *Opp.* 5. 16.
39) *Opp.* 5, 90: BEYERHAUS, op. cit. pp. 8 ff.
40) *Opp.* 5, 23, 53, 67: BEYERHAUS, op. cit. pp. 12 ff. 24.
41) Ibid. pp. 6 ff. 16.
42) Ibid. p. 5.
43) Tandem quum naturae legibus cedendum est, regnum relinquunt

말한 왕권의 세습을 주장하는 것은 단순히 칼빈의 전통주의자로서의 일면을 보여주는 것에 지나지 않는다. 하지만, 모든 것이 자연법에 따라야 한다는 그의 주장은 분명히 인문주의자의 면모인 것이다.

마지막으로, 칼빈의 인문주의는 그의 방법론 속에서 명백히 보여진다. 그의 주석에 보면 칼빈은 고전에 대한 놀라운 지식과 교부들에 대한 거의 정확한 지식을 보여주고 있다.[44] 칼빈이 최근에 읽은 「하나님의 도성」의 저자 성 어거스틴은 이 주석에서 15번이나 언급되었다. 그러나 칼빈은 또한 에라스무스와 뷔데(Bude), 발라(Laurent Valla), 그리고 다른 많은 프랑스와 이탈리아 인문주의 학자들의 책을 읽었으며 그들에게 찬사를 아끼지 않았다.[45] 그의 주석을 읽는 사람은 누구든지 에라스무스의 석의(Paraphrases)에서 사용된 해석 방법과 특히 유스티니아누스 법전에 관한 기욤 뷔데(Guillaume Bude)의 해설(Annotations)에서 사용된 각주방법과 비교하지 않을 수 없게 된다. 뷔데처럼 칼빈도 비교적 긴 문헌학적인 설명으로 시작하여 문법과 논리에 호소하고, 수사학적 표현을 집어넣고, 다른 고대 작가들과 세네카로부터 병행하는 인용문들을 수집하기 위하여 그의 고전 지식을 이끌어내어 활용한다.[46] 인문주의자들이 취하는 방법은 일반적으로 크게 다르지 않기 때문에 이것은 단지 평범한 관찰에 지나지 않게 보일지도 모른다. 그러나 칼빈은 이 방법을 한층 더 세련되게 다듬었고, 회심한 뒤에는 성경에다가 이 방법을 적용했다. 사실 발라(Valla)는 이미 그의 「신약성경 주해」(*Annotations upon the New Testament*)에 인문주의적 방법을 채택했고, 에라스무스도 그 방식을 뒤따르고 있었다. 칼

---

familiae suae haerediatarium.' *Opp.*, 5, 89.

44) LECOULTRE, op. clt., p. 76에 열거되어 있는 저자들의 명단을 볼 것.

45) 'Erasmus literarum alterum decus ac primae deliclae.' *Opp.*, 5, 6, 'Gurlelmus Budaeus primum rei literariae decus et columen, cujus beneficio palmam eruditionis hodie sibi vendicat nostra Gallia' Ibid., 54.

46) Cf. DELARUELLE, *G. Budé*, Paris, 1907, pp. 103 ff.

빈도 그 같은 방법으로 성경해석학의 근거로 삼았고, 그것으로 현대 해석학의 기초를 세우게 되었다.

칼빈이 「관용론」 주석을 쓴 결정적인 시점에서 그가 그저 하나의 스토아 철학의 맹목적인 숭배자로 소개되는 것은 잘못된 발상이다. 그와는 정반대로, 칼빈은 이 최초의 출판물에서조차 그와 같은 젊은 저자에게서는 도저히 볼 수 없는 사상의 독자성을 가지고 있다는 증거를 보여주었으며, 또한 그가 자기의 의도대로 여러 자료들을 활용할 수 있었음을 보여주는 방법을 입증하고 있다. 3년 후에, 그가 「기독교 강요」를 집필할 때, 그보다 앞선 사상가들의 어느 특정한 개념에 동화되지 않고 그들의 사상을 자유로이 활용하는 방법을 알고 있었던 것 같이, 이미 여기에서[관용론 주석] 그들과 거리를 유지하는 방법도 알고 있었다. 스토아 철학과 그 철학자들에 대한 그의 불만은 믿을 만한 결론에 이르지 못하는 그들의 무능력과 인간의 실제적 욕구에 대한 그들의 무관심에 관한 것이었다. 그는 말하기를, "우리는 인간의 본성이 보통의 감정과 멀리 동떨어진 스토아 철학의 역설들로부터 지배받기보다는 유익한 목적이나 즐거움의 기대에 의하여서 더욱 큰 영향을 받고 있다는 것을 알고 있다."[47]고 하였다. 스토아 철학자들이 그렇게까지 찬양했던 유명한 현자(賢者)들의 무정념(apathy)이라는 개념은 단지 하나의 유혹일 뿐이었다.

> 우리는 동정심 역시 하나의 미덕임을 충분히 받아들여야만 한다. 인간은 그가 사랑이 없다면 게으르고, 무지함 속에서 그들이[賢者들] 무엇을 주장할지라도, 그가 선하다고 할 수 없다. 플리니가 말한 것과 같이, 그들이 현명한지 아닌지는 모르지만 어떻든 이런 현자들은 인간적이지는 않다. 고통을 느끼고, 그 고통에 의해 움직여지고, 그럼에도 불구하고 그것에 저항하고, 또 위로를 받아들이기도 하고, 또는 그 위로를 필요로 하지 않고 있는 것 등이 인간의 본성이다.[48]

---

47) *Opp.* 5, 39.
48) *Opp.* 5, 154.

이와 유사하게, 칼빈은 '다른 사람들이 말하려고 하는' 바에 대해서 이들 스토아 철학자들의 무관심을 거부한다. 즉, '우리 종교'와 성 어거스틴의 견해에 대해 그들은 무관심했다.[49] 그러나 우리가 여기저기에서 발견한 기독교 신앙 원리에 대한 몇 가지 암시들 때문에 오해해서는 안될 것이다. 칼빈은 확실히 기독교 신앙의 입장에 서 있던 사람이었다. 그러나 수많은 인용문들 중에서 성경에서 나온 것은 단지 세 개 뿐이다. 워커(W. Walker)가 말한 대로 "이 관용론 주석으로부터 저자가 어떤 특별한 종교적 문제의식을 가지고 있었다는 것을 입증해야 한다면 당황할 수밖에 없다."[50] 대체로 칼빈은 자기 종교의 독창성과 초월적인 가치를 강조하는데 관심을 갖고 있던 기독교인이라기보다는, 차라리 훨씬 더 고대의 사상을 충실히 표현하며, 성실하게 믿음을 지켜나가려는 인문주의자같이 보인다.

그가 종교개혁자들의 무리에 가담했을 때에는 이런 해석학적인 방법을 제외하고는 인문주의적 소양을 더 이상 고집하고 있었던 것이 아니었으므로, 회심 이전의 칼빈과 회심 이후의 칼빈 사이에 엄청난 차이가 있다는 주장을 흔쾌히 수긍할 수도 있을 것이다. 그렇게 본다면, 칼빈에게 있어서 인문주의는 단지 그의 인생에 있어서 한 차례 지나가는 일화에 불과했을 수도 있을 것이다. 그러나, 실제 사항들을 보면 이런 사항들이 다소 다르게 드러난다. 우리는 종교개혁으로의 칼빈의 회심이 비교적 늦게, 그의 나이 24세에 일어났었다는 사실을 결코 잊어서는 안 된다. 그리고 그의 지적인 조숙함을 고려한다면, 우리는 그의 지성이 그때까지는 분명한 성격을 갖추고 형성되어져 있었다고 확신할 수 있다. 루터가 오컴(Occam)으로부터 받은 지적인 인상을 완전히 지우지는 못했던 것처럼, 칼빈도 그가 1532년에 이르기까지는 어느 정도 인문주의자로 남아 있었다. 제베르크(R. Seeberg)가 칼빈에 대해서 말한 것과 같다.

---

49) *Opp.*, 5, 112: 참고. ZANTA, op. cit, pp. 62-4; IMBART DE LA TOUR, op. cit, pp. 15-18.

50) WALKER, op. cit, p. 69.

인문주의 문화가, 칼빈의 눈에 비쳐진 복음의 빛을 지닌 횃불일 뿐만이 아니
라, 그의 엄격한 성경주의에도 불구하고, 그의 인문주의 정신은 어느 정도 복
음과 조화를 이루었다. 그에게는 의식의 형성과 종교, 문화와 도덕이 함께 결
합되어 있다. 칼빈은 실제로 멜란히톤이 열망하면서도 극히 일부에서 외적인
표현방법으로밖에는 별로 이루지 못했던 결합의 경지에 이르렀다.[51]

칼빈이 이런 인문주의적 경향을 지속적으로 갖고 있었음을 보여주는 수
많은 경우들을 보여 줄 수 있을 것이다. 그것들을 가지고 이제까지 칼빈의
인문주의에 대하여 무슨 말을 해 왔든지 간에, 칼빈은 그가 스토아 철학자
들로부터 얻었던 자연법 사상을 간직하고 있었으나 그것을 기독교 원리에
적응시켰을 뿐이었다.[52]

그는 스토아 철학적 운명개념을 예정론[53]에 도입했다고 자기를 비난하
는 자들과 맞서서 적절한 이유를 내세워 자신을 변호했지만 「기독교 강
요」에서조차도 분명히 에라스무스의 저서에서 영감을 받은 일련의 구절들
을 발견할 수 있다.[54] 그의 회심은 성경의 유익을 위하여 그가 존경했던

---

51) R.SEEBERG, *Lehrbuch des Dogmengeschichte*, 2nd edn, 1920, vol.
IV, 2, p. 558. 저자는 칼빈의 인문주의가 그를 지식인으로 성공시킨 원인이 되었
다고 생각한다.

52) J. BOHATEC, *Calvin und das Recht*, Feudingen 1934, pp. 1-93, 같은
저자의 권위 있는 저서 *Bude und Calvin*에서 칼빈의 사상과 작품에 내포되어
있는 인문주의 요소의 모든 문제점들을 재공개하였다. F. J .M. POTGIETER는
칼빈의 독창력을 주장하려는 열심히 쓴 그의 저서 *De Verhoudeig tussen die
theologie en die filosofie by Calvin*, Amsterdam, 1939에서 칼빈이 인문주의
의 영향을 받았다는 것을 전면 부인하였다. J. BOISSET, *Sagesse et Saintete
dans la pensee de Jean Calvin*, pp. 225 ff. 은 인문주의에 대해서 옹호하려는
입장을 취하고 있는 듯이 보이는데, 이 인문주의는 플라톤주의에 강하게 채색되
어 있고, 이것은 역시 칼빈의 신학적인 교훈에서도 영향을 주고 있다고 주장한
점은 논쟁의 여지가 있다. 플라톤적인 영향의 한계에 대해서는 J. BOHATEC,
op. cit., p. 417. 에 잘 설명되어 있다.

53) *Inst.*, I, 16, 8.

학문의 체계 안에 있던 고대의 저자들을 다분히 격하시키도록 만들었다. 그러나 무조건 그들을 비난하도록 만들지는 않았다. 칼빈은 자신의 주석과 교리적 논문에서 그들을 충분히, 또 오랫동안 익숙하게 접촉했던 사실을 능숙한 방법으로 계속 인용하였다.[55] 이 점에 관해서 1539년에 이미 「기독교 강요」 개정판을 낼 때에 칼빈은 자신의 입장을 분명히 밝히는 것이 유익하다고 생각했었다.

> 우리가 데모스테네스나 키케로, 플라톤 또는 아리스토텔레스, 혹은 그와 같은 종류의 다른 저자들의 책을 읽을 때, 우리는 정말로 그들이 놀랍게 우리를 끌어당기고 기쁘게 하고, 감동시키고 심지어는 우리의 지성을 황홀케 한다는 점을 나는 진심으로 고백한다. 그러나, 우리가 그들로부터 벗어나서, 성경으로 돌아간다면, 우리가 의도하든지 안 하든지, 성경은 우리의 가슴을 깊이 관통하고 우리 속에 자리 잡아서, 모든 철학자들과 수사학자들의 힘이란 성경에 비교하면 한낱 연기처럼 보인다.[56]

칼빈이 의미하는 것은 효과 면에서 볼 때, 성경과 세상의 저자들 간에는 비교도 할 수 없는 차이가 있다는 것이다. 그러나 그럼에도 불구하고, 이 위대한 저자들은 우리의 지성을 사로잡는다는 것이다. 그는 심지어 세속 저자들이 '찬양할 만한 진리의 빛'[57]을 지니고 있다고까지 할 정도였다. 나이가 들어감에 따라서 고전으로부터 받은 이런 영향은 점차 약화되어간 것 같으나, 아주 없어지지는 않았다. 우리는 노이어하우스(J. Neuerhaus)의 사려깊은 견해, 즉 "칼빈은 인문주의의 모든 지적 요소를 흡수하는 동

54) M.SCHULZE, *Calvins Jenseitschristentum*. Gorlitz, 1902; 특히 p. 55. 를 참고하라.

55) Calvin의 Commentaries와 L. GOUMAZ, *La Doctrine du salut, Nyon*, 1917, p. 94. 에 포함되어 있는 인용문을 참고하라.

56) *Inst*, I, 8, I.

57) *Inst*, II, 2, 15; H. STROHL, *Bucer, humaniste chretien*, Paris, 1939, pp. 28 ff.

안, 그것들을 자신의 신앙의 봉사를 위해서 사용하려고 애썼으며, 그 지식 들로부터 발생할지도 모르는 위험을 절묘하게 피해 나갔다. 헬라 정신은 조금씩 기독교 정신 앞에서 사라져 갔다. 그럼에도 불구하고 칼빈은 끝까 지 뛰어난 인문주의자라는 명성을 유지하였다."[58]

이 개혁자가 인문주의자들에 대해 가한 공격 때문에 그가 인문주의자가 아니라고 오해해서는 안 된다. 특히 「걸림돌에 관한 논문」(*Treatise upon Scandals*)에서 칼빈은 특히 몇사람의 인문주의자들의 오만과 허영을 책 망하였고, 또 루키아노스와 에피쿠로스의 제자들이 된 사람들이 항상 오만 하게 그리스도의 복음을 경멸하였고, 사단 같은 행동으로 거룩하고 신성한 영생의 약속을 모독하였다고 질타했다.[59] 칼빈은 또 다른 이들을 책망하였 는데, 그들은 매우 지혜로운 자로 인정받기를 원하면서, 복음을 전파하는 자들에게서 자기들이 바라는 어떤 합치점을 찾지 못하기 때문에 감히 복 음을 받아들이지 못하는 척하는 자들이었다.[60] 이런 비난은 어떤 인문주의 자들의 개인적인 태도를 표적으로 삼은 것이지, 인문주의 그 자체를 표적 으로 한 것은 아니다.

비록 그가 인문주의의 본질적인 신조들 중의 일부를 거부했지만, 적어도 과학적인 방법 이외에도, 외적인 형식들에 관한 것들에 대한 관심들은 다 른 모든 개혁자들 중에서 확실히 구분되는 점이다. 그는 그의 모든 저서에 서 세련된 논증이나 차분한 문체, 훌륭한 취향들을 존중하고 있음을 드러 내고 있다. 우리는 칼빈이 16세기의 가장 훌륭한 라틴어 사용자 중의 한 사람이라는 것을 알고 있다.[61] 또한 그가 프랑스어로 글을 썼을 때도 역시

---

58) J.NEUENHAUS, 'Calvin als Humaniste,' *Calvinstudien*, Leipzig, 1909, p. 2.

59) BOHATEC이 'Calvin et l' humanisme' in the *Revue Historique*, 1938 p. 212. 에서 생각하고 있는 바와 같이 이들은 인문주의자인가? *Bude und Calvin*에서 BOHATEC은 칼빈에 대한 인문주의 반대자들에게 도움을 준 많은 문제들을 자세히 재진술하고 있다(pp. 121-240).

60) *Opp.* 8, 20, 42, 57.

그의 언어는 파스칼이나 보쉬에(Bossuet)의 문체와 비교될 만큼 우아한 품위를 지니고 있다.[62] 그는 문체의 세련됨에 있어서도 에라스무스에 가까웠다.[63]

부정적인 면으로도 역시 그는 많은 인문주의자의 반응을 벗어나지 못하고 있었다. 예를 들면, 전통에 대한 그의 태도는 대부분 스콜라주의에 대한 인문주의자들의 멸시에 의해 크게 영향을 받았다. 그가 거부했던 전통들은 주로 중세의 학파들에서 형성된 것들이었고, 그는 너무나 잘 알았기 때문이다. 고대의 기독교 저자들에 대해서는 훨씬 관대하였다. 그들에 관해서 어떤 주저하는 마음을 품었을지라도 자신의 견해를 뒷받침하기 위해서는 즐겨 그것들을 인용했다. 그렇다고 해서 칼빈이 믿음의 문제에 있어서 그 오래된 전통들을 규범으로까지도 받아들인 것은 물론 아니다.

심지어 그의 지식에 제한됨까지를 포함하여 그 모든 것이 칼빈 속에 있는 그전의 인문주의자로서의 모습을 드러내 준다. 그의 학식은 방대하지만, 모두가 다 인문주의자들의 영역, 즉 정치사, 교회사, 문학사와 언어학과 해석학, 법학과 철학 안에 포함되어 있는 것들이다. 그는 물리학 또는 자연

---

61) P. VAN TIEGHEM in 'La Litterature latine de la Renaissance,' *Bibliotheque d' Humanisme et Renaissance*, vol IV, p. 379 에서 이런 점에 대해 동의하지 않고 있는 점은 이해하기 어렵다.

62) 참고. A. BOSSERT, *Calvin*, pp. 211 ff.; A. LEFRANC, *Grands ecrivains francais de la Renaissance*, pp. 350 ff, 그리고 PANNIER, *Calvin ecrivain*, Paris. 1930에 수집된 증거들. 이에 대한 DE RAEMOND가 *Historie de la naissance*에서 이 점을 의심하는 언급을 한 것을 첨가해 둔다. "훌륭한 문장에 있어서는 그를 능가하거나 그를 앞지를 사람이 아무도 없었으니, 그가 사용하고 있는 언어의 아름다움과 재주에 접근할 만한 사람도 별로 없다 …" (BUNGENER, *Calvin*, p. 23. 에서 인용)

63) BREEN, op. cit. p. 150, 성만찬에 대한 Heshusius와의 논쟁에서 칼빈은 논리적인 논쟁만큼이나 훌륭한 품위를 가지고 심사숙고하고 있음을 보여주었다. 이것이 사실이든 아니든 이는 칼빈의 인문주의적 훈련에서 나온 것으로 우리가 알고 있는 바를 신뢰하게 해 준다.

과학, 혹은 수학 등에는 조금도 진지한 관심을 보이지 않은 것 같다. 멜란히톤은 매우 특이하게도 이 분야에 이르기까지 상당한 수준의 학문 영역을 넓혔었다.[64]

칼빈의 「관용론」 주석에서 볼 때, 칼빈의 인문주의는 연속적인 저작들을 통하여 다른 각도로 잔존하였음을 추적할 수 있을 것이다. 이미 우리가 지적한 바를 확인하게 될 것은 의심할 수 없을 것인데, 이것은 적어도 칼빈의 사상을 이해하는데, 그의 최초의 저작이 중요하다는 것을 최소한 입증해 줄 것이다. 칼빈의 동시대인들은 물론 이것을 알아차리지 못했다. 칼빈이 생각하던 그 독자들은 이런 것들을 칼빈의 책 속에서 거의 아무것도 발견하지 못하고, 단지 매우 재능있는 한 청년의 작품으로 읽었을 것이요, 그러나 위대한 에라스무스를 가르치기에는 너무나 어린 사람의 책이라는 것밖에는 생각하지 못했을 것이다.

그는(그의 옛 동료인 클로드 드 앙제에게 보낸) 저자의 서문에서 초심자가 보일 수 있는 적당한 겸손과 독자의 관대함을 호소하는 대신에, 나이가 아직 어리고 경험도 미숙함을 양해해 달라는 변명을 쓰지 않았다.[65] 약간 오만한 자세로, 그는 자기와 동등한 위치에 있던 인문주의자들에게 자신의 저술을 제시했던 것이다. 그들은 칼빈을 건방지고 자만심이 강하다고 판단하였다. 칼빈이 자비를 들여서 인쇄하여 그 책을 팔기 위해 무진 애를 썼을 때, 그들의 반응은 거의 모든 지역에서 냉담한 거부였다. 이 때문에 그는 그들이 생각했던 것보다도 더욱 실망하고 괴로워하였다. 그의 평생을 통해서 가지고 있게 되는 학문적 자존심이 처음이자 마지막으로 굴욕을 당했다.[66]

---

64) 이 견해는 CHOISY, 'Calvin et la science,' Geneva, 1931의 연구에서 약화 되었다기보다는 훨씬 확고하게 정립되었다.

65) *Opp.* 5, 5 f.

66) Flançois Daniel에게 보낸 편지들. *Opp.* 10b, 19 ff. 와 여러 가지 후기 작품들의 서문을 참고하라.

III. 회심

칼빈의 회심은 수많은 화젯거리였으나, 흥미진진한 논쟁거리는 아니었다.[67] 칼빈이 부처에게 보낸 편지를 증거로, 그가 1532년 경 개혁파 진영에 가담했다고 추정하여 왔으나, 그 편지의 날짜가 전적으로 불확실하고, 오히려 1532년 이후에[68] 쓰여진 것이 거의 틀림없는 것으로 판명되었다. 이 문제의 사건에 대해 칼빈 자신이 우리에게 남긴 유일한 문서는 날짜는 일체 밝히지 않고 있으나, 날짜에 관한 흥미있는 몇 가지 정보를 담고 있다. 이것은 1557년의 시편 주석의 서문에 나오는 한 구절이다.

그런데 처음에 내가 이 같은 교황권이라는 미신에 그렇게 완고하게 사로잡혀 있었기 때문에 갑작스런 회심으로 그 같은 깊은 수렁에서 빠져 나오는 것은 어려운 일이었으나, 하나님께서는 이 문제에 대해 너무 굳어버린 나의 마음을 아시고 유순하게 만드셨다. 이같이 참된 신앙심에 대해 약간의 맛을 미리 보고 어느 정도의 지식을 취하고 나서 나는 바로 신앙에 의해 유익을 얻고자 하는 강한 욕망에 불타게 되었다. 비록 내가 다른 학문들을 포기하려는 시도는 하지 않았지만, 그러나 마지못해 공부하였다. 일년이 채 가기도 전에 나도 초심자에 불과했는데, 참된 교리에 대한 지적 욕망을 가진 사람들이 내 주위에 모여들어 배우고자 한다는 사실을 발견하고 나는 놀라지 않을 수 없었다.[69]

---

67) 가장 훌륭한 연구서들은 다음과 같다. LECOULTRE, 'La Conversion de Calvin,' in the *Revue de Theol. et de Philos.* Lausanne, 1980; A. LANG, *Die Beder Gesellsch. der Wissench.* Gottingen, 1905; K. Muller, 'Calvins Bekehrung' in the *Nachrichten der Gesellsch.* der Wissensch. Gottingen, 1905; K. HOLL. *Johannes Calvin, Gesammelte Schriften*, vol. III, p. 255, n. 1; WALKER, op. cit. pp. 78 ff.; P. Wernle, 'Zur Bekehrung Calvins' in the *Zeitschr. fur Kirchengeschichte*, 1906과 1910; A. LANG, *Johannes Calvin.* pp. 14 ff.; DOUMERGUE, op. cit. vol. I, pp. 327 ff.; PANNIER, *Evolution religieuse* (passim); IMBART DE LA TOUR, op. cit. pp. 20 ff. 여기에서 이러한 토론을 전부 검토할 필요는 없다.

68) *Opp.* 10b, 22.

위 구절에서 칼빈은 자기가 고집스럽게도 로마 가톨릭 교회에 대한 애착심을 가지고 있었다고 말한다. 우리는 여기에서 칼빈이 그 때까지 구할 수 있었던 프로테스탄트 저작들을 모두 읽었다는 직접적인 암시와 올리브탕과 볼마르, 그 밖의 다른 이들이 칼빈을 개혁운동에 가담시키려 한(최소한 매우 있을 법한) 시도, 그리고 그에 대한 칼빈의 거절 등에 대한 암시를 분명히 발견할 수 있다. 칼빈은 그리고 나서 자신의 회심이 갑작스러운 사건이었음을 증언하였다. 그 용어에 대해서 구차스러운 변명을 할 필요는 없다. 그것은 루터가 겪은 그러한 급격한 변화 중의 하나였음이 틀림없지만, 이런 회심은 대개 장시간에 걸친 무의식적인 준비의 결과이다. 비록 4 반세기가 지난 후에 칼빈은 그것을 간단하게 이야기하고 있지만, 그가 사용하는 표현으로 미루어 볼 때 그가 이미 개혁자들의 중심 사상에 관한 지식을 가지고 있었고, 그는 또한 공공연히 종교개혁을 지지하며 동시에 로마교회와 결별하기 전에 이미 온건한 개혁주의의 옹호자였다는 사실을 배제할 수 없다.

반면에, 한 사람의 개혁의 지지자로서 자신의 회심을 묘사한 부분이 사돌레토에게 보내는 서신에 있는 아주 유명한 구절 속에 들어있는데, 칼빈 자신에게 적용하지 않을 수 없는 부분이다.

> 내가 자신에 대해서 더욱 더 심사숙고하면 할수록, 내 양심은 더욱 쓰라린 가책에 시달려야만 했다. 따라서 망각함으로써 그 자책감을 나 스스로 속이는 것 외에는 다른 어떤 구제나 위로도 내게는 없었다. 그렇다고 내게 아무것도 더 나아진 것이 없었기 때문에, 나는 내가 시작한 방법대로 나아갔다. 하지만, 그 다음에 또 다른 형태의 가르침이 나타났다. 그 가르침은 기독교의 신앙고백에서 벗어나지 않은 것이 아니라 오히려 그 근원으로 접근해 가는 것이요, 온갖 추한 것으로부터 떠나서 본래 순수하고 깨끗한 상태로 회복하는 것이었다. 그러나 나는 이런 새로운 것에 반항하였고, 귀를 기울일 수가 없었다. 처음에는 내가 그것에 대해 용감하게 저항했음을 고백하지 않을 수 없었다. 왜냐하면 사

---

69) *Opp.* 31, 22.

람은 본래 자기가 일단 받아들였던 기관을 유지하려는 완고하고 독선적인 본
성이 있기 때문에, 이제까지의 내 모든 삶이 오류와 무지 가운데 영위되어 왔
음을 고백하는 것은 나에게 매우 싫은 일이었다. 특히 나로 하여금 그런 사람
들을 믿을 수 없도록 만든 가장 중요한 한 가지는 교회에 대한 존경심 바로 그
것이었다. 그러나, 얼마동안 귀를 열고 경청하고 가르침을 받는 고통을 감내한
후에, 교회의 위엄이 축소될지도 모른다는 나의 두려움은 헛되고 쓸데없는 기
우였음을 매우 잘 깨닫게 되었다.[70]

칼빈 자신의 증거 이외에도, 우리로 하여금 그의 회심의 날짜를 대략 추
정할 수 있게 해주는 몇 가지 증거들이 있다.[71] 1533년 8월 23일 그는 노
와용의 참사회 총회에 참석하였는데, 그 회기 중에 역병을 막기 위한 행렬
성가(procession)를 조직한다는 것이 결정되었다.[72] 후일에 칼빈은 '니고
데모주의자들(nicodemism)'이라고 비난한 주장, 즉 자기들의 견해에 대

70) *Opp.* 5, 412-Opusc 194.

71) P. BARTH, '25 Jahre Calvinforschung' in the *Theologische Rundxch*, 1934와 J. CADDIER. *Calvin*, Geneva, 1958은 Marburg Colloquy 이전에 발생한 칼빈의 회심에 대한 E. DOUMERGUE와 K.HOLL의 논지를 요약한 것이다. 이것은 1528년 법학 공부를 시작하면서 동시에 회심이 일어났다는 점의 근거로 *Second Defence against Westphal* (Opp. 9,15)과 베자의 「칼빈의 생애」에서 찾아볼 수 있는 구절의 의거한 것이다. 그러나 칼빈의 원문은 단지 그가 교황권으로부터 멀리하기 시작했고(Quum enim a tenebris papatus emergere incipiens) 루터(Luther)의 저서들을 읽었다(legerem apaud Lutherum)는 사실만 나타나 있다; 칼빈은 로마교회와의 관계를 정리하였다는 사실은 언급하고 있지 않았고, 또한 정확한 날짜도 말하지 않았다. 마르부르크 강화에 대한 문장은 칼빈이 저술을 시작하기 전에 회심이 발생했다는 사실만을 소개하고 있을 뿐이다(porro antequam scribere aggressus sum, Marpurgi). P. SPRENGER, *Das Ratsel um die Bekehrung Calvins*, Neukirchen, 1960은 갑작스러운 회심이 1527-8에 일어났다고 보는데, 그러나 동시에 그의 새로운 영적인 방향을 향한 하나의 출발점 이상의 의미를 부여하지는 않고 있다.

72) LEFRANC, op. cit, p. 200.

해서 용기가 없고, 로마교회의 관례를 외형적으로 지키는 일을 계속해오던 개혁자들의 태도를 비난하는 주장을 하였다. 이 점에 대한 칼빈 자신의 항상 깨어있는 양심을 볼 때, 그가 그 당시에 자신을 개혁자 중 한 사람으로 이미 간주하고 있지는 않았을 것이다.[72b] 한편 그로부터 일년이 채 못되어서 1534년 5월에 다시 노와용에 갔었는데 이번에는 그가 전혀 다른 생각으로 그곳을 여행했었다. 왜냐하면 그는 교회의 성직록을 포기하기 위해서 고향으로 돌아갔었기 때문이다. 그는 자기가 성직록의 혜택을 누리는 것과 로마 교회와의 단절과는 서로 양립할 수 없는 일이라고 간주한 때문이었다.[73] 그러므로 그의 회심은 필연적으로 이 두 시점 사이에 놓이게 된다.

1533년이 지나는 동안에 개혁파에 가담한 사람들은 왕과 그 조언자들이 결국에는 자기들의 주장을 지지하리라는 생각을 가졌었다. 르페브르 데 타플과 함께 온건한 개혁파의 지지자들은 공공연하게 왕의 호의를 누리고 있었고, 예기치 못했던 자유마저 허용되었다. 복음적 성격을 띤 설교가 나바르의 마르그리트(Marguerite of Navarre)의 요청에 의해 루브르(Louvre)에서 행해졌고, 프랑수아 1세는 그것을 허락했다. 1533년 만성절 날(All Saints' Day)에 루브르 대학의 신임 총장인 니콜라 콥(Nicolas Cop)은 마뒤랭(Mathurins) 교회에서 관례적인 설교를 해야만 하였다. 그러나 그는 이 설교의 본문으로 산상 팔복 중의 "심령이 가난한 자는 복이 있나니"로 정하였고, 이 강연의 한 부분에서 개혁자들이 품고 있는 복음의 기능과 이신득의(以信得義)에 관한 내용을 토로했다. 이 연설은 오랜 동안 칼빈이 작성한 것으로 생각되어왔다.[74] 그런 가설을 지지하는 데는 적지않은 입증자료들이 있음도 받아들여야만 할 것이다. 니콜라 콥은 왕의 주치

72b) 1545년 4월 28일에 Marguerite of Navarre에게 보낸 편지, *Opp.* 12, 67. 참고.

73) Ibid., p. 201.

74) Ibid., p. 112; LANG, *Die Bekehrung Calvins*, pp. 43 ff; LANG, *Johannes Calvin*, p. 205.

의의 아들 중의 한 사람이었고, 칼빈이 파리에 온 처음 순간부터 줄곧 절친한 친구 중의 한 사람이었다. 게다가 초안의 원본 일부가 칼빈에 의해 쓰여진 채로 발견되었다.

이 사건이 터진 이후에 콥과 마찬가지로, 칼빈도 역시 위험에 처한 것처럼 보인다. 어쨌든 그는 다른 사람처럼 변장을 하고 피신하였다. 이 일에 아버지의 승낙이 있었을 것으로 생각했을 것이다. 그때 칼빈은 콥의 입을 빌려서 처음으로 자기의 생각을 밝히려 했을지도 모를 일이다. 그리고 이미 1533년경에 그는 개혁을 공공연히 공언할 만큼 개혁운동에 깊이 가담하고 있었을 수도 있다. 그러나, 만약 바로 이 점이 받아들여지기 어렵다면, 그 나머지 가설들도 문제가 될 수밖에 없다. 그 연설 전체가 진정코 칼빈 자신의 것으로 들린다고 주장할 수 있다는 일부 학자들이 있지만,[75] 그 시작 부분은 에라스무스가 신약성경 제3판의 앞부분에 넣은 설교(Paraclesis)에서 거의 원문 그대로 빌려온 것이며, 마태복음 5장 3절의 해석은 1525년 부처가 라틴어로 번역한 루터의 설교에 나온 구절 전체를 복사한 것임이 입증되었다.[76] 이 설교의 나머지 부분은 칼빈보다는 르페브르의 문체와 일치한다.[77] 그 외에도, 최근에는 칼빈이 그 동일한 본문에 대한 설교에서 매우 다르게 해석하였으며 공공연히 콥의 해석을 반박하고 있다는 것을 받아들이고 있는 추세다.[78]

칼빈 자신이 직접 쓴 사본이 존재하느냐의 문제가 여전히 남아있지만, 랭(A. Lang)과 뮐러(K. Müller)의 연구로 말미암아 이것이 단지 사라진

75) J. Vienot. *Historie de la Reforme francaise*, vol. I, p. 117.

76) 본문에 대해서는 LANG, *Bekehrung*, pp.46과 49 ff.를 보라.

77) R. STAEHELIN, art. 'Joh. Calvin' in the *Realencyclopadie fur prot. Theolog und Kirche*, 3rd edn, vol. III, p. 657; K. MULLER, 'Calvins Bekehrung,' pp. 224-42; NOESGEN, 'Die bei der Entstehung der Theologie Calvins mitwirkenden Momente' in the *Neue kirchliche Zeitschr.*, vol. XXII, Erlangen, 1911, p. 566, n, 3. M. MANN, op. cit., pp. 164 ff.

78) E. MUELHAUPT, *Die Preigt Calvins*, Berlin, 1931, pp. 4 ff.

원본의 사본에 불과할 뿐이라고 결론지을 수 있게 되었다.[79] 이제 칼빈이 이 설교의 작성자라는 가설에 대하여 남은 것은 그가 콥의 친구이며, 그 강연의 일부를 복사할 만큼 콥의 연설에 깊은 관심을 갖고 있었던 것처럼 보인다는 것이다. 콥이 물의를 빚은 사건 후에 칼빈도 수배를 당했다는 것은 별로 놀라운 일이 아닐 것이다. 그것은 그 두 사람 사이의 우정은 널리 알려진 것이었고, 주범과 공모가 가능한 모든 사람을 고소하는 당시의 일반적인 방법을 볼 때 놀랄 만한 일은 아니다. 따라서 콥과 칼빈 모두 다 도망갔을 때 약 50명의 다른 사람들이 체포되었다. 그렇다고 그들이 모두 콥의 연설에 협력했다는 것을 의미하는 것은 아니다.

어쨌든, 칼빈이 자기 친구의 취지를 찬동했다는 것은 사실일 가능성이 높다. 그때쯤에는 칼빈이 이미 그와 동시대 사람들이 겪고 있던 종교적인 문제에 관해서 진지하게 심사숙고하여 왔으며, 심지어 그가 그렇게 오랫동안 로마교회의 품을 떠나지 못하게 했던 그 자신의 '완고함'을 극복했다고 보는 것이 더 좋을 것이다. 적어도 그는 르페브르와 그의 추종자들의 개혁노선에 끌려들어 갔던 것이다. 그리고 콥의 강연의 구조는, 콥이 그때에 루터와 에라스무스에게서 발견할 수 있는 교회의 평화적인 개혁의 가능성에 대한 믿음을 갖고 있었음을 암시해 주고 있다.

그 유명한 연설을 한 다음 추격의 위협을 받는 가운데 파리를 떠난 후, 칼빈은 자기 친구 중의 한 사람이자, 끌라이(Claix)의 교구 성직자였던 루이 뒤 틸레(Louis du Tillet)와 함께 앙굴렘(Angouleme)에 피신하였다. 이 친구는 익명으로 칼빈을 숨겨주었고 자기 아버지의 장서 3, 4천권을 마음대로 볼 수 있게 해 주었다.[80] 이것은 칼빈에게 너무나 시기적절한 뜻밖의 행운이었기 때문에 자신의 신학 지식을 완벽하게 하기 위해서 이 절

---

79) 이와 똑같은 것이 스트라스부르에 있는 성 토마스 교회 고문서 도서관에 잘 보존되어 있다.

80) DOUMERGUE, op. cit., vol. I, p. 369. A. AUTIN, *L'Echec de la Reforme en France*, pp. 120 ff. 와 272.

호의 기회를 이용하지 않을 수 없었으며, 여기서 미래의 「기독교 강요」를 위한 기초를 닦았을 것이다. 그곳으로부터 칼빈은 멀리는 네락(Nerac)에 있는 나바르의 마르그리트 공주(Marguerite of Navarre)의 저택에까지 가서 르페브르(Lefevre)를 만났다. 우리는 그들의 만남에서 무슨 일이 있었는지는 아무것도 모른다. 그러나 르페브르의 주저하던 태도로 미루어볼 때, 그가 칼빈을 로마교회와 결별하도록 설득하지는 않았을 것으로 생각되어진다. 정말로, 르페브르의 저작들을 편견없이 검토하여 본 후에는, 르페브르가 개혁운동에 정말로 가담했다거나 개혁주의 신학원리에 집착하고 있었다고 보여지는 어떤 발전적인 것들이라도 전설의 망각 속으로 내던져 버릴 수 있을 것이다.[81]

이런 상황들을 고려할 때에만, 큰 위험성이나 실수 없이 칼빈의 갑작스러운 회심의 시기를 결정하는 것이 가능하게 된다. 칼빈의 근본적인 변화는 그가 성직록을 교회 법에 따라 포기하기 위하여 노와용을 찾아간 짧은 방문이 있기 직전에 그의 마음 속에서 일어났다. 우리가 이 개혁자의 용의주도한 성격에 관해 알고 있는 바에 따라서, 그는 자신의 새로운 방향을 명백히 하게 되었을 때, 자신을 로마교회에 결부시켰던 물질적 혜택을 포기하는 일을 오래 기다릴 수 없었던 것이다.[82]

노와용을 방문한 후에 칼빈의 이후 행보들을 알아내는 것은 그리 어려

---

81) 이러한 의미에 대하여 GRAF, 'Faber Stapulensis' in the *Zeitschrift fur hist. Theol.*, 1852: DOUMERGUE, op. cit., vol. I, pp. 400 ff., 와 542-51: H. DORRIES, 'Calvin und Lefevr' in the *Zeitschr. für Kirchengeschichte*, 1925, pp. 544-81 등은 르페브르가 종교개혁에 참여하지 않았으며, 칼빈주의 사상의 진정한 영감을 불어넣은 사람으로 간주될 수 없음을 확실하게 보여준다. 기껏해야 그는 회심 직전의 칼빈에게 일시적인 영향을 끼쳤을 뿐이다. J. BARNAUD, 'Jacques Lefevre d'Etaples' in the *Etudes Thologiques et Religieuses*, Montpelier, 1936를 참고할 것.

82) 이 주제에 대해서는 DOUMERGUE, op. cit., vol. I, pp.441-68에 엄청나게 자세하게 수집되어 있는 자료를 참고하라.

운 일이 아니다. 그는 파리로 돌아오는 길에, 푸아티에(Poitiers)와 앙굴렘
(Angouleme)에 머물렀다가, 마지막으로 오를레앙을 방문하였다. 바로 거
기서 그는 「영혼의 잠에 관하여」(De Psychopannychia)라는 논문을 쓰기
시작했거나 완성했다.[83] 이 논문에서, 그는 죽은 자의 영혼이 마지막 심판
때까지 잠을 자고 있다는 식으로 가르치는 재세례파의 교리를 공격했다.
이 저서가 1534년에 출판되어질 수도 있었는데[84] 카피통(Capiton)의 충
고에 따라서 칼빈이 그 출판을 1542년까지 연기했던 것 같다.

현수막 사건(1534년 10월)의 ─ '루터파들'이 종교와 공공질서에 대항
하여 조장했다고 하여 비난받았다 ─ 음모에 연루되었다는 혐의를 직접
또는 간접으로 받는 모든 자들에 대하여 당국이 격렬한 반감을 일으킴으
로써 칼빈의 조용한 연구시절이 끝나게 되었다.[85] 칼빈이 새로운 신앙을
지지하는 전도 행동으로 인해서 당국의 주목을 받게 되자, 그가 그 나라
안에 머물러 있는 것은 위험하게 되었다. 더욱이, 그는 박해를 피하여 신학
연구를 계속하며, 개혁을 위한 프랑스어판 '소요리문답서'를 쓰기에 충분
한 시간과 피난처를 찾기 위해 고심하였다. 그래서 그는 바젤을 택하기로
결심하였는데, 그 당시에나 오늘날에나 유럽에서 최고로 꼽는 지성의 요람

---

83) 이 책의 개정판은 1932년에 W. ZIMMERLI에 의해서 *Auellenschriften
zur Geschichte des Protestantismus*에 수집되었다. 여기에는 유익한 서론이 들
어있다.

84) 이것은 칼빈저작전집 (*Opera Calvini*), vol. 5, pp.XXXVff.의 발행자들의
견해이다. 1542년 판의 제목은 *Vivre apud Christum non dormire animis
sanctis, qui In fide Christi decedunt, Assertio*이다. *Psychopannychia*의 끝부
분은 1545년판을 제외하고는 들어있지 않다.

85) 현수막 사건에 대해서는 V. L. BOURRILLY와 N. WEISS, 'Jean du
Bellay; les protestants et la Sorbonne' in the *Bulln de l'Hist du Protest.
francais*, vol. LIII, 1904, pp. 106 ff 와 IMBART DE LA TOUR, *Origines
de la Reforme*, vol. III, pp. 552 ff.를 참고하라. 현수막의 내용에 대한 저서는
L. FEBVRE,' L'Origine des placards de 1534' in the *Bibliotheque
d'Humanisme et Renaissance*, vol. vII, pp. 62 ff. 이다.

중 한 곳이었고, 에라스무스가 근래에 머물렀던 곳이었으며, 출판의 중심
지로서도 매우 유명한 곳이었다.

칼빈에게 있어서, 회심은 적어도 그에게는 그가 이전에 추구했던 학문들
과의 단절을 의미했으며, 최소한 이제까지 그의 생애의 목표로 삼았던 인
문주의와의 단절을 의미했다. 그리고 그 사건 이후에 칼빈이 단지 프로테
스탄트 인문주의자가 되었다고 생각하는 것은 이 회심을 참으로 곡해하는
생각일 것이다. 젊은 시절에 그가 인문주의로부터 받은 감명은 매우 깊었
지만, 그리고 우리가 살펴 본 바와 같이 이 감명은 흔히 인정받고 있는 것
보다는 더욱 깊고 지속적인 것이었으나, 칼빈은 필연적으로 자기의 회심을
방향의 완전한 전환이라고 해석하였음에 틀림없다. 그 순간까지는 인문주
의적 가치들은 그의 마음 속에 인간에게 가능한 가장 높은 목표 성취가
되어 있었다. 종교와 관련하여 볼 때, 인문주의는 고대의 지혜에 대한 숭배
를 포함하는 범위였는데, 이는 기독교 진리에 대한 접근과 준비로서 드러
난다.

그러나 이제 그는 고대철학과 기독교 신앙의 사이에는 연관지을 수 없
는 단절이 있음을 깊이 깨달았다. 인간의 위대성에 근거하여 정립된 인문
주의에 맞서서, 이제부터는 죄악성과 하나님으로부터의 소외로 인해서 인
간의 타락을 지적하게 되었다. 자유의지와 인간의 자유를 부르짖는 무리에
게 인간의 의존성과 예정의 섭리에 대한 불가항력적인 복종을 설교함으로
써 응수하려고 하였다. 루터의 회심의 경우처럼, 비록 그다지 극적이진 못
하지만, 죄의식에 대한 각성이 칼빈의 회심에 있어서도 결정적인 계기였
다. 인문주의자들은 심지어 기독교 인문주의자들까지도 죄에 대해서는 형
식적이거나 비인격적인 개념만을 가지고 있었을 뿐이었다. 종교개혁자들
에게는 죄가 모든 사람에게 관련된 실재이자, 개인의 가장 내면적 존재를
결정짓는 실체였다.

그러므로 칼빈은 더 이상 그가 알고 있던 인문주의를 믿을 수 없었다.
그러나 1534년 이후, 그는 비록 인문주의로부터 자신을 떼어놓는 모든 일
을 의도적으로 강조하였지만, 그래도 그의 학문적인 방법과 지적 전망의

특정한 형식에 있어서는 여전히 인문주의에 머물러 있었음을 우리는 알고 있다. 회심하기 전에, 그는 인문주의 그 자체를 목표로 삼았었으나, 회심 후에는 인문주의는 하나의 지적 수단에 불과했다. 그에 관해 간결하지만 정확하게 언급되었던 것처럼 "그는 인문주의와 싸우기 위해 인문주의를 사용하였다."[86] 그는 계속 고대 철학자들을 찬양하였고, 여전히 에라스무스와 그의 제자들을 존경했으며, 그의 일생을 통해 그들의 노력과 그들의 저작들을 찬양하고 이용하는 것을 마다하지 않았다. 그러나 그는 항상 지나치게 그들과 동행하지 않으려고 주의를 기울였으며, '유익한 정도 이상으로 철학자들의 견해를 따르지 않는 것'이 낫다는 사실을 끊임없이 지적했다.[87]

---

86) M. MANN. op. cit, p. 171.
87) *Inst*, II, 2, 4,

제2장

첫번째 제네바 시절부터 다시 돌아오기까지

「기독교 강요」 초판 서문의 날짜는 1535년 8월 23일이라고 되어 있다. 그러나 이 책의 인쇄가 끝난 것은 1536년 3월이었다. 프랑스를 떠난 후 1535년 첫 몇 주일간은 바젤에서 지냈다.[1] 그는 자유를 누리기 위해 다시 익명을 취하였고, 어느 누구에게도 자신이 「기독교 강요」 초판으로 출판되게 될 라틴어 요리문답의 저자라고 밝히지 않았다. 이제 칼빈은 전적으로 신학연구에 몰두하였으며, 그가 할 수 있는 최대의 노력을 기울여 이전의 학문에 비하여 대부분 새로운 학문이 되는 이것을 정복하려고 애를 썼다. 그 시기에 그는 책을 출판하면서, 동시에 성경과 교부들의 글, 루터, 멜란히톤과 부처의 글을 읽는 데 바빴던 것 같았다. 이따금 그는 자신의 논증법에 흥미를 갖고 있는 스콜라주의자들에게 조언해 주면서 몬테귀에서 그의 기억들을 새로이 상기해야 했음이 틀림없다. 그의 「기독교 강요」에서 볼 수 있듯이, 그의 독서는 매우 광범위한 것이었다. 그러나 이 모든 독서가 칼빈을 바젤에 있는 신학자들과 관계를 갖지 못하도록 방해하지는 못

---

1) DOUMERGUE, *Jean Calvin*, vol. I, pp. 487 ff.; WERNLE, *Calvin und Basel bis zum Tode des Myconius*, Tubingen, 1909. 종교개혁을 짐작케하는 바젤의 상황과 경향에 대해서는 R WACKERNAGEL, *Humanismus und Reformation in Basle*, Basle 1924; E. STAEHELIN, *Das Buch der Basler Reformation*, Basle, 1929; 그리고 같은 저자의 *Das Theologische Lebenswerk Johannes Oekolampads*, Leipzig, 1939 등을 참고할 것.

했으며, 불링거나 폴 비레(Paul Viret)와 같은 사람들, 또는 스트라스부르
의 카피통, 부처 등과 다시 교류하는 것을 막지 못했다.[2]

칼빈은 그의 「기독교 강요」의 교정을 끝마치자마자 친구인 뒤 틸레(Du
Tillet)와 함께 — 일반적으로 그렇게 말해지듯이 — 바젤을 떠났다. 틸레
는 칼빈이 망명을 갈 때 따라갔던 친구였으나 후에 다시 로마교회로 돌아
가는 바람에 칼빈을 실망시켰다.[3] 가명으로 칼빈은 이탈리아로 가서 페라
라 공작부인(Duchess of Ferrara)을 방문하였다.[4] 이 여행의 이유는 거의
알려지지 않았다. 칼빈이 출발하기 전에, 루이 12세의 딸이며 헤르큐레 데
스트(Hercules D'Este)의 부인이었던 프랑스의 르네(Renée)에 관해 들었
음은 의심할 나위가 없다. 그녀는 자신의 세련된 감수성을 전혀 이해하지
못하는 남편과 사이가 아주 나쁜 상태에 있었으며, 위로를 얻기 위하여 종
교에 마음을 쏟았다. 그녀는 종교개혁에 호의를 갖고 시인 클레망 마로를
포함하여 많은 개신교의 도피자들을 그의 궁정에 끌어들였다. 칼빈은 페라
라의 궁정에서 불과 몇 주밖에 머무르지 못하였으나 그 공주를 믿음 안에
더욱 굳게하고 그녀 주위의 몇 사람들과 친분을 맺기에는 충분하였다.

그런 중에도, 칼빈은 그의 이전의 교우 관계를 잊지 않았다. 그는 뒤슈맹

---

2) KOLFHAUS, 'Der Verkehr Calvins mit Bullinger': *Calvinstudien*,
Leipzig, 1909, p. 28. A BOUVIER, *Henri Bullinger*, Neuchatel, 1940, p. 49:
HERMINJARD, *Correspondence des Reformateurs*, vol III, p. 373, n. 2,
Opp, 10b, 45.

3) DOUMERGUE, op cit, vol. II, p. 8.

4) 이탈리아를 방문한 이 여행은 매우 생동감 넘치는 의문점이 많아서 역사학
자들의 탐구심을 자극하고 있다. 참고. DOUMERGUE, op. cit, vol. II, pp. 3-84,
RODOCANACHI, *Renee de France, Dochesse de Ferrara*, Paris, 1895: 그
리고 그의 *La Reform en Italie*, vol. 1, Paris, 1920, pp. 337 ff.; PANNIER,
'Renee de France' *in Etudes Theol. Relig*, Montpellier, 1929, pp. 135 ff. C.
A. MAYER, 'Le Depart de Marot de Ferrare', *Bibliotheque d'Hummanisme
et Renrussance* vol XVIII, 1956, pp. 198, 203 and 209 에서 조사된 것을 참
고할 것.

(Duchemin)과 제라르 루셀(Gerard Roussel)에게 편지를 보냈다. 그 서신은 1년 후에 바젤에서 출판되었다. 이 서신에서 그는 요동하는 자들의 태도를 꾸짖었다. 후에 칼빈은 그들을 니고데모파(Nicodemites)로 불렀는데, 그들은 종교개혁에는 동조했으나, 계속 로마교회의 예배의식에 참석하였고, 로마 교회의 성직록과 직분을 받고 있던 사람들이다. 이것이 이들 두 사람 사이에 주고받은 서신의 내용이다. 이 편지 속에서 칼빈은 그의 서신들을 아주 잘 처리하고 있는 특징을 보여주는 바, 솔직 담백함과 절박한 어조가 잘 드러나 있다.[5] 그는 또한 바젤로 돌아온 후에 프랑스의 르네와 여러 차례 서신왕래를 하였으나, 진정한 의미에서 그녀의 영적인 지도자가 된 것은 1548년 이후의 일이었다.[6]

프랑스로 돌아간 칼빈의 또 다른 여행은 바젤에서의 체류를 완전히 불가능하게 했다.[7] 그때 처분해야 될 부친의 유산에 관한 사건이 있었던 것 같다. 칼빈은 위험을 무릅쓰고 파리까지 갔다. 거기에서 그는 동생 앙투안(Antoine)와 누이 마리(Marie)를 만났고 그들에게 자신을 따라서 외국으로 가자고 설득했다. 그의 목적지는 스트라스부르로 가는 것이었다.[8] 그러나 그 혼란의 시기에는 사람들이 선택하고 싶은 대로 여행을 할 수 없었다. 프랑수아 1세와 카를 5세 황제 사이에 재개된 전쟁으로 말미암아, 칼빈은 제네바를 경유하는 우회로를 선택해야만 했다. 당시 그곳의 상황이 그의 남은 인생에 가장 큰 영향을 미치게 되었다.

칼빈과 파렐 사이에 있었던 그 유명한 대화가 진정 이 곳에서 벌어졌다. 그 대화에 대해서 칼빈이 자신의 시편 주석 서문에서 밝힌 그대로 이 개혁자의 말을 인용해 보기로 하자.

---

5) *Opp.* 5, 233-312; 참고. DOUMERGUE, op. cit. vol. I, pp. 22 ff.
6) Ibid, pp. 729 ff. BENOIT, *Calvin, directeur d'ames*, pp. 36-41.
7) DOUMERGUE, op. cit. vol. n, pp. 173 ff.
8) *Opp.* 31, 26.

내가 이제 조용히 은거하고자 했던 스트라스부르로 가고자 했던 지름길이 전쟁으로 말미암아 폐쇄되었기 때문에 나는 이 제네바에서 하룻 밤 이상은 머무르지 않고 조용히 지나가려고 했었다. 이 일이 있기 바로 얼마 전에 내가 [파렐]과 피에르 비레의 노력으로 그 도시에서는 교황의 추종자들이 축출되었다. 그러나 모든 것이 아직 안정된 상태는 아니었으며, 제네바 시는 위험하고도 고약한 분열의 위기를 맞게 되었다. 그런데 지금은 비열하게 교황주의자로 전향해버린 어떤 사람 [뒤 틸레]이 나를 발견하고 다른 사람들에게 알려주고 말았다. 이 사실을 알고 복음을 드러내기 위해 열정에 불타고 있었던 파렐이 순간적으로 나를 머물게 하려고 온갖 애를 썼다. 그러나 내가 몇 가지 특별한 연구를 위해서 자유를 얻기 원한다는 사실을 듣고 나서 그의 간청이 내게는 아무 소용이 없다는 사실을 깨닫게 되자, 그는 나에게 이렇게 큰 도움이 절실히 필요할 때에 내가 돕기를 거절한다면, 하나님께서는 나의 휴양과 평안을 저주하실 것이라는 저주의 말까지 서슴지 않았다. 이 말에 너무나 놀라고 두려움에 사로잡힌 나는 계속하던 여행을 포기하고 말았다. 하지만, 나로 하여금 나의 수줍음과 소심함을 느끼도록 하는 그 방법을 통해서, 나는 어떤 특정한 직무를 내던지지 않도록 스스로 결심하기에 이른 것이다.[9]

칼빈이 제네바에서의 상황을 말해주는 이 간결한 설명은 우리가 다른 자료들로부터 얻은 것과 일치한다. 정말로 그 당시의 상황은 파렐로 하여금 제네바의 영적 지도자로 만들었다.[10] 그러나 그가 그곳의 상황에 어떤

---

9) Ibid., DOUMERGUE, op., cit, vol I, p. 177. 참고, 마지막 문장에서 칼빈은 다시 한 번 자신은 "수줍음이 많고 겁이 많았다"고 고백하였다. Opp., 21, 43.

10) CH. BORGEAUD,' La Conqurte religieuse de Geneve' in the symposium Guillaume Farel, Neuchatel, 1930, p. 336. 제네바의 종교개혁 시작에 관하여는 다음을 저술들을 참고할 것. H HEYER, L'Eglise de Geneve, Geneva, 1909. BORGEAUD, L'Adoption de la Reforme par le peuple de Geneve, Geveva, 1923, and H. NAEF. Les Origines de la Reform, Geneva, 1936. 1536-8까지의 칼빈의 활동에 대해서는 반드시 다음의 글을 참고해야 할 것임. the 'Notice sur le premier sejour de Calvin a Geneve' by A.RILLIET, 이 글은 1537년 RILLIET 와 DUFOUR에 의해서 편찬된 요리문답 재간행본 (Geneva; 1878)에서 서론으로 들어 있다. CORNELIUS, Die Vebannung

영향을 주지는 못했다. 그때까지만 해도 종교개혁은 확고하게 정립된 상태가 아니었다. 왜냐하면 종교개혁의 일면은 정치적인 동기로 시작되었기 때문에 그때까지도 상당히 오랫동안 진통을 겪고 있었다. 로마 가톨릭은 한동안 열세에 놓여 있기는 하였지만, 여전히 상당한 수에 이르렀다. 무엇보다도 먼저 개혁파가 가장 필요로 하였던 것은 교회를 조직하며 확고한 기반을 세울 수 있는 유능한 지도자였다. 이러한 관점에서 볼 때, 모든 것은 여전히 미완성 상태였다. 전통이 아직 완전히 형성되지 않은 터 위에다 새로운 터전을 닦고 교회를 조직할 수 있었던 것은 칼빈에게는 오히려 행운이었다.[11]

그럼에도 불구하고, 파렐이 이미 이루어 놓은 업적을 과소평가해서는 절대로 안된다. 칼빈의 업적이라고 평가되는 모든 활동영역의 방향에 있어서, 파렐은 선구자로서 나타났다. 비록 칼빈보다는 능력이 부족하고, 체계적이지 못하였지만 교회 기반을 확보하고 최초로 조직을 결성한 것이나 칼빈으로 하여금 그 일을 수행케 한 것은 높이 평가할 만하다. 부족한 능력 때문에 파렐은 칼빈이 그처럼 훌륭하게(물론 어려움이 없었던 것은 아니었지만) 성공적으로 성취할 수 있었던 일을 자기 스스로는 이룰 수가 없었다. 칼빈과의 만남에서 파렐은 칼빈이야말로 자신의 생각을 자신보다도 더 잘 실현시킬 수 있는 인물임을 통찰하게 되었다. 그리하여 자기 자신의 권위적인 성격에도 불구하고, 파렐은 현명하게도 새로운 후배에게 자리를 양보하는 지혜를 발휘하였다.

칼빈은 제네바 교회의 성경 봉독자(Reader in Holy Scripture to the

Calvins aus Genf im 1538, Munich 1886.

11) 칼빈은 도착 당시의 불충분한 상황을 너무나 생생하게 기억하고 있었기 때문에, 임종시에 그의 동료들에 관하여 다음과 같이 주저없이 말하였다. "내가 처음 이 교회에 왔을 때에는 거의 아무것도 없었다. 다만, 그들이 설교하는 것이 전부였다. 참으로 그들이 우상을 찾아내어 불태워 버렸지만, 개혁이란 아직 없었다. 모든 것이 혼란한 상태에 놓여 있었다." *Opp.* 9, 891.

Church in Geneva)라는 직책을 얻으면서부터 개혁자로서의 생애를 시작하였다.[12] 설교자가 되기 전까지 그는 교수로서 재직하였다. 그러나 곧 그는 설교를 하고 교회조직에 참여하도록 임명받았다. 그래서 그는 처음부터 네 분야의 일, 즉 주석과 교의 및 설교와 교회의 재조직에 주도권을 가지고 일을 해 나갈 수 있었다. 1536년 10월 초부터 그는 처음으로 다른 교회들의 문제에도 관여하도록 요청을 받았다. 그는 로잔(Lausanne)의 신학논쟁에 참석함으로써 그 당시에 베른 시에 합병된 보드(Vaud)지방에서 교회조직을 위한 기반을 마련하여 주었다.[13] 그러나 그가 자기 생애의 대부분을 바쳤던 곳은 물론 제네바 교회였다.

로잔의 교회조직을 성공시킴으로써 용기를 얻게 된 칼빈은 1537년 1월 16일에 새로운 교회 조직의 기초로서 일련의 규칙을 여러 회의에 제출하였다.[14] 이 문서에서 우리는 칼빈주의자들의 업적을 특징짓는 일부 기본적

---

12) 이 명칭은 뒤슈맹과 루셀에게 보내는 편지의 서두에 그가 스스로 붙인 칭호이다. *Opp.* 5, 233을 참조하라.

13) H. MEYLAN과 RDELUZ, *La Dispute de Lausanne*, 1936 ; H VUILLEUMIER, *Histoire de l'Eglise reformee pays de Vaud*, Lausanne, 1927, vol I, pp. 153 ff.

14) WALKER, op cit, pp. 202 ff., *Opp.* 10a, 5-14. 제네바 공화국은 4명의 행정장관(최고 집행부)과 여러 개의 평의회로 운영되었다. "소평의회"는 4명의 장관을 포함하여 25명의 의원들로 구성되었다. "소평의회"는 행정 및 입법에 관한 의안 제출권을 가지며, 광범위한 사법권까지도 지녔다. "60인 평의회"는 특히 중대하다고 판단되는 문제들에 관하여 "소평의회"로부터 자문을 요하는 사항을 결정하며, 주로 외교에 관한 문제를 다루었다. "200인 평의회" 혹은 "대평의회"는 통용되는 입법상의 문제에 관한 결정권을 지녔으며, 만일 필요하다면 항소 및 상고 법원으로서의 역할까지도 하였다. "일반 총회"는 모든 시민들이 참여하는 집회였다. "일반 총회"는 중세 말기까지는 상당한 정치적인 세력과 입법권을 지녔으나, 그 후 점차 그 힘을 잃었다. 이 제도는 "소평의회"와 "60인 평의회"를 선발할 수 있는 권한을 잃고, 전적으로 귀족적 경향에 굴복하고 말았다. 그 이후부터는 "200인 평의회"가 "소평의회"를 임명하였으며, "소평의회"는 반대로 "60인 평의회"와 "200인 평의회"를 임명하였다. 칼빈이 그곳에 도착하기 전에 시작된 이러

인 사상을 발견하게 된다.[15] 무엇보다도 먼저 교회에 있어서, 비록 교회가 재세례파(Anabaptist)가 말하듯이 선택자들만의 공동체는 아니라고 할지라도, 교회 구성원들의 성원에 근거하여야만 했다. 또한 칼빈은 모든 주민들에게 공적인 신앙고백을 제안하게 되었는데, 그것은 '복음을 따르는 자들과 예수 그리스도의 왕국보다는 교황의 왕국에 속하는 것을 더 사모하는 자'들에게 자신의 신앙을 알리는 데 목적이 있었다.[16] 실제로, 믿음의 통일성이 깨져 있던 제네바 사람들에게 제안된 이 신앙고백은 그 도시에 남기를 원하는 모든 사람에게는 의무조항이 되고 말았다.[16b]

신앙고백은 단순히 개혁자들과 가톨릭교도들을 구별짓는 문제만은 아니었다. 새로운 신앙고백을 지지하는 자들에 의하여 설립된 교회는, 참 교회를 구별하는 표징으로 말씀을 전파하고, 성례를 시행하는 일 외에도, 또 다른 여러 가지 일들을 행하여야 한다고 칼빈은 생각하였다. 교회는 산 공동체(a living community), 즉 지상에 세워진 그리스도의 왕국(a Kingdom of Christ)이어야만 했다. 이 의미는 교회란 한 사람의 완전한 엘리트를 위하여 예비된 곳이어서는 안되며, 가능한 한 거룩함에 가까이 가야만 한다는 말이다. 긍정적인 면에서 볼 때, 교회의 임무는 가능한 한 모든 수단을 사용하여 구성원들의 점진적인 성화에 기여하는 것이다. 부정적인 면에서는 회개하지 않는 죄인들을 축출하는 권리를 갖는 것이다. 따라서 칼빈

한 진전은 그가 체류하는 동안에도 계속되었으며 — 어느 정도는 칼빈도 이것을 찬동하고 있었는데 — 실질적인 권력이 그 자체적으로 영구적인 평의회의 수중에 넘어감으로써 끝이 났다.

15) W. KOEHLER, *Zurcher Ehefericht und Genfer Konsisitorium*, vol. Ⅱ, Leipzig, 1942, pp. 508 ff.

16) *Opp.* 10a, Ⅱ.

16b) 그러나 M. P. -F. GEISENDORF가 지적하였듯이 칼빈이 도착하기 두 달 전에 "사람들의 투표를 통해서 개혁 신앙에 애착을 갖고 있음을 결의하였으니, 그 신앙은 자치공화국을 새로이 선포한 도시들에 속하기 위해 필수적인 것이기 때문이었다" *Biblioth. d'Humanisme et Renaissance*, vol. XIII, p. 113, n. 2.

에게 있어서 출교는 부처(Bucer)가 주장한 바와 마찬가지로 참 교회가 지닌 특권 중의 하나였다.

칼빈은 자신의 「신앙조항」(*Articles*)에서 출교권에 관하여 주장하였으며, 「신앙고백」(*Confession of Faith*)[17]에서는 한 장 전체를 할애하여 출교권에 관하여 언급하였다. 이 외에도 그는 다음과 같은 것들을 요구하였다. 즉 시편의 노래는 예배의 순서에 반드시 포함되어야 한다는 것, 요리문답의 교육이 제정되어야 한다는 것, 그리고 일부 위원들을 선발하여 결혼에 관한 규정을 제정할 것 등이다. 그 후에 곧바로 「신앙고백」과 「요리문답」(*Catechism*)에 근거하여 신앙조항들을 완성하였는데, 이 두 가지는 칼빈과 파렐이 공동으로 구상한 것으로 추정된다.[18] 「요리문답」의 주요 골자는 그보다 일 년 전에 발간된 「기독교 강요」로부터 빌어왔으며, 「신앙고백」은 「소요리문답」의 요약에 해당한다.

행정당국에서는 칼빈의 제안을 받아들이는 데 별로 서두르지 않는 듯하였으나, 마침내 3월에 「신앙조항」을 채택하였다.[19] 그 후 얼마 안 있어서 「신앙고백」도 채택되어서 행정당국의 지도자들이 모범을 보이기 위해서 첫번째 서명자가 되었다. 이 「신앙고백」 문제를 대중에게 내어놓기 전에는 별 어려움이 일어나지 않았다. 처음에 그들은 관리들을 시켜서 집집마다 돌아다니며 가장들의 동의를 얻도록 하였다. 이 방법은 완전히 실패했다. 그래서 이번에는 많은 사람들 앞에서라면 감히 반대하지 못하리라는 생각에서, 각 지역의 주민들을 사분지 일씩 교대로 성 베드로 성당에 모이게 하였다. 그러나 또 다시 상당히 많은 이탈과 불참자가 발생했다. 평의회원

---

17) *Opp.*, 10a, 9 ; 22, 93. KOEHLER, op. cit, vol. II, p, 512에서는 다음과 같이 쓰여있다. "칼빈의 고상함은 프로그램 자체나 그것에 대한 설명에 있는 것이 아니라, 그러한 것들을 어떻게 잘 다스릴 수 있는가를 아는 개인적인 열정에 깃들어 있다."

18) *Opp.*, 22, 33-74와 85-96.

19) WALKER, op. cit, p.223 ; KOEHLER, op.cit, vol. II, p. 515.

들도 점차 주저하는 태도를 보이기 시작하였다.

그 해 7월에 가서는 규율에 관한 제안(案)을 아예 거부함으로써 공공도덕을 감독하는 일은 정치권의 권한에 속하는 것이라고 주장하였다.[20] 바젤과 스트라스부르, 그리고 그밖의 도시들에서도 그전에 이런 교회의 규율을 원했었는데, 제네바에서도 시 당국은 새로운 교회 기관과 대결하게 되는 것을 원하지 않았으니, 교회기관은 이내 정치적 권력으로부터 독립하고자 노력하기 때문이었다. 실제로 칼빈의 개인적인 권위가 확립되었을 때조차도, 그는 결코 제네바 교회를 시 당국의 통제로부터 벗어나게 할 수가 없었다.

시간이 경과하면서, 제네바 시민들에게 「신앙고백」에 의무적으로 서명케 하려던 것은 개혁자의 정치적 경험미숙으로 판명되고 말았다. 로마 가톨릭 진영이 종교개혁 쪽의 사람들에게 저항함으로써, 어떤 중립적인 사람들도 존재하지 못하게 되었고, 지도자들은 자기들의 계획을 위해서 강력한 다수로 뭉친 진보주의 층이 형성되는 것을 방해하였다. 가톨릭 파와 중도파들은 자기편의 수가 많은 것을 알고는 놀라게 되었으며, 점차 강하게 반대하였다. 상당수의 개혁자들도 적어도 그들이 이해하는 바로는 복음의 자유와 규율의 부과가 양립할 수 없다는 이유로 논쟁을 거듭하였다.[21] 또한 칼빈과 파렐에게 너무 지나치게 순종하였다고 생각한 평의회 위원들도 모두 한결같이 비난하였다. 그리하여 1538년 2월의 선거에서 반대파는 쉽게 승리할 수 있었다.

얼마 지나지 않아서, 또 다른 걱정거리가 제네바 개혁자들을 휩싸게 된다. 칼빈이 제네바에 체류한지 불과 수개월이 채 되지 않을 때에, 재세례파가 그를 곤경에 빠뜨리게 된 것이다[22] 그 당시에 카롤리(Caroli)라는 사람

---

20) 칼빈의 프로젝트가 대중의 도덕성에 관한 것을 훨씬 넘어서는 제안임을 제네바 행정당국이 의식하지 못하였던 것으로 추정된다.

21) 이와 똑같은 방식으로, 3년 전에 스트라스부르에서 부처가 시도한 권징조항들도 "새로운 교황주의"의 상징으로 인식되어 적대감을 불러일으켰다.

이 있었는데, 그는 약 15년 전에는 르페브르와 브리소네 주변에 모였던 '모(Meaux) 그룹'의 일원이었으며, 그 때 당시에는 로잔에서 설교자의 직무를 맡고 있었다.[23] 제네바 개혁자들은 카롤리가 죽은 자를 위한 기도를 찬성하면서, 동시에 연옥에 관한 가톨릭의 교리에 적대적인 표현을 하는 것을 보고, 그의 사상에 의심을 품기 시작하였다. 그 당시에 죽은 자를 위해 기도하는 것은, 미사에 참예하는 것만큼이나, 로마 가톨릭교에 충성하는 명백한 표징으로 간주되었다.

그런데 카롤리가 파렐의 「요약서」(Summary)와 칼빈의 「기독교 강요」를 증거로 이 두 사람이 아리우스주의(Arianism)와 연루되어 있다고 비방하면서부터 사태는 더욱 악화되었다. 그의 비방은 심각하였으며, 그러한 비방이 칼빈 자신의 모든 일을 약화시키리라는 것을 칼빈은 잘 알고 있었다. 매우 격렬한 토론이 개최되었으며, 토론기간 중에 비레(Viret)는 자신의 제네바 동료들을 돕고자 최선을 다하였다. 칼빈은 이 충돌을 이겨내기가 힘들었고, 자신에 대한 개인적인 공격도 만만치 않았다. 칼빈은 자신이 전통적인 기독론의 지지자임을 당당히 주장하였지만 카롤리가 요구한 증거를 거부하였는데, 그 증거란 고대교회의 세 가지 신조(Symbols), 즉 사도신경, 니케아 신조, 아타나시우스 신조 등에 대한 칼빈의 서명이었다.

칼빈의 거부 이유는 다소 불분명하다. 그러나 교리적 문제에 있어서 칼

---

22) DOUMERGUE, op. cit. vol. II, p. 242

23) 카롤리에 관한 가장 완벽한 연구는 *Jahrbuch fur Schweiz. Geschichte*, vol. 29, 1904, pp. 41-169에 있는 E. BAEHLER의 "Petrus Caroli und Johann Calvin"이다. 그러나 저자는 카롤리를 지나치게 옹호하는 견해를 너무 편협하게 주장함으로써 칼빈주의자들의 역사관을 지나치게 거부하였다고 비난받기도 한다. 다음을 참고하라. DOUMERGUE, op. cit., vol. II, pp. 252-68. H.VUILLEUMIER, op. cit. vol. I, pp. 165-71, and E. CHOISY, 'Farel a Geneve avec Calvin', 스트라스부르에서의 사건들에 관해서는 E. STRICKER, *Johann Calvin als erste Pfarrer der reformierter Gemeinde zu Strassburg*, Strasbourg, 1890, pp. 31-9를 참고하라.

빈이 전통에 중요성을 부여하지 않고자 하였던 점은 분명하다. 그가 이 논쟁의 벽두부터 "우리는 한 분 하나님(one God) 안에서 신앙을 고백한 것이지, 어떤 정통의 교회에 의해 인정되어진 바 없는, 아타나시우스 신조에게 한 것이 아니다"[24]라고 분명히 밝히지 않았던가? 그렇지만 또한 칼빈은 자신의 반대파들 앞에서 변명하는 것처럼 보이기를 원치 않았던 것 같다. 이 문제는 베른(Bern) 시 평의회로 회부되었으며, 그곳에서 칼빈의 입장은 많은 의심을 받게 되었다. 카롤리가 그릇되었다는 확신도 없던 베른 시의 중재자들은 두 편으로 갈라서서 제갈길로 가게 되었다. 그 후 논쟁은 로잔과 베른의 총회에서 1537년 5월과 6월에 다시 격렬하게 재개되었다. 이 때에는 칼빈이 승리하게 되었고, 베른시 당국은 카롤리의 지위를 박탈하였다. 그러나 두 사람간의 적대관계는 그 후에 몇 번 더 드러나게 되었는데, 특히 칼빈이 스트라스부르에 체류하는 동안에 더욱 두드러진다.[25] 카롤리는 결국 로마 가톨릭교회로 돌아가버렸고, 1545년에 칼빈은 한 번 더 카롤리에 반대하는 소책자를 발간함으로써 싸움을 시작했다. 여기에서 그의 옛 적을 서슴없이 진흙탕 속에 빠뜨려 버렸다.[26] 어쨌든 훗날 이 개혁자로 하여금 삼위일체설을 강하게 주장하게 한 것이 카롤리의 풍자들에 대한 아픈 기억 때문이었음이 분명하다. 또한 이것은 세르베투스(Servetus)에 대한 칼빈의 태도에도 어느 정도 작용하였을 것으로 보인다.

　1537년의 갈등이 베른시 시민들의 마음 속에 제네바 개혁자들에 대한 적대감을 제거하여 주었으며, 또한 이것은 개혁해 나가야할 엄청난 일들을 발견할 수 있게 해 주었다. 칼빈과 그의 동료들에게 반대하는 이들의 악의에 맞서서, 칼빈은 제네바 시 당국에 보다 완강하고 비타협적인 태도를 취하기 시작하였다. 충돌이 임박한 듯 보였는데, 실제로 그 첫번째 기회가 예

---

24) HERMINJARD, *Correspondence*, vol. IV, p. 185. 참고. LANC, *John Calvin*, p. 41.

25) DOUMERGUE, op. cit., vol. II, pp. 397 ff.

26) Ibid., vol VI, p. 68.

배 의식에 관한 문제에서 일어났다.[27] 예배의식에 관한 문제에 있어서 베른시의 사람들은 한동안 루터파의 개념에 기울어져 있었고, 제네바 사람들은 더 전통주의자들을 따랐다. 특히 베른시의 사람들을 세례기의 사용을 계속하여 왔었다. 성찬식에서는 성체(聖體; host)를 여전히 사용하고 있었다. 이러한 것들은 칼빈의 견해로는 아무런 실제적인 가치도 지니지 못한 것들이었다. 그러나 제네바에까지 정치적 영향력을 행사하기를 갈망하던 베른 사람들은 그러한 것들에다 상당한 의미를 부여하였다. 실제로, 그들은 자신들의 종속국 전체의 예배의식을 통일함으로써, 교회 정책이 단일한 영감 아래 있음을 과시하고자 하였는데, 이러한 사고는 아마도 부처의 영향 때문이었을 것이다. 새로 합병된 지역에 종교개혁을 보급하는 것은 베른의 정치체제에 그들이 합병되는 것을 선포하는 것이었으며, 결과적으로 단일화된 예배의식은 어떤 분파적인 신앙도 베른 행정부 산하에 있는 여러 지역을 분리시키지 못한다는 것을 공적으로 증거하는 것이었다.

그래서 1538년의 선거에서 선출된 제네바 당국자들은 자신들의 불안정한 세력을 강화하기 위하여 베른시의 도움을 얻고자 하였다. 그들은 베른시 당국자들의 환심을 얻기 위하여 먼저 목사들에게 문의하지도 않은 채 자진하여 베른식의 복장을 입도록 채택하였다. 칼빈은 자신이 주장해오던 교회의 자치권이 이처럼 심하게 침해당하는 것에 대하여 대단히 격분하였다. 그의 지지자들은 그와 함께 베른시에 굴복하지 않기로 하였다. 그에 대한 당국의 보복은 잔인하였다. 그들은 칼빈과 그의 동료들로 하여금 부활절에 설교하는 것을 금지시켰다. 목사들은 그들의 경고를 무시한 채 오히려 그들이 사람들의 마음을 그토록 선동시키는 한 성찬식을 베풀어 줄 수 없다고 공표 하였다. 그러자 극단적인 조치가 취하여졌다. 소평의회, 이백인 평의회, 그리고 총회가 차례로 열려서 베른의 예식을 채택한다고 엄숙히 확정하였다. 칼빈과 파렐 그리고 다른 성직자들은 지위를 박탈당하였

27) CORNELIUS, op. cit. pp. 42 ff.; WALKER, op. cit. pp. 226 ff.

고, 삼일 내에 그 도시를 떠나라는 명령을 받았다.[28]

따라서 칼빈의 제네바 시절은 그의 생애에 있어서 단지 불행하고 의미 없는 기간에 지나지 않는 것처럼 보였다. 칼빈이 자신의 면직을 각오하고 뛰어들 정도로 그렇게 중요한 문제는 아니었으나, 다만 그것은 그가 생명처럼 여기는 원리에 관한 것이었기에, 순간적으로 굴복하기보다는 차라리 미성숙한 제네바 교회를 무너뜨릴 위험에서 구하는 쪽을 기꺼이 택하였다.[29] 그 위험은 가상으로만 한 것만이 아니었으며, 그 당시의 사람들이 그러한 위험을 잘 알고 있었다. 가톨릭파는 여전히 강한 세력을 지니고 있었으며, 칼빈과 파렐의 추방은 복수할 날이 조속히 오기를 기대하던 가톨릭의 몇 지도자들에게 큰 격려가 되었다.

추방당한 성직자들은 자신들에게 취하여진 혹독한 조처에 대하여 호소하고자 먼저 베른으로 향하였다. 예상과는 달리 뜻밖에도 그들은 처음에 환대를 받았다. 베른 사람들은 제네바에서 가톨릭 교회가 다시 부흥하게 되는 것을 두려워하였다. 그러한 일이 발생하는 것을 보게 되기보다는 차라리 칼빈과 제네바 당국간의 분쟁을 기꺼이 중재하고자 하였다. 그후 칼빈과 파렐은 4월말에 열리는 총회에 참석하기 위하여 취리히로 향하였으며, 그곳에서 그들은 자연스럽게 자신들의 견해를 변호하였으니, 특히 자신들이 제네바에서 권했던 교회 법규의 필요성과[30] 도시를 여러 교구로

28) CORNELIUS, op. cit. pp. 50-62에는 이 사건들에 관하여 매우 상세한 분석을 제시하고 있으나, CHOISY, op. cit. pp. 359 ff.에 의해서 제시된 발전적인 고찰에 따라서 몇 군데가 바르게 수정될 필요가 있다.

29) WALKER, op. cit. p. 235 와 LANG, op. cit. p. 45에 의해서 선포된 판단은 여전히 정치적인 견해로서만이 아니라 타당한 것이다. 또한 HERNINJARD, *Correspondence*, vol. v, p. 65 속의 부처가 칼빈에게 보내는 서신을 참고하라. 이에 대한 반론은 DOUMERGUE, op. cit. vol. II, p. 288을 참고하라.

30) *Opp.* 10b, 190-3. CORNELIUS, op. cit. p. 63; KOEHLER, op. cit. p. 519.

나눌 것, 행정부의 간섭을 받지 않고 목사들을 필요한 만큼 파송할 것과 그리고 적어도 한 달에 한 번은 성찬식을 집전할 것 등을 주장하였다. 또한 베른시의 예식에 관한 설명을 보면, 그들은 기꺼이 타협적인 태도를 보여줄 준비가 되어있음을 천명하였다. 그러나 그들이 베른으로 돌아왔을 때는 그전과 같은 따뜻한 환대를 받을 수 없었다. 그 사이에 새로운 개혁파 목사들이 제네바에서 임명되어 가톨릭의 위협을 보다 미미하게 만들어 놓았기 때문이다. 그러나 베른 당국은 파렐과 칼빈이 공식 대표들과 함께 제네바 국경까지 수행하는데 동의하였다. 그렇지만 그들은 그 지역에 들어가는 것을 허락 받지 못하였기 때문에, 결국 화해에 대한 모든 기대는 무너져 버리고 말았다.

이러한 패배를 맛본 후 칼빈은 오직 한 가지 생각에 사로잡혔으니, 바젤로 돌아가서 자신의 연구와 작품 활동을 다시 시작하는 것뿐이었다. 파렐은 그 해 7월말 경에 뇌샤텔(Neuchatel)로 부름을 받아 그곳에 안착하였다. 공적인 활동을 별로 좋아하지 않는, 칼빈의 선천적 소심성이 그가 최근에 겪은 불행한 경험들로 인하여 더욱 굳어 버렸다. 그가 1536년 10월에 베른 총회에서 만나 개인적으로 사귀게 된 부처라든지, 뒤 틸레, 카피통(Capiton)과 같은 친구들은 제네바 갈등 기간 동안 칼빈이 보여준 완고함에 대하여 인정해주지 않았으며,[31] 얼마 안 가서 칼빈 자신도 자신의 잘못을 인정하고 자신이 대중 생활에는 전혀 부적합한 자임을 확신하게 되었다.[32] 이렇게 되자 그는 이미 단념하였던 연구생활로 복귀하는 것보다 더 좋은 생활이 없으며, 공적인 활동을 위해서 남아있을 필요가 전혀 없다고 생각하였다. 그리하여 처음에는 스트라스부르 개혁의 발전을 위한 교섭을

31) *Opp.*, 10b, 218 및 241.

32) *Opp.*, 10b, 247. 우리는 LANG, op. cit., p. 47의 해석을 따르고 있는데, 다음에 나오는 각주 34번에 언급된 틸레에게 보낸 편지에 쓰인 말로써 확증되고 있다.

이런 의미에서 반대하였다. 그들은 칼빈을 그 도시로 끌어들여서 그곳에 피난온 프랑스 프로테스탄트들의 교구목사가 되어 주기를 간청하였었다.

그 후 그는 부처와 카피통의 권유에 따라, 그 해 7월에 스트라스부르로 가서 직접 만나서 이 문제를 토론하자는데 동의하였다. 이 짧은 방문기간 동안에 칼빈은 그 일이 싫지 않으나 자신의 계획을 포기하지 않기로 하였다는 내용의 서신을 뒤 틸레에게 보냈다.

> 나는 주님이 내게 대해서 무엇을 원하시는지 기다리면서 바젤에 은거할 생각이다. 그 이유는 내가 이 도시 사람들에게서 손님으로 환대 받지 못하고 있기 때문이 아니다 … 나는 무엇보다도 내가 처하였던 곤경을 생각할 때 이제 벗어버리게 된 짐을 다시 짊어지기가 두렵다. 나를 감싸고 계신 하나님의 부르심을 느끼고 내가 그 안에서 위안을 받았지만, 이제 그와 반대로 내 자신이 견디기 어렵다는 것을 알면서도 짐을 다시 짊어진다면 다시 하나님을 시험하는 것이되지 않을까 두렵다.[33]

이것으로 문제가 일단락 되는 듯하였다. 그러나 칼빈은 부처의 우정어린 끈질긴 충고를 고려하지 않고 있었다. 부처는 편지로 끊임없이 칼빈을 괴롭혔다. 심지어는 양쪽이 공동으로 친한 친구들로 하여금 그가 간여할 수 있는 한 도움을 주도록 하였다. 마침내 칼빈은 2년 전 파렐이 그를 제네바에 붙잡아 둘 때 사용한 것과 유사한 방법에 굴복하고 말았다. 칼빈은 시편 주석의 서문에서 다음과 같이 말하고 있다.

> 나는 어떠한 공직도 맡지 않고 조용하게 살기로 결심했었다. 그런데 그리스도의 탁월한 종, 마르틴 부처가 이전에 파렐이 했던 것과 유사한 권고와 단언으로 나를 다른 직책으로 다시 불러내었다. 그가 내 앞에 요나의 예를 제시할 때에, 나는 다시 가르치는 짐을 시작할 수밖에 없었다.[34]

---

33) *Opp.* 10b, 221: 참고, DOUMERGUE, op. cit. vol. II, pp. 295 ff.

34) *Opp.* 31. 26. 참고, 1538년 10월20일자 틸레에게 보내는 서신 *Opp.* 10b,

또 다시 자신의 뜻을 굽히고 칼빈은 마침내 친구들의 권고에 굴복하였던 것이다. 그는 그 당시에 자신의 이러한 수락이 앞으로 자신의 생애와 신학자로서의 사상 발전에 있어서 얼마나 중요한 역할을 하리라는 점을 전혀 예상하지 못하였었다.

1538년에 이르기까지, 스트라스부르는 몇 년 동안 유럽에 있어서 개신교의 가장 중요한 거점 도시 중의 하나였다. 자크 스투름(Jacques Sturm)이 지닌 천재적인 정치적 역량으로 인하여 이 도시는, 신성 로마제국에서 실질적인 중요성과는 어울리지 않을 정도로 정치적으로 중요한 위치를 확보하였다. 그곳의 신학자들, 특히 카피통과 부처는 1536년의 비텐베르크 협약(the Concord of Wittenberg)에 의하여 루터파를 열렬히 지지하면서도, 자신들의 독자적인 입장을 지켜 나갈 수 있었다. 그들은 대중에게 전파하는 일뿐만 아니라, 주석 및 학식 면에 있어서도 자신들의 직접적인 활동 영역을 훨씬 뛰어넘어 널리 유명하게 되어있었고, 심지어는 독일 밖의 나라들에까지도 알려졌다. 특히 부처는 새로운 개신교회의 가장 훌륭한 협상자이자 최고의 조직가로서 인정을 받았다. 행정 당국과 신학자들 간의 상호 협력적인 노력에 의해서, 스트라스부르는 개혁의 열매가 인문주의자들의 최선의 이상과 조화를 이루는 지식의 중심지가 되었다. 그 한 예가 칼빈이 스트라스부르에 도착할 무렵, 새로운 고등학교를 설립하고자 했던 인문주의자인 자크 스투름이었다.[35]

그들의 제안에 따라 그 곳에 새로 오게된 칼빈은 피난민들을 담당하는

271.

35) 스트라스부르에서의 종교개혁에 관해서는 다음을 참고하라. J. ADAM, *Evangelische Kirchengeschichte der Stadt Strassburg*, Strasbourg, 1922; J. W.BAUM, *Capito und Butzer*, Elberfeld, 1860 ; DOUMERGUE, op. cit., vol. II, 318-56; G. ANRICH, *Martin Bucer*, Strasbourg, 1914; H. EELS, *Martin Bucer*, New Haven, 1931. 칼빈이 도착할 당시의 교회 조직에 관해서는 F. WENDEL, *L'Eglise de Strasbourg, sa constitution et son organisation*, Paris, 1942를 참고하라.

목사직을 맡게 되었다.[36] 9월에 그는 처음으로 성 니콜라 데 종드 교회
(the Church of St Nicolas-des-Ondes)에서 설교를 시작하였으며, 그 후
에는 성 막달렌느의 교회 채플(the Chapel of the Penitents of St
Magdalene)에서 설교를 하였다. 그 후에 행정 당국은 프랑스인 교회가
도미니쿠스 수도회의 성가대 건물을 사용하도록 허락하였다. 또한 당국과
합의하에, 4년 전에 채택된 교회 법에 따르기로 하고, 칼빈의 의향대로 최
초의 프랑스인 교회를 조직할 수가 있었으니, 그의 마음 속에는 프랑스 프
로테스탄트의 주요 중심지 안에다 훗날 지역 교회의 모델을 세우고 싶었
던 것이다. 이와 관련하여 칼빈이 스트라스부르 교회의 조직 및 그들이 지
켜온 관습에 의하여 상당히 영향을 받았다는 사실은 매우 흥미로운 점이
다. 비록 칼빈이 당시에 사용 중인 예배 의식을 문자적으로 해석하려고 하
지는 않았지만, 예배의 일반적인 절차 및 가장 특징적인 형식들을 그대로
빌어왔다. 그래서 죄의 고백, 성만찬(Holy Communion)에서 암송하는 감
사의 기도, 그리고 결혼식 등이 그대로 프랑스에 도입되었다. 더구나 이러
한 의식은 후에 제네바 교회에서 칼빈에 의해 그대로 보존되다가 프랑스
어를 사용하는 모든 개혁교회에 전하여졌다.[37]

---

36) 칼빈이 스트라스부르에서 체류한 일은 몇 가지 흥미있는 책의 주제가 되어
왔다. E. STRICKER, *Johann Calvin als erste Pfarrer der reformierten
Gemeinde zu Strassburg*, Strasbourg, 1890; J. PANNIER, *Calvin a
Strasbourg*. Strasbourg, 1925, J. DBENOIT, "Calvin a Strasbourg"라는 논문
집 속의 동일한 제목, *Strasbourg*, 1938, pp. ll-36; 동일 논문집 내의 pp. 67-96
에 수록된 P. SCHERDING, "Calvin, der Mann, der Kirche und die
Bedeutung seines Strassburger Aufenthalts"; 그런데 위의 논문에는
DOUMERGUE, op. cit, vol II, pp. 376-526 부분이 언급되어 있지 않다.

37) A. ERICHSON, *Die calvinische und die altstrassburigsche
Gottensdieostordnung*. Strasbourg, 1894; 동일 저자의 *L'Origine de la
confession des peches dite de Calvin*, Dole, 1896; L. BUCHSENSCHUTZ,
*Histoire des liturgies en langue allemande dans l'Eglise de Strasbourg au
XVIe. siecle*, Cahors, 1900, pp. 106 ff; *Revue d'Historie et de Philosophie*

1537년의 「신앙조항」(*the Articles*)에서 칼빈은 회중들이 시편 찬송을 채택할 것을 주장하였다. 이것도 또한 스트라스부르의 관습이었으니, 즉 부처가 편집한 예식서나 신실한 자들이 사용하도록 독일 시편 찬송 전편을 부처의 영감으로 편찬한 것이다. 스트라스부르에 도착하자마자 곧 칼빈은 첫번째 시편 모음집을 발간하였는데, 그 구성은 시므온의 찬가(the Canticle of Simeon)와 십계명뿐만 아니라, 다섯 편의 시편을 프랑스어로 번역한 것이다. 또한 이 소책자에는 클레망 마로(Clement Marot)가 번역한 8편의 다른 시편들도 포함하고 있다. 음악은 독일 시편집에서 빌어왔으며, 대부분의 곡은 스트라스부르의 오르간 연주자인 마티아 그레테(Matthias Greiter)가 작곡한 것이었다.[38]

칼빈은 자신이 세운 이 새로운 지역에서 이미 예상되었던 것처럼, 자신의 권징의 원리들을 적용시키고자 노력하였다.[39] 이 점에 있어서 그는 부처와 뜻을 합하게 되었는데, 부처 또한 자신에게 맡겨진 지역사회에 효과적인 권징을 도입하고자 하는 시도를 1531년 이후 여러 번 해왔었다.[40] 심지어 스트라스부르에서까지도 칼빈은 경찰에 대한 권한을 포기할 수 없다는 행정당국의 확고한 결정에 맞서서 대항하였다. 그리하여 1534년에 법령을 만드는 과정에서 최종적인 권징의 선언인 출교권을 법으로 명시하게 되었다. 그러나 그 적용에 있어서는 행정관리들, 교회 및 시민 권력의 대표자였던 일부 장로들에게는 유보되고 말았다. 칼빈은 1534년의 교회

---

religieuses, 1938. pp. 523-9에 수록된 R. WILL, "La premiere liturgie de Calvin."

38) DOUMERGUE, op. cit, vol. II, pp. 505 ff, TH. GEROLD, *Les plus anciennes melodies de l'Eglise protestante de Strasbourg et leurs auteurs*, Paris, 1928: PANNIER, *Calvin a Strasbourg*, pp. 24 ff.

39) 특히 이 문제는 KOEHLER, op. cit, II, 519-29에서 상세하게 다루고 있다.

40) WENDEL, op. cit., pp. 48 ff., 118 ff. 152-61, 179-87, 222: KOEHLER, op. cit vol. II, pp. 400-26.

법령을 적용하지 않을 수 없었으니, 그의 끈질긴 노력과 대다수 교구 성도들의 도움으로 인하여 자신이 담당한 지역의 권징은 그 도시의 여러 다른 지역들보다도 더 큰 중요성을 부여할 수 있었다. 하지만, 이상 언급한 모든 것에 관하여 칼빈이 출교까지 집행할 수 있었는지에 대해서는 우리가 전혀 증거를 가지고 있지 않다. 어쨌든 그는 스트라스부르의 목사들이 성찬식에 좀더 엄숙함을 부여하도록 했고, 합당하지 않은 자들을 배제시키는 방안에 대해서 생각하도록 모든 보호책들을 활용하였다. 이런 목표를 달성하기 위하여, 그는 대성당의 목사인 매튜 젤(Matthew Zell)과 부처가 권고한 실행방안을 채택하였는데 그것은 성찬식이 있기 전에 미리 목사나 교구목사와 면담한 신자들 이외에는 어느 누구도 성만찬에 참석할 수 없다는 내용이었다. 그는 또한 어린이들을 위해서 의무적으로 요리문답을 가르쳤고, 그들이 필수적인 신앙 지식을 습득할 때까지는 성만찬에 참예하지 못하도록 했다.[41]

스트라스부르에서 그가 진력한 이러한 목회 사역은 그가 할 수 있는 것의 일부에 지나지 않았으니, 그곳에서 칼빈이 전적으로 매달렸던 가장 중요한 일은 아니었다. 스투름이 새로 세운 대학에서 성경주해 교수직을 맡고 나서야 칼빈은 겨우 그곳에 정착할 수가 있었다. 그 대학에서 그는 첫번째로 요한복음을 강해하였으며, 그 다음으로 고린도서를 필두로 하여 바울서신을 강해하였다[42] 또한 그는 1539-40년 겨울에 로마서 주석이라는

41) *Opp.*, 11, 31및 41. WENDEL, op. cit, pp. 78, 216 n.36, DOUMERGUE, op. cit, vol. II, p. 412. 칼빈은 1542년 제네바 「요리문답」으로 발전한 기초적인 구상을 하고 있었던 것으로 추정된다. *Bull. de la Soc. de l'Hist. du Protestantism francais*, vol. LXXXIV, op. 105 ff.에 수록되어 있는 COURVOISIER, "Les Catechismes de Geneve et de Strasbourg"는 칼빈의 「소요리문답」이 부분적으로 1534년 부처의 「요리문답」에 의존하고 있음을 보여준다.

42) J. FICKER, *Die Anfange der akademischen Studien in Strasbourg*, Strasbourg, 1912, p. 41.

한 권의 책을 발간하였는데, 이 책은 방대하면서도 훌륭한 그의 주석들 중에서 가장 위대한 작품으로 평가된다. 이 책을 발간하기 이전에, 칼빈은 이미 「기독교 강요」의 전면 개정판을 완성하여 출판하였다.

1539년 8월에 발간한 이 스트라스부르 판에서 칼빈은 처음에 이 책을 쓰면서 의도하였던 교육적이고 기초적인 목적을 훨씬 넘어서게 되었다. 그리하여 이제 「기독교 강요」는 요리문답서를 상세히 설명하는 수준을 넘어서서, 교의신학이 풍부하게 수록된 작은 교본과 같이 되었다. 이전까지는 개략적으로 설명되던 주제들이 이 책에서는 보다 심오하게 다루어졌으며, 여러 결함들이 보완되었다. 그리고 이 책의 거의 모든 부분에서 칼빈 자신의 체험과 스트라스부르 신학자들과의 최근 대화에 관한 그의 기억들을 볼 수 있게 되었다.[43]

몇 주일이 지난 후에, 「사돌레토에게 보내는 서신」(*The Epistle to Sadolet*)이 쓰여졌는데, 이 서신은 제네바 사람들을 로마 교회의 품으로 다시 돌아오게 하려는 사돌레토 추기경의 초청에 대한 답장이었다. 이 서신 속에서 칼빈은 참 교회는 로마 교회가 아니라 복음이 원래대로의 정결함을 지닌 채 설교되는 교회라고 단언하였다. 이전 작품들과 마찬가지로, 이 서신도 또한 라틴어로 쓰여졌다. 그러나 동료들과 교구민들의 요청에 의하여 칼빈은 즉시 그의 주요 신학 서적들을 학문적인 언어인 라틴어와 프랑스어로 동시에 발간하기 시작하였다. 여기에서 반드시 우리가 언급하여야 할 두 가지 사실은 그가 스트라스부르에서 체류하고 있던 1539년에 「기독교 강요」를 번역하였다는 것과 「성만찬에 관한 소고」(*the Little Treatise on Holy Communion*)를 완성한 것인데, 그가 로마 가톨릭, 루터 그리고 츠빙글리를 따르는 해석들과는 상당히 독립된 새로운 방식으로 성경자료들을 해석하여 분명한 견해를 밝히고자 진력하였다.

그가 매 주마다 4번의 설교, 여러 차례의 강의, 저술의 출판, 방대한 양의 서신 교환 등으로 해서 바쁜 상황이었지만, 교회의 분열을 막기 위한

---

43) 보다 상세한 것을 알아보기 위하여서는 pp. 129 ff.를 참조하라.

희망으로 카를 5세가 조직한 큰 회의에도 여러 번 참석하는 것을 방해할 수 없었다. 칼빈은 다음과 같이 서술한 바 있다. "나는 언제나 내가 전에 해온 것처럼, 나 자신의 견해대로 행동할 것이요, 결코 대 집회에 참석하거나 혹은 따라가지도 않겠다고 했었지만, 그들은 내가 알지 못하는 어떤 강압적인 힘으로 나를 제국의 큰 회의에 참석시켰으며 그곳에서 나는 자의든 타의든 많은 사람들의 동료로 있는 나를 발견하였다."[44]

그 당시는 프랑수아 1세도 카를 5세와 유사한 노력을 하던 시기로, 멜란히톤과 부처는 프로테스탄트 견해의 옹호자로서 가톨릭교회와의 논쟁에 참가하여, 거기서 교묘하고 회유적인 주장에 직면하게 되었다. 부처는 이러한 어렵고 때로는 온 힘이 빠지는 듯한 난관에 부닥칠 때, 칼빈이 함께 있어주고, 충고하여 준다면 얼마나 유익이 많을까 하는 생각을 하였다. 이 프랑스 개혁자가 1539년 2월에 프랑크푸르트에 오게 된 까닭도 바로 부처의 요청 때문이었다. 박해받는 프랑스 종교개혁 진영의 성도들을 돕기 위하여 어느 누구보다도 문제를 잘 해결할 수 있는 적임자라는 말을 듣고, 칼빈은 학자로서의 소심함을 떨쳐버리고 마음에 내키지는 않았지만 의무감 때문에 승낙하였다.[45]

그의 노력은 성공적인 결실을 이루지는 못하였지만 부처는 마인(Main) 강변에서 체류하던 동안에 멜란히톤과 사귀게 되었다. 여러 면에서 두 사람은 서로 상반된 견해를 갖고 있었다. 그러나 훨씬 더 많은 것들에 대해서 그들을 의기 투합했고, 멜란히톤이 마지막 죽을 때까지 지속된 우정에 기초를 놓았다.[46] 무엇보다도 그 두 사람 사이에 일종의 지적인 교감을 야기시킨 것은 그들이 받은 인문주의적 교육 때문이었다. 부처처럼, 멜란히톤도 분명히 에라스무스의 학도가 되었거나, 아니면 적어도 그 당시에 다

---

44) *Opp.*, 31, 28.

45) DOUMERGUE, op. cit, vol. II, pp. 536 ff.

46) Ibid., pp. 545 ff.; 특히 *Reformierte Kirchenzeitung* 1897, pp. 58-99에 수록된 LANG, "Melanchthon und Calvin"을 참조하라.

시 한 번 그렇게 되었을 것이 분명하다.[47] 비록 칼빈이 인문주의의 이상과 자신을 구별짓는 모든 것을 좀더 분명히 알고 있었다고 하더라도, 그에게 있어서 루터의 친구하고 동일한 개념으로 갖기에 충분한 이전 교육의 흔적이 남아 있었던 것이다. 그들의 차후 관계를 통하여 볼 때, 그들 사이에 있는 견해의 차이는 근본적인 교리 문제들이라기보다는, 예배의식이나 가톨릭과의 토론방법들과 같은 부차적인 문제들이었다.

멜란히톤과 칼빈은 프랑크푸르트에서 회의 기간 동안에는 단지 서로의 얼굴밖에는 알 수가 없었다. 그러나 그 이후 1540년과 1541년 사이에 계속해서 만나게 되면서 이 두사람은 서로에 관하여 많은 것을 알게 되었다. 1540년 6월 하게나우(Haguenau)에서나, 1540-1년 겨울 보름스 (Worms)에서 열린 회의에 참석하는 동안에 칼빈은 그저 부처의 수행자로서 총명하고 똑똑한 2인자로밖에는 부각되지 못하였으며, 공식직함도 지니지 못하였었다. 그러나 1541년 4월과 5월에 열린 라티스본 (Ratisbon)의 대회의에는 부처가 행정부를 설득하여 칼빈에게도 자크 스탱(Jacques Stein)이나 부처 자신과 마찬가지로 스트라스부르시의 대표 의원으로서 인정하여야 한다고 주장하였다.[48] 라티스본 대집회는 두 교회를 연합하기 위한 가장 중요하고 최종적인 노력이었다. 이 집회도 다른 회의들과 마찬가지로 실패로 끝나고 말았는데 그 이유는 양쪽 신앙고백 중에서 그 어느 것 하나를 없애야 할 근거를 찾을 수 없었기 때문이다. 실제로 양쪽 진영에서 타협안이 만들어졌다. 칼빈은 멜란히톤과 부처가 어떤 대가를 지불하더라도 자신들의 소원을 만족시키려는 생각에 집착해서 그 방향으로 너무 멀리 나갔다는 생각을 하기 시작하였다.[49] 처음부터 진지하

47) Cf. R. STUPPERICH, 'Der Humanismus und die Wiedervereinigung der konfessionen, Leipzig, 1936,

48) DOUMERGUE, op. cit, vol. II, pp. 625-40: *Bulletin de la Societe Calviniste de France*. No. 45, p. 2에 수록된 PANNIER, 'Une Annee de la vie de Calvin'.

49) 무엇보다도 파렐에게 보낸 서신, *Opp.* 11, 215및 217을 참고하라.

게 임하였던 칼빈도 역시 자신의 낙관주의적 견해를 부처보다도 더 빨리 버렸다. 그는 냉정하고 분별력 있는 사람이었다. 그는 곧 대회 조직자들의 참된 의도를 분명히 밝히고자 노력하였다. 오늘날까지도 그가 독일에서 자신의 친구들에게 보낸 서신들은 교회의 분열이 돌이킬 수 없을 정도로 악화되는 것을 막으려 했던 그러한 마지막 노력들에 관해서 우리가 가지고 있는 최고의 자료들이다.

프랑크푸르트에서와 마찬가지로, 신학 토론에 참석하던 중에도 틈틈이 칼빈은 프랑스의 개혁자들을 돕고자 모든 노력을 경주하였다. 프랑수아 1세가 신성로마제국의 프로테스탄트 제후들과 동맹관계를 공개적으로 유지하고 있는 한 프랑스의 종교개혁에 심하게 반대하지는 않을 것이며, 그의 왕국 내에 있는 개혁자들의 탄원을 쉽게 들어주리라고 칼빈은 확신하였다.[50] 따라서 그는 독일의 프로테스탄트들과의 관계를 새롭게 갱신하려는 프랑스 대사의 교섭노력을 지지하였다. 이러한 칼빈의 행동을 궁정에서 주목하고 있었다. 나바르의 마르그리트 공주로부터 온 한 통의 서신이 현재 보존되어 오고 있는데, 그 서신 속에서 공주는 그런 노력들에 대해서 왕을 대신하여 치하를 표하고 있다.[51]

이러한 여러 회의에 참석하는 동안에 칼빈은 신성로마제국의 지도자적인 인물들과 개인적으로 접촉하게 되었을 뿐만 아니라, 독일 교회들의 내부 생활에 대해 많은 것들을 배움으로써 독일 교회들의 조직에 관한 확실한 지식을 지니게 되었다. 비록 이러한 지식이 훗날 그의 작품 속에서 일부 세세한 항목에 영향을 미치기는 하였지만, 전반적으로 볼 때 그의 반응은 부정적이었다. 그는 독일 신학자들이 자신이나 부처와 같이 교회의 권징을 중시하지 않는다고 비판하였다. 그의 견해로 볼 때, 루터파의 예배의식은 너무 지나칠 정도로 가톨릭의 전통을 모방하고 있으나, 신약성경에서

---

50) DOUMERGUE, op. cit. vol. II, p. 592. WALKER. op. cit, p. 264.

51) *Opp.*, 11, 62. 연대는 바르게 수정되어야 한다; HERMINJARD, Correspondence, vol. VII, p. 199.

발견한 것으로 그가 생각하는 내용들은 너무나 적게 반영되고 있다고 생각하였다.

마지막으로, 교회가 국가를 벗어나지는 않지만, 독립적이요, 자치적으로 자유롭게 행동하여야 한다고 믿던 칼빈의 생각은 독일교회들의 국가 의존적인 결정과는 충돌하였으니, 당시에 독일 교회는 일반적인 통치 체제 내에서 그 지역 교회들과 협력해야 나가야 한다는 제후들에 의해 지배받고 있었으니, 이는 루터파의 가르침에도 반하는 것이었다. 독일 교회들의 실례는 훗날 그가 자신의 이상에 따라서 제네바 교회와 프랑스 교회를 조직하고자 분투할 때에 부정적인 본보기로써 그에게 도움을 주었다.

스트라스부르에서의 교구 목사생활은 칼빈의 생애에 있어서 결정적 시기였던 것 같다. 목회활동과 큰 회의에 참석하는 일에 덧붙여서, 칼빈은 지성과 신앙의 중심지인 스트라스부르에서 그곳에 거주하는 신학자들과 긴밀한 협력을 맺으며 자신의 뜻대로 일할 수 있었다. 1539년 7월 29일에 그는 자신의 요청에 따라, 이 자그마한 자치도시의 시민권을 얻었으며 헌법의 규정에 따라서 지역의 거주민으로 등록하였다.[52] 처음에는 너무나 불안정하여 많은 책들을 팔아야만 했던 경제 사정도 시간이 지나면서 점차 개선되었다. 그는 목사직의 수당을 받았으며, 1539년 3월부터는 당국으로부터 강사비로 일주일에 일 플로린의 봉급을 받았다. 그의 동료들은 성 토마스 목사단에 첫번째 공석이 생기면 그를 위하여 그 자리를 확보하기를 원하였다.[53] 그들은 심지어 칼빈의 생활을 보다 편하게 할 수 있도록 결혼까지 권유했는데, 그의 편에서는 전혀 결혼에 관하여 생각한 적도 없었던 듯이 보인다.

칼빈은, 그들의 이러한 권유에 앞서서, 연대를 알 수 없는 한 메모에 목사의 독신에 반대하는 글을 남겼다. '내가 독신생활을 매우 싫어하리라고 여러분은 생각하겠지만 나 자신은 지금까지 아내를 취하여 본 적이 없으

---

52) STRICKER, op. cit, p. 44, n. 1.
53) Ibid, p. 41, n. 1.

며, 앞으로도 결혼하게 될 것인지는 알 수가 없다. 만일 내가 결혼한다면 그것은 일상생활의 걱정거리들을 조금이라도 덜음으로써 내 일생을 주님께 바치기 위함일 것이다."[54] 이 말의 어조는 따뜻함이란 별로 없다. 당시 많은 사람들과 마찬가지로, 칼빈도 결혼이란 단지 집안의 무거운 짐들로부터 해방되기 위한 하나의 편리한 수단에 지나지 않는다고 생각하였다.

한때는 수도사였으며, 결혼한 친구들과 어울리기를 좋아하였던 부처는, 아마도 다른 사람의 행위에 의하여 자신의 결혼을 합리화시키기 위함일지도 모르는데, 이 굳건한 독신자에게 적절한 배우자를 찾아 주어야 하겠다는 생각을 갖게 되었다. 그의 첫번째 시도는 실패하였다. 그리고 두번째도 역시 별로 잘 되지 않았다. 그러나 마침내 칼빈은 자신이 회심시킨 한 재세례파의 미망인인 이들레트 드 뷔르(Idelette de Bure)를 아내로 맞아들이기로 동의하였다. 1540년 8월 파렐은 특별히 그의 친구의 결합을 축복하여 주기 위하여 스트라스부르로 갔다. 우리가 지니고 있는 그녀의 초상화가 진품이라면 그녀는 그 종교개혁자의 귀족적 취향에 적합한 우아하고 민감한 감정을 지닌 여인이었을 것이다.

이와 같이 칼빈이 스트라스부르에서 영구히 남아 있을 것처럼 자신의 개인적인 일들을 하나씩 정착해 나가고 있는 동안, 제네바에서는 엄청난 변화가 일어나고 있었으니, 그와 파렐이 제네바를 떠남으로 해서 교회의 생활이 무질서하게 되었던 것이다. 제네바의 동료들은 곧 다시 봉기하여, 행정당국의 권력에 대항할 것을 권고하였다.[55] 그리하여 제네바 가문 태생

---

54) *Opp.*, 10a, 228. DOUMERGUE, op. cit, vol. II, pp. 447 ff.; STRICKER, op. cit, pp. 44 ff. ; LANG, *Das häusliche Leben J. Calvins*, Munich, 1893; *Bulln. de la Soc. de L'Hist. du Protestantisme français* 1907, vol. LVI, pp. 222 ff. 에 수록된 N. WEISS, "Un Potrait de la femme de Calvin" 을 참고하라.

55) DOUMERGUE, op. cit, vol. II, pp. 653 ff; LANG, *Joh. Calvin*, pp. 95 ff. WALKER op. cit, pp. 267 ff.

이며, 과거에 칼빈의 추방에 반대하였던 극소수 중의 한 사람인 아미 페랭
(Ami Perrin)과 평의원인 소니에(Antoine Saunier) 그리고 코르디에
(Maturin Cordier)의 지휘하에 그들은 '기예르맹'(Guillermins)이라고
불려지는 상당한 세력의 단체를 결성하였는데, 이 명칭은 파렐의 기독교적
인 이름을 본따서 지은 것이다. 그들은 행정당국이 추방한 자들의 후임으
로 임명한 자들에게 저항하기를 시작하였으며, 그들을 정식 목사들로 인정
하기를 거부하였다. 칼빈은 이러한 분열을 막기 위해서 중재하지 않을 수
없었다. 칼빈은 그의 지지자들에게 설교와 성례전의 집례가 합당하게 보장
되고, 신임 목사들이 교의에 관해 비난받을 만한 중대한 잘못을 저지르지
않았다면 제네바 교회는 참된 교회라고 충고하였다.[56]

소니에와 코르디에는 칼빈의 흥미없는 충고를 듣지 아니하고, 그들의 선
동을 계속해 갔다. 마침내 격분한 행정당국에 의해서 그 도시로부터 추방
되었다. 한편 당시에 제네바 사람들을 다소 못마땅하게 생각하였던 파렐도
개입하여 서로를 화해시키고자 노력하였다.[57] 그는 신임 목사들로 하여금
그들의 잘못을 인정케 하고 앞으로 그들이 권징과 가르침을 방심하지 않
겠다는 약속을 하도록 만들었다. 제네바의 교회에 보낸 서신에서 칼빈은
그 목사들을 인정하여 줄 것과 그들이 하나님의 부르심을 받은 자들이라
고 생각하여 줄 것을 요청하였으니, 하나님의 교회가 또다시 적그리스도
(Antichrist)의 굴레 속으로 빠지는 것을 원하지 않으실 거라고 하였다.[58]
이 서신 속에는 그 도시를 장악하고자 하는 가톨릭측의 갖은 노력과 특히
사돌레토 추기경의 계략적인 서신에 관하여 명백히 언급하고 있다.

---

56) 지금은 소실된, 칼빈이 그의 지지자들에게 보낸 서신의 부분을 알아보기
위해서는 15388년 10월 24일에 칼빈이 파렐에게 보낸 서신 *Opp.* 10b, 237 ff.
를 참고할 수 있다.

57) 논문집 Guillaume Farel, pp. 431 ff.에서 수록된 J. PETREMAND,
'Les Debuts du ministere a Neuchatel' 참고.

58) *Opp.* 10b, 351 ff. (1539년 6월 25일자 서신).

제네바 교회는 조금씩 평화를 되찾기 시작하였다. 그러나 이 평화란 비교적 그렇다는 것이지 실제 모든 상황은 별로 나아지지 않았다. 베른 사람들은 이 상황을 유리하게 이용하여 정치적으로 제네바를 장악하려고 애쓰고 있었다. 종교개혁 바로 직전의 상황을 다시금 연상케 하는 불안한 혼란과 불편한 문제점들이 제기되어 있었다. 마침내 '기예르맹'은 가능한 한 조속한 시일 내에 스트라스부르로부터 칼빈을 다시 불러들여서 사람들의 마음을 안정시키는 것만이 질서를 회복하는 유일한 방법이라고 상당수의 대표자들을 설득하게 되었다. 이에 따라 1540년 10월 20일, 공식 대표단이 칼빈에게 제네바로 되돌아와 줄 것을 간청하는 임무를 가지고 스트라스부르로 향하였다.

칼빈은 한동안 망설였다. 제네바에 대한 그의 기억은 분명히 좋지 않았고, 따라서 제네바쪽 사람들과의 토론에서 거절할 적당한 이유를 카피통과 부처와의 대화에서 찾고 있었다. 그해 봄, 자신의 친구가 제네바로 돌아올 것이라는 희망을 결코 포기한 적이 없던 파렐이 장차 일어날 수 있는 일들을 말했을 때, 칼빈은 다음과 같이 대답하였다. "나는 차라리 하루에도 일천 번씩이나 죽어야 했던 그 십자가보다는 다른 방법으로의 죽음을 택하겠소."[59]

칼빈의 마음은 조금도 변할 기미가 없었다. 그러나 칼빈의 친구들은 한 번 더 간청을 하였다. 또한 파렐도 역시 자신이 초청 받지 못한 것에 대해 창피스러움을 느끼면서도 자존심을 버리고 제네바 사람들을 섬기는 일에 자신을 내어놓았다. 그는 칼빈이 다시 한 번 자신의 말을 들어주리라는 기대를 갖고 스트라스부르까지 갔다. 그러나 완강하게 거절당하였다. 칼빈은 기예르맹과 베른 사이의 정치적 갈등을 해결하기 위한 단순한 도구 역할을 원치 않았다. 더욱이, 부처는 칼빈이 자기 옆에 머물러 있어 주기를 원하였기 때문에 칼빈에게 스트라스부르에 남아 주기를 간청하는 서신을 계속해서 보냈다.[60] 그렇지만 마침내 논쟁에 지친 칼빈이 제네바로 되돌아가

---

59) *Opp.* 11, 30.

는 것에 동의하였다. 그러나 이번 단 한 번만 제네바에 머무를 것이며, 스트라스부르 친구들을 함께 동반하겠다는 조건을 내세웠다. 칼빈은 또한 베른 사람들의 사전 동의를 요구하였다. 베른 사람들은 자신들의 확장 정책을 반대하고 있는 대적자로 간주되는 사람을 성원하는 일을 결코 서두르지 않았기 때문에, 양편에서 문서활동이 계속되었다. 제네바 사람들과 스트라스부르 사람들은 다른 지역에서 그들의 지지자들을 동원하여 자신들의 주장들을 지지하게 하였다. 스트라스부르 당국은 계속해서 완강한 태도를 취하였지만, 제네바로부터의 온 서신들 뿐만 아니라 취리히와 바젤에서 온 서신들을 받고 나서, 마침내 칼빈이 돌아가는 일이 교회 안에서의 평화 뿐만 아니라, 제네바 공화국 전체의 평화를 회복하는 방법이 될 것임을 인식하게 되었다.

결국 칼빈이 양보하여, 1541년 9월 2일 제네바로 떠났다. 열 하루만에 제네바에 도착하였다. 그의 제네바 체류 기간은 그가 생각했던 것처럼 몇 주일이나 몇 달 정도가 아닌, 남은 생애 전체의 기간이 되고 말았다.

---

60) 상세한 것을 알아보기 위하여서는 STRICKER; op. cit., pp. 59 ff.를 참조하라.

제3장

제네바에서 교회의 조직과 정통성 확보를 위한 투쟁

　이전에 제네바 체류하던 동안에 세웠던 계획들과 그후 스트라스부르에서 보낸 수년 동안에 교회의 개념의 구체적인 실제성을 제네바에 옮겨 놓을 수 있다는 실현 가능성을 예견할 수 있었기 때문에, 칼빈은 제네바로 돌아갈 것을 승낙하였다. 그가 가슴에 품고 있던 전반적인 교회의 이상을 실현하도록 허용하지 않으려는 온갖 종류의 방해에도 불구하고, 그리고 전설처럼 내려오는 독재자로 취급하려는 경향이 있음에도 불구하고, 그가 죽을 때에 남긴 제네바 교회는 사실상 그의 개인적인 업적이었다. 그것은 제네바 교회뿐만 아니라 프랑스, 베네룩스 3국, 북부 독일과 스코틀랜드 지방의 칼빈주의 교회들 모두에게 적용되는 사실이다. 이 분야에서 칼빈이 남긴 영향만큼 한 사람이 그토록 광범위하고 영속적으로 영향을 발휘한 경우도 드물 것이다. 심지어 그의 신학적 사상이 빛을 잃거나 변형적인 형태로 나타날 때마저도, 그의 교회관의 본질적인 개념은 존속되어 내려왔고, 한층 발전할 수 있었다. 그가 상당수의 현대 교회들 속에서 제네바 교회에 남긴 자신의 업적의 유산을 찾아보고자 한다면, 아무런 어려움도 느끼지 못할 것이다. 그가 「교회 법령」(*Ecclesiastlcal Ordinances*)에서 주장한 근본적인 원리는 그대로 보존되고 있기 때문이다.

　칼빈이 제네바에서 두번째로 머물렀던 24년 동안에 걸쳐서 육성하고자 했던 것은 교회만은 아니었다. 그는 교회를 활성화시키고 교회를 보호하는 데 필수적인 근거가 되는 교리의 확립에 보다 많은 관심을 기울였다. 교회에 가해진 모든 공격과 오염으로부터 교회를 방어하기 위해 교리를 정교히 하고 새로운 논쟁에 의한 논거 제시를 위해서 자신이 가지고 있던 최선의 노력을 기울였다. 「기독교 강요」에서 그가 표현한 것과 같이, 또한 성경의 주석에서 했던 것과 같이, 칼빈은 교리적인 작업을 그에 합당한 교회의 사역에 대입시켜서 제시하였다. 그의 주석에서처럼, 그가 품고 있던 것과 같이, 성경적 교훈의 진리를 수호한 것은 적어도 그가 교회를 위하여 끊임없는 투쟁을 벌였던 결과이다. 그러므로 칼빈의 관점에서 볼 때, 정통성을 쟁취하기 위한 싸움은 놀랄 일이 아니었으니, 이것은 하나님의 말씀의 통일성을 위한 투쟁으로서, 「기독교 강요」 전반에 걸쳐 주로 다루어지고 있고, 그 밖에 그의 저술 속에 수없이 추적이 가능하도록 남겨 놓았다. 이 점을 고려하지 않고는, 그의 논제들을 올바르게 평가할 수 없다.

칼빈이 제네바에 돌아왔을 때, 그의 나이는 32세였다. 당시, 그는 자신의 지적 수련과 신학 수업의 서장을 막 끝냈었다. 이제 그의 앞에는 그가 하나님의 뜻이라고 여기고 자신의 전 존재를 바쳐야만 하는 과업이 놓여 있었다. 이 장에서는 칼빈의 생애에 대한 간단한 설명을 끝마치고자 하는데, 그의 업적에 직접적인 영향을 미쳤거나, 혹은 그의 사상에 특별한 전환의 계기가 되었던 사건들만을 살펴볼 것이다.

1541년 9월 13일, 제네바에 도착하였을 때, 칼빈은 매우 열렬한 환대를 받았고, 뤼 데 샤느완(Rue des Chanoines)의 집 한 채를 임의로 사용할 수가 있었는데, 그는 그곳에서 죽을 때까지 지내게 된다.[1] 시 당국에서는 그에게 다른 성직자의 두 배의 임금과 수당을 주기로 결정하였는데, 이것

---

1) WALKER op. cit, p. 285, n. 2, DOUMERGUE, op. cit, vol. III, pp. 568 ff. and vol. VI, p. 3. 날짜에 관한 정확한 내용을 알기 위해서는, DE BEAE. *Vita Calvini, Opp.* 21, 131 ; *Annales, Opp.* 21, 282.

은 그들의 열렬한 환대를 잘 나타내 주고 있다.[2] 칼빈과 같은 사람이 그러한 환대에 민감하게 영향을 받은 것은 아니지만, 그들은 교회의 질서를 회복하기 위하여 그를 초청한 것이다. 그것이 그가 수락한 임무였으며, 그 이외의 것은 그에게 별로 중요한 것이 아니었다. 칼빈 역시 제네바인들을 잘 알고 있었으며, 또한 자신이 막 제출하려고 하는 제안들을 순수한 열정만으로 환대하는 것이 아니라는 점을 잘 깨닫고 있었다. 제네바에 도착한 즉시, 그는 행정당국에 찾아가서, '교회와 당회를 위한 규칙들' — 즉 이것들은 교회법을 위한 계획의 일환이었는데 — 을 제정하기 위한 초안 작성을 위해서 목사들과 자문위원들로 구성된 위원회의 소집을 강력히 요구하였다.[3] 사실 칼빈은 혼자서 헌법을 만들어서 먼저 위원회에 그리고 행정부에 그것을 채택하라고 강요할 생각이었다. 9월 20일에 준비 작업이 이루어졌다. 그런데 일시적인 장애가 발생하였으니, 예상할 수 있는 바와 같이, 시평의회에서 칼빈의 제안을 반대하는 사람들이 많았다.[4]

그들은 그가 제안한 대로 그가 교회를 조직하는 것을 인정해 주는 대신, 시민의 특권을 침해하지 않을 것과 정치적인 이유로 베른 교회와 공동으로 지키고 있는 일부 관습에 영향을 미치지 않을 것을 조건으로 내세웠다.[5] 그리하여 칼빈은 성찬식의 집례를 그의 소망대로 한 달에 한 번이 아니라, 넉 달에 한 번씩 행할 수밖에 없었다. 마찬가지로, 새 성직자의 임명은 스트라스부르의 예를 본받아, 손을 머리 위에 얹어서 행하는 것이 아니라, 단순히 기도와 목회자의 임무에 대한 설교만으로 행하였다. 그러나, 이러한 것들이 결국 사소한 일에 불과하다고 생각한 칼빈은 그들에게 양보하고 말았다. 그것은 행정부의 권한에 직접적으로 이의를 제기해야 할 더

---

2) DOUMERGUE, op. cit, vol. III. pp. 449 ff.; WALKER, op. cit, p. 286.

3) *Opp.* 21, 282, F.CHOISY, *La Theocratie Geneve au temps de Calvin*, pp. 48 ff.; KOEHLER, op. cit, vol. II, pp. 555-68

4) Cf. WALKER, op. cit. pp. 288 ff.; LANG, op. cit, p. 108.

5) 칼빈의 원래 계획과 평의회에 의해서 수정된 계획은 *Opp.* 10a. 15-30에서 발견될 것이다.

심각한 논쟁, 즉 목회자의 임명문제와 같은 것이 대두되었기 때문이다.[6]

칼빈이 제안한 원안은 세 단계로 이루어졌다. 첫째, 목사회는 지원자를 심사하고, 합당하다고 생각되는 후보자를 행정부에 제시한다. 둘째, 행정부에 의한 승인이 있으면 확정된다. 마지막으로, 지역위원회가 그 승인을 선포하기 위하여 소집되는 것이다.[7] 행정부 의원들은 이 체제는 결국 성직자들로 하여금 그들의 동료를 스스로 선택하도록 허용하는 것임을 알고 있었다. 그리하여, 행정부는 성직임명의 과정의 초기부터 개입하여, 성직자들의 처음 선택 단계에서부터 간섭하려고 하였다.

칼빈은 여기서 한 걸음 더 나아가, 스트라스부르 교회가 대규모 회의를 갖듯이, 모든 성직자들이 일주일에 한 차례씩의 모임을 의무적으로 가질 것을 첨가하였다. 시 평의회는 이 점에 대해서는 반대할 근거가 전혀 없었다. 그러나 석 달마다 모이는 목회자들은 서로의 행동에 대해 심의하는 시간을 가지게 되었다. 여기서 시 평의회는 그들의 사법적 특권을 위협하는 것이라는 어떤 예감을 가졌으며, 칼빈이 성직자들에게 혜택을 주는 사법적 권한을 재정립하고 있다는 우려를 감출 수가 없었다.[8] 그리하여, 그들은 시민의 범죄문제에 대해서는, 목회자들의 권한에서 제외시킨다고 규정하는 항목을 추가하였다. 또한 학교장들의 추천과 결혼문제에 관한 것은 시 평의회의 권한에 속한다는 점을 재확인하였다.[9]

그러나, 가장 심각한 의견의 충돌이 일어난 것은 칼빈이 교회의 권징을 위임한 당회에 관한 조항이었다. 원래, 이 당회는 목사들과 그들의 동의로 임명된 12명의 시 평의회 의원들로 구성되었다. 이 장로들은 정통교리나 도덕규범들을 위반한 그 사회의 구성원들을 견책하거나 출교할 권한을 갖

---

6) 목사들은 그 안건이 이백인 평의회에 회부되기 전에, 수정된 내용을 알려 줄 것을 요구하였다. 소평의회는 이 우호적인 제안을 거부하였다(*Opp.* 21, 286); 우리는 칼빈이 그 토론을 알지 못하였다고는 생각하지 않는다.

7) *Opp.* 10a, 17.

8) *Opp.* 10a 22와 20.

9) *Opp.* 10a, 22와 26.

고 있었다.[10] 따라서, 당회는 세속적인 사법권과 비교되는 정신적이며, 영적인 재판권을 행사하였다. 그러나 그것은 행정부가 허용할 수 없는 것이었다. 그들의 눈에는 교회에 의한 영적인 재판권이 결국 정치적인 사법권에 대한 침해로 보였다. 행정당국의 이러한 태도를 이해하기 위해서, 그 당시에 세상의 권력은 시민의 도덕률을 오늘날보다 훨씬 더 많이 통제하고 간섭하였다는 사실을 기억해야만 한다.[11]

세상 권력자들에 의해서 제정된 규범들은 시민들의 품행이나 개인적인 행위뿐만 아니라, 심지어 그들의 옷이나 음식에까지 세밀한 부분까지도 간섭하고 구속하였다. 경찰을 통해서 생활의 모든 면에까지 권한을 확대한 권력층은 무엇이든지 조정을 구실로 개입할 수 있었다. 칼빈이 교회의 재판권을 요구하였던 그 영역은 적어도 신앙과 교회의 순결에 관련된 바로 그러한 문제였다. 그러나, 그는 행정당국으로부터 이런 문제들에 대한 지식을 철회하도록 주장한 것은 아니다. 그는 시민의 재판권과 병행해서, 교회에 부여된 '열쇠의 권한'에 기초하고, 영혼의 구원에 근거를 둔 순수한 신앙의 질서를 지키기 위해서 그들도 교회의 권징을 알게 해야만 한다고 주장하였다.[12] 따라서 세속적인 권세와 교회의 권세로 양립된 두 개의 사법권이 동시에 존재하므로 필연적으로 끊임없는 대립과 충돌을 야기시켰는데, 이는 모든 면에서 두 사법권의 대상이 되는 주민들은 교리나, 공공의 도덕이나 또는 개인적인 도덕이나 그 어느 문제들이든지 한 차례 혹은 동

---

10) *Opp.* 10a, 22와 29.

11) 위의 인용된 퀼러(KOEHLER)의 많은 확실한 예들과 특히 제네바에 관한 부분을 참조하라. vol. II, pp. 541 ff.

12) 칼빈의 관점이 매우 상세하게 설명되어 있지만, 아마도 너무나 개인적인 방식으로 해설되어 있다. J.BOHATEC, *Calvins Lehre von Staat und Kirche*, Breslau, 1937, pp. 539-63. 또한, 이 책은 문제가 제기된 여러 가지 해설에 대한 흥미있는 비평이다. 또 J.COURVOISIER, 'La Discipline ecclesiastique dans le Geneve de Calvin'을 *Hommage et Reconnaissance a Karl Barth*, Neuchatel, 1946, pp. 19 ff.에서 참조하라.

시에 관련되었기 때문이다. 그러나, 제네바의 시 평의회는 회유적인 입장
을 취하기 시작하였다. 그들은 평신도들이 임명을 받아서 당회에 출석한
장로들에게 성도들에 대한 감독권을 행사하거나 훈계하는 것을 기꺼이 허
락하였다. 그러나 출교를 선언할 권리는 그들의 독립된 권한으로 허용하지
않았다. 그들은 출교가 시민들에게 끼치게 될 영향과 당회가 세속 사법권
의 권한까지 간섭하기에 이르는 것이 두려웠다. 그러나 이제 칼빈의 관점
에서 출교하는 권한은 교회 권징의 전체제의 초석이 되는 의미를 가졌
다.[13]

출교에 대한 칼빈의 생각은 1537년부터 시작되었는데, 스트라스부르에
서의 경험과 부처 — 우리가 알고 있는 바와 같이, 그는 출교의 정당성을
열렬히 신봉하는 사람이었는데 — 와의 만남으로 인해서 칼빈이 이러한
견해에 대해 확신을 가지게끔 만들었다. 따라서 그 문제에 관한 한, 그는
결단코 모든 양보를 거절하였다. 그의 확고한 의지로 적어도 표면적으로는
승리를 거두기는 하였지만, 행정부의 우려를 누그러뜨리기 위해서 고안된
새로운 조항, 「교회 법령」(ordinances)의 초안 속에 이를 작성하는 응분의
대가를 지불하였다. 이 조항은 사실상 이후 거의 15년 동안이나 계속되었
던 모든 갈등과 논쟁의 시발점이 되었다. 여기에 「교회 법령」의 결정판 말
미에 나타나 있는 바와 같이, 그 문제의 본문이 있다.

> 목사들은 세속적인 재판권을 행사할 수 없으며, 사도 바울이 위임한 것처럼,
> 오로지 하나님의 말씀의 영적인 검만을 행사할 수 있다. 따라서 당회에 의해서
> 시 평의회의 권한이나 혹은 세속적인 사법권의 침해는 있을 수 없다. 시민법적
> 인 권한은 전적으로 보호되며, 어떤 징계를 가할 필요가 있을 때나 강제성을
> 띨 경우에조차, 당회에서는 양편 당사자의 의견을 듣고 적절한 충고와 훈계를
> 행할 것이요, 목사들은 시 평의회에 의뢰하여 정당한 요구에 따라서 질서있게,
> 결정하고 판결을 내리도록 하여야 한다.[14]

---

13) KOEHLER, op. cit, vol. II, 509.
14) Opp, 10a. 30, n. 1.

그러한 모호한 조문의 초안은 수많은 해석을 가능케하고 말았다. 칼빈은 그것을, 세속적인 사법권의 행사를 침해하지 않으면서 당회가 출교의 권한을 가진 것으로 추가되었다고 생각하였다. 이와 반대로, 시 당국에서는 이 구절을 출교권은 오직 시 평의회에만 한정되었고, 당회는 단지 제안만을 할 수 있다는 의미로 해석하였다. 법률상으로 볼 때, 시 당국의 해석이 옳다는 사실을 부정할 수 없는데, 칼빈처럼 박식한 법률전문가가 자신이 의도했던 바와는 정반대되는 공식문서에 찬성하였다는 것은 놀라운 일이 아닐 수 없다. 이러한 현상은 1555년 칼빈과 시 당국 간에 모든 관계를 단절시키려는 몇 차례의 위협과 끊임없는 투쟁이 있은 후에, 그가 마침내 자신의 견해에 대한 최종적인 승리를 쟁취할 때까지 계속되었다.[15] 칼빈은 1541년 이후에야 비로소 행정부 전체가 출석한 가운데서 공개적으로 행하는 경고와 출교의 권한을 획득할 수 있었다. 그러한 공개적인 권한 행사를 염려한 시 당국자들이 원래 초안에서 그 권한들을 언급한 조항들을 삭제해 왔었다.

1541년 11월 20일, 개정된 안건이 마침내 시민 대표들의 의회에서 채택되어 「교회 법령」이라는 이름으로 공포되었다. 칼빈에게 있어서, 그것은 불충분하게 보였지만, 그럼에도 불구하고 그것은 그의 교회를 세우는데 견고한 기초가 되었다. 그가 받아들이지 않을 수 없었던 여러 가지 수정안이었음에도 불구하고, 이 법령에는 그가 가진 교회와 교회조직에 대한 구상이 들어있었던 것이다. 칼빈이 조직에 대하여 생각한 것은, 주님에 의해 명하여진 것이요, 따라서 하나님이 주신 정당성이 있다는 것이다. 이런 원리는 교회 법령의 서문 속에 명백히 쓰여져 있다.

　　주님께서 말씀으로 제정하시고 보여주신 것처럼 영적인 통치기관이 아름다운 형태로 세워져서, 우리들 가운데 확고히 정착되고, 존중된다는 것은 우리에게 유익한 일이다. 그러므로, 예수 그리스도의 복음으로부터 세워진 것으로

---

15) KOEHLER의 설득력 있는 해설, op. cit. vol. II, pp. 655 ff.를 보라.

우리가 알고 있는 바와 같이, 우리의 마을과 영토 안에서는 교회의 통치를 복
종하고, 따르고, 유지시키기 위해서 질서를 준수하고 확립하여야 한다.[16]

이 구절은 칼빈 혼자서만 주장한 바가 아니지만, 그것은 그의 사상을 충
실히 잘 표현해 주고 있다. 그리스도는 대항할 수 없는 교회의 주인이시며,
주의 말씀 속에 그것을 다스리시는 규칙들을 남겨 놓으셨다. 칼빈에 의하
면, 그런 근본적인 규칙 중 하나로서, 교회의 모든 구성원들에게 하나님이
주신 각 개인의 은혜에 상응하는 역할을 부여하는 것이다. 교회는 그리스
도의 몸이다. 그것은 성령에 의해 각 개인마다 부여된 위치와 역할을 갖고
있는 하나의 조직이다.[17] 특히, 칼빈이 구별한 네 가지 직분들은 1541년
교회 법령에 의해 제정된 후 유지 존속되어오고 있다.

우리 주님께서 하나님의 교회를 다스리시기 위하여 제정하신 직분에는 네
가지가 있다. 첫째 목사들이요, 그 다음엔 교사들이며, 그 다음에는 장로들, 마
지막으로 집사들이 있다. 따라서 우리가 교회의 질서를 전체적으로 잘 유지시
키고 온전하게 세워 가려면 이러한 형식의 규율을 반드시 지켜야만 한다.[18]

「기독교 강요」의 초판에서 칼빈은 단지 목사들과 집사들만 언급하였다.
그리고 1537년의 신앙조항들(Articles) 가운데서는 목사에 대해서만 언급
하였다. 그러므로 1541년에 교회의 질서와 순결에 근거를 둔 그 개혁자의
네 가지 직분은 새로운 사상으로 받아들여졌다. 그후 1543년의 「강요」에
서 주장한 신학적 이론만으로 판단한다면, 칼빈을 네 가지 직분론의 창안
자로서 생각될 것이다. 그러나 실제로 그가 창안자는 아니다. 칼빈이 이 사

---

16) *Opp.* 10a 16, n. 1. 참고. BOHATEC, op. cit. pp. 382 ff.
17) Cf. 무엇보다도 에베소서 4장 11절과 12절에 관한 주석에서, 칼빈의 이 생
각에 대한 깊은 관심을 찾아보라. *Opp.* 51, 198, BOHATEC, op. cit, pp. 417
ff.
18) *Opp.* 10a, 15 ff; BOHATEC, op. cit, pp. 451 ff.

상의 윤곽이나 그것을 뒷받침하기 위한 성경의 인용은 마르틴 부처에게서 가져온 것이었다.[19)

목사들에 대한 조항에 보면, 제네바의 법령은 성직자들이 그들의 교리와 행위에 대하여 심의에 복종해야 한다는 것을 예시하였다. 새 직분의 임명은 이전 교회의 질서에 따라 행해져야 했던 것이다. 그 순서에 의하여 목사와 시 평의회에 의해 선출된 후보자는 '성도의 공동체에 의해 항상 동의를 받도록' 시민들 앞에 '규칙에 따라' 출석하여야 했다.[20) 1542년 7월에 채택된 규정을 보면, 목사는 "먼저 하나님을 신실하게 섬기고, 교회의 법규를 준수하며, 시(市)와 영지(領地)의 영광과 특권을 보존하고, 하나님께서 우리에게 명하신 것을 가르치고 우리의 직분을 수행하는 자유에 대한 침해가 없다면" 시 당국과 법률에 복종할 것을 서약하도록 요구되었다.[21) 매주 목사들은 '성경에 관한 모임'에 나가야만 한다. 이 모임을 하는 동안 그들 상호간에 일어날 수 있는 교리상의 견해 차이를 조정하였다. 필요한 경우에는 장로들에게 호소하기도 하였다. 칼빈은 이런 영역조차도, 부처가 스트라스부르에서 행했던 것과 마찬가지로, 교회의 권한에 속한 것에 대한 최종 결정에 있어서 시 평의회의 권한을 인정하고 말았다.[22) 매 4분기마다 목사들은 "그들에게 있을 수 있는 불만들에 특별한 관심을 기울이고 그것을 바르게 교정"하기 위해서 모였다.

---

19) Cf. H.STROHL, 'La Theorie et la pratique des quatres mjnisteres a Strasbourg avant l'arrivee de Calvin'. in the Bulletin de la Societe de L'Histoire du Protestantisme francais 1935, vol. LXXXIV, pp. 123 ff; G.ANRICH, *Strassburg und die calvinische Kirchenverfassung*. Tubingen, 1928; F. WENDEL, *L'Eglise de Strasbourg*, pp. 189 ff.

20) *Opp.* 10a, 17.

21) *Opp.* 10a, 31.

22) *Opp.* 10a, 18; "만일 그들이 양진영 간의 팽팽한 고집 때문에 의견일치에 도달하지 못한다면, 그 조정의 역할은 시 당국에 돌려야 할 것이다."; cf. WENDEL, op. cit, pp. 171 ff.

　교사에 관한 항목에 보면, 그들의 "합당한 직분은 성도들에게 건전한 교리를 가르치는 것"이었다.[23] 더욱이 칼빈은 그러한 소명감을 가지는데에 '학교의 조직' 전부가 포함되도록 만들었다. 그 법령들은 신학에 관한 교수 지침을 제시한 것이고, 거기에 "먼저 언어와 인문과목들을 가르치지 않는다면 그러한 교육에서 유익을 얻을 수는 없을 것이다 … 대학은 시 정부를 위한 인재 양성뿐만 아니라, 목회자로 준비시키기 위해서 자녀들을 가르쳐야만 한다"고 덧붙였다. 교사는 목사들과 시 당국자들의 공통된 동의에 의해서 선출되며, 목사와 마찬가지로 교회의 규율에 복종해야만 되었다.

　우리는 칼빈이 장로에게 부여한 중요성과 그들의 재판권을 확립하기 위하여 직면해야 했던 어려움을 이미 살펴 보았다. 교회 법령은 그들의 역할에 대한 정의를 다음과 같이 시작한다 : "그들의 직분은 모든 시민의 생활을 살펴보고, 악하고 무질서한 삶을 살아가는 사람들을 친절하게 훈계하거나, 우정어린 교정의 직분을 위임받은 목사들에게 보고를 하는 것이다."[24] 시 당국이 서둘러서 '소속 지역에 의해서 당회에 위탁 또는 위임'한 사람들로 자격을 인정한 이들 장로들은, 그들의 교회에서의 직위뿐만 아니라 세속적인 지위까지 강화하기 위하여, 대표되는 관리자 중 한 사람이 사회를 맡은 가운데 한 달에 한 번씩 모임을 가졌다.[25] 법령은 그들이 "강제적인 어떤 권한이나 재판권을 갖지 못한다는 것"을 규정하였고, 따라서 그들이 훈계하고자 하는 사람들을 '소환'할 수 있는 권리를 가진 시 당국의 관리가 동참해야만 한다고 명백히 규정하였다. 이것은 통상의 재판권을 위해서 엄격한 안전장치가 필요하다는 것을 보여주는 것이다. 엄밀히 말하자면, 당회는 재판권이 없었다. 교회 법령이 작성되는 과정에서 소의회에 의해서 추가되기 전의 원본에는, 장로들은 "단지 당사자들의 의견을 듣고 앞

---

23) *Opp.* 10a, 21.
24) *Opp.* 10a 22.
25) *Opp.* KOEHLER, op. cit., vol. II, pp. 569. ff.

에서 언급한 충고만 행할 수 있을 뿐"이었다. 필요한 경우, 당회의 보고에
의해서 '참고하고 판결을 선포' 하는데, 이는 통상적인 재판권에 속하는 권
한이다.[26]

그밖에도, 칼빈 자신조차도 그의 초안에서 장로의 직분을 억압적인 심판
관으로 생각지 않고, 도리어 영혼의 치유자라는 측면으로 정의하였다. "죄
인들을 우리의 주 앞으로 불러들이기 위하여 의약품을 사용하는 것 외에
는 짐스러운 부담을 어떤 것이라도 주어서는 안 된다."[27] 사실 그는 교회
의 재판권이 세속적인 사법권에 덧붙여진 권한이 되는 것을 막지 못하였
으며, 그 권한이 지닌 순수하게 목회적인 측면을 지켜나가지 못하였다.

마지막으로, 교회 법령에 의해 명시된 교회조직의 네번째 직분은 집사들
이다. 사실상 끝마무리에 나오는 설명에서 그들은 단순한 하위계열이다.
그것을 설명한 바, '가난한 사람들의 재산을 보호' 하거나 혹은 '병자들을
보살피고 가난한 자들의 불충분한 급여를 원조' 하는 것이 그들의 임무였
다.[28] 칼빈은 장로들에게 적용한 것과 마찬가지로, 교회 내에서 선거의 규
칙을 적용시켰고, 집사들을 교회의 질서 속에서 목사와 장로들의 감독 아
래 두었다.

성례의 시행에 관해서 제정된 규정들에 비하여, 결혼[29], 장례, 병자와 죄
인들에 대한 심방 등은 부차적인 것이었기에 여기서 언급할 필요조차 없
다. 하지만, 어린이들을 위해서 제정된 신앙교육에 관한 것은 언급하고 넘
어가야 할 것이 있다.[30] 칼빈은 권징조항들과 마찬가지로, 요리문답에 대해
서도 매우 예민했다. 그 증거를 1537년의 「신앙조항들」(*Articles*) 속에 남

---

26) *Opp.* 10a, 29, n. 8. WALKER의 해설, op. cit., p.295는 사실과 일치하지
않는다.

27) *Opp.* 10a, 30.

28) *Opp.* 10a, 23.

29) 결혼에 관한 입법조항과 심판에 대한 문제는 KOEHLER에 의해 일부 재
개되었다. op. cit, vol. II, pp. 626 ff.

30) *Opp.* 10a, 28.

겼고 목사들과의 고별강연에서 다시 한 번 선포하였다. "내가 스트라스부르에서 오는 길에 요리문답을 서둘러 마련하였다. 왜냐하면, 다음 두 가지 즉 요리문답과 권징조항의 지지를 약속받지 않는다면, 이 직분을 받아들이지 않기로 결심하였기 때문이다.[31] 법령에 따라 부모들은 주일 날 자녀들을 신앙 교육을 받도록 보낼 의무가 있으며, 그들은 그 곳에서 '공식화된 일련의 과정'을 배워야 하며, 그들이 충분히 배운 후에는 모든 내용을 엄숙하게 암송하고, 교회 앞에 출석하여 기독교의 신앙고백을 행하여야 한다."

오직 이러한 조건을 충족시킨 후에야, 자녀들이 성찬식에 참예할 수 있었다. 1542년의 요리문답을 보면, 칼빈이 1534년 부처의 요리문답에 영향을 받은 것과 마찬가지로, 법령에 규정된 규칙들도 역시 조목조목 1534년 스트라스부르의 교회법[32]에 담겨진 내용들이었는데, 몇 년이 경과한 후에 실제 적용을 할 수 있게 된 것이다.

마지막으로 생각할 때에, 칼빈이 주장한 것 이상으로 법령에서 권한을 국가에 부여하게 되었지만, 그것을 세속 권위에 대한 교회의 우세라거나, 혹은 행정당국에 의해서 교회가 점령당한 것으로 말할 수는 없다. 왜냐하면 이들 두 권세 사이의 구분이 모든 체계의 기초가 되었기 때문이다. 교회와 국가, 이 두 개의 자율적인 권한은 모두 하나님의 뜻에서 파생된 것으로 인식되었다. 왜냐하면 그러한 이유는 십계명의 두 돌판을 존중하는 방식에서 영감을 받았다고 생각되기 때문이다. 따라서 흔히 사람들이 말하듯이 권력에 대한 신정통치적 혼돈이라고 규정하는 것은 정확한 말이 아니다.

칼빈의 견해 가운데서, 교회란 계시를 해석하고, 영적인 재판권을 행사해야만 한다. 반면, 세속적인 문제와 교회의 보호는 국가에 의존한다. 그러나 각각의 권한은 최소한 이론상으로는 명백히 규정된 각자의 영역을 소

---

31) *Opp*, 9, 894.

32) WENDEL, op. cit, pp. 217-21.

유하고 있다. 여기서 말하는 행정부란 기독교적인 행정부라는 사실이 교회
와 국가가 상호간에 원조와 협력을 해야 된다는 것을 의미한다. 그럼에도
불구하고, 그 두 권세는 각기 구분되며, 칼빈은 자신이 목사라는 신분의 덕
을 세우기 위해서 정치적인 문제들에 개입하지 않도록 항상 주의하였다.
정치 문제 해결을 위해 자신의 개입이 요청되었을 때라도, 그는 스스로의
개인적인 책임에만 한정지을 뿐이요, 교회에 위임하지는 않았다.

그러나 이후에 분쟁이 자주 일어나게 되었는데, 그것은 한편으로는 법령
의 항목에 결함이 있었기 때문이요, 다른 한편으로는 당회가 실제로 심각
한 문제점에만 국한하지 않고 점점 더 심문자의 역할까지 관여하여 행정
당국의 권한에 대한 침해의 우려를 야기시켰기 때문이다. 하지만, 이러한
태도를 정치적인 문제에까지 간섭하려는 교회 대표자의 고의적인 의도에
기인한 것으로 보는 것은 옳지 않다.

예상한 바와 같이, 예배의식과 신앙교육에 관한 개혁들은 어려움 없이
채택되었다. 1542년, 칼빈은 「교회의 기도와 찬송의 형식」(*Form of the
Ecclesiastical Prayers and Hymns*)이라는 제목의 새로운 예배 모음집
을 발간하였는데, 그것은 부처가 펴낸 유사본으로부터 변용시킨 것으로,
주일과 평일의 통상적인 예배와 관련한 모든 것들 가운데 칼빈 자신이 스
트라스부르의 교구에서 사용하였던 바로 그 예배 의식에서 도입한 것이었
다.[33] 성찬식에 대한 것은 제네바에서 쓰이고 있던 신앙형식 중에서 몇 가
지 항목과 기도를 제외하고 나머지 것들을 그대로 채택하였다.

1542년 칼빈은 학생들의 신앙교육을 위하여 두번째 요리문답을 작성하
였는데, 그것은 라틴어와 프랑스어로 저술되었다.[34] 이것도 부처의 요리문

---

33) *Opp.*, 6, 161-210; cf. DOUMERGUE, op. cit., vol. II, pp. 497 ff.와
W.D.MAXWELL, *John Knox's Genevan Service Book* 1556, Edinburgh,
1931, pp. 20 ff., 32 ff., 188 ff.

34) *Opp.*, 6, 1-'160. J. COURVOISIER, 'Les Catechismes de Geneve et
de Strasbourg', In *Bulln. de la Soc. de l'HIst du Protest. francais*, vol.
LXXXIV, pp. 105 ff. 발견된 것 중에서 가장 오래된 불어판은 1545년의 것이다.

답을 본떠서 대화형식으로 쓰여서, 교리 해설이라기보다는 교육을 위해서 훨씬 적절한 것이었다. 동시에 그는 가능한 한 명료하고 정확한 정의를 내리려고 노력하였고 논쟁이 되는 문제들은 피하려 하였다. 하지만 그가 마음 속 깊이 간직하고 있던 교육적인 의도에 맞지 않는 장황함을 피할 수는 없었다. 그럼에도 불구하고, 1542년의 요리문답은 칼빈주의의 보급에 상당히 중요한 역할을 담당하였다. 그것은 신자들에게 몇 가지 신학적 질문을 하여 습득케 하였으며, 많은 세대를 지나는 동안 개신교 신자들의 신앙적 수련에 기여하였다. 16세기와 그 이후에 많은 번역서가 나왔고, 개혁교회의 대표적인 요리문답이 된 하이델베르크(Heidelberg) 요리문답의 기초가 되었다.[35]

교회 법령의 채택 이후, 제네바 시 평의회는 민법 제정과정에서도 그와 유사한 적용을 하고자 하였다.[36] 그들은 헌법과 민법을 강제로 개정 혹은 더 정확히 말하자면 성문화시키려고 하였으며, 따라서 정치제도의 귀족주의적 특성을 강조하였다. 그들은 칼빈의 법률 지식을 이용하였고, 그는 그 법률들의 명쾌한 형식 속에다가 초안을 잡아주고, 여러 가지 규약을 해설함으로써 정교하게 하는 작업에 협력하였다.

그는 또 베른 근처에, 아직 정착되는 않은 정치적 분쟁에도 간여하게 되었다. 1544년 2월 3일, 마지막으로 평화조약이 체결되어, 수년간 제네바를 불안케 하였던 사건에 대해 종결지었다. 이때 상황은 마침내 전체적으로 완화의 국면으로 접어들어서, 정치적 망명자들이 고국에 돌아갈 수 있게 되었던 것이다.

그때까지 자신의 사역을 지연시킨 주된 장애물에서 자유롭게 된 칼빈은

---

35) Cf. A.LANG, *Der Heidelberger Katechismus*, Leipzig, 1907, pp. xxxvi ff.

36) M.E.CHENEVIRE, *La Pensee politique de Calvin*, Geneva 1937은 개혁가의 역할을 새로운 방법으로 조명하고 있다.

이제야말로 제네바를 이상에 가까운 모범적인 도시이자, 하나의 교회로 만들려는 계획에 완전히 몰두할 수 있었다. 매일 선포되는 그의 설교에 의하여, 대중의 대다수는 점차 복음에 일치되어 갔다. 제네바뿐만 아니라, 인근 지역과 프랑스까지 목사들의 증원을 위하여 신학강좌가 개설되었는데 처음에는 거의 칼빈 혼자 교수하지 않으면 안되었다. 그러나 마침내, 법령에서 중요성을 인정 받았던 학교가 일반교육을 담당하게 되었다. 칼빈은 그 학교를 교회의 영구적인 관리 아래 두었으며, 스트라스부르에서 알게 된 사브와야르(Savoyard)의 인문주의자인 세바스띠엥 카스텔료(Sebastian Castellion)을 교장으로 승인하였다.[37]

그러나 어떤 사람이 쉽게 상상하듯이 이 모든 일들이 어려움 없이 진행된 것은 결코 아니다. 당회에서 새 규율을 도입할 때 야기되는 난제들에 직면하기도 하였다. 그럼에도 불구하고, 칼빈은 1542년, 가톨릭 신학자인 알베르 피기우스(Albert Pighius)에 반박하여 자유의지에 관한 중요한 논문과[38] 유다서에 관한 주석을 쓸 여유를 가질 수 있었다.[39] 다음 해에는 라틴어판 「기독교 강요」의 제3판과 그 유명한 「성유물에 관한 논문」 (Treatise on Relics)[40], 니고데모주의자들을 반박하는 반론의 첫번, 그리고 별로 언급이 되지 않는 부수적인 몇 가지 저서들이 출판되었다.[41] 이 모든 저서들은 칼빈의 지칠 줄 모르는 진실로 놀라운 열성에 의한 문학활동의 첫 결실에 지나지 않는다.

이처럼 수많은 일들과 다양한 일들을 완성하기 위해서 칼빈을 지적으로 보조할 수 있는 능력이 있으면서도, 동시에 그의 권위적인 성품에 복종할

---

37) Cf. F.BUISSON, Sebastien Castellion, Paris, 1892. vol. I, pp. 138 ff. DOUMERGUE, op. clt, vol. VI, pp. 8 ff.

38) Opp, 6, 225-404.

39) Opp. 55, 501-16.

40) Opp. 6, 405, 452; Collection des Chefs-d'oeuvres meconnus, Paris, 1921에 나타난 A. AUTIN의 해설을 보라.

41) Opp. 6, 537-8.

수 있는 협력자들이 요청되었다. 칼빈이 제네바 지역 안에서는 거의 찾을 수 없었다. 하지만 그에 대한 보상이라도 되는 것처럼, 계속해서 이 도시로 들어오는 상당수 망명자들 중에는 합당한 사람들이 다수 있었다. 그들 중에는 칼빈이 실망을 느낀 사람들도 있었지만, 전체적으로 이들 망명자들은 옛적에 이미 헌신하였던 이상에 대한 봉사를 기꺼이 원하는 엘리트들이었다. 그럼에도 불구하고, 여기서 일어났던 갈등들은 주로 칼빈의 적대자들에 의한 모함과 잘못에 기인한 것이었다. 물론 개혁자 자신 때문에 일어난 문제들도 있었으니, 그는 신성한 사명을 최우선과제로 알고 오직 이것에 의존하여 일한다는 확신을 점차 굳힘으로써, 그의 이념에 대해서는 그 어떤 토론이라도 받아들이려 하지 않았다. 특히 교리적 원리뿐 아니라, 심지어 개인적인 의견에 대한 문제들을 다루는 경우에도 그러하였고, 어떤 경우에는 하찮은 문제들까지도 토론을 받아들이지 않았다.

이러한 종류의 갈등 가운데 첫번째로 꼽을 수 있는 것이 칼빈과 카스텔요(Castellion)의 대립이었다. 1543년, 카스텔요는 설교자로서의 직책을 요구하였다. 그 당시에는 발효된 규정에 따라, 먼저 예비시험에 출석케 되었다. 시험 도중에 아가서의 정경문제와 지옥에 내려가셨다는 부분에 대한 사도신경의 일부분에 대해서 칼빈의 해석 중 특정한 내용에 대립되는 발언을 하고 말았다.[42] 칼빈에 따르면, 그리스도께서 죽으신 후에 지옥으로 내려 가셨다는 선언은 비유의 영역에 속한다.[43] 지옥으로 내려가신 일은 단순히 육신을 가지신 주님께서 십자가 위에서 받으신 수난과 죽음에 대한 상징으로 받아들여야 하는 것이었다. 그러나 카스텔요는 이와 반대로 자신이 성경 저자의 사상에 일치하는 유일한 사람인 것처럼 문자적 해석만을 고집하였던 것이다. 그들은 이 문제를 별로 중요하지 않은 부차적인

---

42) BUISSON, op. cit. vol. I, 195 ff: DOUMERGUE, op. cit. vol. VI, pp. 9-15: H.M.STUCKELBERGER, 'Calvin und Castellio', in *Zwingliana*, vol. VII, pp. 94 ff.

43) *Inst.* II, 16, 9.

것으로 여겼지만, 칼빈은 솔로몬의 아가서의 정경성을 고수하면서 성경의 권위에 대한 모든 문제를 이 문제에 귀결시켰다. 칼빈은 그가 학교로부터의 면직 청구가 없이는 목사의 직분을 허락 받을 수 없을 것이라고 주장하였다. 이 사건에 대한 일종의 공적인 보고서 형식으로 칼빈이 동료의 이름으로 카스텔요에게 발송한 서면에는 다음과 같은 화해적인 구절이 덧붙여져 있다. "비록 그가 허락받지는 못했지만, 그것은 그의 생애의 어떤 오점이나 신앙의 주된 교리에 대한 불경스런 관점이나, 그와 반대되기 때문이 아니라, 위에서 방금 우리가 설명한 바로 그 한 가지 이유 때문이다."[44]

그러나 두 사람 사이의 대립은 매우 심각하여서 그 밖의 모든 문제에 관해서도 그치지 않았다. 1544년 5월, 회중들이 목회자들에 대해서 상호 견책하는 중에 카스텔요는 제네바 목회자들에 대해서 격렬한 비난을 가하였다. 칼빈은 시 당국에 그에 대한 불평을 접수시켰으니, 이는 학교장에 대한 경고로써 시작하였다. 그로부터 일년 후, 카스텔요는 그 도시를 떠나도록 명령받았다. 그러나 이것은 첫 시작에 불과하였다. 그것은 보다 심각한 다른 분쟁의 시초에 지나지 않았다. 카스텔요의 해임은 곧 학교의 급속한 쇠퇴를 초래하였으며, 그 후 새 학칙에 의하여 재건되기까지 10년이 걸렸다.

이렇게 초기에는 내내, 당회의 징계활동은 교회의 개입이 일반 대중의 눈에도 충분히 타당성을 가질 수 있는 공적인 도덕률의 문제에만 제한되었다. 1545년, 시 당국에서는 먼저 주도권을 가지고 도덕적 범죄행위에 대한 사법적 징계권을 강화하였다.[45] 조금 후, 칼빈의 요구에 따라서 범죄자는 세속적인 법정에서 선고를 받은 후에, 당회에 반드시 소환되어야 한다는 것을 제정하게 되었다. 이런 법규의 시행이 다소 복잡한 절차이긴 하였지만, 자연적으로 당회의 중요성을 강화시키는 계기가 되었다. 동시에, 당회는 음모나 밀고자들의 문제까지 다루려는 전례 없는 열심을 보였다. 무

---

44) *Opp.*, 11, 676.
45) LANG, *Johannes Calvin*, p. 119, KOEHLER, op. cit, vol. II, p 591.

척 다양한 사건들과 때로는 기묘한 소송까지도 제기하기에 이르렀다. 칼빈의 교회 조직에 대해서 편견을 가지고 있지 않다고 인정받는 역사가 워커(Walker)가 당회의 이러한 측면에 대해 기술한 부분을 인용해 볼 필요가 있다.

어떠한 나이나 신분이라도 당회의 견책으로부터 면제될 수는 없었다. 남녀노소 모든 이들이 심각한 범죄행위뿐만 아니라 그들의 신앙적인 자각, 목사에 대한 비난, 예배에의 불참, 부적의 사용 등과 심지어 가정 내에서의 갈등까지 감찰을 받았다. 칼빈 당시의 당회의 후기 활동업무에 대한 다른 예를 들어 보면, 남편의 무덤 앞에서 "영령이여 고이 잠드소서"라고 미망인이 기도했다는 이유로, 집시한테 점을 쳤다는 이유로, 포도주 잔을 만든 세공업자가 프랑스 망명자들로 인하여 생활하는 물가가 올랐다고 불평하였다는 이유로, 어떤 목사가 종교개혁 이전에 죽은 사람들은 모두 저주받게 될 것이라고 말하였다는 이유로, 춤을 추었다는 이유로, 「황금 전설」(책)을 갖고 있다는 이유로, 70세의 노파가 25세의 청년과 결혼하려고 한다는 이유로, 뿐만 아니라, 사제를 비난한 이발사에 대하여, 교황이 선한 사람이라고 말한 것에 대하여, 설교 중에 떠들었다거나 웃었다는 이유로, 종교가 다르다는 이유로 사형을 집행한 제네바 시를 비난한다는 이유로, 「가울의 아마디스」(*Amadis de Gaules*)를 가졌다거나, 칼빈을 중상하는 노래를 불렀다는 이유로 징계를 받기도 하였다.[46]

저자 자신이 보건대, 이러한 것들은 가장 우스꽝스러운 경우들 중에서 몇 가지를 선택한 것이다. 그러나, 당회의 통상적인 활동은 그 간섭이 정당하게 여겨지는 중요한 사건들 가운데 너무나 다양한 사례를 포함한다는 사실은 잊어서는 안될 것이다. 물론, 이러한 집행에 대한 책임은 항상 칼빈에게만 부과되어 있지 않았고, 주로 분별력 없이 그 권한을 행사한 동료 성직자들에게 있었다. 마지막으로, 당회의 활동에 대해 올바른 평가를 내리고자 한다면, 우리는 다음과 같은 사실을 염두에 두어야 한다. 즉 시 당

---

46) WALKER, op. cit, pp. 304 ff. KOEHLER, op. cit, vol. II, pp. 580-8은 정확한 참조 해설로 세부적인 부언을 상세히 하고 있다.

국의 재판권은 단지 심문의 성격에 해당하는 경향이 있었으며, 권한에 대한 빈번한 다툼에도 불구하고 그것은 대체로 당회가 취한 조치를 승인함으로써 그 활동을 협조할 뿐만 아니라 많은 소송을 당회에 위임하기도 하였던 것이다.[47]

그러나 칼빈은 명백히 당회를 움직이는 정신적 지주였다. 거의 모든 공적인 문서들을 추적해 볼 때, 어디에서나 그의 주도적인 움직임을 발견할 수 있다. 모든 것은 제네바를 성스러운 도시로 만들려는 목적 아래 수행되었다. 여관은 시민들에게 허용되지 않았으며, 대신 다섯 곳의 수도원으로 대체되었다. 그곳에서 여행자들은 감독을 받았으며, 기분전환을 위해서 놓여진 프랑스어판 성경을 발견하게 되었다. 이러한 혁신은 1개월 이상 지속되지는 못했다.[48] 물론 불건전한 연극도 금지되었다. 그러나 인가된 건전한 연극의 경우에도, 심지어 칼빈이 이에 지지하는 주장을 보였음에도 불구하고, 어떤 열성가에게 있어서는 너무 비도덕적이라고 주장했다.[49]

1546년이 끝나가는 무렵에, 제네바에서 가장 널리 알려진 권세있는 사람들의 이름들이 비성경적이라고 공격을 받았다. 이 평가는 입증되지 않았기 때문에 수년간 연기되어야 했다.[50] 악마가 당회의 교화 활동에 개입하여 영향을 끼치고 있는 것처럼 보였다. 왜냐하면, 1546년 10월 그 악마는 어떤 사람이 흑사병으로 아프게 되자, 부정행위와 경건치 못하였기에 이런 일이 발생했다고(칼빈이 증언한 바 있듯이) 널리 퍼트렸다.[51]

---

47) KOEHLER, op. cit, pp. 588 ff.에서 인용한 예를 보라.

48) Ibid, pp. 593 ff.

49) Ibid, p. 602. Cf. 1546년 6월 3일자, 파렐에게 보낸 서한, *Opp*, 12, 347.

50) KOEHLER, op. cit, p. 596.

51) 칼빈도 탐색에 참여하였다. 그는 1546년 11월 14일 비레에게 보낸 편지와 설교에서 이 문제를 언급하고 있다. *Opp*, 12, 413 ff. 여기서, 우리는 이 문제와 관련하여, 마법에 대한 칼빈의 태도와 1545년의 Peney의 마법사와 마녀사건에 대한 그의 간여를 비교해 볼 수 있다. Cf. O. PFISTER, *Calvins Eingreifen in die Hexer-und Hexen prozesse von Peney*, Zurich, 1947.이 책의 저자는 전통

이러한 교회의 감찰제도의 착수로 인한 첫 영향은 많은 사람들의 분노를 불러일으켰다. 비록 칼빈이 그러한 모든 탐색 방법의 창안자는 아니었지만, 그는 곧 대중적인 분노의 표적이 되었다. 1546년 1월경, 소위원회의 위원 중 한 사람인 피에르 아모(Pierre Ameaux)는 칼빈이 그릇된 교리를 가르치는 피카르드 출신의 악인에 지나지 않는다고 비난하였다.[52] 이러한 공격을 조롱으로 받아넘길 수도 있었으나, 칼빈은 하나님의 말씀의 해설자로서 그의 권위가 공격받게 되었다고 생각하였다. 그는 자신의 직분을 하나님의 뜻과 완전히 동일시하였으므로, 아모의 비난이 그리스도의 임무를 수행하고 있는 사람에게 겨냥된 것은 주님의 영광에 대한 모욕으로 간주하였다. 시 행정부는 그 죄인이 200인 시 평의회 앞에서 무릎을 꿇고 칼빈의 용서를 간청할 것을 제의하였지만 칼빈은 그것은 불충분한 처벌이며, 시 평의회가 이 일에 만족할 만한 조치를 취하기 전에는 설교단에 오르지 않을 것이라고 선언하였다.

그 소송은 다시 한 번 항소되어 4월 8일, 아모는 속옷만 입은 채, 모자를 벗어 들고, 손에 등불을 잡고, 온 시내를 돌아다닌 후, 재판소에 출두하여 하나님의 자비를 간구하도록 선고되었다. 시 평의회의 한 사람이(제네바의 중심교회인) 생피에르 대성당의 목사를 모욕한 죄로 그러한 비참한 모습으로 도시를 헤매고 지나가는 것을 본 시민들이 어떠한 인상을 받았는지 우리는 상상해 볼 수 있다. 지방의 한 목사가 이 문제에 대한 칼빈의 태도를 감히 비난하였다. 그는 즉시 성직을 박탈당하게 되었다.

그러나 이것은 당회가 제네바 귀족 중에서 가장 명망이 높은 두 가문인 페랭가(Perrins) 및 파브르가(Favres)와의 반목에 부딪혔을 때, 제네바와 인근 주(州)에서 일어난 감정적인 소요에 비하면 극히 사소한 것에 불과

적인 칼빈파의 변증법을 거부하고, 역사적 비평형식과는 거리가 먼 선입관에 사로잡혀 있다. 모든 의문은 그 시대의 사법권이라는 빛 가운데서 재검토될 만한 가치가 있는 것이다.

52) DOUMERGUE, op. cit. vol. VI, pp. 83 ff.

하다. 확실히 이러한 사건들은 당회가 귀천을 막론하고 공정하게 판단함으로써 스스로의 자율성과 용기를 입증한 것으로 판단되었다. 그러나 특히 이 사건은 문제의 두 가문이 칼빈과 파렐이 제네바에서의 활동 개시 이래, 확고한 지지와 후원을 보내고 있었다는 사실로 인하여 보다 심각한 문제를 초래하였다. 아미 페랭(Ami Perrin)은 칼빈을 그 도시로 되돌아오게 한 기예르맹(Guillermins)의 주동인물이었다. 페랭이나 그의 장인인 프랑수아 파브르(François Favre)는 당회의 심리방식에 대해 좋아하지 않았다. 또 이 두 사람은 개인적 행위로 몇 차례 교회 재판에 소환되었었다. 그들은 한동안 이에 불응하였고, 출석을 거부하면서, 그들에게 부과한 징계에 오만하게 대응하였다. 마침내 당회는 프랑수아 파브르에게 강제소환을 집행하였고, 사위인 아미 페랭은 당회의 권한에 대한 이의를 시 평의회에 공공연히 제기하였다. 이것은 매우 경악할 만한 사건이었지만 칼빈은 의원들에게 자신의 입장을 이해시켜 페랭을 한동안 프랑스 왕궁에 외교사절로 가도록 하였다.[53]

1547년 6월, 또 다른 분쟁이 일어났다. 제네바의 옛 가문들 중의 하나인 그뤼에가의 자크 그뤼에(Jacques Gruet)가 의혹을 살 만한 문서를 소유하고 있는 것이 발견되었다.[54] 그 문서들 속에는 당회의 행위를 반대할 목적으로 시 평의회에 보낼 탄원서의 초안이 들어있었다. 또 다른 편지는 프

---

53) Ibid., vol. pp. 91 ff. 우리는 페렝, 반델(Vandel)과 파브르가 주동인물이었던 '자유'파와 '영적인 자유파'와 혼동하지 말고 구별해야만 한다. 후자에 대해서 칼빈이 쓴 논문 「열광적인 자유파 이단에 대한 반박」(Against the fantastic sect of the libertines)(1545)에서 신랄하게 비판하자, 의도하지 않았음에도 불구하고 나바르의 마르그리트(Marguerite of Navarre)와 불편한 감정을 갖게 된 바 있다. 왜냐면, 이들 영적 자유파들은 종교개혁과 다소간에 관련된 신비주의자들이었는데, 이런 개혁성향이라는 분위기를 프랑수아 1세의 누이동생이 좋아하였음에 틀림없다. cf. W. NIESEL, 'Calvin und die Libertiner' in the Zeitschr. für Kirchengeschichte, 1929, pp. 58-74.

54) DOUMERGUE, op. cit, vol. VI, pp. 120 ff.

랑스 국왕에게 제네바의 사태를 중재하고 질서를 회복시켜줄 것을 호소하
는 것이었다. 뿐만 아니라, 하나님께 대한 모독으로 간주되는 몇 가지 문서
들도 있었다. 칼빈과 시 평의회의 몇몇 위원들은 그것을 음모라고 생각하
였다. 그들은 그뤼에를 고문하였으나, 다른 공범자를 찾아내는데 실패하였
다. 결국 그는 참수되었다.[55] 이 문제는 당회에 회부되지는 않았지만 칼빈
이 그 일에 관여하였었고 평의회가 그의 견해를 채택하도록 설득하는데
어렵지 않았다.

그해 9월, 사태는 갑자기 역전되었다. 아미 페랭이 프랑스 국왕에 의해
고용되어 제네바로 돌아온 것이다. 페랭의 의도는 표면적으로는 칭찬할 만
한 것이었다. 당시 카를 5세는 슈말칼덴(Schmalkalden) 전쟁에서 독일
개신교 영주들을 제압하고 첫 승리를 거두었으며, 이로 인해서 스위스의
거의 모든 개신교의 캔톤(州)에서는 황제가 종교개혁을 성취한 도시들을
공격할 경우에 대비하여 방어진지를 구축하고 있었다. 이러한 상황하에서
무엇보다도 먼저 수년간 국외의 개신교파들의 우방이 되어왔던 프랑스 국
왕으로부터의 확실한 지원을 기대한다는 것은 극히 자연스러운 일이었다.
제네바에서는 로랑스 메그레(Laurence Maigret)라는 프랑스 망명자가 칼
빈의 동의 아래, 최종적으로 지원을 예상하면서 프랑스 왕궁과 의사교환을
하고 있었다. 페랭과 메그레의 협상은 신중하게 비밀로 지켜졌으나, 결국
누설되자마자 큰 소요를 야기시켰다. 이러한 사태는 당회의 통제를 벗어나
려고 도피하였던 파브르의 귀환으로 인해서 한층 복잡하게 되었다. 프랑수
아 파브르 및 페랭은 둘다 모두 체포되었다.

베른의 중재에 의해 파브르는 곧 석방되었다. 프랑스와 제네바의 동맹을
의심스러운 눈으로 지켜보고 있던 베른은 사태를 중재하면서 페랭을 지지
하는 동시에 메그레의 체포를 선동하였다. 칼빈으로서는 자신의 동료인 메
그레를 구출하는데 전력을 기울이지 않을 수 없었다. 따라서 칼빈과 베른

---

55) Cf. H. FAZY에 의해 출간된 교재. 'Proces de Gruet' in the *Memoires
de l'Institut national genevois*, 1886.

간의 옛 반목은 예상치 못한 양상으로 재개되었다. '자유사상가' 페랭에
대한 칼빈의 태도는 솔직히 처음부터 적대적이었다.[56] 예상대로 열띤 논쟁
이 200인 의회에서 전개되었다. 이 사태는 일종의 타협으로 종결되었다.
그 두 사람은 석방되었으며 페랭은 복권되었다. 그는 칼빈을 프랑스 망명
자들과 연합하였다고 비난한 구(舊)제네바 사람의 대변인이었다는 것이
일반적인 여론이었다. 그리하여 정치적 정열에 가열되어서 군중들은 노상
에서 공공연히 망명온 사람들을 공격하였고, 칼빈 자신도 집을 나설 때면
폭도들의 조롱과 모욕을 받게 되었다.[57]

1548년의 선거에서 두 파벌은 완전히 대립되었다. 즉 대다수의 프랑스
와 이탈리아의 망명자로 구성된 사람들은 칼빈 편에 섰고, 다른 편은 페랭
이 이끄는 구 제네바인들의 세력으로 양분되었다. 후자가 우세하였다. 지
난 6년 동안, 칼빈은 교회, 특히 당회에 의해서 빼앗긴 권한을 온갖 수단
을 다 써서 회복하려는 시 평의회의 새로운 다수파에 대항하여 싸워야 했
다.

상대의 명예를 추락시키기 위하여, '칼빈파'는 그들을 자유사상가라고
명명하면서, 그들은 치리를 받지 않으려 하며, 이것이 바로 그들의 정체를
폭로하는 것을 의미한다고 주장하였다. 이 자유사상가들이 종교개혁이나
신앙에 대한 관심 면에서 칼빈 지지자들보다 더하지도 않고, 덜하지도 않
았다는 것이 이를 증명해 준다. 그러나 그들은 교회의 권위에 대해서는 다
른 개념을 갖고 있었다.[58]

그런 와중에서 음모와 분쟁이 양쪽에서 끊임없이 계속되었다. 설교자가
페랭의 동료의 태도에 대해 비난한 것에 대해 시 평의회는 성직자가 먼저

---

56) 그러나, 칼빈이 "메그레를 살려내고 페랭을 파멸시키려고 온 힘을 기울였
다"라는 랑(LANG), op. cit, p. 127의 주장은 전혀 근거가 없는 것이다.

57) *Opp.*, p, 892; F. W. KAMPSCHVLTE, *Joh. Calvin*, vol. II, pp. p3ff.

58) 약간 다른 해설로는, cf. DOUMERGUE, op. cit, vol. VI, pp. 119 ff.; 또,
LANG, op. cit, p. 128을 보라.

그것을 행정부에 말하지 않고서는 설교단에서 그들의 불만을 언급하지 못하도록 규정하도록 요구함으로써 이에 응수하였다.[59] 1548년 9월, 비레에게 보내는 칼빈의 편지가 공개되었는데, 이는 3년 전에 보내어진 것으로 분명한 어조로 시 당국의 태도를 비난하는 내용이었다. 칼빈은 자신의 변호를 위해 소환되었다. 그 상황은 이 일로 인해서 칼빈이 제네바를 떠나지 않으면 안 될 것이라고 생각되었다.[60] 그러나 시 평의회는 그에게 '자신의 임무를 보다 충실히 수행할 것'을 요구하는 것으로 그쳤다.

사실 새로뽑힌 행정부는 칼빈파들이 생각한 것만큼 그렇게 철저히 적의를 갖고 있지는 않았다. 자신들의 권위가 문제시되지 않는다고 여겨질 때는 목회자들과 당회에 대한 후원까지 하였다. 예를 들면, 1550년 시 평의회는 목회자들이 일 년에 한 번, 모든 교구민들의 가정을 방문하여 교회의 규율이 지켜지고 있는지 스스로 감찰하도록 하는 법령을 승인하였다.[61] 이런 새 법령들은 물론 신성모독자들에 대항하여 제정된 것이었다.

'자유사상가들'의 정치적 대립에도 불구하고, 칼빈의 입장은 점차 호전되어 갔다. 프랑스에서 점점 격렬해지는 박해는 새 망명자들의 끊임없는 유입을 초래하였고 자연히 칼빈파의 세력은 강화되었다. 시민으로 인정된 망명자의 수는 해마다 증가되었다.[62] 그러나 훌륭한 인적 자원을 예비한다는 것은 사람들의 수에 의해서가 아니라, 그들의 사회적 지위와 지적 수준에 의해서였다. 이 점에 있어서는 비록 소수이지만 저명한 전(前) 성직자들과 지식인들 사이에서 칼빈은 유능한 협력자들을 발견할 수 있었다.

---

59) Cf. *Opp.*, 21, 429 ff.

60) *Opp.*, 21, 434-41.

61) 1561년의 법령 *Opp.*, 10a, 116 ; 날짜에 대해서는, 참고, CHOISY, *La Theocratie a Geneve*, p. 108.

62) 그러나, 새 시민권취득자 전부가 프랑스 사람들만은 아니었다. 1541년에서 1554년까지, 겨우 310명만이 시민권자 명부에 등록되었으며, 이 가운데, 1547년 한 해 동안에 경제적인 이유로 128명이 등록하였다. Cf. E. PFISTERER, *Calvins Wirken in Genf*, Essen, 1940, p. 13.

1549년 5월, 테오도르 드 베자(Theodore de Beza)가 제네바에 도착하였
는데, 이 장래 칼빈의 후계자는 로잔(Lausanne)에서 헬라어 교수로 임명
된 바 있었다. 그곳은 정치적으로는 베른의 지배 아래 있었으나, 제네바 사
람들은 로잔 교회가 제네바에 부속된 교회라고 간주해 왔었다. 베자와 때
를 같이 하여, 후에 칼빈의 친구가 된 노르망디의 로랑(Laurent)과 기욤
드 뷔데(Guillaume de Bude)의 제자들 세르베투스의 재판에 참가했던
기욤 드 트리(Guillaume de Trie) 등과 그 외의 많은 사람들이 이 시민
들의 천국에서 거주권을 얻기 위하여 들어왔다.[63]

칼빈은 제네바의 정치적 관점에서 신참자들을 두려워할 것이 없었다. 그
러나 사실은 그 반대였다. 칼빈의 교리에 대한 정말 심각한 첫 공격들은
이들 신입 망명자들에 의해서 제기되었던 것이다. 이런 종류의 흥미진진한
첫 논쟁이 전(前) 카르멜회 수도사였던 제롬 볼세크(Jerome Bolsec)에
의해 제기되었는데, 그는 제네바 근교에서 의사로서 활동하고 있었다.[64] 그
는 이중 예정론만을 제외하고는 칼빈주의 교리에 대한 열렬한 신봉자였다.
이전에도 그는 여러 번 그 주제에 대해 이의를 제기하였던 바, 1551년 10
월 마침내 칼빈이 하나님을 죄의 창조자로 만들어버렸고, 죄인을 정죄하는
책임을 부과하고 있다는 자신의 논지를 충분히 준비하여 총회 석상에서
반론을 개진하였다. 그는 "이것은 하나님을 폭군이나 제우스 같은 신으로
만들고, 그것이 성 어거스틴의 견해인 것처럼 믿게 하려는 것이다. 그러나
성 어거스틴이나 다른 어떤 옛 신학자들도 그렇게 주장하지는 않았다."[65]
고 주장하였다.

칼빈은 성경 속의 수많은 증거 외에, 성 어거스틴으로부터의 무수한 인

---

63) *Opp.* 21, 451 ff.; DOUMERGUE, vol. VI, p. 140.

64) H. FAZY, 'Proced de Bolsec' in the *Memoirs de L'lnstitut nation
genenevois*, 1866. 이 논쟁의 신학적 측면에 대해서는, A. SCHWEIZER, *Die
protestantischen Centraldogmen*, vol. I, Zurich, 1854, pp. 205 ff. 를 보라.

65) NIC. COLLADON, *Vie de Calvin*, *Opp.* 21, 73.

용문을 제시하면서 자신있게 이에 응수하였는데 이는 너무 정확하여 마치
그가 바로 그 날에 직접 배우고 연구한 것처럼 보였다. 이 집회에 참석하
였던 '정의의 영주들' 중에 한 사람이 즉시 볼세크를 체포하였다. 칼빈과
피고인간의 개인적인 논쟁으로 첫 심리가 시작되면서, 그 기소는 오랫동안
지속되었다. 시 당국에서는 팔레(Falais)의 영주와 같은 칼빈의 개인적인
친구들 중에 상당수가 볼세크를 위해 중재하고 있다는 사실로 인하여 동
요되었다. 시 당국자들은 최종적으로 스위스의 다른 교회들의 견해를 참조
하기로 결정하였고, 따라서 정치적인 경쟁심도 이 문제에 개입하게 되었
다. 제네바의 목회자들은 볼세크과 같은 골칫거리를 제거하고, 그를 정죄
함으로써 그로부터 다른 교회들을 보호하려는 열망을 아주 명백하게 표현
한 서신을 이미 스위스 전역의 동료들에게 발송하였었다.[66] 이것은 무거운
견책을 바라는 가식없는 탄원이었다. 하지만, 칼빈은 상대의 죽음을 원하
지는 않았다.

  그러나 바젤, 취리히, 베른의 교회들로부터 온 답장은 그를 실망시켰다.
유일하게 파렐 혼자서만 뇌샤텔의 목사들에게 볼세크에 대한 격렬한 공격
을 가하도록 요구하였다. 다른 사람들은 완화된 조처를 권고하거나, 핵심
적인 부분에는 매우 우려를 표명하였던 것이다. 칼빈은 파렐에게 보낸 편
지에서, 취리히 사람들이 보인 무지함에 대해서 불평을 토로하였다.[67] 그
다음 회기에 모인 목회자들의 총회에서 칼빈은 자신의 교리를 엄숙히 명
문화시키고 그 지역의 모든 목회자들로 하여금 그것을 충실하게 지지 고
수할 것을 의무화하였다.[68] 볼세크에 대해서는 일생동안 추방이 선고되었
다.

  칼빈이 당시 이 사건에 대해서 어떻게 생각했건 간에 그 결과는 그의
승리였다. 그러나, 그것은 양면성을 띠고 있는 승리였으니, 왜냐하면 그 사

---

66) *Opp.* 8, 207.
67) *Opp.* 14, 218.
68) *Congregation upon the eternal election, Opp.* 8, 85-138.

건의 심판을 세상 권력에 회부함으로써 그가 본의 아니게 시 당국은 교리의 문제에 관한 법정으로 만들고 말았기 때문이다. 볼세크는 후에 결국 비열한 복수를 가하였다. 1577년, 그는 수집 가능한 모든 중상을 담은 칼빈의 전기를 출판하였는데, 그 책은 2세기 이상이나 칼빈 반대파 논쟁자들이 그를 반박하는 데 이용한 병기창고가 되었던 것이다.

그런가 하면, 볼세크가 감금되어있던 동안 받았던 냉대와 그 자신이 칼빈에 대해 가지고 있었던 적대감은 이 개혁자의 반대파들로부터 자신에 대한 대대적인 동정심을 불러일으켰다. 그리하여 새로운 무질서가 거듭되었다. 그 후로, 시 평의회는 당회에 대한 지지를 중지하였으며, 반대파의 지도자들은 당회의 출교권에 대해 공공연히 논쟁하기 시작하였다. 시 평의회는 그들의 동료의 공식적인 조언과는 정반대로 목회자들을 해임시키거나, 계속 일하도록 하는 권한을 행사했다. 게다가 칼빈이 목사직에서 해임시킨 공증인 트롤리에(Trolliet)가 ― 그는 페랭의 친구로서 ― 역시 예정론에 대한 반론을 제기하기 시작하였다.

8월, 자신이 직면한 반대에 격분한 칼빈은 "그렇게 고통을 받고 있느니보다는 차라리 직분에서 사퇴하겠다"라고 시 평의회에 선포하였다.[69] 자기보다 먼저 반론을 제기한 볼세크와 마찬가지로 트롤리에도, 실제로 죄를 필요악으로 인정한다는 것과, 그 기원을 하나님께 돌리게 된다는 논지로 예정론의 교리에 공격을 가하였다. 제네바 시 당국에 보낸 답변서에서 칼빈은 인간의 책임을 주장하면서, 트롤리에의 고발장에 대해서 다음과 같이 결론지었다. "존경하는 의원님들, 저로서는 제가 가르치고 저술한 교리가 나 자신의 머리 속에서 나온 것이 아니고, 하나님으로부터 명령받은 것임을 양심적으로 확신하고 있으며, 내가 진리의 배반자가 되지 않기 위해서 나는 똑같은 그것을 계속 고수할 것입니다. 또 반론에 대한 답은 이미 충분히 드렸다고 생각합니다."[70]

---

69) *Opp.* 21, 516.
70) *Opp.* 14, 382.

마지막 문장은 문제의 핵심을 꼬집은 것이다. 그것은 예정론에 대한 문제가 아니라, 성경의 해석자로서의 칼빈의 권한에 대한 문제였으며, 그의 모든 과업의 정당성에 관한 문제였던 것이다. 비레와 파렐을 포함하여, 제네바의 목회자들은 칼빈의 교리를 옹호하였다. 시 평의회는 다시 한 번 자기방어에서 양보하고 말았다.

1552년 11월 9일, 특별위원회는 다음과 같이 차별성을 보고하는 문안을 작성하였다. "모든 것이 올바르게 들려지고, 이해되었으므로, 앞서 언급한 「기독교 강요」는 매우 훌륭하고, 성스럽게 기록되었고, 그 책의 교훈들은 하나님의 거룩한 교리임을 선포하고 선언한다. 또 이것이야말로 제네바를 위해 선하고 참된 사역으로 간주한다. 따라서 지금부터, 그리고 이후에도 그 어느 누구도 전술한 책이나, 혹은 전술한 교리에 감히 이의를 제기할 수 없을 것이다."[71] 하지만, 트롤리에는 소송취하라는 이득을 얻었고, 정치적 권력이 칼빈에게 부여한 정통교리의 확증은 칼빈의 위치를 강화시켜 주는데 있어서는 아무런 도움이 되지 못하고 말았다.

1553년 선거에 의해서 사태는 더욱 가열되었으니, 이 선거는 칼빈 반대파의 승리로 끝났기 때문이다. 아미 페렝은 제네바의 최고위 행정장관이 되었다. 온갖 새로운 압력들이 칼빈과 그의 동료들에게 가해졌다. 목사들은 총회에 참석치 못하게 금지당하였고, 아직 시민권을 취득하지 못한 망명자들은 관례대로 무기를 소지하고 외출하는 것이 금지되었다. 칼빈은 불링거에게 보낸 편지에서 자신이 이전과는 정반대로 도처에서 악의와 반론에 직면해 있다고 불만을 토로했다. "그들은 우리가 말하는 모든 것을 의심하고 있소. 내가 단순히 때는 정오라고 말하여도 그들은 그것까지도 의심했을 것이오."[72]

이처럼 위험천만한 상황 속에서 처해 있을 때, 칼빈이 제네바에서의 사역기간 동안 개입되었던 사건들 중에서 가장 중요한 사건인 세르베투스

71) *Opp.* 21, 525.
72) *Opp.* 14, 611.

(Servetus)의 재판으로 사태가 급전되었다.[73] 미카엘 세르베투스는 1511
년 아라공(Aragon)의 빌로뉴바(Villanueva)에서 출생하였는데, 이미 오
래 전에 고향을 떠나 그의 어린 시절에 대한 추적이 불가능하다. 1531년,
그는 갑자기 스트라스부르와 바젤에 나타나 하나님 말씀과 인간 예수의
관계에 대해서, 그리고 이교도를 박해하는 합법성에 대하여 종교개혁자들
과 격렬한 논쟁에 간여하였다.[74] 전통적인 삼위일체론의 정의에 반박하는
두 권의 저서를 하게나우(Haguenau)에서 출판함과 동시에, 고대의 단일
신론과 유사한 이론을 주장하고 나섰던 것이다. 두 편의 논문들인, 「삼위일
체 오류」(*De Trinitatis Erroribus*)와 「삼위일체에 대한 대화」(*Dialog de
Trinitate*) 가장 격렬한 저항을 불러일으켰으며, 스트라스부르 시 평의회에
서 판매 금지처분을 내렸다. 그 후 세르베투스는 파리에 가서 의학을 공부
하면서 칼빈의 관심을 끌었다. 그런 다음 그는 리용에서 인쇄소의 교정원
으로 일했으며, 1540년 다우피니(Dauphiny)에 있는 비엔느에 다시 나타

---

73) 칼빈의 모든 전기작가들은 세르베투스의 재판을 중요시하고 있는데, 그것
만으로도 수많은 특별한 연구의 주제가 되어 왔다. 그 중에서, 주요 논문은
DOUMERGUE, op. cit., vol, VI, pp. 173-372이다. 또, N. WEISS, 'Calvin,
Servet, G. de Trie et le tribunal de Vienne' in the *Bulln. de Ia Sec. de I'
Hist du Protest francais*, 1908, vol LVII, pp. 387-404등이 있다. H.M.
STUCKELBERGER의 최근 논문. 'Calvin und Servet' in *Zwingliana*, vol
VI, 1934, pp. 98-119와 A. HOLLARD의 'Michel Servet et Jean Calvin' in
the *Bibliotheque d'Humanisme et Renaissance*, vol VI, 1945, pp. 171-209에
서 전자는 우호적으로, 후자는 적대적으로 서술되었으나. 별로 새로운 이론은 찾아
볼 수가 없다. 현재, 세르베투스에 관한 가장 일반적인 논문은 R. H.BAINTON,
「*Hunted Heretic*, 세르베투스의 삶과 죽음」, Boston. 1953이다. '비엔느의 재판에
대해서는, ct. P. CAVARD, *Le Proced de Michei Servet a Vienne*, Vienne.
1953을 참조하라.

74) H.EELLS, *Martin Bucer*, pp. 132 ff.; C. GERBERT, *Geschichte der
Strasburger Sectenbewegung*, Strasbourg, 1889, pp. 114 ff.; E.
STAEHELIN, *Das theologische Lebenswerk Oekolampads*. Leipzig 1939,
pp. 535 ff.

났는데, 대주교의 환심과 동정을 얻어내어 주치의로서 고용되었다. 거기서 그는 피의 순환을 발견하였고, 그 결과 의학사에서 명성을 얻게 되었다. 그러나 의학공부와 해부학적인 연구가 그로 하여금 신학을 포기하게 하지 못하였다. 당시 그는 신플라톤주의(neo-Platonic)의 저서들을 깊이 심취하여 탐독하였고, 기독교를 초기의 상태로 회복할 것을 주창한 「기독교의 회복」(*Christianismi Restitutio*)라는 역작을 틈틈이 남몰래 준비하였다. 세르베투스에 의하면, 기독교 교리는 초기 교부들에 의해서, 로마교회에 의해서, 그리고 최종적으로 종교개혁자들에 의해 차례로 왜곡되었다는 것이다.

이 책에서 그는 말씀(the Word)이야말로 모든 만상의 본질이 집약된 이상적인 이성이며, 원초적인 사고라고 주장하였다. 모든 피조물은 그리스도 앞에서 신성의 계속적인 상실로 나타나며, 그 타락의 영향으로 그것을 계속 심화시킨다는 것이다. 그는 원죄를 부정하고, 단지 우리가 그리스도를 믿기만 하면, 20세 이후가 되어서 나타나는 실제 존재하는 의식적인 죄만을 인정하였다. 그러한 죄를 씻기 위해서 그리스도인은 하나님의 뜻에 따라 일련의 복합적인 수단을 사용해야 하는데, 성인 세례, 성찬, 선행, 그리고 마지막으로, 죽은 후 정화의 불이다.

삼위일체론에 대한 본래의 저자의 특별한 관점은 이 책에서 수정되어져 있다. 비엔느의 인쇄업자에게 그 원고들을 위탁하는 것은 위험한 일이었을 것이다. 그리하여 세르베투스는 리용의 개신교 인쇄업자에게 직접 발송하였는데, 그는 세르베투스의 이론의 이질성을 불신하면서 칼빈의 승인을 얻도록 요구하였다. 그러자 세르베투스는 자신의 원고 일부를 제네바에 보냈고, 칼빈은 그 속에서 발견한 오류들을 간략히 논박한 다음, 세르베투스에게 1546년판 「기독교 강요」를 공부하도록 권했다. 하지만, 그는 자신이 새로 습득한 지식에 심취되어서 그 충고를 받아들이지 않았다. 모욕적인 어조로 자신의 해설들로 가득 메운 「기독교 강요」의 사본을 칼빈에게 보냈다.[75]

이로부터 몇 년 후, 이 문제는 마침내 종결되는 것처럼 보였다. 그러나

1553년, 세르베투스는 비엔느에서 자신의 저서를 극비리에 출판하는데 성공하였다. 그 사본이 제네바의 칼빈과 그의 동료들의 손에 들어가게 되었다. 칼빈의 동료들 중의 한 사람인 기욤 드 트리는 프랑스 리용에 살던 그의 부모가 개혁에 가담한 자신에 대해 유감스럽게 여기고 있음을 고민하던 중, 그 부모들에게 다음과 같은 내용의 편지로 답을 하였다. 즉 프랑스에서 세르베투스의 이단을 묵인하고 있다면, 사람들이 자신을 이단이라고 탄핵할 입장에 처해 있지 못하다고 썼다. 리용의 드 트리의 부모는 이것에 대해 조사한 후, 문제의 인물이 대주교의 주치의라는 사실을 알아내었다. 세르베투스는 비엔느에서 고발당하여, 체포되었으며 재판에 회부되었다. 그러나 범죄의 증거가 불충분하였으므로, 트리의 부모의 요청에 따라 몇 개의 문서들이 증거로 제출되었다.

이번에는, 그 문서들 중에 세르베투스가 칼빈에게 보낸 편지들도 포함되었다. 칼빈은 많이 망설이던 끝에 이것을 드 트리가 사용하도록 건네주었다. 칼빈은 결국 이 타협적인 문서들이 전달되도록 했고, 그리고 그는 이 문서들이 어떻게 쓰여질지에 대해서 알았던 것 같다. 어찌됐든, 세르베투스는 도피에 성공할 수 있었으며, 비엔느에서는 그의 저서들과 함께 세르베투스의 인형을 공개적으로 불태우는 것으로 만족할 수밖에 없었다.

세르베투스는 나폴리(Naples)에서 은신처를 찾으려고 하였다. 그러나 그는 이탈리아로 가기 위해서 매우 경솔하게도 제네바를 관통하여 여행하였다. 그는 1553년 8월 13일, 그곳에 도착하자, 칼빈의 요구에 따라 체포되었다.[76] 당시의 제네바 법은 모든 고발자는 소송기간 중에 감옥에 들어가 있어야 한다고 규정하였다. 그리하여 피고의 결백이 확정되면 원고가 적당한 형벌을 받아야만 하였다. 따라서 이런 종류의 공개적인 행동을 결행한다는 것은 결코 가볍게 할 수 없는 일이었다. 그러나 칼빈은 주저하지

---

75) 이 서신교환에서 상당히 중요한 부분들이 남아있다. *Opp.* 8, 482-500과 649-720을 보라.

76) 세르베투스의 재판에 관한 포고령은 *Opp.* 8,725-872에 나타나 있다.

않았다. 그는 제자 중 하나에게 이단과 신성모독죄에 대한 고소장을 제출하도록 부탁하였고, 법에 따라 자신이 스스로 투옥되고자 했던 것이다. 그런데 일반적인 예상과는 다르게, 시 당국에서는 즉시 세르베투스를 대항하여 강력히 변호하기 시작하였다. 칼빈의 제자는 며칠 후 석방되었고, 통상적인 경고조치도 없이 기각되었다. 게다가 세르베투스에게 행한 첫 심문은 재판관들에게 나쁜 인상을 남기게 되었다. 시 평의회는 이 사건을 자체의 권한으로 집행하기로 결정하였다. 볼세크 사건에서처럼 이 사건도 개신교 진영 다른 지방의 자문을 구하였으나, 그들의 답신이 오기도 전에 기소장이 이미 작성되었으며, 그것을 작성한 사람은 칼빈의 반대자였다. 곧바로 칼빈의 대적자들과 정치 세력자들은 서로서로 세르베투스의 처리를 과대 포장하였다. 그러는 동안, 비엔느 종교재판소가 이단자의 송환을 요구해 왔으나, 시 평의회는 그것을 거절하면서 제네바에도 이단자를 정죄하는 법을 누구보다 잘 알고 있는 재판관들이 있다는 점을 세상에 널리 해명하려고 애썼다.[77]

투옥된 세르베투스는 자신이 처한 사태의 심각함을 인식하지 못한듯이 보였다. 그가 최소한 칼빈의 반대파들 중에서 상당수 후원자들이 있으리라는 소망을 갖고 있었음은 의심할 여지가 없다. 실제로 몇몇 후원자가 그의 연금 상태를 개선하려고 나섰지만 고소당한 자를 위한 그들의 지원은 그 이상 진전을 보지 못했다.[78] 칼빈은 세르베투스가 사형에 처해져야 한다는 자신의 염원을 굳이 감추려 하지 않았으나, 이단자들에 대한 일반적인 처벌인 화형보다는 다른 방법을 요청하였다.[79] 세르베투스는 칼빈과의 논쟁

---

77) 제네바 사람들이 자체판단에 따라서 비엔느의 재판소에 세르베투스의 검거사실을 보고하고자 생각했다거나 이 사건을 위해서 "증거, 정보, 그리고 체포영장의 사본"을 요청하였다는 것은 매우 믿을 수 없는 말이다: *Opp.* 8, 761, 783과 790.

78) R. BAINTON, 'Servet et les Libertins de Geneve' in the *Bulln, de la Soc. de I'Hist du Protest français,* 1938, vol LXXXVII, pp. 261-9.

79) 1533년 8월 20일자, 파렐에게 보낸 서한, *Opp,* 14, 590.

에서의 태도로 볼 때, 마치 의도적으로 즐거워하면서 고발자의 악의를 선동하고 있는 것처럼 보였다. 만일 우리가 공적인 문서를 믿을 수 있다면, 그의 태도는 극히 몰상식하고도 형편없이 오만불손한 것으로 기록되어 있다.

9월 22일, 세르베투스는 마침내 칼빈을 명백한 이단으로 고발하면서, 그를 제네바로부터 추방할 것과 자신이 당한 부정당성에 대한 보상으로 칼빈의 재산을 요구하였다.[80] 이러한 행동은 당연히 최악의 평판을 자초하고 말았다. 모든 사람들은 바젤, 베른, 샤프하우젠(Schaffhausen)과 취리히로부터 답신이 왔을 때, 이 이단자를 제거해야 할 필요성을 이미 확신하고 있었다.[81] 모든 스위스 교회들은 제네바인들의 열성을 지지하며 세르베투스의 탄핵을 만장일치로 동의하였고, 시 당국에 원고가 더 이상 손해를 입지 않도록 하라고 촉구하였다. 그러나, 칼빈을 성가시게 한 것은 판결을 내리기 바로 직전에 아미 페렝이 200인 평의회가 최종 선고가 내려지기 전에 자문받아야 한다고 요청한 것이었다. 그러나, 이 요구는 무시되었고, 10월 26일 화형을 선고 받았고, 그 다음 날 덜 잔인한 집행을 호소한 칼빈과 몇몇 목사들의 탄원에도 불구하고 산채로 화형을 당하였다.[82]

칼빈이 세르베투스의 죽음에 매우 많은 부분에 해당하는 책임이 있다는 점을 주장하는 수많은 문서들이 그의 죽음의 집행 다음 날부터 쏟아져 나왔다. 대부분의 역사가들, 심지어 칼빈에게 우호적이던 사람들조차도, 그러한 사려깊지 못한 행동으로 자신의 명성을 더럽힌 것에 대해서 칼빈을 혹독하게 비난하였다. 그러나, 그것은 두 가지의 문제점을 망각한 것이다. 첫째, 세르베투스는 그 당시 수백 명의 이단자들과 재세례파 교도들이 구교의 권세자들에 의해서나, 개신교의 권세자들에 의해서 박해를 받았던 불행을 당한 것에 지나지 않는다. 둘째, 현대의 도덕적 기준과 규범을 과거에

---

80) *Opp*. 804 ff.
81) *Opp*. 8. 808--23.
82) 1553년 10월 26일자, 파렐에게 보낸 서한, *Opp*. 14, 656.

적용하려고 한다는 것은 역사에 대한 올바른 개념이라고 볼 수 없다. 칼빈과 다른 모든 개혁자들은 육체를 죽이는 살인자를 처벌하는 것과 마찬가지로, 영혼을 해치는 이단자를 죽음에 처하는 것이 기독교 통치자의 의무라고 확신하고 있었다. 멜란히톤은 1554년 10월 14일 칼빈에게 보내는 서한에서 다음과 같은 일반적인 견해를 피력하였다.

> 귀하가 세르베투스의 혐오할 만한 불경스러움을 논박한 글을 읽었으며, 귀하의 투쟁의 중재자가 되셨던 하나님의 아들께 다시 한 번 감사를 드리게 되었습니다. 뿐만 아니라 교회 역시 현재와 미래에서도 귀하께 감사의 빚을 지고 있습니다. 저는 귀하의 판단에 전적으로 찬성합니다. 정상적인 재판 후에 귀하의 시 당국이 그 이단자를 사형에 처한 것이 정당한 판결임을 인정합니다.[83]

세르베투스에 대한 견책의 주요 원인은 볼세크나 트롤리에가 공언한 것과 같은 단순한 이단적인 견해가 아니라, 그 당시의 여론에 따르자면 그는 삼위일체를 부정함으로써 확실한 신성모독 죄를 범하였다는 것이다. 또한 자신의 저서를 출판함으로써 그의 동시대인들과 교회를 악에 물들게 하였다는 것이다. 이런 이유들 이외에도, 칼빈은 이 사건이 타협될 수 없는 특별한 두 가지 설명을 덧붙였다. 세르베투스의 이론은 칼빈주의 신학과 경건에 있어서 가장 근본되는 것, 즉 그리스도의 신성의 승귀에 정면으로 위배되는 것이었다. 더구나 카롤리와의 논쟁이 칼빈으로 하여금 삼위일체의 교리에 영향을 미치는 이론들에 더욱 민감하게 반응하도록 자극하였다.

세르베투스가 죽은지 몇 개월 뒤에, 세바스띠엥 카스텔요가 신앙문제에 있어서의 폭력을 행사한 것에 대항하는 일련의 인상적인 증거들을 수집하여 출판하였는데, 그것은 미미한 메아리에 그치고 말았다.[84] 그는 그 문제

---

83) *Opp.* 15, 268.

84) BUISSON. op. cit. vol. I, pp. 353 ff. 여기에서 우리는 매우 주의깊게 수집된 칼빈에게 적대적 의견들을 발견한다: cf STUCKELBERGER, 'Calvin und Castellio' in *Zwingliana* vol. VII, pp 102 ff.

의 일면만 다루었을 뿐, 동시대인들의 관점에서 볼 때 가장 핵심적인 부분
은 언급하지 않았다. 그 나머지에 대해서는 칼빈이 이미 카스텔요의 모든
공격에 대응하면서 답변하였던 것이다. 「삼위일체에 관한 정통신앙의 옹
호」(*Defence of the orthodox faith concerning the Holy Trinity*)에서
그는 세르베투스 재판에 대한 자신의 입장을 변호하였을 뿐만 아니라, 이
단자를 세속적인 힘으로 처단하던 초대교회 어거스틴의 견책원리를 보다
일반적으로 옹호하였다.[85] 16세기에 있어서 관용이란 없었으며, 있을 수도
없었고, 단지 종교적 대립이든지 무관심의 표지였을 뿐이었다.

칼빈은 이 뼈아픈 사건들을 통하여, 시 당국의 완전한 지지를 획득하였
다. 뿐만 아니라, 정치 권력자들이 기소권을 독점하게 되었으나, 칼빈은 기
술적인 자문관 이상의 지위를 획득하게 되었다. 신학자로서의 그의 권위는
이로 인하여 향상되었다. 주변 개신교 주(州)의 증언들에 의해서 그는 이
제 참된 신앙의 권위 있는 옹호자로서 인정을 받게 되었다. 그러나 이러한
사실로부터 그가 당회의 권한과 권징에 대한 시 당국자들과의 논쟁에서
승리하였다고 결론짓는 것은 잘못된 생각이다. 사실 세르베투스의 재판이
진행되는 동안 당회의 출교에 대한 합법성의 여부가 다시 논란이 되기 시
작하였다. 그때까지 당회의 권한에 대한 모든 공박은 칼빈의 단호함 앞에
서 실패로 돌아갔다. 그러나 이것보다 더 심각한 새로운 논쟁들이 제기되
어 그가 얻은 모든 것을 무너뜨리려고 위협하였다.

1년 전에 당회는 베르텔리에(Berthelier)라는 이름의 칼빈 반대파의 주
동 인물 중의 한 사람을 출교한 일이 있었다. 1553년 9월 1일 베르텔리에
는 당회가 아니라 시 평의회에다가 성찬에 참예할 수 있는 허락을 해달라
고 탄원하였는데, 그것은 결과적으로 출교의 선언이나 해제권이 시 당국의
권한에 속한다는 것을 의미한 것이었다.[86] 그 탄원은 칼빈의 항의에도 불

---

85) *Opp.*, 8, 475-644, Opusc, 1505-1692. Cf. DOUMERGUE, op, cit, vol
VI, 409 ff.

86) *Opp.*, 21, 551 : WALKER, op. cit, pp. 365 ff

구하고 승인되었다. 그러자, 칼빈은 당회에 의해서 출교된 사람은 어느 누구도 성찬식에 참여하는 것을 허용하지 않겠다고 선언하였다. 그 폭탄 선언 이후, 그는 그 도시에서 추방될 것을 각오하였으므로 그날 오후 고별설교를 하였다.[87] 결국 아무 일도 일어나지 않았다. 왜냐면 시 당국의 조언에 따라서 베르텔리에가 성찬식에 참예하지 않았기 때문이다.

평온이 좀처럼 회복되지 않았으니, 11월에는 청년의 방종에 대한 파렐의 설교가 미친 결과로 격렬한 분쟁이 재개되었다. 설교자는 자신을 정당화시키는데 아무런 어려움이 없었으니, 특히 수많은 청년들이 그의 편에 서서 강력히 변호하여 주었기 때문이다. 그러나 소위원회는 이 기회를 이용하여 출교에 관한 논쟁을 재개하였다. 목회자들과 당회는 이에 반발하여, 교회 법령의 조항에 의존하여 호소하였으며, 결국 이 문제는 200인 평의회에 회부하기로 결정되었다.[88] 거기에서 당회는 단순한 훈계 이상의 권한을 행사할 수 없고, 성찬식에 관해서는 "평의회의 명령 없이는 어느 누구에게도 그것을 금지할 권한이 없다'고 결정하였다. 목회자들은 다시 한 번 이 결정에 불복하였다. 이러한 교착상태를 타개하기 위하여, 대다수의 200인 위원들은 마침내 주위의 개신교 도시에 자문하였다. 그리고 그들의 회신을 기다리는 동안에는 아무 변화도 일어나지 않았다.

1554년의 선거에서 칼빈의 지지자들이 4명의 행정장관직에서 3명의 의석을 확보하였고, 이듬해에는 시 평의회에서 절대다수의 의석을 획득하게 되었다. 그렇지만 출교의 문제에 대한 해결점은 아직 발견하지 못하였다. 마침내 1555년 1월 22일과 24일에 각급 시 평의회가 이 문제를 토론하였다. 그리고 현재의 칙령에 따라야 한다는 일률적인 결론에 도달하였다. 이에 불복한 반대자들이 폭력을 행사하여 5월 16일 폭동이 일어났다. 그 것은 큰 피해는 없었으나 매우 심각했었다. '자유파'의 지도자들은 베른으

---

87) *Opp.* 21, 552.

88) *Opp.* 21, 559 ff.; 605-14. 참고. CHOISY, op. cit, pp. 157 ff.; KOEHLER, op. cit. vol. II, pp. 607 ff.

로 달아났고, 그들의 부재 속에서 그들에 대한 사형이 선고되었다. 베르텔
리에가(家)의 한 사람은 심문을 받고, 참수되었다.[89]

이 갑작스런 승리에 이어, 칼빈파는 더 많은 망명자들의 시민권 취득을
후원하여 유권자들의 수를 증가시킴으로써 세력을 강화하는데 서둘렀다.
점차 외적인 상황은 호전되어 갔다. 베른으로 도피한 '자유파'의 영향으로
베른 사람들은 처음에는 제네바와의 동맹을 회복할 것을 거부하였다. 동시
에 그들은 칼빈의 반대자들, 특히 예정론의 교리를 반대한 적들에게 행동
의 자유를 허용하였다. 보(Vaud) ― 스위스 서부의 주(州) ― 지역 안에
살고 있는 베른 사람들은 이 문제에 대한 모든 토론을 금지하였으며, '칼
빈파의 의식에 따른 성찬의 참예문제' 역시 마찬가지였다.[90] 그러나 1558
년 사브와(Savoy)로부터의 위협이 제네바와 베른의 영토에까지 미쳤을
때, 베른은 마침내 제네바와의 새로운 정치적 협정에 마지못해 조인하지
않을 수 없었다. 그런데 이에 대한 보복으로 칼빈파의 목사들과 로잔대학
의 교수들이 고향에서 추방되었다. 이처럼 베른과 제네바의 신학자들 사이
에는 논쟁이 지속되었다.

같은 해 제네바 내에서는 일단의 이탈리아인 망명자들에 의해 삼위일체
론의 교리에 대한 또 다른 공박이 시작되고 있었다.[91] 당시에 이탈리아인
교회의 신도들에게도 신앙의 고백이 의무화되었는데, 그들 중 가장 영향력
있는 인물 가운데 한 사람인 발렌틴 젠틸리스(Valentin Gentilis)는 그 고
백서에 서명하기를 거부하였다. 그는 체포되어, 칼빈과 마주쳤는데, 만약
고백서를 인정하지 않는다면 적어도 자기의 의견들을 취소하도록 종용받
았다. 그러나, 재판관들 가운데 한 사회자가 이것을 허위에 불과하다고 간

---

89) *Opp.* 21, 593; 605-14; CHOISY op. cit, pp. 169 ff., DOUMERGUE,
op. cit, vol. VII, pp. 25-49.

90) *Opp.* 15, 405.

91) DOUMERGUE, op. cit., vol. VI, pp. 489-502; W. NIESEL, 'Zum
Genfer Prozess gegen Valentin Gentilis' in *Archiv für
Reformationsgeschichte*, vol XXVI, pp. 270 ff.

주하고, 신성모독한 자로서 그를 사형에 처할 것을 결정하였다. 그는 마침내 굴복하여 생명을 건질 수 있게 되었으며, 명예를 더럽히지 않는 개정을 시행할 것과, 자신의 손으로 자기 저서들을 불에 던지도록 선고를 받았다.[92]

하지만, 정통성의 수호는 종교개혁에 의해 형성된 교회들간의 이해와 단결의 관계에 있어서 어떤 양보도 배제하지 않았다. 칼빈은 일생동안 이 분야에 있어서 스스로를 부처의 후계자로 자신을 간주하였을 정도로 루터파와 츠빙글리파 또 영국 국교회와의 조화 문제에 골몰하였다는 사실이 로마 가톨릭교회에 대한 공동 방어의 필요성과 당시의 교회적 상황에 의해 부분적으로 설명되어질 수 있을 것이다. 그렇지만 이러한 그의 평화주의적 노력의 근본 이유는 칼빈 자신이 가진 교회의 개념 속에 깊이 뿌리를 두고 있다. 교회가 그리스도의 몸이 되고 다른 개신교 공동체들이 동일한 주님을 인정하는 순간부터, 성경의 교리를 보호한다는 조건으로 연합하는 그들을 그 어떤 것도 방해할 수 없다.

칼빈은 바로 그러한 정신으로 취리히의 불링거와 협상하였고, 독일의 루터파와도 일치를 이루고자 화해를 시도하였다. 만일 칼빈이 그들을 항상 이해하지 않았거나, 그들에 의해서 이해되지 않았다면, 그의 의도의 순수성은 의심받았을 것이다. 츠빙글리파와 이해에 도달하는 일은 쉽지 않았으며 처음에는 다소 위험스러워 보였다. 거의 10년 동안에 걸쳐서 성찬의 문제에 대한 협상을 시도한 끝에 스물 여섯 항목에 걸쳐 합의를 도출한 1549년의 유명한 일치신조(Consensus Tigurinus)가 도출되기까지, 수없

---

92) 제네바로부터의 피신 이후. 그는 반삼위일체론을 다시 주장하였고, 젝스 (Gex)와 리용에서 투옥되었으며, 폴란드로부터 추방되었고 1566년에 베른에서 교수형을 받았다. 그의 사상을 알려면, 칼빈의 공박논문을 참조해 보아야 할 것이다. *Opp.*, 9, 361-420. *Opusc.*, 2239-88과 D.CANTIMORI, *Italienische Haeretiker der Spätrenaissance*, Basle, 1949, pp. 216 ff.와 p. 472.

는 문서들의 교환과 온갖 종류의 제안들이 교환되었다.[93] 이 신조는 2년 후에 비로소 공표되었는데,[94] 내용의 제한에도 불구하고 의견 일치를 충족시키지 못하였다. 공통된 의견에 완전히 일치하기 위해서는 초안이 주의깊게 작성되어야 하고, 양 진영이 참여하는 화해로운 토론이 있어야 자신들의 생각을 완전하게 그리고 진실하게 표현하여 하나의 문서를 만들어낼수 있다. 그럼에도 불구하고, 그들의 연합은 시간의 시험을 거쳐야 하고, 그 연합을 파괴하려는 모든 장애들을 극복해 나가야만 하였다.

신조의 출판과 거의 동시에, 칼빈은 루터파의 비난에 직면하게 되었다. 확실히 칼빈과 취리히의 사람들 사이에 맺어진 합의로부터 이 일치신조가 도출되었다는 것이 베스트팔(Westphal)로부터 비난을 받게 되는 근본원인이 되었다고 생각하는 것은 과장된 추론이다. 하지만, 이 함부르크(Hamburg)의 혈기 있는 목회자는 일치신조 속에서, 북부지방 여러 나라에서의 칼빈주의의 포교를 비판하는 추가적인 이유들을 발견하였던 것은 사실이다. 그는 그것을 위협으로 간주했었다.[95] 베스트팔은 비텐베르크에서 루터와 멜란히톤의 지도 아래서 공부하였고 그래서 자신을 순수 루터파의 교리에 충실한 추종자로 생각하였으며, 라이프치히(Leipzig)의 가협정(Interim)에 의해서 제기된 논쟁에서, 멜란히톤에 반대하여 플라비우스일리리쿠스(Flavius Illyricus)를 맹렬히 변호함으로써 이 점에 대해 확실한 증거를 보여주었다고 자부하였다.

---

93) Bullinger에 대한 저서, pp. 125-49에서 A. BOUVIER는 이 협상의 전말을 독특한 방식으로 묘사하고 있다. 또한 E. BIZER, *Studien zur Geschichte des Abendmahlssreites im 16 Jahrhundert*, Gütersloh, 1940. pp. 243-74를 보라.

94) *Opp.* 7, 689-748.

95) *Opp.* 9, pp. ix-xxiv 참고. G. KAWERAU, art. 'Westphal' in *Realencyclopädie für protest. Theol und Kirche*. 3rd edn vol XXI. pp. 185 ff.; P. TSCHACKERT, *Die Entstehung der lutherischen und reformierten Kirchenlehre*. Göttingen. 1910. pp. 531 ff.; E. BIZER. op. cit. pp. 275 ff. BOUVIER. op. cit. pp. 150 ff.

1552년, 그는 「성찬론자들의 책에서 발췌한, 성찬에 관한 혼란하고 빗나간 견해 모음집」(*Compilation of confused and divergent opinions concerning the Lord's Supper, taken from the books of the sacramentarians*)이라는 도발적인 제목으로 성찬을 주제로 한 첫 논쟁적인 저술을 출판하였다. 이것은 그가 츠빙글리파뿐 아니라 칼빈파에게도 전쟁을 선포한 것이다. 그는 그들이 프랑스, 베네룩스 3국과 영국뿐만 아니라 독일에까지 자신들의 교리를 조직적으로 확산시키고 있다고 비난하면서, 그들을 기독교의 위험인물이라고 비판하였다.

1년 후, 베스트팔은 성찬제도의 논쟁에 관한 주석과 교리적 연구를 출간함으로써 다시 논박하기 시작하였다. 이에 대한 첫 반응은 덴마크와 북부 독일에 정착한 종교개혁의 망명자들로부터 나왔다. 칼빈은 답변에 응할 것인가 아닌가를 망설인 끝에, 불링거의 조언에 따라 답하기로 작정하였다. 그는 스위스 교회가 공동으로 성명서를 낼 것에 동의하기를 바랐으나, 「성찬의 참되고 올바른 정통교리에 대한 옹호」(*Defence of the sound and orthodox doctrine of the Sacraments*)를 1555년에 자신의 이름으로 출간하는 것으로 만족하여야 했다.[96] 이 논문에서 그는 베스트팔의 이론을 그의 이름을 언급조차 하지 않고 다소 경멸적인 어조로 논박하였다. 같은 해, 칼빈의 논문을 보기 전에 베스트팔은 자신의 입장이 초기 교부들에 근거한 것이라는 것을 과시하기 위하여 두 가지의 보완적인 글들을 내놓았다. 그리하여 몇 달 후, 「어떤 성찬형식론자의 잘못된 항의에 대한 정당한 변호」(*Just defence against the false accusation of a certain sacramentarian*)라는 글로 칼빈의 소논문에 응수하였다. 이러한 논쟁의 연속으로 그 논조가 격앙된 분위기로 가열되었는데, 당시의 논쟁방식을 알고 있는 사람이라면 누구나 더 말할 필요 없이 그 상황을 상상해 볼 수 있을 것이다. 마지막에 언급한 논문에서 베스트팔은 칼빈이 자기를 일컬어 교회 평화의 파괴자라고 한 비난에 가장 격렬한 용어로 스스로를 변호하

---

96) *Opp.* 9, 1-40.

였으며, 「모음집」(*Compilation*)에서 그 반대자들이 성만찬에서 [그리스도의] 실재 임재를 부정하는 문제에 있어서만 서로 의견의 일치를 보고 있다고 강력하게 논박하였다.

1556년 칼빈은 「성찬 문제에 있어서 거룩하고 참된 신앙에 대한 두번째 옹호」(*Second defence of the holy and right faith in the matter of the Sacraments*)[97]를 써서 이에 응수하였는데, 그는 이 논문을 "작센과 독일의 저(低)지대 지역 교회들 중에 복음의 참된 교리를 믿고 따르며 사랑하는 그리스도의 모든 선한 목회자들과 하나님의 참된 종들에게" 헌정하였다. 이것은 멜란히톤과 그의 추종자들에게 명시적으로 호소하는 것이었다. 베스트팔은 그 뒤, 세 편의 소논문을 차례로 저술하였으며, 모두 다 1557년에 출판되었다. 첫번째 논문에서, 그는 자신의 논지에 유리할 것이라고 생각되어지는 멜란히톤의 모든 선언들을 집약하였다.

같은 해, 칼빈은 「요아킴 베스트팔에게 보내는 요한 칼빈의 마지막 경고」(*Last warning from John Calvin to Joachim Westphal*)[98]란 제목의 답변을 내놓았다. 1557년에 역시 베스트팔은 「요한 칼빈의 심각한 오류에 대한 논박」(*Refutation of some enormous falsehoods of J. Calvin*)을 출간하였고, 이듬해 「성찬에 관한 고백」(*Confession touching the Lord's Supper*)과 그 고백에 대한 「변증서」(*Apology*)를 출간하였다.

루터와 츠빙글리간의 성찬에 대한 첫 논쟁 때처럼, 이 갈등은 빠르고 더 넓게 퍼져 갔다. 독일에서는 멜란히톤의 지지자들과 반대자들 간의 논쟁에 이 문제가 걸림돌이 되었고, 스위스에서는 루터파에 반대하는 츠빙글리파의 편견을 다시 일깨워주는 계기가 되었다. 각각의 진영에서는 그들의 주장을 지지하고 그 주장자들을 선동할 목적으로 쓰여진 수많은 저술들이 쏟아져 나왔다. 마르부르크 회의(Colloquy of Marburg) 때와 유사하게, 이러한 열정에 차 있으면서도 서툰 동맹자들이 통곡해야 할 분쟁을 확대

---

97) *Opp.* 9, 41-120, *Opusc.* 1725-1818
98) *Opp.* 9, 137-252: *Opusc.* 1817-58.

시키고 해결을 불가능하게 만들었다. 칼빈과 베스트팔이 행한 바로 그 방식에 의해서 논쟁이 악화된 것은 사실이다. 한 쌍의 호메로스의 영웅들처럼, 서로 상대의 머리에 입힌 모욕행위는 사태를 악화시키기에 충분하였던 것이다. 각 파들은 그러한 인신공격을 주의깊이 기억하였으며, 자기편의 분명한 풍향을 드러내면서 결속하였다. 이런 식으로 그들은 주요논쟁의 배후에서 수많은 지엽적인 분쟁을 불러일으켰으므로, 그것으로 양 교파간의 불화를 심화시켰다. 뿐만 아니라 그들은 상대의 적나라한 입장을 전혀 고려해 보지 않았으며, 어떤 경우에도 그들의 적을 지지할 의도 없이 공격적 주장만을 고집했다는 것도 덧붙여져야 할 것이다.

「마지막 경고」 이후 칼빈은, 이 지루하고 실속 없는 논쟁을 중단할 것을 결심하였다. 그의 건강이 서서히 악화되어서, 그는 「강요」를 개정하는 일과 프랑스에 있는 교회를 조직하는데 몰두하였다. 테오도르 드 베자가 베스트팔의 마지막 반론에 응대하고 있었다. 그러나 칼빈은 베스트팔에 의해 제기된 문제들을 「강요」 제4권의 17장에서 충분히 다룸으로써, 마지막으로 자신의 견해를 명백히 정의하였다. 여기에 그는 1555년의 첫 「옹호」와 1557년의 「마지막 경고」의 중요한 이론들을 몇 가지 간추려 삽입하였다. 그러나 하이델베르크의 틸레만 헤수시우스(Tileman Hesshusius)로부터의 비난에 대한 대답으로서 「예수 그리스도의 피와 살에 진정으로 참예하는 전체 교리에 대한 명백한 해설」(*A clear exposition of the wholesome doctrine of the true partaking of the flesh and the blood of Jesus Christ*)[99]을 1561년에 출간하였을 때, 논쟁의 악신이 그를 다시한 번 사로잡았다. 그러나, 이러한 모든 노력의 소득은 거의 고무적인 것이 아니었다. 소논문의 싸움은 루터파와 칼빈주의자들 사이의 단절을 심화시

---

99) *Opp.* 457-524; Opusc. 1951-2018. 이 헤수시우스란 인물은 신학을 오직 부적절하고 거친 논쟁 속에서만 파악하고 있던 마음이 매우 편협한 부류의 사람이었다. DOUMERGUE, op. cit. vol. P. 517에서 그를 '완전한 광신자'로 규정하고 있는 것은 매우 정당한 평가로 본다.

키고 확대시킬 뿐이었다.

이 기간에 칼빈은 제네바에서 처음 기대와는 매우 다른 결과가 나타날 과업, 즉 학교의 설립에 총력을 기울이고 있었는데, 그것은 한 치의 과장도 없이 그의 영광스러운 업적이라고 일컬어질 수 있는 일이었다.[100] 여러 가지 견해차로 대립되었던 인문주의자들과 종교개혁자들도 최소한 한 가지 점에서는 의견의 일치를 볼 수 있었다. 즉, 한 사람과 한 그리스도인의 훈련에 있어서 고전의 연구를 가능하면 완전하고도 광범위하게 교육해야만 한다는 필요성이었다. 루터, 멜란히톤, 츠빙글리, 부처와 칼빈은 각각 그러한 교육의 가치를 주장하였으며, 그것은 여러 가지 신학적인 훈련이라는 심오한 연구로 종결되는 것이었다. 그리하여 오늘날까지 모든 개신교의 명예가 될 수 있는 주요 임무 중 하나는 고도로 높은 지적 수련을 거쳐서 목회자들을 훈육시켜 배출해 내는 일이라고 알려지게 된 것이다.

마침내 칼빈이 그를 도울 사람들을 곁에 두고 여유를 되찾게 되었을 때, 그는 비상한 관심으로 이 일에 자신을 몰입시켰다. 로잔에서 추방된 교수들이 테오도르 드 베자를 지도자로 하여 제네바에 도착함으로써 그의 작업이 촉진되었다. 칼빈이 필요한 재정을 확보하기 위하여 기부금을 모금한 결과로, 1559년 6월 5일, 새 아카데미의 입학식을 주재할 수 있었다. 이 기관을 위하여 제정한 '법'에서 그는 신학과 고전에 대한 연구와 신앙적 수련이 교육에 있어서 각각 중요한 역할을 담당하는 부분들이라고 강조하였다.[101] 아카데미는 고등 학문에서 신학수업에 이르는 일련의 등급으로 구성하였다. 여기서 장 스투름(Jean Sturm)의 고등교육 기관을 모델로 참고하였다. 그리하여, 제네바 아카데미는 17세기에 프랑스에서 설립된 개신

---

100) WALKER, op cit. pp. 386 ff. 칼빈의 업적 중에서 이러한 측면을 가장 종합적으로 연구한 것은 CH. BORGEAUD, *L'Academie de Calvin*, Geneva, 1900이다. 또 DOUMERGUE, op. cit. vol. VII, pp. 141 ff.를 참조해 보라.

101) *Opp.* 10a, 65-90.

교 아카데미들에게 영감을 불어넣었으며, 예수회(Jesuit) 교단에 의해 세
워진 학교들의 표본이 되었을 가능성도 매우 높다.

1561년 11월, 교회 법령이 개정되어졌으나, 칼빈은 이미 누려온 모든
특권으로도 그 속에 자기의 이상들을 삽입시키지 못하였다.[102] 그럼에도
불구하고, 새 법령은 대체로 볼 때에는 진정한 칼빈주의의 영적인 분위기
에 기초하여 개정되었는데, "시 당국의 검과 권위와, 교회가 모든 그리스도
인들이 순종과 하나님께 대한 참 예배로 나오도록 하고, 부끄러운 행위를
통제하고 교화시키는 일을 행해야 하는 감독권과의 차이에 대해 성경에서
보여주는 구분"을 다루는 조문들이 바로 그런 것이다.[103] 물론 당회의 권한
역시 분명하게 강화되었다. 실제로 그 시행에 있어서는 시 당국의 열의와
경쟁적이었다. 새로운 사치 금지령의 선포에 따라서 출교의 수가 증가하였
다.[104] 그리하여 모든 심각한 저항은 사라졌다. 마치 칼빈과의 완전한 화해
를 외적으로 증명이라도 하듯이, 1559년 크리스마스날 시 당국에서는 칼
빈에게 제네바의 명예시민권을 부여하였다.[105]

병으로 인해서 얻은 휴식의 기간 중에야, 칼빈은 비로소 자신의 과업을
완성시키는데 전적으로 몰두할 수 있었으며, 그가 이미 후계자로 선택한
테오도르 드 베자를 그의 제자들에게 추천하였다. 1564년 2월 6일, 그는
마지막 설교를 했다. 3월에 시 평의회는 칼빈을 위해서 전례가 없던 공적
인 기도회를 거행하였다. 4월 27일 많은 의원들이 그를 방문하여 그와 마
지막 작별을 하였고 그 다음 날 칼빈은 이웃의 목회자들과 작별인사를 나
눴다. 마지막 순간에 파렐은 뇌샤텔에서 친구를 만나러 급히 달려왔다. 칼
빈은 1564년 5월 27일 사망하였다.

그가 제네바에 남긴 업적의 외관은 아담한 외형을 가지고 있었다. 그가

---

102) *Opp.* 10a. 91-124. KOEHLER op. cit. vol II, pp. 616ff.

103) *Opp.* 10a 121.

104) Cf. KOEHLER, op. cit. vol. II, p. 614, n. 544.

105) *Opp.* 21, 725.

설립한 교회와 학교, 그리고 완전히 변화시킨 도시가 전부이다. 그러나 사실 그의 업적은 유럽 대륙 전체뿐만 아니라 영국과 스코틀랜드까지 파급되었다. 그럼에도 불구하고 그의 최대 관심사는 제네바나 그의 이름을 인정하고 있는 먼 곳의 교회들이 아니고 바로 프랑스였다. 그는 밖에서부터 복음을 전하고, 멀리서부터 새 공동체를 조직하기 위하여 프랑스를 떠났다. 그는 일생동안 청년 시절에 결심한 이 목적을 달성하기 위하여 분투하였다.[106] 그리하여 개혁의 공동체를 동일한 교리와 동일한 규율 아래 응집된 교회들의 연합으로 규합하는데 성공하였다. 그러나 그는 너무 일찍 사망하여 종교전쟁의 심각한 위기, 즉 그의 도움을 절실히 필요로 하게 되었던 순간에 그들을 지도하고 조언해 줄 수가 없었다.

---

106) 제네바 밖에서의 칼빈의 활동에 대한 자세한 내용과 각 단계들을 추적하는 것은 이러한 개론적인 범위만을 다루는 책의 영역을 넘어서는 영역이다. IMBART DE LA TOUR, op. cit. p. 423을 보라.

제2부

신학적 교리

제1장

「기독교 강요」

칼빈주의 전체는 「기독교 강요」 속에 들어 있다. 이 책은 칼빈이 일생동 안 개정 혹은 수정하여 풍부하게 하고 그에 의해서 가장 중요하게 여겨진 저술이다. 그 외의 다른 모든 저서들, 즉 주석들, 논쟁서들, 교리와 도덕에 관한 소논문들은 적을 방어하기 위한 핵심부의 전진 기지처럼 이 책과 연관을 맺고 있다.[1] 「강요」는 칼빈의 저술활동에서 가장 핵심적인 위치를 차지하고 있을 뿐만 아니라, 이 책을 통하여 그는 종교개혁자로서의 생애에 있어서 자신의 사상 앞에 제시된 모든 문제들을 체계적으로 해설할 수 있었고, 스스로의 사상을 보다 면밀히 검토해 볼 수 있었다. 그의 다른 신학적 저서들에 어떠한 가치가 부여되든 간에, 확실히 「강요」는 칼빈이 자신의 사상을 가장 충실히 해설한 요약서이다. 뿐만 아니라 「강요」의 결정판은 기독교 교리의 완전한 해설서라고 해도 과언이 아닐 것이다. 따라서 이 책은 칼빈주의 사상의 종합을 제시하고 있으며, 이 한 권만으로도 충분하다. 그러나, 루터나 츠빙글리의 사상을 정의하려면 여러 가지 많은 다른 저서들을 서로 참조해 보아야만 하는 것이다.[2]

---

1) IMBART DE LA TOUR, *Calvin et l'Instilution chretienne*, p. 55.
2) 1559년 불어판 「강요」에서 다음과 같은 말을 인용할 수 있다: "만일 누군가가 신학적 견지에서 이 책을 선택하여 본다면, 이 역서는 칼빈주의 사상 전체를 종합적으로 모두 포함하고 있고, 그것을 가장 훌륭하게 표현한 책이다. 그러나 언제든지 그런 것을 느껴볼 필요가 있다면, 연속적인 개정판 속에 내포된 칼빈 사상

I. 기독교 강요의 연속 개정판들

「기독교 강요」의 초판은 1536년의 3월, 바젤(Basle)의 인쇄업자 토마스 플라터(Thomas Platter)와 발타자르 라시우스(Balthasar Lasius)에 의해 출판되었다.[3] 이것은 한 권으로 된 516페이지의 작은 분량의 책으로서, 큰 주머니에 간편하게 넣어 다닐 수 있는 소책자였다. 처음 쓰여질 당시 이 책은 6장으로 구성되었다. 첫 부분의 네 가지 주제는 율법, 사도신경, 주기도문, 세례식과 성만찬에 대한 것이었으며, 이러한 체제는 루터의 요리문답의 전통적인 구조였었다. 사실 이 책에 대해서 출판업자들이나 칼빈 자신이나 일종의 요리문답으로 인식하고 불렀다.[4] 다섯번째 장과 여섯번째 장은 그릇된 성찬식과 그리스도인의 자유에 대해 다루고 있는데, 이 책의 서론에 있는 '왕께 바치는 헌사'(Epistle to the King)를 쓴 것은 특별한 이유에 의해 영감을 받은 것이었다. 이 두 장의 논조는 논쟁적이라는 점이, 앞의 네 장의 평이하고, 객관적인 설명과는 매우 대조되는데, 그러한 것이 바로 요리문답으로 부르는 타당한 이유이다. 제5장에서 칼빈은 고해성사, 신품성사, 견신례, 종부성사와 혼인성사의 예식에 대해 논쟁을 벌였다. 제6장에서 그는 그리스도인의 자유에 대한 자신의 견해를 피력하는 반면, 복음에 의해 영감을 입은 사회에서 형성되는 국가와 교회의 관계에 대해서도 설명하였다. 이것은 1534년의 그 유명한 벽보 사건을 공적으로 정죄한 일에 대한 응답이요, 종교개혁에 대한 프랑스 왕정의 태도에 불복하는 저항이었다.

여기서 칼빈은 적어도 복음에 일치하는 한, 자기 신하들의 신앙을 존중하는 것이 왕에게 필요하다고 강력하게 주장하였다. 칼빈은 '왕께 드리는

의 다양한 발전단계를 우리는 지적할 수 있을 것이다."

3) 참고. Opp., XXIII-XXXII. DOUMERGUE, op. cit, vol. I pp. 592 ff., A. AUTIN, *L'Institution chretienne de Calvin*, Paris, 1929. pp. 47. ff, 75 ff.; O.S. vol. III. p. vi, 오직 가장 중요한 개정판들만이 여기서는 언급되어질 것이다.

4) AUTIN, op. cit., p. 37.

서한'에서 그가 설명한 교리를 프랑스에서 당시에 일어났던 상황들에 실제로 적용하였다. 순수한 변론적 성격을 지닌 이 주제는 프랑스의 개혁자들을 대적하여 모반자들이라고 고소한 것에 대해 개혁 사상을 해명하고 하였다. 기욤 드 벨레(Guillaume de Bellay)는 그것을 독일의 개신교인에게 보낸 편지의 비망록 속에서 발전시켜서, 벽보 사건 이후에 행한 박해를 정당화시키려고 노력했었다.[5]

「강요」의 초판이 성공적이었다는 점은 매우 의미심장한 일임에 틀림이 없으니, 발행되자마자 1년도 채 못되어 완전히 매진되어 버렸음을 우리가 아는 까닭이다.[6] 그런데 초판은 라틴어로 출판되어서 독자는 비교적 소수의 지식층에 한정되었다는 사실도 주목해야만 할 일이 아닐 수 없다. 또한 이 초판의 프랑스어판은 어떠했던가? 「칼빈 저작전집」(*Opera Calvini*)의 편집자들은 1541년판 「강요」의 서문에 게재된 칼빈 자신의 공식적인 선언에 따라서, 1536년 라틴어판 「강요」 이전의 프랑스어판 출판에 대한 가설을 단연코 부정하였다.[7] 따라서 그들은 1536년판에 대한 번역판의 존재를 부인하였다. 그러나 칼빈이 1539년의 라틴어판에서 가한 수정을 무시하고 1536년의 초판에서 필요한 부분을 인용하여 1541년의 프랑스어 판에 재현하였다고 주장하는 것도 가능성이 있다. 그렇다면 이 인용 부분에 관한 한, 1541년의 번역판은 결과적으로 프랑스어 번역판을 낳게 한 1536년의 초판에 기초를 두고 있는 것이다. 그런데도 불구하고 이 첫 번역판이 출판되었다고 확언하는 것은 신빙성이 거의 없다.[8]

칼빈은 제네바에서의 바쁜 활동과 그곳에서 직면한 장애로 인하여, 그가

---

5) 참고, PANNIER, *l'Epitre au Roi*의 서문, Paris,1927. pp. 9 ff.

6) *Opp.* 10b, 91

7) *Opp.* 3, pp. xiv ff.

8) PANNIER, 'Une Premiere Institution Francaise des 1537' in the *Revue d'Hist, et de Philos. relig.*, 1928. pp. 513-343; O.S. vol. III, pp. vii ff. 와 518 ff.; W.NIESEL과 P.BARTH, 'Eine Französische Ausgabe der ersten Institutio Calvin's in *Theologische Blätter* 1928. pp. 2-10

원하던 대로 재빨리 초판의 개정을 마음대로 할 수가 없었으며, 1539년에 비로소 제2판이 출판되었다.[9] 제2판의 원고는 한 해 전에, 즉 8월 말경 스트라스부르에 머물던 첫 달에 완성되었을 것으로 보인다. 바젤의 출판업자는 칼빈에게 제2판을 제안하였으나, 그러나 저자의 부진한 진행 사정으로 인하여 출판을 연기하지 않을 수 없었고, 최종적으로 그는 그것을 부처의 대부분의 저서들을 출판한 스트라스부르의 출판업자 벤델린 리헬(Wendelin Rihel)에게 맡기게 되었다.

이 두번째 판, 1539년도 책도 역시 라틴어로 출판되었다. 프랑스에서의 보급을 용이하게 하기 위하여 이 제2판의 일부가 칼빈의 이름을 철자 바꿔쓰기로 개조한 알퀸(Alcuin)이라는 이름으로 배포되었다. 하지만, 1539년 「강요」는 3년 전의 소책자처럼 부피가 작은 책이 아니었다. 그것은 초판보다 거의 3배나 많은 내용을 포함하고 있는 훌륭한 2절판의 책이었다. 칼빈은 그야말로 이 제2판에다가 새로 열한 장도 더 넘는 내용을 추가하였던 것이다.

1539년판은 새로운 두 장으로 시작되는데, 하나님에 대한 지식과 인간에 대한 지식이 각 장의 주제로서, 칼빈이 1536년 초판 속에서는 율법에 관한 장에서 다소 요약적인 형식으로 개괄한 것이다. 당시 재세례파와의 토론, 그리고 카롤리와의 고통스러운 논쟁의 결과로 인해서, 뿐만 아니라 세르베투스의 저서의 영향을 받은 까닭에 칼빈은 자신의 삼위일체론을 보다 상세히 설명하였던 것으로 보인다. 재세례파를 논박하려는 의도에서 그는 신약과 구약성경간의 관계에 관한 장을 하나 더 덧붙였다. 동시에 그는 동일한 동기에서 유아 세례에 대한 공식적인 옹호를 삽입하였고, 성경의 가치와 성화에 대한 몇 구절들과 천년왕국설(millenarianism)에 반박하는 요지들을 삽입하였다. 새로운 두 장은 그때까지 제한적으로 연구되었던 고해성사와 믿음에 의한 칭의를 다루고 있다.

부처의 저서들과 스트라스부르의 개혁자(부처)와의 대화의 영향으로, 칼

---

9) *Opp.,* I, xxxvii ff.; AUTIN, op. cit, 85-92; OS, vol III, ix-xv

빈은 자신의「강요」속에 처음으로 예정과 하나님의 섭리에 관한 자신의
견해를 체계화하여 새롭게 삽입하게 되었다. 이 장은 성 어거스틴의 작품
에 매우 익숙하다는 인상을 주고 있는데, 이 속에 담긴 논쟁적인 의도를
감추지는 못하고 있다. 이 속에서 칼빈은 기독교 교의학에서 예정론의 해
석에 의하여 해결해야 할 주제를 강조한 반면, 멜란히톤은 그 당시에 나온
「신학총론」(*Loci Communes*의 1535년판)에서 그 주제(예정)에 관한 모
든 의견들은 무익하고 혼돈된 것이라고 거듭 일축해 버렸다.[10] 마지막 장
은 그리스도인의 삶에 대한 내용을 다루는데 할애되었는데, 이 두번째 판
의 종결 부분에서 칼빈은 자신의 목회자적인 경험과 1년 전에 출판된 부
처의「영혼의 치유에 대하여」(*On the Cure of souls*)란 논문을 읽고 얻
은 생각들을 활용하였다.

　1539년판에 있어서 외형적인 형식에서부터 그 내용까지를 검토하여 볼
때, 우리는 이 책이 초판보다 뚜렷이 개선되었다는 점을 인식해야만 한다.
"비록 1536년판이 제2판에 포함되긴 하였지만, 그것은 사상의 전개에 있
어서 특유한 활기와 신선함으로 다른 저서들과 구별된다. 로마서 주석과
함께 그것은 사도 바울의 주요 서한에 관한 칼빈의 노력이 성숙한 결실을
맺은 것이다. 연속적인 개정판들에서 나타나게 될 근본적인 신학적 입장이
진전을 본 것이다."[11]

　무엇보다도 먼저, 칼빈은 자신의 설명을 보다 논리적으로 체계화시키는
데 성공하였다. 제2판이 나오기까지의 3년 동안, 그는 자신의 이론을 더욱
완숙하게 습득할 수 있었으며 그의 신학적 소양이 더 풍부해졌다는 사실
을 우리는 쉽게 알 수 있다. 따라서 우리가 그의 모든 성경 인용문들이 반
영하는 독서의 깊이와 정도를 알기 위해서는 그 인용문들의 근원지를 주

---

　10) 참고, J. KOESTLIN, 'Calvins Institutio nach Form und inhalt', in the
Theologische Studien und Kritiken, vol. 41, 1868, pp. 40 ff.

　11) P.BARTH, 'Funfundzwanzing Jahre Calvinforschung' in the
Theologische undschau, 1934, p. 164.

목하기만 하면 된다. 1536년 초판에서 그가 언급한 라틴 교부들에 추가하여, 제2판에서는 오리겐(Origen) 등 몇몇 헬라 교부들이 추가되었다. 또 중세의 신학자들 역시 상당히 중요한 부분을 차지하고 있다. 인용에 있어서는 피터 롬바르드(Peter Lombard)와 그의 「신학명제집」(Sentences)에 거의 한정되어 있다. 그러나 칼빈의 독서범위가 신학자들에만 한정되어 있다고 생각하는 것은 잘못이다. 그는 회심한 이후에도 고전에 대해 지속적인 관심을 기울였다. 그가 이전에는 플라톤에 대해 거의 알지 못했던 듯이 보이지만 이제는 구체적으로 이름을 밝히지 않으면서도 가장 자주 언급하게 된 사상가 중의 한 사람이 되었다. 마지막으로 빈번한 언급으로 판단해 볼 때, 교회사에 보다 많은 관심을 기울였으며, 이러한 것들이 개정판을 거듭하면서 더욱 증보되었다.

그러나 전체적인 안목에서 볼 때, 1539년의 개정판은 초판에 비해서 주목할 만큼 월등하게 발전된 것이다. 그러나 그것은 모든 기대를 충족시킬 만큼 여전히 만족스러운 것이 아니었다. 비록 보다 체계화되고 논리적이긴 하지만, 그것에는 칼빈이 보편적으로 전문가로 일컬어지는 분야에 대해서조차 정확하게 요청되어지는 업적이 남겨져 있지 않다. 특히 그 구성체계가 심각한 결함을 지니고 있었다. 훗날 칼빈이 그의 저서에 수정을 가하고자 할 때조차도 그 적절한 위치를 결정하는데 어려움을 겪었을 정도이다. 따라서 1539년판에서 하나님에 대한 지식에 관한 부분 모두가 지금 보여지는 것과 같이 첫 장에 수록된 것이 아니었고, 하나님의 섭리에 대한 해설 부분도 훗날에 칼빈 스스로 지적하였듯이 올바른 위치에 놓여져 있지 않았다.

「강요」의 제2판 출간 조금 뒤에, 그는 그것을 프랑스어로 번역하는 작업에 착수하였다. 그가 1536년판의 번역본을 출판하지 않았던 것은 그 책을 소개하려던 심경의 변화 때문이었을 것이다. 그러나 그는 1539년 초에 스트라스부르에서 이 계획을 다시 실행에 옮기고 있었다. 「강요」의 프랑스어판은 1541년 칼빈이 제네바로 되돌아온 몇 주 후, 출판업자 장 지라르(Jean Girard)에 의해 비로소 출간되었다.[12] 문학적인 가치로 생각해 본다면, 이 1541년판은 확실히 최고의 문서이다. 최초로 우아하고 매우 세련된 프랑스어로 된 독창적인 신학서적이 출간되었으며, 그 프랑스어 문체는 17세기까지 프랑스에서의 언어 표현 형식에 큰 영향을 미치게 되었다. 또한 칼빈의 번역이 라틴어판 원문에 매우 충실하여 마치 그것을 본뜬 것 같았음은 틀림없는 사실이다.[13] 라틴어판 원문의 강한 흔적과 구조의 견고함은 성 프랑수아 드 살르(Francis de Sales)와 보쉬에(Bossuet)의 고전 프랑스어에 남아있는데, 그들은 칼빈이나 몽테뉴(Montaigne) 혹은 16세기 말의 다른 저술가들의 문체에서 많은 영향을 받은 사람들이다.

「강요」의 프랑스어판은 당연히 라틴어판 원서를 읽을 수 없는 프랑스의 종교개혁자들을 위한 것이었다. 그것은 프랑스에서 널리 보급되어졌고, 개혁파 교회의 기초적인 교리 입문서로 인정받게 되었다. 그래서 이 교회들이 칼빈주의자가 된 것은 다양한 「강요」의 프랑스어 번역판들 덕분이라고 단정지을 수 있을 것이다. 내용의 성격상, 라틴어판들은 지식인들과 신학자들이 자신들의 연구자료로 활용하였다. 그러나 프랑스어판은 광범위하고도 직접적으로 영향을 미쳤으니, 루터의 독일어판 성경이나, 그가 모국어로 쓴 종교개혁적인 작품들에 비교될 정도로 큰 영향력을 발휘하였다. 우리는 또한 칼빈의 동시대인들이 그 출판의 중요성을 즉각적으로 감지했다는 증거도 가지고 있다. 1542년 7월 1일, 파리 의회는 라틴어판과 프랑스어판에 대해 이단서적으로 발매 금지령을 내렸다.[14]

1543년 칼빈은 「강요」의 라틴어 개정판(제3판)을 출간하였는데, 이 책

---

12) *Opp.*, pp. xxviii ff.; O.S., vol. III, pp. xv-xviii; AUTIN, op. cit., pp. 92-7. 참고. J. W. MARMELSTEIN. *Etude comparative des textes latms et francais de l'Institution*, Groningen, 1923.

13) LEFRANC. Introduction to the edition of *l'Institohon chretienne, texte original de 1541*. Paris, 1911, vol. I, p. 18.

14) N.WELLISS,'Arret inedit du Parlement de Paris contre *l'Institution'*, in the *Bulln de la Soc. de l'Hist. du Protest français*, 1884, vol. xxxiiii, pp. 15 ff.

도 역시 1545년에 프랑스어로 번역되었다.[15] 새 개정판에 가해진 내용의
수정과 첨가는 1539년의 개정판보다는 비중이 다소 가벼운 것이었다. 이
책은 장 스투름(Jean Sturm)이 쓴 칼빈에의 예찬과 함께 시작되었는데,
이것은 칼빈이 스트라스부르에 머문 흔적이다. 새로운 네 개의 장이 늘어
나서 총 21장이 되었다. 새로운 장에서, 두 장은 인간의 전통과 서약에 대
해 다루고 있으며, 사도신경에 관한 기존의 장은 다시 4장으로 세분되었
다. 네번째 장은 교회의 권한에 관한 기존의 장과 합쳐져서 교회 조직에
대한 칼빈의 견해를 상세히 해설한 것이 들어 있다. 우리는 곧 1543년에
첨가된 사도신경에 대한 4장이 1559년의 개정을 완성할 때, 그 책 전체의
든든한 골격 역할을 했음을 알 수 있다.

 1551년에 번역판이 출간된, 1550년의 개정판[16](제4판)은 외형상 종전
과는 달리 새로운 체제로 구성되었다. 각 장들은 독자들이 그러한 두꺼운
책에서 저자의 의도를 쉽게 인식할 수 있도록 몇 단락으로 세분되었다. 성
경과 그 권위, 성자들과 성상 숭배에 대한 것, 마지막으로 인간 양심에 대
한 독창적인 해설이 첨가됨으로써 이 책이 지속적으로 증보되었다. 프랑스
어 번역판은 훨씬 발전하였는데, 육신의 부활에 관한 세 단락이 새로 보충
되었다. 이 부분은 1550년판 개정판에 담겨서 간간이 재출판되었음에도
불구하고, 1559년 라틴어 개정판에 비로소 통합되었다.

 마침내, 우리는 1559년 라틴어판(제5판·최종판)과 1560년의 프랑스어
번역판에 이르렀다.[17] 이 책은 그의 전생애에 있어서 최고의 정점에 위치
하고 있다. 그때까지 칼빈은 극심한 병마에 시달리면서 다가오는 최후에
대한 불안과 함께, 자신의 이 저서를 새롭고도 결정적인 단행본으로 출간

---

 15) *Opp.*, I. pp. xxxiv ff,; 3, pp. xxx-xxxiv; O.S., vol. III. pp. xviii-xxii
and xxiv- xxvi; AUTIN, op. cit. pp. 103 ff.

 16) *Opp.*, I, pp. xxxvi ff; 3, p.xxxiv; O.S., vol. III, pp.와 xxxiii ff.

 17) *Opp.*, I. pp. xxxix-xiii; 3, pp. xxxvii ff. O.S, vol. III. pp. xxxvi-xliii과
xiv-xlviii AUTIN, op. cit. pp. 115-26. 참고 KOESTLIN, op. cit. pp. 50 ff.

할 것을 결심하고 있었다.[18] 그는 극심한 고통에도 불구하고, 아우인 앙투 안과 몇몇 친구들의 도움을 받으면서 이전의 작품들에 몰두하여 어떤 것 은 첨가하고 어떤 사상은 발전시키고 의미가 불명확하거나 잘못 표현되었 다고 생각이 되는 구절들을 삭제하였다. 「칼빈의 생애」에서 테오도르 드 베자는 다음과 같이 서술하고 있다. "그는 극심한 병마와 싸우면서 「기독 교 강요」의 최종판을 완성하고, 거기에다가 그 책을 처음부터 끝까지 프랑 스어로 완역하였다."[19]

그러나 이 명백한 증언에도 불구하고, 「칼빈 전집」의 편집자들은 라틴어 판과 프랑스어판을 차례로 비교해 본 후, "강요의 프랑스어 번역판은 이전 의 번역판에서 옮겨온 부분을 제외하고는 확실히 저자의 감독 없이 비전 문적인 필자에 손에 의해서 불성실하게 기록되었다"고 단언하였다.[20] 20년 후에, 지 랑송(G. Lanson)은 1560년의 프랑스어 번역판에 대한 신빙성 문제를 제기하면서 면밀한 검토 끝에 "칼빈 스스로가 1560년의 프랑스어 판을 준비하였다. 그러나 직접 쓰지는 않고 그가 추가할 부분을 불러주어 서 받아 적도록 하였다. 또 원본의 마지막 부분은 그가 준비하지 않았으며 교정도 하지 못하였다"고 결론을 내렸다.[21] 따라서 랑송은 스트라스부르의 편집자들보다는, 칼빈에게 공로를 돌리긴 하지만 프랑스어판 원본의 마지 막 순간에 칼빈의 원본에다 수정을 가한 이질적인 간여가 있었다고 주장 하였다. 랑송과 「칼빈 저작전집」의 편집자들이 이것을 신뢰하는 이유 중의

---

18) TH. DE BEZE, *Vie de Calvin Opp.*, 21, 41. *Vita Calvin, Opp.*, 21, 156; COLLADON, *Vie de Calvin, Opp.*, 21, 87.

19) *Opp.*, 21, 33.

20) *Opp.*, 3, p. xxvii.

21) G.LANSON,'*L'lnstitution chretienne* de Calvin' in the *Revue historiaue*, 1894, p. 66. 참고. also A. LEFRANC, *Grands Ecrivains de la Renaissance*, p. 375 ff; and J.DENEURE, 'L'Institurion Chretienne de Calvin: examen de l'authenhclte de la traduction française' in the *Revue d'Histoire litteraire de la France* 1915, vol. 22. pp. 402 ff.

하나는 "불필요하고 혼동되는 내용의 생략과 부정확한 내용들"이 프랑스
어판에 들어 있고, 뿐만 아니라 "역자가 라틴어판 원본을 이해하지 못한
채 번역한 것이 확실한 구절들"[22]도 포함되어 있다는 것이다.

그리고 1560년 이전의 프랑스어 번역판에도 역시 오류와 오해들이 포
함되어 있다는 것이 증명되어졌으므로, 이와 유사하게 1560년 판에 있어
서도 칼빈의 참여를 의심하게 된다. 마멜스타인(J. W. Marmelstein)의 노
력으로 그 번역판이 완전히 신빙성이 있는 저서이며, 따라서 칼빈주의 사
상에 대한 연구에 기본적이고 타당성 있는 저서로 받아들여질 수 있는 필
수불가결한 기초가 된다는 점이 밝혀졌다.[23] 특히 그는 「칼빈 저작전집」의
편집자들에 의해서 가려내어진 "13군데의 오류와 의미 없는 구절들은 현
재는 정확한 번역으로 읽혀지고 있고 나머지는 저자 혹은 출판업자의 단
순한 과실이었다"고 확증하였다.

또 당시 지배적인 견해와는 달리, 많은 사람들은 라틴어판 원본의 문자
적 의미에 더 접근하고 있으며, 1541년의 번역판에 나타난 과실과 누락을
수정한 1560년의 번역판을 더 중시하였다.[24] 이미 우리가 주목하였듯이,
순수한 문학적인 견지에서 볼 때 1560년의 프랑스어판은 그 독특한 자연
스러움과 놀라운 형식의 통일성을 유지하고 있는 1541년의 프랑스어판과
비교될 수 없다. 1560년의 상당히 성숙한 칼빈은, 비록 매우 훌륭한 모습
을 갖추고 있었음에도 불구하고, 외형에 큰 관심을 기울인 것은 아니었다.
그에게 있어서 무엇보다도 중요한 관심거리는, 그의 최종판에 있어서 자신
의 사상을 정확하게 정리하고, 가능한 한 논리적으로 체계화시키는 것이었
다.

이 새 개정판은 초기의 개정판에서는 찾아볼 수 없는 모습을 보여주고
있다. 1543년의 총 21장 대신에, 독자들은 각 8장으로 세분된 총 4부로

---

22) *Opp.* 3, p. xxvi.
23) MARMELSTEIN, op. cit. pp. 5-24와 60-6.
24) Ibid, pp. 113과 115

된 많은 분량을 접하게 되었다. 먼저의 개정판과 비교해 볼 때, 그 부피는 다시 한 번 늘어나서 거의 4배로 증가되었다. 책의 부제가 의미하는 것처럼 확실히 그것은 '거의 새로운 책'이었다. 저자가 덧붙인 추가부분들은 불가피하였으니, 몇 년간 그가 휘말린 논쟁의 회고를 통해서 최소한 부분적으로는 증보되었으리라 보여진다. 특히 루터파와 베스트팔과의 성만찬에 관한 논쟁은 중요한 위치를 차지하게 되었다. 반면에, 인간 안에 있는 하나님의 형상, 그리스도의 사역, 그리고 칭의에 관한 오시안더(Osiander)의 교리는 구체적인 논박의 대상이 되었다. 그 밖의 구절들은 '영적인 자유사상가'와의 논쟁을 상기시키고 있다. 세르베투스의 과오에 반박하기 위하여 쓰여진 부분들도 상당히 개선되었다.

마지막으로, 저자는 그리스도의 공로와 육신의 부활에 관한 렐리우스 소키누스(Lelius Socinus)의 가르침에 반박하는 입장을 취하였다. 그러나 전혀 논쟁적인 의도 없이 부언한 다른 첨언들도 있다. 칼빈 역시 자신의 저서에 어떤 결함이 있음을 스스로 인정하였다. 가령 인간 내부의 본성의 힘이라든지 혹은 그리스도의 역사에 관한 주장을 완성시킴으로써, 그는 그 결점들을 보완하려고 최선을 다하였다. 이러한 첨가를 제외하고는, 그가 수정한 부분은 별로 많지 않다. 주요한 개정은 보다 체계화된 계획과 좀더 엄격한 내적 논리에 따라서 내용의 새로운 배열에 기인한 것이다.

1559년판(최종판) 「기독교 강요」의 네 권의 책은 다음과 같은 제목을 다루고 있다. '만물의 주권적 지배자이시며 창조주로서 그분의 이름들과 성품들 가운데서 하나님을 아는 지식', '처음에는 율법 아래서 조상들에게 알려지시고, 그후에 복음을 통해 우리에게 계시하시고, 예수 그리스도 안에서 계시하신 구속자 하나님에 대한 지식', '예수 그리스도의 은혜 속에 참여하는 방식과 그것으로부터 얻게 되는 열매, 혹은 후에 일어나게 될 일들에 대한 깨달음', '하나님께서 우리를 독생자이신 예수 그리스도께 인도하시고 그리스도 안에서 우리를 지키시기 위하여 사용하신 외적인 수단 혹은 방법' 등이 그것이다. 이 네 권의 책 속에 이전의 개정판에서 구성하였던 자료들을 어떻게 분배하였는지, 어떠한 동기로 초판이나 제2판 속의 내용의 위치를 재조정하였는가를 상세히 살펴보는 것은 매우 흥미있는 연구가 될 것이다.

여기서 우리가 말할 수 있는 것은, 그때까지 널리 보급된 요리문답의 형식을 과감히 던져버리고, 칼빈이 1543년의 개정판에서 채택한 사도신경의 4부로 나누어진 부분을 모방하여 일반적인 구성을 하였다는 점이다. 그러나 여기에도 중요한 변화가 들어있다. 제3부는 성령에 관하여 할애되어야 했는데 실제로는 인간 내부에서의 그 사역만을 취급하고 있다. 그런가 하면, 칼빈은 교회의 주제로 들어가기 전에, 부활에 대해 설명하고 있는데 이것 역시 사도신경에 의해 제시된 개념의 순서를 벗어난 것이다. 그럼에도 불구하고, 「강요」의 최종판과 사도신경의 전통적인 순서 사이의 관계는 오히려 형식적이고 외형적인 것이다.

교리적 해설은 새로운 측면에서 보면 사실상 두 부분으로 구성되어 있다. 첫 부분은 제1권으로 구성되었는데 신론(삼위일체, 창조주, 하나님의 섭리), 성경의 계시와 인간(죄와 구원의 필요성에는 무관하게)에 관한 내용으로 되어 있다. 두번째 부분은 나머지 세 권을 모두 합친 것으로, 역사적인 계시와 구원의 계획을 다루고 있다. 이것은 다시 두 부분으로 세분된다. 첫째, 옛 계명 아래에서의 구원의 역사에 대한 예비와 하나님의 아들의 성육신 속에서의 구원의 완성(제2권), 둘째, 성령에 의한 구원의 권능과 적용, (a) 성도의 마음 속에서의 성령의 긴밀한 작용과 미래의 삶 속에서의 그 완성(제3권). (b) 성령이 역사를 완성하고 올바른 최후로 인도하기 위하여 사용한 외적 수단들(제4권)로 나뉘어져 있다.

칼빈이 최종판을 정리했던 그 방식에 있어서, 테오도르 드 베자와 다른 동료들의 설명으로 인해서 끊임없이 재배치하고 첨삭의 노력을 기울이게 함으로써 내용의 통일성을 손상시켰을 것이라고 생각하게 할지 모른다. 이와는 반대로, 1559년의 최종판은 일관성에 있어서 이전의 여러 개정판들보다 뛰어난 것으로 판명되었다. 저자는 그가 다루어야 할 방대한 재료들을 너무나도 잘 체계화시켰고, 이 책의 객관성을 유지하기 위해서 훌륭하게 자신을 억제하였다. 이 책의 대체적인 어조와 문체에 관해서 생각할 때에 그 결과는 만족스럽지 못하다. 거기에는 논쟁적인 구절들이 여전히 많이 들어있고, 칼빈이 억제하기 힘들었던 흥분과 격렬한 열정을 반영하고 있기 때문이다. 게다가 초기의 개정판들에서 그는 반대자들에게 가장 부당하고 잡다한 모욕과 독설을 가하였는데, 이것은 매우 사려 깊고 정확하려고 의도했던 다른 설명들의 가치를 손상시키는 결과가 되었다.

그러나 그 결점이야 어떻든 간에, 이 1550년에서 1560년 사이의 개정판은 기념비적인 저술로 남아있게 되었으니, 진정코 개혁주의 개신교의 신학대전이다. 심지어 칼빈의 생존시에도 그 성공은 대단하였으며, 사후에도 그 명성은 결코 손상되지 않았다. 그것은 「강요」의 신앙형식에 완전히 밀착되어 있는, 칼빈주의 정통신학의 급속한 발전의 명백한 토대가 되었는데, 심지어 훗날 반대론자들도 그것을 결코 수정하지 못하였던 것이다.

II. 「기독교 강요」의 원자료

만일 성경에 대한 묵상으로부터 칼빈이 자신의 신학 저서 속에 표현한 사상의 기초를 얻게 되었다면, 이 점에 있어서는 루터와 츠빙글리와 마찬가지인데, 칼빈이나 그 이전의 어떤 개혁자들도 자기 독자적인 개인의 사색으로부터 어떤 사상을 이끌어낸 것은 결코 아니다. 그 개인 자신의 능력과 독창력이 있었음에도 불구하고, 칼빈은 대체로 선대의 신학자들의 연구에 주로 의지하지 않을 수 없었다. 모든 철학적·도덕적·신학적 이론의 역사가 보여주는 바, 가장 진보적이고 혁신적인 사상으로 보여지는 이론마저도 실제로는 그 주창자의 창조적인 능력에서 나왔다기보다는, 이미 오래 전부터 알려진 사상을 새롭게 배열하는 개발에 더 많이 의존한다는 사실이다. 칼빈 역시 이 일반적 법칙에 예외적인 인물은 아니다. 종교개혁자들 중에서 훌륭한 평가를 받고 있긴 하지만, 그는 루터나 츠빙글리, 멜란히톤과 부처보다 한 세대 후의 사람이었으며, 그들의 저서와 업적을 참조하지 않고서는 그가 이룩한 일을 성취할 수 없었을 것이다. 루터의 사상의 원천에 문제가 있다면, 칼빈 사상의 근원에도 역시 문제가 제기될 수 있을 터

인데, 무엇이 그의 사상의 근거가 되었는가를 결정짓는 일에 좌우될 문제이다.

그러나 이 문제는 모든 측면에서 해결책을 찾기 어려운 일이다. 한동안 역사가들의 관심은 상상력이 풍부하다기보다는 좀더 구조적인 마음, 즉 칼빈의 특이한 경향에 집중되었으며 독창적인 발견을 하려고 하지 않고 인간적인 해박한 지식에 더 사로잡혀 있었다. 이것은 그들로 하여금 칼빈의 사상적 독창성을 탐색케 유도는 하였지만, 그것들에 대해서 의견 일치를 이루지 못하고 있다. 혹자는 칼빈이 루터의 가장 충실한 제자였다고 하고, 다른 사람들은 그를 루터 사상의 변절자로 간주하였고, 그 밖의 사람들은 성 어거스틴이나 부처로부터 전적으로 혹은 부분적으로 영향을 받았을 뿐이요 다른 종류의 영향을 배제시켜 버리려고 하였다.

결코 결정적인 것은 아닐지라도 이러한 질문에 답하기 위해서는 충분하고도 상세하게 모든 사항을 검토해 볼 필요가 있다. 직접적으로든 혹은 간접적으로든 사물을 보는 그의 방식을 시사해 주는 많은 저서들과 칼빈의 모든 저서에 대한 면밀한 비교가 요청되는 것이다.[25] 이것은 방대한 작업이나 불가능한 것은 아니다. 단지 아직까지 아무도 이런 일을 할 용기와 인내를 가지고 있지 않았다. 그러므로 현재로서는 이러한 상황에서 얻어진 일부 부분적인 결과에 만족할 수밖에 없다.

칼빈이 성경 전체에 대해 정밀한 연구를 행했으며, 다른 어떤 종교개혁자보다도 구약 성경에 대한 해박한 지식을 갖고 있었다는 사실은 거듭 말할 필요가 없을 것이다. 첫째로, 그가 자신의 교리의 근거를 오직 성경에만 두었으며, 모든 저술 작업 중에서 주석적인 저술을 가장 중시하였다는 사실만을 우리는 반드시 염두에 둘 필요가 있다.[26] 우리가 그의 수많은 난해

---

25) 1559년 라틴어 판 「기독교 강요」에 P. BARTH와 W.NIESEL에 의해서 수집된 참고문헌들은(*O.S.* vols III-IV) 비교연구의 시작에 불과한 것으로, 보다 진전된 탐구의 출발이라는 가치를 지닌 것에 불과하다.

26) 참고, GOUMAZ, *La Doctrine du salut*에서 언급된 증거들, pp.27. 와

한 신학 이론의 근거를 찾고 더 나아가 그의 종교적 심성을 밝히려면 성경에 대한 그의 천착, 특히 예언서들과 사도 바울의 서신에 대한 그의 면밀한 독서에 초점을 맞추어야만 한다. 다시 말하지만, 그는 냉담한 과학도로서 성경을 읽고 해석한 것이 아니라, 항상 자신의 교리적 입장에 대한 확신을 찾기 위하여 성 어거스틴을 읽고, 루터에 대해 연구하는 신학자로서 성경을 대했다는 사실을 결코 간과해서는 안될 것이다.

둘째로, 그는 초대 교회 교부들의 많은 저서들을 주의깊게 탐독하였다. 그의 관용론(*De Clementia*)에 관한 주석이 이미 성 어거스틴의 「하나님의 도성」(*City of God*)으로부터 전수 받은 것이라는 사실이 밝혀졌다면, 회심한 이후 그가 작성한 모든 저서들은 칼빈이 일생동안 고대 그리스와 라틴계의 저자들에 대한 자신의 연구를 심화시키는데 주력해 왔다는 것을 시사해 주고 있는 것이다. 인간 영혼의 능력에 대해 저술한 1536년판 「강요」에 보면, 그는 요한 크리소스톰(John Chrysostom), 오리겐(Origen), 성 어거스틴뿐 아니라 플라톤, 아리스토텔레스, 테미스티우스(Themistius), 키케로에 이르기까지 광범위하게 인용하였다. "그러한 간결하면서도, 풍부한 인용들은 다른 종교개혁자들의 저서에서는 쉽게 발견하지 못하는 것이다. 더구나 이 인용들은 허식이나 과장 없이 적절한 문맥 속에 삽입되어 있다. 즉, 저자가 단순히 그것들을 여기저기서 선택한 것이 아니라 스스로 자유로운 선별에 의해서 보물을 찾듯 신중하게 선택하였다는 것을 누구나 쉽게 알 수 있을 것이다."[27]

초창기에 칼빈은 헬라 교부들 중에서도 성 크리소스톰을 특히 선호한 것처럼 보이는데, 한때 그의 설교(Homilies)를 프랑스어 번역판으로 출간하려고 작정한 적이 있었다. 이런 계획을 밝힌 서문에서, 그는 성경의 해설 분야에 있어서는 크리소스톰이 다른 모든 고대의 저자들을 능가한다고 주저없이 단언하였다.[28] 하지만, 이 개혁자에게 끼친 성 어거스틴의 영향은

생각하는 것보다 훨씬 중대하고, 일관된 성격을 유지하고 있다고 말할 수 있다. 그는 성 어거스틴의 저서를 일상적으로 탐독하였으며, 자신과 동등한 입장으로 인식하였고, 그리하여 기회 있을 때마다 어거스틴의 이론을 인용하고, 자신의 논쟁에서 그의 표현을 사용하였으며, 가장 훌륭한 동맹군의 한 사람으로 간주하였다.[29] 그는 때때로, 성 어거스틴이 주석에서 비유와 '궤변'을 사용한 것에 대해 유감스럽게 생각하였지만, 그럼에도 불구하고 성경의 가장 충실한 해설자로 생각하였다.[30] 교리에 관한 문제에 있어서는 전적으로 성 어거스틴으로부터 차용하였다. 그는 자유의지[31]와 성찬[32]에 관한 자신의 교리적 영감을 그에게서 얻었고, 은총론과 예정론에 관한 장에서는 어거스틴 학파의 모든 논지를 자신의 목적에 맞게 채택하였다.[33] 그가 「예정론」(*Treatise on Predestination*)에서 "성 어거스틴은 모든 문제에서 모든 일들에 대해 우리와 견해가 일치하므로, 만일 이 문제에 관해 내가 고백한다면 그의 저서에서 이끌어낸 증거들에 의해 그것을

---

28) *Opp.* 9. 834.

29) 참고. P. POLMAN, *L'Element historique dans la controverse religieuse du XVIe siecle*, Gembloux, 1832, pp. 65와 90-4 : J. KOOPMANS, *Het oudkerkelik dogma in de reformatie bepaaldelik Calvin*, Wageningen, 1938, pp. 32 ff. L. SMITS의 기념비적 저서인 *Saint Augustin dans l'oeuvre de Calvin*, Assen, 1957을 참조해 보는 것도 유익한 일인데, 이 책은 매우 정확하고도 거의 완벽한 연구서이다.

30) *Opp.* 9. 835, Inst. III, 2, 35

31) BARNIKOL, *Die Lehre Calvins vom unfreien Willen und ihr Verhältnis zur Lehre der übrigen Reformatoren und Augustins*, Neuwied, 1927, pp. 99 ff.

32) P. POLMAN, op. cit., p. 91 : J. BECKMANN, *Vom Sakrament bei Calvin*, Tubingen, 1926, pp. 163 ff. 그러나 후자는 성찬에 대한 칼빈의 사상에 있어서의 어거스틴적인 요소를 지나치게 과장하였다. 참고. W. F. DANKBAAR, *De sacramentsleer van Calvijn*, Amsterdam, 1941, pp. 225-40.

33) 예를 들면, Inst. III, 22, 8과 10 : 24, 1을 보라

저술하였다고 해도 좋을 것이다"라고까지 말하기를 주저하지 않았다.[34] 그러나 심오한 일치는 단지 신학적 문제들에 대한 본질적인 개념의 공유에 의해서만 설명될 수 있다.

그러나 교리의 많은 부분이 일치한다고 해서 교부의 권위에 대한 전통적 개념으로 되돌아가기만 했던 것을 의미하지는 않는다. 성경만이 신앙의 규범적 가치를 지니고 있기에, 초대 교회의 교부들의 것을 주장할 수 없게 되는 것이다. 게다가 칼빈은 그 교부들이 성경의 정도(正道)에서 벗어나는 것처럼 생각될 때는 주저없이 그들과 의견을 달리하는 입장을 취하였다. 칼빈이 마땅히 판별되어야 한다고 생각한 교부들의 글들을, 부처의 경우에는 무분별하게 인용하여 성도의 기도에 관한 교부들의 견해에 지나친 권위를 부여함으로써 비난을 받았다.[35]「걸림돌에 관한 논문」(*Treatise on Scandals*)에서 그는 자유 의지에 대한 그들의 가르침과 철학자들에 대한 온건한 태도를 공격하였다.[36] 칼빈은 자주 성경의 명백한 의미를 간과하고 있다고 비난하면서, 그들의 주석들을 거부하였다.[37]

공의회에 대해서도 그는 유사한 입장을 취하였다. 그들의 결정은 그것이 형성되게 된 역사적 상황의 견지에서 검토되어야 하며, 유일한 타당성을 지닌 성경적 기준에 의해서만 평가되어야 한다고 주장하였다. 그러한 관점

---

34) *Opp.* 266; Opusc. 1404.

35) *Opp.* 10b, 142; 참고. STROHL, *Bucer, humaniste chrétien*, p. 28.

36) *Opp.* 8, 19; Opusc. 1321: "확실히, 오리겐, 터툴리안, 바실, 크리소스톰, 그밖에 그들과 비슷한 사람들은 하나님께서 그들에게 주신 분별력을 실행했더라면, 그들이 말한 것과 같은 이야기를 하지는 않았을 것이다. 그러나, 세상의 지혜를 만족시켜 주려는 욕망에서, 혹은 최소한 자신들을 괴롭히는 불안을 두려워한 나머지, 그들은 세속적인 것과 거룩한 것을 혼합하였다. 그러한 일은 혐오스러운 짓이며, 인간을 완전히 파멸시키려는 것이요, 육체의 정상적인 판단에 모순되는 것이다. 그들 선인들은 인간의 깨달음과 보다 일치하는 방법을 추구하였다. 인간에게 자유 의지를 부여하고, 약간의 선천적인 미덕을 허용한 것이다. 그러나 그러는 동안 교리의 순수함은 오염되었다."

37) *Opp.* 9. 834.

에서, "우리는 고대의 공의회인 니케아(Nicaea), 콘스탄티노플
(Constantinople), 제1차 에베소(Ephesus), 칼케돈(Chalcedon)을 비롯하
여 이단자의 사악한 과실과 사상을 정죄하기 위하여 열렸던 공의회들을
기꺼이 받아들인다. 우리는 거기에서 규정된 조항들에 관해 경의와 존경을
표한다. 왜냐하면 공의회들은 오로지 순수하고도 자연스러운 성경 해석을
포함하고 있기 때문이다."[38] 어떤 면에서 칼빈이 고대 공의회의 신학사상
에 대한 열렬한 옹호자로 간주되는 것은 전통적인 삼위일체론과 그리스도
론에 관한 그의 태도에 의해서 입증되며, 특히 세르베투스, 젠틸리스
(Gentilis)와 소키누스(Socinus)와의 논쟁에 있어서 더욱 그렇다.

어떤 저술가들은 로마의 법까지 칼빈의 신학에 영향을 끼쳤다는 사실을
논증하려고 하였다. 특히 그들은 하나님의 위엄에 대한 칼빈의 견해가 로
마의 법학자들의 정치적 개념에서부터 발전한 것이라고 하는가 하면[39] 하
나님은 법을 초월하신다는 그의 사상을 '유일한 법의 원리'(princeps
legibus solutus)의 신학적 전위(轉位)라고 단언하였다.[40] 전자의 가설은
타당성이 없는 것 같지만, 후자는 특히 칼빈의 정치적 교리 속에서 로마
속담의 중요성을 고려해 본다면, 최소한 다소 와전되기는 했지만 용어상의
유사성이 있다고 간주될 수 있을 것이다.[41] 어쨌든 하나님의 주권에 대한
칼빈주의의 개념은 중세의 개념에 상당히 밀접하게 관련되어 있다는 것을
보여준다.

특히, 칼빈은 일반적으로 알려진 것보다 더 많이 스콜라철학자들에 대해
서 잘 알고 있었다는 점을 강조하여야겠다. 무엇보다도 몽테뉴에서 받은
가르침은 그의 어휘에 직접적인 영향을 미쳤으며, 그는 학교에서 가르칠

---

38) *Inst.* IV, 9,8, 참고. P. POLMAN, op. cit. pp. 76 ff. KOOPMANS, op.
cia, pp. 34 ff.

39) NOESGEN, 'Calvins Leher von Gott' in the *Neue kirkliche
Zeilschrift*, Erlangen, 1912, pp.694 ff.

40) BEYERHAUS, op cit, p 83.

41) BOHATEC, 'Calvins Lehre von Staat und Kirche', pp. 36 ff.

때 이 용어들을 사용하였다.[42] 이러한 영향은 변증법적 정의를 고집하는
그의 논리적 성향에도 역시 나타나고 있다. 이것은 스콜라학파의 정의와
관련한 것을 칼빈이 완전히 부정적인 것은 아니라는 것을 의미하지 않는
가? 칼빈이 성 안셀무스(St. Anselm), 피터 롬바르드, 토마스 아퀴나스 등
의 저서를 연구하고, 그들의 글을 문장 그대로 인용하였다는 것이 이를 증
거한다. 뿐만 아니라, 그는 성 버나드(St. Bernard)에 대해 잘 알고 있었고,
자주 인용하였다.[43] 그러나 엄밀하게 말하자면 몽테뉴에서의 가르침은 유
명론자의 입장에서 받은 것이었고, 당시의 상황에 의해 칼빈은 프란체스코
학파의 대표적 인물, 특히 둔스 스코투스(Duns Scotus), 오컴(Occkam)
혹은 그 제자들에게도 지도를 받았던 것이다.[44]

칼빈에게서 나타난 하나님의 개념을 스코투스의 신학과 비교해 보자. 리
츨(A. Ritschl)은 이중 예정론의 교리를 지배하는 하나님 개념은 유명론
자들의 절대능력(potentia absoluta)을 함축하고 있다고 결론을 내린 신학
자들 중의 한 사람이다.[45] 그후 칼빈파의 하나님 개념을 스코투스의 신학
이론으로 거슬러 올라가 규명하려는 많은 신학자들과 역사가들의 후계자
들이 리츨의 견해를 따랐다.[46]

그러나 다른 신학자들은 이 주장을 반박하였는데, 그들은 칼빈이 스콜라
철학으로부터 사상을 일부 차용하였다는 것을 인정하지 않을 뿐더러 그러
한 견해는 칼빈의 참된 사상을 왜곡하는 것으로 간주하였다. 그들은 칼빈
이 「강요」에서 쓴 구절에 입각하여 자신들의 견해를 확립하였다. "우리는
하나님의 절대 권능을 언급한 가톨릭 교회 신학자들의 환상을 인정하지

42) 가령. GOITMAZ, op, cit, pp. 92 ff.의 예를 보라.
43) 그는 1559년판 「강요」 속에서 21번 이상이나 언급하고 있다.
44) 참고, P. BARTH, 'Funfundzwanzig Jahre Calvinforschung' p. 168.
45) A. RITSCHL, 'Geschichtliche Studien zur christlichen Lehre von
Gott' in the *Jahrbucher für deutsche Theologie*, vol. 13. Gotha, 1868, p. 107.
46) 가령, 우리는 H. Bois와 WALKER와 Seeberg의 예를 인용할 수 있을 것
이다.

않는다. 하나님의 주권에 대한 그들의 두서없는 이론들은 불경한 것이며 우리를 혐오스럽게 한다. 하나님 스스로가 율법이시라는 점에서 볼 때, 율법 없이는 하나님을 상상할 수 없는 것이다."[47]

이 견해는 칼빈이 스코투스에게 영향을 받았다는 가설을 주장하는 사람에게만큼은 명확한 반론으로 보인다. 두메르그(E. Doumergue)와 보이스(K. Bois)에 이어, 르세르(A. Lecerf)는 모든 스코투스 학파의 영향을 부정하는데, 이 구절을 이용하였다.[48] 칼빈의 견해에 대한 철저한 분석 후, 이 저술가는 이렇게 선언하였다. "칼빈의 칼빈주의와 … 신앙고백의 칼빈주의는 스코투스와 오컴의 노작(勞作)들과는 근본적으로 반대되는 것이다. 하나님의 권능은 스코투스와 오컴의 절대권능(potentia absoluta)이 아닌 것이다. 하나님은 주권에 합당하지 않는 행위나 거짓을 행하시지 않으시며, 부당하거나 혹은 모순된 것을 명하시지 않으신다. 그것은 권능이 부족해서가 아니며, 하나님의 권능이 자연의 맹목적 힘이 아니기 때문이다."[49]

이 문제에 대한 공정한 검토는 이 논쟁이 스코투스가 실제로 생각한 것을 잘못 이해한데서 비롯된 것이라는 사실을 깨닫게 해 줄 것이다. 제베르크(Seeberg)와 민게스(Minges)의 저서는 사실상 하나님의 권능을 하나님의 최초의 명령에 모순되는 어떤 판결도 허용하지 않는 반모순(non-

---

47) Inst. III. 23. 2.

48) 참고. DOUMERGUE, op. cit., vol. IV, p.119; H. BOIS, *La Philosophie de Calvin* Paris, 1919, pp. 18 ff. 후자는 앞서 기술한 문서의 해설을 염두에 두고 이렇게 썼다(p. 21): "칼빈은 둔스 스코투스의 제자가 아니다. 그의 하나님은 무법적인 카리스마적 존재가 아닌 것이다. 따라서, 둔스 스코투스에게서처럼, 칼빈에게 있어서도, 하나님이 역사하시는 모든 것이 그것을 행하시는 유일한 이유에 정당화 된다고는 말할 수 없다."

49) 참고. A. LECERF, 'La Souverainete des Dieu d'apres le calvinisme', *International Calvinist Congress.* Amsterdam 1934, s' Gravenhage, 1935, pp. 26과 29. ST. LEIGH HUNT. 「강요」 속에서 예정론' in *De l'élection eternelle de Dieu*, Geneva. 1936. p. 134.

contradiction)의 원리와 하나님의 속성, 즉 그의 의로우심에 의해서 스코투스의 사상 속에서 제한되었다는 결론을 내리고 있다.[50] 그렇다면, 스코투스가 순전하게 임의적인 것과 절대 권능을 동일시한 것이라고 주장할 수 없게 된다. 반면 칼빈의 교리에서는 이와의 유사성이 보다 분명해 진다. 「강요」에서 칼빈은 "하나님의 의지는 최고의 표준이요, 정의로운 통치 원리이기 때문에 그가 원하시는 일은 무엇이든지 그가 그것을 원하시는 한, 그것은 그 때문에 마땅히 정당한 것이 되어야 한다." 그래서 누가 묻기를 "하나님께서 왜 이렇게 행하셨는가?"라고 하면, 우리는 "하나님께서 그것을 원하셨기 때문이다"라고 대답해야 한다. 한 걸음 더 나아가 "하나님께서 왜 이것을 원하셨는가?"라고 묻는다면, 그것은 "하나님의 뜻보다 더 위대하고 고결한 어떤 것은 찾을 수 없으며 그것은 있을 수 없다."[51] 이 구절 속에서 스코투스의 영향이란 전혀 논의조차 될 수 없는 것이다.

마찬가지로 칼빈은 출애굽기 주석에서, 하나님은 "이러한 의미에서 모든 법으로부터 독립적이시며, 스스로 율법 그 자체이시며, 모든 만물의 규범이시다"[52]라고 하였다. 또 "하나님의 계명을 공박하거나 헐뜯는 것은 어떤 인간에게도 허용될 수 없는 행위이다. 왜냐하면 하나님의 통치는 모든 법을 초월할 뿐만 아니라 하나님의 뜻은 모든 법의 가장 완전한 규범이기 때문이다"[53]고 결론지었다. 만일 하나님 스스로가 율법이라면, 그것은 하나님께서 결정하신 것은 반드시 행하신다는 의미이며, 하나님의 뜻은 어떤 외적인 인과율에도 종속됨이 없이 불변하시다는 의미가 된다. 이것이 바로

---

50) R. SEEBERG, *Die Theologie des Joh*, Duns Scotus, Leipzig. 1900, pp. 163 ff.와 *Lehrbuch der Dogmengeschichte*. vol. III. 4th edn. Leipzing.1930. p. 654; P. MINGES, 'Der Gottesbegriff des Duns Scotus.' 1906.

51) *Inst*. III. 23,2. 참고. SEEBERG, *Lehrbuch der Dogmengeschichte*, vol. IV. 2, p. 576. n. 1.

52) *Opp*. 24, 49.

53) *Opp*. 24. 131.

스코투스가 가르치려고 하였던 참된 의미이다.

그렇다면 위에 인용된 바 칼빈이 "하나님의 절대 주권을 언급한 가톨릭 신학자들의 망상"이라는 비난을 표현한 구절에 대해서는 어떻게 설명할 수 있는가? 의심할 바 없이 이것은 중세 말의 어떤 유명론자들의 과장이나 자의적인 사색에 대한 말이거나 혹은 칼빈에게는 단순히 모호한 이론으로밖에는 생각되어지지 않는 이론, 즉 하나님의 절대 권능과 규범 권능으로 나누는 스코투스의 구분에 대해서 적대감을 표현한 것이다.

그러나, 유명론의 흔적이 단지 칼빈의 신론에서만 드러나는 것은 아니다. 피터 롬바르드의 「신학명제집」(*Sentences*)에 관한 유명한 주석에서, 스코투스는 그리스도의 수난은 그 자체로서는 어떤 특별한 가치나 효능도 없는 것이며 그것을 만족한 것으로 허락하시고 구원의 역사로 예비하시는 하나님의 뜻에 의해 그 가치와 효능이 부여된다고 주장하였다.[54] 이것은 1555년 소키누스에게 보낸 답장과 「강요」의 제2권에 나타난 칼빈의 견해와 일치하는 것이다.[55] 그러한 의견의 일치는 예정론과 구원론간의 관계에 관해서도 수립될 수 있으며, 구원론은 논리적으로 예정론에 종속되어 있다.[56] 스코투스가 도입한 교회와 하나님의 언약에 관한 견해를 배제시킬 수 없듯이, 성령의 사역의 수반에 관한 스코투스파의 이론과 성찬 요소를 받는 것, 이것과 똑같은 주제에 관한 칼빈의 확대된 사상들과의 사이에 존재하는 의견의 일치점을 찾는 일도 완전히 제멋대로 생각하는 일은 결코 아닐 것이다.[57]

우리가 좀 더 동시대의 요소들을 잘 살펴본다면, 인문주의자들과 개혁가들에게 특별한 위치를 부여해야만 한다. 칼빈의 주석이 빌라(Villa)와 에

---

54) 제3권 주석(Commentary on Book III,), dist. 19, notes 4-7: 참고. SEEBERG, *J. Duns Scotus*, pp. 275 ff

55) *Opp.* 10a, 160 ff: Inst. II, 17, 1.

56) Comm. on Book III, dist, 19, n. II: SEEBERG. op. cit. p. 281: *Inst.* II, 16, 4.

57) SEEBERG, *Dogmengeschichte*, vol. III, p. 511.

라스무스(Erasmus)가 고안한 논증법에 입각해 있었다는 사실을 다시금 기억할 때에, 회심한 이후에도 그가 인문주의의 흔적을 어느 정도 가지고 있었는가에 대해서는 이미 충분히 언급하였으며 더 이상 언급할 필요조차 없는 일이다. 에라스무스의 해석은 칼빈이 채택했던 결정을 먼저 한 것이다. 그렇다면 에라스무스의 영향은 가령 신학적 개념에까지 확대되는 좀더 심각한 것은 아니었을까? 좀더 자세한 비교에 의해서만 그에 대한 답을 할 수 있을 것이다. 칼빈의 해설들을 읽을 때, 에라스무스에 의해 고안된 표현법과 공식적 문구를 찾을 수 있을 것이다. 비록 「강요」에는 에라스무스의 이름이 인용되지 않았지만 세상에 대한 경멸, 죽음의 갈망, 세상에서의 의무감, 믿음에 대한 개념과 심지어 종말론에 이르기까지 그 위대한 인문주의자의 사상과 두드러지게 유사한 구절들이 많이 나타나 있다.

이와 유사하게, 칼빈은 보하텍(Bohatec)에 의해 신중하게 지적되었듯이 뷔데(Bude)로부터 영향을 받았다는 중대한 증거들을 많이 가지고 있다.[58] 반면 르페브르 데타플(Lefevre d'Etaples)이 칼빈의 신학이론에 어떤 영향을 끼쳤다고는 말할 수 없다. 확실히 르페브르의 종교적 사상과 이 종교개혁자의 교리 사이에는 어떠한 공통점도 찾아볼 수 없다. 도리스(H. Dorries)는 그의 탁월한 논문에서 칼빈이 개혁파의 원리를 충분히 수용하지 못한 르페브르의 영향을 거의 받지 않았으며 도리어 그의 신비주의적 경향을 극도로 부정하였다는 필자의 견해에 결정적인 증거를 제공하였다.[59]

---

58) M.SCHULZE, *Calvins Jenseitschristentum*, passim; POTGIETER, *De Verhouding tussen die teologie … by Calvin*, pp. 44 ff.와 256은 에라스무스에게 칼빈이 의존했다는 영향을 극구 부정하였다. J. BOHATEC, *Búde und Calvin*, pp. 242ff, 406, 417, 427ff, etc,는 습관적인 정밀성으로 이 문제를 취급하였는데, 칼빈에 끼친 에라스무스의 폭넓은 영향을 주장하면서도, 그의 신학이론에 있어서는 근본적인 탐구에만 영향을 미친 것으로 한정시켰다. A. M. HUGO, *Calvin en Seneca*를 보라. Bude의 주장에 대해서는, BOHATEC의 논문이 모든 유익한 정보를 제공해 줄 것이다.

그렇다면, 소위 개혁자들이란 어떠한 사람들이었는가? 칼빈은 항상 루터에 대한 열렬한 존경심을 품고 있었는데, 그의 저서들을 일찍부터 탐독하였으며 그것에 의해 루터에게 영향을 받게 되었다.[60] 그러나 그는 독일어를 몰랐으므로 라틴어로 쓰여지거나 번역된 글들에 만족하여야만 하였다.[61] 루터의 영향은 너무나 자명하여서 의심의 여지가 없는 것이다.[62] 칼빈의 글 속에서 루터의 문구로부터 빌어온 구절들이나 완전한 논지들을 찾아보기가 어렵다는 것은 사실이다. 그러나 한 사상가가 다른 사상가로부터 받은 영향은 반드시 인용문이나 표절물에 의해 밝혀지는 것은 아니다. 칼빈에 대한 루터의 영향은 다소 막연한 감이 없진 않지만 명백히 존재한다. 그것은 이 문제를 다룬 대부분의 신학자들에 의해 계속 인정되어 온 결론이다.[63] 더구나 칼빈의 동시대인들은 이 점을 인식하고 있었으며,

---

59) 참고. H.DOERRIES. 'Calvin und Lefever' in the *Zeitschr. für Kirchengeschichte*, 1925. 이 저서 이전에 이미, H.STRATHMANN, 'Die Entstehung der Lehre Calvins von der Busse' in *Calvinstudien*, p. 218. n. 1 에서 믿음과 칭의와 도덕에 관한 Lefevre의 견해와 칼빈의 견해간의 상이점이 지적되었다. 반대의 주장으로서는 L. VONMURALT, 'Uber den Ursprung der Reformation in Frankreich' in *Festschrift Hanns Nabholz*, Zurich, 1934, p. 149와 A. BOUVIER, *Henri Bullinger*, p. 118을 보라,

60) W. NIESEL, 'Verstand Calvin Deutsch?' in the *Zeitschr. für Kirchengeschichte*, Gotha, 1930, vol. 49, pp. 343 ff.

61) 1554년 10월 24일자 칼빈에게 보낸 장문의 서한에서, 불링거는 이렇게 썼다. "Neque enim libros ejus [Lutheri] vel legere, vel intelligere potuisti, quum hujus generis pleraque germanice scripserit."

62) 그럼에도 불구하고 A.D.R.POLMAN, *De Praedestinatieleer van Augustinus*, Thomas van Aquino en Calvijn. Franeker, 1936, p 323에서 의문이 제기되었다. "칼빈에 대한 루터의 영향은 확실히 전무하다."

63) 참고.F.W. KAMPSCHULTE. *Joh. Calvin*; vol. I, p. 257; DOUMERGUE, op. cit. vol. II, pp. 569 ff. W.DIEHL, 'Calvins Auslegung des Dekalogs in der ersten Ausgabe seiner Institutio und Luthers Katechismen' in *Theol. Studien und Kritiken*, Gotha, 1898, pp.141-62;

1554년 말 베른의 할러(Haller)는 칼빈을 지나치게 맹목적인 루터의 추종자라고 비난하였다.[64]

루터의 영향은 1536년의 「강요」의 구상에서 이미 외적으로 명백하게 나타났는데, 그것은 루터의 「소요리문답」(Little Catechism)의 순서를 취한 것이다.[65] 또한 근본적으로 「기독교 강요」는 루터의 사상을 자주 도입하였으며, 무엇보다도 십계명과 사도신경의 첫 조항(또는 셋째조항 역시)의 해설에 뚜렷이 나타나 있다. 칼빈은 신성한 지식은 전적으로 하나님에 대한 인식과 우리 자신에 대한 인식으로 이루어진다는 주장과 함께 율법의 첫 장을 시작하였다(알다시피, 제2판에서는 이 부분을 양분하여, 두 개의 새로운 장으로 만들었다). 그러나 칼빈은 한 걸음 더 나아가, 아담이 타락의 결과로, 영광과 하나님과의 교제의 은혜를 상실하였으며, 인류가 진노의 자녀가 되었다고 주장하였다. 그리하여 자기 사랑에 빠져 눈이 가려져서 자신의 비참한 상황을 깨닫지 못하게 되었다. 율법은 인간이 얼마나 의의 길에서 멀어져 있는가를 깨닫게 하기 위하여 주어졌다. 율법 속에서 우리는 마치 거울처럼, 우리 자신의 죄와 정죄를 보는 것이다. 이러한 죄의 자각은 우리가 믿음으로 받아들이기만 한다면, 예수 그리스도 안에서 은혜를 새롭게 주실 하나님께로 되돌아가도록 우리를 인도한다. 죄에 대한 이

K.BETH, 'J.Calvin als reformatorischer Systematlker' in the *Zeitschr. für Theologie und Kirche*, Tubingen. 1909, vol. xlx, 336; K.HOLL, *J. Calvin. Gesammelie Aufsatze*, vol. III, p. 262; P.WERNLE, *Calvin.* Tubingen, 1919, pp. 2 ff, 115 ff, 115etc.; SEEBERG, *Dogmengeschichte*, vol. IV, 2. pp. 556 ff, O.RITSCHL, *Dogmengeschichte.* Vol III, Göttingen 1926, pp. 165와 199 ff; A.LANG, 'The Sources of Calvins Institutes' in the *Evangelical Quarterly*, London, 1936, pp. 130-41.

64) 1554년 12월 28일의 불링거에서 보내는 편지; "Vestram libertatem ergo Calvinum valde probo; videtur enim nimium semper Luthenrm et Bucerum defendere."

65) 위에 언급된 W.DIEHL의 연구론을 보라.

러한 인식과 하나님의 자비로 우리를 유익케 할 수 있는 믿음은 값없는
선물이다.[66] 이 해설 전체를 통해, 우리는 요리문답 속에 담긴 루터의 근본
적인 사상을 찾는데 어려움을 느끼지 않는다. 뿐만 아니라 칼빈은 신앙을
단순한 믿음으로가 아니라, 그리스도와 하나님의 선하심 안에서의 완전한
신뢰로 정의함으로써 루터의 사상과 일치하고 있다. 또한, 그 외 다른 많은
유사성이 입증될 수 있을 것이다.

　문자적인 확증 없이 칼빈이 실제로 읽었던 루터의 저서가 어떤 것인지
를 정확히 판별한다는 것은 매우 조심스러운 일이다. 의심할 바 없이, 그는
「성만찬의 신실한 시행에 관한 지침서」(*Enchiridion piarum preca-*
tionum)란 제목으로 여러 번 재판된 *Betbüchlein*의 라틴어판인 「소요리
문답」을 탐독하였을 것이다.[67] 그러나 칼빈이 최소한 1539년 이래로 「대
요리문답」을 알고 있었을 것이라는 추측도 가능한 일이다. 게다가 그는
「그리스도인의 자유에 관한 논문」(*Treatise on Christian Liberty*), 「교회
의 바빌론 유수」(특히, 그릇된 성찬에 관한 장), 「노예의지론」, 1527년에
라틴어로 번역 출간된 광신자들에 반박하는 「그리스도의 피와 살에 관한
설교」(*Sermon on the body and the blood of the Christ against the*
Enthusiasts), 또 1519년에 출판되어 1524년에 번역된 「그리스도의 살로
된 신성한 성찬에 관한 설교」(*Sermon on the venerable, sacrament of*
the body of Christ)와 무엇보다도 먼저, 부처에 의해 번역된 *Postille*을
많이 인용하였다.[68]

　비텐베르크의 개혁자에 대한 칼빈의 의존관계는 랑(Lang)에 의해 논증
된 '친밀한 동료의식'을 통해 이해되어야 한다. 그는 「강요」의 초판에 나

---

66) *Opp.* I. 27-31 ; O.S. vol. I. 37-41. 우리는 칼빈의 사상을 요약하였을 뿐
이다.

67) LANG. op. cit. p. 135 ; MOORE. *La Reforme allemande et la*
itterature française, Strasbourg, 1930, pp. 321 ff.

68) 참고, MOORE, op. cit. p. 97.

타난 칼빈의 사상은 거의 남부 독일의 루터파와 같다고 지적하였다. 뿐만
아니라 칼빈은 칭의와 죄인의 전적 타락, 자범죄와 원죄, 유일한 구세주이
시며 중보자이신 그리스도, 성령을 통한 구원의 역사, 그리고 말씀과 성찬
에 관한 근본적인 교리와 관련하여, 루터와 전적으로 일치된 견해를 나타
내고 있다. 그리하여, 우리는 이신칭의와 믿음에 의한 부활에 대한 루터의
핵심적 교리는 다른 어떤 개혁파 이론가들보다 칼빈에 의해 더 충실하게
확립되었고 한층 강력하게 표현되었다고 말할 수 있을 것이다.[69]

　이러한 비교는 칼빈이 루터와 그의 저서들에 끊임없이 표한 경의에 의
해 확인되고 있으며, 타당성있는 것으로 인정되었다. 이러한 일반적인 논
조는 「피기우스에 반박하는 자유 의지에 관한 논문」(*Treatise on Free
Will against Pighius*)(1543) 속의 다음과 같은 구절에서 두드러지게 나
타나고 있다. "전과 같이 이제 다시, 복음의 순결성을 우리 시대에 부흥시
킨 수고와 사역으로 인해 우리는 그를 그리스도의 탁월한 사도로 간주한
다고 강력히 선언한다."[70] 그러나 비록 칼빈이 루터의 영향을 받았다고 스
스로 인정하지만 그는 너무 강한 개성의 소유자이기에 어떤 비판이나 유
보도 없이 그를 루터파의 일원이라고 공언할 수는 없다. 「베스트팔에게 보
내는 마지막 경고」(*Last Warning to Westphal*)에 그는 이렇게 쓰고 있

---

69) A.LANG. 'Zwingli and Calvin'. Bielefeld. 1913, p. 106. 이 주장은 18세
기 말 이래 나타난 수많은 비평적인 연구에 기초하여 언급한 말이다. 그들은
J.KOESTLIN이 45년 전에 이미 내린 결론을 확증하는 것에 불과하였다. 1536년
「기독교 강요」에 나타난 루터적 요소를 강조하면서 그는 이렇게 주장하였다. "사
망을 극복하시고, 순종과 죄의 담당으로써 우리를 위해 중재하시고, 우리와 함께
하신 그리스도에 관한 논리전개 속에서, 우리는 멜란히톤과는 다른 루터와의 친밀
한 상관관계를 인식할 수 있을 것이다. 예정론이라는 주제에 대해서도, 우리는 루
터가 말하지 않은 것은 발견할 수 없을 것이다." KOESTLIN. 'Calvins Institutio
nach Form und inhalt', p. 428.

70) *Opp.* 6. 250:*Opusc.* 311, 참고. *Opp.* 6, 459와 473; 11, 705; 12. 325,
etc.

다. "루터의 이러한 업적에 어떠한 오류가 발견된다 할지라도, 그것을 덮어 두기를 원한다. 진실로 그가 하나님으로부터 부여받은 훌륭한 재능에 경의 와 찬사를 보내지 않을 수 없기 때문이다. 그러나 덕을 위해서 악을 묵인 하려는 것, 그것은 모든 선(善)에 어긋나는 것이다."[71]

1536년 이후, 그는 성찬 문제에 있어서 루터와 대립되었다. 그후, 정경 론, 예정론, 교회론, 그리스도론 혹은 성찬 등 모든 문제에 있어서 의견의 대립은 보다 첨예화 되었다. 그러나 교리상의 미묘한 견해차 이상으로 그 들을 대립하게 만든 것은 각자 초기의 학문 수련과정의 차이, 그리고 종교 적 감수성의 차이였다. 그렇지만, 우리는 이러한 견해차를 개인적인 것으 로 치부하거나 혹은 신비적이기까지 한 경건, 그리고 주지주의적 경향의 신앙으로 인해서 초래된 대립으로 여기는 것을 조심하여야 한다. 한 가지 로 루터를 정의할 수 없는 것처럼 다른 것으로 칼빈을 정의할 수는 없다. 더구나 극히 사소한 정도에 불과하지만, 게르만적인 것과 라틴적인 것 사 이에 야기된 전통적인 대립으로 보는 것은 적절한 관찰이 아니다. 루터의 그리스도 중심론적 이론과 칼빈의 신(神)중심적 입장간의 대립 속에서 문 제의 해결을 찾는다는 것은 올바른 일이 아닌 것이다. 왜냐하면 루터의 사 상과 마찬가지로 칼빈의 사상 역시 전적으로 예수 그리스도의 인격에 의 해 좌우된다는 사실을 우리는 앞으로 지적할 수가 있기 때문이다. 그들의 대립의 근본적인 원인은 오히려 그리스도와 성도간의 관계에 대한 각자의 견해 차이에 있는 것처럼 보여진다.

1536년부터 칼빈과 우정으로 유대를 맺게 된 멜란히톤도 역시 그의 「신학총론」(*Loci Communes*)을 통하여 칼빈 사상의 중요한 한 줄기 근원 으로 생각되어야만 한다. 1521년판과 1535년에 막 출판되어 나온 「신학 총론」을 아마도 칼빈이 알았던 것 같고, 훗날 1546년 제네바에서 출간한 프랑스어 번역판의 서문을 칼빈이 썼다는 점이 알려져 있다. 십계명과 믿 음, 소망과 구제, 회개와 그리스도인의 자유에 관한 칼빈의 해설은 멜란히

---

71) *Opp.* 9, 238 ; *Opusc.* 1936.

톤의 유명한 교리들을 상기시켜주고 있다. 성찬과 세례에 대한 일반교리의
내용도 역시 마찬가지이다. 마지막으로, 멜란히톤의 그리스도론과 칼빈의
그리스도론과의 유사성이 논증되었다.[72] 더욱이, 칼빈은 라스티본
(Ratisbon) 체류 중일 때, 멜란히톤이 그의 신학이론의 핵심을 요약한 것
으로 여기는 아우그스부르크 신앙고백서(Augsburg Confession)에 서명
하기를 주저하지 않았다. 약 15년 후, 프랑스 개혁자는 다음과 같이 선언
하였다. "아우그스부르크의 신앙고백에서 우리의 교리와 일치하지 않는 내
용은 없다."[73] 또 1557년에, "나는 아우그스부르크의 신앙고백을 부정하지
않으며, 기꺼이 그리고 전적으로 그 저자(멜란히톤)가 해설한 것에 동의한
다"라고 고백하였다.[74] 그럼에도 불구하고 두 가지의 주요 관점 즉, 자유의
지와 예정론에 있어서 칼빈은 멜란히톤과의 심각한 의견대립을 인정하지
않을 수 없다.[75]

어떤 관점에서는 차이가 있고, 상반되는 점이 있음에도 불구하고, 칼빈
은 스스로를 여전히 루터와 멜란히톤의 동지로 생각하였으나, 츠빙글리에
대해서는 그렇지 못하였다. 칼빈이 취리히의 개혁자를 외면하고, 한동안
그의 저서들조차 연구하기를 거부한 것은 엄밀히 따지면 루터에 대한 연
구 때문이었다.[76] 그러나 그는 1536년판 강요를 완성하기 전에, 이미 「참
된 종교와 거짓 종교에 대한 주석」(De vera et falsa religione)를 탐독하

---

72) A.LANG, 'Melanchthon und Calvin' in the *Reformierte Kirchenzeitung* 1897, p. 58; *The Sources of Calvin's Institutes*, p. 135; H.STRATHMANN, 'Die Entstehung der Lehre Caivins von der Busse' in *Calvinstudien*, 1909, pp. 219-28.

73) *Opp.* 16, 263.

74) *Opp.* 16, 430.

75) 이 점에 대한 그의 견해에 대해서는, *Loci Communes*의 불어 번역판의 서문, 1546, Opp. 9, 848을 보라.

76) 참고. 「베스트팔에 반대하는 두번째 변호」(*Second defence against Westphal*) *Opp.* 9, 51 또 p. 20을 보라.

였을 가능성이 높은데, 「기독교 강요」에서 특히 성찬에 관한 내용을 몇 가지 언급한 부분이 있기 때문이다.[77] 그후 그는 츠빙글리의 저서를 보다 많이 접하였고, 부처의 영향으로 츠빙글리에 대한 그의 판단이 좀더 인정하는 쪽으로 기울기도 했지만, 그래도 여전히 칼빈은 츠빙글리를 2류의 신학자로 간주하였다.[78]

1540년, 파렐(Farel)에게 보내는 편지에서, 칼빈은 취리히에서의 츠빙글리에 대한 명성을 조롱하였다: "이들 선량한 사람들은 누군가가 츠빙글리보다 루터를 더 훌륭하다고 한다면, 분노로 불타오를 것이다. 마치 츠빙글리의 이론을 조금이라도 손상시킨다면, 복음 그 자체가 파괴될 것처럼 생각한다. 그리하여 아무도 츠빙글리에게 어떤 공격도 가하지 못하고 있는 것이다. 그러나 그들을 나란히 비교해 본다면, 루터가 그를 얼마나 능가하는 지를 스스로 깨닫게 될 것이다."[79]

츠빙글리의 실제 인간성에 대해서 칼빈은 전혀 알지 못하였다. 취리히의 개혁자에게서 드러나는 지방색을 띤 애국심에 의한 선입관이 복음의 설교에 적용되어서 야기되는 혼돈 상태에 대해서 칼빈은 이해할 수 없었다. 그렇지만 그는 성찬문제뿐만 아니라 그의 신학적 입장 때문에 더 반감을 갖게 되었을 것이 틀림없다. 그에게 있어서, 츠빙글리는 '철학자들'로부터 지나치게 오염되었음이 나타났고, 지나치게 '불경스러우며', 또 지나치게 역설을 좋아했던 것이다.[80] 이러한 상황에서, 칼빈에 대한 츠빙글리의 의존도

---

77) *O.S.* vol. I, pp. 120, 122, 137.

78) 참고. 1542년 11월 12일의 Viret 에게 보내는 편지. *Opp.* II. 438; 1552년 1월의 불링거에게 보내는 편지 *Opp.* 14, 253.

79) *Opp.* 11, 24.

80) 참고. *Zwingliana*, vol. VI, p. 315의 츠빙글리와 칼빈에 대한 흥미있는 비교에 있어서 VON SOOS의 평가: "츠빙글리에게 있어서, 하나님은 제1원인이어서, 따라서 그의 견해에는 철학적 개념이 우세하여, 선험적인(a priori) 특징이 신학에 반영되어 있는 반면에, 칼빈에게 있어서 하나님은 종교적 찬양의 대상이므로, 종교적인 개념이요, 그러므로, 그의 견해 속에는 후천성(a posteriori)에 구조

가 전무(全無)하다는 사실은 충분히 입증된 셈이다.[81]

확실히 볼세크나 베스트팔과 같은 동시대 칼빈의 반대파들이 어떻게 예
정론과 성찬의 교리와 관련하여, 칼빈을 츠빙글리의 후계자로 여길 정도로
판단력을 잃었는지 정말로 이해할 수 없다. 기껏해야 이 두 사람 사이의
유사점은 로마교회의 이념이나 관습을 직접 간접으로 상기시키는 것을 모
두 거부하는 급진적인 면 뿐이라는 점을 우리는 받아들인다. 이와 비슷하
게 파렐이나 일부 스트라스부르의 신학자들에 의해서도 간접적으로 칼빈
에게 전해진 영향을 배제할 수는 없다.[82]

1868년의 한 논문에서, 쾨스틀린(J. Koestlin)은 「강요」의 성찬에 관한
장에서, 칼빈이 "1530년의 네 도시 신앙고백(Tetrapolitan Confession：
부처와 카피토가 작성한 신앙고백으로 아우크스부르크 회의의 기초가 되었으며,
독일 남부 지역 4곳에서 공식적으로 채택되었다 ─ 역자주)을 기초한 신학자들
에 스스로 동조하였다."라고 지적하였다.[83] 몇 년 후, 우스테리(J. M.

의 근거를 두고 있다."

81) 그 두 개혁자들의 사상의 유사성을 주장한 VON SOOS는 이렇게 말하였
다. "문제는 칼빈이 얼마나 또 어떤 방법으로 츠빙글리로부터 영향을 받았는가 하
는 것이 아니라, 그들이 얼마나 또는 어떠한 면에서 서로 일치하는가 하는 것이
다"(Ibid., p. 310). 혹자는 칼빈과 츠빙글리가 동일한 신앙형태를 공유한다는
LANG의 견해, 'Zwingli und Calvin', pp. 106 ff. 에 동의할 수 없을 것이다.
VON SOOS는 츠빙글리의 가장 중요한 견해는 보다 정화되고, 활기있고, 격조높
은 형태로 칼빈의 사상 속에서 재현되었다고 주장하였다. 참고, 'The Sources of
Calvin's Institutes' in the *Evangelical Quarterly*. 1936, F.BLANKE, *Calvins
Urteile uber Zwigli aus der Welt der Reformation* Zurich, 1960. pp. 18 ff.
역시 츠빙글리의 영향을 지나치게 강조하는 것처럼 보인다.

82) 신학자들이 *De vera et falsa religione* (chap. II: 'fiery nequit, ut rite de
religione tractetur, nisi ante omnia deum agnoveris, hominem vero
cognoveris', *Corp. Reform.*, vol. xc, p. 640)의 영향을 찾아보려고 시도하였던
「강요」의 첫 구절은 실제로는 Búde로부터 인용된 것이다. BOHATEC, *Bude
und Calvin*. p. 31과 pp. 241ff.를 보라.

Usteri)는 그러한 제휴가 세례의 교리에까지 확대되었다는 것을 논증하였다.[84] 그러나 스트라스부르의 개혁자들의 영향에 관한 문제점들은 1900년 랑(Lang)이 언급하기까지는 부처와 관련하여 충분히 논의되지 못했다.[85] 랑 이후 좀더 구체적인 관계가 밝혀졌으며, 칼빈에 대한 부처의 영향력이 많은 옹호자들에 의해 지지되었다.[86] 그들의 열화와 같은 성원 속에서 일부 신학자들은 부처의 영향을 지나치게 과장하거나, 칼빈의 교리의 근거를 대부분 부처에게서 찾으려고 애썼다. 이것은 곧바로 반발을 야기시켰고 그 반동으로 부처의 영향의 신빙성을 부정하는 신학자들도 나타났다.[87]

사실, 그 뒤로 칼빈의 사상적 근거를 연구하는 신학자들 간에는 두드러

---

83) KOESTLIN. op. cit., p. 429.

84) J. M. USTERI. 'Calvins Sakraments-und Tauflehre' in *Theol. Studien und Kritiken*, 1884 pp. 417 ff.; 'Die Stellung der Strassburger Reformatoren Bucer und Capito zur Tauffrage' Ibid, pp. 456 ff.

85) A.LANG, *Der Evangelien kommentar Martin Butzers und die Grundzüge seiner Theologie*, Leipzig, 1900, pp. 9ff., 158, 164, 185f., 198, 365 f. 370 ff

86) F. LOOFS *Leitfaden zym Studium der Dogmengeschichte*, Halle, 1906, pp. 878 ff; WERNLE op. cit. pp. 55, 81, 149, 357, O.RITSCHL, op. cit., p. 158; PANNIER, *Formation intellectuelle*, pp. 66ff, H.STROHL, 'Bucer et Calvin' in the *Bulletin de la Soc. de L'Hist. du Protest Français*, 1938, vol LXXXVII, p. 354 ff. J.COURVOISIER, *La Notion d'Eglise chez Bucer*, Paris, 1933, pp. 135 ff.와 'Bucer et l'oeeuvre de Calvin' in the *Revue de Theol. et de philos.*, Lausanne. 1933, pp. 66 ff.; W.PAUCk, 'Calvin and Butzer' in the *Journal of Religion*, Chicago 1929. pp. 237 ff.

87) 따라서 K.HOLL은 *Gesammelte Aufsätze*, vol. III, n. 2에서 이미 부처적 요소를 밝혀내고자 노력하였다. 그의 뒤를 이어 NOESGEN이 'Calvins Lehre von Gott' in the *Neue kirkliche Zeitschrift*, 1912, pp. 587에서, 더 최근에는 P.BARTH가 이 점을 연구하려고 시도하였다. P.BARTH는 "칼빈에 대한 부처의 신학적 영향은 그것에 대해 우호적인 증명과 논증이 있음에도 불구하고 매우 의심스럽다. 칼빈의 체계적인 사상은 스트라스부르의 신학자들의 타협적인 신학과

진 신중함이 이젠 하나의 대세를 이루고 있다. 서로를 잘 알고 또 유사한 사상을 주장한 두 개혁자들의 경우, 어떤 한 사람이 다른 사람에게 절대적인 영향을 받았다는 것은 성립되지 않는 말이다. 부처에게 칼빈이 의존했다는 증거로 제시되는 몇 가지 점들은 두 사람에게 잘 알려진 성 어거스틴의 작품에 의해 같은 교리의 영향을 받았음이 판명되었다. 모든 문제는 부처와 칼빈의 교리의 발표에 관한 정확한 시기와 어쩌면 일어날 수도 있는 상반성을 고려하는 보다 새로운 각도에서 검토해야만 하는 것이다.

그러나 이러한 신중한 유보에도 불구하고, 칼빈주의 신학의 형성에 있어서 부처의 역할은 매우 중요한 요소로 남아있다. 1537년에 칼빈이 부처와 직접 개인적으로 대면하기 전에도 그는 부처와 서신으로 교제하였었고, 최소한 마태복음과 요한복음에 대한 그의 주석을 탐독하였다. 1537년 베른의 총회 석상에서, 비텐베르크의 협정 조인이 함축하는 바, 루터에 대한 지지를 타진하기 위하여 부처와 카피통(Capiton)이 찾아 왔을 때, 칼빈은 이 두 스트라스부르 개혁자들에게 부처의 견해를 구현하는 성찬에 관한 신앙고백을 제시하였다.[88] 그는 성찬에 있어서 그리스도의 육체적 존재를 거부하면서, 그리스도의 영이 육신과 보혈 안에서 교제하고 있음을 확증하였다. 우리는 부처와 카피통에 의해 승인된 이 문서를 성찬론에 대한 칼빈주의 교리의 진정한 출발점으로 삼아야 할 것이다. 심지어 1536년판 강요에 나타난 구절들보다 훨씬 분명한 것이다. 그렇다면 성찬에 관한 이 문제에 있어서 칼빈이 처음에는 루터에 대한 부처의 견해와 동일한 입장을 취하였다는 랑(Lang)의 주장을 마땅히 인정해야 할 것이다.[89]

는 매우 상이하기 때문이다"(Fünfundzwanzig Jahre Calvinforschung', p. 168) 고 주장하였다. A. D. R. POLMAN, *Die Praedestinatieleer*, pp. 325 ff.는 이 점에 대해서, 자신이 「강요」의 초판에서 부처의 교리적 요소를 전혀 발견하지 못하였으며, 칼빈은 스트라스부르 체류 이전까지는 그의 관점을 고려하지 않았다고 진술하였다.

88) *Opp.* 9, 711 f.; 참고. P. Barth. O.S. vol. I의 서문, P. 433

그러나 부처가 비텐베르크 협정 때처럼, 칼빈이 자신의 근본적인 교리에 맞지않는 양보를 허용하지 않으려 했다는 사실은 덧붙일 필요가 없을 것이다. 특별히 이 문제에 대해서는 그 당시 부처와 칼빈간에 어떤 견해차도 사실상 없었기 때문이다. 스트라스부르 체류 동안, 칼빈은 네 도시 신앙고백과 비텐베르크 협정에 찬성한 후에야 상급학교에 가르칠 직위를 획득할 수 있었다. 한 논문(Exemplar Excusiationis quae prefationi inseretur)[90]에서 그는 비텐베르크 협정에 대해 이의를 제기하는 것을 원치 않으며, 오히려 그의 성찬의 교리로써 그것을 강화하고자 한다고 선언하였다. 또 그는 이것에서 비텐베르크와 취리히 사이의 대립을 극복할 수 있는 효과적인 수단을 발견했다고 생각할 정도였다. 더욱이 그는 이런 꿈들을 부처와 나누기도 했었다.

초기 1536년판 「강요」에서, 부처의 주석에 대한 칼빈의 주의깊은 탐독의 흔적을 추적해 볼 수 있을 것이다. 특히 칼빈은 제3장에서 기도에 관하여 저술할 때에, 부처의 주석의 제2판을 인용하였다. 그는 마태복음 6장 5-13절에 관한 부처의 사상 전체를 재생산하였다.[91] 주기도문을 통상 전통적인 방식에 따라서 일곱 가지 간구로 구별하는 대신에, 부처는 여섯 가지로 구분하였다. 칼빈 역시 다른 이유에서이긴 하지만, 그것을 여섯가지로 나누되, 다른 방법으로 구분하였다. 만일 그가 부처의 영향하에 있었다 하더라도, 그것이 칼빈 자신의 모든 개인적인 독창성을 포기한다는 말은 아니다. 그러나 기도문을 분류하는 그들의 해석방법에 대한 비교 역시 가능한 일이다. 예를 들면, 칼빈과 부처는 "우리가 우리에게 죄지은 자를 사하여 준 것 같이"에서 조건적인 의미를 없애고, 단지 '비유' 혹은 '상징'의 의미로 간주하는데 의견의 일치를 보고 있다.

1536년판 「기독교 강요」와 부처의 사상간에 어떤 유사성이 발견된다

---

89) LANG, *Joh. Calvin*, p. 78.

90) HERMINJARD, *Correspondence*, vol. VI, pp. 132. ff.

91) LANG, 'The Sources of Calvin's Institutes', p. 138의 예를 보라.

할지라도 후자의 영향은 1539년판 강요를 펼쳐 본다면 보다 더 명백하게 인식될 수 있을 것이다. 부처는 이미 1536년에 복음서들에 대한 주석의 제3판을 출간하였고, 같은 해 그 유명한 「로마서 주석」(*Commentary on the Epistle to the Romans*)을 출판하였다. 이 책들의 영향을 받은 흔적들을 1539년과 1541년판 「강요」에서 매우 명백하게 찾아볼 수 있다. 의심할 바 없이, 예정론에 대한 새로운 장은 칼빈이 스트라스부르의 개혁자의 저서들을 면밀히 검토하였음을 시사해 주고 있다.

그러나 이러한 부처의 영향의 정도를 명확하게 규정하려고 할 때, 우리는 또 다른 난제에 부딪히게 됨을 곧 깨닫게 된다. 부처와 칼빈은 인간의 범주를 설정하되, 하나님께서 선택하신 자와 버림받은 자의 두 가지 유형이 있다는 실제적인 관찰에서 출발하고 있다. 그런데 이런 주장은 칼빈이 1536년판에서 이미 선언하였으며, 성 어거스틴의 「하나님의 도성」(*City of God*)에서 충분히 다루어진 것임을 깨달을 수 있었던 것이다. 또 부처 역시 이 부분을 성 어거스틴으로부터 가져온 것이다. 그러나 당시에 칼빈은 하나님의 도성으로부터 이 약속들로부터 완전한 예정론의 교리를 추론해내지 못하였다. 그는 성 어거스틴을 모방하여, 교회의 참된 성도는 누구인가를 자문하고 오직 구원이 명백하고, 상실할 수 없는 선택된 사람으로 정의를 내렸다. 그러나 실제로는 타락한 자들 중에서 선민을 구별하시는 하나님을 염두에 두어야만 하는 것이다. 그리하여 그리스도인들은 교회의 회원됨과 선택됨을 '긍휼 가운데서 시행되는 명백한 심판'의 권능에 의해서, 이단자들과 출교된 자들과 악행자들로부터 스스로를 분리시켜서, 하나님과 그리스도 안에서의 신앙고백으로 행하는 모든 사람들에게 부여하는 것으로 생각해야 한다.[92]

그러므로 칼빈주의자의 개념은 실제적인 생각들과 동떨어져 있지 않다.

---

92) *Opp.* I, 72-5: O.S. vol. I, pp. 86-9. AUGUSTINE, *De praedestinatione sanctorum*, chaps. 34-8, M. L. vol XLIV: VAN DEN BOSCH, *De out outwikkeling van Bucers praedestinatie-gedachten*, Amsterdam, 1922.

즉 그것은 교회 안에서 입증된 그리스도인들 외에는 어느 누구도 인정하지 않는 재세례파들과 신령파들과는 대조적으로 복합적인 교회를 원리적으로 매우 강조하고 있다. 주제를 바라보는 이러한 방식은 성 어거스틴의 견해와 일치하는데, 그는 이미 도나투스파(Donatists)와의 논쟁에서 자신의 교리를 확립시켰었다. 부처에 있어서도, 역시 재세례파들과의 논쟁에서 '완전한 자'의 교회라는 그들의 이상과 충돌하였다. 그러나 우리는 이러한 개념을 근거로 해서 칼빈이 부처에게 영향을 받았다고는 추론할 수 없다. 즉 두 사람이 각자의 방식에 따라 어거스틴의 저서들을 인용하였다는 것이 좀더 타당한 추론이 될 것이다.

1539-41년의 「기독교 강요」를 보면, 의심의 여지가 전혀 없다. 이때 쯤엔 칼빈이 예정론을 보다 완전한 체계를 구축하게 된다. 그는 각 개인의 선택 혹은 유기(遺棄)를 하나님의 예정에 귀속시키고, 그 이유는 이 두 가지 경우 모두 다 하나님의 영광의 계시라고 주장하였다. 또 그는 부처의 「로마서 주석」에 나오는 독특한 논지를 활용하였고, 예정론의 이론적인 부분과 실제적인 중요성과 그것의 결정적이고 불가피한 독특성, 그리고 로마서 8장30절에 따른 하나님의 소명과 칭의와 영광에 의한 예정의 역할에 관해서도 부처파의 관점을 채택하였다.[93]

물론 우리는 성 어거스틴의 저서 속에서 그와 유사한 사상을 찾아볼 수 있지만, 칼빈이 당시에 부처가 받아들였던 어거스틴의 사상을 재현하는 데만 매달려 있지 않았음이 명백하다. 그 한 예로 그는 스트라스부르 동료들의 저술에서 추론하였던 이론과 독특한 논지를 자신의 이론에 융합시켰다. 그러나, 그들의 사상과는 현격한 차이점이 여전히 들어있다. 칼빈은 예정론과 예지론(豫知論)간의 구분을 주장하고 그것들 사이의 어떤 사소한 인과관계도 단호히 부정한 것으로 알고 있다.[94] 이와는 반대로 부처의 경우

---

93) BUCER, *Metaphrases et ennarrationes perpetuae epistolanrm D. Pauli Apostoli*, Strasbourg, 1536, pp. 358-60.

94) *Inst.* III, 21, 5.

에는, 예정론과 예지론을 서로 융합시켰다.[95] 또 다른 측면을 고려해 본다
면, 칼빈에게 있어서는 선택과 유기가 서로 균형을 취한 반면 부처에게 있
어서는 유기가 점차 표면에서 사라져 갔다.[96]

그럼에도 여전히 부처의 저서로부터 빌려온 것들에 대해서 1539년판
「기독교 강요」에서 지적해 볼 수 있는데, 특히 율법의 영구불변의 정당성
[97]과 하나님의 뜻의 표현으로서의 두 성경의 동질성[98] 등에 관한 문제에서
입증될 수 있을 것이다. 일련의 개념을 다루는 동일한 구도 속에서 부처는
칼빈보다 앞서서 신·구약성경 속의 성례들의 동일성을 인정하였다.[99] 다
른 점에서도 그런 것을 찾을 수 있으니, 회개에 관한 칼빈 사상의 특별한
전환점 역시 부처로 인해서 영향을 입은 것으로 보인다. 이는 특히 루터의
사상으로 되돌아가는 것으로 보이는 견해인 바, 중생한 사람의 삶에서 참
회의 중요성에 대한 관점이다.[100] 그리스도인의 삶을 다룬 한 장은 명백하
게 부처파의 분위기를 풍겨주고 있는데, 그 속에서 우리는 그 두 사람간의
사상의 교류로 인한 상호간의 영향을 어렵지 않게 찾아 볼 수 있다.

그러나 비슷한 관점의 비교는 무엇보다도 교회의 개념과 관련하여 보다

---

95) BUCER, op. cit. p. 355: 루터 역시 이와 유사하게 창세기 26장 9절에 대
한 주석에서 "Praedestinatio sive praescientia"를 주장하였고, 그 두 사상을 De
Servo Arbitrio. W. A. 18, 615 ff.의 논문에서, 밀접하게 관련시켜 거의 연결해
버렸다. 또, 우리는 부처가 선택된 사람들 가운데 존재한다고 주장한 '선택의 씨'
를 칼빈의 경우에는 부정하였음을 주목할 수 있을 것이다.

96) 참고. M. SCHEIBE, Calvins Pradestinationslehre, Halle 1897, p. 72 f.

97) LANG, Der Evangelienkommentar M. Butzers, p. 144 f, 329 ff.: Inst.
II, 7, 14.

98) 최소한 세례에 관한 한은, BUCER, op. cit. in Evangelium Johannis, fo.
16a, edn of 1536, p. 601.

99) BUCER, Enarrationes perpetuae in sacra quatuor Evangelia,
Marburg, 1530. in Evangelium Matthaei, fo. 57a, 3rd edn, Basle, 1536, p.
142, 참고. Opp. 49, 271.

100) H. STRATHMANN, op. cit. pp. 230-9

명백히 나타난다. 이 주제에 대한 칼빈의 견해는 부처의 1530년의 주석에
서 이미 발견된다. 그렇지만 여기서도 역시 칼빈의 사상이 부처로부터 직
접적으로 차용되었다는 것을 의미하지는 않는다. 왜냐하면 가시적 교회(유
형교회)와 불가시적 교회(무형교회)로 구분하는 교회관 역시 칼빈이 부처
보다는 성 어거스틴의 영향을 더 많이 받았다는 것을 시사해 주고 있기
때문이다.[101] 그러나 1539년판 「기독교 강요」와 특히 1543년판에서는 더
욱 두드러지게 나타나는 가시적 교회에 대한 강조를 볼 때에는 부처의 요
소가 너무나 뚜렷하게 나타나 있어서 그 기원을 의심할 수 없을 정도이다.
더구나 1543년의 제8장의 전반부 전체를 통해서 우리는 부처가 1538년
에 「영혼치유론」(*Treatise on the Cure of Souls*)에서 주장한 교회의 정
의 가운데서 중요한 요소들을 재발견하고 체계화하여 전개시킨 것임을 알
수 있다.[102]

그러나 칼빈주의 교회론의 점진적인 완성에 끼친 부처의 가장 중요한
공헌은 거기에 있는 것이 아니다. 그것은 오히려 교회 조직의 분야에서 찾
아보아야 할 것이다. 제일 먼저 칼빈이 채택한 부처의 선언은 교회의 조직
이란 인간의 판단에 좌우되지 않으며, 성령에 의해 구술된 것이므로 하나
님의 권위라는 것이다.[103] 그 다음 그는 네 가지 직분에 관한 신학이론을
제시하였으니, 그것은 주지하다시피 1541년의 교회 법령(*Ecclesiastical*

---

101) 참고. AUGUSTINE, *De Baptismo*, I, 26: 5,26과 38, M. L. XLIII: *De
Doctrina Christiana*, 3, 45. M. L. XXXIV. 루터의 사상에 대해서는 J.
KOESTLIN, *Luthers Theologie*, Stuttgart, 1901, vol. II, pp. 267ff. 부처에 대
해서는, J.COURVOISIER, *La Notion d'Eglise chez Bucer*, pp. 69ff., 81 ff.
프랑스의 가장 대표적인 연구저서는 H.STROHL, 'La Notion d'Eglise chez
les Reformateurs' in the *Revue d'Hist. et de Philos. religieuses*, 1936, pp.
265-319.

102) 이 정의를 COURVOISIER, op. cit., p. 98에서 찾아볼 수 있다.

103) G. ANRICH, *Strassburg und die Calvinische Kirchenverfassung*. 부
처는 오이콜람파디우스(Oecolampadius)와의 교제 중에 그의 이론을 향상시켰다.

Ordinances) 속에 포함된 것이었고, 2년 후에 칼빈이 「기독교 강요」에서 교리적 설명을 삽입하였다.[104] 교회의 권징에 관해서 칼빈은 스트라스부르에 체류하기 전에 이미 이것을[교회 법령] 원칙적으로 채택하였다. 또한 바젤에서 그것이 매우 불완전한 방식으로 작용하는 것을 볼 수 있었으나, 오이콜람파디우스의 후계자들이 그에게 이러한 측면에서 그들의 소망들과 발전한 교회론에 관한 지식을 전수하였다는 것은 의심할 수 없다. 권징의 시행은 스트라스부르에서는 결코 만족스럽지 못하였으나 그곳에서 부처는 자신이 영혼의 치유의 일환으로 간주한 교회적 심판권의 가장 격렬한 주창자로 인정받고 있었다.[105] 칼빈은 자신의 목적을 위해서 영혼의 치유에서 권징을 함께 시행하는 이러한 문제에 대한 부처의 모든 논증을 수정했다.[106] 권징에 대한 정당성과 관련하여 칼빈이 스트라스부르 체류기간 동안 저술한 「성찬론」(*Treatise on Holy Communion*)은 1534년의 요리문답과 다른 동시대 저서들 속에서 부처가 개괄한 개념을 요약한 것이다.[107]

이제 몇 가지 시사점에 대해 좀더 자세히 집중해 보자. 칼빈에 대한 부처의 영향이 일반적으로 말하는 것처럼 그렇게 광범위하지 않다 할지라도,

---

또, 그것을 1533년의 스트라스부르 대회(Strasbourg Synod) 때 확립하였다. 참고. STROKL, op. cit. pp. 309 ff.

104) 위에 언급된 참고문헌, Book I. chap III, n. 19을 볼 것. LANG, *Der Evangelienkommentar*, pp. 370 ff. J. COURVOISIER, op. cit. pp. 146 f. 는 이렇게 관찰하였다. "부처는 칼빈의 신학에다가 하나님의 기관으로 간주되는 가시적(可視的) 교회의 이론과 그 교회 안에서 시행되는 사역들의 개념을 알게 해 주었다. 이는 근본적으로 종교개혁의 교회론으로 간주되고 있다."

105) 오이콜람파디우스와 바젤의 입장에 관해서는, 참고. E. STAEHELIN, *Das theologische Lebenswerk Joh. Oekolampads*, pp. 506 ff. 부처에 대해서는 LANG, *Der Evangelienkomentar*, pp. 185ff. 와 STROHL, op. cit. pp. 310 ff.를 참조하라.

106) BOHATEC, 'Calvins Lehre von Staat und Kirche', p. 551; 반론에 대해서는, LANG, op. cit. p. 312.

107) *Opp.* 5. 443: "우리가 방종과 무절제한 삶을 영위하면서, 그리스도의 몸

칼빈의 인격의 매우 탁월한 요소를 우리가 고려하면서도, 그의 영향과 단순한 모방을 혼동하지 않는다면 상당히 고려해 볼 만큼 충분하다고 본다. 칼빈은 "부처의 저서들은 너무 길어서 다른 업무로 집중하지 못하는 사람들은 성급하게 읽어버릴 수 있으며, 너무 난해하여서 그것을 면밀하게 탐구하지 못하는 사람들에게는 쉽게 이해될 수 없는 것이다. 왜냐하면 그는 어떠한 주제이건 간에 절제하지 않고 다루었으므로 믿을 수 없이 풍부한 마음이 그에게 억제할 수 없을 만큼 방대한 결론과 사상을 공급해 주었다."[108] 부처가 죽은 후 2년 뒤인 1553년, 로베르 에스티엔(Robert Estienne)은 제네바에서, 복음서들에 대한 뛰어난 주석의 제2판을 냈고, 1년 뒤에는 시편과 사사기에 관한 주석 등 2권을 출간하였다. 칼빈은 아마 이러한 사후(死後)의 경의에 대해 무관심하지 않았을 것이다. 그는 또 옛 친구의 주요 저서들에 대한 프랑스어판 번역출판을 격려하였을 것이다. 이러한 방식으로, 그는 부처의 사상을 집에서 한층 잘 활용할 수 있었고 스트라스부르의 개혁자에게 진 감사의 빚을 부분적으로나마 보상하였다.

III. 기독교 강요의 목적

칼빈의 신학에 대한 해설에 들어가기 앞서서, 우리는 마지막 한 가지 질문을 진지하게 해결하고 넘어가야 할 것이다. 즉 칼빈이 「기독교 강요」를 출간하고 또 그것을 끊임없이 개정하였던 정확한 목적은 무엇인가?[109] 칼

이라고 우리 스스로 가정하는 것은 모순된 일이다. 그리스도 안에는 오직 긍휼과 은혜와 절제와 진리와 겸손 등의 모든 미덕만이 존재하므로, 우리가 참된 그리스도인이 되려면, 모든 방탕함과 무절제와 사악과 허욕과 자만 등의 악을 물리쳐야 한다. 왜냐하면, 이러한 죄악 속에서 벗어나지 못한다면, 우리는 그리스도를 욕되고 수치스럽게 하기 때문이다."

108) *Opp.* 10b, 404. 참고. *Opp.* 46, p. vii (마태, 마가, 누가에 의한, 우리 주 예수 그리스도의 복음에 관한 논쟁) 여기서 칼빈은 자신이 부처를 모방하였다고 말하였다.

빈은 일반적으로 우리가 기대할 수 없을 만큼 상세한 설명을 곁들여서 우리에게 그 이유를 일깨우려고 많은 노력을 기울였다. 1536년판의 「기독교 강요」의 서문 '왕께 드리는 헌사'(Epistle to the King)에서 그는 이렇게 선언하고 있다.

> 존경하옵는 폐하, 처음 이 책을 쓰기 시작했을 때 저의 생각은 다름 아닌 폐하께 제시된 문제들을 검토해 보려는 것이었습니다. 저의 목적은 오직 기초원리들을 가르쳐서, 하나님에 대한 선한 열정으로 충만한 사람들이 참된 경건으로 인도함을 받게 하려는 것입니다. 저는 주로 이러한 저의 수고로 우리 프랑스 국민들을 섬기려는 것입니다. 그들 가운데는 많은 사람이 예수 그리스도에 대한 참된 지식을 갈망하고 목말라 있으면서도 참된 지식을 가진 사람은 거의 없습니다. 저는 이 책에서 아주 쉽게 이해되도록 고안했으며, 가장 단순한 형태로 적용시켰기에 그 지식을 이 책에서 쉽게 배울 수 있을 것입니다. 그러나 일부 사악한 반대론자들의 분노가 폐하의 나라에서 고조됨으로써 어떠한 참된 교리도 허용된 여지가 없다는 점을 미루어 볼 때, 이 책을 제가 우선적으로 가르치고자 하였던 사람들에 대한 교육으로만 아니라, 폐하 앞에 신앙고백으로 제시하는 것입니다. 그리하여 폐하께서는 폐하의 나라에서 칼과 피로 분란을 일으키는 사람들의 격렬한 분노와는 정반대로 이 책으로부터 참된 교리를 알 수 있게 될 것입니다.[110]

처음에 칼빈의 의도는 기독교 교리 전체를 다루는 일종의 요리문답 — 후에 그는 이렇게 불렀다 — 으로 가능한 한 간단하게 해설하는 것이었다. 그러나 1535년 초 피로 물든 박해가 일어나고, 저들은 오직 '재세례파와 선동자들'을 추방하기 위한 것이라고 주장함으로써 정당화시키려고 한다는 것을 그가 깨달았을 때, 「시편 주석」(*Commentary on the Psalms*)의

---

109) AUTIN, op. cit. pp. 29 ff.; H. OBENDIEK, "Die Institutio Calvins als 'Confessio' und 'Apologle'" in the *Theologische Aufsatze Karl Barth zum 50 Geburtstag*, Munich. 1936, pp. 417-32.

110) *Opp.* 3, 9.

서문에서 표현한 것처럼,[111] 그는 이 책을 변호의 목적으로 사용할 것을 결심하였다. 그런 이유에서 마지막 두 장을 첨가하였던 것이라는 것은 의심할 여지가 없다.

역사적인 관점에서 볼 때, 이 두 가지 다른 목적들이 동일하게 비중을 갖지만, 신학적인 견지에서는 볼 때에는 요리문답적인 동기가 훨씬 더 중요하다. 칼빈 자신도 그렇게 생각하였을 것이다. 그가 가졌던 변증적인 의도는, 특히 계속된 증보판에서 거의 수정하지 않은 채 실은 '왕께 드리는 헌사'를 통해서 목적을 표현하였지만, 신학적 설명을 위해서는 훨씬 노력하였고 그에 따라서 계속 발전적으로 정리하게 되었다.

따라서 1536년의 초판은 새로 개종된 독자들에게 '몇 가지 원리'를 가르치기 위한 기본적인 교리 입문서였다. 이렇게 실제적인 목적과 고차원적인 의미에서 볼 때에 교화의 목적이 아주 확연히 드러난다. 그럼에도 불구하고 그것은 라틴어로 출판되어 오직 소수의 지식층에게만 접근될 수 있었다. 만일 저자가 그것을 프랑스어판으로 출판하였다면, 많은 사람들이 그 책의 혜택을 받았을 가능성이 있다. 그런데 1539년의 라틴어 제2판의 '독자들에 대한 편지'에서 자신의 본래 목적을 완화하고 수정하였음을 밝혀주고 있다. 그의 관심은 개혁신학의 교리에 대한 간결한 해설을 지식층에 보급하는 것이 아니라, 성경을 읽는데 대한 적절한 교리적 기초를 제시하려는 것으로 전환되었다.[112]

칼빈은 더 이상 종교개혁자들이나 단순한 호기심을 가진 일반군중을 염두에 두지 않았으며, 신학이론을 연구하는 학생들에게 자신의 교리를 전수하는데 뜻을 두었다. 1521년에 「신학총론」(*Loci . Communes*)을 출간한 멜란히톤처럼 그는 무엇보다도 신학 연구생들에게 지침서가 될 교리 입문서를 출판함으로써 신학적 가르침의 필요성을 충족시키고자 하였다.

---

111) *Opp.* 31, 24.
112) *Opp.* I, 256 f.

　나의 목적은(칼빈은 1539년의 라틴어판 서문에서 밝히고 있다) 신학연구에 전념하려는 사람들을 가르치며 준비시킴으로써, 그들로 하여금 성경 연구에 쉽게 접근할 수 있게 하고, 성경 이해를 보다 향상시키며, 동요없이 의롭고 올바른 길로 인도하려는 것이다. 나는 기독교 신앙의 각 부분에 걸쳐서 대체로 이해하고, 적당한 체계로 그것을 요약하였으므로 내가 지금까지 해온 방식을 따라서 가르침을 올바르게 이해한 사람이라면 누구든지 성경 속에서 찾아야만 할 것을 판단할 수 있을 것이고, 또한 동일한 목적에 이르게 될 것이다. 그러나 나의 성경 주석에서 다루어진 문제에 관해서는 장황한 논쟁으로 돌입할 필요는 없을 것이다. 왜냐하면 이 책은 도움을 원하는 사람들의 지침서로 일반적인 입문서이기 때문이다. 사실 나 자신은 지나친 토론이나 어떤 형태로든 장황하게 논의하는 것을 결코 좋아하지 않는다.[113]

　칼빈은 그때 「기독교 강요」를 주석에 대한 그의 설명들의 보충으로서, 즉 많은 성경 구절들을 청중들이나 독자들에게 해석할 경우가 있을 때마다, 그들에게 거듭 설명하는 수고를 덜어 주도록 자신의 교리적 확신을 한 번에 충분히 전개한 지침서로서 간주하고 있었다.

　그러나 그것만이 「기독교 강요」의 유일한 목적은 아니었다. 저자는 특별

---

113) 1560년의 라틴어판은 보다 완벽하고, 또 그것이 저술된 시기의 특징을 보다 많이 함축하고 있다. "Hoc mihi in isto labore propositum fuit: sacrae theologiae candidatos ad divini verbi lectionem ita praeparare et Instruere ut et facilem ad eam aditum habere, et ino ffenso in ea gradu pergere queant, Siquidem religionis summam omnibus partibus sic mihi complexus esse videor, et eo quoque ordine digessisse, ut st guis eam recte tenuerit ei non sit difficile statuere, et quid potissimum quaerere in scriptura, et quem in scopum quidquid in ea continetur referre debeat. itaque hac valuti strata via, si quas posthac scripturae enerrationes edidero, quia non necesse habebo de dogmatibus longas disputationes Instituere, et in iocos communes evagari, eas compendio semper astringam, Ea ratione, magna molestia et fastidio pius lector subblevabitur, modo praesentis operis cognitione, quasi necessario instrumento, praemunitus accedat."

한 신학연구에 자신을 바친 사람들이 아니면서도, 각 주제에 대한 명확한
개념을 찾고자 하는 수많은 독자들을 잊어버린 것이 아니었다. 그가 교육
적인 의도를 결코 약화시키지는 않으면서도, 이 책을 프랑스어판으로 출판
한 것은 이들을 위한 것이었다. 1541년 프랑스어 번역판의 주장에는 더욱
명백하게 표현되어 있다.

> 독자들이 이 책을 통해서 보다 유익을 얻을 수 있도록 하기 위해, 특별히 간
> 략하게 그 활용을 보여 주겠다. 나는 이 책을 읽으면서, 그들이 목적해야 하고
> 관심을 집중시켜야 하는 최종 목표를 밝히고자 하는 것이다. 참으로 성경은 사
> 람이 아무것도 첨가할 것이 없는 완전한 교리를 간직하고 있으며 그 속에다 우
> 리 구세주께서 무한한 지혜의 보화들을 계시하였으나, 그것을 잘 습득하지 못
> 한 사람은 인도와 도움을 얻을 수 없으며, 만약 여기저기 방황하지 않고 성경
> 이 명한 목적을 지향하면서 올바른 길로 나아간다면 결국 찾게 될 진리를 깨달
> 을 수 있을 것이다. 그러므로 다른 사람들보다 더 많은 감화를 하나님으로부터
> 얻은 사람들의 의무는 이 점에 있어서 하나님께서 자신의 말씀으로 우리를 가
> 르치신 모든 것을 그들이 알 수 있도록 도와주고 그들에게 인도의 손길을 펴는
> 것이다.[114]

그리고, 좀더 추가하였다: "나 스스로 자신의 책을 과대평가하지 않기
위해서 이 책에 지나친 가치를 부여하거나 이것을 읽는 것이 얼마나 유익
한 것인가를 감히 강조하지 않겠다. 그러나 한 가지 사실만은 굳게 확신할
수 있는데, 즉 이 책은 모든 하나님의 자녀들이 성경을 참되고 올바르게
이해할 수 있는 열쇠이며 출발점이 되어줄 것이라는 점이다."

칼빈이 자신의 저서를 찬양하거나 그 가치를 부여함에 대해서, 우리의
안목으로는 다소 이상하게 보이는 부분들이 있으나 그냥 넘어가는 것이
좋을 것이다. 사실 칼빈에게 있어서, 성령은 사람들을 부르시고, 믿음을 얻
게 만드시고, 그 사람들이 성경을 읽음으로 스스로 하나님의 계시에 젖도

---

114) *Opp.*, 3, p. xxxiii.

록 하신다고 주장한다. 그러나 그렇게 성경을 읽는 것이 생각처럼 쉬운 일은 아니다. 또한 칼빈은 모든 인간이 과오를 범하기가 쉽다고 생각한다. 성도들이 무엇을 추구하고 무엇을 발견하여야 하는가를 보여줄 수 있는 믿을 만한 인도자가 없다면 성경을 잘못 해석하게 된다. 우선적으로 신학자들에게 그러한 일이 사실이기에, 그들은 보다 특별한 교육을 받아야만 하는 것이요, 「기독교 강요」의 라틴어판 속에서 그러한 인도를 받게 될 것이다. 그러나 이런 것은 신실한 자들 모두에게도 마찬가지이며, 이런 점이 훗날 칼빈이 「기독교 강요」를 프랑스어판으로 출간해 낸 이유인 것이다.

1560년 처음으로 그는 학생들과 지식층의 독자들을 위하여 프랑스어 번역판에 라틴어로 된 서문을 삽입하였다. 그렇게 함으로써 칼빈은 자신의 저서의 근본적인 목적을 보다 명백하게 할 수 있었고 동시에 모든 독자들이 그들의 유익을 위해 교리를 습득해야 한다는 것을 강조하였다.

제2장

이 세상의 창조주이시며 통치자이신 하나님

칼빈의 신학에 대한 고찰을 하면서, 다소 자의적인 선택이긴 하지만 칼빈주의의 가장 기본적인 사상의 몇 가지 측면들을 살펴보고자 한다. 그러나 우리가 고찰해 보고자 하는 각 주제에 대한 자세한 검토에 있어서 그 항목을 다루기조차 불가능한 수많은 연구업적들과 논쟁의 주제가 될 수 있고, 또 그렇게 되어왔다는 사실에 대해서는 여기서 다시 상기시킬 필요조차 없을 줄로 안다. 칼빈의 신학에 대한 가능한 한 단순하게 하고, 하나의 개론서로서의 특색을 유지하기 위해서, 나는 아무리 통찰력이 뛰어나고 독창적인 것이라 할지라도 많은 해설자들보다는 「기독교 강요」의 저자가 직접 한 말을 근거로 살펴보는 것이 가장 좋은 방법이 될 것이라고 생각한다. 그러나 이것은 우리가 참고 자료를 필요로 할 때, 그러한 해석 자료의 도움을 거부해야 한다는 의미는 아니다.[1]

---

1) 더 나아가기 전에 여기서 칼빈의 신학을 해설한 저술 가운데 가장 중요한 몇 가지를 개략적으로 살펴보는 것은 유익한 일이 될 것이다. 교리사 연구자들은 몇 장을 칼빈에 할애하고 있으며(F. LOOFS, *Leitfaden zum Studium der Dogmengeschichte*, 4판, Halle, 1906, pp. 875ff; R.SEEBERG, *Lehrbuch der Dogmengeschichte*, 4권, 2장, pp. 551-663; O. RITSCHL, *Dogmengeschichte der Protestantismus*, 1권, Leipzing, 1908, pp. 62 ff., 3권 Gottingen, 1926, pp.156-242). 그 밖에도 E.DOUMERGUE의 *Jean Calvin*의 4권과 L. GOUMAZ의 *La Doctrine du salut d'apres les commentaires de Jean*

1. 하나님과 계시에 대한 지식

「기독교 강요」는 다음과 같은 선언으로 시작되고 있다. "참되고 확실한 지혜로 일컬어질 만한 가치가 있는 우리들의 지식의 전체는 두 가지 부분으로 구성되어 있다고 해도 좋을 것이다. 즉 하나님을 아는 지식과 우리 인간 자신에 대한 지식이 그것이다."[2] 칼빈은 그의 저서의 도입부에서부터 개혁주의의 기본원리 중의 하나를 분명히 하고 있으니, 절대적인 하나님의 초월성과 인간과의 관계에 있어서 그분은 전적으로 타자(otherness)라는 것을 전제로 신학 이론을 전개하고 있다. 어떤 신학이라도 그것이 피조물로부터 무한히 멀리 떨어져 계시는 하나님과의 구별을 중요시하지 않거나, 신성과 인성 사이의 근본적인 구별을 흐리게 하는 경향이 있는 모든 혼란

Calvin sur le Nouveau Testament를 그 목록에 포함시켜야 할 것이며, L.GOUMAZ의 저서는 칼빈신학에 관한 상당히 완벽에 가까운 주석을 수록하고 있다. 또한 무엇보다도 P. WERNLE의 Calvin, Leipzing(1919)의 저서를 빼놓을 수 없을 것이다. 최근에 간행된 연구서 가운데, H.BAUKE의 Die Probleme der Theologie Calvins, Leipzig(1922)이 있는데, 이것은 칼빈이 자신의 사상을 피력하는 형식을 통해서 칼빈의 독창성을 설명하려고 애쓴 것이며, 또한 A.DE QUERVAIN의 작지만 매우 압축된 저서, Calvin, sein Lehren und Kämpfen, Berlin(1926)을 꼽을 수 있는데, 이 책은 주로 현대에 있어서 칼빈의 중요성을 다룬 것이다. 마지막으로 W. NIESEL의 탁월한 종합판, Die Theologie Calvins, Munich(1938)을 꼽을 수 있는데, 이 책은 우리 모두가 관심을 가진 그러한 연구과제에 대해 훌륭하게 해설하고 있다. 물론, 칼빈에 관한 전기작가들 역시 그의 신학이론 연구의 한몫을 담당하였다. 그들의 결론은 각기 다른 가치를 지니고 있다. 가장 훌륭한 저서들을 인용해 보면 A.LANG의 John Calvin, pp.61-93과 IMBART DE LA TOUR의 Calvin et l'Instution chrétienne, pp. 55-115와 J. D. BENOIT의 Jean Calvin, pp. 223ff. 등이 있다.

2) Inst, I,1,1, '우리 지혜의 개요' 대신에 1536년 판에는 '거룩한 교리의 개요'로 언급되어 있다. 그러므로 칼빈은 하나님과 우리 자신에 관한 이중적 지식에 모든 지혜가 의존한다고 말함으로써, 1539년 이후로는 이러한 주장의 범위를 확대시켜 나갔다.

과 '무분별'을 소멸시키지 않는다면, 성경을 준수하거나 기독교적인 것이라 할 수 없다. 무엇보다도 먼저 하나님과 인간은 그 본래의 올바른 위치로 다시 되돌아가야만 한다. 이것이 바로 칼빈의 모든 신학적 이론을 지배하고 있는 개념이며, 그 논쟁들의 핵심으로 강조하는 것이다.

그러면 하나님을 아는 지식은 무엇을 의미하는가?[3] 그것은 신성에 대해 고대 철학자들의 주장에 근거가 되어지는 것으로, 우리가 그분에 대해서 가질 수 있는 자연적 지식인가? 그러한 질문을 한다는 것은 이미 그에 대한 답을 얻은 것이나 마찬가지인데, 여기서 우리는 칼빈이 의미하는 바에 대해서 약간의 조명이 필요하다. 여기서 우리는 하나님의 존재와 본질에 대한 이성적인 회의를 품고 있는 것과 관련시켜서 고찰하고 싶지는 않다. 왜냐하면 칼빈은 다음과 같이 말하기 때문이다: "우리들 속에서 하나님을 생각하는 것에는 모두 어리석은 것뿐이며, 하나님에 대해서 우리가 하는 모든 말은 가당찮은 말이다."[4]

뿐만 아니라 우리는 하나님의 실체를 알 수 없으며, 하나님이 누구이신가(Quis est Deus)를 묻는 것은 헛된 일에 지나지 않는다. "하나님의 실체는 이해할 수 없는 것이므로, 그 주권은 우리의 감각을 초월한 곳에 멀리 떨어져 있고, 감추어져 있다."[5] 여기서 칼빈은 초기 기독교의 교부들 사이에 널리 주장되어 온 견해를 따르고 있으며 푸아티에의 힐라리우스

---

3) DOUMERCUE, op.cit, 4권, pp. 41ff.; WERNLE op. cit., pp. 167-86; NIESEL, op. cit. pp. 19-49; P.LOBSTEIN, *La Conaissance religieuse d'apres Calvin*, 1909; P.J.MULLER. *De Godleer van Calvjn*, Groningen, 1881, pp. 12 ff.; B. B. WARFIELD, 'Calvin's Doctrine of God'in the *Princeton Theol Review*, 1909; NOESGEN, 'Calvins Lehre von Gott und ihr Verhaltinis zur Gotteslehre andere Reformatoren' in the *Neue kirkliche Zeitschr*. 1912; H.ENGELLAND, *Gott und Mensch bei Calvin*. Munich. 1934 E. A. DOWEY의 저서, *The Knowledge of God in Calvin's Theology*, New York. 1952. 속에 나타난 적절한 언급도 참작해 볼 필요가 있을 것이다.

4) *Inst*. I, 13, 3

(Hilary of Poitiers)로부터의 인용과 함께 그의 주장을 소개하고 있다: "하나님을 깨닫는 특권은 하나님께 위임하라. 왜냐하면 오직 하나님을 증거할 수 있는 분은 자신에 대해서 스스로 알고 있는 자 뿐이기 때문이다. 그리고 우리가 하나님에 대한 지식을 스스로 조작해 내지 않고 말씀을 벗어나서는 하나님에 대해 알 수 없다는 것을 인정한다면, 하나님께 속한 것은 하나님께 맡겨야 할 것이다."[6]

만일 우리가 하나님을 감각적인 표현으로 우리에게 좀더 가까운 분으로 설명하려고 시도하거나, 현현(顯現)을 드러내 보임으로써 하나님의 본성을 깨달을 수 있을 것으로 노력했다면, 이런 것들을 통해서는 하나님의 본질을 파악할 수 없음을 우리에게 상기시켜 주고 있으니, 그러한 우리들은 하나님의 불가해성을 인식하는데 실패하고 있는 것이다.[7]

"단순히 하나님이란 분이 계시다는 식으로 말할 때 우리가 하나님을 아는 것이 아니라, 하나님에 대한 이해를 함에 있어서 우리에게 무엇이 올바른가를 인식하고 있을 때, 어떻게 하나님의 영광에 이르는가, 즉 그 방편이 무엇인가를 이해하고자 할 때 우리는 하나님을 아는 것이다. 엄밀히 말해서, 신앙도 없고, 경건도 없는 곳에서는 하나님이 깨달아 진다고 말할 수 없다 … 또한 이 세상을 다스리는 관심에서 벗어나 태만 속에서 즐거워하는 어떤 신이 존재한다는 쾌락주의적인 고백을 하는 것이 무슨 유익이 되겠는가? 오히려 하나님께 대한 우리의 깨달음은 우리에게 경외와 숭배의 마음을 가르치는 것이요, 우리로 하여금 모든 선에 대해서 가르치고, 하나님을 의지하도록 하고 그리하여 하나님께 찬양을 돌리게 하는 것이어야

---

5) *Inst.* I, 5, 1. 1542년의 요리문답, '인간의 이해력은 하나님의 본질을 깨달을 수 없음'이란 주제와 유사함.

6) *Inst.* I, 13, 21

7) *Inst.* II, 8, 17; I, 11, 3: "하나님께서 인간에게 나타나시기 위해 하신 모든 표적은 하나님의 본질은 이해할 수 없는 무한한 것임을 그들에게 가르치고 경고하는 그러한 것이었다." 참조. P.BRUNNER, *Vom Glauben bei Calvin*, Tubingen, 1925, p. 45.

한다."[8]

칼빈의 관심은 철학으로부터 추론된 하나님에 대한 추상적인 지식이 아니다. 반대로 하나님이 인간들과 맺은 관계에 대한 지식이며, 루터도 역시 가르친 바 있듯이, 우리로 하여금 하나님에 대한 사랑과 두려움으로 나아가게 하면서 하나님이 주신 혜택에 대해 감사드리게 하는 그런 지식인 것이다.[9]

그러나 인간이 이러한 하나님을 아는 지식을 어떻게 획득할 수 있을까? "어느 누구도 성경의 가르침을 받지 않는 한, 하나님에 대한 온전한 교리에 대해 극소량도 맛볼 수 없으며, 하나님의 실체에 대해 깨닫지 못할 것이다."[10]라고 칼빈은 말하였다. 사실 성경은 우리에게 우리가 하나님에 대하여 무엇을 깨달아야 하고 깨달을 수 있는가를 계시하고 있다.[11] 그러나 그것 자체만으로는 충분하지 않다. 하나님을 발견하기 위해서 우리는 다른 책들을 갖고 공부하듯이 그렇게 성경을 읽고 연구하는 것만으로는 안 된다. 그러한 연구는 완전히 인간적인 교리에 빠지도록 만들어 버릴 수 있으며, 칼빈이 거부했던 회의로 되돌아가 버릴 수 있으며, '타락한 철학자들' 중에 그런 확실한 실례를 찾을 수 있는 것이다.

하나님께서 우리에게 성경을 통해 주신 계시를 깨닫는 데 필수적인 조건 하에서 성경을 읽으려면, 독자는 새로운 마음으로 그 책에 접근해야만 한다. 다른 말로 한다면, 우리는 믿음을 가져야만 하는 것이다. 그것은 마치 칼빈이 "하나님의 신비는 오직 그것을 주신 사람들만 깨달아 알 수 있다"라고 수없이 말했던 것과 같은 말이다.[12]

우리가 진정으로 성경 속에서 무엇을 추구하여야만 하는가? 우리가 알

---

8) *Inst*. I, 2, 1과 2.

9) 예로써, 루터의 '대요리문답'에 들어있는 사도신경의 첫 조항과 십계명 중 첫 계명에 관한 해설을 보라.

10) *Inst*. I, 6, 2.

11) *Inst*. I, 6, "창조주 하나님을 알게 되려면, 성경은 반드시 우리의 인도자이자 지배자가 되어야만 한다"라는 제목이 붙어있다.

다시피, 칼빈이 「기독교 강요」를 저술한 것은 그러한 질문에 해답을 주기 위한 것이었다. 그는 독자들에게 성경의 개요나 그 안에 담겨있는 내용을 간략하게 제시하려고 노심초사하기보다는 그들이 무엇을 추구해야만 하는가에 대해서, 그리고 성경이 그들에게 주고자 하는 최종 목적이 무엇인가를 지적해 주고자 하였다. 앞에서 인용된 '왕에게 보내는 서한' 중의 한 구절에서 그는 "초보자들을 가르치고자 하는데, 하나님께 대해 선한 감격에 의해서 감동을 입은 사람들이 참된 경건 가운데 가르침을 받을 수 있도록" 깨우치게 하려는 그의 의도를 밝힌 바 있다.[13] 그는 이러한 참된 경건을 '하나님께 대한 존경와 사랑이 함께 결합된 것'을 의미한다. 그것이 우리에게 주는 규칙을 알기에 그것에 이끌린다.[14] 특히 그가 의미한 것은 그리스도에 대한 깨달음과 성경의 진정한 목적으로 그가 알고 있는 것이 무엇인가 하는 것이다.

제네바 판 성경의 서문에서 그는 이러한 개념을 다시 한 번 주장하였다. 즉, "성경은 우리의 어리석은 호기심이나 공명심을 충족시키기 위하여 우리에게 주어진 것이 아니다. 그러나 사도 바울이 우리에게 말한 것은 유익한 것이다. 그것은 왜 그런가? 우리에게 올바른 교리를 가르치고 위안을 주며 훈계하여서, 모든 의로운 일에서 우리를 완전케 하기 위함이다. 그러므로 성경을 그러한 목적에 맞게 이용하자. 만일 우리가 성경으로부터 얻어야 하는 이 모든 감화가 어떠한 것인가라는 질문을 제기한다면 그 답은 한 마디로 말해서 그 책을 통하여 하나님께 대한 믿음을 성장시키고 경외의 길로 나아감을 배운다는 것이다. 예수 그리스도께서 율법과 예언의 완성이시며 복음의 본질이 되시는 한 우리에게는 주를 깨닫는 것 이외에는 다른 어떤 목적도 있을 수 없다."[15]

---

12) *Inst.* I. 7. 5.
13) *Opp.* 3. 9.
14) *Inst.* I. 2. 1.
15) *Opp.* 9. 825.

성경을 효과적으로 읽기를 원하고, 그렇게 함으로써 하나님의 계시를 깨닫기 원한다면, 우리는 그 책 속에서 예수 그리스도를 깨달으려는 확고한 목적과 함께 성경을 접해야 한다. 그 밖의 모든 것은 인간의 지혜나 혹은 단지 하나의 상상에 불과하다.[16) 그 까닭은 예수 그리스도만이 하나님께서 자신을 우리에게 나타내시는 유일하신 중재자이시기 때문이다. 그러므로 우리가 만일 그리스도 안에서 하나님을 찾지 않는 한, 우리가 깨달아야만 하는 하나님, 알려지기를 원하시는 그대로 우리가 하나님을 깨우칠 수는 없다. 이것이 바로 모든 성경 연구의 목적이 그리스도께로 집결되어야 하는 이유이다.

칼빈은 덧붙여서 이 진리가 옛 언약을 주신 이래로 항상 영원한 진리였음을 단언하였다: "옛 성도들은 마치 거울을 보듯이 독생자를 희미하게 바라보는 방법 외에는 하나님을 결코 깨닫지 못하였다. 이 말은 하나님께서는 이 아들, 즉 하나님의 유일한 진리와 지혜와 빛에 의하지 않고서는 결코 인간에게 나타나지 않으셨다는 것이다. 그러한 생명의 샘으로부터 아담, 노아, 아브라함, 이삭 그리고 야곱이 그들의 모든 영적 깨달음을 얻었다. 또한 같은 근원으로부터 선지자들이 우리에게 남긴 가르치거나 써 놓은 것들이 솟아 나왔다."[17)

이러한 사실은 사도들에게도 얼마나 많이 적용되었는가! 간단히 말하자면, 예수 그리스도는 성경 전체의 핵심이며, 그 책에서 그분은 생명을 주시는 영이 되신다. 왜냐하면 죄많은 인간들로부터는 감추어져 있는 하나님께서 오직 예수 그리스도 안에서만 계시하셨고, 성경은 바로 그 계시를 증거

---

16) 요한복음 5장 39절에 관한 주석을 볼 것. *Opp.* 47, 125: "우리는 성경 안에서 그리스도를 찾으려는 목적을 가지고 정독해서 읽어야만 한다. 비록 전생애에 걸쳐 성경의 가르침에 자신을 바쳐서 노력한다 할지라도, 만일 이러한 목적을 벗어나 버린다면, 진리의 깨달음에 결코 도달하지 못할 것이다. 왜냐하면, 하나님의 지혜가 없으면 우리들은 어떠한 지혜와 지성을 가질 수 없기 때문이다."

17) *Inst.* IV, 8. 5.

하고 있기 때문이다.

이단자들이 아무리 자신들은 창조주 하나님을 예배하고 있다고 고백을 할지라도, 칼빈에게 있어서는 그들은 실제로 우상을 숭배하고 있는 것에 불과하다는 사실은 확고한 진리였다. 그리스도를 통한 계시에 대해 확고한 믿음을 버리는 순간, 인간은 자신의 상상 속에서 스스로 신을 조작해 내는 선천적인 경향이 있다. 칼빈은 로마서 1장 22절에 대한 주석에서 이렇게 설명하고 있다: "하나님에 대한 깨달음에 있어서 스스로를 지혜롭게 생각하는 것은 다만 철학자들에게 뿐만 아니라, 모든 국가와 모든 민족에게도 공통적으로 흔히 있을 수 있는 일반적인 악이다. 자신의 이해 범위 내에 하나님의 주권을 한정시키려는 사람들과 자신의 감각으로 파악할 수 있는 것과 같은 것으로 하나님을 만들려는 사람들이 적지 않다."[18]

히브리서 11장 6절에 대한 주석에서, "만일 우리들이 올바른 길을 알지 못한다면, 하나님을 섬기는 인간의 노고는 모두 헛된 것이다. 그리고 하나님께 대한 참되고 확실한 깨달음이 결여된 신앙은 그 어떤 것을 첨가할지라도 헛된 것일 뿐만 아니라 해로운 것이다. 우상들로부터 하나님을 구별하지 못하는 사람들은 하나님께 가까이 접근할 수 없다."[19] 결론적으로 말

---

18) *Opp.* 49, 25.

19) *Opp.* 55, 148.참조. 신명기에 대한 55번째 설교 *Opp.* 26, 427: "이단자들 중에 어떤 사람이 '나는 하나님을 경배한다'라고 말했다면, 그것은 상식 이하의 말일 뿐이다. 그 사람이 하는 말의 의미는 있는가? 그것은 꿈이며 환상일 뿐이다. 왜냐하면 인간이 하나님을 전혀 알지 못하면서, 하나님을 예배한다고 고백하는 것은 확실히 그가 우상을 경배하고 있다는 결과가 되기 때문이다. 이교도들이 하늘과 땅을 창조하신 하나님께 예배드린다고 말한다면, 그것은 우상숭배에 지나지 않는 것이다." 이와 유사하게 대요리문답에서 루터는 이렇게 말하고 있다. "이교도들도 역시 하나님을 예배하는 것이 진심으로 믿는 것을 의미한다는 생각들을 갖고 있었다. 그러나, 그들의 믿음은 거짓되고 오해된 것이다. 그들은 땅이나 하늘에서는 더 이상 참된 하나님이 없다고 생각하고, 유일하신 하나님을 제쳐놓고 있기 때문이다. 이교도들은 그러한 그릇된 하나님의 개념을 가지고 그들 스스로의 상상과 환상 속의 창조물들을 숭배하고 있으며, 따라서 그들이 믿는 것은 아무것도 아니

해서, 일신교를 믿는 사람들을 포함해서 다른 종교로부터 기독교를 구별짓는 것은 예수 그리스도 안에서 하나님을 깨닫는 것, 바로 이것이다. 하나님께서 그리스도의 성육신 속에서 스스로를 계시하려고 의도하신 것처럼 그리스도께서도 역시 그의 살아있는 말씀 속에서 스스로를 나타내신다: "그러나 하나님께서 하늘로부터 우리에게 날마다 말씀하시는 것이 아니기에, 하나님의 진리가 최후까지 알려지고 깨달아지는 것은 오직 성경을 통해서만 이루어진다. 하나님께서는 이 진리를 선포하여서 세상 끝까지 알려지도록 뜻하셨으므로, 성경의 가르침은 다른 근거에 의지하지 않고 성도들에게 온전히 증거될 수 있다. 우리는 그러한 진리가 마치 우리가 하나님의 입을 통해 직접 말씀을 듣는 것처럼 하늘로부터 내려온 것이라고 결론짓고 널리 선포하는 것이다."[20]

그리하여, 우리는 성경의 권위와 영감의 문제를 해결해야 할 지점에 도달하였다.[21] 과연 어디로부터 성경이 인간을 다스리는 권위가 있음을 이끌어낼 수 있으며, 과연 어떠한 범위 내에서 권위를 갖고 있는가? 성경이 "천국에서 내려온" 것이며, 또는 "하나님의 입을 통해서 말씀하는 것을 듣는 것이다"고 확언하는 근거가 무엇인가? 온유와 유순한 마음으로 성경의 모든 가르침을 한 사람의 예외도 없이 받아들여야만 한다는 주장과 칼빈이 모든 성도에게 요구하는 성경에 대한 그러한 복종에는 어떤 정당한 근

다."

20) *Inst.*, I, 7, 1.

21) DOUMERGUE, op. cit., 4권, pp. 70 ff.; O. RITSCHL, *Dogmengeschichte*, 1권, pp. 63-4; R. SEEBERG, *Dogmengeschichte*, 4권, 2, pp. 556 ff., DE GROOT, *Calvijns opvatting over de inspiratie der Heilige Schrift*, Zutphen, 1931; J. A. CRAMER, *Calvin en de Heilige Schrift*, Wageningen, 1932; P. BRUNNER, *Vom Glauben bei Calvin*, pp. 92 ff; THOS. C. JOHNSON, 'J. Calvin and the Bible' in the *Evangelical Quarterly*, London, 1932, pp. 257-66; H. CLAVIER, *Etudes sur le Calvinisme*, pp. 25 ff.; NIESEL, op. cit.; pp. 27 ff.

거가 있는가? 성경 그 자체는 다른 역사적 문서들과 마찬가지로 생명이 없는 글에 불과하다. 우리가 그 속에서 하나님의 살아있는 말씀을 발견하고 이 말씀이 우리에게 개별적으로 직접 하신 말씀이라는 확신을 갖게 된 데는 성령의 중재가 있기 때문이다. 성령은 우리로 하여금 하나님의 말씀에 접촉시키기 위하여 성경의 기록들을 이용하고, 동시에 우리 안에 역사하여 이 말씀을 성경 속에서 발견하고 그것을 하나님으로부터 온 것으로 받아들이도록 역사하신다.

칼빈은 다음과 같은 유명한 구절에서, 성령의 역사란 성경의 진실성과 신빙성을 모든 성도의 영혼에 심어주는 성령의 증거임을 규정하였다: "비록 하나님 한 분 스스로가 그의 말씀 안에서 증거하시면 충족하시지만, 그럼에도 불구하고 만일 그 말씀이 성령의 내적 증거로 인해서 인을 치지 않는다면 사람의 마음 속에 신뢰감도 가질 수 없을 것이다 … 그러므로 선지자들의 입을 통해 말씀하신 성령께서 우리 자신의 마음 속에 들어오심이 틀림없으시며, 그래서 그 선지자들이 하늘로부터 전해진 계명을 신실하게 제시한 것들을 우리 마음이 이해하도록 가슴을 열어주시는 것이다."[22]

성경과 성령 사이에는 분리될 수 없는 필연적인 연결고리로 묶여있다: 성령은 성경의 저자들에게 영감을 주었으며, 우리가 그들의 기록들을 읽을 때 우리에게 영감을 주는 것도 역시 성령이어서, 우리들로 하여금 그 영감의 실체에 대해 명백한 증거를 갖게 하여 주는 것이다. 성령은 불변하신다: 성령은 예수 그리스도를 통하여 하나님을 우리에게 깨닫게 하기 위하여 하나님께서 사용하시는 선지자들과 사도들의 기록을 떠나서 우리에게

---

22) *Inst.* I, 7, 4 참고. DOUMERGUE, op, cit, vol. IV, pp. 59 ff. For comparison, BUCER, *Enarrationes in sacra quatuor Evangelia*, 1536, p. 520: "Proinde ei qui syncere scripturas intelligere volet, pieque illis uti in primis orabit Christum ut ipse mentem sibi aperiat, coelestique luce perfundat. Haec enim ubi abfuerit, pernicies e scripturis referri poterit, fructus non poterit"

증거해 주는 일이란 결코 없다.

칼빈에 의하면 성령의 내적 증거는 성경의 권위를 세워주는 최상의 기준이다. 그는 또한 로마교회에서 주장되어오고 있는 바, 교회의 권위와 전통에 입각한 외적인 권위를 거부하였다.[23] 동시에 그는 성경을 시대에 뒤진 것으로 간주하거나, 성령이 성경의 원문 바깥에서도 계시를 계속하고 있다는 구실로 성경의 중요성을 부차적으로 간주하는 신령주의자들의 주장에 대해 강력히 맞섰다.[24] 뿐만 아니라, 성령과 하나님의 말씀을 동일시하는 것도 거부하였다. 성령은 오로지 성경에 담긴 말씀을 증거하는데 지나지 않은 것으로 보기 때문이다. 성령의 증거는 성경에 아무것도 덧붙이지 않는다. 성경 속에 담기지 않은 것에 대해서는 아무것도 계시하지 않는다. 말하자면 그가 증거하는 것은 성경의 원문에 추가해야 할 감추인 새로운 계시는 없다는 말이다. 성령은 여기서 성도들에게 그의 양자 됨의 확신을 주거나, 혹은 성찬식에서 그리스도와 접촉케 할 때에 그분을 우리에게 이끌어 줄 때와 같은 방법으로 역사하신다.[25]

성경의 권위를 지지하기 위해서 인증된 다른 기준들, 즉 성경의 내용, 표현양식, 독창성, 그 속에 기록된 미래에의 예측과 기적들, 이러한 것들은 칼빈에게 있어서 매우 부차적인 요인으로 여겨질 뿐이다. 오직 성령만이

---

23) *Inst.* I, 7, 1.

24) *Inst.* I, 9, 1. Opusc.756. 또한 사도행전 16장 14절에 대한 주석 *Opp.* 48, 378: "백일몽에 빠진 환상적인 마음들로 하여금 평안하게 하라. 그들은 성령의 인도하심 가운데 있다고 말하면서 모든 외적인 교리를 거부하고 경멸하는 자들이다. 우리는 사도 누가가 여기서 관찰하고 있는 그러한 중용을 유지해야만 한다: 성령의 은혜가 없이 우리가 하나님의 말씀을 듣게 될 때에 전혀 아무것도 얻을 수 없으며, 또한 하나님께서 우리에게 주신 성령은 말씀을 경멸하거나 비웃는 영이 결코 아니고, 오히려 우리의 깨달음에 믿음을 첨가시키고, 우리의 마음 속에서 그것을 새겨주는 영이다."

25) W. KOLFHAUS, *Christusgemeinschaft bei J. Calvin*, Neukirchen, 1939, p, 146.

우리가 성경 속에서 하나님의 말씀을 발견할 수 있음을 증거할 수 있고, 또한 오로지 하나님의 택한 자들에 대해서만 그렇게 역사하신다.

성령의 내적 증거에 대한 공식적인 교리는 칼빈에 의해서 점차 그밖의 저서 속에서 뚜렷한 확신으로 주장되어진다. 칼빈은 하나님께서 성경을 통해 말씀하심에 대해서 성령의 확증을 통해서 알려주신다고 점점 더 강력하게 주장하였다. 성경의 수많은 저자들은 하나님의 계시를 글로 기록하는 수단에 지나지 않았기 때문에, 성경의 내용은 하나님에게서 나온 것이다.[26] "사도들은 성령의 공증에 따르는 단지 대리인에 불과하며, 따라서 성경은 믿을 만한 것이다. 그러므로 그 후계자들은 성경 안에서 발견한 것을 가르치는 것 외의 다른 어떤 직분도 갖지 않는다."[27] 그 영감(inspiration)은 성경 내용 전체에까지 확대되어 있다. 칼빈은 루터가 그리스도에 관한 기록만을 보존한 책들을 구별하여 소개한 것과는 달리, 성경의 다른 책들을 서로 구분하는 것을 허락하지 않았다. 모든 성경은 똑같은 수준이며 모두 다 영감을 받은 것이다.

발라(Valla)나 에라스무스(Erasmus)의 역사적 비평은 — 루터도 어느 정도 인정하였지만 — 결코 (성경의) 이 책이나 혹은 저 책의 중요성을 축소시킬 수 없고, 더욱이 정경으로부터 어떤 책을 제외시키는 것을 정당화할 수 없는 것이다. 카스텔요(Sebastian Castellion)가 솔로몬의 아가서에 대한 영감에 회의를 나타냈을 때, 칼빈은 그것을 거룩한 책의 주권에 대항하는 범죄로 간주하였다. 물론 그것은 교회가 채택하거나 성경적인 정경임을 보증한다고 해서 — 물론 이것을 칼빈은 받아들였지만 — 정경이 되는 것은 아니다. 정경은 성령의 증거에 좌우되기 때문이다. 그러나, 루터의 경우에도 역시 자신이 성경 속에서 하나님의 말씀을 재발견하도록 성령에 의해서 인도되었다고 생각했으나, 카스텔요가 했던 것과 마찬가지로 성경

---

26) 참조, BUCER, op. cit. pp. 3과 21. 사도들이 성령의 유기체로 간주되는 구절. 칼빈도 동일한 용어를 사용하였음.

27) *Inst.* IV, 8, 9.

어느 곳에서도 그것을 찾지 못하였다. 이 문제에 대해서 칼빈은, 그가 원하였던지 혹은 원하지 않았던 간에, 자신의 원칙보다는 훨씬 더 교회적 전통에 더 많이 지배되도록 스스로를 허용하는 입장이었다.

그러나, 만약 성경의 각 권이 모두 동등하게 영감을 받은 것이라면, 구약성경도 역시 신약성경과 똑같은 가치를 지니고 있다는 결론이 필연적으로 뒤따를 것이다. 그리고 이론상으로나 실제적으로나, 칼빈은 이 옛 언약의 책들을 사용해야만 한다는 결론에 도달하게 되었다. 하나님의 뜻은 불변하다. 그러므로 하나님께서는 신약성경 속에 담긴 뜻과 다른 어떤 것도 구약성경 속에서 말씀하신 적도 없고, 의도하신 적도 없다.

성경의 이들 두 부분은 하나님의 말씀으로 인정을 받아야만 할 동등한 권리를 가지고 있다.[28] 이러한 관점에서, 칼빈은 종종 지나친 율법주의에 빠진 것으로 비난을 받았다. 공정하게 말하자면, 그는 신약성경에서 뿐만 아니라 구약성경도 마찬가지로 영감을 받았으며, 그 두 성경 모두가 궁극적인 목적으로 여겼던 예수 그리스도를 발견하기 위하여 모든 노력을 기울였다고 강조한 것이다. 이러한 태도는 성경의 계시와 성경의 책들 자체에 관한 그의 견해와 완전히 일치하는 것이다.

성경에 있는 기록들은 하나님의 말씀이며, 그 기록자들에게 영감을 불러일으킨 성령이 기록자들이 이룩한 과업의 진실성에 대해서 우리에게 증거하고 있다. 바로 이런 주장 때문에 대부분의 역사가들은 칼빈이야말로 성경의 축자적 영감의 교리를 주장한 창시자로 생각하거나, 최소한 이 교리를 강력하게 대표하는 한 사람이라고 결론을 내리는 데 큰 어려움이 없을 것이다.[29] 칼빈의 많은 제자들이 채택한 입장에 의해서도 이런 이론을 정

---

28) 로마서 15장 4절에 대한 주석 Opp. 49, 271: "만일 그리스도의 영이 모든 사물 안에서나, 어느 곳에나 존재한다면, 과거에 선지자들을 통해서 그가 일하신 것처럼, 오늘날에도 사도들을 통해서 교화시키고자 자신의 가르침을 증거하신다는 사실은 전혀 의심할 여지가 없이 명백한 진리가 될 것이다."

29) 예를 들어 R. SEEBERG, op. cit. 4권. 2, p. 567을 보라.

당화시켜 보려고 할 수도 있었다. 그러나 사실상 칼빈은 축자적 영감을 결코 주장하지 않았다.[30] 반대로 그가 사용한 표현들은 성경의 영감에 대한 그의 이론으로부터 결론을 끌어내지 않았음을 보여준다. 비록 그가 성경 속에서 하나님의 말씀을 발견할 수 있다고 생각한 것은 사실이지만, 그럼에도 불구하고 그는 성경 속의 말씀은 그 무엇을 반영하는 거울일 뿐이며 그 자체가 우리에게 무엇을 주는 것은 아니라고 하였다.[31] 성경 그 자체는 "주께서 신실한 성도에게 성령의 조명을 분배하시는 수단"[32]이며, 그것이 하나님과 동일시되어서는 안 되는 것이다. 그러므로 비록 성경의 내용은 하나님의 말씀으로서 거룩한 것이지만, 그 내용이 담긴 외형은 신적인 것이 아니다. 성경의 기록자들은 성령의 영감 아래 그것을 기록했다. 성경은 교리에 영향을 미치지 않는 세밀한 부분에서 인간의 과실을 소개할 책임이 있는 것이다.[33]

성경의 권위에 관한 논의가 필수적이긴 하지만 이러한 지엽적인 문제를 떠나서, 지금부터는 칼빈이 말한 하나님을 아는 지식을 얻는데 필요한 수단의 문제로 되돌아가야 하겠다. 우리가 지금까지 생각해 본 것은 인간이 믿음을 더럽히는 순간에 하나님을 믿으려고 하는 경향이 있지만, 그러한 경우에서조차 그들은 우상을 믿게 되는 결과가 되고 만다는 것이다. 하나

---

30) H. HEPPE, *Die Dogmatik der evangelisch-reformierten Kirche*, Neukirchen, 1935, pp. 16-17: DOUMERGUE, op. cit., 4권, pp. 73-4: NIESEL op. cit., pp. 28 ff. 우리는 H. CLAVIER의 *Etudes*, p. 27의 주장에 동의하지 않을 수 없다. 즉, "첫 인상과는 반대로, 극단적인 문자주의는 영감의 교리를 다루는 구절들 속에서는 나타나지 않는다. 비록 문자가 성령의 지배를 벗어날 수는 없지만, 그것은 오직 그 자체의 내용을 위한 것이요, 그 문자의 영적인 내용에 대해서는 하나님의 무오류성이 주장되어야 한다." 참조. pp. 81ff.

31) *Inst.* III, 2, 6.

32) *Inst.* I, 9, 3.

33) 참조, 마태복음 27장 9절에 대한 주석, *Opp.* 45, 749와 히브리서 11장 21절에 대한 주석 Opp. 55, 159.

님에 대한 참된 지식은 오로지 성경을 통해서만 획득할 수 있기 때문이다.

그럼에도 불구하고 칼빈은 「강요」에서 인간의 마음 속에 선천적으로 뿌리박힌 하나님에 대한 지식에 관해서 한 장 전체를 할애하였다.[34] "의심할 여지 없이 우리는 다음과 같이 생각한다"라고 그는 그 책 속에서 이렇게 기술하고 있다. 즉 "인간은 내부에 하나님에 대한 지각을 지니고 있으며, 아니 오히려 신성으로 지향하려는 자연적인 움직임이 있다고 본다." 그러므로 어느 누구도 무지를 구실로 해서 정죄로부터 도피하지 못하며, 하나님께서는 모든 인간들에게 하나님에 대한 지식을 새겨 놓으시고, 또 인간 내부에 기억을 새롭게 함으로써 한 방울씩 한 방울씩 스며들게 하신다. 따라서 우리가 하나님께서 살아 계시고, 우리를 창조하셨다는 것을 처음부터 끝까지 알고 있으므로, 우리 자신의 지식에 의해 우리 스스로가 하나님을 찬양하지 않고 복종 속에서 우리의 생애를 헌신하지 않았던 것에 대해 정죄 받아 마땅한 것이다.[35]

하나님께서는 아무도 자신의 무지를 구실삼아 변명할 수 없도록 명백하고 확실한 방법으로 '모든 장소, 모든 사물, 모든 곳'에서 인간에게 스스로를 나타내시고 계시하신다. 그리하여 하나님께서는 직접적으로 '은밀한 영감으로 모든 인간의 마음 속에 심어진 믿음의 씨앗'에 의해서 스스로 나타내시고, 또 간접적으로는 창조의 모든 역사 속에서 나타나신다. 올리브 탕의 프랑스어 성경책 서문에서 칼빈은 거의 서정시적인 음조로 "하나님

---

34) *Inst.* I, 3. DOUMERGUE, op. cit. 4권 pp.41 ff.: WERNLE, op. cit. pp. 170 ff.: W.LUETGERT, 'Calvins Lehre vom Schöpfer' in the *Zeitschrift für systemat. Theologie*, Gutersloh 1932, pp. 421 ff.: P.BARTH, 'Das Problem der naturlichen Theologie bei Calvin', Munich, 1935: G. GLOEDE, Theologia naturalis bei Calvin', Stuttgart, 1953: P. MAURY, 'La Theogogie naturelle d'apres Calvin in the *Bulletin de la Soc. de i'Hist. du Protest. français*, 1935, 84권, pp. 267-79: T. F. TORRANCE, *Calvin's Doctrine of Man*, London, 1949. pp. 128 ff.

35) *Inst.* I, 3,1.

의 영광을 선포하라"(Coeli enarrant gloriam Dei)고 의역하였다.

이 세상의 모든 장소마다, 하늘에서나 땅에서나 그분은 권능과 의로우심과 지혜와 영원함을 적어 놓으시고 새겨 주셨다. 주께서는 주의 말씀에 대한 깨달음을 주시지 않은 사람에게조차도 증거가 없이는 결코 자신을 남겨 놓지 않으신다는 사도 바울의 말은 진실로 참된 것이다. 확고한 것으로부터 땅속 깊은 곳에 이르기까지 모든 피조물은 모든 인간들에게 하나님의 영광을 증거하는 증인이며 전달자가 될 수 있으며, 그들로 하여금 하나님을 찾고 그토록 의로우시고 권세가 충만하시고 지혜로우시며 영원 불변하신 하나님의 권능을 좇아 하나님께 예배드리고 영광 돌리도록 한다. 또한 모든 피조물들은 각기 자기 위치에서 그러한 추구를 위해 상호 협조하고 있는 것이다. 작은 새들은 찬송하고, 동물들은 여호와를 환호하며, 자연은 그를 경외하고, 산들은 하나님의 음성을 메아리치며, 강과 샘들은 하나님을 향해 치솟고, 꽃과 식물들은 미소짓는다. 그러므로 우리 모두가 마음 속에 거하시는 하나님의 힘에 의해 지탱되고 보호되는 한, 모든 사람은 멀리에서 하나님을 찾을 것이 아니라 자신의 내부에서 찾아야 한다는 것은 진실이다.[36]

또한 칼빈은 자연계시의 세 가지 유형을 설명할 수 있다고 믿었다. 첫째로, 하나님께서는 자연 속에, 특히 인간의 본성 속에서 계시하신다. 둘째로, 만물의 자연적인 발전과정 속에서 자신을 계시하신다. 마지막으로, 인류의 역사 속에서 계시하신다. 그러나 그렇게 해서 획득된 지식은 불완전하고 불충분한 것에 불과하며, 나아가 인간은 그것을 선용해야 하는데도 결코 그렇게 사용할 수 없다는 것을 강조해야만 한다.

"백 명 중에 한 사람 정도 그러한 지식을 마음 속에서 싹트게 할 수 있을지 모르며, 그 한 사람마저도 그것을 충분히 성숙시켜서 때가 무르익을 철에 이르러서 열매를 맺은 사람이 될 수 있을지는 장담하기 어렵다. 하나

---

36) *Opp.* 9. 793과 795. 참조. *Inst.* I, 5, 1: "하나님께서는 그러한 아름답고 훌륭한 하늘과 땅의 건축물 속에서, 나날이 스스로를 나타내시면서 인간에게 인간은 하나님을 깨닫고자 하는 염원 없이는 눈을 뜰 수가 없을 것이다."

님에 대한 참된 깨달음을 가진 사람도 상당수가 어리석은 미신에 빠지거나, 그 밖의 많은 사람들은 악의에 찬 고의로 하나님을 외면하기 쉬운데, 그렇게 되면 이 세상에는 제대로 질서가 잡힌 경건이라고는 하나도 남지 못할 것이다."[37] 예수님을 알 수 있도록 우리에게 역사하시는 성령님께서 유일한 수단으로 주신 성경 이외에는, 모든 사람 안에 타고난 하나님에 대한 지식을 갖게 되어있지만 그것은 우리를 정죄로 이끌 뿐이다. 왜냐하면 이 지식은 하나님과 인간 사이의 중재자이신 그리스도를 통하지 않은 것이며, 따라서 필연적으로 참된 경건이란 존재하지 않는 것이다.

그러므로 하나님에 대한 자연적인 지식은 우선적으로 부정적인 가치를 내포하고 있을 뿐이다. 즉 그것은 모든 인간으로 하여금 하나님 앞에서 변명을 늘어놓게 하며, 그들의 정죄를 합법화시키게 한다. 그러나 하나님에 대한 자연적인 지식에 긍정적인 면도 있지 않을까? 다른 말로 하면, 칼빈은 성경의 계시 외에 그것보다 하위이긴 하지만 하나님에 대한 참된 지식으로 인도하는 두번째 계시를 인정하지 않았을까? 칼빈의 몇 가지 주장들이 그러한 질문을 정당화시키고 있는 것처럼 보인다. 그의 「강요」 속에서 우리는 다음과 같이 읽을 수 있다: "하나님을 찾는 올바른 길, 즉 우리가 따라야 할 최상의 원칙은 하나님의 주권에 대한 지나친 의구심으로 탐색하는 것보다는 차라리 예배해야만 하고, 그가 우리에게 가까이 하시고 친숙하게 하시면서 보여주시고, 우리와 상호 교제하신 수단인 그분의 역사하심에 대해서 면밀히 숙고하여 보는 것이다."[38] 이에 앞서 칼빈은 이렇게까지 말하였다. "하나님께서 성경의 가르침 못지 않게 이 세상이라는 아름다운 걸작품에 의해서 최초로 창조주로서 나타나셨듯이, 그 다음에는 예수 그리스도의 얼굴과 인격 속에서 구세주로서 계시하시므로 여기에서 이중적 지식이 발생하지 않을 수 없게 되어진 것이다."[39]

---

37) *Inst.* I, 4, 1

38) *Inst.* I, 5, 9.

39) *Inst.* I, 2, 1.

이렇게 말하는 것은 정말 하나님께서는 성경에 의하지 않고서는 진정으로 깨달아지지 않는다는 저자의 주장과 모순되는 것이 아닌가?[40] 만약 인간이 첫 창조의 조건을 갖추고 원래의 상황 아래 계속 남아 있었다면, 즉 타락이 없었다면 아마 그렇게 되었을 것이다. 그러나 인간의 타락사건 이후에도, 하나님께서는 끊임없이 창조물 속에서 스스로를 나타내신다. 그러나, 타락의 결과로서 우리는 하나님의 외적인 사역 속에서 하나님을 깨달으려고도 하지 않고, 또한 깨달을 수 없게 되고 말았다. 하나님께서 여전히 인간의 마음 속에서 계시하시고 참된 깨달음을 주고자 하시므로, 우리 인간들은 타락 이전과 같은 결백함을 되찾도록 할 수 있는 것이다.

칼빈은 1559년에 다음과 같이 설명하였다. "우리가 생명에서 사망으로 타락하였으므로, 하나님께서 우리의 창조주시라는 것을 알 수 있는 우리의 모든 것은, 그것이 예수 그리스도 안에서 우리의 구세주로서, 그리고 우리의 아버지로서의 하나님을 우리에게 제시하는 믿음과 결합되지 않는다면 아무 쓸모가 없다. 우주를 세우신 것은 우리의 경건을 가르치는 학교가 되게 하신 것이며, 그로 인해서 우리를 영생으로 인도하는 수단이며, 우리가 창조되는 완전한 축복이 되게 하신 것은 참으로 당연한 질서이다. 그러나 아담의 타락과 반란으로 인해서, 우리가 눈을 돌리는 곳은 어디에든지 오로지 저주만이 우리에게 나타나게 되었다."[41]

그리고 또한 하나님께서 자신을 계시하시는 것은 우리의 외부에 있는 창조물 속에서 뿐만이 아니다. '종교의 씨앗' — "어디엔가 하나님의 신성이 존재한다"[42]라는 인식에 있다 — 이 인간의 마음 속에 잔존하고 있다. 그러나, 그것은 "너무 타락하여서 오로지 해로운 열매만을 생산하고 있다."

---

40) 참조. 사도행전 14장 17절에 대한 주석, *Opp.* 48, 327: "믿음은 하늘과 땅 또는 그 자연의 외관에 대해 보는 것만으로 깨달아지는 것이 아니라, 말씀을 들음으로써 깨달아지는 것이다. 그러므로 인간이 말씀의 인도에 의하지 않고서는 하나님의 구원하는 지식에 도달하지 못한다는 결과가 된다."

41) *Inst.* II, 6, 1

42) *Inst.* I, 4, 4.

그러므로 선택된 자들은 하나님께서 "그들은 이 지옥의 함정으로부터 구원' 하시지 않는 한, 스스로 이러한 경건에 이끌릴 수 없다."[43) "어리석음과 무지로 얼룩진 그러한 완악함과 바른 판단력의 결여로 인해서, 인간은 하늘에서 빛나듯이 땅에서도 드러나는 하나님의 참된 영광의 모든 표적들을 간과하고 있다. 하나님에 대한 참된 지식은 하나님의 의로우심의 유일한 선물이며, 그것이 올바로 깨달아지는 유일한 방법인 믿음에 의해서, 즉 성령으로 인하여 조명을 주심으로 성장한다는 사실을 미루어 볼 때, 우리의 마음은 본성에 의해서만은 결코 믿음 안으로 들어갈 수 없다는 결론을 내리게 된다."[44)

타락한 인간에게 하나님을 알게 하는 어떤 긍정적인 지식을 수용하려는 주장에 대해서 칼빈은 철저히 배격하였으며, 소수의 특권자들에게는 이런 지식의 단초가 주어진다는 것에 대해서, 특히 철학자들에게만 그러한 지식이 허용된다고 주장하는 많은 신학자들과 인문주위자들의 견해를 부정한다. 이것은 특히 츠빙글리와 그의 제자들의 견해였다. 이 학파에서 제기된 반론에 대해 칼빈은 이렇게 답하였다: "철학자들의 저서 속에 하나님의 존재를 말하는 문장들이 이곳저곳에 아주 훌륭하게·기록되어 있음은 부인하지 않는다. 그러나 그것은 언제나 그들이 하나님의 형상에 대해 혼동하고 있을 뿐이라는 사실을 우리가 명백히 간파할 수 있는, 일관성이 없는 외관에 불과한 것이다. 하나님은 그들에게 하나님의 의미를 약간 알게 해주었다. 그래서 그들이 자신들의 경건치 않음을 무지를 내세워서 변명하지 못하도록 만드셨으며, 그들은 확신에 이르게 하는 문장을 말하게 된 것이다. 그러나 그들이 말하는 것은 그들이 진정한 깨달음을 전혀 획득하지 못하였던 것일 뿐이다."[45)

그것은 사실이요, 칼빈은 그러한 것을 주저하지 않고 받아들였으니, 철

---

43) *Inst.* III, 24, 11.
44) *Opp.* 48, 416 (사도행전 17장 27절에 대한 주석).
45) *Inst.* II, 2, 18.

학자들이란 하나님에 대한 특별한 지성을 부여받았다는 것이다. 그러나 이 점이 칼빈 자신의 주장을 약화시키기는커녕, 더 설득력 있는 것으로 만들었다. 그들이 받은 은사들은 다른 사람들보다 하나님에 대해 더 많이 깨닫도록 하는데 이바지하지 못하였다. 그렇게 많은 은사들은 단지 종국에 가서 그들로 하여금 훨씬 더 변명할 여지가 없게 만들 뿐이다.

타락은 모든 인간으로 하여금 하나님을 알게 하는 의지를 타락에 빠트렸으며, 인간을 구원할 수 있는 유일한 지식인 예수 그리스도 안에서 하나님을 알수 있는 가능성을 박탈하고 말았다. 그러므로 하나님께서는 인간을 정죄하시지 않을 수 없으며, 타락 이후 하나님께 나아가는 것이 불가능할지라도, 인간은 스스로의 과실에 책임을 져야 한다는 사실에 비추어 볼 때, 그러한 정죄는 완전히 의로운 것이다. 또한 타락한 인간에게 있어서는 예수 그리스도 안에서 그에게 주어진 계시를 기꺼이 받아들이는 것 외에는 달리 하나님을 알 수 있는 방법이란 전혀 없다. "아담의 타락 이후로는, 하나님을 아는 지식이란 중보자 없이는 구원에 이르게 할 수 없게 되었다."[46] 그 중보자는 우리가 오직 성령의 영감 아래서 성경을 읽을 때, 그 성경을 통해서만 깨달을 수 있다.

또 이러한 영감 속에는 우리로 하여금 하나님께서 존재하시고 창조의 행위 속에서 역사하실 뿐만 아니라, 우리와 함께 교통하신다는 그러한 깨달음을 얻게 하는 것이다. 자연적인 계시를 우리로부터 감추고 있던 장막이 벗겨지고, 거듭난 인간은 타락 이전의 인간이 보았던 것처럼, 이제 자연 속에서 하나님의 자취를 다시 발견하게 된다.

II. 삼위일체

---

46) *Inst.*, II, 6, 1, 참조. P.BARTH, 'Die Fünf Einleitungs kapitel von Calvins Institutio' in the *Kirchenblatt für die reformierte Schweiz*, 1925, No. 11.

하나님께서 우리들의 구원을 위해서 자신을 계시하시는 것이 오직 성경을 통해서라면, 우리는 하나님이 우리에게 계시하시기 위해 선택하신 바를 알 수 있다는 말이 자연스럽게 이어진다. 그렇다면 우리가 성경을 연구한 다면, 하나님에 관한 어떠한 것을 찾을 수 있는가? "하나님께서는 각기 독특한 세 인격으로써 우리의 마음 속에 나타내심으로 스스로를 계시하신다"고 칼빈은 답변한다.[47] 우리는 칼빈이 「기독교 강요」의 초판에서 불충분하게 설명함으로써 카롤리(Caroli)로부터 아리우스주의자라는 비난을 받았으며, 또 그럴 가능성에 대해서 다소 호기심 어린 관심을 표명하지 않을 수 없었다는 사실을 잘 기억하고 있다. 그럼에도 불구하고, 삼위일체론의 교리에 있어서 그는 일치성이 옹호되어야 한다고 항상 생각했던 점은 추호도 의심할 여지가 없다. 이러한 점에서, 그는 루터의 방침을 따랐다. 그가 몇몇 학자들이 비성경적인 것이라고 비난한 전통적 삼위일체론의 용어를 옹호하였다는 것도 루터의 사상과 일치하고 있다.

"우리가 성경 속에서 우리의 언행뿐만 아니라 사고의 원칙까지도 성경에서 취해야 하며, 마음 속의 모든 생각들과 입술의 모든 말들, 이 두 가지 다 성경에 의거해야만 한다. 성경에서 애매하게 보여준 것들을 명확한 말로 상세히 해설하고자 하는 것을 누가 막을 수 있겠는가? 만일 지나친 자

---

47) *Inst.* I, 13, 2. 참조, DOUMERGUE, op. cit. 4권, pp. 92 ff: WERNLE, op. cit. pp. 34 ff.; NIESEL. op. cit. pp. 50 ff.; J.KOOPMANS, op. cit. pp. 56-66. 「강요」이외에 칼빈의 가장 완벽한 논문들에는 「모든 그리스도인들의 참된 믿음의 지속을 위한 선언」(*Declaration for the maintenance of true faith held by all Christians*), 「유일하신 하나님 안에서의 삼위일체론의 선언」(*Declaration of the Trinity of Persons in one God*), 「미카엘 세르베투스의 가증스런 오류에 대한 선언」(*Declaration against the detestable errors of Michael Servetus*)의 *Opp.* 8, 453-644부분과 Opusc. 1505-1692부분, 또 「적나라하게 폭로되고 비난받은 Valent Gentilis의 불경」(*The impiety of Valentin Gentilis openly discovered and decried*) *Opp.* 9, 361-420과 Opusc. 2239-88 등이 있다.

격을 자랑하지 않고, 적합한 때에 시행되는 것이라면 말이다."[48]

부처는 전통에 의해서 신성시된 용어를 받아들이는데 있어서 매우 큰 어려움을 겪었지만, 마침내 루터와 칼빈에 의해서 발전된 것과 같은 유사한 근거들 때문에, 그것을 아무런 주저없이 채택하게 되었다.[49] 칼빈에게 있어서는 "진리를 속임수로 역전시키려는 중상자들에 대항하여 그것을 마땅히 옹호하고 지지하여야 할 때, 이러한 고상한 용어들이 당연히 필요하다"고 생각하였다.[50] 세르베투스에 대한 암시는 그런 의중이 보인다. 세르베투스는 약 1530년 이후로 그의 모습이 두드러졌는데, 4세기의 공의회에서 승인된 삼위일체론을 부정하는 전형적인 반대자였다. 부처가 삼위일체론에 관한 자신의 견해를 발전시킨 것은 세르베투스에 반박하기 위한 것이었다. 칼빈이 삼위일체 교리의 중요성에 보다 역점을 두게 된 것 역시, 그 유명한 스페인 의사와의 논쟁 중의 일이었다. 칼빈이 개혁자로서 자신의 모든 권위와 명성을 그렇게 주저없이 던져버린 이러한 논쟁을 숙고해 볼 때에, 우리는 그의 주된 관심사가 정말 삼위일체의 문제였는지에 대해서 다소 의아한 생각이 든다.

1536년 초판에서, 칼빈은 삼위일체론에 대해서는 전통적 교리에 관해서만 극히 간단한 설명으로 그쳤다. 여기서 그는 에베소서 4장 5절에 따라, 하나님의 유일성을 지지하기 위하여 세례와 믿음의 일치를 첨가하였고, 동

---

48) *Inst.*, 13, 3. 참조. LUTHER, *Von Concilien und Kirchen* W. A. 50, p. 572; "성 힐라리(St. Hilary)가 자신의 삼위일체론에서 말하였듯이, 우리는 성경에 기록되지 않은 하나님의 일에 관해서는 아무것도 가르쳐서는 안 된다는 점은 절대로 의심할 바 없는 사실이다. 그러나 이것은 토론이나 혹은 이단자들이 맹목적으로 성경을 우스꽝스럽게 만들거나 그 의미를 와전시킬 때, 우리가 성경 안에 있는 것과는 다른 어떤 용어를 사용해서는 안 된다는 의미는 아니다." KOOPMANS, op. cit., pp. 40ff.를 보라.

49) 참조. 예를 들면, *Apologie de la Tetrapolitaine*, Strasbourg, 1531, fo. k. 4b.

50) *Inst.*, I, 13, 1.

시에 거룩한 삼위일체의 삼위의 이름으로 행하는 세례의 의무를 강조하였으며, 나아가 이 세 인격들이 바로 믿음의 대상임을 주장하였다.[51] 그러나 여기서 충분히 발전하지는 않았다. 1539년 카롤리에 의해 제기된 논쟁은 칼빈으로 하여금 더욱 단호하게 자신의 주장을 펴도록 만들었다. 그는 성자와 성령의 신성에 대해서와, 거룩한 삼위의 구별성을 지지하기 위해 더 많이 성경의 구절을 인용하였다. 무엇보다도 그는 믿음을 위하여 그리스도의 신성의 중요성에 대해서, 그리고 창조주이시며 구세주이신 하나님과의 교통을 위하여 성령의 신성의 중요성을 강조하였다.

그러나 이 제2판에서 그는 이 용어에 대해 보다 넓은 지식을 다루었으니, 초기 기독교의 교부들에 관한 독서는 이러한 문제에 대해서 그에게 자유자재로 수많은 실례들을 제시할 수 있게 해 주었다. 반면에 1559년 최종판에서 그는 보다 엄밀한 논지로 되돌아갔으니, 세르베투스와의 논쟁은 칼빈으로 하여금 이단적인 모든 의구심을 피하기 원한다면, 통상적인 용어를 사용하는 불가피성을 알게 해 주었던 것이다.

1559년 칼빈이 독생자의 신성이야말로 신앙의 필수적인 기초라는 이론을 전개시켰을 때, 그는 왜 자신이 삼위일체 교리를 그토록 강력하게 주장하는가를 자세히 밝히고 있으니, 심지어 세르베투스에 대해 비난하는 제네바 재판(裁判)의 일반적인 이론에까지 남김없이 우리에게 보여주고 있다.[52] 세 인격의 신성에 대해 부정하는 것은 그리스도의 신성을 부인하는 것이며, 동시에 기독교 신학뿐만 아니라, 모든 구원에 이르는 신앙의 근본 원리를 파괴하는 행위이다.[53] 마치 루터가 반(反)율법주의자들에 대해서 그렇게 격렬하게 반발하였던 것처럼, 칼빈도 역시 루터처럼 그리스도 중심

---

51) *Opp.* I, 58 ff.; O.S. I, pp. 71 ff.

52) 1938년 경. 1537년의 *Confession of Faith Catechism*의 라틴어판의 서문에서, 칼빈은 이 점과 관련된 자신의 정설을 다소 당당한 태도로 주장하였다. 참조. *Opp.* 5, 318.

53) 이것은 NIESEL의 op. cit. p. 52 f.에서 매우 잘 나타나 있다.

적인 신앙으로, 그리스도의 영광이나 혹은 구원을 위한 그리스도의 사역이
지닌 가치를 침해하고 훼손하는 어떤 경우라도 묵과할 수 없었다.

그러나, 칼빈의 안목에서는, 하나님의 삼위일체와 동일한 통일성을 인정
하는 것은 그리스도의 인격뿐만 아니라 그의 추종자들의 신앙을 위해서도
중대한 결과를 내포하고 있는 것이다. 하나님의 본질은 오직 하나이며 이
러한 본질이 육신 속에서 계시되었으므로 그리스도의 인격을 통해 우리에
게 신성의 본질을 보여주신 것이다. "그렇다면 하나님의 본질은 성자와 성
령에 전체적으로 공통적인 것이라고 우리는 결론지어야만 한다. 그러나 만
약 그것이 사실이라면, 그들은 한분 하나님으로 통일된다고 본다면 우리는
똑같다는 점 때문에 성자와 성부를 구별할 수 없게 된다."[54]

또 한편으로는 이러한 신성이 구약성경 속에 나타난 하나님과 동일시된
다는 점에서, 우리는 그리스도에게 여호와의 이름을 적용시킬 수 있고, 옛
언약의 책 속에 기록된 여호와에 대한 모든 말씀을 그분에게 연관시킬 수
있다.[55] 그리하여 성도들에 있어서는, 그리스도와 하나가 됨으로써 하나님

---

54) *Inst.* I, 13, 23. 칼빈은 각각의 삼위가 '하나님의 본질의 일부'를 부분적으
로 지니고 있다는 것은 있을 수 없다고 단언하고, 피터 롬바르드와 1215년의 제 4
차 라테란 공의회 (DENZINGER, *Enchiridion symbolorum* No. 431 f.)에 동의
하면서, 하나님의 본질은 절대적으로 하나이며, 삼위로 분할되지 않는다고 가르쳤
다. 반면, 루터는 요아킴(Joachim de Flora)의 비평을 채택하여, 피터 롬바르드의
성부, 성자, 성령 그리고 공통적인 속성이라는 사위일체를 삼위일체로 재구성한 것
을 비난하였다(W.A. 39, 2, 287 f). 칼빈은 *Inst.* I, 13,25에서 이렇게 쓰고 있다.
"우리가 사위일체를 논하고 있는 것 같이 그들에게 보일 것이다. 마치 세 갈래의
시내처럼 삼위가 한 본질 속으로 흘러 들어가고, 또 거기에서 흘러나온다고 주장
하는 것처럼 느껴질 것이다. 그러나, 이와 반대로, 우리가 삼위의 속성을 분리해서
생각하지 않는다는 것이 우리의 모든 교리 속에 명백히 나타나 있다 … 만일, 삼
위가 하나의 본질로부터 분리된다고 한다면, 이 견해는 약간의 일리가 있다고 생
각될 것이다. 그러나, 그러한 경우에는, 세 하나님의 일체성이지, 우리가 말하는 한
분 하나님께서 자신 속에 포함하는 삼위의 인격들을 설명하는 말은 아니다."
55) *Inst.* I, 13, 23: "이사야에게 나타나셨던 하나님은 유일하고 참된 하나님이

의 본질과 그 불가분의 관계로 연합된 후에, 그분의 신성의 충만을 받음으로써 "하나님의 존재를 의심 없이 믿게 되며, 자신의 손으로 하나님을 직접 접할 수 있게 된다."[56]

그러나 칼빈에 의해 강력하게 주장된 하나님의 본질의 통일성은 삼위일체의 삼위 사이에서 이루어져야 하는 진정한 구분을 조금도 손상시켜서는 절대로 안될 것이다. 칼빈은 새로운 제안으로 간주될 수 있는 모든 것을 매우 조심스럽게 피하면서, 자신의 사상을 다음과 같이 구체화하였다: "성부, 성자, 성령, 이 세 용어들은 우리에게 참된 구별을 제시하고 있으므로, 그 누구도 하나님을 단순히 여러 가지 모양으로 형상화하고자 다른 명칭들을 사용하는 것이라고 생각하는 사람은 없어야만 한다. 그러나 여기에 분리(division)가 아니라 구별(distinction)이 있다는 것을 우리는 반드시 직시해야만 한다. 여기서 우리가 덧붙인 구절은 성자가 성부와는 다른 특성을 가지고 있음을 충분히 나타내고 있다. 성자가 성부와 다른 속성을 갖지 않는 한, 하나님 안에서의 말씀이 될 수 없으며 또 성자가 성부와 구별되지 않는다면 성부와 더불어 그의 영광을 갖지 못할 것이기 때문이다. 성부와 성령의 구별은 성령이 성부로부터 나오신다고 할 때 나타난다. [그

셨다. 그럼에도 불구하고, 사도 요한은 그분이 예수 그리스도라고 주장하였다. 바로 그 선지자를 통해, 그분이 유대인들에게 장애물이 될 것이라고 경고하신 분은 참되고 유일하신 하나님이셨다. 그러나, 사도 바울은 이분이 바로 예수 그리스도이시라고 분명히 말하였다. 태초부터, 모든 만물이 자기 앞에 무릎 꿇고 경배드릴 것이라고 힘차고 분명하게 말씀하신 분은 살아있는 한분 하나님이시다. 사도 바울은 이분을 그리스도라고 설명하였다. 그 사도가 첨가한 증거들에다가 우리는 이것을 첨가할 수 있다. 하나님께서 하늘을 지으시고, 땅은 하나님의 손으로 만든 작품이다. 또 하나님의 모든 천사들이 하나님을 경배한다. 우리는 이 모든 것을 하신 분은 오직 한 분이신, 진실하신 하나님이라고 인지할 수 없다고는 말할 수 없을 것이다. 그럼에도 불구하고 그 사도는 이런 것들이 예수 그리스도의 합당한 이름들이라고 우리에게 가르치고 있다."

56) *Inst.* I, 13, 13.

성령의 구별됨은] 예수 그리스도께서 성경의 여러 구절 속에서 또 다른
보혜사가 오실 것이라고 선포하셨을 때, 성자와는 다른 이름으로 일컬어질
때 구별된다."[57]

이러한 설명을 통해서, 칼빈은 하나의 본질이라는 통일성과 동시에 삼위
간의 개별성으로 규정되어야 할 최소한의 정의를 내리기 위해서, 전통적으
로 내세워진 많은 논쟁들을 자신의 의도와 목적에 알맞게 사용하였다. 그
는 성 어거스틴을 매우 철저히 따르면서, 그리스 교부들의 저서를 기억하
였다.[58] 그가 삼위일체의 세 인격들의 속성을 정의하고자 하였을 때, 다시
한 번 전통에 호소하였다: "성부에 대하여, 그분은 모든 행위의 처음이며
모든 사물의 원천과 근본이다. 성자에 대하여, 그분은 모든 사물이 배치되
는 질서와 지혜와 지각의 원천이다. 성령에 대하여, 그분은 모든 행위의 효
력과 가치의 힘이다."[59]

비록 독창성은 결여되었지만, 이러한 삼위일체의 교리가 칼빈 신학의 기
본적인 핵심이 되는 부분을 구성하고 있다. 그것은 특히 그로 하여금 그리
스도의 신성에 역점을 두는 것을 가능케 하였다.

III. 창조

우리가 성경 속에서 하나님을 찾을 때, 하나님은 무엇보다도 먼저 만물
의 창조주로서 나타나신다.[60] 칼빈에 의하면, 확실히 이 교리는 구속의 교
리와 주의깊게 구별되어야만 하는 교리로서, 성경의 일반적인 가르침이다.

---

57) *Inst.* I, 13, 17.

58) 성 어거스틴의 *De Trinitate* 외에, 칼빈은 다른 저서에 인용한 Cyril of
Alexandria의 *De Trinitate* 역시 약간 인용하고 있다.

59) *Inst.* I, 13, 18. 참조. AUGSTINE, *De Trinitate*, VII, 1-4, XV, 27-37,
M.LXL II, 931 ff. 1079 ff.

60) P.J.MULLER, *De Godsleervan Calvin*, pp. 47 ff.; NIESEL, op. cit. pp.
57-66.

"비록 인간의 파멸과 타락 속에서 그리스도께서 하나님과 인간의 화목을
위하여 오시기까지는 어느 누구도 하나님은 아버지시며, 구원자시며, 속죄
자이심을 결코 깨닫지 못하였음에도 불구하고, 하나님께서는 인간의 창조
주이시므로 그의 힘으로 우리를 지속시키시고, 그의 섭리로 우리를 다스리
시고, 관대하심으로 우리를 가르치고 보존하시며, 우리에게 모든 종류의
은혜를 끊임없이 주신다는 것은 이미 알려 주셨다. 또한 그리스도 안에서
하나님께서 우리에게 주신 화해의 은혜를 기꺼이 받아들이게 한다. 그리고
이것에 직면하여, 하나님께서 그리스도 안에서 주신 은혜를 얻을 수 있으
며, 받아들인다는 것은 또 다른 사실이다."[61]

성경을 통해서 우리에게 주신 하나님의 일반적인 지식에 속한 창조와
섭리는 예수 그리스도에 의해서 인간과 화해하신 성부로서의 하나님께 대
한 특별한 지식으로부터 구별되어진다. 그러나 우리가 창조주로서, 섭리로
서 하나님에 대한 지식을 갖게 되는 것이 예수 그리스도와 상관없이 가능
하다는 의미는 아니다. 우리가 추구하는 깨달음이 하나님께 대한 어떠한
면일지라도, 그것을 찾을 수 있는 것은 오직 그리스도 안에서만 가능한 것
이다. 인간이 타락한 이래로, 창조주로서 뿐만 아니라, 구세주로서의 하나
님에 대한 지식을 얻을 수 있는 것은 오직 그리스도의 중재를 통해서 이
루어지는 것이다. 한 걸음 더 나아가, 하나님의 말씀이신 예수 그리스도에
의해서 모든 만물이 창조되어졌다.[62]

---

61) *Inst.* I, 2, 1.

62) 시편 33편 6절에 대한 주석, *Opp.* 31, 327과 빌립보서 3장 21절에 대한
주석, *Opp.* 52, 57: "죽은 사람들을 살려내고, 기쁨으로 모든 일을 행하시는 주권
과 권능이 예수 그리스도의 인격에 속한 속성이며, 그분은 하나님의 주권이 훌륭
하게 빛나는 영광이라는 점을 기억하는 것이 매우 유익한 일이다. 게다가, 우리는
그러한 진리로부터, 이 세상이 그로 말미암아 창조되었다는 것을 깨달을 수 있으
니, 이 세상은 만물을 복종시키는 오직 한 분이신 창조주 하나님께 속해 있기 때
문이다." 또, 'Congregation de la divinite de Christ', *Opp.* 47, 477과 요한복음
1장 5절에 대한 주석, *Opp.* 47, 7을 참조해 보라.

보다 일반적으로 칼빈은 우주와 인간이 완전한 삼위일체에 의해 창조되었다고 단언하였다. 그리고 이러한 창조의 행위는 우리에게 하나님의 어떤 속성을 제시하고 있다. 무(無)로부터 이 우주를 창조하셨다는 그 사실로써, 하나님께서는 창조물에게 각각의 존재성을 부여하신 존재 그 자체로서의 영원성을 스스로 계시하셨다. 진실로 창조의 행위에는 어떠한 외부적인 수단도 개입되어 있지 않았다. 하나님의 말씀이 무에서 만물을 창조하는데 충분하였으며, 따라서 그것은 창조적이었고 아무렇게나 되어진 것이 아니었다. 칼빈은 적어도 직접적인 의미에서, 창조의 궁극적인 목적을 인간에 두고 있다. "하나님께서는 우리의 유익과 구원을 위하여 만물을 정하셨으며, 그가 우리에게 주신 유익과 은혜, 하나님의 권세와 은혜를 우리로 하여금 묵상케 하시고 그것으로 인해서 우리가 하나님을 믿고 찾고 찬양하고 사랑하도록 자극하신다. 그리고 모든 것을 인간을 위해서 창조하셨는 바, 그 사실을 그가 유지하는 질서를 통해 보여주셨다 … 하나님께서 단 몇 분 안에 모든 것을 쉽게 완성하실 수 있으셨지만 조금씩 나누어서 6일 동안 창조하셨을 때에는, 아무런 이유가 없을 리 없었다. 그러나 이러한 창조 가운데 하나님께서는 자애로운 보살핌과 섭리를 우리에게 나타내시고자 하셨으니, 인간을 창조하시기 이전에 인간에게 유익하고 이로울 모든 것을 먼저 예비하셨다."[63]

이 구절 속에 표현된 목적론적 논증은, 특히 칼빈의 설교 속에서 표현되고 때로는 다소 소박한 일면이 있는 바, 그의 개인적인 신앙의 성격과 일치한다는 점을 의심할 수 없다. 그러나 그것은 또한 교육적 동기에서 나온 것이다. 창조에서 인간의 중심성을 강조하면 할수록, 아담의 원죄는 보다 가중되고 용서할 수 없는 것이 되어지며, 그 모든 것에도 불구하고 인간을 구원하시려는 길을 찾으시는 하나님의 의로움은 더더욱 놀라운 것이 되어진다. 하지만, 만약 인간이 창조의 목적이라면, 하나님의 뜻을 밝히는 모든 계시의 궁극적 목적은 하나님을 영화롭게 하는 것으로 집약된다. 따라서

---

63) *Inst.* I, 14, 22, 참조. 14, 2.

궁극적인 목적으로 나타난 하나님의 영광은 인간이 마지막까지 최종적으로 추구해야 할 직접적인 목적 그 자체로서 직접적인 목표가 되는 것이다. 선하든지 악하든지, 모든 인간은 하나님의 광채를 드높이는 데에 헌신하여야 한다. 칼빈은 종종 이러한 점에 대해서 강조하였는데,「예정론」(*Treatise on Predestination*) 속에서 그 예를 찾아볼 수 있다.

정말로 하나님께서는 그의 모든 피조물이 없어도 되시지만, 그럼에도 불구하고 인간을 창조하시면서 스스로의 영광은 전혀 고려하지 않으셨다는 것을 추론해 본다는 것은 어리석은 논쟁에 불과하다 … 비록 하나님께서는 부족함이 없으실지라도, 인간을 창조하시는 주요한 목적은 하나님의 이름이 그들 속에서 영광되게 하시려는 것이다 … 사악한 인간들은 스스로의 파멸의 날을 위하여 창조되었다. 심지어 하나님께서는 백성들 가운데 그의 이름을 반드시 드러내시고자 바로(Pharoah)를 일으키셨다고 말씀하셨다. 그들[사악한 자들]에 의해 자신의 영광을 나타내시고자 하시는 한 구원은 일어나지 않는다. 이런 것이 아니라면, 우리의 구원의 최고의 목적이 하나님의 영광이라고 가르치는 성경의 그토록 많은 증거들은 무슨 의미가 있겠는가.[64]

또 다른 한 면에서 볼 때, 칼빈은 창조란 우리의 감각으로 지각하고 볼 수 있는 세상뿐만 아니라, 인간의 영혼이나 천사가 사는 영적이고 보이지 않는 세계로 이루어졌다는 사실을 여러 구절에서 강조하고 있다.[65]

비록 그가 천사에 관한 설명할 때에, "하나님께서 우리에게 명하신 그러한 절제를 지키기 위해서, 다시 말하면, 공포로 인해 독자들이 믿음의 단순성에서 벗어나 분수 이상의 것을 사색하지 않도록 연구"하겠노라고 밝혔지만,[66] 그의 긴 해설은 사람들을 놀라게 하기에 충분한 것이었다. 그는 천사가 실제 피조물이지만 그들의 창조시기를 정하려고 하는 것은 헛된 의구심이라고 확언하는 것으로 시작하였다. 하늘의 영들, 천사들은 하나님의

---

64) *Opp.* 8, 293 f; *Opusc.* 1431; *Opp.* 31, 194 f; 33, 481.

65) *Inst.* I, 14, 3 ff. 주석자들은 항상 이 점을 간과하고 있다.

66) *Inst.* I, 14,3.

사역자이며, 하나님께서 "인간에게 자신을 계시하시기 위해서 그들을 사자로 보내신다." 성경 속에 나타난 천사의 칭호는 "그들의 사역의 위엄을 보여주는 것이다."

그리고 칼빈은 자신의 견해를 뒷받침하는 근거로 인간을 보호하기 위하여 임명된 수호천사라는 고전적 관념을 받아들였다. "그들은 항상 우리의 구원을 지켜주고, 그들은 항상 우리를 보호하도록 준비되어 있으며, 그들은 우리의 길을 곧게 하고, 모든 악한 일로부터 우리를 지키기 위해 모든 것을 돌본다." 그러나, 칼빈은 모든 사람이 어느 특정한 한 천사의 보호 아래 있다고는 단언하지 않았으며, 따라서 그것은 전혀 중요한 것이 아니라고 하였다. "왜냐하면 만일 누군가가 하늘의 모든 치안대가 우리의 구원을 지켜보고 있고, 우리를 도울 준비를 하고 있다는 것에 만족하지 않는다면, 특정한 한 천사가 그의 보호자로 있다고 말하는 것이 그에게 더 이상 유익할 것 같지 않아 보인다."[67]

또한 그는 천사의 계급이나 그 외적인 모습에 관해서는 더 이상 언급하지 않았다. 그들은 "스스로 완전하지 못하며, 우리와 같이 한 원천으로부터 나왔기 때문에" 다른 피조물과 마찬가지로 우리의 경배를 받을 자격이 없다.[68] 말하자면 그들은 "오로지 하나님의 뜻과 계획에 의해서만 움직이는" 하나님의 손과 같다.[69] 우리를 끊임없이 괴롭히는 사탄의 무리에 관해서 성경은, "그들의 유혹을 대항하기 위해 깨어 있으며 그 복병들의 갑작스런 공격을 당하지 않도록" 하라고 가르치고 있다. 칼빈은 그들을 "지혜를 가진 영"이라고 보았으며, 그들의 존재의 실재성을 강조하기 위하여 다음과 같이 첨언하였다: "결국 어떤 마귀도 존재하지 않는다면, 하나님의 심판이 마귀들에게 임할 것이며, 영원한 불이 그들을 위해 마련되었고, 그들은 이미 감옥 안에서 마지막 심판을 기다리고 있고, 예수 그리스도께서 강림하

---

67) *Inst.* I, 14, 5-7.
68) *Inst.* I, 14, 10.
69) *Inst.* I, 14, 12.

실 때 그들을 심판하신다는 말들은 매우 부적절한 형태의 언어들을 사용
하는 꼴이 될 것이다."[70]

그밖에도, 천사와 악마, 인간의 영혼은 창조된 영적 존재로 분류되었다.
그러므로 인간은 육신과 영혼에 의해 감각적이고 영적인 세계 양쪽 모두
에 관련되어 있으므로, 하나님의 창조의 사역의 축소판과 같은 것이다. "인
간은 몸과 영혼 두 부분을 가지고 있기 때문에 그것에 대해 어려움을 느
껴서는 안된다. '혼'이란 용어에 대해 내가 의미하는 바는 비록 창조되었
지만 고결한 부분으로 불멸의 영이라는 뜻으로 본다."[71] 그리고 칼빈은 인
간의 영혼이 세 가지 특징을 갖고 있다고 주장한다. 첫째, 그것은 불멸하
며, 둘째로 그것은 창조되었고, 마지막으로 그것은 인간의 두 구성부분에
서 고결한 부분이다. 비록 1559년판 「강요」에서는 이 부분이 완전히 개정
되었지만, 초기의 수정본들이나 칼빈의 다른 저서들에서 이와 똑같은 주장
을 찾는 것은 어렵지 않을 것이다.

대체로 영혼의 불멸성에 관한 그의 교리는 처음에는 헬레니즘적인 요소
들의 영향을 받았다고 말할 수 있다. 그러나 그 요소들은 점차로 사라졌다.
현재 우리가 발견할 수 있는 플라톤의 암시를 제외하고는, 그런 요소들은
정말로 무시해도 좋을 것이다.[72] 영혼불멸성에 관한 주제는 1559년 일련
의 심리학적 논쟁들과 성경의 본문에 의해 지지를 받았다. 이에 덧붙여서,
칼빈은 영혼은 그 자체의 본질을 갖고 있으며, '호흡'이나 혹은 '육신에
불어넣어진 어떤 힘'으로 축소시켜서는 안 된다는 것을 보이려고 노력하
였다.[73] 인간이 어두움에 빠졌을 때조차도 "항상 그들은 불멸의 어떤 감각

---

70) *Inst.* I, 14, 19.

71) *Inst.* I, 15, 2.

72) 이 점에 대해 H.QUISTORP의 *Die letzten Dinge im Zeugnis Calvins*,
Gutersloh, 1941을 비교해 보라. 이 책에는 인문주의자의 형이상학의 잔존해 있
다고 너무 지나치게 중요성을 부여하고 있는 것 같다. 이 책에 대한 우리의 지식
은 자세한 총평에 제한된 것이다. 또한 W.ZIMMERLI의 'Psychopannychia',
Leipzig, 1932의 도입부를 참조하라.

을 접촉하게 된다." 선과 악에 대한 의식이 영혼이 불멸하다는 증거이다. 하나님을 아는 지식이 인간으로 하여금 "세상을 능가하게 만들고" 동물로부터 구별되게 한다. "동물의 지각은 그들의 육체를 넘어서지 못하며, 어떠한 경우에도 현재의 감각을 넘어서서 더 확대될 수 없다. 반면에 인간정신의 기민성은 하늘과 땅과 자연의 비밀에까지 걸쳐 있으며, 많은 사실을 기억 속에 저장하거나 터득하고, 더 나아가 과거로부터 미래의 결과를 끌어내는데 이것은 인간에게는 육체와 분리되는 어떤 부분이 있음을 보여준다."

그리고 마지막으로 수면, 아니 더 정확하게 말해서 꿈들도 역시 영혼의 불멸성을 나타내는 증거가 된다. "수면은 한 번도 일어난 적이 없는 일에 대한 생각들과 염려를 인간들에게 제공할 뿐 아니라, 미래에 일어날 일에 대한 경고, 즉 예감을 가져다 준다." 그런가 하면, 성경의 수많은 구절들은 "영혼을 육신으로부터 분리시킬 뿐만 아니라 영혼에 전체 인간성의 이름을 부여하고, 그것이 인간의 주요한 부분임을 선언"하고 있다. 이 점에 대해, 칼빈은 하나님의 형상으로 간주되는 인간에 관한 이론을 널리 전개시켰는데, 여기서 그는 영혼의 불멸성을 보다 확실하게 입증하였으니, 왜냐하면 이곳만이 하나님의 영광의 자리가 될 수 있기 때문이다.[74] 엄밀히 말해서, 플라톤이 대다수의 철학자들로부터 이단시된 것은 인간의 영혼 속에서 하나님의 형상을 발견하였기 때문인데, 칼빈의 입장에서 볼 때에, 철학자들에게서 영혼의 참된 정의를 찾는 것은 어리석은 일이 될 것이라고 보았다.[75]

영혼의 불멸성은 인간의 타락 이후에도 지속되었다. 재세례파들은 로마서 5장23절의 "죄의 삯은 사망"이라는 말씀과, 에스겔 18장 4절, "범죄하는 그 영혼이 죽으리라"라고 하신 말씀을 근거로 이것을 논박하였다. 그러나 칼빈은 이 점에 대해 「영혼의 잠에 관하여」(*Psychopannychia*)라는 저

---

73) *Inst.* I, 15, 2.

74) *Inst.* I, 15,2와 3. 참조. T.F.TORRANCE, op. cit., pp. 35 ff.

75) *Inst.* I, 15, 6.

술에서 이미 대답하였다. "영혼은 심지어 죽을 때에라도 불멸성을 유지하며, 선악에 대한 분별력을 지니고 있다고 말할 수 있다. 게다가 이 죽음은 그들이 얻고자 하는 것, 즉 무로 환원되는 것과는 다른 것이다."[76]

그러나 우리는 칼빈을 영혼의 영원성이나 자연 불멸성에 대한 주창자로 보아서는 안된다. 「피기우스에 반박하는 자유의지에 관한 논문」(Treatise on Free Will against Pighius)의 핵심적인 구절에서 그는 다음과 같이 기록하고 있다. "그것은 무에 나온 것이 아니라면, 어디에서 유래되었는가? 만약 피기우스가 하나님께서 태초에 인간에게 주신 그 완전함이란 자체적으로 존재하거나, 저절로 된 자연적인 것이 아니라고 한다면, 그 점에서는 나는 기꺼이 그의 의견에 동의할 것이다. 그러나, 영혼이 그 자체로서 스스로 불멸이라는 것에 우리는 합의하지 못하고 있다. 더욱이 바울의 가르침은 이것이니, 불멸이란 하나님께만 속한 것이다. 따라서 우리는 영혼이 본질적으로 죽는다는 것을 믿지 않는데, 왜냐하면 우리가 본질의 원초적인 능력에 의해서가 아니라, 하나님께서 피조물에게 부여하신 영속적인 상태에 따라서 피조물을 평가하기 때문이다."[77]

칼빈의 이 말이 의미하는 것은, 하나님께서 다른 모든 피조물과 마찬가지로 무에서 영혼의 본질을 창조하셨으며, 영혼의 실체라는 것은 하나님의 뜻에서 만들어진다. 세르베투스와의 논쟁에서 그는 영혼의 피조성을 강조하였는데, "영혼이란 마치 하나님의 본질이 인간에게 흘러들어온 것처럼 하나님의 본질의 파생물"이라고 주장하는 그의 반대자들이 '마니교도의 허망한 생각들'(Manichaen dreamings)에 반박하였다. 칼빈은 "사도 바울이 이교도의 시구를 인용하면서, 우리는 하나님께로부터 나왔다고 단언한 것은 단연코 진실이다. 그러나 그 의미는 하나님께서 인간에게 신적 능

---

76) *Opp.*, 5, 203 f.: *Opusc.* 36 f. 칼빈에 있어서, 영혼의 죽음은 "불쌍한 영이 버림 받고 파멸되어 길을 잃고 헤매면서 겪어야 하는 하나님의 무서운 심판이다."

77) *Opp.*, 6, 360 f.: *Opusc*, 441 f. 참조. 디모데 전서 1장 17-19절에 관한 설교, *Opp.*, 53, 92.

력과 힘을 부여하신 한에 있어서, 질적으로(quality) 우리에게 주신다는
말이지, 본질적으로(substance) 주신다는 것을 의미하지는 않는다. 그럼에
도 불구하고, 모든 인간이 하나님의 신성을 소유하기 위해 창조주의 본질
을 분할한다는 것은 너무도 어리석은 일이다 … 창조는 포도주를 통에서
병으로 옮겨 붓는 것과 같은 전이가 아니라 그것은 전혀 존재하지 않았던
본질의 창조이다."[78]

영혼이란 단지 창조된 것일 뿐만 아니라 그것의 불멸성 역시 하나님께
서 원하신다면 언제나 영혼으로부터 거두어 가실 수 있는, 하나님의 선물
이다. 그러므로 하나님의 지원이 박탈된 영혼은 육체와 같이 소멸하여서
결국 무로 되돌아가는 것이다. 이것은 자신의 창조 속에서 하나님이 끊임
없이 간섭하심이나, 또는 하나님의 범역동론(panergism)의 한 특수한 경
우이든지, 피조물이 항상 스스로를 발견하는 창조주에 대한 긴밀한 의존적
관계의 한 특별한 경우에 지나지 않는다. 이 점에 있어서, 하나님께 대한
오컴주의자의 관념이 루터의 사상에 영향을 끼친 흔적을 찾을 수 있듯이,
칼빈이 몬테귀 대학에서 받은 스코투스파의 가르침에서 영향을 입은 것이
라고 말하는 학자들도 있다.[79]

창조의 직접적인 대상이 되는 인간은 창조의 핵심에서 하나님으로부터
특별한, 독특한 지위를 부여받았다. 하나님께서는 인간을 동물처럼 땅 위
에서 살도록 창조하셨을 뿐 아니라 육신의 사망 이후 마지막 심판의 날까
지 미래의 생명도 주셨다. 게다가 하나님께서는 인간에게 특별한 은사를
내리셨는데, 그 중에서 칼빈이 특히 중요시하는 것은, 즉 하나님께서 인간
을 자신의 형상과 모습으로 창조하셨다는 것이다. 이것은 무엇을 의미하는

---

78) *Inst.* I, 15.5. 우리는 부수적으로 이 구절에 관심을 가져봐도 좋을 것이다.
신비론에 따른 영혼의 교리에 대한 암시적인 반박이 내포되어 있다. 더구나, 칼빈
은 이러한 점에 있어서, 신비론 교리의 영향을 받은 오시안더의 사상에 대해 짧게
언급하고 있다.

79) R.SEEBERG, *Joh. Duns Scotus*, pp. 212 f.

가? 스콜라철학의 전통이었던 형상과 모양의 분리를 거부하면서, 칼빈은 많은 신학적 회의의 대상이 되어 온 이 은혜에 대해 다음과 같이 해석하고 있다.

> 영혼이 인간성의 전부가 아니라면, 인간이 하나님의 형상으로 일컬어진다는 것은 모순이라고 생각하는 것은 당연한 일이 아닌가? 그럼에도 불구하고, 나는 앞으로 덧붙이고자 하는 이론을 고수한다. 인간으로 하여금 모든 종류의 동물을 초월하여 높이 여김을 받는 것은 바로 존엄성인 바, 하나님의 형상은 모든 존엄성에까지 확대된다. 이러한 말 속에는 아담이 창조될 때에 부여받는 것은 의로운 마음을 향유하면서, 스스로의 감정을 잘 통제하고, 스스로의 감각이나 모든 내면적 사상을 잘 조절하여, 창조주의 영광을 아름답게 나타내는 완전한 순결성이라는 의미가 내포되어 있다. 그리고 이러한 하나님의 형상의 주권적 보좌가 정신과 마음 또는 영혼과 그 능력에 자리잡고 있지만, 심지어 마음뿐만 아니라 육체 그 자체까지도 하나님의 영광을 비추지 않는 부분이란 없는 것이다.[80]

그리스도께서 증거하셨듯이, 오직 천사들만 이런 하나님의 모습을 닮은 동참자들인데, "우리들의 전체 완전함을 볼 때에 이런 것들을 반영하는 것으로 생각된다." 인간에게 새겨진 하나님의 형상은 아담이 그의 창조주의 손에서 육신으로 창조되었을 때 또는 그리스도 안에서 둘째 아담으로서의 완전한 모범이 나타났을 때에, 인간의 속성을 이루고 있는 순결함과 의로움으로 이루어져 있다.[81]

Ⅳ. 하나님의 섭리

---

80) *Inst.* I, 15, 3.

81) 참조. Inst. 15, 4: "우리는 하나님의 가장 완벽한 형상이라는 것을 안다. 즉 그분은 우리가 참된 경건과 정의와 순결과 지혜 가운데 하나님을 닮은 것을 회복하도록 완벽한 일치를 이루신 분이시다."

칼빈은 1539년판에서 하나님의 섭리에 관한 자신의 논제를 충분히 피력하지 못하였음을 즉시 깨닫게 되었던 것 같다. 그러나 창조에 관한 충분한 논의 다음에, 이 주제를 배치한 것은 1559년판(최종판)에서야 비로소 이루어졌다.[82] 그는 "창조주 하나님을 단 한 번의 역사로 모든 창조를 완성시킨 일시적인 신으로 생각하는 것은 부당하고 불충분한 일이다. 그리고 주로 이 점에 있어서 우리는 모든 이단과 위선자들과는 달라야 한다. 우리에게 대한 하나님의 힘은 첫번째 시작 때와 마찬가지로, 지금도 우주의 영원한 상태 속에서 온누리에 영원히 빛나고 있다"고 설명하였다.[83]

하나님은 이 세상의 창조주이시다. 그러나 일단 세상을 창조하신 후에도, 그것의 절대적 주인으로서 창조물에 관심을 베푸시고 철저히 중재하시며 자연법칙에 대한 맹목적인 행위나 하물며 우연에 이르기까지도 하나님의 권능을 행사하신다. 여기서 우리는 루터와 츠빙글리에게 공통된 견해를 발견하게 되며, 특히 부처가 강력하게 주장한 사상, 즉 자신의 창조 가운데서 하나님의 끊임없는 활동하심에 대한 일치된 사상을 다시 한 번 발견할 수 있다.[84]

그러나, 칼빈이 어떻게 이러한 견해를 스스로 주장하게 되었는지를 살펴보는 것은 여간 흥미로운 일이 아닐 수 없다. 이 주제는 그의 주석과 설교

82) H. STROHL의 'La pensee de Calvin sur la Providence divine au temps ou il etait refugie a Strasbourg' in the *Revue d'Hist. et de Philos. religieuses*, 1042, 22권, pp. 154-69; J. BOHATEC. *Calvins Vorsehungslehre in Calvinstudien*, pp. 339-441; E. DE PEYER, 'Calvin's Doctrine of Divine Providence' in the *Evangelical Quarterly*, London, 1938, 10권, pp. 30-44; WERNLE, op. cit. pp. 305-22; NIESEL, op. cit. pp. 66-74를 보라.

83) *Inst.* I, 16, I.

84) 참조. 소요리문답과 대요리문답 속에서의 사도신경의 첫 조항에 대한 루터의 해설, ZWINGLI, *De vera et falsa religione* in the *Corp. Reform*, 90권. pp. 645 ff.와 무엇보다도 Marburg에서의 모든 설교, *De Providentia Dei*, edit.Schuler&Schulthess, 4권, pp. 79 ff., Bucer, 참고. LANG, *Der Evangelienkommentar*, pp. 117 ff.

의 핵심적인 부분을 차지하고 있으며, 「기독교 강요」의 결정판에는 이에 관한 언급이 두 장에 걸쳐 나타나 있다. 뿐만 아니라, 「자유사상가들에 대한 논박」(*Against the Libertines*, 1545)이라는 그의 논문의 핵심적 부분과 소위 「제네바의 합의신조」(*Consensus Genevensis*)라고 일컬어지는 「예정론」(*Treatise on predestination*, 1521)의 부록 전체가 이 문제를 다루고 있다. 사실 체계적인 논리상 하나님의 섭리와 예정설을 개별적으로 다루는 것이 보다 나을 것이라고 스스로 인식하였을 때도, 그는 그 두 가지 견해가 너무 유사한 것이기 때문에 한때 그러한 비교를 놓친 적도 있었다.[85] 실제로 예정론은 어떤 면에서 보면, 일반적인 개념인 하나님의 섭리의 특별한 적용이라고 할 수 있다.

그러나 1539년 이후, 하나님의 섭리를 창조와 결부시킨 관점이 칼빈에게 있어서 확고히 정립되었다. 그는 다음과 같이 기술하고 있다. "인간의 마음은 창조 안에서 하나님의 힘을 한때 깨닫고서 그 자리에서 멈추고 만다 … 그러나 믿음은 진실로 그 지점에서 더 진전하여야만 한다. 믿음은 창조주로서 알려진 하나님을 영원한 통치자와 인도자로서 인식하여야만 하는 것이다. 또한 하나님은 세상과 우주의 움직임을 운행하시며, 작은 새에 이르기까지 모든 피조물들을 보살피시고, 유지시키고, 먹여주신다."[86]

---

85) STROHL, op. cit., pp. 163 ff.

86) *Inst.* I, 16,1. 1543년, 그는 자신의 창조 주제의 전개에 있어서, 다음과 같은 구절을 첨가하였다. "우리가 하나님을 천지를 창조하신 창조주로서 생각할 때는, 하나님께서 만드신 모든 만물을 지배하는 것은 하나님의 손과 권능 안에 있으며, 우리는 하나님께서 먹이시고 다스리실 책임을 가지신 하나님의 자녀임을 명심하도록 하자. 그리하여, 우리는 하나님으로부터 모든 유익한 것을 기대할 수 있으며, 우리의 구원에 필수적인 것들을 부족하게 하시지 않는다는 확신과 희망을 가질 수 있으며, 우리가 어떠한 것을 원하든, 우리는 그것을 하나님께 간청할 수 있으며, 우리가 가진 어떠한 좋은 것도 감사와 더불어 하나님께 돌릴 수 있으며, 우리에게 보여주신 관대하심에 감동됨으로써, 진심으로 하나님을 사랑하게 되고 영광을 돌릴 수 있게 되는 것이다." 최종판(I,14,22)에 반복된 이 모든 견해는 루터의 대요리문답에서 직접적으로 영향을 받은 것이다.

섭리의 개념은 이 세상에서의 하나님의 영원하고 우주적인 활동을 포함한다. 또 1559년에 칼빈이 기록한 바와 같이, "우리가 하나님의 섭리를 논할 때, 이 말은 하나님께서 천국에 안일하게 앉아서 땅 위에서 일어나는 일을 방관하신다는 의미가 아니다. 오히려 모든 사건에 대처하시기 위해 키를 잡고 있는 배의 선장 같은 분이다."[87] 이단자들이 빠진 오류를 통해서 입증되었듯이, 만일 인간이 다른 어떤 빛도 없이 오직 스스로의 지혜만으로 방치된다면, 이러한 하나님의 섭리가 무엇인지를 깨달을 수 없다. 왜냐하면, 인간은 그리스도 안에 있는, 그래서 우리가 갖고 있는 하나님의 계시로부터 도움을 필요로 하기 때문이다.

"우리의 머리카락까지도 세신 바 되었다는 그리스도의 가르침을 받은 사람들은 그 목적을 향해 보다 멀리 바라볼 수 있으며, 그들이 어떠한 인간이든 간에 모든 일은 하나님의 은밀한 계획 속에서 다스려진다는 것을 스스로 확신하게 될 것이다."[88] 그러므로 하나님의 섭리가 무엇이며, 그 섭리가 지배하는 범위가 얼마나 광활한지를 알고자 하는 사람에게 믿음은 필수 불가결의 것이다. 불신자들이 오직 자연적인 힘의 작용이나 우연의 결과로밖에 볼 수 없는 곳에서, 신자들은 하나님의 손길을 깨달을 수 있을 것이다.

1545년, 「자유사상가들에 대한 논박」(*Against the Libertines*)이란 논문에서, 칼빈은 하나님의 섭리를 세 가지 측면으로 분류하였는데, 그것은 이후 「기독교 강요」에서조차도 그와 같은 구분을 하지 않았던 것으로 보인다. 그는 첫째로, 하나님께서 "만물을 창조하시면서 각기 주신 상황과 특성에 따라 모든 피조물을 인도"하시는 '자연의 질서'에 대해 언급하고 있다. 하나님께서는 모든 존재와 행위의 가장 우선적이고 직접적인 목적을 여전히 남겨두신 채, 창조 속에 부과하신 법칙들에 스스로 일치시키면서 역사하신다.

---

87) *Inst.* I, 16, 4. 참조, K.HOLL, *Was verstand Luther unter religion Gesammelte Aufsätze*, 1권 pp. 45 ff.

88) *Inst.* I, 16,2.

이러한 '우주적 작용'에 대조시켜서, 칼빈은 "하나님께서 피조물 속에서 역사하시고, 하나님의 종을 도우시거나 악인을 응징하는 것, 즉 신실한 성도의 인내를 시험하시고 혹은 부성(父性)적인 벌을 내리시는 하나님의 의로우심과 공의와 심판을 실현"시키는 '특별한 섭리'란 개념을 제시하였다. 결과적으로 특별한 섭리란 특히 인간에게 더욱 관련되어 있으며, 특히, 인간의 삶에 있어서 하나님의 끊임없는 간섭과 더 관련이 있다. 하나님은 사탄과 악인까지 그의 도구 가운데 포함시켜서 2차적 도구로 활용하시고자 하셨는데, 이 모든 것은 오직 "하나님께서 하나님의 뜻을 완성시키시기 위해 사용하신 수단"에 불과하다. 그러나 이것은 역시 단순히 인간에 대한 하나님의 외면적인 행위의 문제만은 아니다.

이와는 대조적으로, 하나님의 섭리의 세번째 측면은 다음과 같은 것으로 구성되어 있다. 즉, 하나님께서는 "성령에 의해 믿는 자들을 다스리시고, 살아 계시고, 그들 속에서 통치하신다." 이것은 하나님께서 실제적으로 성령의 내적 증거로부터 따로 떼어놓을 수 없는 것을 뜻한다.[89] 그렇다면 우리가 이러한 것을 구원에 이르게 하는 은혜로 이해한다면 올바른 설명을 갖고 있는 것이다. 하나님께서는 이것에 의해서 선택된 자들을 재창조의 수혜자로 삼으시고, 그들을 감화시키시고, 거듭나게 하신다. 그러므로, 자연의 질서와 특별한 섭리, 그리고 성령의 내적 작용의 지배 아래서 성도는 하나님에 대해 완전하고 절대적으로 의지하는 자신을 발견하고, 거부하는 느낌을 갖는 것이 아니라 자신을 하나님의 뜻의 완성을 위한 수단으로 자각하는 것이다.

위에서 인용된 구절들에서 칼빈이 인정한 것은 하나님의 섭리의 개입이 보편적일 뿐만 아니라, 이 세상에서 일어나는 어떤 일은 그 직접적인 인과관계에서 절대적으로 벗어날 수 없는 그러한 종류의 것이다. 이러한 인과관계는 1559년판에 첨가된 구절 속에서 재확인되었다. "모든 사건은 —

---

89) *Opp.* 7, 186-90; *Opusc.* 765-9; 참조. *Opp.* 8, 347 ff.; *opusc.* 1438 ff.

어떤 종류의 사건들이든지 ─ 하나님의 은밀한 뜻에 따라서 조종된다. 영혼이 없는 사물에 관해서는 우리는 이 점을 확고히 지지하여야 할 것이다. 비록 하나님께서 모든 사물에 각각 고유의 특성을 부여하셨지만, 그러나 하나님의 손으로 인도되지 않는 한 실효성을 발휘하지 못할 것이다."[90]

그러나, 하나님을 최초의 움직이는 동인으로나 혹은 창조의 보존자로 생각하는 것만으로는 충분하지 않다. 그것은 개인들과 국가들의 삶의 모든 순간을 간섭하시는 특별한 섭리의 기능을 무시하는 것이 될 것이다. 1559년에 칼빈은 이렇게 주장하였다. "만일 하나님의 보편적인 섭리가 무엇인가에 대해 다른 관점을 허용하여 이렇게 규정한다면 나는 전혀 비난하지 않겠다. 모든 것을 한 번에 세우실 때와 마찬가지로 이 세상의 운행을 유지하실 뿐만 아니라 모든 피조물을 특별한 배려로 보살피신다는 점에서 만물은 하나님에 의해 다스려진다. 모든 사물은 마치 하나님께서 부과하신 영원한 법칙들에 복종하고 있는 것처럼, 그 본성이 요구하는 대로 어떤 은밀한 인도를 받고 있으며 그것에 의하여 하나님께서 일단 명령하신 것이 자발적인 성향에 의해 운행되어 나간다는 것은 사실이다."

그러나 이것은 철학자들이나 불신자들이 깨달은 단지 사물의 표면적인 면에 불과하다. 실제는 그들이 생각하는 것보다 풍성하며, 자연법의 상호작용은 하나님의 끊임없는 중재를 결코 배제하지 않는다. "하나님의 특별한 섭리를 그렇게 채색하므로 은폐시키고 애매모호하게 만들고자 하는 것은 고집이다. 그것은 성경에서 명백하고도 확실한 증거로써 우리에게 뚜렷이 보여지고 있기 때문에 그것을 의심한다는 것은 이상한 일이다."[91] 따라서 모든 피조물은 하나님과 그의 뜻에 직접적으로 복종한다. 칼빈은 그의 논문「자유사상가들에 대한 반박문」과 그 밖의 다른 곳에서 주장한 것을 거듭 강조하면서, 이러한 것은 특히 인간이 혼자 있을 때나, 사회 속에서나

---

90) *Inst.* I, 16.2. 다니엘서 2장 20-21절에 의해 영감을 받은 아름다운 구절을 보라. *Opp.* 40, 575 ff.

91) *Inst.* I, I6, 4.

모두 다 적용되는 것이라고 단언하였다.

인간 사회는 의식적이든 무의식적이든 언제나 그 역사와 변화를 결정하시는 하나님에 의해 인도된다. 칼빈은 역사, 특히 돌발적인 혁명들도 하나님의 권능에 대해서 특별히 설득력 있는 증거로 보았으니, "이것들은 인간사가 하나님에 의해 인도되고 있음을 명백히 나타낸다."[92] 이러한 조건 아래, 칼빈이 다른 무엇보다도 그 사회, 즉 교회를 하나님의 섭리의 특별한 보살핌의 대상으로 간주한 것은 전혀 놀라운 일이 아니다. 제1권의 17장에서, 그는 하나님의 섭리가 관찰될 수 있는 여러 가지 측면을 거듭 열거하였다:

> 첫째, 하나님의 섭리가 미래와 마찬가지로 과거에도 적용되어야 한다는 것은 주목할 일이다. 둘째, 그것은 만물을 조성하고 인도하며, 때로는 수단의 개입으로, 때로는 수단도 없이, 또 때로는 모든 수단에 역행하여 역사한다. 마지막으로, 그것은 다음의 목적을 깨닫게 하려는 것이다. 즉, 인류에 대한 하나님의 관심이 어떠하신지, 무엇보다도 그가 가지고 있는 최상의 배려로 그의 교회를 얼마나 관심있게 지켜보시는지를 우리는 알아야 할 것이다.[93]

그러나 우리는 교회를 향한 이러한 하나님의 특별한 배려 때문에 교회가 하나님의 섭리의 목표라고 생각하지는 않는다. 그 섭리의 목적은 하나님 자신이시다. 섭리 안에서 그분에 대한 믿음이 우리를 인도한다. "하나님의 섭리가 성도들의 가슴 속에서 비취어질 때, 그것은 성도를 억압하는 공포와 고난으로부터 구원하고, 모든 의심으로부터 해방시킬 것이다."[94]

그러나 하나님의 섭리는 오로지 성도들이나 선택된 사람들에게만 관련

---

92) *Opp.* 40, 577.

93) *Inst.* I, 17, 1; 참조. 17,6: "하나님께서 교회를 거하시는 집으로 선택하셨으므로, 자애로운 보살핌을 특별한 본보기에 의해 나타내시고자 하실 것은 의심할 여지가 없는 일이다."

94) *Inst.* I,17,11.

되는 것은 아니다. 그것은 버림받은 악인들에게도 동등하게 적용된다. 더욱이, 이미 말했듯이 그들을 유익하게 사용하기도 한다. 이 점에 대해 칼빈은 한 장 전체를 통해 역설하고 있다. "하나님께서 악인을 그러한 방법으로 사용하시고, 하나님의 심판을 따르도록 그들의 마음을 움직이시며, 그럼에도 불구하고 하나님은 모든 타락과 부패로부터 떠난 순결하신 분이다."[95] 모든 피조물이 하나님의 손으로 사용하는 수단들로 보여지는 순간에, 하나님께서는 악한 자들을 자신의 섭리의 수단으로 사용하신다는 것이 분명하다.

"우리는 욥기 1장에서, 천사와 마찬가지로 악마 역시 하나님의 명령을 듣기 위해 그 앞에 나왔다는 것을 알 수 있다. 이것은 진실로 다른 의미에서 또 다른 목적에 대한 것이다. 그러나 이것은 하나님께서는 오직 하나님의 뜻대로 모든 것을 이루신다는 것을 보여주고 있다."[96] 그러므로 확실히 하나님의 뜻의 명령에 의해 악마와 악인이 행할 능력을 갖게 된다. 하나님의 계획의 도구로서의 악마의 개입이 성도의 마음 속에서 하나님의 선하심에 대한 의심을 불러일으키지 않고, 오히려 그 속에서 악의 힘이 성도를 위한 위안의 원천으로 하나님에 의해 붙잡혀 있다는 확고한 신뢰심을 칼빈은 이해하였다.

악마와 사악한 무리들이 하나님의 굴레에 의해 하나님의 손에 붙잡혀 있기 때문에 그들은 하나님께서 명령하시지 않는 한, 어떤 악의도 품지 못하고 또 악의를 품었을 때에도 그 일을 저지르거나 그것을 행하기 위해 손가락 하나 까딱할 수 없다. 뿐만 아니라 그들은 속박과 규제로 묶여 있고 굴레의 재갈에 의해 통제되고 있다. 이 사실을 성도가 깨달을 때 성도는 충분한 위안을 얻게 되는 것이다.[97]

---

95) *Inst.* I, 17, 11.
96) *Inst.* I, 18.
97) *Inst.* I, 17, 11.

만일 악인들과 사단이 하나님의 역사에 사용된다면, 우리는 한편으로 하나님께서 악의 창조주이시며 다른 한편으로는 악인들은 하나님의 명령에 따라 수행된 행위에 책임을 지지 않아도 된다고 결론지어야만 하지 않겠는가? 예상대로, 칼빈의 이에 대한 해답은 독창적인 것은 아니다. 그는 악의 발생에 있어서의 하나님의 개입을 강력하게 부정하였고, 그 행위의 전적인 책임을 행악자들에게 돌렸다. 사단과 악인들이 악을 지향한 것은 하나님께서 그들 속에 그것을 뿌리내리셨거나 강요하였기 때문이 결코 아니다. 그것은 그들 스스로가 하나님을 외면하고 사악해졌기 때문이다.[98]

칼빈은 "하나님께서는 인간의 마음 속에서 어떻게 역사 하시는가?"라는 물음을 한 장(章)에서 충분히 그 질문에 답하고 있다. 그는 욥기 1장 17절을 언급하며, 욥의 약대를 탈취한 갈대아인의 악의 행위에서 하나님과 악마와 인간의 3중 개입을 구별하였다. 그는 다음과 같은 뜻밖의 결론에 도달하였다.

> 갈대아인들은, 스스로를 악행에 내맡김으로 인해서, 그들의 영혼과 육신을 타락시켰다. 그러므로 사단은 그 타락한 자들 안에 역사하여 그들 안에 자신의 사악한 통치를 행한다고 말하는 것이 옳을 것이다. 또 하나님의 뜻과 정하심에 따른 분노의 도구인 사단이 하나님의 심판을 집행하기 위해서 여기저기로 악인들을 모는 한 하나님께서는 결코 악인들의 마음 속에서 역사하시지 않는다고 명백히 말할 수 있다 … 나는 모든 역사 속에 나타나는 하나님의 특별한 행위에 대해 논하고 있다. 이것에 의해, 하나님과 악마와 인간의 행위는 동일한 속성을 갖고 있다는 점에 대해서 이론의 여지가 없음을 알 수 있다. 그러나 의도와 수단의 차이로 인해 하나님의 의로우신 심판은 모든 곳에서 훌륭히 빛나게 만드는 반면에, 악마와 인간의 악행은 그 자체의 무질서를 스스로 보여준다.[99]

---

98) 참조. *Inst.* I, 14, 16: "하나님을 외면함으로써 얻은 모든 것은 (사탄 가운데서) 저주를 받을 것이다."

99) *Inst.* 11, 4, 2.

하나님의 정의는 의심할 문제가 되지 않으나, 악인은 전적으로 그 책임을 져야 한다. 왜냐하면 그들은 하나님의 섭리의 계획을 수행하면서도, 개인적인 관심사로 인해 하나님의 계명을 깨뜨리고 있기 때문이다. "하나님께서 악인을 통해 은밀한 뜻 안에서 선언하신 것을 완성시키실 때, 아무리 하나님의 계명에 복종하였다 할지라도, 그들 속에 있는 계율을 사악한 탐욕으로 깨뜨리고 거부하였으므로 용서받을 수가 없다."[100] 이 모든 정교한 논리는 성 어거스틴으로부터 직접적으로 영향을 받은 것이다. 성 어거스틴처럼, 칼빈은 악인들이 악을 범하게 만든 그들 자신의 사악한 의도로 인하여 정죄받게 될 것이라고 선언하였으며, 하나님께서 그들의 악행을 선하신 목적으로 사용하신다는 사실이 그들의 의지의 사악함을 조금도 감소시키지 못한다고 하였다.[101]

그리고 성 어거스틴과 같이, 「강요」의 저자는 유다의 경우를 예로 들고 있다.

참으로 유다에 의해서 저질러진 배신행위에 있어서, 하나님께서 독생자를 죽음으로 인도하려고 하셨고 또 실제로 인도하셨기 때문에 책임을 하나님께

---

100) *Inst.*, I, 18, 4.

101) AUGUSTINE, *Enchiridion ad Laurentium.* XXVI. M.L. XL. 279:(다음은 어거스틴의 원문을 그대로 참조함) "Haec sunt magna opera domini … et tam sapienter exquisitia, ut cum angelica et humana creatura peccasset, id est, non quod ille sed quod voluit ipsa fecisset, etiam per eandem creaturae voluntatem; qua factum est quod creator noluit, impleret ipse quod voluit, bene utens ad malis, tamquam summe bonus, ad eorum damnationem. quos iuste praedestinavit ad poenam et ad eorum salutem, quos benigne praedestinavit ad gratiam … Hoc quippe ipso quod contra voluntatem fecerunt eius, de ipsis facta est voluntas eius … Nam deus quasdam voluntates suas, utique bonas, implet per malorum hominum voluntates malas,sicut per iudaeos malevolos bona voluntate patris pro nobis Christus occisus est."

전가시키는 것은 유다에게 우리의 구원과 구속에 대한 상을 주는 것과 마찬가지로 타당하지 못한 일이 될 것이다. 그는 악행의 사자이며 수단일 뿐이었다.

제3장

예수 그리스도 안에서의 구속자 하나님

I. 인간과 죄에 대한 지식

인간은 오로지 성경에 계시된 예수 그리스도를 인하여 하나님을 알 수 있다. 이와 유사하게, 인간은 오직 성경이 제시하는 거울을 통해서만 자신을 돌아봄으로, 자신의 상황과 자신에 대한 참된 지식을 가질 수 있게 된다. 우리가 이미 살펴본 바와 같이, 바로 이 성경은 아담을 창조하신 하나님의 형상과 인간 본래의 순결한 상태에 대하여 우리에게 빛을 비쳐준다. 이제, 우리는 인간의 이러한 최초의 모습이 오늘날의 상황과 매우 상이하다는 것을 인정하지 않을 수 없다. 그러나 우리는 오직 인간의 지적 능력만 남겨진 상황에서 그러한 상이점의 원인을 발견할 수 없게 되었을 뿐만 아니라 그 정도에 대해서도 충분히 알 수 없다.

그런데 다시 한 번 강조한다면, 바로 성경이 타락의 전말 속에서 그 이유를 우리에게 알려주었고, 아담의 잘못이 전인격적이며, 각 사람마다 끼친 영향을 측량할 수 있게 해 주었다. 성경의 증거는 우리로 하여금 인간의 이성은 손상되었고, 인간의 마음은 매우 사악하여서 죄밖에 범할 수 없게 되었다는 사실을 인정하지 않을 수 없게 한다. 타락으로 인하여, 우리는 창조의 직접적인 목적이 되는 특권을 상실하였다. 인간이 스스로에게 기대하였던 하나님의 형상은 파괴되고, 삭제되었으며, 칼빈의 사려깊은 표현

양식을 빌리자면, "인간은 너무 심각하게 타락하여, 남은 것이라곤 오직 끔찍하고 추악한 모습뿐이다."[1]

여기서 칼빈은 다시 악의 기원의 문제에 직면하게 되었음을 스스로 깨달았다. 모든 피조물은 하나님에 의해 지배되므로 하나님께서 그 존재를 지속적으로 허락하시지 않았다면 무(無)로 돌아갔을 것이라고 깨닫는 순간, 인간의 타락은 논리적으로 볼 때, 하나님의 뜻에 따른 결정에 관계된 것처럼 보인다. 반면 칼빈은 모든 피조물은 창조주의 손에서 창조되었을 때, 선하다는 성 어거스틴의 견해에 동의하고 있다. 그러므로 피조물이 타락하였다면 하나님께서 그렇게 행하도록 의도하셨기 때문이다. 칼빈은 이 것을 부인하려고 시도하지 않았다. 그러나, 동시에 인간의 전적인 책임을 설명하는데 주력하였다. 사실, 그 본래의 순결한 상태에서의 인간은 "원하기만 한다면 영생을 얻을 수 있었던 자유로운 선택을 소유하고 있었다 … 그러므로 아담이 오직 스스로의 의지로 인하여 실족하였던 점에 비추어 볼 때, 그가 원하기만 하였다면, 최초의 상황을 지속시킬 수 있었을 것이다. 그러나 아담의 의지는 선 혹은 악으로 향하기 쉬운 경향이 있었으며, 견뎌내는 일관성이 주어지지 않았으므로 그가 그렇게 쉽게 또 빨리 타락하게 된 것이다."[2]

하나님께서 아담에게 인내의 선물을 주시지 않았던 이유에 대해서는, "그것은 하나님의 은밀한 뜻 속에 숨겨져 있는 비밀이며, 우리의 의무는 오직 겸손 가운데서 그것을 알지 못하는 것이다." 하나님께서 아담에게 선택의 자유를 주시고 아담의 타락을 묵인하시면서까지 스스로를 제한하신

1) *Inst.* I, 15, 4. 이 점에 있어서, 칼빈이 얼마나 루터 사상의 전반적인 노선을 고수하는가에 대해서는 언급할 필요가 없을 것이다. 개략적인 문제에 대해서는 참조. DOUMERGUE, op. cit., vol IV, pp. 137 ff; A.LECERF, *Le Déterminisme et la responsabilité dans ie système de Calvin*, Paris, 1895, pp. 35 ff.; WERNLE, op. cit, pp. 189 ff.; NIESEL, *Opp.* cit., pp. 75-85; W. A. HAUCK, *Sünde und Erbsünde nach Calvin*, Heideiberg, 1939.

2) *Inst.* I, 15,8. 참고. NOESGEN, 'Calvins Lehre von Gott', pp. 706 ff.

제3장 예수 그리스도 안에서의 구속자 하나님 *221*

것으로 보인다.[3] 다른 논문에서 칼빈은 그의 일반적인 가르침을 더욱 논리적으로 다루고 있는데, 그는 모든 사건들을 하나님의 특별한 뜻으로 돌리고 있다. 그의 「예정론」(*Treatise on Predestination*)에서 그는 이렇게 쓰고 있다.

　확실히 성도들은 이 두 가지 점에서 서로 의견이 일치되고 있다. 인간의 상태는 창조할 때 매우 잘 구성되었으므로, 자기 스스로의 의지에 의한 타락과 실족은 자신의 파멸의 원인이 되었다는 것이다. 그리고 하나님의 탁월한 지혜에 의해 아담이 이와 같이 정하여졌다 하더라도, 아담의 자발적인 파멸은 모든 인류가 겸손해야만 하는 이유가 된다는 점이다. 왜냐하면 비록 하나님께서 이 모든 것을 계획적으로 이루셨지만, 그렇다고 해서 선한 천성을 부여받고 하나님의 형상으로 구성된 인간이 자신의 과실에 의해 파멸된 것이 아니라고는 할 수 없다. 나는 하나님을 조롱하는 자들과 백성들을 타락시키려고 제시되는 모순과 자가당착이 무엇인가에 대해서 너무나 잘 알고 있음을 다시 한 번 말하고 싶다.[4]

　죄의 가장 근본적인 요소는 아담의 죄에 있어서 그 동기 속에 들어 있다. 칼빈은 그것을 교만으로 혹은 더 엄밀하게 말하면, 성 어거스틴이 발견한 이기적인 자애라기보다는, 오히려 교만과 함께 결합한 불신앙으로 보았다. 하나님 앞에서의 겸손이 하나님께 대한 바른 태도인 것과 같이, 죄란 자만에 의해서 부추겨진 불순종으로 특징이 드러난다. 그러나, 죄의 문제를 떠나서라도, 이 교만은 더욱더 그릇되었고 비난받아 마땅한 것이니, 인간의 연약함과 불행은 그로 하여금 하나님의 권능과 자비에 전적으로 의지하도록 만들기 때문이다. 여기서 칼빈은 루터가 초기의 저서에서 주장한

---

3) Cf. LUTHER, 「노예의지론」(*De servo arbitrio*), W. A. 18, p. 708: "Sed mox sequitur, quomodo sit hot ctus malus, desertus a Deo ac sibi relictus…" p. 712 : "[Deus] permisit Adam ruere … Deus est, cujus voluntatis nula est causa nec ratio."

4) *Opp.*, 8, 294f.; *Opusc.*, 1432.

인간의 무가치함에 대한 선언을 새롭게 상기시켜 주는 표현을 사용하고 있다. 외견상으로는, 칼빈이 타락 이전의 인간의 특별한 자질과 하나님께서 인간에게 부여했던 특권들에 대해서 그가 주장했던 것과는 모순되는 주장을 하는 것처럼 보인다.

그러나 사실은 그렇지 않다. 아담이 하나님의 형상으로 창조되었다는 것은 분명하다. 그는 선한 일을 할 수 있었으나, 그는 자신의 능력으로 할 수 있는 것을 하지 않았고, 하나님이 주신 은혜와 도우심에 감사를 드리지 않았다. 이 점에 있어서 그가 자랑할 이유는 전혀 없는 것이다. 칼빈은 이렇게 설명한다: "이것은 주목할 만한 일이다. 아담이 흙으로 창조되었을 때, 그것은 그가 스스로 자만하지 않도록 견제하기 위한 것이었다. 왜냐하면, 우리가 오물과 진흙 속에서 살고 있을 때, 아니 우리 자신이 부분적으로 흙과 먼지에 불과한 상태에서 인간의 존엄성으로 우쭐한다는 것보다 더 모순된 행위는 없기 때문이다."[5]

그는 좀더 덧붙여 이렇게 말하고 있다. "인간에게 가장 고결한 영광과 가치가 부여되는 때는, 성경이 인간에 대해 하나님의 형상으로 지음을 받았다고 할 때이다. 인간의 풍요롭게 되는 것은 자신의 의로움에 의해서가 아니라, 그의 복은 하나님 안에 그가 함께 하는 것이라는 의미이다."[6]

칼빈이 자신의 책을 수정하고, 자신의 사상을 보다 강하게 다지게 되면서, 그는 인간의 비극을 지적한 구절들을 계속해서 강조하였다. 타락 이전에라 하더라도 인간이 좀더 연약하여 질수록, 또한 타락 이후 인간의 상황이 보다 비참해질수록, 칼빈은 그들의 중생을 가능하게 만드는 은혜의 무한하심에 대해 극대화하고자 하였다.

참으로 그는 1559년에 이르기까지 더 확고히 선언하였던 것이다. "우리의 영혼 속에서 가장 고결하고 가장 가치있다고 여겨지는 것은 그것을 반영하는 존엄성이 무엇이든지 간에, 깨어지고 상처를 입었을 뿐만 아니라

---

5) *Inst.* I, 15, 1.
6) *Inst.* II, 2. 1.

파괴되었다."[7] 그리고 루터로부터 인용한 용어를 사용하여서, 그는 타락의 결과가 어떻게 인간의 마음 속에 있는 선을 망쳐 놓았을 뿐만 아니라, 우리로 하여금 계속적으로 죄를 범하게 만드는가에 대해서 설명하였다.

그 사악함은 우리 안에서 결코 태만하게 놀고 있지 않으며 끊임없이 새로운 열매를 맺고 있다. 즉, 우리가 방금 설명한 바, 육신의 활동들이 그것이다. 그것들은 마치, 끊임없이 불꽃과 화염을 뿜어내는 불타는 용광로 같고, 물을 뿜어내는 샘과 같다. 그러므로 원죄란 인간의 마음 속에 있어야 했던 근본적인 정의의 결핍이라고 규정한 사람들은, 그들이 비록 이러한 말로 모든 실체를 이해하였다고 할지라도, 그것의 힘에 대해 충분히 표현하지는 못하였다.[8] 왜냐하면 인간의 본성은 결코 공백이 있거나 결핍된 상태가 아니라 모든 종류의 악이 가득 들어차서 활동하지 않은 상태로 가만있지 못하는 것이다.

칼빈은 이미 이러한 악의 경향을, 성 어거스틴처럼, 정욕과 동일시하였다.[9] 부언하자면, "인간의 모든 부분은, 이성으로부터 의지까지, 영혼에서부터 육체까지, 모두 타락하여서, 전부 다 그러한 정욕으로 가득 차 있다."[10]

그러므로, 이성과 의지는 모두 죄에 의해 더럽혀졌다. 특히 의지는 더 이상 악에 대항하여 더 이상 투쟁할 수가 없게 되었다. 그러나, 타락 이후일지라도 이성과 의지는 최소한 인간을 동물과 구별짓기에 충분할 정도로는 존속되어 왔다. 타락한 인간과 관련하여, 루터가 이성에 의존하는 행위와 영적 문제를 구별지었듯이,[11] 칼빈 역시 자신의 입장에서, '하나님의 나라에 의존하지 않는 외면적인 문제들'과 '하나님의 영적 은혜에 속해있는

---

7) *Inst.* II, 1, 9.

8) 이 비유는 스콜라철학자들 특히 유명론자들에 대한 것이다.

9) AUGUSTINE, *Contra duas epistolas Pelagianorum*, i, 13, 27, M. L. XLIV, 563: *Contra Julianum*. 1, 72, M. L. XLV. 1097.

10) *Inst.* II, 1, 8.

11) 참고. 루터의 다른 해설 구절들 중. 출애굽기 18장에 대한 설교. W. A. 16, p. 354와 요한복음 1장 8절에 대한 주석. W. A. 46, p. 587.

참된 정의'[12] 간의 구분을 확립하였다. 2권의 2장에서, '인간은 자유의지가 결여되어 있고, 불행하게도 모든 악에 굴복한다'는 주제를 확립하는데 상당히 긴 논증을 하면서, 칼빈이 자신이 첨가한 것이 아주 중요하다는 것을 입증하였다. 그는 "죄로 인하여 인간에게 있는 자연적 은사는 파괴되었고, 초자연적인 것도 함께 소멸되었다"[13]고 말한 어거스틴의 유명한 문구를 그대로 채택하였다.

여기서 초자연적인 은사들이란 무엇으로 이해해야 하는가? 칼빈은 그것은 "믿음의 순수성과 같은 것이요, 천국의 생명과 영원한 지복(至福)에 속하는 완전함과 의로움"이라고 말한다. 그러나 이러한 영적 은혜를 상실한 인간은 스스로의 행위에 의해 천국의 일로부터 거부당하고, 더 이상 그것을 이해할 수도 없게 되었다. 믿음, 하나님의 사랑과 이웃의 사랑, 거룩함에 대한 동경, 이 모든 것들이 인간에게는 완전히 낯선 것들이 되었다. 반면 자연적 은사들은 완전히 소멸된 것은 아니었다. 하지만 이것 역시 그 효력을 상실하고 말았다.

이러한 현상은 특히 의지의 경우에 있어서 한층 명백하게 나타난다. 타락 이후 인간은 "의지가 박탈된 것은 아니나 건전한 의지가 결여되었다."[14] 의지 그 자체와 선한 혹은 악한 의지간의 구별이 조심스럽게 다루어져

---

12) *Inst.* II, 2.5:"현세의 일에 대한 심판은 성도들이나 불신자들에게 공통된 것이다" (욥기 28장 1-9절에 대한 설교, *Opp.* 34, 504),

13) *Inst.* II, 2, 12. 참고. 요한복음 1장 5절에 대한 주석, *Opp.* 47. 6과 PETER LOMBARD, *Sent.* II, dist. 25, 8: "Naturalia bona in ipso homine cormpta sunt et gra tuilta detracta … Vulneratus quidem in naturalibus bonis quibus non est privatus, alioquin non posset fieri reparatio; spoliatus vero gratuitis quae per gratiam naturalibus addia fuerunt."

14) *Inst.* II, 3, 5; 참고. H. BARNIKOL, *Die Lehre Calvins vom unfreien Willen.* 이 주제와 관련하여, 특히 흥미있는 것은 저자가 루터와 멜란히톤과 부처를 각기 비교한 점이다. 또, F.KATTENBUSCH는 그러한 의지와 자유 의지간의 구별의 중요성을 그의 저서 *Theologische Studin und Kritiken*편에서 지적하였다. 1931, pp. 129 ff.

야 하겠다. 본래의 완전한 상태에서, 아담의 의지는 자신의 뜻대로 행사할 수 있었을 뿐만 아니라, 선 혹은 악 어떠한 방향으로도 지향할 수 있었다. 그러나 타락 이후, 인간은 하나님의 은혜의 도움 없이는 선을 행할 자유의 지를 소유하지 못하게 되었다. [15] 첫번째 제네바의 요리문답에 칼빈이 사용한 용어를 인용한다면, [16] 인간은 타락의 때로부터 죄의 노예가 되었는데, 그 의미는 인간의 영혼이 하나님의 의로우심으로부터 완전히 소외되어서, 악하고 뒤틀어지고 간악하고 불결한 것이 아닌 그 어떠한 것도 알지 못하고, 원하지도 않으며, 착수할 시도조차 못하게 되었다. 1539년판 「강요」에서 그는 자신의 주장을 완벽하게 종합한다고 생각한 성 버나드(St. Bernard)의 선언을 주장하였다: "단순하게 의도하는 것이 인간이다. 나쁜 의지는 파괴된 본성에 속한 것이고, 선하게 의도하는 것은 은총에 속한 것이다." [17]

그러나 인간이 범죄하는 순간 이후부터 악 이외에는 다른 어떠한 것도 행할 수 없었다면, 인간의 책임에 대해 논한다는 것은 부당하고 모순된 행위라고 할 수 있지 않겠는가? 이 점에 대해 칼빈은, 경험이 이러한 죄가 진실로 우리 자신의 죄라는 것을 인간에게 가르쳐 준다고 답변하였다. 우리가 죄를 범할 경우, 우리는 강요에 의해서가 아니라 우리 자신의 뒤틀리고 악한 의지의 힘에 의해서 자발적으로 행하게 된다는 것이다. 즉 나중에

---

15) *Inst.* 2, 6.

16) *Opp.* 22, 36.

17) *Inst.* II, 3, 5. 참고. ST. BERNARD, *Tractatus de gratia et libero arbitrio* VI, 16, M. L. CLXXXII, 1010: "Velle siquidem inest nobis ex libero arbitrio, non etiam posse quod volumus. Non dico velle bonum, aut velle malum: sed tantum velle. Velle etenim bonum, profectus est: velle malum defectus. Velle verum simpliciter, ipsum est quod vel proficit, vel deficit. Porro ipsum ut esset, creans gratia fecit: ut proficiat, salvans gratia facit: ut deficiat ipsum se deficit." 여기서, 이 견해와 칼빈의 견해 사이에는 약간의 차이점을 발견할 수 있다.

변명을 할 수 있는 외부적인 강제력이 아니라 우리 자신의 내부에 있는
필연적인 것에 굴복하고 마는 것이다. 인간에게 자유의지가 있다는 이러한
논증은 '궤변론자', 다시 말하면 스콜라신학자들에 의해서 주장되었다.

그러나 그런 용어는 칼빈이 좋아하지 않았다. "그토록 하찮은 일에 그렇
게 당당한 이름을 붙인다는 것은 얼마나 우스꽝스러운 일인가!"[18] 무엇보
다도, 이러한 표현은 그에게 있어서는 애매한 것이며 또 잘못을 관대하게
보려는 것과 같았다. 또한 그는 자유의지를 전적으로 부인하는 루터를 따
르기를 좋아했다. 그리고 루터가 「노예의지론」(De servo arbitrio)에서 했
던 것처럼, 그도 역시 필연과 강제 사이의 구분을 두는 것을 옹호하였
다.[19]

"우리는 이 구분을 준수해야만 한다. 즉 타락에 의해 파멸된 후에, 인간
은 자신의 양심의 저항 없이, 또한 강요에 따라서가 아니라, 자발적으로 죄

---

18) *Inst.*, II, 2, 7.

19) LUTHER, *De servo arbitrio*, W.A. 18, 634: "Nonne clare sequitur,
dum Deus opere suo in nobis non sdest, omnia esse mala quae facimus, et
nos necessario operari quae nihil ad salutem valent? … Necessario vero
dico, non coacte, sed ut illi dieunt, necessitate immutabilitatis, non
coachonis, hoc est, home cum vacat spiritu Dei, non quidem violentia,velut
raptus, obtorto collo, nolens facit malum sed sponte et libente voluntate
facit." 참고. J. VON WALTER, *Die Theologie Luthers*, pp. 160 ff. 부처는
성 어거스틴과 성 토마스 아퀴나스(St. Thomas Aquinas)에 입각하여, '자유 의
지'라는 용어를 사용하였다. 참고. *Metaphrases epistolarum Pauli*, 1536, pp.
400 f. 그러나, 그 역시 necessitas와 coactio간의 구별을 당연히 주장하였다.
Ibid, p. 360: "Libertas siquidem arbitrii est, facultas ex proprio arbitri, sine
ulla coactione agendi quod videtur, sine coactione inquam, non sine
necessitate Deus siquidem necessario vult quae recta sunt, nec potest
diversum velle, et tamen libertatem habet arbitrii summam: et nos tum
demum plenam libertatem habebimus quando non poterimus velle quae
mala sunt, et necessario volemus quae unt."

를 범하였다: 강요나 폭력에 의해서가 아니라 강한 죄의 성향으로 인간은
죄를 짓는다 … 그럼에도 불구하고 인간의 본성은 매우 사악하여서 오로
지 악으로만 움직여지고, 인도되고, 이끌려간다."[20] 우리의 본성이 복종하
는 필연법칙은 절대적인 일반 법칙이며, 그것은 인간에 못지 않게 하나님
에게도, 악마에게도 적용되는 것이며, 모든 강제로부터 명백히 구별되는
것이다. "만일 하나님의 뜻이 선을 행함에 있어서 인간을 자유롭게 방해하
지 않고 행동하게 하는 것이라면, 인간에게 있어서 선행은 필수적인 것이
다. 만일 악마가 자발적으로는 악을 행하는 것에서 벗어날 수 없다면, 비록
그는 죄악을 제외하고는 아무것도 할 수 없겠지만, 인간이 죄의 필연성에
복종하는 것이기 때문에 인간의 죄가 자발적이 아니라고 그 누가 주장할
수 있겠는가?"[21]

그렇다면 이상의 논쟁에서 다음과 같은 결론을 내리게 된다. 그리스도는
인간에게 구원을 주심에 있어서 우리를 모든 외부적인 압력으로부터 자유
롭게 하시는 것이 아니라, 우리의 일그러진 의지를 교정하고, 의를 향하도
록 인도함으로써, 우리 스스로의 선한 본성을 회복시키시는 것이다. 이러
한 중생의 역사는 오직 선택된 자들에게만 주어지는 것이다. 그러나 그들
역시 버림받은 인간들과 마찬가지로 회심 이전까지는 죄에 전적으로 복종
하였던 인간이다. 회심은 문자 그대로의 의미로 사용되었다. 회심이란 원
죄의 지배에서 인간을 자유롭게 하는 의지의 전환을 의미하는데, 그것은
인간의 세속적인 삶이 지속되는 한, 완전한 것으로 간주되기 힘든 그러한
성격으로 극히 점진적으로 이루어지는 것이다. 이러한 의지는 결코 소멸되
지 않는다.

"의지는 새롭게 창조된다. 회심이란 이제야 비로소 하나의 의지가 되기
위해서가 아니라 악한 의지에서 선한 의지로 변화한다는 뜻에서 새롭게
창조되는 것을 말한다."[22] 그러나 이것은 "견인 속에서 우리를 확신시킴으

---

20) *Inst.*, II, 3, 5.
21) Ibid.

로써" 구세주께서 장차 완성하실 일에 대한 시작에 지나지 않는다. 믿음에
의해 그 확신이 주어진 자는 그의 선택됨을 깨닫기 위해 죽을 때까지 죄
에 대항하여 전심전력으로 싸워야 하고, 더욱더 투쟁하여야 하는데, 그것
은 끊임없이 재발되는 죄가 자발적으로 범해지는 것임을 알기 때문이다.

하지만 타락한 인간성의 이와같은 근본적인 사악함에도 불구하고, 칼빈
은 그 자체로 볼 때에는 결코 나쁘지 않은 인간의 행위가 있음을 인정하
였다. 이 세상에는 칭찬 받을 만한 일들을 성취한 사람들도 많다. 이것은
그 사람들이 선하다는 것이 아니라 단지 하나님께서 그들에게 특별한 은
사들을 주셨음을 의미하는 것일 뿐이다. 칼빈은 우리가 대표적인 이단자들
의 저서를 다루면서 곧 깨닫게 될 저자[어거스틴]와 관련성을 갖고서 해
답을 제시하고 있다. 그는 지적인 분야보다는 도덕적인 분야에 더 엄격한
비판을 나타내고 있는데, 그것은 놀랄 만한 일이 아니다. 왜냐하면 이성은
의지보다 인간의 타락으로 인해서 덜 손상을 입었기 때문이다. 어떻든 간
에, 그는 이단자들의 덕행은 악이나 다름없다는 성 어거스틴의 견해를 지
지하는데 주저하지 않았다.[23] 확실히 그는 악행자들 모두가 타락의 정도에
서 동일하다고는 생각하지 않았었고, 더 정확하게 말하자면 그 행악자들의
행동들에 대한 가치를 구분하였지만,[24] 그러나 그들은 결국 타락한 인간에
지나지 않는 것이다.

우리는 「강요」에서 다음과 같이 읽을 수 있다. "역사적으로 유명한 모든
영웅들과 인물들을 일으키신 것들이 확실히 하나님의 사역을 보여주는 것

---

22) *Inst.* II, 3, 6.

23) AUGUSNNE, *Contra Julianum,* IV. 3, 25, 26과 32. M. L. XLIV, 750
ff.

24) *Inst.* II, 3, 4: "카밀루스(Camillus)의 덕행은 하나님의 은사들이며, 그 자
체로 평가해 볼 때는 가치있는 것이지만, 그 사람의 본성이 순결하다고 하는 것을
그 행동들이 어떻게 나타낼 수가 있겠는가?" 참고. AUGUSTINE, op. cit. IV, 3,
25. M. LXLIV. 751: "Minus enim Fabricius quam Catalina punietur, non
quia iste bonus sed quia ille magis malus."

이라고 한다면, 하나님께서 고결하게 일으키는 모든 사람들에게는 독특한 미덕을 부여하셨다. 일반 서민들의 사적인 생활에서도 이것은 틀림없는 사실이다. 그러나 우수한 지위에 오른 사람들 각자가 자기의 야심에 의해 움직여진다면, 이 오점이 모든 미덕을 오염시켜서 하나님 앞에서 더럽혀지고 빛을 잃게 되기 때문에 세속적인 사람들 속에서 칭찬을 받을 것으로 나타나는 것은 어떤 것이든지 무가치한 것으로 간주되어야 마땅할 것이다."[25]

역사상 우리가 찬양하는 위대한 인물들의 모든 훌륭한 미덕의 초자연적인 가치는 무가치하며 공허한 것이다. "그들이 의로움을 인정받기 위해서 하나님의 심판의 보좌 앞으로 나아갈 때, 그들은 지푸라기만큼의 가치도 지니고 있지 않음이 드러날 것이다." 칼빈의 이와 같은 생각은 츠빙글리나 다른 인문주의자들의 생각과 얼마나 큰 차이가 있는가에 대해서는 언급할 필요가 없을 것이다. 츠빙글리는 이교도들의 미덕과 직관력이 하나님으로부터 비롯되었다고 하면서, 이러한 모든 것들이란 그들이 택함을 받은 표적들로 보고자 했던 것이다.[26]

타락한 인간의 출입이 금지된 천국이란 영적인 사건들의 영역이긴 하지만, 지상의 사건들과 낮은 세상의 것들을 배제하지는 않는다. "인간의 지성이 어떤 연구에 드려질 때, 그것은 전혀 헛된 수고가 아니요, 유익이 없는 것도 아니다."[27] 칼빈은 타락한 인간의 영적인 불행을 매우 비관적으로 묘사한 후에, 세상의 관심사를 다루면서는 인간에 대한 색채를 훨씬 덜 염세적으로 그려 나갔다. 그때까지 그의 내면에서 잠자고 있던 인문주의자가 갑자기 깨어나서 우리를 놀라게 하였던 것이다.

---

25) *Inst.* II, 3, 4, 참고. LUTHER, 창세기 8장에 대한 주석. W. A. 2, 350: "Hos divinos motus magnorum hominum corrumpit postea in ethnicis gloriae studium et ambitio"

26) ZWINGLI, *De Providentia*, edit, Schuler and Schulthess, 4권. p. 123.

27) *Inst.* II, 2, 13.

그러나 무엇보다도 먼저, 그가 이 세상적인 관심사로 인해서 무엇을 깨닫고 있었는가? 칼빈은 이렇게 기술하고 있다. "내가 말하는 세상적인 것들이란, 하나님과 하나님의 나라에는 전혀 관련이 없고, 미래의 생명의 불멸성과 참된 의로움과도 전혀 관계가 없는 것으로, 오로지 현세의 삶에만 속해 있고, 삶의 한계에 한정된 것들이다 … 그 첫 단계에 정치적 정책이나 주택관리, 기계공학, 철학과 일반 교양이라 불리는 모든 학문이 속해 있다."[28] 그리고 인간은 사회 속에서 살고자 하며, 법에 의한 통치를 받아들이는 선천적인 경향이 있음을 보여주고자 했다: "모든 인간은 내면적으로 정치적 질서의 씨를 소유하고 있는데, 현세의 삶의 통치와 관련된 이성의 빛이 그 누구에게도 결핍되지 않았다는 것을 강하게 주장하는 말이다."[29]

기술 과목들과 교양과목에 관해 말한 다음에, 칼빈은 다음과 같이 결론 지었다: "이런 예들은 모든 인간의 내부에 선천적으로 새겨진 이성의 어떤 보편적인 이해력이 잠재해 있음을 보여주는 것이다." 어쨌든 그것은 인간으로부터 어떤 지성도 박탈하기를 원하지 않는 하나님의 은혜의 또 다른 증거이다. 이것은 철학자들의 경우에 더욱더 그렇다: "우리가 이교도의 저서들 속에서 감탄할 만한 진리의 빛을 발견하게 되는데 그 저서에 나타난 것을 보면서, 비록 인간의 본성이란 완전한 상태로부터 타락하고 부패하였을지라도 여전히 하나님의 많은 은사들로 장식되어져 있다는 것을 깨달아야 한다. 만일 하나님의 영이 유일한 진리의 원천이라고 인정한다면, 성령께 불명예를 돌리지 않으려고 하는 한, 우리는 그 진리가 어느 곳에서 나타나든 결코 경시해서는 안될 것이다. 왜냐하면 성령의 은혜를 멸시하는 것은 곧 성령 자신을 경멸하고 멸시하는 것이다. 그러나 오늘날 우리는 옛 법률가들이 정당한 질서나 공정한 집행을 행함에 있어서 대단히 합리적이고 신중하였다는 사실을 부인할 수 있겠는가? 또 본성의 비밀들에 대한

---

28) 이와 유사하지만 보다 철저한 루터의 견해에 대하여 참조해 보자. 참고. KOESTLIN, *Luthers Thologie*, 2권, pp. 50 f.

29) *Inst.* II, 2, 13.

끊임없는 연구와 기록에 있어서 철학자들이 지나치게 무지했었다고 말할 수 있겠는가? 논리적으로 말할 수 있도록 논쟁의 기술을 가르쳐 준 학자들의 지식이 부족하였다고 말할 수 있겠는가? 그들은 어리석은 자들이라고 다른 학문들을 들 수 있겠는가? 이와는 정반대로 우리는 이 모든 주제에 관해 저술된 책들을 읽으면서 경탄하지 않고서는 도저히 읽을 수 없는 것이다."[30]

그러나 이러한 인간 정신의 결과에 의해 드러난 경이는 그것을 창출해 낸 저자들이 아니라, 그들의 내면적 원천인 하나님께로 돌려져야 한다. 어떤 이교도들이 철학이나 법률 혹은 의학이 하늘에서 부여된 선물임을 인정하지 않았는가? 그리스도인은 그렇게 생각하지 않을 수 없는 위대한 명분을 갖고 있다. 역사적으로 위대한 공적에 관한 문제에서 그러하였듯이, 여기서도 칼빈은 역시 그러한 인간의 업적을 단지 하나의 수단에 불과한 인간으로부터 분리시켰다. 그는 옛 선인들의 지혜와 지성을 하나님께 돌림으로써, 인간의 탁월한 저술 활동에 대한 놀라운 경이를 아담의 타락으로 초래된 인간성의 타락 교리에 조화시킬 수 있다고 믿었다. 그리하여 칼빈은, 츠빙글리처럼 원죄의 결과를 극소화하지 않고, 오히려 이교도의 보화에 대해서 주장한 취리히의 개혁자가 가졌던 이해를 여전히 갖고 있음을 보여주면서도, 원죄의 결과에 대해서 상상을 초월하는 강한 주장을 견지하였던 것이다.

원죄에 의해 제시된 많은 고전적인 문제 중에서, 그 원죄가 전달되는 방법에 대한 문제는 별개의 문제로 대두되고 있다. 모든 아담의 후손에 있어서 원죄의 심각성과 그들에게 부과된 책임은 대체로 이러한 문제에 대한 해답에 따라 결정된다. 왜냐하면 이러한 원죄가 일종의 자연적인 유전에 의해 전해진다면, 그 책임은 상당히 감소되어야 하기 때문이다. 어떤 이는 츠빙글리의 주장처럼, 일종의 유전병으로 원죄를 설명하려고 할 것이다. 우리는 칼빈이 결코 그러한 관점을 용납하지 않았음을 생각해야만 할 것

---

30) *Inst.* II, 2, 15.

이다.[31] 또한 그는 원죄의 전이란 오직 모든 인간에게 신중하게 선고된 하나님의 심판으로 설명될 수 있다고 주장하였다. "전 인류가 아담의 인격 안에서 타락되었다는 것은 하나님의 법칙들에서 그러하듯이 유전으로부터 나온 것이라고 보아서는 안된다. 하나님은 그 한 사람 안에서처럼 우리 모두에게 모든 것을 풍부하게 주시듯이, 또한 그 한 사람으로부터 우리의 모든 것을 취하시는 분이기 때문이다. 그러므로 우리는 각 개인이 부모로부터 악과 타락을 물려받았다기보다는 아담에 의해 모두 함께 타락되었다고 말할 수 있을 것이다."[32]

아담은 사실상 전 인류를 대표하는데, 그의 인격 속에 되어지므로, 따라서 각 개인은 아담과 동등한 입장에서 동시에 정죄받게 되었다.[33] 이러한 주장을 한 걸음 더 발전시키면서 칼빈은 인간이 자신이 범하지 않은 죄로 인하여 고통받고 있다는 반론이 일어날 것을 예상하였다. "마치 우리가 아

---

31) 칼빈은 츠빙글리파의 교리 가운데 한 가지를 상기시키는 용어들을 항상 똑같이 사용하였다. 예를 들면, *Inst.* I, 18, 8: "최초의 상태에서의 아담은, 유전적인 병처럼 타락과 부패의 상황에서 출생하는 후손들과는 매우 다른 인간이었다." 그러나, 라틴어판에서는 'Haereditariam labem' 이라는 보다 중립적인 용어로 표현하고 있다. 참고. ZWINGLI, *De vera et falsa religione* (*Corp. Reform.* vol. XCII, pp. 371 ff.): "Morbi autem vocabulo hic non utimur ad iuris consultorum normam- sed quatenus cum vitio coniunctus est, eoque perpetuo ··· Quod maJum naturalem defectum solemus Germanice 'ein natürlichen pärsten' adpellare, quo nemo vel peior, vel sceleratior existimatur. Non enim possunt in crimen aut culpam rapi. quae natura adsunt."

32) 요한복음 3장 6절에 대한 주석. *Opp.* 47, 57.

33) *Inst.* II, 1, 7: "우리는 여호와께서 인간에게 주시고자 하셨던 은혜와 특전을 아담을 통해 부여하셨다고 깨닫는 것에 그쳐서는 안된다. ··· 타락은 육신과 영혼의 본질에 그 근본적인 원인이 있는 것이 아니고, 최초의 인간에게 주신 은혜는 그가 스스로 그것을 지키거나 혹은 잃어버릴 수 있는 그 자신의 소유라는 하나님의 명하심 속에 있는 것이다."

무런 것도 갖지 않은 채, 아담의 죄를 보상하도록 그저 다른 사람의 과실로 인하여 이러한 의무가 부과되었다는 식으로 말해서는 절대로 안된다. 아담으로 인하여 우리 모두가 하나님의 심판을 받아야 한다는 말은, 우리가 결백하다거나 또는 어떠한 벌을 받을 근거가 없음에도 불구하고 아담의 죄에 대한 부당한 결과를 감수하고 있다는 의미가 아니라, 그의 범죄로 인하여 우리 모두가 저주에 빠졌고 모든 인간은 죄책 아래 놓이게 되었다는 의미인 것이다."[34]

따라서 어린아이까지도 죄에서 면제될 수는 없다. 이러한 관점에 따라 펠라기우스를 반대하는 성 어거스틴의 이론을 재현하였다.[35] "어린아이들 역시 다른 사람의 죄가 아니라 자기 자신의 죄로 정죄 받는다. 비록 그들 자신이 부정의 열매를 스스로 생산한 것은 아니지만, 그들의 내부에는 죄의 씨가 숨겨져 있다. 뿐만 아니라 그들의 본성 자체가 죄의 씨앗이다. 그러므로 그들은 하나님의 분노에서 제외될 수 없다. 따라서 그러한 악이 하나님 앞에서 죄로 간주되어야 하는 것은 확실히 정당하고 적절한 결론이 된다. 그러므로, (칼빈은 훌륭한 법학자로서 덧붙인다) 죄가 없다면, 인간은 정죄를 받지 않게 되었을 것이다."[36]

II. 율법

타락한 인간은 전혀 어떤 선도 행할 수 없으니, 그것은 자신의 죄로 인하여 스스로 하나님으로부터 떨어지고 또 멀리하는 것이다. 그러나 하나님께서는 인간에게 무관심하시지 않으셨다. 하나님의 율법을 인간들에게 계

---

34) *Inst.* II, 1, 8.

35) AUGUSTINE, *De peccatorum meritis et remissione*, i. 25와 34: iii, 7, MLXLIV, 123, 128 f., 189 f.: *De anima et eius origine*, IV, 11, 16. M. L. XLIV. 535; *Contra Julianum*, V, 11, 44. M. LXLIV, 809.

36) *Inst.* II, 1, 8.

시하심으로써 인간과의 관계를 재확립하시고자 하셨다. 역사적으로 볼 때, 하나님의 긍휼은 아브라함과 그의 후손들을 자녀로 삼으심으로 나타났고, 또한 영구한 언약을 체결하시는 데서 보여졌다. 그러나, 율법이 그 언약의 필수적인 부분이며, 하나님께서 인간을 외면하시지 않았다는 것을 증거하는 증표이자 보증이다.[37] '율법'이란 말은 "의롭고 거룩한 삶의 규칙을 우리에게 보여준 십계명뿐만 아니라 하나님께서 모세의 손을 통해서 선포하신 신앙의 형식이다"[38]고 칼빈은 설명하였다. 물론, 율법 그 자체는 아무것도 아니라는 점은 의문의 여지가 없다. 칼빈은 주저없이 그것을 경시하였고, 그 당시에는 매우 대담했던 것으로 인식되어진 합리주의자처럼 그것에 대해 주장하였다.

> 하나님과 화목하기 위하여 짐승의 역겨운 내장이나 기름덩어리를 바친다거나, 영혼의 얼룩을 깨끗하게 씻기 위해서 몇 방울의 피나 물에서 위안을 찾는 것보다 더 어리석은 일은 없다. 간단히 말해서, 만일 율법의 이름 아래 행해진 모든 예식들이 — 그 진리에 상응하는 그 어떤 전조나 암시를 포함하고 있지 않음에도 불구하고 — 그 자체로 의미를 갖는다면 그것은 어린아이의 유희에 지나지 않는 것이다.

그러나, 하나님께서 인간에게 율법을 주신 것은 결코 이유 없는 일이 아니다. 율법은 두 가지 측면에서 인간에게 제시되었다. 역사적 관점에서 볼 때, 그것은 이스라엘 백성에게 특별히 주신 법률을 구성하였으며, 그리하여 그 민족의 시대와 장소에 알맞게 채택된 것이다. "우리의 주께서 온 세상에 그것을 부과하시고 선포하시기 위해서 모세의 손을 통해서 시행하신 것은 아니다. 그러나, 하나님의 특별한 보호와 보살피심과 인도하심과 다

---

37) DOUMERGUE, op. cit. 4권 pp. 181-96; WERNLE, op. cit. pp. 3-32, 126 ff.; NIESEL, op. cit. pp. 86-97. 율법과 계명간의 관계에 대해서는, *Opp.* 38, 688, 48, 289 를 참조하라.

38) *Inst.* II, 7, 1.

스리심 아래 유대 민족을 선택하심과 같이, 하나님은 특별히 그들의 입법 자가 되시고자 하셨으며, 그리하여 훌륭하고 현명한 입법자답게 이 모든 율법을 통해 그 백성들의 공익에 지대한 관심을 가지셨던 것이다."[39]

그러나 율법의 의미는 이 한 가지뿐만이 아니다. 다른 민족들의 시민법 적이며, 종교적인 법규들과 구별된다는 것보다도 훨씬 더 많은 어떤 의미 를 율법은 지니고 있다. 율법의 독특한 가치는 전적으로 그리스도를 지향 한다는 것에 있다. 「기독교 강요」2권 7장의 서두에서 칼빈은 이렇게 주장 하였다. "율법은 옛 이스라엘 백성들을 따로 그들만으로 구별하기 위해서 주신 것이 아니라 예수 그리스도의 강림까지 그리스도 안에서 그들이 가 져야 하는 구원의 소망을 양성시키기 위해 주어졌다." 그는 기회 있을 때 마다 이 주제로 돌아와서, 다양한 각도에서 새 논법으로 그것을 견지하였 다.

로마서 10장 5절에 대한 주석에서, 그는 "일반적으로 말해서, 모세는 참 된 신앙의 원칙 아래 백성들을 가르치는 의무를 갖고 있었다"는 사실을 폭넓게 해설하였다.[40] 그는 사도행전 13장 39절의 말씀에 나오는 설명을 주목하면서, 제사법적인 율법은 "유대인을 마치 손으로 붙잡아서 그리스도 께로 인도하는 것 같은 가르침"[41]이었다고 설명하였다. 그러나 예수 그리 스도와 무관하다면, "그것은 하찮은 짐이나 혹은 조롱거리에 불과할 것이 다."[42] 즉 예수 그리스도를 떠난 율법은 "공허한 것이요, 무력한 것에 지나 지 않는다."[43] 율법을 전체적으로 본다면, 예수 그리스도의 모습이며, 이것 이 칼빈이 설명하고자 애썼던 핵심인 것이다.

그러나 율법은 이스라엘 민족에게는 온전히 그대로 타당한 근거가 있었

---

39) *Inst.* IV, 20, 16.
40) *Opp.* 49, 197.
41) *Opp.* 48, 305; 참고, 49, 196.
42) 갈라디아서 4장 8-11절에 대한 설교, *Opp.* 50, 603 f.
43) *Opp.* 47, 124.

으며, 그리스도의 강림으로 인하여 칼빈은 도덕적, 제사법적, 사회적 법의 전통적인 구분으로 분할하였다.[44] 특히 도덕법은 십계명과 구약 성경의 다른 여러 구절들에 명시된 것처럼, 칼빈은 세 가지 기능 혹은 역할로 분류하는 것을 인정하였다. 그것은 1530년에 멜란히톤에 의해 주장되고[45] 부처의 주석에서 더 강조되었었다.[46] 그는 율법을 '죄의 거울' 이라는 교육적 기능과 넓은 의미에서의 정치적인 기능, 그리고 성도들 가운데 작용하는 영원한 기능 등으로 구별하였다.

　　첫째, 율법은 하나님의 의로우심을 증거하면서, 그것은 하나님을 기쁘시게 하는 바, 모든 죄인들로 하여금 자신들의 불의함을 훈계하고, 그것에 대해서 확신을 갖게 하고, 심지어 그로 인해서 정죄하고 저주한다 … 율법은 먼저 우리가 우리 자신의 연약함을 비춰보게 하고, 그 다음에 그 연약함에서 초래된 저주를 보게 하는 거울과 같다. 마치 얼굴의 오점들을 비춰보는 거울과 같다.[47]

　죄의 거울로서 율법에 대한 이러한 개념은 루터와 멜란히톤에 의해서 풍성하게 해명되어졌었다.[48] 칼빈은 「강요」에서 이와 유사한 방향의 논점을 소개하였다.

---

44) *Inst.*, IV, 20, 14.

45) MELANCHTHON, *Loci communes*, edit. 1535, (*Corp. Reform.* vol. XXI, 405 f.). 참고. HERRLINGER. *Die Theologie Melanchthons*, Gotha, 1879. pp. 214 ff.

46) BUCER, *Enarrationes*, 1530, fo. 50a-51b, 1536, pp. 123-7.

47) *Inst.*, II, 7, 6과 7.

48) 우리는 이런 한 실례로 「노예의지론」에서 로마서 3장 20절에 대한 잦은 언급을 볼 수 있다. 가령, W. A. 18, 677: "At totum quod facit lex(teste Paulo) est, ut peccahum cognosci faciat" 혹은 766: "Is enim est fructus, id opus, id officium legis, quod ignaris et caecis lux est, sed tails lux, quae ostendat morbum, peccatum, malum, mortem, infemum, iram Dei, sed non iuvat, nec iiberat ab istis, Ostendisse contenta est." 또, MELANCHTHON. *Loci communes*, ed. Plitt-Kolde, pp. 154ff.를 보라.

이제, 우리의 불법과 정죄가 율법의 증거에 의해 입증되었고 규정되었는데, 이것은 우리가 좌절에 빠지거나 용기를 잃고 파멸에 자포자기해야 한다는 뜻이 아니다. 만일 우리가 그것을 유익한 방향으로 전환시킨다면, 그러한 일은 일어나지 않을 것이다. 악인은 이러한 형태로 낙심할 수 있지만, 그것은 그들의 마음의 완악함으로부터 야기된 것이다. 그러나 하나님의 자녀들은 또 다른 결말을 맞게 될 것인데, 그것은 모든 인간이 율법에 의해 정죄될 것이라고 고백한 사도 바울의 말에 귀를 기울이는 것이다. 그리하여, 모든 입이 잠잠해지고 모든 사람은 하나님을 앙모하도록 해야 된다. 또 그는 다른 구절에서, 하나님께서는 모든 사람들을 불신 속에 붙잡아 두셨다고도 하였는데, 이는 모든 사람을 멸하시거나 파괴하시기 위해서가 아니라 그들 모두에게 자비를 베푸시기 위함이며, 자신의 장점을 내세우는 헛된 자만심을 몰아내고, 오직 하나님의 손에 의해서만 지탱될 수 있다는 것을 깨닫게 하시려는 것이다. 그러므로 공허하고 빈곤한 모든 인간은 하나님의 자비에 의지하여야 하는 것이다.[49]

율법의 두번째 기능은 악인이 두려움 때문에 악행을 그만두도록 저지하는 것이다.[50] 의심할 바 없이, "그들의 양심은 가책을 받지 않으며" 오직

---

49) *Inst.* 11, 7, 8. 참고. 1537년의 요리문답, *Opp.* 22, 45 f.: 창세기 15장 6절에 대한 설교, *Opp.* 23, 701: 신명기 5장 21절에 대한 설교, *Opp.* 26, 382, 특히 신명기 5장 23-27절에 대한 설교에서 칼빈이 얼마나 루터의 견해에 접근하였는가를 알 수 있을 것이다. *Opp.* 26, 398: "하나님께서는 율법으로 인간이 해야 할 의무를 규정하였다. 그러나, 인간이 의무를 수행하는 것이 가능한 것인지를 생각해 보자. 이와는 반대로, 우리는 갚을 돈이 한 푼도 없는 가난한 채무자에 불과하다. 따라서, 우리는 암담할 뿐이다. 하나님께서 우리를 사면하시지 않은 것이 아니라 우리 스스로가 하나님에 의해 저주를 받고 천벌을 받아 마땅하기 때문이다. 그러나 복음서에 의하면 그렇지 않다. 하나님께서는 우리에게 인내하시고, 우리의 과실을 용서하셨을 뿐만 아니라, 우리의 마음 속에 하나님의 뜻을 새기셨다는 사실을 밝혀 주고 있다. 이와 유사하게 루터는 위의 48(註)에서 인용된 구절의 마지막 부분에서 이렇게 덧붙였다. "Tum homo cognito morbo peccati tristatur, affligitur, imo desperat ⋯ Alia vero luce est quae ostendat remedium Haec est vox Evangelii ostendens Christum liberatorem ad istis omnibus." 그러나, 여기서 우리가 과소평가해서는 안될 특색의 차이점이 있다.

강제에 의해서만 복종하게 된다. 그러므로 율법에 따르면, 그들은 "하나님 앞에서 결코 의롭거나 선한" 인간이 아닌 것이다.

> 그들의 마음은 여전히 사악할 뿐만 아니라 하나님의 율법에 대하여 용서받지 못할 증오심까지 품는다. 하나님께서는 그들의 창조주이시므로, 그들은 하나님을 저주하는 것이다 … 이러한 감정은 일부의 사람들 속에서 보다 적나라하게 노출되지만, 다른 사람들에게는 보다 잘 은폐되어 있다. 그러나 그것은 거듭나지 않은 모든 사람들의 마음 속에 잠재되어 있는 것이다 … 이처럼 강요되고 강제적인 선은 인간들의 사회에 필수적인 것이다. 왜냐하면 모든 것이 인간에게 허용될 때 일어날 수 있는 혼란과 소용돌이로부터 모든 것을 보호하시기 위해서 우리 구세주께서 예비하신 평온을 위해서이다.[51]

마지막으로, 칼빈은 율법의 세번째 기능에 대해 논하였는데, 그에 따르면 그것은 가장 중요한 기능인 바, 오직 성도에게만 관련된 부분이다. 「강요」의 저자가 율법주의에 대한 비난에 가장 격렬하게 정면으로 맞선 것도 바로 이러한 견해에서였다. 그러나 그것은 그가 많은 탁월한 지지자를 얻게 된 계기가 되는 부분이기도 했다. 일찍이 1521년경, 멜란히톤은 그의 「신학총론」에서 이렇게 주장하였다. "율법은 영이 육신을 억제하도록 하기 위하여 신자들에게 내려진 법령이다. 왜냐하면 자유는 아직 인간의 마음 속에서 완전하지 못하지만, 영이 성장하고 육신이 억제되는 동안 우리는 자유를 계속 요구하기 때문이다. 십계명은 육신의 억제를 위한 것이다; 그것은 제사법이거나 사회적 법률이라고는 말할 수 없다. 그러므로 십계명은 성도들에게 필수적인 율법이지만, 다른 율법들은 그렇지가 않다."[52] 나중에 멜란히톤은 이 율법의 지속적인 가치에 대해 더욱 강력하게 역설하였는데,

---

50) MELANCHTHON, *Loci commune*s, of 1535 in the *Corp. Reform,* vol, XXI, 405.

51) *Inst.* II, 7, 10.

52) *Loci communes*, edit, Plitt-Kolde, pp. 220 f.

츠빙글리의 영향을 받은 이 견해는 부처에게도 영향을 주었다.[53] 1536년
의 「기독교 강요」에서 칼빈은 이미 그리스도인의 삶에 있어서의 율법의
규범적 가치를 확립하였다. 1539년에 그는 이것을 완전하고 명백히 하였
다.

　비록 성도가 하나님의 손에 의해 그들의 마음 속에 새겨진 율법을 부여받았
지만, 다시 말해서 성령의 인도에 의해 그러한 영향을 받고 하나님께 복종하기
를 원하지만, 여전히 그들은 율법으로부터 이중의 유익을 얻고 있다. 즉 그것
은 그들이 갈망하는 하나님의 뜻을 나날이 보다 더 확실하게 들을 수 있도록
하며, 그 지식 안에서 확신을 갖도록 하는 매우 훌륭한 수단이다. … 게다가 우
리는 교리뿐만 아니라 훈계 역시 필요로 하고 있으며, 하나님의 종은 율법에
대한 끊임없는 묵상과 함께 하나님께로의 복종 속에서 거듭나고 확신을 얻으
며 죄로부터 보호된다.

　결론적으로 칼빈은 다음과 같이 선언하였다. "영적인 인간이 아직 육신
의 짐에서 해방되지 않았기에, 율법은 잠과 태만에서 그를 지키는 끊임없
는 자극이 될 것이다."[54] 이보다 더, 그들에게 주어진 조명에 의해서만, 그
리스도인들만이 율법과 선지자들을 올바르게 이해하고 적용할 수 있을 뿐
이다.[55]

---

53) BUCER, *Metaphrases epistolarum Pauli*, 1536, pp. 310 f.: "Caeterum
quia in nobis adhuc care superest, et came legi peccati servimus, utcunque
mente legi Dei consentimus: nam reliquum semper est malum
concupiscentiae: hactenus est nobis adhuc usus legis admonentis et
condemnatis, hoc quicquid est carnis, quod in nobis etiamnum viget, quo
sentientes mortis in quam nati sumus, hoc magis Christo nos addicere et ab
ipso plenius a corpore mortis hujus liberari studeamus."

54) *Inst.* II, 7, 12.

55) 에베소서 2장 19-22절에 대한 설교, *Opp.* 51, 427: "예수 그리스도 안에
서 우리는 지금까지 불명확하였던 것이 명백하게 나타나는 큰 광명을 얻게 된다.
그러므로, 우리를 주 예수 그리스도로 인도하는 깨달음인 선지자와 율법을 우리의

그러나 그리스도인들이 자신들의 구세주의 '본질과 신앙원리'를 깨닫기 위해서 묵상해야 하고, 자신들을 일깨우는 끊임없는 자극이 되는 이 율법은 얼마나 타당한 근거가 있는 것인가? 결국 그것은 그리스도의 강림으로 말미암아 폐지되지 않았는가? 칼빈은 구약 성경 속의 제사적이고 정치적인 율법에 관한 한, 이 점을 주저없이 인정하였다. 그는 이 율법은 일종의 모범으로서 제시된 것이고, "제사의식은 그 효과 면에서 소멸되지 않았으나 오직 그 실행에 있어서는 소멸되었다"고 하였다. 또한 칼빈이 다소 역설적으로 주장한 것처럼, 그리스도께서 그것에 참된 의미를 부여하시고 그것을 폐하셨다는 바로 그 사실에 인해서 우리로 하여금 그런 의미를 깨닫게 하셨다는 것이다.

"만약 예수 그리스도의 죽음과 부활이 의식들에 보여지지 않았다면 의식들은 구약 백성들에게 기만이나 어리석은 놀음에 지나지 않았을 것이다. 그와 같이 만일 의식이 폐지되지 않았다면 오늘날 우리는 그 율법이 영원토록 제정되었는가 하는 이유를 말할 수 없었을 것이다."[56] 제사적인 율법은 그리스도께서 완전히 나타나시기 위해 강림하실 것이라는 사실에 대한 최초의 표적이며, 전조에 불과한 것이다.[57] 따라서 예수 그리스도의 계시가 그 제사들을 대체하게 되고, 성취를 가져왔으므로, 그것은 오늘날 퇴조하지 않을 수 없다.

"서로에게 방해가 되지 않으면서, 함께 평화로이 살기 위한 공평과 정의의 법칙[58]을 가르치기 위해 유대인들에게 주어졌던 정치적 또는 형사법적

연구과제로 삼자. 왜냐하면, 예수 그리스도는 우리에게 제시된 궁극적인 목적이기 때문이다. … 즉, 예수 그리스도는 율법의 완성이시라는 말씀처럼 우리의 마지막 목적이신 것이다." 칼빈은 성화에 대해 언급하면서, 율법의 긍정적인 역할의 문제를 다시 다룬다. *Inst.* II, 6과 7, 1.

56) *Inst.* II, 7, 16.

57) 그런데, 칼빈이 여기서, 즉 무엇보다도 IV, 20, 15에서 예상 외로, 이스라엘의 역사의 과정에서의 진보적인 계시의 견해와 매우 유사한 견해를 제시하고 있음을 주목해 보라. 참고. 갈라디아서 3장 23절에 대한 주석. *Opp.* 50, 220.

인 율법도 마찬가지로 그리스도의 자비의 율법에 흡수되었다." "제사의식
은 폐지되었지만 참된 신앙과 경건은 고스란히 지속된 것처럼, 사법적 율
법도 자비의 의무로 인한 어떠한 저항 없이 소멸될 수 있다고 말해도 좋
을 것이다."[59] 정치적 율법의 조항들이 이스라엘 민족에게만 관련된 것이
긴 하지만, 그 본질인 '공평과 정의'는 폐지에 의해서 결코 영향을 받지
않는다.[60]

　도덕적 율법에 있어서는 처지가 앞의 것들과는 상당히 다르다. 도덕적
법은 그 율법의 본질과 함께 온전하게 되기 때문에 있는 그대로 유지된다.
제사법과 사회적 법률에 있어서는 본질과 부수적인 규정 사이의 구별이
비교적 쉬운 반면, 도덕법에는 그러한 구별이 결코 쉽지 않다. "주 예수 그
리스도께서 율법을 폐하시려고 오신 것이 아니라 완성시키기 위해 오셨다
고 말씀하셨을 때 … 주님은 주의 강림이 율법에 대한 복종과 경외를 감
소시키지 않는다는 것을 보여 주셨다. 그러므로 그리스도께서 죄인을 구원
하시기 위하여 오셨다는 사실에 비추어 볼 때, 이것은 타당성 있는 것이다.
그렇다면 우리를 가르치시고, 훈계하시고, 꾸짖으시고, 벌하시는 모든 의로
운 사역 속에서 연단하시는 것과 같이, 율법의 교훈은 결코 예수 그리스도
에 의해서 거부되지 않았다."[61]

---

58) *Inst.* 1V, 20, 15.

59) 부처가 옛 언약의 정치적 법률을 사용하는 것에 대해 인정하는 견해를 옹
호하였음을 상기해 보자. 참고. *Epistola d. Pauli ad Ephesios*, 1527, fo. 57b;
Enarrationes in Evangelia 1536. pp. 122와 141; "Cumque melior Institutio
Reipublicae ea quam Dominus dedit per Moschen a nemine inveniri possit,
et illa puniri et tolli sontes praecipiat: verae ac germanae charitatis opus
ent, secundum lilas Dei leges in sceleratos animadvertere."

60) 참고. 신명기 23장 18-20절에 대한 설교, *Opp.* 28, 115.

61) Inst. II, Ö, 14. 참고. 신명기 4장 32-5절에 대한 설교 Opp. 26, 209: "하나
님의 율법이 ― 내가 의미하는 것은 그 율법의 본질에 대해서 하는 말인데 ― 약
화되었는가? 종교적 의식들은 더 이상 쓸모가 없는 것이 사실이다 … 그러나, 구
원의 약속을 포함하는 율법의 교리, 하나님의 교회 안에서 선민을 선택하신 하나

그럼에도 불구하고, 사도 바울은 그리스도께서 율법의 저주에서 우리를 구원하셨다고 선포하였다(갈 3:13). 예수 그리스도 안에서 율법의 완성에 대한 선언과 바울의 선언을 조화시키기 위해서, 칼빈은 율법의 두 가지 역할, 즉 가르침과 양심을 복종케 하는 것 사이에 새로운 구분을 시도하였다. 전자는 믿는 자들에게조차 완전히 지속되고 보존되었으나, 후자는 그리스도의 강림으로 폐지되었다. 그는 "단 하나의 사소한 과실도 간과함이 없이, 끊임없이 우리를 뒤쫓아 괴롭히는 율법의 엄격한 강제"로부터 우리를 구원하셨다.[62]

여기서 우리는 그리스도인의 자유에 대해서 심각하게 생각할 문제를 발견하게 되는데, 루터는 대단히 중요하게 생각하였으나, 칼빈은 1536년의 초판에서 언급하였음에도 불구하고 루터만큼 교리적인 중요성을 부여하지는 않았다. 그러나 1559년판 「강요」에서 칼빈은 행함으로 의롭게 됨을 반박하는 글과 기도에 관한 해설 사이에, 그리스도인의 자유를 특별 주제로 삼아 한 장을 할애하였다. 이 문제점으로 되돌아가기 전에, 여기서 우리는 칼빈이 전개하였던 주요 논지를 지적하고자 한다.

앞에서 우리가 살펴본 바와 같이, 율법 그 자체만으로는 그리스도에 의해 폐지되는 것이 아니며, 오직 옛 언약 아래 부과되었던 예속 관계와 저주만이 소멸되는 것이다. 그러므로 그리스도인은 율법에 복종하되, 유대인들이 행하였던 그러한 방식으로 행동하는 것이 아니다. 그리고 칼빈이 율법에 대해 품고있던 개념과 같이, 그리스도인의 자유는 율법의 기능의 변형된 역할 속에 들어 있는 것이다. 그의 사상을 보다 명확하게 분석하기 위해서, 우리는 그같이 견해를 구분지을 수 있다고 믿었던 세 가지 측면 혹은 '부분'을 하나씩 관찰해 볼 필요가 있다.

님의 계명, 우리 죄의 사면의 증거와 의로운 삶의 율법을 우리에게 밝혀주신 하나님의 은혜, 이 모든 것은 이 세상의 종말까지 영원히 지속될 것이며, 또 지속되어야 한다."

62) *Inst.* II, 7, 15.

"율법이 성도의 칭의에 대한 확신을 추구하는 문제가 될 때, 성도의 양심은 율법을 초월하며 율법의 의를 망각해 버린다."[63] 이것은 칼빈에 의해서 매우 강하게 강조된 사실의 논리적인 귀결인 바, 율법은 어느 누구도 하나님 앞에서 스스로를 의롭다고 할 수 없다. 그러한 상황에서 우리에게는 오로지 양자 택일의 선택만이 제시되어진다. "우리가 의롭게 될 소망을 버리든지, 혹은 (율법의) 속박으로부터 구원을 받든지 하는 것이다. 우리가 구원받기 위해서는 우리의 행함을 생각해서는 안된다." 다른 말로 하면, 칼빈은 다른 개혁자들과 마찬가지로, 율법적인 칭의(稱義)와 행위에 의한 칭의(稱義)를 동일시하였다. 후자는 불가능하므로 배제되어야 하는데, 우리의 칭의를 입증하기 위해서 율법을 가져올 타당한 근거란 전혀 없다. "우리의 칭의와 관련한 문제가 제기될 때에, 우리는 율법과 우리 자신의 행위에 대한 모든 사고를 배제하고 오직 하나님의 자비만을 받아들이며, 우리 자신으로부터 눈을 돌려 오직 예수 그리스도만을 바라보아야 한다."

그리스도인의 자유의 첫째 부분은, 칭의의 문제에 관련하여, 율법에 대한 모든 두려움으로부터의 해방이다. 두번째 부분은 루터가 1520년의 「그리스도의 자유에 관해서」란 논문에서 전개시킨 근본적인 주제들 가운데 하나이다. "앞서 말한 그리스도인의 자유의 다른 부분은 다음과 같다. 그것은 양심이 율법을 지키려는 경향을 갖는데, 그것은 율법의 필연성에 의해서 억지로 강요되어서가 아니라, 율법에서 해방되어 하나님의 뜻에 자유로이 복종[64]하는 것이다 … 그들이 먼저 구원을 받지 못했다면, 진심으로 마

---

63) *Inst.* III, 19. 2. 멜란히톤은 1522년 이후, 이와 유사한 분류를 채택하였다. "Primum in eo est, quod damnare lex non possit, quamquam habentes peccatum, modo credamus legis maledictionem a Christo sublatam esse … Postea vero quam cor hoc libertatis genere, hoc est, remissione peccatorum pacatum est, quia spiritus in tale cor e ffunditur, iam lex dei frt, cognoscitur deus, fiditur deo, timetur deus ac diligitur, Diligitur et proximus … Iideo liberi sumus ab omnibus externis observationibus et ceremoniis"(Edit. Plitt-Kolde, p.218.)

음을 열고, 그리고 자발적으로 하나님의 뜻에 복종할 것을 굳게 결심할 수 없었을 것이다."[65]

그러나 이제는 율법의 엄격한 지배 아래 더 이상 머물지 아니하고, 비록 은혜 아래 있을지라도, 성도가 하나님의 뜻을 계속적으로 깨달을 수 있는 것은 복음 안에서와 똑같이, 그 율법 안에 있기 때문이다. 그러므로 하나님의 뜻에 따르기 위해서는 하나님께서 그 뜻을 명확하게 나타내신 율법을 묵상하여야만 한다. 여기서 루터가 강조하였던 복음과 율법간의 이율배반을 완화시키고자 의도적으로 확고한 율법주의를 주장하고 있다는 인상을 우리는 부인할 수 없을 것이다. 그러나 실제에 있어서 이것은 단지 외부에서 보는 관점, 즉 불신자들의 관점으로부터 나온 것이다. 이와 반대로, 성도에 있어서는 그런 상황은 그 사람이 그리스도의 지체가 되는 순간 뒤바뀐다. 왜냐하면 성도에 관한 한, 복음은 어떤 의미에서 율법으로 축소되는 것이 아니고, 율법을 그 자체에 동화시키는 것이기 때문이다.

부처는 이미 그의 유명한 로마서 주석의 서론에서 이러한 구분을 확립하였다. "율법은 새롭게 하는 영을 박탈당한 자들에게는 정죄와 사망을 주지만, 그 영을 부여받은 자들에는 구원과 생명을 준다. 율법은 결코 폐지되지 않으며 그리스도의 영으로 더욱 풍성하고 새롭게 거듭난 모든 사람에게 있어서는 오히려 한층 더 강화되는 것이다."[66]

반면에 복음은 불신자들을 사망과 정죄로 이끄는 수단이 된다. 이 점에 대해서 칼빈은 — 그가 옛 언약과 새 언약 사이의 관계를 다룰 때 거기서 우리가 주목하여 보게 될 것인데 — 부처의 이러한 이론에 전적으로 동감하였다. 실제로 우리가 발견한 것은 율법의 선물을 받고 그리스도 안으로 받아들여진 모든 사람들에게 관련을 맺고 있는 율법의 영적인 변화

---

64) 이것이 의미하는 것은 '그들 스스로의 선택에 따라서'이다. 라틴어 원문에는 'voluntati Dei *ultro* obediant'로 되어있다.

65) *Inst.* III, 19, 4.

66) BUCER, *Metaphrases epistolarum Pauli*, 1536, p. 28.

(spiritualization)이다.[67]

'그리스도인의 자유의 세번째 부분'에서 칼빈은 멜란히톤을 매우 따르고 있다. "그 자체로 중요치 않은 사실들을 하나님 앞에서 양심의 문제로 취급하지 말라. 그리고 우리가 그렇게 하든 안 하든 그것은 별로 상관이 없다고 말하라. 그러한 자유에 대한 지식도 역시 우리에게 매우 필요하다. 그것이 결여된다면, 우리의 양심은 결코 안정될 수 없으며 맹목적인 미신을 좇게 될 것이다."[68] 그리고 「신학총론」의 저자와 같이 그는 이 점의 교리적 또는 실제적 중요성을 강조하였다. 그러나 멜란히톤이 성경의 예와 일반적인 예들에 스스로를 제한시킨 반면, 칼빈은 자신에게서 결코 사라지지 않는 그림같이 생생한 감각으로 직접적인 경험에 호소하였다.

"사람들이 일반적으로 생각하는 것보다 더 중요한 문제이다. 양심이 구속되면, 그들은 곧 헤어날 수 없는 끝없는 미궁과 수렁에 빠지게 되기 때문이다. 우리가 시트, 셔츠, 손수건 등에 아마포를 사용해도 되는지 의심하기 시작하면, 삼을 써도 되는지에 대해서도 확신을 하지 못하게 되고, 결국 삼베를 써야 하는가에 대해서도 망설이게 된다." 음식이나 그밖에 양심이 개입되지 않아도 되는 일상적인 사소한 일에도 그와 마찬가지의 원리가 적용된다. 오직 한 가지 예외는 '육체적 탐욕'인데, 그것은 우리로 하여금 하나님의 은사를 오용하게 하거나, '연약한 형제들'에 대한 의무를 경시하게 하여, 우리의 자유를 남용함으로써 그들을 힘들게 할 수도 있다.

이러한 점에서 칼빈은 그리스도인의 자유의 목적은 "마음의 고통이나 양심의 거리낌 없이 하나님의 은사를 우리에게 부여하신 용도에 맞게 사

---

67) 참고. KOLFHAUS, *Chistusgemeinschaft bei Calvin*, p. 79: "우리가 하나님의 율법의 명령을 듣는 것은 그리스도의 지체이기 때문이다. 칼빈은 율법과 복음을 하나님의 불가분의 말씀으로 이해하였다." 또, W. HOLSTEIN, 'Christentum und nichtchristliche Religion nach der Auffassung Bucers' in the *Theologische Studien und Kritiken*, Gotha, 1936, pp. 107-41을 보라. 그러나, 이 저서의 결론은 우리가 받아들이기에 다소 어려움이 있다.

68) *Inst.* III, 19, 7.

용하는 것"이라고 결론지었다.[69] 이것은 부당하게 부여된 편협한 청교도라는 것과는 얼마나 큰 차이가 있는가를 보여주는 것이다.

율법과 그 적용에 대한 결론을 내리면서, 자연법에 대해서 해야 할 몇 마디 말이 남아 있다고 본다.[70] 십계명과 마찬가지로, 자연법도 하나님이 저자이시며, 그것을 모든 인간의 양심에 새겨주신 것이다. 칼빈에게 있어서, 십계명이란 하나님께서 증거하시고 선포하시고자 하는 자연법의 특별한 적용에 불과하다고 말할 수도 있다. 인간의 타락은 인간 이성과 의지를 완전히 손상시켰을 뿐만 아니라 자연법에 의해 우리의 내부에 심어진 선악에 대한 판단력까지 흐리게 하였다. 자연법은 타락한 인간성 속에 여전히 매우 큰 중요성을 띠고 있다. "만일 이교도들이 그들의 마음 속에 새겨진 하나님의 의로우심을 소유하고 있다면, 우리는 어떻게 살아야 하는가의 문제에 있어서 그들을 소경이라고 하지 못할 것이다. 사실상 인간은 사도가 말한 이 자연법에 의해서 선한 삶의 법칙을 충분히 깨닫고 있다."[71]

하나님께 대한 인간의 의무를 선언한 율법의 첫 돌판과 관련해서, 칼빈은 모든 인간이 하나님의 존재를 인식해야만 하고, 그리고 경배의 의무를 가져야만 한다고 주장하였다. 그러나 여기에 인간의 원죄가 들어오게 되었으며, 인간의 능력이 손상되었다. 자아중심주의는 도덕적 판단을 구속하고 그러한 노력을 마비시킨다. 칼빈은 또한 정당하게 주장할 수 있다: "자연법에는 우리가 하나님을 믿고 모든 미덕과 정의의 찬양을 하나님께 돌리며 하나님의 이름으로 기도하고 하나님의 안식일을 지켜야 한다는 율법의 첫 돌판에서 중요한 것들이 결여되어 있다. 인간의 지성이 갖고 있는 것은 하나님께 대한 참된 영광과 예배를 알지 못하고, 그러한 행위 속에 있다고

---

69) *Inst.* III, 19, 8.

70) BEYERHAUS, *Calvins Staatsanschauung*, pp. 66 ff.: A. GROBMANN, *Das Naturrecht bei Luther und Feudingen*, 1935: J. BOHATEC, *Calvin und das Recht*, Feudingen, 1934, pp. 1-93: M. E. CHENEVIÈRE, *La Pensee politique de Calvin*, Geneva 1937, pp. 61-77.

71) *Inst.* II, 2, 22.

상상하는 것이 아닌가?"

반면, 이웃에 대한 우리의 의무와 관련된 율법의 둘째 판에 관련된 부분은 타락의 영향이 다소 적게 미치고 있다. "둘째 돌판의 개념은 비록 (인간의 지성이) 때로 태만해지긴 하지만 그들이 보다 지성적이 될수록 인간적이고 시민적인 삶에 더 가까이 접근한다는 것이다."[72] 인간은 그들의 이기심에도 불구하고 상호간에 본능적인 단결력을 소유하고 있다. 이교도들 역시 공평과 정의의 개념들을 갖고 있다. 죄로 부패된 이성일지라도 인간들은 이러한 정치적 원칙을 자각하고 통제할 수는 있기 때문에, 칼빈은 그것을 하위의 수준에 놓기를 주저하지 않았다. 이 점에서 인간 사회에 있어서의 조직적 통일성에 대한 스토아학파의 사상이 잠재해 있음을 우리는 의심할 수 없다.[73]

아마 어떤 주장들은 법률가의 논리가 신학자들을 압도할지도 모른다. 그러나 신학자들은 곧 복수하게 될 것이다. 실제로 칼빈은 죄의 지배 아래 있는 인간은 자연법의 명령에 더 이상 자발적으로 순응할 수 없다는 것을 보여주었다. 인간은 필연적으로 자연법에서 파생되었다는 이유로 중요시하기를 강요하는 수단인 규칙이나 법률에 의해서 통제되고 억제되어야 했다.[74] 그러나 우리는 자연법의 요구를 실정법(positive law)과 정확하게 일치시킬 수는 없다. 거기에는 죄를 범하게 하는 틈새가 여전히 남아 있다. 또한 여기에는 자연법의 참된 목적과 불변의 요구가 발견되지 않는다. 죄인에게도 '선악에 대한 판단력'[75]이 분명히 있으며, 그것이 그들에게 하나님 앞에서 변명의 여지가 없게 만드는 것이다. 그러므로 자연법의 목표는 구약성경의 율법의 목적과 결합된 종교적인 차원과 연관되어 있다. 그것은 무지에다 근거를 둔 어떠한 변명도 배제하는데, 인간은 악을 행하는 동안

---

72) *Inst.* II, 2, 24.
73) 참고. *Opp.* 27, 329 ; 26, 9 f.: BOHATEC, op. cit. 45 ff.
74) *Inst.* IV, 20, 16.
75) *Inst.* 11, 2, 24.

자신의 양심에 의해 정죄받기 때문이다. "그들은 그것을 매우 잘 알고 있으므로, 자신의 양심의 증거에 의한 정죄와 하나님의 보좌에 대한 두려움과 함께 그런 것을 거부하게 되는 것이다."

칼빈은 자연법의 핵심 교리를 설명하는 데 심혈을 기울였는데, 그것은 로마의 법학자들의 설명들과 바울의 글을 조화시키려는 시도였었다. 자연법의 적용을 정치 생활 가운데서 하는 것과 인간의 양심 속에서 하는 기능을 구분하는 시도를 하여, 부분적으로 성공하였다. 그러나 그의 신학이론의 이러한 요소는 극히 동화되기 어려운 다소 이질적인 부분이다. 십계명에 표현된 하나님의 율법과 병행해서 그런 자연법이 존재한다는 것은 거의 정당화될 수 없다. 그러므로 자연법이란 최소한 율법의 계시에 대한 어떤 깨달음을 얻은 사람들에게 보여진다고 생각된다.

III. 구약성경과 신약성경

하나님의 뜻의 불멸성이라는 원리로 볼 때, 즉 구약에서와 같이 신약성경에서도 달리 표현될 수 없을 것이라는 추론으로서, 칼빈은 개혁자들이 율법과 복음 사이에 확립한 명백한 구분을 흐리게 하였다거나, 혹은 구약과 신약성경을 동일한 수준으로 간주하였다고 비난을 받게 되었다. 또한 율법 부분의 역할을 강조하고, 그리스도인의 삶에서의 그 실제적인 기능을 역설함으로써, 소위 반율법주의자들 뿐만 아니라, 수많은 재세례파들과 영성주의자들에게 불만의 대의명분을 제공하였다. 그가 1539년 「기독교 강요」에서 '구약성경과 신약성경의 유사성과 상이성에 대하여'란 장을 삽입한 것은 그의 반대자들에게 응수하고 자신의 견해를 규정하기 위한 것이었는데, 이 장은 그후 1559년에 세 장으로 세분되어 전개되었다. 이와 비슷한 이유로, 멜란히톤은 1535년부터 구약성경과 신약성경의 구별에 관한 장을 그의 「신학총론」에다 첨가하였다.

칼빈이 시도한 신구약의 비교는 사실상 그 내용보다 구원의 계획에 있어서 연대적인 위치에 의한 구별이었다. 구약성경은 신약성경이 현재 실체로서 우리에게 제시하고 있는 것을 약속의 형태로 보증하고 있다. 새 언약은 선택받은 백성들에 의해서 깨뜨려진 옛 언약의 재확립일 뿐이다.[76] 나아가, 모든 참된 신앙의 근본이 되시는 그리스도께서는 그러한 이유로 인해, 아브라함과 맺은 언약과 무관할 수 없으며, 따라서 그는 두 성경의 주인이시다. "유대인들에게 모세의 율법에 귀를 기울이고 변함없이 따르라고 가르친 말라기는 그들이 그러한 복종을 저버리지 않는다면, 정의의 태양이 곧 그들을 비출 것이라고 했다. 그가 의미한 것은, 율법을 지키는 것이야말로 그들로 하여금 곧바로 강림하실 그리스도를 기다리게 하며, 또 그러는 가운데서 그리스도의 더 많은 빛을 소망하여야만 된다는 것이었다."[77]

구약성경에서 그리스도는 그의 인간적인 조상들의 두 반열, 즉 왕으로서 그리고 희생을 드리는 제사장으로서 예언되셨다. 그리하여, 칼빈은 다음과 같이 기록하였다 "레위의 계열 못지 않게 다윗의 후손으로서 예수 그리스도가 유대인들의 눈에 이중 거울로서 제시되었다."[78] 또한, 그리스도께서는 구약성경 전체를 지배하실 뿐만 아니라 그 참된 의미를 약속하시는 유일한 분이시다.

그런데, 칼빈이 강조하지 않을 수 없었던 한 가지 주요한 차이점이 있다. 그리스도께서 율법 아래 있는 유대인들에게 어떻게 알려지시고, 복음에 의해서만 어떻게 계시되었는가에 대해서 한 장 전체를 할애하였다.

---

76) 부처는 *Enarrationes in Evangelia*,1536? 142에서 똑같이 말했다. "Idem noster Deus est, qui Iudaeorum fuit, idem est foedus actestamentum, quod cum illis atque nobiscum percussit, nisi quod illis et ceremonias ritusque extermos varios adiunxit, quare vetus foedus vel testamentum vocatur, nobis non item, sed voluit ab lementis mundi nos esse liberiores."

77) *Inst.*, II, 9, 1, Cf. op. cit., vol. IV, pp. 197 ff.; WERNLE op. cit., pp. 266 ff.; NIESEL, op. cit., pp. 98 ff..

78) *Inst.*, II, 7, 2.

비록 오늘날 우리에게 영광의 광채이시며, 아버지의 살아계신 본질의 형상이신 이 독생자가 그의 백성인 옛 유대인들에게 알려졌지만 … 우리가 사도 바울에게서 인용하였듯이, 그는 애굽으로부터의 백성들을 구속하신 인도자셨다. 또 그 사도가 말한 것도 진리이니, 어둠에서 빛을 나오라 명하신 하나님께서 우리의 마음 속에 복음으로 비쳐서 밝혀주시고, 예수 그리스도의 얼굴에서 그의 영광을 우리로 하여금 묵상케 하셨다.[79]

그러나 만약 구약성경이 예수 그리스도를 오직 '멀리서 막연하게' 보여줄 수 있었다면, 또한 우리가 완전한 빛 가운데서 그리스도의 성육신이 나타나기를 기다려야만 했었다면, 특별히 그리스도를 바라는 모든 사람들에게 있어서 "복음의 약속들로 스스로 다시 옷을 입은 후에 그를 영접하고 받아들이는 것"이 필수적인 일이었다면, 두 성경간의 유사성이 매우 광범위하다는 것이 결코 틀린 말이 아니다. "그렇다면, 우리가 그리스도께서 복음의 언약을 맺으신 유일한 대상이라고 믿고 있는 유대인들에게서 누가 감히 그리스도를 배제할 수 있겠는가? … 만일 그리스도의 나타나심 가운데 하나님께서 친히 예전에 서약하신 언약을 완성시키셨다면, 구약성경의 목적이 그리스도와 영생 안에 있지 않다고 말할 수는 없을 것이다."[80]

부처는 본질적인 문제에 관한 한 두 성경 간에는 차이점이 전혀 있을 수 없다고 동일한 주장을 했는데, 그것은 두 성경 모두가 그리스도에게 근거를 두고 있고, 동일한 믿음에 근거를 두고 있기 때문이다. 뿐만 아니라 신약성경의 기록들은 "그리스도에 대한 지식이 선조들에게 있어서 얼마나 엄청나게 많았던가"를 증명하고 있다고 주장하였다.[81] 그러나, 칼빈은 다음

---

79) *Inst.*, II, 9,1.

80) *Inst.*, II, 10, 4.

81) BUCER, *Enarrationes in Evangelia*, 1536, pp. 120: "Colltatio novi et veteris Testamenti … non est proprie novi Testamenti, quod per Christum constat, et veteris, quod pepigit Deus cum patribus. Nam omnino in substantia utrunque idem est. Sunt enim et ipsi per Christum servati." *Metaphrases epistolarum Pauli*, I536, p. 26: "Dominus nihil …

과 같은 논쟁으로 되돌아갔다.

사도는 이스라엘 백성들은 언약의 은혜뿐만 아니라 성찬의 의미에 있어서
도 우리와 동등하다고 생각하였다 … 우리의 주님은 우리와 마찬가지로 그들
에게도 똑같은 복을 주셨으며, 또한 동일한 표적과 성찬으로 그들에게 하나님
의 은혜를 선포하셨다. 그는 이렇게 말하였다. "너희의 세례와 성만찬이 특별
한 약속을 지니고 있기 때문에 너희가 위험에서 벗어난 것처럼 보이지만, 유대
인들이 이와 같은 성찬을 받았음에도 불구하고, 주께서 심판을 엄격하게 행하
시지 않을 수 없었던 것을 생각해야 한다. 그들은 홍해의 수로에서 세례를 받
았다 … 그들 역시 우리에게 주어진 것과 같은 신령한 음식과 음료를 먹고 마
셨다." [그 사도는] 이것은 바로 예수 그리스도라고 설명하였다.[82]

부처는 물론 이것을 다소 정확성이 떨어지게 다루었음을 의심할 수 없
지만, 본질적으로는 그는 칼빈의 견해에 동의하였다. 부처 역시 구약과 신
약성경의 성찬을 본질적으로 동일시하여 말하지 않았는가?[83] 더구나, 칼빈

---

vel per Abraham, vel per Mosen, qui duo primi sequestri fuere foederis
prisci,istituere voluit, sed ut haberent suis promissis fidem, et fidem
eiusmod;, qualis de huius temporis sanctis Epistola ad Ebraeos praedicat.
Hanc ante omnia in quovis foedere,quod cum hominlbus unquam
percussit, requisivit"; p. 159:"Quantam Christi cognitionem fuisse in
populo veteri Evangelicae et Apostolicae literae clare admodum
indicant"; p. 189:"De Christo, Mose et prophetae scripserunt huius
spiritu freti et veteres,quae Deus ipsis promisit ac praecepit, rite
intellexerunt, et pronis animis amplexi Sunt." 루터에게서도 역시, 구약성서
에 대한 그리스도인의 증거를 단언하는 수많은 글들을 찾아볼 수 있다. 예를
들면, 창세기 3장 15절에 대한 설교, W. A.24, 99와 로마서 13장 11절에 대
한 설교, W. A.10, 1, 2nd part, 4. 그러나 칼빈이 이러한 것을 알고 있었는
가는 의심스러운 일이다.

82) *Inst.*, II, 10, 5.

83) BUCER, *Metaphrases epistolarum Pauli*, 1536, p.158: "Quis non
videat multo clarissime, rationem sacramentorum, utriusque populi,

은 오늘날 우리에게는 매우 이상하게 보일지 모르는 이런 비교를 만들어
낸 장본인 부처보다 탁월했던 것은 아니라는 점을 우리는 부언해 둔다. 두
사람은 모두 마니교의 파우스투스(Faustus)를 반박하는 성 어거스틴의 논
문에서 영향을 받았다고 말한다.[84] 칼빈 역시 「강요」에서 이 점에 대한 반
론을 예상하였으며, 특별한 장에서 구약과 신약성경 간의 상이점을 논하였
다.

그는 "이러한 상이점에 있어서, 그것은 본질적인 문제에 대해서가 아니
라, 하나님께서 그의 가르침을 베푸신 방법의 차이점에 대한 것이라고 조
심스럽게 말하고 싶다"고 기술하고 있다.[85] 그러므로, 두 성경의 본질과 근
본은 동일한 것이며, 그 상이점은 본질적인 깨달음을 주기 위해 성령에 의
해 사용된 방법, 즉 처음에는 유대인들에게 그 다음에는 그리스도인들에게
선포한 형식에 있다. 칼빈은 이러한 방법의 차이점을 다섯 가지로 다루고
있다.

첫째는 보이지 않는 차원에 있던 것들이 신약성경에서 한층 분명하게
보여진다. 이스라엘의 소망은 이 땅 위에서의 행복을 추구하는 쪽으로 향
해 있었다. 따라서, 그들은 현재의 삶과 그 축복에 최고의 가치를 부여하였
다. 또한, 인간의 선과 악에 대한 보상은 이 지상에서 주어진다고 믿었다.
그러나, 이것은 천국의 복이나 이스라엘 백성들의 참되고 궁극적인 목적이
아니었다는 의미는 결코 아니다. "그들에게 주신 모든 언약에 의해서, 천국
의 은혜에 대한 소망 속에서 하나님께서 유대인들을 마치 손으로 이끌듯
이 인도하시고자 원하셨던 것을 의미하는 것이다."[86] 여기서, 칼빈은 구약
성경에 있는 약속의 교육적인 측면에 대한 부처의 견해를 명백히 지지하

---

quantum ad substantiam, eandem esse, nec differre, nisi quod nunc sunt
omnia et evidentiora ac inde efficatiora tum patent latius."

84) AUGUSTINE, *Contra Faustum*, XV, 11; XIX, 13; XIX, 16,
M.L., vol. XL II, 314,355, 356 f.

85) *Inst.*, II, 11, 1.

86) Ibid.

고 있다.[87]

"구약과 신약성경 간의 두번째 차이점은 그것들의 이미지에 달려 있다"
[88]고 칼빈은 우리에게 말한다. 그리고 칼빈은 부처와 마찬가지로, "진리가
아직 나타나지 않은 시대에는 구약성경이 상징으로써 그것을 제시하였으
니, 본질 대신 그림자를 가지고 있었다는 것"을 설명하기 위해 특별히 히
브리서를 예로 들었다. 특별히 제사장의 직분과 옛 언약 아래서의 예배는
그리스도와 구원의 사역을 가시적으로 상징하고 있다. 새 언약은 "그리스
도의 피에 의해 정화되고 인정을 받는" 오직 방법만 새롭게 되어진 것이
요, "그것의 진리가 성취되고, 새롭고도 영원한 언약이 만들어진 것이다."
그러므로, "우리가 칼빈의 견해에 동의한다면, 기독교의 새로움은 상대적
인 것에 불과하다"는 베른레(Wernle)의 말은 결코 과언이 아니다.[89]

칼빈은 율법과 복음에 대해 사도 바울이 제시한 대조(고후 3:6) 속에서,
두 성경간의 세번째 차이점을 발견하였다. 이 세번째 차이점에서 칼빈은
시종일관 루터의 사상의 도움을 받았다. 율법의 임무는 "모든 선하고 의로
운 것을 명하고, 모든 사악함을 금하고, 의로움을 지키는 모든 사람에게 상
을 약속하고, 모든 사람의 내부에 선천적으로 존재하는 사악함을 변화시키
거나 교정시키지 않은 채, 죄인들을 하나님의 진노로 두렵게 하는 것"[90]이
다. 그러나 율법과 복음간의 차이점에 대한 지나친 강조는, 우리가 본 바와
같이, 전체적으로 칼빈의 개념과 조화를 이루지 못한다. 그래서, 그는 서둘
러 율법에 대한 방어를 시도하였다. "문자와 영의 차이점을 옛날에는 마치
주께서 아무도 회개시키지 않으시거나, 유대인들에게 헛되고도 무익하게
율법을 주신 것이라고 이해해서는 결코 안 된다. 마치 새로운 인격을 갖기

---

87) BUCER, *Metaphrases epistolarum Pauli*, 1536, p. 189: "Ad hunc
[Christum] omnis legis institutio, et ceremoniarum discipina paedagogia
quaedam fuit; per hunc omnia erant illis perficienda."

88) *Inst.*, II, 11, 4.

89) WERNLE, op. cit., p. 273.

90) *Inst.*, II, 2, 7

라도 하신 것처럼, 은혜의 풍성함을 극대화하기 위해서 그 동일한 입법자
는 그리스도의 왕국에 영광을 돌리기 위해 복음의 선포를 찬양하도록 하
였다."[91] 확실히, 복음의 가르침을 얻은 사람들의 수와 "진심으로 율법의
가르침을 깨달은 사람들"의 수를 비교해 본다면, 전자가 훨씬 많을 것이다.
그러나, 칼빈은 이러한 비교가 타당하지 않다고 하면서 "우리가 만일 이스
라엘 백성들을 교회와 별개로 생각한다면, 많은 참된 성도들이 있었음을
알 것이다"라고 덧붙였다. 그는 의심할 바 없이 "가슴에 자리잡은 참된 신
앙은 오늘날의 우리들 시대 못지 않게 선조들 속에서도 존재하였다"라는
부처의 주장을 옹호하였다.[92]

구약과 신약성경 사이의 네번째 차이점은 마지막으로 언급된 구절을 이
어서 언급된다: "마치 속박이 자유와 대립되는 것처럼, 구약과 신약은 서
로 대립된다." 구약성경은 양심에 경고하기 위하여 주어졌으며, 신약성경
에 의해서는 기쁨과 즐거움이 주어졌다. 그러므로, 전자가 그들의 양심을
복종의 속박으로 지배하고 구속하는 반면, 후자는 그들을 자유롭게 해방시
킨다.[93] 물론, 구약성경의 선조들 역시 "우리와 동일한 믿음의 영을 가졌으
므로," 그러한 자유에 참여할 수 있었다고 반박할 것이다. 그러나, 그러한
자유를 그들에게 준 것은 율법이 아니었다. 말하자면, 그들은 신약성경의
복음의 자유를 미리 깨달았던 것이다. 더욱이, 그들이 제사법적인 율법에
여전히 종속되어 있었던 점에 비추어 볼 때, 그들이 소유했던 자유는 율법
의 모든 두려움과 속박을 배제해 주는 그러한 자유가 아니었다. 따라서 그
들이 복음으로부터 깨달을 수 있었던 것은 오늘날 우리들의 지식처럼 완
전한 것이 아니라 부분적인 것에 지나지 않았다.

---

91) *Inst.*, II, 11, 8.

92) BUCER, *Enarrationes in Evangelita*, 1536. p. 429: "Nec enim
minus apud priscos vera religio cordis fuit atque hodie, et aeque tum
atque mode opus spiritus sancti illa extitit."

93) *Inst.*, II, 11, 9.

마지막으로, 다섯번째 차이점은 "하나님께서 그리스도의 강림 때까지 은혜의 약속을 주실 단 하나의 백성을 선택하셨다"라는 사실에 있다.[94] 하나님께서는 다른 민족들로 하여금 과실에 빠지도록 허용하셨다. "그러나, 모든 일에 대한 보상을 위해서 정해놓은 때가 차게 되어질 때, 즉 하나님과 인간 사이의 중보자께서 오랫동안 한 민족에게만 한정되었던 하나님의 자비의 구별을 깨뜨리고 나타나셨을 때, 그분은 하나님 가까이 있는 선택된 사람들뿐만 아니라 멀리 떨어진 사람들에게도 평화를 선언하셨고, 마침내 모든 인간으로 하여금 하나님과 화목케 하시며, 한 몸으로 연합시키셨다."

엄밀히 말해서, 칼빈이 구약성경을 신약성경과 구별짓는 것에 둔감했다고 말할 수 없을 것이다. 그러나, 그는 그것들 사이의 차이점이 어떠한 것이었든지 간에, 그것은 하나님의 계시 혹은 하나님께서 인간과 맺으시고자 하셨던 언약의 본질 자체에 영향을 미치지는 않는다고 보았다. 이것은 두 성경에 똑같이 남아 있다. 그럼에도 불구하고 구약성경과 신약성경이라고 부르는 것이 부당하지 않은 이유는, 유대인들이 깨뜨린 언약을 모든 민족에게 전파하시려고 새로운 다른 언약을 가져오신 것이 아니라 그리스도께서 오셔서 새롭게 하시고 확립하셨기 때문이다.

Ⅳ. 그리스도와 그의 구속사역

구약과 신약성경의 이와 같은 근본적이고도 본질적인 통일성으로부터 그리스도의 사역이란 신학적 전통이 부여한 그러한 근본적인 중요성을 띠고 있지 않다는 결론을 내릴는지 모른다. 그것은 칼빈이 도달한 결론과는 정반대의 것인데, 그는 그리스도의 사역과 행위를 신약성경에만 국한시키지 않고, 구약성경에서도 마찬가지로 그의 개입을 상당히 많이 찾았다. 성경의 전체적인 증거는 예수 그리스도에 대한 증거로 간주되는데, 신학의 목적은 모든 성경적인 기록들을 통하여 그리스도를 찾도록 성도들을 인도

---

94) *Inst.*, Ⅱ, 11, 11.

하는 데 있다. 칼빈의 그리스도 중심주의(Christocentrism)는 — 너무 자주 말하는 것이 결코 아닌데 — 루터와 마찬가지로 매우 명백하고도 정확하게 표현되어 있다. 그러나 물론, 그것은 다른 저서에서보다 그리스도와 그 구속의 사역을 특별히 다룬 「강요」의 장들 속에서 더욱 뚜렷하게 나타난다.

칼빈은 전통적인 삼위일체론의 가르침을 조금도 주저없이 자신의 이론으로 받아들였다. 교리적인 전통에 그 같은 애착은 기독론에서도 현저하게 나타난다. 기독론에 대한 그의 공헌 중에서 독창적인 것은 초대 교회의 공의회에서 승인된 것을 근본적으로 손상시키지 않은 것으로, 칼빈은 그리스도에 대한 두 성품의 교리와 그 두 본질간의 관계에 대한 설명을 전적으로 받아들였다.[95] "우리의 중보자 되신 그분이 참된 하나님이시며 또한 인간이라는 것은 대단히 필연적인 것이다"[96]라고 그는 기술하였다. 참으로, 가장 거룩하신 하나님과 죄를 범한 인간 사이에 어떤 접촉을 하기 위해서는 필히 하나님께서 인간에게 내려 오셔야만 한다. 왜냐하면 인간은 결코 자신의 힘으로 하나님께로 올라갈 수 없기 때문이다.

칼빈은 다음과 같이 말하였다. "하나님의 주권은 너무 높아서 작은 벌레들처럼 땅 위를 기어다닐 능력밖에 없는 유한한 인간은 결코 그분에게 도달할 수 없다."[97] 물론 그것은 타락 이후의 인간의 상태다. 그러나 원죄를

---

95) DOUMERGUE, op. cit., vol. IV. pp. 207-24; WERNLE, op. clt., PP. 39- 47; NIESEL, op. cit., pp. 104-13; M.DOMINICE, *L'Humanite'de Jesus d'après Calvin*, Paris, 1933, pp. 37-51; E.EMMEN, *De Christologie van Calvijn*, Amsterdam, 1935, pp. 31-46, 89-109; J.KOOPMANS, *Het outkerkerkelijk dogma in de Reformtie*, PP. 77 ff.

96) *Inst.*, II, 12, 1.

97) *Inst.*, II, 6, 4. Cf. 이와 유사한 수많은 구절 중에서도 호세아서에 관한 강론, *Opp.*, 42. 264: "Deum a nobis quaeri non posse, nisi in midiatore Christo … Nisi Christus se medium nobis offerat qua via

짓기 이전의 인간성에 대해서도 칼빈은 그렇게 큰 가치를 부여하지 않았다. 따라서 다음과 같은 그의 주장 역시 놀라운 것이 못된다. "인간이 스스로의 완전성을 유지하였다 할지라도, 그것은 여전히 하나님께 도달할 수 없는 열등한 것이었다. 그리하여, 자신의 타락에 의해 사망과 지옥에 내던져서, 수많은 얼룩으로 스스로를 더럽히고, 자신의 파멸 속에 빠져들어 고난으로 억압받게 된 후에도, 지금까지 인간은 얼마나 더 스스로를 고양시킬 능력을 상실하였던가?"[98]

타락 이전에도 하나님과의 교통은 오직 하나님의 의로우심이 스스로 인간에게 도달하시고자 원하셨을 때에만 이루어졌던 것이다. 칼빈의 견해에 의하면, 그때 이후로 더 확실히 인간은 하나님께 도달할 수가 없었으니, 천사들이 하나님의 형상을 간직하였지만 그들 역시 "영원히 하나님을 섬길 수 있도록 돕는 인도자"를 필요로 하였다는 점을 볼 때 더 그렇다.[99]

사실, 죄는 이중의 결과를 낳았다: 인간은 하나님의 분노의 대상이 되었으며, 반대로 하나님의 의로우심이 인간을 두렵게 하여, 그는 하나님을 기피하고 미워하게 되었다. 그러므로, 죄에 사로잡힌 인간은 하나님을 부인함으로써 하나님께로부터 도망할 수밖에 없었으며, 그것이 자신을 숨기는 방법이기도 했다. 그러나, 기독교 교리는 하나님과의 교제를 재확립하고, 인간이 다시 한 번 하나님의 자녀가 되기 위해서는 중보자가 필요하며, 그 중재자가 바로 그리스도시라고 가르치고 있다. 칼빈에 따르면 기독교를 다른 종교와 구별하는 것은 중보자의 필요성을 주장하는 것이다.[100] 중보자

---

possemus ad Deum accedere?" 혹은 에베소서 1장 1-3절에 대한 설교, "이 중보자가 안 계시면, 우리 모두는 [하나님에 의해서] 축출되며, 하나님의 위대하심이 우리들 머리의 머리카락 수를 세시는 것을 그치게 만들고야 말 것이 틀림없다." *Opp.*, 51. 256.

98) *Inst.*, II, 12, 1.

99) Ibid., cf. 골로새서 I장 20절에 대한 주석. *Opp.*, 52, 89와 *Reply to the Brothers of Cologne*, *Opp.*, 9, 338:*Opusc.*, 2023 f.

100) 사도행전 17장 8절에 대한 주석, "여기에, 우리의 믿음이 이교도의 믿

는 어떤 자이어야 하는가? 우리는 「강요」에서 다음을 보게 된다.

　　사도 바울이 예수 그리스도를 중보자로 지적하면서, 특히 인간으로서의 그
　분을 강조한 것은 근거없는 일이 아니었다 … 그는 그리스도를 하나님의 이름
　으로 부르거나, 인간 혹은 하나님의 이름을 생략할 수도 있었다. 그러나 그의
　입을 통해 말씀하시는 성령이 우리의 연약함을 아셨기 때문에, 인간에게 길을
　인도하기 위하여 이러한 구원의 방법을 사용하셨다. 즉 하나님의 아들을 인간
　의 차원으로 보내셔서 우리로 하여금 그리스도와 친밀케 만드신 것이다 … 그
　리스도를 인간으로 일컬으심으로써 하나님께서는 우리와 가까이 계심을 나
　타내셨다. 우리와 같은 육신이 되셔서 우리와 조금도 차이가 없으시다. 간단히
　말해서, 그가 의미하는 것은 다른 곳에서 길게 설명한 것과 같다. 즉 우리에게
　는 우리의 연약함을 체휼하시는 대제사장이 있는데 그는 우리와 같이 모든 면
　에서 시험을 받으셨으나 죄가 조금도 없으신 분이시다.[101]

　　다시 말해서, 예수 그리스도는 완전히 인간이셨으며, 죄를 제외하고는
모든 인간적인 면을 모르는 것이 하나도 없는 분이시다. 위에 인용된 구절
속에서 재인용한 히브리서 4장 15절에 대한 주석에서, 칼빈은 여기에 언
급된 연약함의 의미를 정확하게 설명하고 있다: "이 구절에 대한 가장 최
선의 견해는 외적인 빈곤이나 재난뿐만 아니라 공포, 슬픔, 죽음의 두려움
과 그와 같은 내면적인 감정들을 이해할 수 있는 사람들에게서 나왔다는
것이다."[102] 왜냐하면, 그는 다른 곳에서 이렇게 해설하였다. "예수 그리스
도는 육신뿐 아니라 영혼도 역시 인간과 같았다. 그리스도는 우리가 보았
듯이, 정열과 공포, 두려움과 슬픔 등의 감정에 이끌리셨다. 그러므로, 그리
스도께서 인간의 영혼을 구원하시고자 하셨다면 영혼의 본질에 속하는 특

음과 구별되는 근원적인 특색이 있다. 즉, 그것은 그리스도를 유일한 중보자로
높이는 것이니, 인간은 자신들의 구원을 위하여 오직 그리스도만을 바라보아야
함을 가르쳐 준다." *Opp.*, 48, 406.

　101) *Inst.* II, 12, 1.
　102) *Opp.*, 55, 54.

성을 왜 갖추지 않으셨겠는가?"[103]

그리스도께서 이러한 연약함을 아셨지만, 그분은 그런 연약함들을 충분히 알기를 원하셨기 때문에, 그리고 그러한 연약함에서 벗어날 수 있으셨기 때문에 하신 일이었음을 여기에 반드시 첨가해야만 한다. 그가 자발적으로 낮아지신 목적은 우리가 그에게 더 가까이 나아가서 "그의 은혜를 우리가 교통할 수 있도록 하시고자" 하는 것 이외에 다른 것은 없다. 더욱이, 그리스도께서 진정한 인간이셨다는 것은 우리의 구원에 필수불가결한 조건이었다. 하나님의 영광이 인간의 베일 속에 감춰져 있지 않았다면, 우리는 결코 그것을 직접 바라보지 못했을 것이다. 독생자의 성육신을 허락하심으로, 하나님께서는 우리에게 그의 동정심을 보여주시고자 하셨다. 그 밖에도, 이 성육신은 하나님께서 스스로를 낮추셔야 했음을 보여 주면서 우리의 교만을 부끄럽게 만든다. 그러나, 그것은 우리에게 있어서 그 이상의 가치를 지니는데, 그것은 우리에게 화해의 보증, 즉 약속의 가치를 갖고 있는 것이다: "하나님의 아들이 우리와 같은 육신을 취하셨으며, 우리와 같은 살과 뼈를 취하셨다는 확실성을 가질 때에, 우리는 그리스도의 아버지이신 하나님의 자녀임을 확신할 수 있게 된다. 그때 그리스도는 인간의 것을 취하시고, 우리와 하나가 되시고, 그의 안에서 그의 동반자가 되게 하시고, 결코 이와 같이 하나님의 아들인 동시에 우리와 같은 사람의 아들이 되시는 것을 부끄러워하지 않으셨다."[104]

중보자로서의 그의 성품은 그의 인성에 나누어질 수 없는 이중성으로 존재하였으며, 그것은 그리스도의 구원 사역의 조건이었다. 한편으로는 그는 "하나님의 흠 없는 어린양"이시고, 다른 한편으로는 하나님과의 화해를 위하여 우리를 대신하는 "저주받고, 죄책이 많은 죄인"이셨다.[105] "그가 우리의 모든 빚을 속량하시기에 만족스러운 분이 되어지고 … 우리가 받은

---

103) 누가복음 2장 50--52절에 대한 설교. *Opp.*, 46, 487 f.
104) *Inst.*, II, 12, 2.
105) 갈라디아서 3장 13절에 대한 주석, *Opp*, 50, 210.

사망의 정죄로부터 우리를 구원해 주실 수 있으며 …" "우리의 이름으로 기도하시는 인간의 대변자"이고, "하나님과 우리 사이의 평화의 끈"이 되어질 수 있는 것은 오직 이중적인 조건을 충족시킴으로써 가능하게 되는 것이다.[106]

그러나, 하나님과의 화목은 죄의 근원인 불순종이 하나님의 심판을 만족시킬 만한 순종으로 바뀌어야 하는 것을 전제로 한다. 왜냐하면, 칼빈이 사용한 용어를 빌리자면 죄로 인하여 진 빚을 반드시 갚는 것이 필수적이기 때문이다. 여기서, 전통적인 신조에 따르면, 죄는 우리가 하나님 앞에서 구속받기 위하여 반드시 갚아야 되는 빚이다. 그런데, 예수가 다른 사람들과 다르지 않고 단지 인간에 불과했다면 어느 누구도 자신의 빚을 감하거나 면제받을 수 없었다. 하나님께서 스스로 개입하셔야 했다. "우리의 구세주 예수께서 아담의 인성을 취하고, 그의 이름으로 불리고, 그의 위치에 자신을 내려놓음으로써, 아버지께 복종하시고 최후의 의로운 심판 앞에 자신의 육신을 바치시기 위해서, 또 죄를 지은 육신 안에서 우리가 받아야 하는 벌을 받기 위하여 나타나셨다. 간단히 요약하자면, 신성만으로는 죽음을 느낄 수 없고 인성만으로는 스스로 그것을 극복할 수 없으므로, 그리스도께서는 인간의 본성과 연합하셔서, 인간의 연약함을 죽음에 복종시키셔서, 우리의 죄에서 우리를 깨끗이 씻어내어 해방시키시고, 또 신성의 힘으로 우리를 대신해서 사망과의 투쟁을 하심으로써 우리에게 승리를 주셨다."[107]

위의 마지막 구절은 성 안셀무스(St. Anselm) 이래로 현재까지 널리 인정된 만족설의 교리에 대한 전통적인 표현으로 받아들여도 좋을 것이다. 그 문장 안의 모든 것은 잘 균형이 잡히고 조화를 이루고 있다. 인간은 스스로를 죄에 빠지게 하였으며, 사망에 내던져지는 운명에 놓일 수밖에 없도록 하나님께 죄를 범하였다. 따라서, 그러한 심판이 내려야만 했으며, 인간은 자신의 죄를 속죄하여야만 되었다. 그러나, 인간은 스스로의 힘으로

---

106) 디모데 전서 1장 9-10절에 대한 설교, *Opp.*, 54--60.
107) *Inst.*, II, 12, 3.

사망을 극복할 수 없었다. 오직 하나님만이 그렇게 하실 수 있었으나, 진실로 인간이 속죄 받아야 했기 때문에 스스로 인성을 취하셨던 것이다. 따라서 인류의 구세주는 인성과 신성의 양면성을 지녀야 했던 것은 의를 위해서 필연적인 것이었다.[108]

칼빈은 그리스도의 인격에 대해 논할 때는 언제나, 하나님이자 사람이신 (God-man) 분의 통일성과 그 두 본질간의 구별에 대해서 동시에 역점을 두고 이론을 전개해 나갔다. 그러한 단일성에 대한 주장에 있어서, 우리는 다시 한 번 루터와 칼빈을 비교해 볼 수 있는데, 루터의 경우 그리스도의 통일성을 강조하는 경향이 칼빈보다 훨씬 강하여서, 그는 때로는 그리스도 단성론(monophysitism)이라고 비난받아야만 했던 것이다. 칼빈이 아주 작은 부분에까지 그리스도로부터 신성을 구별하는 것은 결코 믿음의 결핍으로 인한 것이 아니었다. 그러나, 칼빈은, 우리가 성육신에 의해 초래된 신성의 변형이라든가, 필연적으로 그 신성의 상당한 감소를 원하지 않는다면, 그 두 본질간의 구분은 불가피한 것으로 매우 분명하게 그리고 단호히 주장하였다. 이것이 칼빈의 신학 사상에서 매우 중요한 면이었고, 아마도 그의 신학에서 가장 독창적인 부분일 것이다.[109]

그가 두 본질간의 통일성과 그것들의 구분을 동시에 확증할 수 있는 성경 구절들을 찾아내는 것은 어려운 일이 아니었을 것으로 보인다. 먼저 그가 확신하는 통일성을 증명하기 위하여, 그는 누가복음 1장 43절의 엘리사벳의 말을 인용하였다. '내 주의 모친이 내게 나아오니 이 어찌된 일인고?' 그는 이것에 관한 설교에서 이렇게 해설하였다. "'내 주의 모친'이라고 한 엘리사벳의 말은 하나님의 아들 안에서 그 두 본질이 결합되어서,

---

108) 참조, *Inst.*, II, 12, 2를 보라.

109) K.BARTH, *Die Kirchliche Dogmatik*, 3rd edn, Zollikon, 1945, vol. 1, 2, p.27. 그는 루터와 칼빈의 기독론적 개념의 대립을 신약성경으로 되돌아가는 두 갈래의 전통을 반영하는 것으로 본다. 루터는 다소 요한복음의 신학과 유티케스(Eutyches)의 사상을 따른 반면, 칼빈은 공관복음서들과 네스토리우스(Nestorius)를 추종하였다.

즉 그리스도께서 자신의 신성과 함께 인간에게 취한 인성으로 연합되어서, 그 두 본질이 결국 하나의 인격을 이루었다는 것을 우리에게 보여주고 있다."[110]

뿐만 아니라, 그는 그리스도에게 두 인격을 부여하거나, 그 두 부분이 서로 섞여서 혼합되거나, "신성이 인성으로 만들어진다"는 잘못을 배격하였다. 참으로, 그 밖에도 다른 성경구절들은 "그리스도의 몸은 '그 안에 신성의 모든 충만이 육체로 거하시는' 성전(골 2:9)으로 일컬어질 때, 이러한 두 본질이 어떻게 구분되는가"를 우리에게 밝혀주고 있다. 이와 유사하게, 디모데 전서 3장 16절의 "그는 육신으로 나타난 바 되시고"의 말씀을 해설할 때, 그는 '나타남'이란 용어를 "예수 그리스도께서 두 본질을 소유하심에도 불구하고, 우리는 주를 이원적이 아니라 통일된 하나의 인격으로 보아야 한다"는 의미로 설명하였다.[111] 여기서 인용된 예는 의미심장한 것이다. 그는 그리스도의 두 본질을 인간의 두 눈에 비유하였다. "두 눈은 각각 시력을 갖고 있다. 그러나, 우리가 사물을 볼 때 … 그 자체로는 분리되어 있는 우리의 전망이 우리 앞에 놓인 물체를 전체적으로 파악하기 위하여 하나가 되고 결합된다."

칼빈에게 있어서 무엇보다도 문제가 되는 것은 그리스도의 인격의 본질에서조차 신성과 인성의 혼동이라고 해석되어질 수 있는 것은 무엇이든지 피하는 것이었다. 그의 신학적 사색의 초창기 때부터, 인성에 의한 그리스도의 신성의 오염을 반드시 막아야 한다고 생각하고 있었다. 분명히, 그리스도는 참된 하나님이시고 참된 인간이셨으며, 하나의 인격 속에 두 본질을 결합시키셨지만, 그것은 신성의 절대적인 초월성에 의한 특별한 예외, 절대로 예외적인 경우가 아니다. 1536년 「강요」는 육체와 영혼의 복합체로서의 인간에 대한 직유를 사용하여, 두 본질이 각각의 고유한 특성을 완전하게 보존하고 있음을 이미 밝혀놓았다. 칼빈은 카롤리와 논쟁할 때에

---

110) *Opp.*, 46, 109; cf. 누가복음 1장 43절에 대한 주석, Opp., 45, 35.
111) *Opp.*, 53, 326.

저술한 1537년의 「삼위일체의 고백」(*Confession of the Trinity*)에서 그의
용어를 보다 정확하게 설명하였다.[112] 2년 후, 「강요」의 제2판에서 결정적
인 논지를 제시하였다.

> 그러나, 말씀이 육신이 되셨다는 말은 마치 말씀이 육신으로 변화되었다거
> 나 혹은 그 안에서 혼란스럽게 뒤섞였다는 의미로 이해되어서는 결코 안되며,
> 그가 인간의 몸인 동정녀의 자궁을 그의 거하실 성전으로 삼으셨다는 의미로
> 받아들여야 한다. 그리고 하나님의 아들이신 사람의 아들이 되신 것은 본질의
> 혼란이 있어서가 아니라 인격의 통일성에 의해서 태어나신 것이다. 즉, 신성이
> 인성과 더불어 결합되어서 그 두 본질이 각각의 고유성을 유지하고 있는 것이
> 다. 그러므로 예수 그리스도께서는 별개의 두 인격이 아니라 오직 하나의 인격
> 이시다.[113]

따라서 지금까지, 칼빈은 루터가 인정한 것과 같이, 인격의 통일성과 그
리스도의 두 본질에 대한 전통적인 가르침에 관해서 올바른 해석을 제시
하였다. 그러나, 혹자가 이러한 이중적인 주장에서 이끌어낼 수 있는 결과
들에 대해서 해설하는 것은 어려운 일이 아니다. 성만찬에 관한 츠빙글리
와의 논쟁 중에, 루터는 '양성간의 교류'(communication of idioms) 혹
은 특성들(properties)의 교류에 매우 중요성을 두게 되었다. 그가 이 용어
를 사용하면서 의미한 바는, 그리스도의 인성에서 어떤 부분은 신성의 특
성을 갖고 있다고 하고, 혹은 반대로 인성의 어떤 부분은 신성의 특성으로
돌렸던 것이었다.

1528년, 「성찬에 대한 대고백」에서 그는 다음과 같이 기술하였다, "인성
과 신성은 그리스도 안에서 단 하나의 인격을 형성하므로, 성경은 이러한
인격적인 통일성을 위하여, 인성과 관련된 모든 것을 신성으로 돌리거나

---

112) *Opp.*, 9, 703-10; 특히 706을 보라. "Sic autem coniunctam
humanitati divinitatem asserrimus, ut sua utrique naturae solida proprietas
maneat; et tamen ex illis duabus unus Christus constituartur."

113) *Inst.*, II, 14, 1과 마태복음 24장에 대한 주석, *Opp.*, 45, 672.

그와 반대의 경우를 제시하였다."[114] 반면, 츠빙글리는 그리스도에 관해서 신성에 속한 것과 인성에 속한 것으로 성경이 증언하는 것은 부적절한 방식으로 기록되었으며, 결과적으로 엄밀히 말하자면 거기에는 어떤 양성 (idiomata)의 교류도 있을 수 없다고 주장하였다. 신성과 인성의 구분을 가능한 한 명백히 하고자 하는 칼빈의 끊임없는 시도는 결국 이와 유사한 결론에 이르게 되었다. 그러나 그는 그러한 양성의 교류를 부인하지는 않았다.

그는 모든 판들에서 계속 주장해 온 1536년 초판의 한 구절에서 이렇게 말하였다. "성경은 예수 그리스도를 다음과 같은 형태에 따라 증거하고 있다. 즉, 성경은 때로는 오직 인성만을 그리스도에 돌리고, 때로는 신성에 속한 특성만을 그리스도께 속한 것으로 말한다. 또 때로는 그 두 본질의 특성을 함께 적절하게 말하기도 한다. 결국, 양성간의 교류에 의해서, 인성에 속한 것을 신성의 특성으로, 신성과 관련된 것을 인성의 특성으로 돌리는 것이다."[115]

그러나, 더 나아가 그는 1543년에, 이단과의 논쟁 중에, 자신의 참된 의도를 명백히 밝히는 말을 하였다. "우리는 예수 그리스도의 인격의 통일성 [116]을 논증하기 위하여, 두 본질의 특성을 모두 파괴시켜 버린 유티케스 (Eutyches)의 무모한 광기를 조심해야만 한다. 왜냐하면 우리는 이미 신성이 인성과 구분되는 수많은 증거들을 입증하였으므로, 성경의 전체의 그 증거들에 따라서 이 논쟁하기 좋아하는 사람들의 입을 다물게 해야만 하는 것이 마땅하다."[117]

그리고, 이어서 몇 쪽 뒤에서, 그는 다시 선언하였다: "그러므로, 예수 그리스도는 육신으로 … 하나님의 아들로 … 그 탁월하심으로 장식되셨다.

---

114) LUTHER, *Vom Abendmahl Christi, Bekenntnis*, W.A. 26, 321.

115) *Opp.*, 1, 66;cf. *Inst.*, II, 14, 1.

116) 라틴어판 저서는 더 정확히 말하자면, 'unitatem personae' 이다.

117) *Inst.*, II, 14, 4.

그러나, 우리는 그리스도의 인격의 통일성을 마치 그 속에 내재된 신성을 파괴시키는 혼합물로 상상해서는 안된다."[118] 칼빈은 그리스도의 신성과 인성의 통일성을 강력하게 주장하면서도, 많은 주저를 하면서 양성의 교류 문제를 다룰 수밖에 없었다. 또, 이 점에 대해 다소 양보할 수 있다고 생각 할 때마다, 그는 자동적으로 유보적이었으니, 특히 그리스도의 인격 안에 서 신성과 인성이 서로 영향을 미치지 않으면서 각각 특성을 유지하는 것 은 이 단일한 연합의 존재를 위해서, 그리고 그것을 소유하고 있는 자의 중재를 위해서 필요한 것이었다. "비록 그리스도가 그 인격의 통일성 가운 데 하나님이시며 동시에 인간이시지만" … 우리는 누가복음 2장 40절에 대한 주석에서 다음을 읽어보게 된다. "신성에 속한 모든 특성들이 인간적 인 본성으로 전달되는 것은 아니며, 하나님의 아들은 우리의 구원에 필요 한 신성의 권능을 은밀히 보존하신다."[119]

칼빈에 따르면[여기서 이레니우스를 따르고 있다] 그 예가 바로 예수 그리스도의 수난과 죽음이다. 그는 이러한 구분을 가지고서, 예수에 대한 지식이 점진적으로 향상되었다거나 그의 무지가 개선되었다는 문제를 제 기하는 성경 구절들을 설명하였다. "비록 인간으로서의 그리스도는 최후의 날을 알지 못하셨지만, 영원히 죽지 아니하는 그의 신성을 결코 손상시키 지는 않았다."[120]

루터와는 정반대로, 칼빈은 신성은 그 특성들을 보존하고 있으며, 특히 그 편재를 지니고 있고, 그 안에 인성이 관련되어 있다는 것을 부인하였다. 여기서, 우리는 어떠한 것도 그리스도의 신성을 손상시키거나 그 특권을 박탈하지 못한다는 칼빈의 일관된 주장을 다시 한 번 발견할 수 있다: 그 리스도의 신성은 모든 만물에 충만하다; 비록 그것이 인성 안에 머물러 있으나, 결코 인성에 구속되지 않는다. 다시 말해서, 신성은 어떤 세밀한

---

118) *Inst.*, II, 14, 7.

119) *Opp.*, 45, 104.

120) 마태복음 24장 36절에 대한 주석, *Opp.*, 45, 672.

부분까지도 인성에 따라서 좌우되는 것이 전혀 아니다. 그리스도께서 인간의 본성을 받으심으로써 우리들의 차원에까지 내려오신 것은 사실이지만, "결코 그의 주권을 버리거나, 영원한 영광 가운데 있는 자신을 소홀히 여기거나 감소시키시지는 않는다."[121]

여기서, 우리는 칼빈이 이 주제에 관한 그의 전체적인 견해를 역설적으로 집약한 1559년판 「강요」의 그 유명한 구절을 인용해야만 한다: "비록 예수께서 무한한 신성을 우리 인간의 본성과 연합하셨지만, 그럼에도 불구하고 그가 인성에 구속되거나 묶여 있지는 않으셨다. 왜냐하면 그는 기적적으로 하늘에서 내려 오셨기에, 여전히 그런 종류의 특성으로 그곳에 머물러 계신다. 또한 기적적으로 동정녀의 자궁 속에 들어가시고, 모든 세상에 충만한 그의 신성으로 동시에 십자가에 못박히셨다."[122]

그러나 이미 1536년, 칼빈은 주님의 성만찬과 관련해서 한 가지로 명쾌하게 이와 똑같은 견해를 표현하였는데, 이것은 편재에 대한 논쟁 중의 하나였다. "'그들이 영광의 주를 십자가에 못박았다'고 말할 때(고전 2:8) 그의 신성의 어떤 부분이 수난을 받으셨다는 것을 의미하는 것이 아니라 육신의 수치스러운 사망을 겪으신 예수 그리스도가 영광의 주님이시라는 것을 밝히려는 것이다. 이와 유사한 근거로, 인자(the Son of Man)는 하늘에도 계시고 땅에도 존재하셨으니, 예수 그리스도께서는 육신을 따라 인간적인 생명이 있는 동안 이 세상과 교제하시고, 동시에 하나님으로서 하늘에 거하시는 것도 멈추지 않으셨다. 같은 구절 속에서, 다음에 예수께서 하늘에서 내려오신 것을 언급하고 있다. 이것은 그의 신성이 하늘 밖으로 빠져나와서 한 세포의 육신 속에 가두려는 것이 아니라 육신으로 그리고 인성 안에서 형언키 어려운 형태로 임재하심으로 모든 것을 충만케 하시려는 것이다."[123]

---

121) 에베소서 1장 15-18절에 대한 설교, *Opp.*, 51, 318.
122) *Inst.*, II, 13, 4.
123) *Inst.*, IV, 17, 30. 뿐만 아니라, 칼빈은 전통적 신학에서 상당수 지지

이것이 후에 초월적 칼빈주의(extra calvinisticum)라고 일컬어지고 있는데 가장 명쾌한 체계다: 이것은 양성의 근본적인 분리와 각각의 고유한 특성의 유지에 관한 칼빈주의의 가장 기초적인 원리를 생생하게 규정한 것이다. 루터가 그리스도의 인격의 통일성을 출발점으로 하여, 양성의 교류에 대해서 전통적인 교리를 확장하고, 마지막에는 그리스도의 신성만이 아니라 인성도 역시 편재한다는 것을 용납하는 것으로 결론을 맺은 반면에, 칼빈은 신성의 불변성과 무한성을 토대로 해서 출발하여, 논리적으로 — 혹은 최소한 표면적으로 — 매우 다른 결론에 도달하였다. 그는 오로지 신성의 편재성만 인정하고 심지어는 어느 정도까지는 강조하기도 했었다. 그러나, 그는 그리스도의 육신의 편재를 규범적으로 배격하였으니, 이는 심지어 그리스도의 인격에서조차도 인간의 신격화를 지향하는 어떤 경향도 배제하려는 이유에서였다. 그가 그리스도의 인성과 구원의 사역에서의 그 필요성을 매우 중시한 것처럼, 도미니케(M. Dominicé)의 말대로 "그리스도의 이러한 인성은 오로지 신성과의 연합으로써만 가치를 가진다"[124]고 말할 수 있을 것이다.

그러나 우리가 두 본질의 구분을 마음에 두고 있을 때와 신성과 그 경배에 대한 칼빈의 일관된 관심을 염두에 두는 조건하에서 그렇다. 그가 성만찬의 요소에 있어서 그리스도의 육체적 현존을 주장하는 루터파에 반발하여, 그의 시대에 뒤떨어진 논쟁을 얼마나 의존하였는가를 우리는 알고 있으며, 곧 상세하게 그 점을 고찰하게 될 것이다. 만약 우리가 기독론적인 교리의 견해에 있어서 우리 자신들을 규정해 본다면, 우리는 아마 그가 두 본질간의 구분을 강조함으로써 그리스도의 인격의 근본적인 통일성을 위태롭게나 하지 않는지, 또 그의 일부 주장들의 결론이 이단적인 경향으로

자를 갖고 있다. 갑바도기아 신학자들에게까지 거슬러 올라가지 않더라도, 우리는 토마스 아퀴나스를 예로 들 수 있다. THOMAS AQUINAS, *Summa Theologica*, III,q.5, art.2 and q.10,art.1.

124) DOMINICE, *L'Humanité de Jesus*, p. 48.

흐르지나 않을는지 궁금해 할 것이다.

정확하게 말하면, 그리스도의 사역에 대한 문제로 돌아가서, 칼빈은 선지자, 왕 그리고 제사장으로서의 세 가지로 구별되는 그리스도의 임무와 직분을 개괄하려고 했던 것처럼 보인다. 이러한 체계화된 분류는 「강요」의 초판에는 보이지 않았다. 칼빈은 그것을 1539년판부터 점진적으로 체계화시켰던 것이다. 20년 후에는 이것에 대해 한 장 전체를 할애하게 되었다. 그가 초기에, 부처의 「복음주의적 주석」에서 이 개념을 도입하였을 수도 있다.[125] 칼빈이 그리스도의 이와 같은 삼중적인 임무를 얼마나 중요시했는가는 그가 그것을 성육신과 그리스도의 구원사역에 대한 해설 사이에 배정한 것을 보면 알 수 있다.

그는 그리스도의 세 가지 기능과 그 의미를 다음과 같이 정의하였다: "예수 그리스도께서 부여받았다고 할 수 있는 선지자의 위엄은 이것을 의미한다: 우리는 그리스도께서 가르치신 교리 속에 모든 완전한 지혜가 포함되어 있음을 알게 된다."[126] 그리스도의 나라는 지상에 속해 있거나 세속적인 것이 아니라 오직 영적인 것이다. 성도들을 영생으로 인도하시고, 그들로 하여금 현세의 모든 고난을 인내케 하시며, 그들을 자신들의 소망을 충족시키는 왕이 계시다는 확신을 갖고 살게 하시는 것은 성령의 역사에 의해서 표현된다.[127] 그러나, 그리스도의 통치권은 의인에게 뿐만 아니라

---

125) BUCER, *Enarrationes in Evangelia*, 1536, p. 606: "Rex regum Christus est, Summus sacerdos. et prophetarum caput" 이것은 EUSEBIUS, *Hist. Eccles.*, 1, 3, 9 에서 그리스도의 세가지 기능에 대한 최초의 언급을 거슬러 올라가 그 기원을 찾을 수 있다. cf. J.V.WALTER, *Die Theologie Luthers*, pp. 235 ff. J. F. JANSEN, *Calvin's Doctrine of Work of Christ*, London, 1956에서는 칼빈 신학에서 세 가지 직분이 차지하는 역할을 과소평가하려고 시도하고 있다.

126) *Inst.*, II, 15, 2.

127) *Inst.*, II, 15, 4. Cf. BUCER, loc. cit.; "Non imperis externo modo regis ··· sed spiritu sancto mentes, sed spontaneas regit ad

악인에게까지도 미치며 그들의 완악한 모반을 파괴시키는 것도 포함되어
있다. "그가 겸손한 자들을 위하여 목자와 왕의 직분을 수행하신 것처럼,
… 그 반대로 그는 모든 자만한 자와 반역자들을 질그릇 같이 깨고 쳐부
술 철장과 홀을 지니신다 … 우리는 이미 이것의 실례를 보았으나 그 완
전한 능력은 마지막 날에 나타날 것이다. 그리고 이것이 그리스도의 최후
통치 행위가 될 것이다."[128]

　마지막으로, 칼빈이 그리스도의 제사장직을 정당화시킨 이유는 "산 제물
에 대해서, 우리는 그것의 목적이 그가 흠 없는 중보자로서, 그의 거룩하심
으로 우리가 하나님께 받아들여지게 하고 은혜를 주시려는 것임을 주목해
야 한다. 그러나 아담의 시대로부터의 저주는 천국에 들어가는 문을 굳게
닫아 버렸고, 심판자이신 하나님께서 이와 마찬가지로 우리를 대적하시므
로, 은혜로 길을 열고 하나님의 분노를 가라 앉히기 위해서, 만족으로 간여
하셔야만 할 필요가 있었다. 따라서 예수 그리스도께서는 이 직분을 자신
이 감당하여서 희생 제물로 나아가셨다."[129]

　그러나 그리스도의 수난과 죽음의 희생은 죄를 범한 인간을 대신하여,
순종의 영 가운데서 받아들인 자발적인 일이었다. "예수 그리스도께서 하
나님의 정당한 심판으로 모든 죄인들에게 예비된 형벌을 스스로 맡으심으
로써 간여하시고, 하나님과 인간 사이에 적대감을 야기시킨 부정을 자신의
피로써 씻으시고 삭제하셨으며, 보상을 치룸으로써 하나님께서 만족하셨
던 것이다."[130]

　그러나, 이것은 재판적 의미에 있어서 일종의 계산의 청산과 같은 부류
의 일은 아니다. 루터와 마찬가지로 칼빈에게 있어서, 하나님과의 화목을
위한 가장 심오한 근거는 그리스도께서, "진심으로 우러나온 전체적인 순

---

salutem sempiternam."
　128) *Inst.*, II, 15, 5.
　129) *Inst.*, II, 15, 6.
　130) *Inst.*, II, 16, 2.

종의 과정에 의해서 이것을 수행하셨다"는 사실이다 … 진정코 우리의 구원에 유효한 그리스도의 죽음에 있어서, 가장 중요한 사실은 그의 자발적인 순종이다. 만일, 그 희생이 솔직한 관심에서 나온 것이 아니라면, 그것은 심판에 있어서 아무런 소용이 없는 것이 되기 때문이다."[131]

엄밀하게 말해서, 비록 인성에 따른 것을 제외하고는, 그리스도의 순종에 어떤 의문도 없긴 하지만, 중보자의 능력으로 하나님 아버지께 스스로 복종하시고, 순종에 의해 우리를 위하여 하나님의 화목을 얻은 것은 바로 예수 그리스도의 전부이신 것이다.[132] 그러나 하나의 질문이 제기된다: 그리스도의 순종과 수난은 어떻게 모든 선민의 구원을 성취하는 가치를 갖추는가? 루터 역시 스스로 이 질문을 하고 그에 대해 만족스런 해답을 두 가지 본성의 연합을 근거로 결론지은 바 있다: 그는 사실, 그리스도의 신성이 인성과 연합함으로써, 상상할 수 없고 이해하기 어려운 방법으로 인성의 행동과 수난에 참여하였다고 설명하였다. 그것은 그리스도에 의하여 제공된 만족함이 형언키 어려운 독특한 가치를 획득하였다는 사실에서 비롯된 것이다. 반면, 율법의 주인이신 그리스도께서 순종으로 그것을 수행하셨기 때문에, 인간은 율법을 이행하지 못하고 노동을 해야만 하는 고소에서 풀려나게 되었다.[133]

칼빈은 1559년판 「강요」의 새로운 단락에서 이 문제를 다루었다. 그에게 있어서, 루터파의 신학에 의해 제시된 논쟁이 비록 정확하게 표현되지는 않았으나, 양성간의 교류라는 교리에 근거한 것처럼 보였다. 이 문제에 대한 칼빈의 관심은 1555년의 렐리우스 소키누스(Lelius Socinus)와의 논쟁 이후 다소 늦게 일어났다. 소키누스는 칼빈에게 그리스도가 자신의

---

131) *Inst.*, II, 16, 5. Cf. LUTHER, *Postilla*, W.A.10,1,1,p. 365 f.

132) 미가 5장 4절에 대한 주석, *Opp.*, 43, 371.

133) LUTHER,베드로 전서 1장 18절에 대한 설교, W.A. 12, 291; 요한복음 14장 15장에 대한 설교 W.A. 45, 559; 요한복음 3장과 4장에 대한 설교, W.A. 47, 87.

자유로운 주권의지의 행위에 의해 인간을 구원하려고 할 때, 어떻게 하나
님의 뜻이 그리스도의 공로에 의해 결정될 수 있는지 설명을 요구하였다.
그 점에 있어서는 두 가지의 난점이 있었다. 하나는 하나님의 뜻이 자유롭
고 주권적이라면 그 결정을 내리기 위해서 외부로부터의 어떠한 간섭도
필요치 않다는 것이다. 또 다른 하나는, 그것이 자유로운 것이자 통치라고
하면, 그리스도의 공로와 같은 것이라 하더라도, 그러한 간섭에 의해서 결
정될 수 없다는 것이다. 칼빈은 특별한 비망록에서 이에 대답하였으며, 그
후 「강요」[134]에다 거기서 발췌하는 형식으로 삽입하였고 중요한 서론을 첨
가하여 개진하였다.

> 자신들의 모순에 빠져 길을 잃은 경솔한 상당수의 사람들은, 비록 자신들이
> 예수 그리스도에 의해 구원을 받았다고 고백하면서도, 그럼에도 불구하고 하
> 나님의 은혜가 모호해 질지도 모른다는 생각 때문에, 그리스도의 공로를 받아
> 들이지는 않는다. 그리하여 베드로가 그분에 대해 부른 것처럼, 예수 그리스도
> 는 인간의 구원의 창조자요 머리요 지휘자로 받아들이지 않고, 단지 구원의 수
> 단이나 일꾼으로 간주해버린다. 이제 누군가가 그리스도를 단순히 하나님의
> 심판에 대립하는 인물로 가정한다면, 어떠한 공로의 여지도 없을 것이다. 왜냐
> 하면 하나님이 은혜를 베풀고 받아들일 마땅한 가치란 인간에게는 전혀 없기
> 때문이다 … 예수 그리스도의 공로에 대해서 말하자면, 우리는 그 공로의 근원
> 을 그리스도께 돌려서는 안되며, 그리스도를 순결한 영광 속에서 중보자로 택
> 하시어 우리에게 구원을 얻게 하신 분에게 돌려야 하는데, 즉 그것의 근본 원
> 인인 하나님의 뜻과 명령에서 기원을 찾아야 한다. 그러므로 예수 그리스도의
> 공로를 하나님의 자비와 대립시키는 것은 경솔한 행위다 … 왜냐하면 예수 그
> 리스도는 하나님의 선하신 기쁨에 의하지 않고서는 어떠한 공로도 세울 수 없
> 기 때문이다; 그것은 오직 자기 희생으로 하나님의 분노를 가라앉히고, 자신의
> 순종으로 우리의 죄를 씻어내도록 명령하신 작정과 결정에 의한 것이다.[135]

---

134) *Responsio ad aliquot L.Socini senensis, quaestiones, Opp.,* 10a,
160-5; *Inst.,* II, 17,1-5.

135) *Inst.,* II, 17, 1.

　이것은 결국 하나님께서 그렇게 하도록 허락하셨기 때문에 그리스도께서 우리를 구원하실 수 있었다는 것이다. 우리는 이미 이러한 견해와 둔스 스코투스의 견해가 일치함을 지적하였다.[136] 여기서, 우리는 칼빈이 신성과 관계없이 그리스도의 순종과 수난에서 어떤 독자적인 가치를 찾아냄으로써, 그리스도의 신성의 우월성을 드러내기 위해서 그의 인성을 지나치게 축소시키지 않았을까 의아해 할 것이다. 그가 무의식적으로 그리스도의 인격에서 일방적으로 신성만을 높이 받드는 경향으로 흐르지는 않았을까? 이러한 그의 관점은 그리스도의 두 본성을 구별함에 있어서 그가 취했던 견해와 밀접하게 관련되어 있다. 어쨌든, 우리는 다음과 같은 구절에서 칼빈이 어떻게 그리스도가 확실한 자율성을 가졌는가에 대해 알고 있던 부분을 주목해 보아야 하겠다: "우리 주 예수 그리스도께서 오로지 우리의 중보자이시며 하나님의 일꾼이시기 때문에 우리를 믿음으로 일깨우시고 감화시키는 직분을 얻으신 것이 아니라, 그는 스스로 직분을 가지고 있기 때문이다."[137]

　그리스도의 구속 사역과 예정의 관계에 대한 칼빈의 해설에 있어서도 역시 이와 유사한 태도가 압도적이다. 그러나, 사실 하나님의 아들의 성육신과 죽음이라는 방법에 의한 구속과, 이와 동시에 그런 것이 예정되었었다고 주장하는 것은 내부적인 모순을 안고 있지 않는가 하는 의문이 제기되었고, 칼빈도 이 문제에 직면하였다. 하나님께서 영원히 어떤 사람들을 구원으로, 또 다른 사람들을 멸망으로 유기하실 것을 예정하셨다면, 그들에게 구원을 얻게 하기 위한 그리스도의 중재가 왜 필요하겠는가? 그것을 처음 볼 때에는, 선택의 섭리가 마치 구속의 필요성을 배제해야만 하는 것처럼 보인다. 물론, 그것은 칼빈의 견해라기보다는 칼빈 이전에 이와 같은 문제에 직면한 신학자들의 견해에 지나지 않는다.

　이와는 정반대로, 1543년판 「강요」에서 취했었고, 그후로 더 발전시킨

---

136) Cf. 위에 인용된 책, p. 129.
137) 에베소서 6장 19-24절에 대한 주석 *Opp.*, 51, 859.

입장이 타당한 것이며, 이를 다시 확고히 했음이 입증되었다. "구원의 사역
은 그 자체가 불멸의 선택인 것처럼, 선택과의 관계를 분리해서는 생각할
수 없다. 구원사는 선택과의 관계에서 이룩되고 있으며, 그 선택을 완성시
키는 일이다."[138]

칼빈은 다음과 같이 질문에 대해 단언하였다. "성령은 통상 성경 속에서
말씀하시는 방법을 채택한다; 즉 하나님은 인간이 그리스도의 죽음에 의
해서 은혜로 인도되기 전까지는 인간을 노여워하신다; 그들의 죄악이 그
리스도의 희생에 의해서 도말되기 전까지는 인간은 하나님의 저주 아래
있다. 이와 유사하게 인간이 그리스도의 육신 안에서 하나님과 다시 연합
될 때까지는 하나님으로부터 분리되어 있다. 그러한 방식의 말씀은 우리로
하여금 그리스도가 없다면 인간은 얼마나 비참한 상태에 놓이게 될 것인
가를 더 잘 깨닫게 하기 위하여, 우리의 마음에 깨달을 수 있도록 낮추어
진 것이다."[139]

그렇다면 여기에서 우리가 알게 된 것은 인간의 능력에 대한 교육적인
적용이다. 그럼에도 불구하고, 그것만이 전부는 아니다. 죄의 사면과 그리
스도의 희생에 의한 하나님과 인간의 화목은 모든 사건들의 실체와 효과
적으로 일치하지만, 그러나 그것은 단지 그것의 일면에 지나지 않는다.

비록 하나님께서 그와 같은 방식을 사용하심으로써[말씀을 주심으로써],
우리의 미숙함에 적응해 주셨지만, 그 모든 것은 항상 진리이다. 왜냐하면 의
의 주관자이신 하나님은 우리 안에 알고 있는 모든 죄악을 사랑하실 수가 없으
시다. 따라서, 타락한 인간성과 사악한 삶으로 인하여, 우리는 모두 하나님의
증오 아래 있으며, 하나님의 심판 앞에서 유죄한 자이며, 천벌 속에서 태어나
는 것이다. 그러나 하나님께서 우리의 속에 잠재된 하나님 자신의 것을 잃어

138) P.JACOBS, *Prädestination und Verantwortlichkeit bet Calvin*,
Neukirchen, 1937, p.78 f.; E. EMMEN, *De Christologie van Calvijn*,
pp. 57 ff.
139) *Inst.*, 11, 16. 2.

버리기를 원하시지 않으므로, 그의 선하심에 의해서 우리 속에 사랑할 수 있는 어떤 것을 찾으신다. 비록 우리는 스스로의 과실로 인하여 죄인이 되었지만, 그럼에도 불구하고 우리는 여전히 하나님의 창조물로 남아있다: 우리가 사망으로 버림받았음에도 불구하고, 하나님께서는 여전히 우리를 생명으로 창조하셨다.[140]

따라서, 우리는 질문에 대해서 두 가지 측면을 따로따로 분리하여 생각해 보아야만 한다: 하나는 하나님께서 천지창조 이전에 인간을 사랑하셨으며, 타락에도 불구하고, 우리는 하나님의 피조물이므로 여전히 우리를 사랑하신다는 사실이고, 다른 하나는 그리스도의 희생이 증오를 없애고, 우리를 그리스도 안에서 연합시키고, 우리가 하나님과 재연합하기까지는 우리의 죄악을 하나님께서 증오하시고, 우리는 하나님과 분리되어 있다는 사실이다. 그리하여 칼빈은 고린도후서 5장 19절에 대한 주석에서 이렇게 기록했다: "하나님의 사랑은 처음에는 시간과 질서 가운데 있었다. 그러나 우리에 관련되어서, 우리를 향하신 하나님의 사랑은 그리스도의 희생에서 그 사랑이 출발하였다."[141] 그것은 동일한 실체이지만, 하나님의 입장에서 볼 때와 인간의 입장에서 볼 때는 서로 순서가 뒤바뀌어서 나타난다. 하나님의 사랑은 예수 그리스도의 중재 없이는 깨달아질 수 없으며, 이해되지 않는다.

"만일 하나님께서 우리를 사랑하시고, 우리를 위하신다는 확신을 갖기를 원한다면, 우리는 예수 그리스도께로 눈을 돌려야 하며, 우리의 마음을 그분에게 고정시켜야 한다. 오로지 예수 그리스도를 통해서만 하나님의 분노를 자초한 우리들의 죄가 우리에게 전가되지 않는다."[142] 따라서, 그리스도로 인해서, 오직 그분만으로 말미암아, 우리가 하나님과 새롭게 교제할 수 있으며, 우리의 죄에도 불구하고 계속된 우리를 향한 그분의 사랑의 은혜

---

140) *Inst.*, 11, 16, 2.
141) *Opp.*, 50, 71.
142) *Inst.*, II, I6, 3.

를 받을 수 있다. 그는 "너무나 은혜로우셔서 우리를 이끌어주시고, 마치 손으로 이끌듯이 인도하시고," "천국으로 들어가는 문을 여는 열쇠"이시다.[143]

다른 말로 해서, 예수 그리스도는 하나님께서 그가 택하신 자들을 인도하시기 위하여 사용하신 필수적인 수단이셨다. 중보자로서의 그리스도의 직분은 성육신과 밀접하게 관련되어 있다; 하지만 육신으로의 현현 이전에, 옛 언약 아래에서 선민을 부르실 때에도 그는 중보자이셨으며,[144] 그리고, "그가 오늘날에도 하나님의 면전에서와 그의 주권 앞에 계시면서, 우리가 그의 이름을 들을 수 있게 하심으로써" 그는 사망 후에도 여전히 중보자로 계신다.[145]

칼빈은 결론적으로 이렇게 덧붙였다: "이와 같은 근거에 의해서 사도 바울은, 천지창조 이전에[146] 우리를 사랑하신 하나님의 사랑은 항상 그리스도 안에서 발견된다고 하였다(엡 1:4). 이 교리는 분명하고, 그리고 성경과 일치되는 것이며, 하나님께서 그의 독생자를 사망에 내어 주심으로 우리에게 사랑을 보여주셨다는 말씀과, 그럼에도 불구하고 예수 그리스도가 죽음으로 우리의 빚을 갚아주기까지 하나님은 우리의 원수였다는 그런 구절들과 조화를 이룬다."[147]

그리스도에 의해 때가 차매 지불된 속죄의 희생은 최소한 인간적인 차원에서 볼 때, 인간에 대한 하나님의 태도를 완화시키는 것이다. 실제로, 그 태도는 불변적이요 영원한 것이다: 따라서 그것은 그리스도의 사역에 의해서 후천적으로 영향을 받을 수 없는 것이다. 그리스도의 사역은 하나님의 사랑이 인간에게 베풀어지지 못하게 하는 장애물을 제거하는 것에

---

143) 디모데 전서 2장 5절에 대한 주석, *Opp.*, 52, 270; cf. 53, 161.

144) 다니엘서 8장 16-27절과 9장 17-18절에 대한 설교, *Opp.*, 41과 504와 557 ff.

145) 디모데전서 2장 5-6절에 대한 설교, *Opp.*, 53, 167.

146) 즉 하나님의 선택이 작정되었을 때.

147) *Inst.*, II, 16, 4.

국한되어 있다. 뿐만 아니라, 그 동기는 하나님으로부터 비롯된 것이며, 인간의 죄로 인하여 형성된 장애물과 죄의 결과인 하나님의 분노를 제거하는 것은 예수 그리스도에 의해서 제공되어진 속죄의 희생을 받아들이시는 결정에 의한 인간을 향한 하나님의 사랑이다.[148]

따라서 그리스도의 구속의 사역은 하나님의 선택의 영원한 작정의 필수적인 결과로서 나타난다. 전에 둔스 스코투스가 가르친 바와 같이, 구속은 예정에 포함되어 있고, 또 거기에 근거를 두고 있다. 그것은 영원토록 선택된 도구이며 수단이다. 하지만, 그것은 칼빈의 견해에서 볼 때, 중보자이신 그리스도께서 단순히 수단으로서의 역할만을 수행하는데 그친다는 의미는 아니다. 그리스도께서는 거룩한 삼위 중의 한 분이시기 때문에 그 선택에 참가하셨다. 이런 의미에서 선택은 그리스도에게 근거를 두고 있다. 중보자가 된 분으로서 그리스도는 선택이 효과적이도록 만들고, 자신의 희생으로 하나님의 분노를 가라앉히고, 하나님께서 선민에게 영원히 주신 사랑이 그 효능을 회복하도록 하셨다. 이렇게 함에 있어서, 그리스도는 하나님의 뜻에 순종하셨으니, 이 구원의 방법을 자유롭게 선택하셨다. 그러나 이것은 그 자신의 뜻이며, 동시에 성부의 뜻이자, 성령의 뜻이었다.

---

148) Cf. 갈라디아서 1장 3-5절에 대한 설교, *Opp.*, 50, 292 f.

제4장

성령의 감추어진 사역

「강요」의 제3권 속에 서술된 주제의 순서는 처음 볼 때는 놀라움을 금할 수 없다. "예수 그리스도에 관하여 앞에서 설명한 것들은 성령의 감추인 역사를 통해서 우리에게 유익이 된다"고 언급하고 나서, 저자는 믿음과 믿음에 의한 중생에 관하여 말한다. 여기에다가 그는 회개와 '그리스도인의 삶'에 관한 장을 덧붙이고 있다. 그리고 나서야 비로소 저자는 믿음에 의한 칭의와 행위의 무의미함, 그리고 그리스도인의 자유, 기도, 예정, 마지막으로 부활에 관해 다루고 있다. 대다수의 주석가들은 이와 같이 다소 익숙지 않은 순서에 놀라움을 나타내 왔고, 그에 대한 이유를 밝히고자 노력해 왔다. 특히 그들은 칼빈이 무엇 때문에 중생에 관한 설명을 하고 난 뒤에 칭의를 설명하는 자신의 주장들을 전개시켜 나갔는지 그 이유를 설명하고자 노력해 왔다.

어떤 이들이 주장하듯이[1] 로마 가톨릭 교리에 대한 논쟁적인 증오가 어느 정도 작용했으리라는 것은 가능한 일이다. 중생과 그리스도인의 삶이라는 주제로 시작함으로써, 칼빈은 믿음으로 말미암은 칭의가 종교개혁 반대자들이 주장하듯이 수동적 태도에 대한 변명이 아니었음을 밝히고자 했을지도 모른다. 그러나 우리는 칼빈이 자신의 「강요」를 교본으로 간주했었고,

---

1) 예를 찾아보기 위해서는 WERNLE, op. cit., p. 402 f: NIESEL, op. cit., p. 124를 보라.

그가 책의 주제를 배열할 때에 교육적인 배려가 중요하게 작용하였음을 잊어서는 안된다. 믿음에 관해서 먼저 다루고 나서 회개에 관한 장을 다룸에 있어서, 칼빈은 이와 같은 계획을 채택하게 된 이유를 우리에게 다음과 같이 확실히 말하고 있다: "이 점을 올바르게 깨닫게 되면 우리는 인간이 어떻게 의롭다 하심을 얻을 수 있는가 하는 것을 쉽게 알 수 있을 것이기 때문이다." 그러므로 칼빈은 논리적인 순서를 따랐으며 적어도 그렇게 하려고 애썼다. 어쨌든 그가 채택한 계획은 그가 칭의보다 중생에 더 중점을 두었다는 것을 의미하는 것도 아니며, 그 둘 사이의 어떤 인과관계를 소개하고자 의도한 것도 아니었다. 우리가 앞으로 보게 되듯이, 칼빈은 그것들을 똑같은 수준에서 병행하여 다루었다.

I. 예수 그리스도의 은혜에 참여하는 방법

칼빈이 제3권 서두에서 해답을 얻고자 하는 문제는 이것이다: 예수 그리스도는 우리의 죄를 대속하시고 그의 공로로 우리를 구원하셨는데 어떻게 우리가 이 구원을 얻기에 합당하게 되며 그에 수반되는 은혜를 받는가 하는 것이다. 시작하는 장의 서두에서 칼빈은 다음과 같이 이야기하고 있다. "우리는 이제 하나님 아버지께서 그의 아들에게 주신 복들을 어떻게 우리에게 이르게 하였는가를 알아야만 하는데, 그 아들이 받으신 복은 자신을 위하여 받으신 것이 아니라, 가난하고 빈곤한 자들에게 나누어주기 위한 것이었다. 첫째로 우리가 예수 그리스도로부터 떨어져 분리되어 있는 한, 인류를 구원하기 위하여 그분께서 행하시고 고통받으신 모든 것들이 쓸데없이 무의미한 것이 된다는 사실을 주목해야 한다."[2]

그리스도께서 자신의 죽음으로 하나님께서 우리를 위해 의도하신 여러 가지 은혜를 효과적으로 얻을 수 있다고 하는 가능성을 우리에게 보여 주셨음은 의심할 여지가 없다. 그러나 칼빈에 의하면, 이러한 가능성은 일종

---

2) *Inst.*, III, 1, 1.

의 잠재적인 은혜에 불과한 것이며, 예수 그리스도를 멀리하고 그를 모르는 죄인은 자동적으로 이러한 은혜를 받을 수가 없다. 예수 그리스도께서 우리 때문에 얻은 은혜는 추상적인 것이 아니다. 하나님과의 만남은 오직 인격적인 지평에서, 그리고 그리스도의 중보를 통해서만 이루어질 수 있다. 그러므로 이것은 우리가 그리스도와의 관계를 맺음으로 시작되는 것이 불가피하며, 이러한 관계는 오직 인격이 인격과의 관계를 맺음으로써만 가능하다. 이러한 사실은 그리스도께서 우리에게 작정된 은사들을 얻으신 것은 그것들이 그분 안에서 구현된 그런 종류의 것이기 때문에 더욱 그러하다. 그러므로 우리가 그런 은사를 통하여 유익을 얻고자 한다면, 우리는 할 수 있는 대로 그리스도와 우리 자신을 가깝게 결합시켜야 한다. "그분이 우리의 것이 되어야 하고, 우리 안에 거하시도록 해야만 한다."[3]

칼빈은 계속해서 같은 쪽에서 계속하기를, "그런 이유 때문에 예수 그리스도는 우리의 지도자이며 많은 형제들 중에서 첫번째로 태어난 장자로 일컬어진다: 그리고 반면에 우리는 그분께 접붙임을 얻고, 그분으로 옷 입는다고 말하는데, 왜냐하면 우리가 그분과 하나가 될 때까지 … 그분이 소유한 어떠한 것도 우리에게 아무것도 속하지 않기 때문이다." 그리스도와의 교제(insitio in Christum)는 구속이 우리의 것이 되어지는 은혜를 얻기 위해서 불가피한 조건이다. 칼빈이 그리스도와의 연합, 또는 교통에 대해 말할 때에, 그리스도 안으로의 흡수를 의미하거나 혹은 인성을 최소한으로 줄여서 그리스도를 우리 수준으로 격하시키는 어떤 신비한 정체성을 의미하는 것이 아니라는 것은 의문의 여지가 없다.

「강요」의 저자는 이미 인간에 대해서, 세상의 죄 많은 인간들에 대한 찬미나 신격화에 대하여 크게 반대하였기 때문에, 이 점을 완곡하게 다시 거론하려 한다고는 볼 수 없다. 그러나 인간의 속성들과 그리스도의 속성들

---

3) A.GOEHLER, *Calvins Lehre von der Heiligung*, Munich, 1934,pp. 24 ff.: W.KOLFHAUS, *Christusgemeinschaft bei Joh. Calvin*: NIESEL, op. cit., pp. 114 ff. J.-D. BENOIT, *Calvin directeur d'âmes*, pp. 76 ff.

과의 통합적 실재가 이루어진다면 그리스도와의 관계는 가장 가깝게 된다. 그러므로 이러한 의미에서 칼빈은 예수의 수난에 관한 아홉번째 설교에서 다음과 같이 선언한다. "이런 의미에서 우리와 우리 주 예수 그리스도와의 통일성을 이해하자. 그분께서 우리와 공통되는 삶을 살고자 하신 사실과, 그분이 우리와 같이 되어야만 했다는 사실을 이해하도록 하자. 더 나아가서 그분께서는 상상 속에서가 아니라 실제로, 세속적인 형태를 따라서가 아니라 신령하게, 우리 안에 거하고자 하신다는 사실과 어떠한 일이 닥친다 할지라도 그분께서는 성령으로 역사하심으로써 마치 수족들과 몸의 관계보다도 훨씬 더 우리가 그분과 가깝게 연합된다."[4]

이러한 영적 연합은 인간의 전체, 육신과 영혼 모두에까지 확장된다. "우리가 예수 그리스도와 더불어 갖는 영적인 연합은 단지 영혼뿐만 아니라 육신까지도 관련된 것으로 우리는 그분의 살 중의 살이요, 뼈 중의 뼈이다(엡 5:30). 만일 그렇지 않고, 우리의 연합이 완전하고 전체적이지 못하다면, 부활의 소망은 실로 희박해 질 것이다."[5]

칼빈은 안드레 오시안더의 신비적 사색들에 반대하는 자신의 논증을 펴나가는 과정에서 이 점에 대한 자신의 생각을 규정하게 되어졌다. 오시안더는 종교개혁 초기에 뉘른베르크에서 루터파의 사상을 소개하는데 중요한 역할을 하였던 사람으로 잠시동안 임시로 있다가 훗날에는 쾨니히스베르크에서 교수가 되었다. 너무 쉽게 극단으로 치우치는 기질 때문에, 그는 항상 눈에 띄는 독창적인 교리들만을 제시하였다.[6] 그의 생애의 말년에는 칭의에 대한 독특한 이론을 세우는데 전념하였는데, 이 이론은 칼빈만이 아니라 루터파까지도 역시 강한 적대감을 표출하게 되었다.[7]

---

4) *Opp.*, 46, 953.

5) *Commentary on I Corinthians* 6:15, *Opp.*, 49, 398.

6) E.HIRSCH, *Die Theologie des Andreas Osiander*, Göttingen,1919.

7) W.NIESEL, "Calvin wider Osianders Rechtfertigungslehre' in the *Zeitschr. für Kirchengeschichte*, vol. 46, Gotha, 1928, pp.410--30.

제4장 성령의 감추어진 사역 281

그는 칭의에 의해서 우리에게 주어지는 의로움이란 전적으로 형식적이고 전가된 성질이라는 이유로 루터와 멜란히톤이 주장한 것을 내던져버렸다. 오시안더는 그리스도의 의가 우리를 충분히 의롭게 하시기 때문에, 우리는 단지 의를 전가받음으로써 의롭게 되는 것이 아니라, 실제로 의롭게 되며, 은혜로 말미암아 내적인 말씀의 역사를 통하여 이루어진다고 주장했다; 그것은 믿음과 그의 신성으로 말미암아 우리 내부에 거하는 그리스도다.

칼빈은 훗날 「강요」에서 매우 정확하게 반박하였다. "그가 명확하게 주장하는 바에 따른다면, 우리는 예수 그리스도 안에서 본성적으로 의를 소유하게 되는데 … 이는 마치 우리가 먹은 음식물이 뒤섞인 것처럼 하나님이 우리 안에서 우리와 함께 뒤섞이신다는 것이다."[8] 칼빈 신학의 모든 것은 그런 개념들과 저항하게 되지 않을 수가 없었다. 칼빈은 사람 속에 그리스도의 본질적인 내재로 인하여 사람이 실제로 의롭다 하심을 얻을 수 있다는 주장뿐만 아니라 그 생각의 신비적 측면을 받아들일 수 없었다. 그러나 무엇보다도 먼저 그는 그리스도의 신성을 우리의 인성과 뒤섞음으로써 신성을 격하시키려는 이러한 시도에 강하게 반발하지 않을 수 없었다.

하지만, 비록 칼빈이 실제로는 항상 그러한 종류의 혼돈을 피했었지만, 그 자신은 믿음에 의하여 그리스도와 우리와의 연합을 묘사하려고 할 때는 누구 못지 않게 강조하는 용어를 사용했다. 그가 1550년, 혹은 1551년경에 나온 오시안더의 몇 논문들을 읽기 전까지는 공식 문서들의 위험이나 적어도 경솔함을 인식하지 못하였던 것 같다. 그전까지 칼빈 자신도 비록 다른 의미를 가진 것이긴 하였지마는 그런 표현들을 서슴없이 사용하였었다. 1545년에 그는 「강요」에서 다음과 같은 말을 사용하기까지 하였다. "사도는 이런 이유를 제시한다. 즉 예수 그리스도께서는 우리 안에 거하고 계시며, 분리할 수 없는 띠로써 우리와 묶여져 있을 뿐만 아니라 우리의 이해를 초월하는 놀라운 연합을 통하여 하나의 똑같은 실체 속에서

8) *Inst.* III, 11, 10.

우리와 그분 자신을 매일 더욱더 강하게 연합하신다."[9]

1560년판에 쓰여진 이러한 주장은 의도적으로 쓰여진 말이 아니라는 점은 분명하다. 더욱이 1548년에 쓰인 에베소서 5장 29절에 관한 주석에서도 이와 유사한 개념을 우리는 발견한다: "하와가 그의 남편 아담의 본체로부터 빚어져서 그의 일부가 된 것처럼, 그리스도의 참된 지체가 되기 위해서 우리는 그분의 실체 안에서 교제하며, 그러한 교제를 통하여 하나로 그리고 동일한 육체로 연합하게 된다."[10] 거의 말년에 이르러 칼빈이 선포한 사무엘상 2장 27-30절에 대한 설교에 보면 다음과 같이 더욱 특이한 구절이 나타난다. 즉 그리스도와의 교제에 의해서 우리는 그분의 몸 안으로 집어넣어지게 되며, 그분의 지체가 되고, 그분과 연합된 삶을 살게 되며, "그분이 하나님 아버지와 더불어 하나이듯이 우리도 그분과 더불어 하나가 된다."[11] 이 문장을 그리스도와 그의 성도들의 근본적 일체성의 표현으로 쉽게 이해할 수 있을 것이다. 그러나 그것은 오시안더에 대한 논박 과정에서 칼빈이 취한 전반적인 입장과는 대립되는 것이다: 또 한편으로는 이러한 설교를 적어 놓은 본문들에 관련된 구전이 너무나 불확실하기 때문에 사람들은 그러한 구절들을 믿고 의지할 수 없는 것이다.[12]

대체로 칼빈은 1550년 이후에 자신의 저서들에서 매우 조심스러운 태도를 보였는데, 이와 같은 사실은 1559년에 덧붙여진 다음의 구절로부터 판가름해 볼 수 있을 것이다: "나는 우리가 우리의 지도자와 함께하는 결합, 믿음을 통하여 우리의 마음 안에 그분이 거하시는 것, 우리가 그분을 즐거워하는 가운데 거룩한 연합을 주권적인 등급에까지 높이 찬양한다. 이와 같은 연합을 통하여 우리의 것이 되신 그분께서는 완전에 이르는 축복

---

9) *Inst.* III, 2, 24. 라틴어 원문에서는 이렇게까지는 되어 있지 않다. 라틴어판에서 칼빈은 "하나의 똑같은 실체"라는 표현을 회피하고 단지 donec unum penitus nobiscum fiat 라고만 간단히 쓰고 있다.

10) *Opp.* 51, 225.

11) *Opp.* 29, 353.

12) *Opp.* 29, 237 f.를 참조하라.

들을 우리에게 나누어주신다. 우리는 그리스도께서 우리와 멀리 떨어져서, 우리의 외부로부터 자신의 의를 우리에게 전가시켜야 한다고 생각해서는 안된다. 왜냐하면 우리는 그분으로 옷을 입고, 그분의 몸에 접붙여졌기 때문이다. 간단히 말하자면, 그리스도께서는 참으로 황송하게도 우리를 그분과 하나가 되는 배려를 하셨다."[13]

그러나 아무리 그러한 연합이 밀접하다고 해도, 인간과 그리스도는 함께 뒤섞여서 혼돈을 일으키지 않고, 오히려 반대로 각자의 고유한 특성을 계속 유지한다는 것이 사실이다. 비록 칼빈도 역시 그렇게 말하고 있긴 하지만, 용어의 기술적 의미를 볼 때에, 그것은 신비한 연합이 아니다.[14] 그러한 연합이 매일매일 점차 긴밀하게 가까워진다는 것은 의심할 여지가 없는 것이지만, 그 연합은 내세의 삶에 이를 때까지는 정점에 도달하지 못한다. 우리가 땅 위에서 이 연합에 관하여 알 수 있는 전부는 단지 연합의 시작인 것이다. 결국 이것은 순수하게 영적인 연합이다. 칼빈은 「강요」와 그의 다른 여러 저서에서 그것 외에는 우리가 더 이상 바랄 것이 아무것도 없다고 분명하게 말한다. 그 예로서 우리는 요한복음 17장 21절에 관한 그의 주석을 인용하여 볼 수 있다. "성부와 성자의 통일성이 헛되거나 쓸모없이 되지 않으려면 그와 같은 힘이 성도들의 육신을 통하여 퍼져야 한다. 그래서 우리는 또한 우리가 하나님의 아들과 하나라는 결론을 얻게 되는데, 그것은 그분께서 자신의 실체를 변형시켜 우리에게 넣어 주시기 때문이 아니라, 성령의 힘으로 그분께서 자신의 생명과 아버지께 받은 모든 은혜를 우리에게 전하여 주시기 때문이다."[15]

그리스도와의 이러한 연합은 영적인 생활로 우리가 나아가기 위해서는 불가피한 조건이다. "성령이 믿음을 통하여 효력을 발휘하여서 그리스도

---

13) *Inst.* III, 11, 10. *Commentary on Romans* 6:5 의 다음 구절을 참조하라. "우리의 본성으로부터 점차 그분의 본성으로 변화한다."*Opp.* ,49, 107.

14) Ibid. 불어판은 더구나 unio mystica를 union sacrée 라고 번역하고 있다.

15) *Opp.* 47, 387. 참조, Inst. I, 15, 5; III, II, 5.

안으로 들어가지 않고서는 칭의, 성화, 견인이나 최후의 완전은 불가능하다."[16] 그것이 우리로 하여금 하나님을 기쁘시게 한다. "그분께서는 자신이 매우 사랑하시는 아들의 몸과 우리가 결합할 때 우리를 사랑하기 시작하시며 … 그리스도께서 우리 안에 거하시지 아니하고서는 우리가 하나님의 그런 사랑에 참여할 수가 없다."[17] "그리스도와의 연합을 통하여 우리는 주님의 삶과 영에 참여하게 되며, 마침내는 천사들마저도 하나님께서 우리가 그분의 아들의 몸과 하나가 될 때 드러내신 풍성한 은혜에 놀라게 된다."[18] 결국, 신적 연합과 천국의 기업을 우리에게 주는 것은 바로 이와 같은 그리스도와의 연합이다. "하나님께서 복음을 통하여 구원의 소망으로 부르신 이들은 그리스도의 몸 안에 들어가게 한 이들은" 바로 "그분의 영원하고 은밀한 권고를 받아들인 영원한 생명의 상속자들로 삼으신 자"와 똑같다.[19]

그러나, 그 연합 자체는 오직 믿음에 의해서만 얻어진다. 이것은 인간의 주도적 노력이 연합을 위하여 아무런 역할도 할 수 없다는 말이다. "복음 속에서 제시된 예수 그리스도의 이러한 교제를 모든 사람들이 똑같이 받아들이지는 않는다"[20]는 것은 진정 경험이 우리에게 입증하고 있다. 칼빈은 이성에 호소하여, 우리로 하여금 "그리스도와 그의 모든 은혜들을 즐거워하게 하는 원인이 되는 성령의 능력과 감추어진 사역에 대해 알아보도록" 촉구한다. 따라서 그리스도와 연합하게 하는 움직임이 시작되는 곳은 인간으로부터가 아니라, 그 시작은 성령을 통하여 우리 안에서 역사하시는 그리스도로부터다. 그리스도와의 연합이 진전되는 것과 우리가 주님의 만찬에 참여하는 것 사이의 병행은 성령의 사역을 생각해 볼 때 특히 놀라

---

16) KOLFHAUS, op. cit. p. 85.

17) *Commentary on John* 17:26, *Opp.* 47, 391.

18) *Sermon on Ephesians* 3:9-12, *Opp.* 51, 470.

19) *De aeterna Dei praedestinatione*, *Opp.* 8, 271.

20) *Inst.* III, 1, 1.

운 일이다.

성령의 역사만이 그리스도와의 연합이 무엇인지를 이해할 수 있게 한다: "게으른 의심만으로는 그분과 우리들 사이의 거룩하고 영적인 연합이 무엇인지를 알 수가 없다. 더구나 첫번째로 꼽히는 그리스도와 그의 아버지의 관계는 더욱 알 수 없다. 그러나 그분께서 그분의 생명을 성령의 숨은 역사를 통하여 우리에게 주입시켜 주실 때 비로소 이것이 그 지식에 대한 유일한 수단이 됨을 우리는 알 수 있다."[21] 칼빈은 계속해서 다음과 같은 주장을 되풀이한다: "성령은 말하자면 띠와 같은 것인데, 이것을 가지고 하나님의 아들은 우리와 그분 자신을 효과적으로 연합하신다"[22] 칼빈은 이와 같이 성령의 역사를 매우 강하게 주장하기 때문에 그의 견해로

---

21) 요한복음 14:20에 대한 주석, *Opp.*, 47, 331, 칼빈 신학에서 성령의 역할로 생각되는 기능들에 관해서는 S. VAN DER LINDE의 *De Leer van de Heligen Geest bij Calvijn*, Wageningen, 1944를 참조할 것. 특히 W. KRUSCHE의 *Das Wirken der Heiligen Geistes nach Calvin*, Göttingen, 1957은 이 개혁자에 의해서 다루어진 핵심 주제를 이런 독특한 시각에서 깊이 다룬 연구서이다. M. MAKOTO MORII의 아직 발간되지 않은 연구 중에서 칼빈 사상의 역사적 발전 과정을 배경으로 이 문제를 다루고 있다.

22) *Inst.* III, 1,1. 이에 덧붙여서 이미 인용된 바 있는 *Inst.* IV, 17, 31; *Opp.*, 51, 768을 참조하라. 1528년에 발간된 대신앙고백서에서(라틴어판은 1539년에 발행되었으며, 칼빈도 이 작품에 관하여 매우 잘 알고 있다) 루터도 이와 동일한 생각을 나타내었다. "그 다음 순서로, 인자는 자신의 모든 사역들과, 고난당하심과, 지혜와 의와 함께 자신을 우리를 위해 주심으로써, 우리를 하나님 아버지와 화목하게 한다. 우리는 소생함을 받고, 의롭다 하심을 받고, 하나님 아버지와 그분의 은사를 이해하고 소유할 수 있게 된다. 만일 그런 은사가 아무도 도달할 수 없는 곳에 감추어져 있으면, 그런 은사는 아무런 쓸모도 없는 것이므로 성령은 우리에게 오셔서 자신의 모든 것을 주신다. 그리스도께서 우리를 위하여 행하신 행위를 우리로 하여금 알게 하여 주시는 분은 바로 성령이시다. 성령은 그리스도의 행위를 우리가 얻고, 계속 유지하고, 그 행위를 유익하게 사용하고, 다른 이들에게 전하여 주고 그 행위가 결실을 맺을 수 있도록 도와주시는 분이다." W. A., 26, 505 f.: 또한 30, 1, 192를 참조하라.

볼 때, 성령이 성부와 그리스도와의 관계에서 성자의 위치에 대해서 생각
하듯이, 이와 마찬가지로 성령이 그리스도와 우리들과의 관계에서 어떤 위
치를 차지하고 있는가에 대해 의혹을 갖는 것은 당연한 일이다. 실제로 수
없이 좋은 구절들을 살펴보면, 성령은 마치 그리스도와 인간 사이에 없어
서는 안될 중보자 역할을 한다. 마치 그리스도가 하나님과 인간 사이의 중
보자인 것과 같다. 그리고 예수 그리스도가 구속을 위해 필수적인 수단이
듯이 이와 마찬가지로, 성령은 우리로 칭의와 중생 가운데서 이 구원이 우
리에게 주어지도록 하는 필수적인 수단이다.

　우리를 그리스도에게 소개하는 일을 하고, 우리가 그분의 은혜를 쉽게
받을 수 있도록 하기 위해서, 성령은 우리 안에 역사하여서 우리에게 믿음
을 주신다. 믿음에 의하여 "우리는 그리스도의 몸에 접붙여진다." 그때 우
리는 믿음에 의하여 하나님의 아들과의 필수불가결한 교제에 들어가게 된
다.[23] 비록 칼빈이 루터와는 달리 믿음에 독립적 가치를 부여하지는 않았
다고 하더라도 그가 믿음에 대하여 적어도 1536년판 「강요」에 나타난 것
과 같은 생각을 얻게 된 것은 바로 그 독일의 종교개혁자 루터의 영향이
었다. 이 책에서 그는 루터와 마찬가지로 믿음을 두 가지로 구분한다: "한
가지는, 하나님의 존재를 믿고, 그리고 예수 그리스도에 관한 설명의 진실
성을 믿는 것으로 구성되어 있다."[24]

　그러나 이것은 참된 믿음이 아니라 믿음의 유사품이라고 볼 수 있다. 마
귀들도 이러한 믿음을 소유하고 있으며 그것 때문에 마귀들은 더욱 공포
와 당혹감을 증폭시킬 뿐 아무런 혜택도 받지 못한다. "믿음의 또 다른 형
태는 하나님과 그리스도의 존재를 믿을 뿐만 아니라 하나님과 그리스도를
믿는 것이다. 이 말은 하나님과 그리스도에 관하여 쓰여지거나 말하여지는
모든 것을 믿을 뿐 아니라 우리의 모든 소망과 믿음을 오직 한 분이신 하
나님과 그리스도께 둔다는 것을 의미하며, 또한 우리가 그 믿음에 굳게 서

---

23) KOLFHAUS, op. cit. p. 52를 참조하라.
24) *Opp.* I, 56; *O.S.* I, 68 f.

서 우리를 향한 하나님의 선하신 뜻을 의심치 않는다는 것과, 우리의 영혼과 육신에 필요한 모든 것이 그분에 의해서 주어질 것이라는 사실을 확신한다는 것과, 그리고 우리가 그분에 관한 성경의 모든 약속들이 이루어지기를 기대하는 것과, 우리에게 예수는 그리스도, 즉 구세주라는 사실을 확고하게 믿는다는 것을 의미한다. 그리고 그리스도를 통하여 우리는 죄 사함과 성화를 얻게 되고, 이러한 방법으로 구원을 받게 되어, 결국 마지막 날에 드러나게 될 하나님의 나라로 인도된다는 사실을 우리가 믿는다는 것을 의미한다."[25]

그러나 1539년 이후 칼빈은 믿음을 확신이나 소망과 동일시하는 이와 같은 정의에 더 이상 만족하지 않았다. 그래서 그는 믿음을 "예수 그리스도 안에서 자유롭게 주어진 약속에 근거한 것으로, 성령에 의해서 우리가 이해할 수 있도록 계시되고 우리의 마음 속에 인을 쳐서, 우리를 향한 하나님의 선하신 뜻에 대한 확실하고도 분명한 지식"이라고 정의하였다.[26] 겉으로 보기와는 달리, 이 개념은 지식적인 것을 중시하는 주지주의자의 입장을 따르는 것이 아니었다. 믿음에 대한 지식은 어떤 주어진 교리적인 진리를 따르는 것이 아니라 하나님의 선하신 뜻을 따르는 것이다. 이것은 우리를 향하신 하나님의 태도를 이성적으로 이해하는 문제가 아니며, 그분

---

25) 이 구절과 '아우그스부르크 신앙고백'(the Augsburg Confession)의 제20항 사이의 관계에 대해서 주목할 필요가 있다. 또한 루터가 쓴 「대요리문답」의 첫 번째 계명에 관한 설명과 부처의 바울 서신 주해 (*Metaphrases epistolarum Pauli*, 1536, p. 6)에 나오는 개념 정의를 주목하라. "Fides est certa per spiritum sanctum de Dei in nos charitate et paterna benevolentia persuasio, nitens Domino nostro Jesu Christo, qui morte sua peccata nostra expiavit, et vita sua in qua nunc regnat, participes nos suae iustitiae reddit." 역자주 — 믿음에 대한 칼빈의 정의가 누구에게서 영향을 받았는가에 대해서는 많은 논쟁이 있다. 루터와 부처 이외에도, 칼빈 이전의 당대 종교개혁자들 거의 전부가 비슷한 개념을 내놓고 있기 때문이다. 특히 파렐, 멜란히톤, 츠빙글리 등의 개념에서도 칼빈과 유사한 부분을 발견할 수 있다.

26) *Inst.* III, 2, 7.

에 대하여 완전하고도 총체적인 확신을 지니는 것이다.

"믿음에 의해서 우리가 이해하는 것들은 우리의 시각으로는 알 수 없고 감추어진 것들이다. 그러므로 우리는 믿음의 이해력은 지식이 아니라 확신에 더욱 좌우된다는 결론을 얻을 수 있다."[27] 믿음에 대한 자신의 정의를 수정하고, 그리고 "이해력이 믿음과 결합한다"는 사실을 주장하면서, 칼빈은 지식에 의한 믿음으로 귀결되어지는 방향전환을 하지는 않았다; 즉 그는 단지 스콜라주의자들의 맹종하는 신앙과는 아무런 연관도 없음을 밝히려는 것을 의미한 것이다.[28]

그 자체만을 생각해 볼 때에, 우리와 그리스도의 연합을 가능하게 만드는 믿음이란 아무것도 아니다. 즉 그것은 "아무 존엄성이나 가치도 지니지 않은 것으로서 단지 수단에 지나지 않는다."[29] 참으로 그 믿음이 하나님의 선물이라고 인식한 사람은 믿음을 자신의 것인양 간주해서는 안 된다. 믿음의 가치와 중요성은 그 대상이나 내용인 예수 그리스도께 달려 있다. 그리스도의 은혜를 인하여 우리가 성령으로부터 받는 믿음은 우리와 그리스도를 연합하는 띠가 된다. 그리고 그러한 연합은, 반복하거니와, 하나님의 아들이 우리를 위하여 받으신 은혜를 조금이라도 누리기 위한 선결 조건이다. 그러나 이러한 축복들은 어떤 효과를 발휘하든지 어떤 것으로 구성되어지든지 신자들에게 좌우되는가? 이러한 질문에 대하여 칼빈은 서슴지 않고 다음과 같이 대답한다. "예수 그리스도는 하나님의 선하신 뜻에 따라 우리에게 보내지신 분으로 우리는 믿음으로 그분을 영접하고 소유한다. 그리고 그분 안에 참여함으로써 우리는 이중 은혜를 소유한다. 첫째는 우리가 그분의 무죄를 통하여 하나님과 화목하게 되어서, 하늘에서 정죄의 심판을 받는 대신에, 우리가 거기서 아버지를 분명히 소유하게 된다는 것이다. 둘째는 우리가 그의 성령에 의해서 성화되어서 생활의 거룩함과 순결

---

27) *Inst.* 2,14.참조, KOLFHAUS, op. cit., p. 47.

28) *Inst.* III, 2,3. P.BRUNNER, *Vom Glauben bei Calvin*, pp. 116 ff.

29) *Inst.* III, 11, 7.

함을 생각하게 되는 것이다."[30] 다른 말로 하면, 그리스도께서 우리에게 전달하는 이중 은혜는 바로 칭의와 중생이다.

II. 중생과 그리스도인의 삶

믿음으로 우리가 그리스도와의 접촉에 들어가서, 그리스도의 몸에 접붙임을 얻게 되는 그 순간부터 그리스도는 우리 안에 거하시며, 혹자가 말하기를 좋아하듯이, 우리는 그의 영에 의해 살아간다. 그러므로 우리가 믿음을 상실하여 시간을 낭비하듯이, 우리의 삶이 하나님으로부터 벗어나서 허비될 의심이란 전혀 하지 않아도 된다. 그리스도는 우리 안에 거하시며, 동시에 우리 전 존재의 소유를 취하신다. 중생과 성화가 적절하게 구성을 이루고 있는 것이 바로 이 속에서다.[31] 회개에 의하여 함께 연결되어 서로 떼어놓을 수 없는 중생의 두 가지 면이 있으니, 바로 옛 사람을 죽이는 것과 새로운 생명에 참여함이다. 이 두 가지는 그리스도와의 연합으로부터 직접 연결되어서[32], 중생의 최후 목적을 향해 나간다; 즉, 그 기본적인 온전함 가운데서 하나님의 형상을 회복하는 것이다.

에베소서 4장 24절에 관한 주석에서 우리는 다음을 읽게 된다. "태초에

---

30) *Inst.* III, 11, 1.

31) 칼빈은 두 용어를 구별하지 않는다. 이에 관하여는 the Commentary on I Corinthians 1:2의 다음 구절을 참조하라. "성화라는 말은 선택과 분리를 의미하며, 이것은 우리가 성령에 의하여 신생으로 중생될 때 행하여지는 것이다." *Opp.* 49, 308.

32) R.SEEBERG, *Dogmengeschichte*, vol. IV, 2, p. 595; A. GOEHLER, *Calvins Lehre von der Heiligung*, pp. 32ff.; H. STRATHMANN, "Die Entstehung der Lehre Calvins von der Busse" in *Calvinstudien*, pp. 191-212; 동일 작가의 "Calvins Lehre von der Busse in ihrer spteren Gestalt" in *Theol. Studien und Kritiken*, Gotha 1909, pp. 402 -447; A.LANG, *Zwei Calvinvorträge*, Gutersloh, 1911 p. 20 f.

이미 아담은 마치 거울처럼 하나님의 의로움을 나타내도록 하나님의 형상
대로 창조되었다. 그러나 그 형상이 죄에 의해서 지워졌기 때문에, 이제 그
리스도 안에서 회복되어야만 하는 것이다. 더욱이, 참으로 신자들의 중생
은 그들 가운데 하나님의 형상을 회복시키는 것 바로 그것이다."[33) 중생의
두 측면은, 한편으로는 그리스도의 죽음에 신자의 참여로부터 일어나며,
다른 편으로는 그분의 부활로부터 비롯된다. 칼빈은 「강요」에서 다음과 같
이 서술하고 있다. "만일 우리가 진실로 그분의 죽음에 참여하는 자가 되
면, 능력으로 인하여 우리의 옛사람이 십자가에 못박히고, 우리에게 남아
있는 죄의 덩어리는 우리 옛 성품의 부패가 더 이상 활기를 띠지 못하게
될 때까지 죽어가게 된다. 우리가 그분의 부활에 참여할 때, 우리는 하나님
의 의로움에 합당한 새로운 생명으로 소생하게 된다."[34)

　그러나 이것은 과거에 우리가 죄인이었던 상태에서 이제 성자가 된다는
것을 의미하지는 않는다. 우리 안에서 옛 사람의 죽음과 새 사람의 탄생은
단지 상상에 불과한 것이 아니다. 그와는 반대로 그것들은 실재하는 것들
의 표현이다. 그러나 우리가 이 땅에 살고 있는 한, 그것에의 도달에 있어
서 이 실재는 오직 그리스도 안에만 있다. 마치 우리가 그리스도와 연합된
것과 같이, 그와 똑같은 정도로 우리는 오직 그 안에서만 실재에 도달하며,
참여한다. 우리가 점차 성화되어가는 과정에 있다 할지라도 우리는 여전히
죄인이다.

　따라서 칼빈은 ― 루터도 이에 대해 부인하지는 않았을 용어로 ― 다음
과 같이 말할 수 있었다: "이 회복은 한 순간이나, 단 하루만에나, 혹은 일
년 동안에 쉽게 이루어지는 것이 아니다. 그러나 하나님께서 선택하신 자
안에서 육체의 부패성을 계속적으로 조금씩 제거하신다. 그리고 하나님께
서는 계속적으로 그들의 더러움을 깨끗하게 하셔서 그들 자신을 성전으로
봉헌하게 하시고, 그들의 감각을 참된 경건으로 변화시키신다. 그럼으로써

---

33) *Opp.* 51, 208.
34) *Inst.* III, 3,9.

그들은 회개 속에서 자신의 일생 동안 연단하며, 죽을 때까지 이런 싸움이 끝나지 않는다는 것을 그들은 아는 것이다."[35]

그러므로 성화는 부분적으로는 우리가 여전히 참된 의로부터 얼마나 멀리 떨어져 있는가를 인식하는데 있다. 루터의 경우처럼, 칼빈에게서도 믿음의 결과들 중의 하나는, 비록 그리스도에 의해 의롭게 된 자라도 일생 동안 죄인으로 남아있고, 회개를 통해 죄를 제거하기 위해 싸우는 것이 그리스도인임을 보여주는 것이다. 혹은, 칼빈 자신의 글을 인용하자면, "하나님의 자녀들은 중생을 통하여 죄의 굴레로부터 해방되는 바, 그래서 그들이 이미 완전한 자유 속에 있는 것처럼, 육체와의 싸움을 하지 않아도 되는 것은 결코 아니며, 오히려 이것은 그들을 끊임없는 전쟁터에 남아 훈련을 지속하게 할 것이며, 그들을 단련시킬 뿐 아니라 그들로 하여금 그들의 연약함을 깨닫게 하여 준다."[36] 신자가 싸움을 하게 인도되어지는 것은 단지 죄와 자신의 끊임없는 정욕만이 아니라, 마귀 자체와 대항하여 "끝도 없고, 중단할 수 없는 공개된 전쟁"을 해야만 하는 것이다.[37]

하지만, 중생한 자의 생활이 반드시 회개의 부정적인 측면인 자기를 죽이는 일에 의해서만 지배되는 것은 아니다. 비록 신자가 이 땅에서 계속 죄인으로 남아 있고 저 세상에서야 비로소 자신의 성화를 완성한다 할지라도, 새 생명은 단순히 종말론적이 아닌 실재로서 현재 여기서 분명한 행위로 나타난다. "비록 죄가 우리 안에 거한다 할지라도, 성화의 힘이 그 죄

---

35) 참조, *Commentary on I Corinthians* 1: 8, 이것은 결국 *Opp.* 49, 312 야고보서 1장 19절에 관한 주석의 *Opp.* 55, 393과 같음. 루터의 *Sermo de duplici iustitia*, W.A.2, 146: "Christus expellit Adam de die in diem magis et magis secundum quod crescit illa fides et cognitio Christi. Non enim tota simul infunditur, sed incipit, proficit et perficitur tandem in fine per mortem."

36) *Inst.* III, 3,10. 루터의 견해에 관해서는 H.STROHL의 *L'Epanouissement de la pensée religieuse de Luther*, Strasbourg, 1924, pp. 41f, 84ff.에 잘 설명되어 있다.

37) *Second Sermon on the Passion, Opp.* 46, 849.

보다 우세하고 그것을 넘어서서 드러나는 까닭에 더 이상 죄가 규칙으로 우리를 지배하지는 못할 것이며, 그러므로 우리의 생활은 우리가 그리스도의 참된 일원임을 증거할 것이다."[38] 우리가 그리스도와 연합하게 될 때 곧바로, 우리는 "이 싸움에서 마지막 날에 승리를 얻으리라"[39]는 확신을 갖는다. 그리스도에 의해서 우리에게 주어진 은혜는 우리로 하여금 죄를 저지르지 못하게 하는 효력을 가지고 있지 않고, 오히려 그 은혜는 죄와 죽음의 통치를 끝장나게 한다; 그것들의 절대적인 지배에 대해서 우리가 **그것들과** 효과적으로 맞서서 싸운다는 것이 불가능함을 규정하는 것이다.[40]

새로운 생활의 실재는 선택의 실재에 달려있다. 그러나 오직 선택에 의해서만 새 생활의 즐거움을 누릴 수 있다. 그리고 선택의 목적은 바로 이 땅에서 살 동안 시작된 성화에 달려 있다.[41] "마치 복음으로 우리가 생명의 순결함으로 부름을 받는 것처럼, 우리의 소명이 효과적인 것이 되기 위해서는 그와 같은 일이 우리에게서 실제로 실현되어야 한다."

다음과 같은 내용은 칼빈의 윤리적 가르침에 대한 롭스타인(P. Lobstein)의 고전적 논문에서 완전히 밝혀진 것이다. "우리는 하나님에 의해 거룩하고 흠 없는 삶을 살도록 선택받았다. 하나님의 은혜로운 선택의 목적과 존재의 이유는 사단의 종이요 죄의 노예인 우리로 하여금 거룩하시고 자비로우신 하나님을 섬기도록 헌신케 하려는 것이다 … 그러므로 생활의 거룩함은 선택의 은혜와 불가분의 관계에 있다. 선택의 은혜는 성화에 대한 새로운 열망이 선택받은 자 안에 일어나는 것에서 증명되어지고, 입증되어진다. 하나님께서는 자신이 선택하신 자들을 위해서, 하나님의

---

38) *Commentary on Romans* 6:12, *Opp.* 49, 111.

39) *Commentary on Romans* 6:6, *Opp.* 49, 108.

40) *Commentary on Romans* 5:21, *Opp.* 49, 103.

41) *Commentary on I Corinthians* 1:2, *Opp.* 49, 308 : "우리의 신성함은 하나님에 선택의 근원으로부터 비롯되며, 이 자체는 우리가 받은 소명의 목적이다."

자녀다운 삶을 살 수 있는 힘을 주셔서 그들을 새롭게 하시고 의롭게 하신다. 영원한 선택의 작정은 추상적 초월을 가리키는 것도, 선택받은 자들을 넘어서 있거나, 그들 밖에 있는 엄정한 대상을 가리키는 것도 아니다. 그것은 그들의 생활 속에서 실현되며 그 속에 내재하게 되어지는 것이다. 그러므로 성화가 없는 곳에는 성화의 선결조건인 선택도 역시 필연적으로 없게 된다."[42]

하나님께서 예수 그리스도 안에서 선택자에게 주신 은혜는 불가항력적인 것이며, 또한 이 은혜는 그들로 하여금 죄와 효과적으로 싸우고 거룩한 길로 나아가게 하는 은사를 수반한다. "하나님께서는 성령을 통하여 우리의 심령을 단련하시고, 설득하시고, 온건하게 하시며, 자신의 소유물처럼 다스리신다. 또한 에스겔에 의하면 하나님께서는 그들이 자신의 가르침을 따라 행하도록 하기 위해 자신의 선민에게 새로운 심령을 부여하시기로 약속하실 뿐만 아니라, 또한 그들이 실제로 그 가르침 안에서 살아가도록 하실 것이다."[43]

또한 이와 똑같은 이유로 칼빈도 역시 견인의 은사가 선택받은 자들에게 주어졌다는 것을 매우 힘있게 역설한다. 하나님께서 그들을 선택하시고 부르시며 그들에게 새 삶을 시작하는 은사를 부여하는 그 순간부터 그분께서는 이 땅의 세속적인 일들을 추진하는 동안에 줄곧 투쟁할 수 있는 가능성을 그들에게 보장하실 것이다. 참으로 "하나님의 영은, 하나님과 함께 존재하신 분으로, 태초부터 하나님께서 우리에게 가르치셨던 사랑의 순종을 우리에게 불어넣으시고, 굳세게 하신다."[44]

멜란히톤이나 부처와 같이 칼빈도 이 성화의 개념에 있어서 완벽한 실천적 도덕성을 부여하려는 유혹을 거부할 수 없었다. 이것을 그는 「강요」의 '그리스도인의 삶'에 관한 장에서 상술하고 있다.[45] 1539년에 그가 「강

---

42) P.LOBSTEIN, *Die Ethik Calvin*s, Strasbourg, 1877, p. 22f.

43) *Inst.* II, 3, 10.

44) *Inst.* II, 3, 11. A. GOEHLER, op. cit. p. 51.

요」의 말미에 '그리스도인의 삶에 관하여' 라는 하나의 장을 첨가하였다는 사실을 기억하자. 그는 이 부분을 거의 수정하지 않은 채 「강요」의 제2판에 싣고 있으며, 마지막 부분은 5개의 새로운 장으로 나누었다. 여전히 주목할 것은(이것은 그가 추가한 것의 중요성을 증명하여 주는 것인데) 그가 1550년에 그 마지막 장을 분리된 책으로 발행하였다는 점이다.[46]

사실상 칼빈은 이미 앞의 여러 장을 통해 믿음의 선물을 받아들이고, 그리스도와 연합한 후에 그리스도인이 누리게 될 삶에 관한 일련의 문제들을 이미 설명했었다. 그러나 여기에서 그는 그러한 의문점들을 보다 폭넓게 그리고 실질적 필요성을 위해 놀라운 관심을 갖고서 다시 다룬다. 이와 같은 총괄적인 설명을 다시 쓰는 그의 의도는 그리스도인들이 어떻게 자신의 일상 행위의 처신 기준과 거룩한 길에서 전진하여 나갈 것인가에 대해서 성경으로부터 끌어 얻어낼 수 있는가 하는 점을 보여주려는 것이다.

그는 이 설명의 서두에 다음과 같이 서술하였다. "중생의 목적은 사람들이 우리의 삶 속에서 하나님의 의와 우리의 순종의 조화와 선율을 알게 하는 것이며, 또한 이로 인해 우리는 하나님께서 우리를 그분의 자녀로서 받아들이시는 양자됨을 입증하게 될 것이다. 이제 비록 하나님의 율법 자체가 우리 안에 하나님의 형상이 회복됨으로써 새로운 생활을 함의하고는 있지만, 태만한 우리는 많은 자극과 도움이 필요하기 때문에, 여러 성경 구

---

45) LOBSTEIN의 저서 이외에도 특히 DOUMERGUE, op. cit., vol. IV, pp. 288- 317을 참조하라. 그밖에도 *Le Caractère de Calvin*, Neuilly, 1931, pp. 93-107 ; L.GOUMAZ, *La Doctrine du salut*, pp. 279-311 ; A. GOEHLER, op. cit., pp. 35-43, 71-80 ; NIESEL,op. cit., pp. 133 ff.:J.-D. BENOIT, *Jn. Calvin*, pp. 268-84 동일 저자의 *Calvin, directeur d'âmes*, pp. 87ff. 그리고 보다 최근 작품으로 R.S. WALLACE, *Calvin's Doctrine of the Christian Life*, Edinburgh, 1959를 참고하라.

46) J.PANNIER,"Notes historiques et critiques sur un chapitre de L'Institution écrit à Strasbourg(1539) : De la vie chrétienne", in the *Revue d'Histoire et de Philosophie religieuses*, 1934, pp. 206-29.

절로부터 우리의 삶을 올바르게 규제하는 여러 방법들을 모으는 것이 유
익할 것이다. 그래서 하나님께 회심하게 되어지기를 소망하는 자들이 그릇
되이 생각되는 애정 속으로 빠져들지 않는 것이다."[47]

중생에 관한 직접적이고도 실제적인 결말 중의 한 가지는 우리가 그분
을 보다 더 잘 섬길 수 있도록 하기 위해서 그리스도께서 우리를 이 세상
의 법규들에서 해방시키셨다는 것이다. 우리는 이제 더 이상 우리 자신의
것이 아니다. "우리가 우리 자신만의 것이 아니고 주님께 속하여 있다면,
우리는 잘못을 저지르지 않기 위해서 우리가 해야만 할 것과 우리 생활의
모든 부분을 어디로 지도해 가야만 할 것인가를 우리는 알 수 있다." 칼빈
은 그리스도께서 우리 안에서 통치하심으로써 일어나는 결과들을 다음과
같이 강단에서 설교하는 억양으로 설명한다: 우리의 이성과 우리의 뜻대
로 더 이상 우리의 결정을 내릴 수 없다. 육체를 따라 우리에게 편한 것을
추구하지 말도록 하자. 가능한 한 우리 자신과 우리 주변의 모든 것을 잊
도록 하자. 그는 계속해서 설명한다: "우리는 주님에게 속해 있다; 그분의
뜻과 그분의 지혜가 우리의 모든 행위를 다스리게 하자. 그래서 우리 삶의
모든 부분을 오직 하나의 목표가 되어지는 그분께만 향하게 하자."[48]

우리의 삶 속에 하나님의 영구적인 임재에 대한 확신은 신자로 하여금
자기 자신을 부인하게 하고, 십자가를 지고, 오로지 다가올 영생을 향해 자
신의 전체 태도를 지배하도록 이끌어준다. 이것은 혹자가 짐작하기도 하
고, 혹은 때때로 언급되어졌던 것과 같이,[49] 금욕주의에서 신중하게 등급화
된 훈련과 관련되어 있는 수도원적인 개념으로 돌아가자는 것이 아니다.
칼빈이 지적한 의미는 동시적이요 포괄적인데, 비록 그 의미가 상대적 금
욕주의로 이해되든지, 내세의 생활과 비교함으로써 이 세상에 대해 경멸하
는 쪽으로 이끌고 갈 수도 있지만, 그것들이 신자에게서 이 세상의 유익을

47) *Inst.* III, 6, 1.
48) *Inst.* III, 7, 1.
49) M.SCHULZE, *Meditaio futurae vitae.* Leipzig, 1901, p. 18.

빼앗고자 하려는 의도란 없으며, 그 모든 가치를 부인하고자 하려는 것은 더욱 아니다. "인간이 자신을 부인하고 세상과 세속적인 삶을 경멸할 때, 천국의 삶을 열망하여 하나님의 의를 자신에게 적용시킬 때, 하나님께서는 왕으로서 대우를 받게 된다."[50] 이것은 의심의 여지가 없다.

그러나 다른 한편으로 칼빈은 다음과 같이 확언한다. "하나님의 은사의 사용은 하나님께서 그것들을 우리를 위해 창조하셨다는 점을 생각할 때, 그 용도가 하나님께서 창조하시고 계획하셨던 목적에 합당하다면 잘못된 것이 아니다 … 우리가 하나님께서 양식을 만드셨던 목적을 생각해 본다면 하나님께서는 우리의 생계 수단으로써 뿐만 아니라 우리의 즐거움과 휴식을 위해서도 그것을 공급하시길 원하셨다는 사실을 알게 될 것이다 … 풀과 나무와 과일들에게 하나님께서는 다양한 용도를 부여하셨는데 이는 우리의 눈으로 그것의 아름다움을 즐길 뿐만 아니라, 그들의 향기로 말미암은 기쁨을 누리게 하고자 하신 하나님의 뜻에 의한 것이다 … 끝으로 그분께서는 대단히 소중하고 필요한 많은 것들을 우리에게 주시지 않았겠는가?"[51] 우리는 또한 칼빈이 문학적 아름다움과 정신의 작용을 얼마나 높이 평가해 왔는지 알고 있는 바이다.

그러나 그런 모든 것들도 하나님의 의로우심을 떠난 것이라면 아무 가치도 없는 것이다. 파스칼이 말했듯이 이런 것들은 다른 질서의 것이다. "왜냐하면 자신의 모든 일 가운데서 하나님을 주목하는 사람은 누구든지 모든 헛된 생각으로부터 자신의 마음을 쉽게 돌리기 때문이다. 그리스도께서 모든 사도들에게 첫째가는 제자도로서 강력하게 요구하신 것은 바로 우리 자신들에 대한 부정이다. 이것으로 우리는 일단 인간의 마음이 점령당하게 되면 먼저 허영심이라든가 자만심이라든가 과시욕 등이 모두 말살

---

50) *Inst.* III, 20, 42.

51) *Inst.* III, 10, 2; Sermons on I Samuel 41, c. 12, *Opp.* 29, 691. p. LOBSTEIN. op. cit pp. 108 ff.; DOUMERGUE, *Jean Calvin*, vol. IV, pp. 299-304; J.D. BENOIT, *Calvin directeur d'mes*, pp. 186 ff.

되고, 그리고 이어서 탐욕, 무절제, 사치 환락 및 이기심에서 비롯되는 그 외의 죄악들도 모두 제거된다."[52]

칼빈이 모든 윤리학의 근본으로 삼은 우리들 자신에 대한 부인은 그리스도에 대한 믿음에 의하지 않고는 불가능하다. 우리가 알고 있는 바와 같이, 루터도 역시 그리스도인의 삶이 시작됨에 있어서 이 믿음의 역할을 강조하였다. 또한 그의 견해에 의하면, 참된 회개는 은혜를 선행조건으로 삼는 의의 사랑으로부터 비롯된다. 그러나 칼빈의 견해는 루터의 견해와 정확하게 일치하지는 않는다. 루터의 경우, 양심이 죄와 직면함으로써 느끼는 공포심은 반드시 믿음의 드러냄을 위해서 방법을 준비해야만 한다고 생각하였다. 이와 반대로, 칼빈은 인간은 죄를 인식하고 회개의 필요성을 깨닫기 전에 반드시 미리 믿음을 갖고 있어야만 한다고 주장한다.[53]

1536년판 「강요」에서 칼빈은 여전히 루터의 개념을 간직하고 있었다: "회개란 우리에게 그리스도를 아는 길을 열어 주는데 이는 오직 슬프고 애통해하는 죄인들에게만 주어진다."[54] 그러므로 죄로 인한 괴로움이 그리스도를 아는 것보다 먼저라는 생각이었다. 후에 1539년에 이르러서 칼빈은 자신의 이러한 생각을 수정하여 믿음의 선물을 받게 되기까지는 어떠한 죄의식도 인정하려 하지 않았다. 그러나 그는 그의 저서에서 자신의 이전 주장들을 계속 견지함으로써 결국 확실히 일관성을 잃어버렸다. 그러나 칼빈은 인간은 믿음의 은사를 받기 이전에는 자신의 실제 상태에 관하여 아무것도 알 수 없다는 것을 점점 강하게 주장함으로써, 자신의 이전 생각을 충실하게 지켜 나갔으며, 인간이 자신을 의롭다고 하도록 만들어주는 수단으로 간주되어질 만한 어떤 것도 부인하였다.

왜냐하면, 신자가 회개와 자기부인으로 이르게 되는 것은 믿음에 의해서 되는 것이기 때문이라고 칼빈은 주장하기 때문에 자연적으로 그는 이성만

---

52) *Inst.* III, 7, 2.

53) J.KOESTLIN, "Calvins Institutio," pp. 461 ff.를 참고하라.

54) *Opp.* I, 150.

이 인간의 삶을 지배할 수 있다고 주장하는 철학자들을 용납할 수 없었다. 에라스무스의 용어를 인용하여, 칼빈은 그들에 반대하였으니, '기독교 철학'은 이성이 성령에게 자리를 양보하고 '굴복하고 물러나야만' 할 것이며, 성령의 인도하심에 순종하여서, 그리하여 인간은 더 이상 스스로 살지 않고, 자신의 내부에 살아 계시며 통치하시는 그리스도로 사는 것이라고[55] 말한다. 따라서 여기에서 뒤따라오는 자기포기는 단순한 부정적 태도가 아니다. 자아를 버리는 것은 분명하지만 이것은 자신의 삶을 그리스도께 의탁하기 위한 것이다. 더구나 자기부인은 이웃에 대한 적극적 태도를 수반하여야만 하는데, 즉 "구제행위에 속한 모든 의무들을 다함은 물론 그 의무를 참된 애정으로 행해야 한다."[56]

이 점에 대하여 칼빈은 평소와는 달리 루터의 「그리스도인의 자유에 관한 논문」에 있는 어떤 구절로도 결코 능가할 수 없는 설득력 있는 어조로 다음과 같이 이야기한다. "우리는 인간의 악에 거하여서는 안되며, 오히려 그 안에 있는 하나님의 형상을 묵상하여야만 한다. 그러면 그분의 탁월하심과 위엄에 의해서 우리는 그들을 사랑할 수 있게 되고, 사랑하여야만 하는 것이며, 그들이 우리에게 되돌릴 수도 있는 인간의 모든 악을 잊게 된다."[57]

만일 자아의 포기가 이웃에 대한 형제 사랑의 감정을 탄생시켜 준다면, 하나님을 향해서는 완전한 복종 속에서 그 표현을 발견하게 된다. 여기서 칼빈이 우리가 하나님께 의지하는 것만큼의 사랑을 하나님께 드리지 못하고 있음을 강조하고 있다는 것은 흥미로운 일인데, 그 사랑이란 자신을 버리고 전적으로 하나님의 지시들을 좋는 것이 최선이다. "자신을 하나님께 전적으로 맡김으로써 자신의 모든 생애를 완전히 하나님의 선하신 뜻에

55) *Inst.* III, 7,1. 1549년 1월 8일자 Mme de Camy에게 보내는 서신. *Opp.* 13, 146 을 참고하라.

56) *Inst.* III, 7,7.

57) *Inst.* III, 7, 6.

복종하여서 기꺼이 고난을 감당하고자 할 때까지는 그 누구도 자신을 완전히 포기했다고 말할 수 없다. 그런 사랑을 지닌 자는 누구든지, 어떤 역경이 자기 앞에 닥치든지, 결코 자신을 불행하다고 생각하거나 자신이 처한 환경에 대하여 부정하게 하나님을 해롭게 하는[58] 어떤 불평도 하지 않을 것이다."[59]

그러나 자기부인은 그리스도인의 삶에 있어서 단지 일면에 지나지 않는다. 그리스도인의 삶의 또 다른 측면은 자기 십자가를 지는 것이다. 칼빈은 자주 "참을성 있게 자신의 십자가를 지는 것이 자기부인의 일면이다"[60]라고 선포하였다. 그러나 이것은 사실상 우리를 보다 높은 수준으로 세워주며, 그리고 그것이 우리를 그리스도께 가까이 가게 한다고 말하는 자기부인으로부터 정확하게 구분지으려고 칼빈이 신중하게 선택한 태도이다.

"주님께서 자신의 자녀의 한 사람으로 택하시고 받아들이신 모든 자들은 어렵고 고된 수많은 노동과 악의 끝없는 종류들로 가득 찬 생활에 대하여 스스로를 준비하여야만 하는 것이다. 그들 자신이 누구인가를 입증하기 위해서 자신의 종들을 연단하시는 것이 하늘에 계신 아버지의 기쁘신 뜻이다. 하나님께서는 자신의 첫번째 아들인 그리스도로 하여금 그러한 명령을 받게 하셨으며, 계속해서 다른 이들에게도 계속하신다. 비록 그리스도께서 하나님의 사랑하는 아들이셨지만, 그럼에도 불구하고 하나님께서는 그를 결코 이 세상에서 부드럽고 우아하게 취급하지 않으셨음을 우리는 안다; 참으로 그리스도께서는 끊임없는 고난 속에 지내셔야 했을 뿐만 아니라 그분의 전 생애가 일종의 십자가의 연속이었다고 말할 것이다 … 그러므로 거기서 우리에게는 한 가지 위안이 찾아오는데, 그것은 모든 불행들, 사악하다고 말할 수 있는 모든 고통을 견딤으로써 우리는 그리스도의 십자가를 나누며, 그분께서 모든 악의 구렁텅이를 헤치고 천국의 영광

---

58) 즉, "비난하는."
59) *Inst.* III, 7, 10.
60) *Inst.* III, 8의 제목.

으로 통과하셨듯이, 우리도 모든 악의 시련을 통과하여 천국의 영광을 얻을 수 있다 … 우리가 더 많은 고난을 당하고 더 큰 불행들을 견뎌내면 낼수록, 우리와 그리스도의 결속은 더욱더 확고해 진다."[61]

여기서 칼빈은 중세 사상들 속에 있던 것이라고 짐작되는 공로적인 특징들을 제거하면서, 그리스도를 본받는다는 고전적 주제를 추구하고 있다. 고난 자체는 아무런 가치가 없다; 칼빈은 이것을 예수님의 수난에 대해 말하였다. 그가 더 깊이 생각한 것은 우리 자신의 고난이었다. 그리고 진정코 자연인의 경우에 있어서 고난당하는 것이란 단지 하나님의 심판을 받는다는 것에 불과하다. 그러나 우리가 그리스도를 위하여 그리고 그와 함께 고난을 받게 될 때는 그리스도와의 교제가 강화된다. 그리스도의 고난을 함께 나눈다는 것은 우리가 그리스도와 연합하였다는 증거이다.[62]

칼빈은 분명히 그리스도인의 삶이란 단지 고난과 시련만으로 이루어져야만 한다고까지 주장하는 것은 아니다. 그러나 이것들이 압도적이다; 즉 싸움은 매일매일 새롭게 시작되며, 싸움이 멈추는 순간이 있다면 우리는 하나님께서 우리에게 허락하신 휴전의 시기로만 여겨야 하고, 그래서 우리가 새로운 힘을 얻어서 다시 싸움에 임하게 하는 것이다.[63]

칼빈은 자신의 개인적인 체험을 분명히 반영하는 구절에서, 이 땅에서 우리가 고통받은 목적에 대해 보여주고 있다: "만일 우리가 무죄하며 선

---

61) *Inst.* III, 8, 1.

62) 마태복음 16:24에 대한 주석, *Opp.* 45, 481, "누구든지 그리스도의 참된 모방자가 아니라면, 그리고 그분이 행하신 자취를 따라가고자 준비된 자가 아니라면, 그리스도의 제자라고 할 수 없다. 그러나 그리스도는 이 모방에 대한 규칙을 간단히 제시하여 주심으로써, 그가 우리로 하여금 자신과 같이 되기를 원하는 가장 중요한 것이 무엇인가를 가르쳐 주신다. 그것은 두 가지로 구성되는데, 즉 자신의 포기와 자발적으로 십자가의 고난을 견디는 것이다." 전체 구절이 인용될 만한 가치를 지니고 있다. 또한 E. EMME, *De Christologie van Calvijn*, pp.139 -47; J.-D.BENOIT, *Calvin, directeur d'âmes*, p.78.을 참고하라.

63) Commentary on Psalm 44:23, *Opp.* 31,447.

한 양심을 지니고 있다면, 우리가 사악한 자들의 악의로 인하여 우리의 재산을 다 잃어 버리고, 참으로 우리가 인간들 앞에서 가난하게 될지 모르지만, 그러나 그렇게 함으로써 하늘에서 하나님으로부터 참된 보화를 받게 된다. 만약 우리가 우리들의 나라에서 추방된다면, 우리는 그만큼 더 쉽게 하나님의 가족으로 영접될 것이다. 만약 우리가 괴로움과 고통을 받는다면, 우리는 그만큼 더 우리의 구주만 믿고 의지하게 되는 것이다. 만약 우리가 불명예와 치욕을 당한다면, 우리는 그만큼 더 하나님의 나라에서 존귀하게 여겨질 것이다. 만일 우리가 죽는다면, 복된 영생으로 가는 길이 우리 앞에 열리게 된다."[64]

이것은 우리가 받아야 할 정당한 보상에서 오는 것이거나, 우리의 고난의 대가를 얻을 수 있게 하는 공로에서 오는 것도 아니다. 이것은 단지 우리가 그리스도와 보다 친밀한 연합을 항상 유지하도록 하기 위해서, 그리스도를 통하여 값없는 선물이 있는 내세의 삶을 얻고, 또한 우리의 불행들을 극복하도록 우리에게 힘을 주시는 것으로서, 하나님께서 정해 놓으신 바로 그 길인 것이다.

하지만 칼빈이 그의 저서들과 편지들에서 여러 번 다룬 예수 그리스도를 본받는다는 것은 오직 내세의 삶과 관계되었을 때에만 참된 중요성이 살아난다. 만약에 우리가 그분의 고난뿐만 아니라 영광도 함께 나누지 못한다면, 예수님처럼 고난받는다는 것은 아무런 의미도 지니지 못할 것이다. 이것이 왜 칼빈이 그리스도인의 생활과 회개에 관한 세번째 측면으로서 미래의 삶에 대한 묵상을 첨가하였는가 하는 이유이다.[65] 이 장의 서두에서 그것에 대해 칼빈은 다음과 같이 서술하고 있다: "우리가 어떤 종류

---

64) *Inst.* III, 8, 7.

65) M.SCHULZE, *Meditatio fulturae vitae.* 같은 저자의 *Calvins Jenseitschristentum*, Görlitz, 1902,와 이 작품들에 관한 DOUMERGUE의 (지나치기는 하지만) 비판을 볼 것, op. cit.,vol.IV., pp. 305 ff.;A. GOEHLER, op.cit. pp.39-43, NIESEL,op. cit, pp.142ff.

의 시련을 겪는다 할지라도, 우리는 현재의 삶에 집착하지 않기 위하여 항상 이 목표를 바라보아야만 하며, 그래서 우리는 미래의 삶을 묵상하도록 자극받게 될 것이다. 왜냐하면 주님께서는 우리가 얼마나 장님이 되기 쉬우며, 심지어는 우둔하여서 이 세상을 얼마나 사랑할 것인가를 잘 알고 계시기 때문에, 매우 적절한 방법을 사용하셔서 우리가 세상에 빠지지 않게 하시고, 또한 우리로 하여금 나태함에서 일깨워주심으로써, 우리 마음이 그런 어리석은 사랑에 지나치게 집착하지 않도록 하신다."[66]

이것은 칼빈 신학에서 종말론이 차지하는 위치를 분명하게 보여준다. 비록 그 개혁자가 묵상의 매력에 빠졌었고, 그것 자체에 가치를 부여하였지만, 종말은 그 자체가 끝이 아니다. 미래의 삶에 대한 묵상은 인간으로 하여금 이 세상의 것들에 대한 허망함을 느끼게 함으로써, 자기부인을 완성하고 그리스도인에게 지워진 십자가를 완성케 하는 것이다. 그리하여 인간이 그리스도를 따르는데 주저하지 않게 하고, 이 세상에서 가장 좋은 것이 그를 붙잡는다 할지라도 이에 사로잡히지 않게 된다. "그 누구도 먼저 이 세상의 삶을 경시하지 않는다면, 우리의 마음은 미래의 삶을 명상하고 사모하도록 의도적으로 스스로 훈련하지는 않을 것이다. 우리가 이 세상을 경시해야만 하든지 혹은 이 세상이 우리로 하여금 무절제한 자기 사랑에 묶어두든지 이 두 가지 중 하나이지, 이들 두 극단 사이의 중간이란 없다. 그러므로 만일 우리가 불멸을 얻고자 조금이라도 생각한다면, 우리는 이런 슬픈 속박으로부터 우리 자신을 풀어내기 위하여 열심히 싸워야만 하는 것이다."[67]

이 싸움에 있어서 우리는 죽음과 죽을 수밖에 없는 인간의 운명과 천국의 삶과 최후의 심판에 관하여 묵상함으로 이길 수 있으니, 그 최후의 심판 날에는 "주께서 신실한 자들을 천국의 안식으로 불러 모으시고, 그들의 눈에서 눈물을 닦아주시고, 그들에게 영광으로 관을 씌워 주시고, 그들을

---

66) *Inst.* III, 9, 1.
67) *Inst.* III, 9, 1과 2.

기쁨으로 옷을 입히시고, 그의 무한한 기쁨의 영원한 달콤함으로 그들을 만족시키시고, 그들을 자신이 계신 곳까지 높이 들어올리시며, 그의 은총 가운데서 모든 것에 참여하는 자가 되게 하신다."[68]

그러나 이 세상에 대한 경멸은 오직 미래의 삶과 대조가 될 때에만 분명하게 정당화 된다. 칼빈은 이 세상에서 생활하고 있는 신자들이 이 세상에서 위축되어야만 한다는 생각을 갖고 있지 않다. 그래서 그는 자신의 사상을 아주 잘 나타내는 다음의 말을 우리에게 상기시킨다. "신실한 자들은 항상 현재의 생활을 경멸하는데 자신이 익숙해져야 하지만, 결코 현재의 생활을 증오하거나 하나님을 향한 감사를 저버리는 행위를 하여서는 안된다." 왜냐하면 그 삶의 불행들에도 불구하고, 현세의 삶은 "하나님의 축복에 참여하는 선한 권리"이기 때문이다.[69] 이 현세에서 하나님께서는 우리들의 아버지 되심을 입증하고 있으시기에, 따라서 "여기에서 그의 나라의 영광을 위해 우리를 준비시키신다"고 생각하는 것이 합당하다.

다른 말로 하면, 이 땅의 삶은 미래의 삶에 견주어 볼 때, 경멸하는 것 외에는 아무런 가치도 갖고 있지 않다. 그러나 한편으로는 그것이 우리가 내세의 삶을 얻기 위하여 거쳐 가야만 하고, 하나님의 축복을 처음으로 경험하게 되는 학교인 한, 그것은 결국 '하나님의 자비의 선물'로서 그 자체를 계시하고 있는 것이다.

하나님께서 우리에게 허락하시는 모든 종류의 시련은 오직 우리의 눈을 그분께 향하게 하고 우리로 하여금 그분께 호소하게 하려는 목적 이외에 다른 것은 없다. 기도에 대해서, 칼빈은 제3권의 20장 전체를 할애하고 있는데, 우리가 겪는 고통과 회개를 위해서 의도된 결과물이라고 설명한다.[70]

---

68) *Inst.* III, 9, 6.

69) *Inst.* III, 9 ,3.

70) 1559년판 「강요」에서 칼빈은 칭의와 그리스도인의 자유에 관하여 설명한 이후에야, 기도에 관하여 논한다. 보다 명확하게 하기 위하여, 우리는 여기에서 제20장에서 빌어온 몇 가지 지침들을 기독교인의 삶에 직접 적용하는 것이다. 이 지침들은 DOUMERGUE, op.cit. vol. IV, pp329-41과 WERNLE, op.cit. pp. 75-

기도는 "인간들이, 마치 하늘에 있는 하나님의 실제 성전에 들어가서, 하나님과 대화하는 것과 같은 것인데, 말하자면 하나님께 그분의 약속들을 간곡하게 상기시켜 드림으로써 절실한 필요가 있을 때, 그들이 하나님의 말씀에 따라서 단순히 참되게 믿는 것이 결코 거짓이나 허망한 것이 아니었음을 그들의 체험을 통해 보여 주시고자 하신 것이다."[71]

루터가 말한 바와 같이, 칼빈도 역시 기도란 믿음에 대한 일종의 증명이라고 표현한다.[72] 하나님의 약속들에 대한 신뢰, 그리고 아버지께 우리 자신을 바치라는 그리스도의 명령에 의지하여, 우리는 하나님을 만나 하나님께 그분의 약속을 성취하실 것을 요청할 권리를 가지고 있다. 우리들의 기도가 효력을 가진다는 보장은 그리스도께서 자신의 보혈로 인을 친 언약속에서, 그리고 우리를 위해서 아버지께 드리신 계속적인 간구에서 찾아볼 수 있다. 그리스도인의 삶의 모든 것처럼, 기도도 역시 오직 예수 그리스도, 오직 그분만을 근거로 한다. 기도는 우리들 내부에서나 성자들의 간구에서나 어떠한 지원도 받을 수 없다.[73] "약속을 통하여 예수 그리스도를 중보자로 우리에게 정해주셨기 때문에, 만일 우리가 간구해서 얻고자 하는 소망이 그리스도를 근거로 하지 않는다면, 기도의 이런 혜택을 박탈하게 된다. 그리고 사실 하나님의 지엄하신 위엄이 심령에 생각날 때, 우리는 두려움으로 떨지 않을 수 없으며, 만약에 예수 그리스도께서 나아오셔서 무서운 영광의 면류관을 은혜의 면류관으로 바꾸고자 중재를 하지 않으신다면, 우리의 무가치성에 대한 감각들이 우리를 놀라게도 않고, 멀리 도망

85에서 분석되어 있다. (역자주 — 방델 교수는 기도를 나중에 거론하였던 칼빈의 순서를 따르지 않고, 그리스도인이 미래의 영생을 묵상하는 삶에다가 칼빈의 기도론을 접목시키고 있다.)

71) *Inst.* III, 20, 2.

72) 루터의 *Concio quo modo sit orandum ad Deum*, W. A. 2, 175. 이 설교는 라틴어로 *Enchiridion precationum*라고 번역되었으며 후에 칼빈의 저서에 많은 영향을 주었다.

73) *Inst.* III, 20, 8과 21.

가게 하지 않을 것이다."[74]

그러나 그리스도의 보호 아래 하나님의 위엄에 다가갈 수 있는 이 특권을 얻기 위해서 우리는 반드시 믿음을 가져야만 하며, 그 결과로 우리는 은혜를 받게 된다. 그리고 우리에게 그 은혜를 전하여 주시는 분이 바로 성령이듯이, 우리 자신을 하나님께 드리려고 소원을 가질 때에 우리들을 인도해주시는 분도 바로 성령이시다. 정말로 우리가 하나님께 무엇이든지 요청할 수 있는 것은 아니다. "전혀 경외심이나 수치심도 느끼지 않고 자신의 어리석은 행동으로 감히 하나님께 조르거나, 자신들이 어리석게도 선하다고 생각하는 것들을 하나님의 보좌 앞에 내놓는 자들이 있다: 그러나 그들은 감히 요구할 수도 없는 자신의 탐심을 채워주시기를, 전혀 양심의 가책도 없이 하나님께 요구하는 뻔뻔스러움과 어리석음으로 가득 차 있는 자들이다."[75]

기도가 하나님의 약속에 의존하는 한 그 기도의 대상은 반드시 그 약속들의 내용이어야 한다. 그러나 우리는 무엇을 간구해야만 하고 어떻게 간구하여야 하는지를 우리들 스스로는 알 수가 없다. 이것이 성령이 우리를 도우러 오신 이유이다. "이해력이 조심스럽게 하나님을 향하여야만 하는 것처럼, 이와 마찬가지로 마음의 감정도 요구되어진다. 그러나 이 두 가지는 모두 다 여기에서 물들고 쇠약해져서 점차 변질되어 가고 있다. 그래서 하나님께서는 우리의 연약함을 강하게 하시고자 스승으로서 성령을 보내어 주시고, 그 성령은 우리가 간구하기에 합당한 것이 무엇인지 가르치시고, 말하며 또한 우리의 감정을 다스리신다. 우리가 어떻게 기도해야 하며 또한 무엇을 위하여 기도해야 하는지를 알지 못할 때, 성령은 우리를 도우시고 '말할 수 없는 탄식으로'(롬 8:26-27) 우리를 위하여 친히 간구하신다. 그러나 엄밀히 말하자면 성령이 스스로 기도하고 탄식하는 것이 아니다: 성령이 우리를 믿음 가운데로 들어올리시고, 착하고도 거룩한 간구를

---

74) *Inst.* III, 20, 17.
75) *Inst.* III, 20, 5.

하게 하여 주시며, 우리들 자신의 본성의 어떠한 능력으로도 충족시킬 수 없는 것들을 위해서 기도하는데 가치를 주는 그 탄식에 대해 우리를 감동시킨다."[76] 이와 같은 성령의 중보에 대해 감사하고, 우리는 합당하고 적절한 기도를 위하여 칼빈이 내세운 네 가지 원칙을 따를 수 있도록 준비되어지는 것이다.

사실상, 그 원칙이란 어떤 정밀하고도 분명하게 나눠질 수 있는 규칙들이라기보다는 성도들이 일반적으로 지녀야 할 태도에 관한 문제이다. 좋은 기도를 위한 첫번째 조건은 마음에서 "모든 세속적인 근심이나 잡념들"을 버리고, 전적인 관심을 기도에만 집중해야 한다. 자신이 간구하고 있는 것이 실제로 분명히 요청되는 일이라는 생각으로 시종일관 가득 차야만 하고, '간절한 감정'을 자신의 간구 속에 집어넣어야만 한다. 둘째 조건은 "무엇보다도 우리는 사도 바울이 말한 것이 항상 진리로 남아있으니, 쉬지 말고 기도해야 한다"는 것이다. 우리가 그 이유를 알고 있는 번영과 행복, 우리를 위협하는 위험과 우리의 영적 궁핍, 또는 "하나님 나라의 도래와 그 이름이 영화롭게 되기를 사모하는 마음"이 우리가 계속적인 기도를 드려야 하는 충분한 이유가 된다. 세번째 규칙은 "기도로 하나님께 자신을 보이는 모든 사람은 자신의 영광에 대한 모든 환상을 버려야 한다"는 것이다. 기도하기 전에 "자신의 잘못을 겸손하고 솔직하게 고백함으로써 하나님의 자비를 구하고, 그의 자비를 확신하는 것"은 바람직한 것이다. 마지막으로, 기도는 하나님에 대한 완전한 신뢰와 하나님께서 하신 약속의 성취를 완전히 신뢰하는 심령으로 해야만 한다: "성도의 기도는 이중적 애정에서 비롯되어 그것들을 모두 포함하고, 제시해야만 한다; 그 이중 애정이란 자기가 현재 자신의 악에 대하여 탄식하고 있다는 것과, 그리고 그가 장차 도래할 것에 대하여 근심하고 있지만 그럼에도 불구하고 하나님을 신뢰하며, 하나님께서 언제든지 손을 뻗어서 그를 구원하여 주실 준비가 되어있음을 의심하지 않는 것이다."

---

76) Ibid.

하나님께서 원하시지 않으며, 우리에게 주실 것 같지도 않은 것들을 하나님께 요구하는 행위는 하나님의 진노를 불러일으키는 행위이다. 그러므로 우리의 기도는 마태복음 21장 22절에서처럼, 이 믿음을 그 안내자로 삼아야 한다. "왜냐하면 확고한 소망에 근거하고 있고, 믿음의 전제로부터 나오는 기도는 하나님을 기쁘시게 해드리기 때문이다."[77] 그러나 믿음에 관해 말하는 것은 성령의 영감에 관한 이야기이다. 기도의 네 가지 원칙을 보여줌에 있어서 전적으로 인간의 우선적인 노력에만 호소하는 것처럼 보여지는 칼빈이 따라서 다시 신자의 기도에 있어서 성령의 간여하심으로 돌아가는 것이다.

III. 믿음에 의한 칭의

중생과 그리스도인의 삶에 관하여 언급하고 난 후에, 칼빈은 "이제 우리는 믿음으로 말미암는 칭의에 관하여 보다 광범위하게 고찰하여야 하며, 이것은 기독교 신앙의 가장 근본적인 주제로서 마음에 새겨야 하는 것으로, 모든 사람들이 이에 대한 해답을 찾고자 부단히 노력하고 있음을 명심하여야 한다"고 쓰고 있다.[78] 이 문장은 칼빈이 「강요」에서 중생을 칭의보다 먼저 다룬 이유가 — 만일 그 증거가 필요하다면 — 결코 자신의 사적인 어떤 가치판단이 작용한 때문이 아니었음을 증명하기에 충분할 것이다. 또한 다른 곳에서도 역시 그는 칭의를 "구원에 관한 모든 교리와 모든 신

---

77) *Inst.* III, 20, 4-12.

78) *Inst.* III,11,1. DOUMERGUE, op. cit., vol. IV, pp. 263-87; WERNLE, op.; WERNLE, op. cit., pp. 240-66; NIESEL, op. cit., pp. 123-32. R.SEEBERG, *Dogmengeschichte*, vol. IV, 2, pp. 599 ff; W.LUETTGE, *Die Rechtfertigungslehre Calvins und ihre Bedeutung für seine Frömmigkeit*, Berlin, 1909; A.LANG, *Zwei Calvin vorträge*, Gütersloh, 1911, pp. 13-20; E.MUELHAUPT, *Die Predigt Calvins*, pp. 112-56; E.EMMEN, op. cit., pp. 110-23; W.A.HAUCK, *Calvin und die Rechtfertigung*, Gütersloh, 1938.

앙의 기초에 근본이 되는 원리"라고 서술하였다.[79] 루터의 견해와 같이, 칼빈도 중생이란 단지 인간이 하나님 앞에서 하나의 가치있는 존재가 되도록 하는 어떤 종류의 주입된 성질이 나타나는 것으로 본 것은 아니었다. 사실 하나님께서 인간을 의롭다하심은 결코 중생에 의해서가 아니라 그리스도 안에서 죄사함을 통해 이루어진다.

하지만, 우리는 "칭의의 은혜는 중생과 별개의 사항이지만 이 둘을 따로 떼어놓을 수는 없다"[80]는 것을 명심하여야 한다. 칼빈은 칭의와 중생을 단순한 병렬 관계로 두는데 만족하지 않았다. 또한 그는 '일치신조' (Consensus Tigurinus: 1549년 불링거에 의해서 작성된 신앙고백서로 성만찬에 대해서 독일, 프랑스, 스위스 등 종교개혁에 관련된 교회에서 가장 널리 영향을 받은 바 있고, 취리히의 합의점에 도달함 — 역자주)의 한 구절로부터 우리가 생각하게 되듯이 칭의와 중생을 시간적인 관계로 배열해 놓으려고 하지도 않았으며,[81] 그 둘 사이에 어떤 인과관계가 있음을 주장하지도 않았다. 그 둘 사이에서 또한 하나가 다른 것의 최종적인 목적이 되어서도 안 된다.

성화는 칭의의 목적이 아니다. 성화는 칭의와 같은 근원에서 비롯되는 것이지만, 독립적인 것이며, 보다 엄밀히 말하자면 칭의와는 논리적으로 별개의 것이다. 칼빈은 그리스도와의 연합으로부터 비롯되는 두 은혜를 통합하는 띠의 존재와 본성에 관하여 거듭 강조하였다. 주목할 만한 것은 이러한 띠가 바로 그리스도 안에(insitio in Christum) 그리스도와의 연합

---

79) Sermon on Luke 1:5-10, *Opp.* 46, 23.

80) *Inst.* III I, 11, 11. 참고, GOEHLER, op. cit. pp. 83-8: E. EMMEN, op. cit, 123f.

81) *Opp.* 7, 735: "Dum fide inserti in Christi corpus, idque spiritus sancti virtute, primum iusti censemur gratuitae iustitiae imputatione, de inde regeneramur in novam vitam." W.KOLFHAUS, *Christusgemeinschaft bei Calvin*, p .66은 여기서 의도하는 바가 논리적인 것이지 일시적 순서가 아님을 나타낸다.

속에서 혹은 교제 가운데 있음을 보여 주었다.

「강요」에서 우리는 다음과 같은 글을 읽게 된다. "고린도전서 1장 30절에는 그리스도께서 우리에게 구속함과 지혜와 의로움이 되시며 또한 우리의 성화가 되신다는 것을 덧붙이고 있다. 이 구절로부터 우리는 그리스도께서 자신이 거룩하게 하지 않은 자를 동시에 의롭다 하시지 않는다는 결론을 얻게 된다. 왜냐하면 그의 은혜들은 영원한 띠로 서로 연결되어 있기 때문에, 그러므로 그리스도께서 그분의 지혜로 조명하신 사람들을 구속하여 주시고, 구속하신 사람들을 의롭다 하시며, 의롭다 하신 사람들을 거룩하게 하신다 … 이와 같이 주 예수께서는 자기 자신을 주지지 않으시고 그들이 그의 은혜들을 누리게 하시는 일이 없으시며, 결코 한 가지만 주시는 적이 없으시며 두 가지 모두 함께 주신다."[82] 따라서 그리스도의 모든 은혜들, 그분께서 우리를 위하여 받으신 모든 은혜는 그것들의 근원이 되시는 예수 그리스도와 함께 밀접하게 연결되어 있다.[83]

그럼에도 불구하고, "하나님의 다양한 은혜가 우리에게 더욱 잘 나타나도록 하기 위해서 그 은혜들을 서로 혼동하지 않는 것이 중요하다. 그리고 (사도 바울은) 의롭다 하심을 얻는 것과 새로운 피조물이 되는 것은 별개의 것임을 매우 명백히 밝히고"[84] 있다. 실로 현세의 삶 동안의 성화는 단지 시작에 불과한 것이며, 현세에서 신자가 아무리 진보한다 할지라도, 그들은 죽을 때까지 여전히 죄인으로 머무르는 것이다. 반면에 칭의는 우리에게 입혀 주시는 그리스도의 의가 완전한 것처럼, 첫 영접의 순간부터 완전하다."[85]

---

82) *Inst.* III, 16, I.

83) *Inst.* III, 11, 6: "예수 그리스도를 조각나게 찢을 수 없는 것처럼, 이 두 가지 것들은 불가분리의 관계에 있다. 왜냐하면 우리가 그분에게서 그것들을 함께 결합된 상태로 받기 때문이요, 그 안에 함께 연결되어 있기 때문이다. 그런데, 이 두 가지는 의로움과 성화이다."

84) Ibid.

85) *Inst.* III, 11, 11: "하나님께서는 택한 자들의 현재의 삶을 개혁시키기 시작

한편 신학의 역사적인 관점에서 볼 때, 가장 흥미로운 점은 칭의와 성화의 구분을 제시한 것이 아니라, 칼빈에게 있어서는 이 칭의와 성화가 동등한 가치를 지닌 은혜로 보았다는 사실이다. 따라서 「강요」의 저자는 칭의만을 한 가지로 강조하는 루터와 그 추종자들과 맞서서 반응하는 자신을 발견하게 한다.[86] 바로 이 점에 있어서 칼빈이 에라스무스의 영향을 받지 않았겠는가 하는 추측을 해볼 수도 있을 것이다.

1536년에 칼빈은 칭의에 대한 분명한 정의를 내릴 필요성에 대해 생각하지도 않았으며, 또한 칭의에 대해 특별한 논의에 진력할 필요가 있다고도 생각하지 않았다. 그러나 이것에 관한 내용이 그의 책 전체에 두루 나타난다. 하지만, 제2판에서 우리는 다음과 같은 정의를 발견한다. "행위의 의(義)로부터 배제된 자로, 믿음으로 그리스도의 의를 받고, 그분의 옷을 입음으로써 하나님의 면전에서 죄인이 아니라 의인으로서 나아갈 수 있는 자는 믿음으로 의롭게 되었다고 말할 수 있을 것이다."[87]

1543년에 칼빈은 다음의 항목을 추가하여 이 설명을 완성하였다. "그러므로 간단히 말하자면, 하나님 앞에서 우리의 의란 그가 우리를 의롭다 하시는 그의 은혜 안으로 우리를 영접하심에 대해서 받아들이는 것이다. 그리고 우리는 죄사함에 대해서도 이와 똑같이 구성되었다고 말할 수 있다. 예수 그리스도의 의가 우리에게 전가되는 것이다."[88] 그러나 이러한 전가

함으로써 이 역사를 조금씩 진행하시며, 죽을 때까지 완전히 이룩되지 않게 되는데, 그러므로 그들은 하나님의 심판대 앞에서 여전히 죄인이다. 그러나 하나님께서는 부분적으로만 의롭다 하시는 것이 아니라, 그리스도의 정결함을 입은 신자들이 천국의 문 앞에 담대하고 거짓 없이 나타낼 수 있도록 하시는 것이다."

86) GOEHLER, op. cit., p85.

87) *Inst.* III, 11, 2.

88) 전가와 죄사함으로서 간주되는 칭의에 관해서는 W. LUETTGE, *Die Rechtfertigungslehre Calvins*, pp.75-9 : NIESEL, "Calvin wider Osianders Rechtfertigungslehre"in the *Zeitschrift für Kirchengeschichte*, vol.146, 1928, p.425 f.를 참고하라. 전가와 그리스도와의 연합간의 관계에 관해서는

는 오직 그리스도와의 연합에 의해서만 가능하다. 왜냐하면 비록 그리스도
와의 연합이 의의 전가의 원인이라고 할 수는 없지만 그리스도와 연합하
는 순간부터 우리는 그리스도의 지체가 되기 때문이다. 전가와 그리스도와
의 연합은 차라리 동일한 하나님의 은혜의 나눌 수 없는 두 가지 측면이
라고 할 수 있다. 하나가 가능하지 않으면 다른 것도 불가능하다.

그러므로 칭의의 개념은, (루터와 멜란히톤과도 같이) 의로움의 이념을
포함하고 있는 바, 외부적인 것이요 그리고 우리가 일어나게 될 실제 상태
의 어떤 예견도 배제한 채, 우리에게 전가되기만 한다. 1536년 이후로 칼
빈은 다음과 같은 점을 주장하였다. "믿음의 의는 우리 자신의 의가 아니
라 바로 그리스도의 의이고, 그리스도 안에 있는 것이지 우리 안에 있는
것이 아니며, 전가에 의하여 우리의 것이 된다 … 그러므로 전가에 의하지
않고서는 우리는 실제로 의롭지 못하다. 그리고 우리가 의롭지 않지만, 믿
음으로 그리스도의 의를 소유하는 한, 우리는 전가에 의해서 의롭게 될 수
있다."[89]

이와 동일한 생각이 「강요」의 이후의 계속된 개정판들에서 취급되었고
발전되었다. 이러한 생각은 오시안더의 저작물들이 출판된 후에 다시 강조
되었는데, 오시안더는 칭의의 목적이 신자들을 실제로 의롭게 만드는 것이
며 죄사함이란 단지 부차적인 문제에 지나지 않는다고 보았다. 이에 반하
여 칼빈은 죄사함이 칭의의 기초를 구성한다고 생각하였다. 그러나 이에
앞서 칼빈은, 그리스도께서 치러 주신 죄의 상대개념으로 칭의를 규정함으
로써, 의가 죄인에게 전가된다고 하는 이 의의 교리에 광범위한 공감을 이
미 나타냈었다.

그는 고린도후서 5장 21절에 관한 주석(1547-48년)에서 "어떻게 우리
가 하나님 앞에서 의로울 수 있는가?"고 묻고 있는데, "그것은 분명히 예
수 그리스도께서 죄인이 되셨던 것과 똑같은 방법에 의해서이다. 왜냐하면

KOLFHAUS, op. cit., p.60 f.를 참조하라.
89) *Opp.* 1, 60: O.S. vol. I, P.73.

그분께서는 자기 자신의 죄가 아니라 다른 사람들의 죄를 위하여 인간의 몸을 입으시고 대신하여 죄를 지시고자 죄인으로서 심판을 받으셨기 때문이다 … 이와 마찬가지 방법으로, 우리는 지금 그 안에서 의롭다. 그것은 우리의 행위로 하나님의 심판을 만족케 한 것이 아니라 믿음에 의하여 우리의 것이 되어주신 그리스도의 의에 따라서 간주되는 것이다."[90]

그리스도의 의의 전가라는 이러한 교리로부터 논리적으로 얻게 되는 결론은 죄사함을 받은 후라 할지라도 결코 우리는 실제로 의롭지 못하다는 것이다. 반대로 우리는 칭의를 수반하고 있는 성화, 아니면 적어도 칭의와 함께 시작하는 성화로 인하여 우리가 더욱더 분명히 우리의 죄를 인식할 수 있음을 주목하는 것이다.

우리에게 전가되는 그리스도의 의에 관하여, 칼빈은 인간을 신격화하는 어떤 것을 수용하게 될까봐 두려워하였기 때문에, 심지어 예수 그리스도의 방법이나, 그의 인격에서 있어서조차도, 여기에서 다시 한 번 그리스도의 두 가지 성품 사이에 근본적인 차이점을 강조하려고 했다. 칭의의 사역을 수행할 수 있는 것은 오직 그리스도의 신성뿐이라고 주장하였던 오시안더에 반대하여 칼빈은 다음과 같이 주장하였다.

예수 그리스도께서는 종의 형상을 취하심으로 우리의 의가 되셨다. 둘째로, 그는 하나님, 즉 그분의 아버지께 순종하였기 때문에 우리를 의롭게 하신다. 그러므로 그리스도는 자신의 신성에 따라서가 아니라, 자신에게 위탁된 섭리에 따라서 매우 풍성한 은혜를 전하여 주신다.[91] … 만일 오시안더가 우리를 의롭게 하시는 행위는 너무나 존귀하신 사역이므로 인간은 그것을 감당할 수 있는 능력이 없다고 답변한다면 나는 그 점은 인정할 것이다. 그러나 만일 그가 이러한 생각으로부터 더 나아가 신성을 제외하고는 어떠한 성품도 그러한 효능을 가질 수 없다고 주장한다면 이는 대단히 잘못을 범하고 있다고 말하겠다. 왜냐하면 예수 그리스도께서 참 하나님이 아니었다면(육신의 모든 능력은 그

---

90) *Opp.* 50, 74.

91) 다시 말하면, 하나님께서 그렇게 하는 것을 원하셨기 때문에 그리스도에게 그것을 행할 수 있는 능력을 부여하셨다.

렇게 무거운 짐을 잘 감당할 수 없기 때문에) 자신의 피로써 우리의 영혼을 정결케 할 수도 없었을 것이고, 또한 자신의 희생을 통하여 우리에게 향하신 하나님 아버지의 진노를 진정시킬 수도 없었을 것이고, 저주로부터 우리를 해방시킬 수도 없었을 것이다. 간단히 말해서, 모든 희생적인 사역을 전혀 수행할 수도 없었을 것이지만, 그럼에도 불구하고 그분은 자신의 인성에 따라서 그러한 모든 일들을 수행하신 것이다.[92]

칼빈은 우리가 의롭다하심을 받는 것은 바로 그리스도의 순종에 의해서라고 지적하면서, 그분께서 그러한 순종을 보이실 수 있었던 것은 오직 종으로서의 속성 때문에, 즉 그분의 인성에 의해서만 가능하였다고 지적하였다. 칼빈은 이러한 논제를 뒷받침하는 또 다른 논거를 "하나님께서 죄의 희생물로 죄를 알지 못하는 그를 준비시키셨다"는 사실에서 찾는다. 만일 그리스도의 신성이 우리의 죄를 위하여 주어진 제물이었다면 그것은 신성함의 개념에 매우 거슬리는 것이다. 그리고, 다른 한편으로는, 만족의 개념에 부합하기 위하여 희생을 해야만 한다면 그것은 인간성에 관한 희생제사였기 때문에, 그리스도께서는 그의 인성만을 우리를 위해서 제공해야만 하였다.

그러므로 우리는 하나님 앞에서 우리 자신을 의롭게 할 만한 의로움을 우리 스스로 획득할 수 없다. 그럼에도 불구하고 만일 우리가 의롭다 하심을 얻는다면, 그것은 우리가 그분께 접붙여졌기 때문이요, 그런 의미에서 우리가 그의 의로움을 받는 것이다. 간단히 말하자면, 그리스도는 우리를 대신하여 자신을 바치셨고, 우리가 행하여야 할 일들을 성취하신다. 그리고 이것은 우리의 칭의에서 그치는 단 한 번의 행동, 하나의 은혜가 아니다. 만약 그러했다면, 그 칭의를 받은 후에 우리가 행한 행위들에 대해서는 하나님께서 선포하시는 심판의 자리에서 계산을 해야만 될 것이다. 다른 말로 하면, 그 심판은 우리가 얻은 새로운 삶에 근거하여야만 할 것이다.

---

92) *Inst.* III, 11, 8과 9.

그러나 그러한 시험을 이겨낼 수 있으려면 우리는 실제로 성자처럼 아주 효과적으로, 그리고 명쾌하게 현재의 모든 죄로부터 자유로워지지 않으면 안 된다: 하지만 우리는 그리스도인이 죽음이 임박한 순간까지 여전히 죄와 싸우고 있으며, 죄가 신자에 대한 공격을 결코 중단하지 않으며, 때때로 죄에 굴복하는 일이 벌어지고 있음을 우리는 알고 있다. 우리가 믿음을 얻고 난 이후에도, 우리의 행위는 여전히 죄에 의하여 더럽혀져 있다. 그럼에도 불구하고, 하나님께서는 그런 행위를 죄들을 우리에게 돌리지 않으시고 행위를 받아주신다. 그래서 칼빈은 이중 칭의의 교리를 정립하기에 이르렀다. 이중 칭의 교리란 첫째는 죄인의 칭의(the justification of the sinner)이며, 둘째는 의로움을 얻은 자의 칭의(the justification of the justified), 즉 보다 엄밀히 말하자면 의로운 자의 행위(works)에 대한 칭의이다.

인간을 그러한 멸망의 구덩이로부터 끄집어 내신 후에, 하나님께서 양자의 은혜를 통하여 거룩하게 하실 때, 그분께서 인간을 거듭나게 하시고 새로운 생명으로 인간을 개혁하셨기 때문에, 그분께서는 성령의 은사들을 지닌 새로운 피조물로서 인간을 용납하시며 받아 주신다 … 신자들은 부르심을 받고 난 후에, 그들의 행위조차도 하나님께 용납받는다. 왜냐하면 하나님께서는 자신의 영을 통하여 그들에게 부여하셨던 선한 것들을 사랑하지 않으실 수 없기 때문이다. 그럼에도 불구하고 우리는 이것을 항상 기억하여야 한다: 만일 하나님께서 풍성하신 사랑과 항상 끝없는 관대하심으로 그들의 행위를 받아들이시지 않는다면, 그들은 자신들의 행위에 의해서는 하나님께 받아들여질 수 없다 … 그러나 신자들은 죽게 될 육신에 싸여있는 한 여전히 죄인이기 때문에, 그들의 선한 행위는 단지 시작에 불과하며, 수많은 사악한 것들이 있어서, 하나님께서 그들 안에서가 아니고 그리스도 안에서 그들을 받아들이지 않으시면 그의 자녀들이나 그들의 행위에 대해서나 결코 은혜로우실 수 없다.[93]

---

93) *Inst.*, III., 17.5. GOEHLER, op. cit., pp. 93 ff: W.A.HAUCK op. cit., pp. 52-68을 참조하라.

그러므로 의롭게 된 자들의 행위에 대한 칭의는 죄인의 칭의와 마찬가
지로 그리스도의 은혜에 달려있다. 1519년에 루터도 역시 자신의 「두 가
지 의에 관한 설교」(Sermon on the Double Righteousness)에서 의로운
자들의 행위에 대한 칭의는 죄인의 칭의에 달려 있다고 하였다: "두번째
의는 우리가 그 의의 유일한 창작자들이기 때문이 아니라 우리가 우리와
관계없는 첫번째 의와 협력하고 있기 때문에 우리에게 적합한 것이다 …
이런 의는 첫번째 의의 행위이며, 그 결과이다."[94]

그러나 칼빈은 1543년판 「강요」에 삽입한 주목할 만한 구절에서 두 칭
의 사이의 대칭됨을 더 강조한다. "우리가 그리스도의 일원이 된 후 우리
의 허물이 그리스도의 무죄함 아래 감추어지는 까닭에, 우리가 하나님 앞
에서 의롭다 하심을 받을 수 있는 것처럼, 그리스도의 순결함에 의해서 그
행위 안에 내포되어 있던 악이 가리워지게 되기 때문에 그 악이 우리에게
전가되지 않으므로 비로소 우리들의 행위들이 의롭다 하심을 받을 수 있
다. 그러므로 우리는 오직 믿음에 의해서만 사람이 의롭다 하심을 얻게 될
뿐만 아니라 사람의 행위들도 의롭다 하심을 받는다고 말할 수 있다. 그러
나 이러한 행위의 의가 믿음과 은혜로우신 칭의로부터 비롯된다고 해서,
그 의의 근본이 되는 은혜를 소멸시키거나 흐리게 한다고 생각해서는 안

---

94) LUTHER. 「이중 칭의에 대한 설교」(*Sermo de duplici iustitia*), W.A. 2,
146 f. MELANCHTHON. 「신학총론」, edn of 1543 (*Corp. Reform.* vol. XXI.
p.771 f.): "Opportere inchoari obedientiam et iustitiam bonae conscientiae, et
hanc quanquam procul abest a perfection legis, tamen in reconciliatis
placere Deo propter filium Mediatorem, qui nostram invocationem in
nostros cultus perfert ad Patrem, et condonat infirmitatem. Ita propter
Christum primum reconciliatur persona, postea et opera recipiuntur, et fides,
in utroque luceat." 참고. R. SEEBERG, *Dogmengeschichte*, vol. IV, 2, p. 472.
여기에 나타난 부처의 입장과 에라스무스의 영향에 관해서는 R. STUPPERICH,
Der Humanismus und die Wiedervereinigung der Konfessionen, Leipzig.
1936, pp. 22-6과 81을 참조하라.

된다; 오히려 나무의 과실과 같이, 은혜 안에 포함되어야 하고 의존해야
한다."[95]

마지막 문장에서 자신의 모든 설명이 행위의 객관적 의에 관한 문제도
아니며, 또한 결과적으로 로마 교회의 교리에로 되돌아가려는 문제도 아니
라는 사실을 부각시킴으로써, 전체의 설명을 참되게 조명하여 준다. 의롭
다 하심을 입은 자들의 행위는 단지 그들의 믿음의 능력 때문에 의롭다고
간주되는 것이니, 그들의 행위가 특수하게 그리스도의 은혜에 의해서 감추
어지기 때문이다. 비록 그들이 불완전하다고 할지라도, 하나님께서는 죄인
들에게 그리스도의 의를 전가시키시는 방법과 똑같은 방법으로 그들을 의
롭다고 받아들이실 수 있다.

다른 한편으로, 우리가 주목하여야 할 또 다른 점은 의롭다 하심을 받는
것은 바로 믿음의 수단에 의해서라는 사실을 칼빈이 공언하고는 있지만,
그가 믿음에 의해서 수행된 이러한 부분에 대해 강조하지는 않는다는 점
이다. 그의 견해에서 볼 때, 우리가 이미 살펴본 바와 같이, 믿음은 그 자체
로서는 아무것도 아니다. 믿음은 오직 그 믿음의 내용, 즉 예수 그리스도에
의해서만 가치를 얻게 된다. "우리는 믿음 그 자체가 가치있는 의라고 생
각해서가 아니라 믿음을 수단으로 하여, 우리가 그리스도의 의를 무상으로
얻을 수 있기 때문에 믿음이 우리를 의롭게 한다고 이야기한다."[96] 칼빈이
중요하게 생각한 것은 분명히 그 수단이 아니라 그리스도와 그의 사역이
다. 더구나 만일 우리가 「강요」의 내용을 믿고자 한다면, 믿음의 역할을 지
나치게 강조하는 실제적 위험 속에 빠지게 될 수도 있을 것이다. 왜냐하면,

---

95) *Inst.* III, 17, 10. 다음과 같은 의미로 칼빈은 *Inst.*III, 16,1을 쓸 수 있었다.
"비록 전적으로 행위에 의해서만 우리가 칭의를 얻는 것이 아니라고 할지라도,
행위 그 자체가 없이는 결코 의롭다 하심을 받지 못하는데, 이는 우리가 칭의가
머물고 있는 그리스도 안에 참여하게 될 때에 그 안에 성화도 또한 포함되어 있
기 때문이다." 혹자는 여기에서 다시 한 번 칭의와 병행해서 성화를 복원시키려는
경향을 볼 수 있을 것이다.

96) *Inst.* III, 18, 8.

"만일 믿음이 항상 나약하고 불완전하다는 점을 생각해 볼 때, 믿음이 그 자체의 효능에 의하여 인간을 의롭게 한다면 믿음은 단지 부분적인 효능만을 지닐 것이며, 또한 우리에게 부분적인 구원만을 줄 것이다."[97]

이런 개념에 대한 칼빈의 전반적인 발전은 행위에 의한 칭의를 가르치는 로마교회의 교리에 반대할 뿐만 아니라 믿음의 완전성을 주장하는 츠빙글리의 생각에 반대하고자 함이 분명하다. 또한 "인간은 믿음에 의하여 하나님의 영을 받으며, 하나님의 영을 받음으로써 의롭게 된다. 따라서 인간은 믿음에 의하여 의롭게 된다"라고 주장하면서 '환상'이라는 이름을 스스로 유추해낸 오시안더의 결론에 반대하고자 하는 것이었다.[98] 한편 칼빈은, 우리가 이제까지 보아왔듯이, 믿음이란 그리스도와의 관계를 맺는 단순한 수단으로만 간주한다는 조건하에서 믿음이 우리를 의롭게 한다는 주장을 주저하지 않고 반복한다. 왜냐하면 분명히 "우리가 하나님 면전에서 의롭다 하심을 받을 수 있는 것은 오직 그리스도의 의를 통해서이다."

우리는 분명히 칼빈의 이러한 모든 경계가 너무 지나칠 정도로는 인간을 인정하지 않으려는 그의 끊임없는 열정에서 나온 것임을 알아야 한다. 믿음은 참으로 하나님의 절대적인 값없는 선물이다; 우리가 일단 받기만 하면 확실히 우리의 것이다; 그러나 우리가 칭의에 있어서 믿음의 역할을 지나치게 강조하게 되면, 우리는 그것을 악용하거나 그리스도의 사역과 하나님의 영광을 그 범위만큼 축소시키게 된다.

IV. 예정

1844년에 알렉산더 슈바이처(Alexandre Schweizer)와 1847년에 페르디난드 크리스찬(Ferdinand Christian)이 예정이란 칼빈 신학의 중심교리이며 칼빈의 모든 가르침은 예정에서 비롯된다고 주장한 이후에[99], 역

---

97) *Inst.* III, 11.7.
98) *Inst.* III, 11, 23.

사가들과 교의학자들은 예정을 마치 입증할 필요조차 없는 신앙의 주제처
럼 주장하는 말을 75년 동안이나 반복하여 왔다.[100]

칼빈이 예정의 두 가지 형태, 즉 선택과 유기에 상당한 중요성을 부여하
였다는 점과 이 주제는 결코 논의하기에 적합하지 못한 것이라고 생각한

---

99) Alexander Schweizer, *Die Glaubenslehre der evangelisch-
reformierten Kirche*; F. C. Baur, *Lehrbuch der christlichen
Dogmengeschichte*.

100) 그러나 몇 가지 두드러진 예외가 있었다. 그래서 1868년 이후
RITSCHL은 칼빈신학에서 예정을 특히 중요시한 점을 논박하였다
("Geschichtliche Studien zur Christlichen Lehre von Gott" *Jahrbuch für
Deutsche Theologie*, p.108); A. KUYPER도 마찬가지로 논박하였다.
"Calvinism and confessional Revision" in the *Presbyterian and Reformed
Review*, 1891, pp.379ff. 이 저서는 DOUMERGUE, op.cit., vol. IV, p. 361 f.을
그대로 따르고 있다. 예정론에 중요한 위치를 부여하는 가장 최근의 고려할 만한
설명은 O. RITSCHL의 *Dogmengeschichte des Protestantismus*, vol.III,
Gttingen, 1926이다. 저자는 심지어 칼빈이 그의 체계에 논리적으로 적합한 위치
를 예정에 부여하지 아니하였다고 비난하기까지 하였다. P.JACOBS의 중요 논문
인 *Prädestination und Verantwortlichkeit bei Calvin*, Neukirchen, 1927,
pp.20-40 에는 19세기 중반 이후로 칼빈에 있어서 예정론이 중요하다고 주장하
는 주요 저술들에 대한 비평적 고찰이 들어있다. 여기서는 다음의 작품들을 언급
하는 정도면 충분할 것이다. DOUMERGUE, op. cit., vol. IV. pp. 351-416;
GOUMAZ, op. cit., pp.261-72; WERNLE, op. cit., pp.276-305;
R.SEEBERG, op. cit.vol. IV, 2, pp.578 ff.; O.RITSCHL, op. cit. pp.167-85;
A.LECERF, *Le Déterminisme et la responsabilité dans le systère de
Calvin, Paris*, 1895, pp.49 ff., 180 ff.; M.SCHEIBE, *Calvins
Praedestinationslehre*, Halle, 1897; E.EMMEN, *De Christologie van
Calvijn*, pp. 67-83; A.D.R. POLMAN, *De Praedestinatieleer*, pp. 307-92;
'De l'élection éternelle de Dieu' in the *Actes du Congrès internationale de
Théologie Calviniste*, Geneva, 1936; P.JACOBS, op. cit. passim.; H.OTTEN,
Calvins theologisch Anschauung von der Prädestination Munich, 1938;
G.DELUZ, *Prédestination et liberté*. Neuchtel, 1942, pp.49-61.

멜란히톤의 견해에 전혀 동조하지 않았다는 점은 진정한 사실이다.[101] 「강요」의 다른 판에서 칼빈은 점점 더 예정의 교리에 더 많은 지면을 할애하였으며, 그 교리에 대한 공격을 방어하고자, 예정에 관한 몇 가지 특별한 논문을 저술하였으니, 그 중에서 주목할 만한 것은 제롬 볼세크를 반박하여 1551년에 저술한 「영원한 예정에 관한 논의」(1562년 출판)와 1552년에 피기우스(Pighius)에 반대하여 쓴 두번째 저서 「하나님의 영원하신 예정에 관하여」[102]가 있다. 그러나 칼빈이 이중 예정을 가르쳤고, 그것의 교의적이며 실질적인 중요성을 강조하였음을 이해한다고 해서 예정이 그의 가르침의 중심 교리임이 분명하다고 말하는 것은 잘못이다.

칼빈의 초기 작품들에는 그 문제에 대하여 어떠한 체계적인 설명도 포함되어 있지 않다. 그리고 후에 어거스틴과 부처의 영향을 받아서[103] 점차 그 문제에 대하여 중요성을 부여하였지만, 그가 그 문제를 점차 중요시하게 되었던 이유는 그 문제를 그의 신학의 주요 골자로 삼기 위해서라기보다는 교회론적이며 목회적인 열정 때문이었다. 그가 다양한 문제들을 논의함에 있어서 하나님의 자유와 그의 영광, 그리고 그리스도의 신성이라는 중요한 주제들은 끊임없이 반복하는 반면에, 1559년판 「강요」에서는 단지 네 장을 제외하고는 예정에 관하여 거의 언급하지 않았다. 베른레(Wernle)가 말한 바와 같이, "그것은 지나치게 강조되어져서는 안된다. 예정에 대한 믿음은 칼빈주의의 중심교리와는 거리가 멀다; 예정은 차라리 수수께끼 같은 경험에 직면하여서 그리스도의 은혜를 믿는 신앙의 최후 결론이라고 할 수 있다."[104]

---

101) 참고, HERRLINGER, *Die Theologie Melanchthons*, Gotha, 1879, pp.70 f.,84f. 멜란히톤의 견해에 대해서 칼빈이 아주 부드럽게 비판한 것을 「신학총론」의 서문 (*Loci communes, Opp.*, 9, 848f.)에서 찾아볼 수 있다.

102) *Opp.*, 8, 85-138, 249-366: Opusc., 1393-1504.

103) DOUMERGUE, op. cit., vol. IV, p.406f. 이 영역에 있어서 부처가 칼빈에게 끼친 영향은 지나치게 일반화 되어있다. 반면에 성 어거스틴과의 비교는 거의 끊임없이 우리의 관심을 끈다.

1536년판 「강요」에서는 예정이 독립된 교리로 나타나지 않았다. 칼빈은 예정에 관하여 단지 두 군데, 사도신경의 두번째 항목에 대한 설명에서와 교회의 정의에 관한 설명에서만 언급을 하였다. 그러나 그는 그 점에 대하여 깊이 강조하지 않고, 지옥에 떨어진 자들은 베드로전서 3장 18-19절의 문자 그대로의 의미로 볼 때 용납될 수 없는 자들이므로, 이것은 단지 그리스도 시대 이전에 죽은 자들에게 보여준 구속의 권능이 나타나게 되는 것으로서만 해석하여야 한다고 지적하였다. "항상 자신의 구원을 위해 그분을 바라보았던 성도들은 그분의 임재를 분명히 안다. 반면에 버림받은 자들은 그리스도가 오직 유일한 구원이셨다는 사실을 너무 늦게 깨닫고는 자신들이 구원으로부터 차단되어 아무런 소망도 갖지 못한다는 것을 온전히 알게 되었다."[105]

선택받은 자와 버림받은 자 사이의 이러한 대립은 훗날 칼빈이 애써 완성한 예정의 교리를 이미 내포하고 있었던 것이 아닌가? 이 점에 대하여는 논쟁의 여지가 있다. 그러나 비록 그럴지라도 교회에 관한 구절에 이르게 되면 더 이상 아무런 의문점도 생기지 않는다. 여기서 칼빈은 차례차례 간결한 문장으로 신자와 그리스도와의 연합, 선택받은 자들의 공동체, 선택의 결과, 즉 소명, 칭의와 영화, 그리고 선택받은 자들의 견인과, 그들과 버림받은 자들과의 구별에 관하여 언급한다. 그는 한편으로는 소명과 칭의와의 밀접한 관계에 대해서, 또 한편으로는 선택과의 관계에 대해 지적한다. "이와 같은 방식으로 부르심과 의롭다 하심을 받지 못한 자는 어느 누구도 천국의 영광으로 들어갈 수 없다. 왜냐하면 주님께서는 자신이 택하신 모든 자들에게 예외 없이 이런 식으로 자신의 선택을 계시하시기 때문이다."[106]

---

104) WERNLE, op.cit., p.403.

105) *Opp.*, I, 70, *O.S.*, vol. I, p.83.

106) *Opp.*, I, 73, *O.S.*, vol. I, p.86 f. 참고, AUGUSTINE, *De praedestinatione sanctorum*, 17, 34, M.L. vol. XLIV, 986. BUCER,

그가 후에 주장하듯이, 그는 선택에 기초를 두고 있기에, 그리고 선택받은 자들이 그리스도의 보호를 받게 된다는데 기초하여, 구원의 '잃어버릴 수 없음(unloseableness)'을 무엇보다 가장 강조한다. 그는 선택받은 자들과 버림받은 자들의 구별은 하나님께서 행하시며, 우리에게 관련해서 볼 때에는 비록 성경에 근거하여 우리에게 주어진 '확실한 표적'이 있음에도 불구하고 선택받은 자들과 버림받은 자들을 명확하게 구별할 수 있는 능력이 없다고 말한다.[107] 그러므로 우리는 '긍휼의 심판'이 실시되는 것에 만족해야만 하며, 또한 말과 행실로써 하나님과 그리스도가 오직 한 분이심을 고백하는 모든 사람들을 교회의 회원으로, 선택된 사람으로 간주하여야 한다. 그때로부터 칼빈은 종교개혁자들의 공통된 교리였던 선택을 자신의 교리로 채택하였다. 한편 칼빈이 유기의 교리를 채택한 것은 하나님의 특별하신 작정의 결과로 간주하였던가? 이 점은 확실치 않다.[108]

칼빈이 1537년에 제네바에서 불어로 저술한 「요리문답」은 이 점에 있어서 중요하고도 결정적인 단계였다. 이 문답에서, 그는 율법에 대한 설명과 구속에 관한 사항 사이에서, 예정에 관한 문제를 제기한다. 칼빈은 다음과 같은 말로 서두를 시작한다. "하나님 말씀의 씨앗은 오직 주님께서 영원한 선택을 통하여 그의 자녀로 작정하시고, 천국의 후사가 되도록 예정

Metaphrases epistolarum Pauli, 1536, p. 359.

107) *Opp.*, I, 75; *O.S.*, vol. I, p.89: "Quanquam autem fidei certitudine agnosci a nobis electi non possunt, quando tamen scriptura certas quasdam notas nobis describit, ut antea dictum est, quibus electos et filios Dei a reprobis et extraneis distinguamus, quatenus a nobis vult agnosci, debent quodam caritatis iudicio pro electis ac ecclesiae membris haberi omnes, qui et fidei confessione et vitae exemplo et sacramentorum participatione eundem nobiscum Deum ac Christum profitentur."

108) 우리는 예정과 예지를 구별하지 않는 루터와 부처의 견해에 대해서도 칼빈이 처음부터 동조하였는지에 대해서도 의아하게 생각될 것이다. 다음의 문장을 보면 그렇게 생각할 수도 있다. "Solius Dei oculi vident, qui in finem usque sint perseveraturi" (*Opp.*, 1, 75).

하신 자들에게만 뿌리를 내리고, 성장하며, 결실을 맺는다. 역시 하나님의 동일한 뜻에 의해서, 세상이 형성되기 전에 버림받은 모든 자들에게는 뚜렷하고 분명한 진리의 설교란 죽음에 들어있는 죽음의 악취일 뿐이다."[109]

「강요」에서와 마찬가지로, 논지의 출발점은 말씀의 설교가 듣는 사람들 모두에게 동일하게 감동을 주는 것이 아니라 오직 선택받은 자들에게만 결실을 맺으며, 버림받은 자들에게서는 오직 죽음만을 낳는다는 사실이다. 어거스틴과 부처의 경우처럼, 실제적이며 교회론적인 관점이 확실하고 매우 명백하다. 그리고 이것은, 이론적인 발전에도 불구하고, 예정론의 설명에 있어서 끝까지 지배적이다. 이와 유사하게 우리는 1537년판 「요리문답」에서 유기가 선택과 동일한 표징이라는 주장을 발견하게 되는데, 이러한 생각은 어거스틴과 부처의 견해와 일치하지만 루터와는 다른 것이다. 끝으로, 칼빈은(그의 요리문답에서) 선택받은 자와 버림받은 자가 "하나님의 영광을 높이는 것에 대한 문제와 논쟁처럼" 다루어져야만 한다고 말하는데, 이 문제는 그가 예정에 관하여 언급할 때는 언제나 선정하는 주제들 중의 하나이다.[110]

1539년에는, 예정은 교회론과 보다 더 밀접한 관련을 맺게 되었으며, 예정의 외적인 표시가 보다 빈번하게 설교의 마무리에 언급되었다. 그러나 칼빈은 보다 발전된 예정에 관한 문제를 구원의 사역 다음에서 취급하였으며, 그것도 같은 장에다가 섭리에 관한 설명도 함께 취급하였다. 예정에 관한 문제는 그런 상태로 1554년판까지 지속되었다. 그러나 1559년 칼빈은 한 번 더 「강요」의 배열을 수정하여, 섭리에 관한 논의를 신론의 끝 부분에 두고, 성화와 칭의에 관한 전개 다음으로 예정을 배열하였다. 1559년에 이룩한 예정과 섭리의 비교는 이 두 가지가 모두 하나님의 의지의 동일한 결정, 즉 시간을 초월한 영원한 결정에서 비롯된다는 확신에 근거하였을 것이다.

---

109) 22, 46.참고, JACOBS, op .cit, pp. 62-71.
110) *Opp.*, 22, 47.

그러나 당시 칼빈의 사상에 매우 강력한 영향을 주었던 어거스틴도 또한 이 두 개념을 밀접한 관계로 보았으며, 「강요」의 저자가 자기보다 앞선 이 신학자의 생각을 따랐을지도 모른다는 사실을 잊어서는 안 된다. 어거스틴과 관련되어서, 예정은 상당히 훌륭한 많은 신학자들에 의하여 고찰되었다. 예를 들면 성 토마스 아퀴나스 같은 사람인데,[111] 그는 예정을 하나님의 섭리의 특별한 적용, 즉 개개인에게 개인적으로 주어지는 특별한 사건이라 생각하였다. 그러한 생각을 칼빈이 알지 못했던 것은 아니었다. 하지만, 칼빈에게 있어서 인간이란 창조의 직접적인 목적이었다는 점을 염두에 둔다면, 그 반대로 예정이 어떤 의미에서는 섭리의 조건이 되어서, 수단과 방법의 준비에 대해 제한을 한다고 우리는 주장할 수도 있을 것이다.

이러한 점은 바로 그가 욥기에 관한 다음의 설교를 통하여 전하고자 의도하였던 바와 같다. "하나님께서는 우리 영혼의 영원한 구원에 관하여 우리에게 이루시고자 하시는 것을 작정하셨으며, 그리고 난 다음에 그가 현재의 생활에 관하여도 그렇게 작정하셨다는 것을 주목하자."[112] 그래서 혹자는 칼빈이 섭리에 관한 설명 직후에, 심지어는 창조의 장 앞에서 예정에 관한 설명을 하였으리라 추측할 수 있을 것이다. 그리고 이러한 추측은 사실상 테오도르 드 베자를 선두로 하여 칼빈을 자신의 신학의 권위로 주장하는 여러 신학자들에 의하여 주장된 바 있다.[113]

그러나 1559년에 칼빈은 예정에 관한 문제를 신론과 연관지어 제기하는 것은 부적당하다고 말하였다.[114] 반면에 그는 예정을 그리스도와 그의

---

111) THOMAS AQUINAS, *Summa Theologica*, I, q. 23, a. 1과 3. "Praedestinatio quantum ad obiecta, est quaedam pars providentiae."

112) *Opp.*, 34, 363.

113) 이 점에 관해서는 O.RITSCHL, op. cit., vol. III, p. 163의 다음 구절을 참조하라. "그는 1559년판에서 신론의 근본 교리들 가운데서 예정의 교리를 거룩한 섭리와 관련지어서 다룰 수 있었다. 종교개혁 이후의 상당수 신학자들도 또한 그러하였다." 참고, A.RITSCHL, "Geschichtliche Studien" in the *Jahrbuch für deutsche Theologie*, pp.95 ff. NOESGEN, *Calvins Lehre von Gott*, pp.709ff.

사역과 연관지어서, 선택은 바로 그리스도 안에서 일어난다는 점을 보다 명백히 밝히고자 하였다.[115] 섭리의 교리가 신론에서 결론 부분에 위치하여 마치 하나의 아치를 마무리짓는 종석(keystone)으로서 신론(神論)을 완전 케 한다고 말할 수 있는 것처럼, 예정의 교리도 역시 구속에 관한 모든 고 찰을 완결짓고 분명하게 밝혀준다. 「강요」의 최종판에서는 예정과 섭리가, 그것들의 평행적 기능을 간직한 채, 연결을 유지하고 있다.

교리적 설명에 있어서 예정이 차지하는 위치에 관한 이러한 문제들은, 혹자가 생각할 수 있듯이, 전체적으로 단순히 박식함에서 들추어내는 것이 아니다: 그것들을 통해서 칼빈이 그 문제에 부여하고자 했던 중요성과 그 렇게 하는 그 이유들을 우리들에게 보다 명확하게 알 수 있도록 하고 있 다. 그러나 그의 근본적인 가르침에 있어서는 전혀 어떠한 변화도 없었다. 초기 1539년판 「강요」에서 칼빈은 유기에 관한 문제를 포함하여 예정에 관한 모든 본질에 대해서 설명하였다. 칼빈은 「로마서 주석」을 바로 그 무 렵에 완성하였으며, 또한 이보다 삼 년 먼저 부처가 쓴 로마서 주석을 철 저히 통독하였다. 예정의 다양한 문제점에 대해 다양한 측면들을 집중적으 로 고찰하면서 그는 매우 빠르게 명확한 결론에 도달할 수 있었다.

결국 「강요」의 후속 판들에 추가한 내용들은(어떤 이들은 그 추가된 언 급에서 칼빈의 태도 변화와 교리의 경직성을 나타내는 증거를 찾고자 하 였는데) 사실상 몇 개의 새로운 정의들과 상당수의 성경 인용구를 늘린 것이었다. 유기에 관련된 구절들에서와 마찬가지로, 그의 가르침의 이 요 점에 대해서 가해진 공격의 관점에서 예상할 수 있듯이, 1559년판에서 그 런 것들이 매우 두드러지게 증가하였다. 그러나 사실상 그 속에는 새로운

---

114) *Inst.* I, 15, 8.

115) P.JACOBS, op. cit., p. 92에서는 칼빈이 자신의 계획을 최종적으로 선택 하게 된 신학적 동기를 훌륭하게 부각시켰다. "예정의 교리는 창조의 교리 이후에 나타난다(이것은 구원의 섭리에 있어서의 선택의 위치와 일치한다). 이것은 예정 의 교리가 그리스도 중심적인 견해로부터가 아니라면 적절히 고려되어질 수 없는 사실 때문이다." 참고, Ibid, p. 147.

어떤 교리의 요소도 포함되어 있지 않았다.

예정의 문제에 대해 그의 생각을 응용할 때마다, 칼빈의 탁월성인 실제적인 종류의 열심에 대해서는, 어거스틴과 부처처럼, 아무리 말해도 충분하지가 않다. 그의 견해로 볼 때, 예정의 문제는 결코 형이상학적인 회의를 통하여 방종으로서는 결코 논의되지 못할 것이며, 오직 은혜에 의해서만 칭의 교리를 보다 확실히 밝혀주고, 교회론을 위해서 신학적 기초를 제공한다. 그것은 예정에 관한 첫 장의 서두에서 두드러지게 나타나 있다.

"지금 생명의 언약은 모든 사람에게 똑같이 전파되지 않으며, 언약이 전하여진 곳에서조차 그것을 모든 사람이 동일하게 받아들이지 않는다. 바로 거기에 하나님의 심판의 놀라운 비밀이 나타난다. 이러한 다양성이 하나님의 선하신 뜻을 섬기고 있다는 것은 의심할 여지가 없다. 그러나, 이러한 다양성이 하나님의 뜻에 의하여 발생하는 것이 분명하다면, 약간의 사람들만 구원을 얻게 되고, 나머지 사람들은 모두 구원에서 제외될 것이다. 하나님의 선택과 예정에 관하여 그들이 굳게 붙잡아야 할 것에 대해 신자들을 가르치지 못할 때, 해결할 수 없는 크고도 매우 어려운 문제들이 여기에서 발생한다."[116]

여기에서 칼빈은 멜란히톤처럼, 예정에 관해 명상하는 것이 기독교인들로 하여금 절망에 빠지게 할 가능성이 있다고 우려하는 자들의 의견에 찬동하지 않는다. 거룩한 예정에 의해서 제기되는 문제점들은 불가피하다. 그리하여 신자들에게 예정의 문제점들에 관하여 그들이 무엇을 생각하여야 하는지를 알게 하는 것이 필요하였다. 오직 그러한 조건에 의하여서만, 그들이 하나님의 선하심으로부터 비롯되는 모든 은혜를 받으며, 또한 하나님의 영광이 성취될 것이라는 사실을 납득할 수 있을 것이다. "모든 사람

---

116) *Inst.* III, 1. 참고, AUGUSTINE, *De dono perseverantiae*, 15-17, M. L. vol. XLV, 1016-20 (칼빈이 *Opp.* 8, 326에서 그리고 자주 인용하였다) BUCER, *Enarrationes in Evangelia*, 1536, p. 672: "Satis constat illos nescire quid dicant, qui negant ista palam praedicanda."

들은 이 원리에 대한 무지가 하나님의 영광을 얼마나 많이 감소시키며, 어떻게 참된 겸손으로부터 벗어나게 하는지를 고백하게 될 것이다. 저들은 구원의 원인을 전적으로 하나님께만 두지 않는 것이다."

그러나 우리는 또한 그 반대되는 극단으로 치우쳐서 하나님의 비밀을 알려고 하는 과욕을 피해야만 한다: 그것은 어찌하든지 우리에게는 불가능한 일이다. 그것은 또한 경건치 못한 행위이니, 왜냐하면 이러한 행위는 하나님께서 우리의 구원을 우리들에게 확신시켜 주시기 위하여 맡기신 수단을 무시하고자 하는 것이다. "하나님의 선택은 본래 감추어져 있고 비밀이어서, 주님만이 소명에 의해서 그것을 보여주신다: 그가 우리를 부르심으로 우리에게 선하신 일을 행하실 때 보여주신다. 그러므로 인간이 그들에게 제시된 믿음의 방법을 고수하지 아니하고, 예정의 미로 속에서 자신의 구원이나 혹은 다른 사람의 구원에 대해 알고자 한다면, 이것은 허황되거나 미친 짓이다 … 각 사람마다 자신의 믿음은 하나님의 영원한 예정에 대한 충분한 증거이므로, 이보다 높은 확신을 추구하는 것은 하나님께 대한 엄청난 모독행위가 될 것이다: 왜냐하면 성령의 단순한 증거를 받아들이기에 불만이 있는 자는 누구든지 그분의 명예를 엄청나게 더럽히는 것이기 때문이다."[117]

이런 조건들에 근거하여, 사람은 불경스러운 호기심에서 비롯되는 사색과 예정의 교리에 관한 합당한 지식 사이에 분명한 선을 그어야 한다. 두 영역 사이의 한계는 성경이 제시하여 주며, 성경은 우리를 위해서 무엇이 유익하며 건전한가에 대한 지식을 제공한다. 그래서 칼빈은 자기 자신의

---

117) 요한복음 6:40에 대한 주석, *Opp.* 47, 147: 참고, *Inst.* III, 21, 1 및 에베소서 1:3-4에 대한 설교: "사도 바울은 거기에서 우리가 경험에 의하여 아는 것에 관하여 말하고 있다. … 성령에 의하여 조명을 받지 않는다면 우리는 그 모든 것을 이해할 수 없다. 그렇다면 보다 높은 차원의 것, 천지창조 이전에 하나님께서 우리를 선택하셨는지 안 하셨는지를 어떻게 이해하겠는가? AUGUSTINE, op. cit. II, M. L. vol. XLV, 1007: *Contra duas epistolas pelagianorum*, IV, 6, 16, M. L. vol. XLIV, 621.

설명을 위하여 오직 계시의 자료들만을 붙잡으려 시도한다. "그러므로 무
엇보다도 먼저 다음의 사실을 명심하자. 하나님의 말씀을 통하여 우리에게
주어진 것 이외의 예정에 대한 다른 어떤 지식을 알고자 하는 행위는 마
치 오르지 못할 바위 위를 올라가려 하거나 혹은 어둠 속에서 무엇을 보
려고 하는 행위처럼 어리석은 짓이다."[118]

예정은 성경에 의해서 가르쳐지고 있는 한, 예정은 받아들여야 하며 또
한 받아들여야 할 뿐만 아니라 공공연하게 전파되어야 한다. 예정이 반대
자들의 주장처럼 정말로 수치스러운 것인가? 아니면 그와 반대로, 기독교
신앙의 주요 항목들, 삼위일체, 창조 및 그리스도의 신성, '반항하는 생각
들'로부터 냉소를 불러일으키는 특권 등과 같이 될 수는 없다는 말인가?
'연약한 심령'들을 당혹케 할 가능성이 있다고 해서 예정에 관한 설명을
거부하는 것은 "마치 그가 고의적으로 한 것은 아닌데 어떤 것을 출판하
여 교회에 해를 입히지 않을 수 없게 한 것처럼" 하나님을 공개적으로 반
박하는 것이다.[119]

예정을 반대하는 어떤 사람들은 이렇게 말한다; 그들은 예정론을 부정

---

118) *Inst.* III. 21, 2. 예정에 대하여 우리들이 알아야 할 모든 것을 성경이 우
리에게 계시하는 준다는 주장은 종종 칼빈에 의해서 반복되었다. 그는 1552년 1
월 소키누스에 보내는 편지 속에서 자신의 입장을 분명하게 밝힌다. "Ego certe,
si quis alius, semper a paradoxis abhorrui et argutiis minime delector, Sed
nihil me unquam impediet, quin profitear ingenue quod ex Dei verbo
didici"(*Opp.* 14, 230) 예정의 주제에 관하여 부처도 역시 동일한 생각을 말한다.:
"Ubique sane induit se Deus homine, agens nobiscum hominibus. proponit
nobis sua de nobis consilia ea ratione, qua nos illa ad salutem nostram
maxime percipere possumus. Proinde quae praecipit nobis atqua consulit, ea
debemus simpliciter amplecti, nusquam inquirere vel caussam eorum quae
iubemur, ultra eas quas Deus ipse verbo suo explicat, vel etiam
congruentiam eorum cum aliis eius factis et dictis." (*Metaphr. epist. Pauli*,
1536, p. 399)

119) *Inst.* III, 21, 4.

하지는 않으나 그 영역을 최소한으로 줄이려고 한다. "상당수의 사람들이
예정에 관하여 다양한 트집들로 포장을 하려고 하며, 예정이 하나님의 예
지에 근거한다고 한다고 말하는 자들이 그들이다." 이 말은 분명히 피기우
스(Pighius)와 그 논문인 「자유의지론」(*Treatise upon Free Will*)에 대한
반박의 목적에서 한 말이다. 그러나 피기우스는 단지 공로를 세울 것에 대
한 예지에 근거하여 예정을 규정하려고 진력해 내려온 오랜 전통의 후계
자에 불과하다. 하지만, 어거스틴의 최후 작품에 나타난 견해를 따르는 다
른 사람들은, 하나님의 영원한 작정은 개개인의 미래 행위와 같은 외적인
원인에 의하여 결정되어지는 것이 아니라 하나님께서 그들의 미래에 닥쳐
올 일들을 미리 알고 계시는 한, 예정과 예지는 사실상 일치한다고 주장하
였다.[120] 이러한 생각은 루터와 부처가 함께 도달한 해결책이었다.[121]

그러나 칼빈은 예정과 예지 사이의 차이점을 매우 강력하게 강조하였다.
"우리는 하나님께서는 자유자재로 모든 것을 미리 아신다고 올바르게 말
한다. 그러나 하나님께서 자신의 예지에 따라 이것은 선택하시고 저것은

---

120) AUGUSTINE, *De dono perseverentiae*, 14: "Haec est
praedestinatio sanctorum, nihil aliud: praescientia scilicet, et praeparatio
beneficiorum Dei, quibus certissime liberantur, quicunque liberantur" 18:
"Sine dubio enim praescivit si praedestinavit, sed praedestinasse est hoc
praescisse, quodfuerat ipse facturus." M.L. vol. XLV, 1014와 1023. 참고,
THOM. AQUINAS, *Summa Theol*, I, q. 23, a. 5.

121) LUTHER, 「노예의지론」, W.A.18, 615 ff.: 창세기 주석 26:9, W.A. 43,
457: BUCER, *Metaphr. epist Pauli*. 1536, p. 355: "Praescire et praenosse-
nihil aliud est, quam Deum suos iam antequam sint, animo praesumere, et
iam tum tanquam essent, inter suos computare. Nam ut si quis ex turba
aliquam hominum quosdam animo notet et designet, quos velit, sibi ad rem
aliquam peculiariter adhibere, ita Deus ex perdita hominum colluvie
praevidet ac praenoscit quos vult, eosque iam tum ab aliis apud se seiungit
et in sortem sanctorum cooptat, id est, praedestinat": p. 360, 그는 성 토마스
아퀴나스의 태도를 공공연하게 용인하고 있다.

버리신다고 말하는 것은 모든 것을 혼란케 한다. 우리가 예지를 하나님께 속한 것이라고 말할 때는, 모든 것이 항상 그분의 관찰 아래 있어 왔고 또 영원히 그러할 것이므로, 따라서 그분의 지식에는 미래도 없고 과거도 없다는 것을 의미한다. 따라서 그분께서는 만물을 마치 자신의 면전에 있는 것처럼 진리 가운데서 그대로 취급하고 바라본다. 이러한 예지는 이 세상 어디에나, 그의 모든 피조물에게 미치고 있다. 한편 우리는 예정을 각 개인에게 그가 행하실 것을 미리 결정하신 하나님의 영원하신 작정이라 부른다. 왜냐하면 그분께서는 인간을 모두 동일한 조건하에 창조하지 않으시고, 어떤 이에게는 영원한 생명을, 어떤 이에게는 영원한 저주를 명하시기 때문이다."[122]

예지와 예정의 이러한 차이점은 칼빈에게 있어서 매우 중요하였다. 왜냐하면 그가 자신의 설교에서조차 그 차이점을 빈번하게 인용한 사실로부터 우리가 알 수 있듯이 그는 그러한 차이점을 언급함으로써 선택이 절대적으로 은혜의 특성임을 더욱 부각시키고자 하였기 때문이다. 유기와 마찬가지로, 선택은 전적으로 자유로운 하나님 의지의 행위이다. "만일 우리가 왜 하나님께서는 어떤 이들은 긍휼히 여기시고 또 어떤 이들은 내버려두시는 가라고 묻는다면 그렇게 하는 것이 하나님을 기쁘시게 하는 것이라고밖에는 다른 해답이란 없다."[123]

예지와 예정 사이의 인과관계를 설정하는 것은, 이 예지가 인간의 공로

---

122) *Inst.* III, 21, 5. 칼빈은 발라(LAURENT VALLA)에게서 인용하여 *Inst.* III, 23, 6 을 다음과 같이 썼다. "그러나 하나님께서 단지 그분께서 예정하셨다는 근거만으로 장차 올 것을 예견하시기 때문에, 모든 것이 그분의 명령과 뜻에 의하여 발생함이 분명함에도 불구하고 그분의 예지가 행하는 것에 관하여 왈가왈부하는 것은 어리석은 짓이다." 여기에서 칼빈은 예지와 예정간의 본래적인 차이점을 부정하는 것이 아니라 오히려 그와 정반대로 그 차이점을 주장하고 있다. 예지는 그 대상을 위하여 하나님의 의지의 결정을 갖고 있으며, 예정은 그 뜻과 일치한다.

123) Sermon on Ephesians 1:3-4. *Opp.* 51, 259; 참고, *Opp.* 26, 520; 47, 297; 51, 149; 55, 353 등등

에 의한 것이든지 혹은 하나님께서 장차 인간에게 내려주실 은혜에 의한 것이었든지 간에, 하나님의 뜻을 그 의지 작용이나 그것을 제한하는 외적 원인에 종속시키는 또 다른 방법에 지나지 않는다. 그래서 칼빈은 생각하기를, 이것이 인간으로 하여금 조만간에 인간의 자유를 완곡하게 재용납하게 만들 것이며, 따라서 예정을 파멸시킬 것이라고 생각하였다.

이와 유사한 주장이 둔스 스코투스(Duns Scotus)에게서 발견된다는 사실은 매우 주목할 만한 가치가 있는데, 그는 하나님의 뜻의 절대적 독립성과, 믿음에 있어서나 인간의 행위에 있어서나 그 하나님의 뜻의 우선권을 강력하게 주장하였다. 그리고 그는 하나님께서 이러한 믿음이나 혹은 인간의 행위들에 관한 어떠한 예지를 지니신다고 할지라도, 그것이 전적으로 자유롭고 주권적인 선택의 작정을 결코 결정지을 수는 없다고 결론을 내렸다.[124]

소명을 통하여 선택받은 자들에게 분명하게 보여 주시는 이 하나님의 뜻은 그 사람들의 편에서는 이 은혜가 불가항력적이라고 말하는 것이어서, 아무런 저항도 할 수 없다는 점을 여기에서 기억할 것을 충고한다. 마치 죄많은 인간이 자신이 처한 상황의 내적 필연성의 이유로 부득이 악을 의도하고 저지르듯이, 의롭게 된 사람도 또한 자신의 새로운 상황의 필연성 때문에 하나님의 뜻에 복종하고 그 뜻이 자신에게 명령한 바를 수행하지 않을 수 없다. "사도는 만일 우리가 받아들이고자 한다면 하나님께서는 선을 행하고자 하는 은혜를 우리에게 주실 뿐만 아니라, 또한 우리 안에 그러한 선하신 뜻을 만들고 형성시켜 주신다고 가르쳐 주고 있다. 말하자면, 하나님께서는 자신의 영을 통하여 우리의 심령을 훈련시키시고, 다스리시며, 온화하게 하시며, 또한 우리의 심령을 자신의 소유로써 통치하신다는 말이다."[125]

어거스틴을 따라서, 칼빈은 다음과 같이 보다 분명하게 주장한다: "은혜

---

124) 「신학명제집」(*Sentences*)에 대한 주석, Book I, dist. 41, 10과 11: 참고, R. SEEBERG, *Dogmengeschichte*, vol. III, p. 655. n. 1.

는 결코 사람이 싫으면 거절하고 좋으면 받아들이도록 주어진 것이 아니다. 우리의 가슴이 그 움직임을 따르도록 유도하여 그 뜻하신 바에 따라 택하도록 하여 주시는 것이 바로 은혜이다. 따라서 후에 따라오는 모든 선한 행위들은 그 은혜의 열매일 뿐이다."[126] 분명히 이것은 우리의 성화의 측정을 위한 것이지만, 그러나 선택받은 영혼은 하나님께 저항할 수 없다. 그 사람은 하나님의 뜻을 위한 수단이다. 비록 이것은 인간의 의지가 말살되었다는 것이 아니지만 말이다. 반대로 중생은 그 인간의 의지를 자유롭게 하여, 그로 하여금 하나님께서 원하시는 것을 하도록 한다.[127]

우리가 이미 구속과 예정의 관계에 관하여 앞에서 살펴보았듯이, 칼빈에게 있어서 예정은 예수 그리스도를 근거로 한다. 예수 그리스도 안에서 구원의 약속이 보장되는 것처럼, 선택도 바로 그분 안에 인봉하여져 있다. 그러므로 그리스도께서는 성 삼위일체의 두번째 인격으로서 그의 역량 안에서 선택의 작정에 참여하시는 것처럼, 또 다른 한편으로는 그분이 중보자로서 자신의 역량 안에서 이 선택의 장본인이어서 이중의 역할을 하신다. 우리가 구원의 선결 조건으로 논리적으로 생각하여 예정 자체를 더 강조하든지, 혹은 (칼빈이 그러하듯이) 그리스도 안에서 구원의 제공을 더 강조하든지 간에, 결국 우리는 그리스도께 돌아가게 된다.

칼빈이 예정을 그렇게 강조한 이유는 엄밀히 말하자면 이와 같은 이유에서다. 선택이 그리스도에 근거한다는 사실에서 칼빈은 구원의 확실한 보장을 발견한다. 그 점에 대해서는 그리스도와의 교통이 우리의 모든 의혹

---

125) *Inst.* II, 3, 10. 이것은 부처의 주장과 같다. "nos tum demum plenam libertatem habebimus quando … necessario volumus, quae bonae sunt." (*Metaphr. epist.* Pauli, P. 360)

126) *Inst.* II, 3,13, AUGUSTINE, *De correptione et gratia,* II, M. L. vol. XLIV, 917 f. BUCER, op. cit. p. 358 : "[Praedestinationem] certam esse et immotam hanc Dei voluntatem de nostra salute, quam avertere nulla creatura potest."

127) P. JACOBS, op. cit. p. 136. 을 참고하라.

을 해결하여 준다. 그것은 우리들의 선택의 증거이다. "그리스도 안에 거하
는 자와 믿음으로 그분의 지체가 된 자는 누구든지, 자신의 구원을 확신케
된다. 그리고 우리가 이에 대하여 알고자 할 때, 우리는 지금 우리로부터
분명히 감추어진 것에 관하여 알고자 하여 높은 곳으로 올라갈 필요가 없
다. 보라! 하나님께서 친히 우리에게 내려오신다: 그분께서는 자신의 아들
을 통하여 우리에게 충분히 보여 주신다. 이것은 마치 그분께서, '내가 여
기 있노라. 나를 묵상하라. 그리고 내가 너희를 나의 자녀로 삼았음을 알
라'고 말씀하시는 것과 같다. 우리가 복음을 통하여 우리에게 전하여진 이
구원의 소식을 받을 때, 그것으로부터 우리는 하나님께서 우리를 선택하셨
다는 사실을 알게 되며 또한 확신하게 된다."[128]

그러므로 그리스도와 연합한 신자는 더 이상 그분의 선택에 관하여 길
게 의심할 필요가 없다. 그것이 그에게 보장되어 있다. 여기서 우리는 칼빈
이 그리스도와의 연합과 경건 속에서 그것이 수행할 기능을 왜 그렇게 중
요하게 여겼는지 그 이유를 파악할 수 있다. 예정의 문제에 있어서 그가
가졌던 실제적 관심이 그로 하여금 선택과 그리스도와의 연합 사이의 이
러한 관계를 상당히 많이 다루지 않을 수 없게 하였다. 이에 관한 생각을
「강요」에서 칼빈은 다음과 같이 정의하였다.

　　하나님께서 그의 자녀로서 선택하신 자들에 관해서, 그들 속에서 선택하지
　　않고 그리스도 안에서 선택하셨다고 하신다. 왜냐하면 하나님께서는 그리스
　　도 안에서가 아니면 그들을 사랑하실 수 없으며, 그들을 우선적으로 그리스도
　　안에 참여자로 만들지 않고서는 그들에게 자신의 유산을 맡기는 영예를 베푸
　　실 수 없기 때문이다. 그러나 우리가 그리스도 안에서 선택을 받는다면, 우리
　　는 우리 자신 안에서는 선택에 관한 어떠한 확신도 찾을 수 없을 것이다; 만일

---

128) Congrégation sur l'élection éternelle. Opp., 8, 114. 참고, BUCER,
Metaphrases epistolarum Pauli. p. 359: "Altera pars huius quaestionis erat,
ad quid sit praedestinatio consideranda ⋯ Ad nihil sane aliud, quam ut de
salute tua certior sis et firmior inhaereas promissionibus Dei."

하나님께서 그의 아들을 빼놓고 그분 혼자만을 가정한다면, 심지어 하나님 아버지 안에서조차 어떠한 확신도 발견하지 못할 것이다. 그러므로 그리스도는 우리의 선택을 묵상해야 하는 거울과 같은 분이시다 … 왜냐하면, 하늘에 계신 아버지께서는 오직 그리스도 안에서, 영원 전부터 그분의 소유로 삼고자 하는 자들을 연합하시고, 그분께서 한 몸의 지체로 인정하시는 모든 자들을 그분의 자녀로 받아들이시기 때문에, 만일 우리가 그리스도와 교제한다면 우리가 생명책 속에 기록되어 있다는 강하고 명백한 증거를 갖게 된다.[129]

그러나 거기에 보다 중요한 사실이 있다. 선택은 선택받은 자들의 삶 속에서 분명하고도 긍정적인 증거에 의해서 그 자체를 입증하며, 더욱 정확히 말하자면 구체적인 실체로 그것을 표현하는 소명과 의로움을 통해서이다. "선택받은 자의 소명이 선택의 표징이자 증거라고 우리는 가르친다. 이와 똑같이 영광이 충만한 데에 이르기까지 그들의 칭의가 선택의 하나의 표시이자 증거가 된다."[130] 복음의 설교는 그 자체만으로도 하나님께서 우리를 긍휼히 여기신다는 표징이다. 그러나 우리를 양자로 삼은 것에 관한 확실한 표징은 "우리가 열정으로 마음을 다하여 우리에게 선포되는 교리를 취하는" 것이다.[131] 그 표징들은 결코 속이지 않아서, 오직 믿음만이 그

---

129) *Inst.* III. 25, 5, 참고, 마태복음 11:27에 대한 주석, *Opp.* 45, 319; "비록 우리의 구원이 항상 하나님 안에 은밀히 감추어져 있기는 하지만, 그럼에도 불구하고 예수 그리스도는 이 구원을 우리에게 흘러들어오는 배관이다. 우리는 믿음에 의하여 구원을 얻으며, 그렇기 때문에 구원은 우리의 마음 속에 확고하며, 잘 확증되어지는 것이다." 또한 *Opp.* 8, 321도 참고하라.

130) *Inst.* III, 21, 7; 참고, III, 24, 4.

131) Sermon on Ephesians 1:3-4, *Opp.* 51, 260 BUCER, *Enarrtiones in Evangelia*, 1536, p. 579 "Hanc autem gratuitam adoptionem tum demum sentiunt electi. cum Christum fide agnoverint. spiritu sancto, in quo Deum patrem per Christum invocent, donati. "그러나 부처의 견해는 선택된 자마다 그들이 믿음을 갖기 이전에라도 자신 안에 '선택의 씨앗'을 감추고 있다는 것이었다." Op. cit, p. 308 f.: "Semper tamen sentias quoddam in electis semen Dei

표징들을 인식할 수 있으며, 그것으로부터 소명에서 선택에까지 이르는 결론을 얻을 수 있다.

하지만 칼빈은 「강요」에서 칭의의 축복에 관해 설명하는 장에서 다른 방식으로 말하는 듯이 보이는데, 믿음으로부터 나온 행위들 중에서 선택의 증거를 구별하고자 한다. "만일 하나님께서 우리에게 내려주신 모든 은사가, 주의 얼굴의 빛에서 나오는 광선처럼, 그분의 선하며 존엄한 빛에 관한 우리의 명상을 밝게 하여 준다는 점을 우리가 상기한다면, 그만큼 더욱 확실하게 우리는 그분께서 우리에게 행하신 선한 역사들을 통하여 양자의 영이 우리에게 오셨음을 알게 될 것이다."[132]

이 구절은 참으로 놀랍다. 이 구절이 칼빈에게서 미래의 청교도주의의 기원을 발견할 수 있다고 주장하는 이들의 견해와 일치하고 있지 않는가? 실제로 「강요」의 저자는 그의 신학이 요구하는 조건하에서, 행위에서 나온 증거를 전체적으로, 그리고 수준이 낮은 표징으로서 인정한다.

그는 "성도들은 자신들의 고상함이 완벽하지 않으며, 육체의 많은 불완전한 점들과 그 잔해들로 뒤섞여 있다는 사실을 잘 인식한다"고 했다. 그러므로 우선 "하나님의 선하심을 이해하고 오직 복음의 약속들에 의해서 하나님의 선하심을 확신하는 것이 필요하다. 왜냐하면 그들이 일단 이것을 행위에 따라서 판단하기 시작한다면, 이보다 더 불확실하고 견고하지 못한 것이란 없을 것이기 때문이다; 만일 행위 그 자체에 가치를 부여한다면, 인간은 그 의도의 순수함에 의해서 사람의 자애심에 관한 증거를 보기보다는 오히려 그 행위의 불완전성에 의해서 하나님의 진노 속에 빠지게 될 위험이 있을 것이다."[133]

---

et veritatis studium. etiam tum. cum veritatem oppugnant, aut certe pugnantem cum illa vitam degunt" 그리고 그는 회심하기 전의 사도 바울을 그 예로 들어서 자신의 증거를 견고히 세우고자 한다. 이러한 생각에 대하여 칼빈은 다소 격렬할 정도로 반대하였다. Inst. III, 24, 10과 11.

132) *Inst.* III, 14, 18.

133) *Inst.* III, 14, 19. 행위들이 다시 선택을 지칭하는 이러한 실제적 추론에

그러므로 우리의 선택에 관한 확실한 보장은 첫째, 그리스도에 대한 믿음과 그리스도와의 연합이며 둘째, 하나님께서 우리를 성화시키려고 주시는 은사들이다. 칼빈의 몇몇 제자들은 행위의 증거에 관하여 보다 확정적인 태도를 취하였고, 상당수의 영적 후계자들의 경우에도 우리의 행위의 풍성함과 성공이 우리들의 선택과 구원에 관한 명백한 증거를 제공하여 준다고 생각하였다. 그러나 이러한 경향은 순수한 칼빈주의자의 생각과는 대립된다는 점을 거듭 생각하여야 한다.

다시 한 번 말하거니와 그리스도와의 연합에 기초하여, 칼빈은 선택에 의해 주어지는 구원은 결정적이며 잃어버릴 수 없는 성격의 것이라고 하였다. 그는 "선택의 유효성과 확실성이 믿음에 의존한다고 가르치는 자들"의 견해를 거부하였다; 믿음이란 단지 선택을 드러내는 일을 하는 것이지 어떤 영향도 주지 못한다.[134] "선택의 완전한 확실성과 유효성을 확보하기 위하여 머리되신 자에 의지해야 한다. 그분을 통하여 아버지께서는 선택하신 자들과 자신을 연합하시며 또한 그들을 끊을 수 없는 띠로 묶으신다. 이와 같이 하나님께서는 아브라함의 자손들을 양자로 삼으셔서 다른 모든 사람들에게는 주지 않으셨던 하나님의 자유로운 후의를 주셨다. 그러나 예수 그리스도의 지체들에게 미치는 은총은 상당히 다른 탁월한 위엄을 지니고 있으니, 왜냐하면 그들의 머리와 연합되어서 그들은 결코 구원에서 제외되지 않기 때문이다."[135]

그리스도와의 연합에 관하여 논하든지, 하나님의 뜻의 불변성에 관하여 논하든지, 혹은 교회와 교회에 하신 약속들에 관하여 논하든지 간에, 칼빈

관해서는 NIESEL, op. cit, pp. 164-73을 참고하라.

134) *Inst*, III, 24, 3-4.

135) *Inst*., III, 21, 7. 에베소서 1:4-6에 대한 설교, *Opp*., 51, 282를 참조하라: "만일 우리가 그의 지체이고, 그가 자신을 우리에게 연합시키신 것처럼, 우리가 그를 우리의 머리로 붙잡는다면, 또한 만일 그의 복음을 믿는 동안 결코 깨질 수 없는 이 거룩한 연합이 있다면, 바로 그곳이 우리의 구원에 대한 확신을 얻기 위해서 가야 할 곳이다."

은 항상 선택받은 자들은 그들이 무엇을 행하든지 반드시 구원을 잃지 않는다는 개념으로 되돌아간다. 그밖에도, 그들의 선택은 우리의 의지나 장점에 상관없는 자유로운 선물인 견인의 은사를 포함하는데, 이는 선택의 은혜가 불가항력적이기 때문이다. "하나님과 일관되게 공존하시는 하나님의 영이 우리 안에서 순종의 사랑을 성숙시켜주며, 견고케 하신다."[136]

칼빈은 이러한 모든 것들을 함께 묶으려고 애쓰면서, 우리의 구원의 근거가 되는 기초를 다음과 같이 정의하였다. "첫째로, 구원은 하나님의 선택에 근거하며 그분의 영원하신 섭리가 없어지지 않는 한 결코 실패할 수 없다. 더구나 그리스도가 분명히 완전성을 지니시고 있는 한, 우리의 구원은 확실히 보장받는다. 또한 그리스도는 자신의 지체가 찢겨지는 것을 허용치 않으셔서 그의 신자들이 자신에게서 분리되는 고통을 겪지 않을 것이다. 거기에 추가하여, 우리는 우리가 교회의 품 안에 거하는 한 진리가 우리 안에 거한다는 점을 확신한다. 마지막으로, 시온에서 구원이 있을 것이라는 약속들이 우리에게 속한다는 것을 우리는 이해한다: 하나님께서는 영원히 예루살렘에 거하실 것이며 결코 그 가운데서 떠나지 아니하시리라."[137]

사실 우리가 예정에 어떤 실제성을 부여한다면, 선택의 작정이 우리 자신의 최초의 반항을 극복할 뿐만 아니라 우리의 영구적인 연약함과 죄와 불순종으로 다시 빠지기 쉬운 경향까지도 극복하여 승리할 것임에 틀림이

---

136) *Inst*. 3, 11: 참고 II, 5 ,3: III, 24, 6과 7: 고전 1:9에 대한 주석, *Opp*., 49, 313: "그리스도인은 자신을 돌아볼 때, 그는 오직 전율적인 것, 혹은 차라리 절망적인 것들만을 보게 된다; 그러나 그는 그리스도와의 교제로 부르심을 받기 때문에, 구원에 관한 확증의 문제에 대해서 의문이 제기되면, 그리스도의 일원이 되어 [주님의] 모든 선한 것이 자기 자신의 것이라고 믿는 것 이외에는 자신에 관하여 아무 생각도 해서는 안된다. 그리하여 그는 분명히 최후 견인에 대한 확실한 소망을 의심없이 인식하게 될 것이다. 그들이 말한 것처럼, 그분의 지체가 되어 자신을 지켜나간 사람들은 전혀 타락에 빠질 위험이 없음을 인식하게 될 것이다."

137) *Inst*. IV, 1, 3.

없다는 것을 받아들여야만 한다. 하나님께서는 이를 적용하는 권능과 의지를 가지고 계셔야만 하며, 그렇지 않다면 하나님의 의지가 인간의 선한 의지에 좌우된다는 생각으로 돌아가게 될 것이다. 선택은 오직 한 번에 영원토록 결정된다. 하나님의 의지가 바뀌어질 수 없듯이, 선택도 또한 때가 지난 것이라고 간주될 수 없다. 이것은 이미 어거스틴이 펠라기우스에게 반대하여 쓴 작품들의 많은 구절에서 주장하였으며, 그를 따르는 부처도 거듭 강조하였다.[138]

일찍이 칼빈은 1536년판 「강요」에서 이러한 생각을 이미 상당히 고려하고 있었으며, 훗날 그의 사고에 있어서 매우 중요한 부분을 차지한 것으로 짐작된다. 당시 그는 다음과 같이 쓰고 있다. "하나님의 택하신 백성들의 참된 구성원들은 마지막에 멸망하거나 잃어버릴 수 없다. 그들의 구원은 확실하며 확고한 후원자를 갖고 있기 때문에, 이 세상의 모든 기계장치가 고장난다고 할지라도 이것은 결코 실패할 수 없다. 그것은 하나님의 선택에 달려 있으며 오직 영원한 지혜와 함께할 때에만 변경되거나 없어지는 것이다."[139]

하지만 선택의 불변성이 개인의 예정과 관련되어 있지 않는 한, 결코 확실한 것이 아니다. 이러한 사실을 설명하기 위하여 칼빈은 특히 「강요」의 최종판에서 선택의 종류를 두 가지 혹은 세 가지로 구분하게 되었다. 여기에서 그는 아브라함을 통한 이스라엘 백성의 선택과 아브라함의 후손 중에 야곱의 신실한 후손들의 선택, 그리고 마지막으로 그리스도의 선택인데, "그 하나의 백성들에게 구원을 제공할 뿐만 아니라, 불안해하거나 의심할 수 없도록 그 유효성에 대한 확신을 심어 주심" 등에 대해서 차이점을

---

138) 예로써 다음을 참조하라. AUGUSTINE, *Contra Julianum*, Book V, chap 4, 14, M.L.vol XLIV, 792: *De correptione et gratia*, 9, 23 및 13, 40, M. L. vol, XLIV 930 및 941. BUCER, *Enarrationes in Evangelia*, 1536, p. 716: "Docet, omnia a divina electione pendere, eosque quibus semel datum fuerit oves esse, perire nunquam posse."

139) *Opp*, I, 73: *O.S*, vol, I, p. 87.

분명히 구별하였다.[140]

아브라함 안에서 이스라엘 백성의 선택은 그 선택이 모든 백성에게 관계된 것이든지 혹은 단지 야곱의 후손에게만 관계된 것이든 보편적이다: 반면에 그리스도인의 선택은 특별하다. 이보다 4년 전에 칼빈은 이미 신명기 7장 7절에 관한 설교를 통하여 그러한 생각을 다음과 같이 표현하였었다. "그들이 하나님에 의해서 선택되었기 때문에, 여기에서 말하는 선택은 모든 사람들에게 적용되는 보편적 선택이다. 그리고 이것은 사실 주목할 만하다. 왜냐하면 아브라함을 부르심으로써 하나님께서는 아브라함의 모든 후손들에게 구원의 약속을 확장시키셨기 때문이다. 하나님께서는 아브라함에게 말씀하셨다: '나는 너 이후에 너의 후손들의 하나님이 될 것이다.' 그것은 우리가 보편적이라고 부르는 모든 사람들에 관한 선택인데, 왜냐하면 하나님께서는 그 백성을 세상의 다른 자들과 구별하시고, 하나님의 유업과 교회를 위하여 보존하신다고 말씀하셨기 때문이다 … 그러나 또 다른 선택이 있으니, 말하자면 보다 엄격한 두번째의 선택이 있다. 하나님께서는 그 후손들 중에서 자신을 기쁘시게 하는 자들을 선택하시는 것이다 … 이 점에 관하여는 모순되는 것은 전혀 없다 … 그러나 우리가 정결하게 선포되는 하나님의 말씀을 듣고, 우리가 복음과 성례를 갖는 것은, 하나님의 값없이 주시는 자비의 선택에 의한 것이다. 그러나, 그럼에도 불구하고 하나님께서는 그가 합당하다고 생각하는 자들만을 붙들어 주시기 때문에, 사람들은 믿음이나 순종심이 없이는 그러한 외적 증거들에 대해 그들의 신뢰를 두어서는 안 된다. 그러나 무엇보다도 먼저, 성령에 의하여 우리의 마음 속에서 하나님의 약속의 확실성을 새겨주시는 것을 하나님께서 기뻐하실 때, 이제 그것은 참으로 더욱 특별한 양자됨이요, 우리는 그가 자신을 위하여 보전하시는 소수라는 확신을 우리에게 주신다."[141]

칼빈은 일반적 선택과 특별한 선택의 이러한 차이에 대해 감사하면서,

---

140) *Inst.* III. 21, 5-7.
141) *Opp.* 26. 521-4.

어찌하여 말씀의 합당한 의미 가운데 선택의 대상이었던 이스라엘 백성이 그 은혜의 유익을 상실케 되었는가를 설명할 수 있을 것으로 생각했다. 반면에 특별한 선택의 대상인 신자는 그것을 상실할 수 없다. 이러한 설명은 순전히 용어적 설명이라는 사실을 시인하여야 한다. 만일 그렇지 않다면 칼빈이 「강요」에서 "모든 사람들이 실제로 똑같은 은혜로 선택받는 것은 아니다"[142]라고 말하는 것으로 가볍게 언급한 사상을 발전시키고자 했을 것이요, 이스라엘의 선택은 예수 그리스도 안에서 구원으로 선택한 것과는 매우 다른 것이라는 사실을 주장했어야 했을 것이다.

선택의 논리적 반대개념은 유기로서 제시되어진다. 칼빈은 선하신 하나님께서 수많은 죄인들로부터 일정한 수의 사람만을 택하여 구원받게 하신다고 하는 선언에 결코 만족하지 않았다: 그는 선택받지 못한 자들도 또한 특별한 작정의 대상, 즉 유기의 대상이었다고 생각하였다. 그는 다음과 같이 쓰고 있다. "선택을 유기의 반대 개념으로 생각하지 않는다면, 선택은 일관성이 없는 것이 되고 말 것이다. 우리는 하나님께서 구원으로 영접하신 자들을 분리시키신다는 말을 듣는다. 그리하여, 선택받지 못한 자들은 단지 우연히 그것을 받게 되었으며, 또는 선택받은 사람들은 자신들의 근면함에 의하여 취득하게 된 것인데, 이것은 높은 곳으로부터 단지 극소수의 사람들에게만 주어진 것이라고 말한다면 너무나 우둔한 바보일 것이다. 그리하여, 하나님의 선택에서 제외된 자들에게 책망하시는데, 이는 그분의 자녀에게 그가 예정하신 유업으로부터 그들을 배제시키고자 하는 것이 그의 의지이기 때문이며, 다른 어떤 이유도 있을 수 없다."[143]

---

142) *Inst.* III, 21, 7.

143) *Inst.* III, 23, 1: 참고. III, 21, 7. BUCER, *Metaphrases epistolarum Pauli*, 1536, p. 358:"Atqui scriptura non veretur dicere, Deum tradere quosdam homines in sensum reprobum et agere in perniciem, quid igitur indignum Deo, dicere, etiam statuisse antea ut illios in sensum reprobum traderet et ageret in perniciem?" LUTHER, *De servo arbitrio*, W.A. 18, 712 f.

이 특별한 요점에 있어서, 칼빈은 어거스틴과 의견이 다른데, (어거스틴의 경우) 선택받은 자들만이 잃어버린 군중(massa perditionis: 구원을 얻도록 예정되지 아니한 자들— 역자주)으로부터 그들을 건져주시는 특별한 결정의 대상이며, 반면에 유기된 자들은 그들 자신의 죄로 인하여 초래한 파멸에 이르도록 하나님에 의하여 그대로 내버려진다고 생각하였다.[144] 다른 측면에서, 「강요」의 저자는 그리스도가 거역하는 영혼들을 자신에게 매료되도록 할 수 없으며, 그래서 그들 자신에도 불구하고 그들을 구원할 수 없다는 것을 인정할 수 없었다. 또한 그는 인간이 죽음에 복종한다고 하는 것은 자연적인 법칙의 효과에 의한 것이라는 점을 받아들일 수 없었다.

"한 사람으로 인하여 모든 유한한 피조물이 죽음에 복종하게 되었다는 사실을 성경은 강력하고도 분명하게 말한다. 이러한 사실은 자연에 속한 속성이 될 수 없으며, 하나님의 놀라운 뜻으로부터 비롯된 것이 틀림없이 분명하다."[145] 여기에서 우리는 하나님의 심판의 불가해한 비밀과 함께 일해야만 한다. 자기자신의 자원의 부족 때문에, 인간은 그리스도의 메시지를 받아들이거나 거절할 수 없다. 어떤 사람이 그것을 받아들이느냐, 또는 어떤 사람이 그것을 받아들이지 아니하느냐의 이유는 오직 하나님 안에서, 그분의 뜻의 결정에서만 찾아야 하는데, 이는 우리에게 불가해한 것이요, 우리로서는 통달하지 못한다.

칼빈은 다음과 같이 선포하는데 전혀 어려움이 없었다: "나는 이런 작정이 사람을 깜짝 놀라게 할 것임에 틀림없다는 사실을 고백한다." 적어도 이러한 놀라움은 어떻게 그런 일이 있을까라고 우리가 그것을 인간의 이성에 따라서 생각할 때 그러하다.[146] 그러나 사실 심판은 불공평하지 않으

---

144) AUGUSTINE, *De correptione et gratia*, 7, 12, M. L. XLIV, 923.

145) *Inst.* III, 23, 7.

146) 부처도 동일한 글을 썼다. op. cit., p. 359: "Tum non potest non inhumanum iudicare, Deum vel permittere labi, quos solus a lapsu servare potest, et crudele, poenas sumere de lapsis, qui ope eius destituti non potuerunt non labi. Proinde iudicium rationis hic penitus reiiciendum est, et

니, 왜냐하면 개념에 의해서 하나님의 뜻을 나타내는 모든 것은 그 자체가 의롭기 때문이다. 그래서 칼빈은 유기의 작정에 관한 불가해성 (incomprehensible)을 완전히 주장하는 한편, 버림받은 자들은 자신들의 잘못에 의하여 정당하게 정죄를 받는다고 주장한다. "그들이 그런 목적으로 미리 정해질 만큼 무가치한 사람들은 아니라는 것이 확실하기 때문에, 하나님의 예정에 의하여 그들이 파멸하게 되는 것은 정당하고도 공정하다는 것이 확실하다. 더욱이 그들의 파멸은 하나님의 예정으로부터 나오는 바, 그 원인과 내용이 그들 속에서 발견되어지는 그런 방식으로 된 것이다. 첫번째 사람은 하나님께서 합당하게 심판하셨기 때문에 넘어졌다. 그러나 하나님이 왜 그렇게 심판하셨는가에 대해서는 우리는 아무것도 모른다. 그러나 이러한 심판이 그분의 이름을 영화롭게 하지 못하는 일이었다면, 그렇게 하지는 않았으리라는 것이 확실하다. 그러나 하나님의 영광에 관하여 언급할 때에는, 그의 의로움을 생각하여야 하는데, 왜냐하면 칭찬 받을 만한 것은 반드시 공정한 것이어야 하기 때문이다. 그리하여 인간은 하나님께서 넘어지게 되도록 정하셨다고 하더라도, 자신의 부패 때문에 인간은 넘어지는 것이다 ⋯"[147]

이러한 논증이야말로 칼빈의 독창성이 돋보인 것으로 보고자 하는 시도가 종종 있었다. 그러나 실상은 그것이 아니고, 루터와 부처의 유사한 구절을 찾아볼 수 있다는 점만은 기억해야만 될 것이니, 우리는 여기서 다시 한 번 「강요」가 어거스틴 이후의 전통적인 흐름을 좇아서 움지이고 있음을 발견하게 된다.[148]

---

fatendum iudicia Dei esse abyssum multam, esse imperscrutabilia."

147) *Inst.,* III, 23. 8.

148) AUGUSTINE. *Enchiridion ad Laurentium,* 25, 99, M, L, vol, XL, 278: "Videt enim ⋯ universum genus humanum tam iusto iudicio divino damnatum, ut etiam si nullus inde liberaretur, nemo recte posset Dei vituperare iustitiam": *De anima,* IV, II,16, M. L. vol. XLIV, 533: *De dono perseverantiae,* 8,16, M. L. XLV, 1002, LUTHER, *De servo arbitrio,* W. A.

유기는 정당하게 시행되어져야만 하는 바, 그래서 선택과 같이, 감추어
져 있는 신비에 의해서 정확하게 신자들의 안목에서 하나님의 영광을 나
타낼 수 있다; 이것은 하나님의 뜻의 전능하심을 강조하며, 단지 전능하심
만이 아니라 그것의 긍휼하심도 강조하는데 기여한다. "사악한 자들은 그
들이 멸망하는 날을 위해서 창조되었다. 왜냐하면 하나님께서 자신의 영광
을 높이고자 하지 않는 한 그것은 실현되지 않기 때문이다 ⋯ 그러므로
우리가 이 난제를 풀어야만 하는 바, 하나님께서는 우리의 구원을 지극한
정성으로 돌아보고 계시면서도 자신을 잊지 않으시고, 이 세상이 그의 영
광을 위한 무대처럼 되어야만 한다는 점을 뜻하셨다."[149]

다시 한 번 칼빈은 버림받은 자들이 어떻게 심판의 날까지 이 땅에서와
심지어는 교회 안에서까지도 선택받은 자들과 나란히 생활할 수 있는가
하는 점에 대해서 「하나님의 도성」(*City of God*)의 저자로부터 영감을 받
았다. 우리가 버림받은 자들을 구별할 수 있는 확실한 방법은 전혀 없다.
최선의 것을 꼽는다면, 유기는 우리에게 어느 정도 하나님의 영원한 작정

---

18. 785:"Hic tam lumen naturae quam lumen gratiae dictant culpam esse
non miseri hominis sed iniqui Dei, nec enim aliud iudicare possunt de Deo,
qui hominem impium gratis sine meritis coronat et alium non coronat, sed
damnat forte minus vel saltem non magis impium. At lumen gloriae, aliud
dictat, et Deum, cuius modo est iudicium incomprehensibilis iustitiae, tunc
ostendet esse iustissimae et manifestissimae iustitiae." BUCER. *Metaphr.
epist, Pauli* 1536, p. 359: "Fatendum itaque nobis est. Deum iuste exigere a
nobis vitam sanctam et virtutibus omnibus ornatum: iuste etiam quos vult
indurare, excaecare et tradere in sensum reprobum; iuste denique hos
damnare et punire: nobis autem omnem culpam nostrae perditionis
adscribendam esse."

149) *Opp.* 8, 293 f.; *Opusc.* 1431. 참고, BUCER, *Metaphr, epist Pauli*, p
359. "Propter se enim Deus, et in gloriam suam fecit omnia etiam impium
ad diem malum ⋯ Et ubique in Scripturis gloria domini finis esse ultionis
malorum praedicatur."

의 존재를 추측케 하는 징표들을 통하여 그 자체를 계시한다. 심지어 그와 같이 계시할 경우에조차도 그러한 추측은 오직 신앙의 안목에서만 가능하며, 따라서 유기를 당한 그들 스스로의 능력 내부에도 없다. 복음 전파의 실패 및 복음이 모든 사람들을 다 감동시키지 못한다는 사실이 이러한 종류의 표징이다. 또 다른 표징은 성화의 부재에서 나타난다: "유기에 속하는 모든 자들은, 그들 모두가 치욕을 만들기 위한 수단들이므로, 끊임없는 범죄에 의하여 하나님의 진노를 불러일으키는 일을 중단하지 않으며, 또한 명백한 표징에 의하여 자신들에게 정하여진 하나님의 명백한 심판을 확실하게 해 준다."[150]

그럼에도 불구하고 종종 유기된 자들이 선택받은 자들과 유사한 표징들을 보여준다.[151] "종종 유기된 자들도 선택받은 자들과 거의 흡사한 감동을 체험하게 되어, 자신들이 신자들의 반열에 포함되었음이 분명하다고 생각하게 된다 … 그들은 성령(the Spirit)의 힘이 무엇인지를 이해하지 못하며, 그들은 그 영을 의식이 있게, 그리고 생생하게 받아들이지 않으며, 그들은 참된 믿음을 지니고 있지 않다: 왜냐하면 하나님께서 그들로 하여금 그러한 사실을 확신케 하여 그들을 더욱 핑계할 수 없는 상태에 이르도록 하시고자 그들의 이해력에 자신을 심어넣었기 때문이다."[152]

오직 외관상으로 선택함을 받은 이들은 참된 신자들의 마음 속에 혼란을 불러일으키는 바, 유기된 자들도 동일하게 선택된 자들과 같은 표징을 지니고 있다는 점을 알게 됨으로써, 그들의 구원에 관한 확신이 흔들리게 되지는 않을까? 이에 대하여 칼빈은 간단하게 대답한다: "비록 선택받은 자들과 잘못되고 일시적인 믿음을 가진 자들 사이에는 상당한 유사성이 있을지라도, 사도 바울이 말하는 믿음, 즉 담대하게 진심으로 하나님을 아

---

150) *Inst.* III, 23, 12: 참고. III, 21, 7, in fine.

151) *Inst.* III, 24. 7.

152) *Inst.* III, 2, 11. 참고. AUGUSTINE, *De correptione et gratia*, 9. 20 및 13, 42, M. L., vol. XLIV, 928 및 942.

버지로서 부르고 간구하는 믿음은 오직 선택받은 자들 사이에서만 그 힘
이 왕성하다. 그러므로 하나님께서는 썩지 않는 씨앗으로써 오직 선택받은
자들만을 영원히 거듭나게 하시며, 또한 그들의 마음 속에 심은 씨앗이 결
코 썩지 않게 하시기 때문에 그분께서 그들의 마음 속에 특별한 형태로
은혜의 확실한 보장을 인쳐 주신다는 사실은 의심할 여지가 없다."[153]

하지만 우리는 교회에서 우리들 주변에 스스로의 참된 상태를 모르며,
우리에게 분명히 알려지지 않은 유기된 자들을 대하게 된다. 그러나 결코
그러한 의심이 가능하지 않은 경우가 있다: 예컨대, 우리가 완고한 이단자
들이나, 교회에서 추문을 일으키는 행동을 한 사람들의 면전에 있을 경우
가 그러하다. 이런 경우에 유기의 표징들이 제시될 때, 이의를 제기할 수
없는 분명한 증거를 제시하고 있음을 믿어야 한다. 사실 교회는 이러한 썩
은 구성원들을 출교시킴으로써 교회를 그들로부터 분리시켜야 한다. 그러
나 이때에도 교회의 권징의 선포조차도 결코 하나님의 최후의 심판을 미
리 앞서지는 못한다. "우리는 출교 당한 자들을 선택받은 자들의 무리로부
터 결코 삭제시켜서는 안 되며 또한 그들이 이미 버림받은 자처럼 그들에
관해 단념하여서도 안 된다 … 우리가 그들에게 겸허한 마음 대신에 자만
심과 강퍅한 마음을 갖고 있을 수록, 우리는 더욱더 현재보다 미래에 더
나은 상태이기를 간구하면서 그들을 하나님의 손에 맡겨야 하며, 또한 그
들로 하여금 하나님의 선하심에 이르도록 권고하여야만 한다."[154]

하나님의 심판은 이해가 불가능하며 측정할 수 없는 것이라는 근본원리
의 단순한 적용이요, 모든 표징이 주어진다고 할지라도 우리가 현재로서는
선택받은 자들을 버림받은 자들과 구별하는 것이 불가능하다. 선택받은 자
와 연관되어 있는 예정론으로부터 비록 칼빈이 실제적인 결말을 이끌어내
기는 하였지만, 유기에 관하여서는 똑같지 아니하였다. 의심할 여지 없이

---

153) *Inst.* III, 2, 11.

154) *Inst.* IV, 12, 9, 참고, 시편 119:16에 대한 주석, *Opp.* 32, 153 및 요한
일서 5:16에 대한 주석, *Opp.* 55, 371 ff.

우리가 유기에 관하여 갖고 있는 지식은 단순히 신학적 지식만은 아니며, 두드러진 예들은 유기의 실제성을 우리에게 확신케 할 수 있다. 그러나 우리는 교회의 차원이나 혹은 우리와 다른 사람들과의 관계에서나 그 효과의 면모를 조사할 수 있는 권리를 가지고 있지 않다. 우리는 우리 자신이 스스로 심판의 집행자가 되어서는 안 되며, 우리는 좌우간 그 가능성을 하나님께 돌려야 한다. 예정은 오직 현재의 세상을 초월하여서만 우리에게 완전히 계시될 것이다.

V. 종말 사상

「강요」의 제3권은 '마지막의 부활'에 관한 장으로 결론을 맺는데, 이는 그리스도의 구속사역이 이제까지 추구하던 목표를 계시하고자 의도된, 말하자면 영예로운 사역이다. "나는 이제까지 부활에 관한 설명을 미루어 왔는데, 이것은 독자들이 예수 그리스도를 그들의 완전한 구원의 창시자로 받아들이고 난 후에, 자신들이 높이 들리어진다는 사실을 배우도록 하고, 또한 그분이 불멸과 천국의 영광으로 옷 입고 계신 분이며, 따라서 모든 육신의 머리가 되시는 분이라는 사실을 알도록 하게 하기 위함이었다."[155]

그 이후로 그가 밝히고자 한 요점은, 어떻게 신자들이 다른 세상에서 그리스도의 삶에 동참하며 하나님과 연합할 수 있는가 하는 점이다. 칼빈 신학의 이러한 면을 연구하여 온 대부분의 주석가들은 칼빈이 이 분야에 보인 절제에 관심을 가져 왔는데, 그는 예방책과 성경적 자료의 뒷받침을 가지고 이러한 모험을 하였다.[156] 또한 우리가 아는 바와 같이 「강요」의 저자는 계시록 주석을 출판하는 것을 삼갔으며, 그 책으로부터의 인용도 매우 조심스러워 하였다. 이것은 그가 미래의 삶과 내세에 관련된 약속들에 관

---

155) *Inst.* III, 25, 3.

156) 예를 찾아보기 위해서는 DOUMERGUE, vol. IV, p. 342; E. EMMEN, *De christologie van Calvijn*, p. 192를 참고하라.

하여 별로 중요성을 부여하지 않았음을 의미하는 것이 아니다: 오히려 그
는 내세에 관련된 약속들에 관한 묵상을 그리스도인의 생활에 있어서 본
질적인 요소로 생각하였다. 그는 신자들이야말로 정확히 말하면 더 이상
이 세상의 시민들이 아니요, 어떠한 경우에도 단지 이 땅의 이방인이며 순
례자일 따름이다. 따라서 그들의 눈은 마땅히 미래의 삶을 향하지 않으면
안 된다고 주장하는 어거스틴의 말을 종종 반복한다.

미래의 삶에 관한 그들의 묵상은 비록 현세에서라 할지라도 어느 정도
는 그들을 소망과 믿음으로 천국의 삶에 참여자가 되게 한다. "비록 신자
들이 현재 이 땅을 지나가는 여행자와 같다고 할지라도, 그들이 지닌 믿음
과 확신에 의하여 마치 그들이 그들의 품속에 미래의 기업을 지니고 있는
것처럼 그들은 미래의 유업에 대한 그들의 평정을 잃지 않으며 천국으로
향하고 있다."[157]

바로 그 목적으로 인하여, 믿음은 이 세상을 넘어서서 실제를 알게 되는
날까지 미래를 바라보도록 되어진다. 믿음은 소망과 약속에 밀접하게 묶여
있다.[158] "믿음은 하나님의 사랑을 인식하게 하며 그것을 통하여 현재와 미
래의 삶에 관한 약속들을 이해한다 … 그러나 이러한 살아 있는 믿음이
있는 곳에는 항상 영원한 구원에 대한 소망을 불러일으키지 않을 수 없다.
아니 정확히 말하자면 소망을 싹트게 하며, 소망을 만들어 낸다."[159] 다른
데서도 역시 칼빈은 소망을 견인과 믿음의 변함없음과 동일시한다.[160] 어
쨌든 믿음의 목적이 내세의 삶에 있다고 할지라도 신자는 현재를 믿음에
의하여 살아간다.

---

157) Commentary on Romans, 1:2, *Opp*, 49, 89.

158) P. BRUNNER는 *Vom Glauben bei Calvin*, pp. 148 ff.에서 믿음, 소
망, 약속 사이의 이러한 관계를 옳게 주장하였다. 또한 T.F.TORRANCE의 흥미
있는 연구인 *Kingdom and Church*, Edinburgh, 1956, pp.90 ff를 참조하라.

159) *Inst*, III, 2, 28과 42.

160) 고전 13:13에 대한 주석, *Opp*, 49, 515와 히브리서 3:6에 대한 주석,
Opp, 55, 38.

"소망은 죽은 것이 아니며 우리가 생각하는 어떤 가벼운 공상도 결코
아니요, 비록 우리가 부패하기 쉬운 육신으로 덮여있다고 할지라도, 성령
의 능력으로 어떤 감동을 입는 것이다 … 그럼에도 불구하고 하나님께서
는 반대로 성령의 권능으로 역사하시기 때문에, 우리가 다시 일어나서, 앞
으로 나아가며, 우리를 위하여 예비된 유업을 갈망하는 바, 이는 장차 우리
주 예수 그리스도께서 다시 오실 그 때에 얻게 될 것인데, 지금은 우리로
부터 숨겨져 있는 생명이 우리에게 다시 계시될 것이다."[161]

내세의 삶으로 들어가기 위한 조건은 두 가지이다: 영혼의 불멸과 육신
의 부활이다. 보다 어려운 문제점을 제기하는 것은 두번째다. 이것은 "너무
나 고상한 것이기 때문에 인간의 의식으로 생각할 수 없는 것이다."[162] 이
것을 믿기 위해서 성경이 우리에게 제시하는 두 가지 도움이 되는 자료,
즉 하나님의 무한하신 능력과 그리스도의 모범이 필요한데, 그리스도께서
는 우리의 인성을 취하시고 인간의 삶을 다 사시고 영원한 존재가 되셨기
때문에 그는 우리 미래의 불멸에 대한 확실한 약속이다. 심판 날에 발생하
게 될 우리의 '하찮은 육신'들의 변화는 "그 탁월한 위대성으로 우리의 모
든 감각을 삼켜버릴 기적이다."[163] 그러한 변화는 하나님의 무한하신 능력
으로부터 비롯되기 때문에 그것에 관하여는 어떠한 설명의 여지가 없다.

칼빈은 "영혼이 지금 옷 입고 있는 육신을 취하는 것이 아니라 그 영혼
에 적합한 아주 새로운 육신이 만들어지리라고 생각하는 자들의 의견"을
맹렬하게 공격한다. 육신에 관하여 너무 비천한 견해를 갖게 되면 마니교
도들의 오류 속으로 빠지게 될 위험이 있다. 게다가 하나님께서는 우리의
육신을 자신의 성전으로 삼으시고, 그리스도의 지체가 되게 하시고, 육신
의 모든 부분이 성화되도록 정하시고, 그리고 우리가 그분께 드리는 예배
에 육신을 관계하도록 하심으로써 우리의 육신을 중시하지 않으셨는가?

161) Sermon upon Titus 3:4-7, *Opp.* 54, 586.
162) *Inst.* III, 25, 3.
163) *Inst.* III, 25, 4.

이러한 견해를 강화하기 위하여 신학적인 논증이 인용된다. 육신의 죽음은 죄의 '부수적인' 결과이다. 따라서 그리스도가 우리를 위하여 얻은 회복은 논리적으로 타락의 결과를 폐기하여야만 한다.

영혼은 불멸하기 때문에 영혼의 부활에 관한 언급은 할 수 없다. 그렇다면 죽음 이후에 심판 날에 부활한 육체와 영혼이 재결합할 때까지 영혼은 어떻게 되는가? 자신의 첫번째 신학 저서인 「영혼의 잠에 관하여」(*Psychopannychia*)에서 칼빈은, 최후의 심판 이전까지 육신은 계속 잠들어 있으며 그 동안에 육신과 분리되어 있다고 말하는 일부 재세례파들의 가르침을 이미 반박하였었다.

그는 다음과 같이 썼다. "우리의 아름다움은 모든 것을 종식시키는 심판 날이 올 때까지 변함없이 계속된다. 이와 마찬가지로 선택받은 자들의 영광과 최후 소망의 목표도 그것들이 성취될 바로 그 날을 향하고 기대하고 있다 … 하나님과의 완전한 연합에 의하지 아니하고는 어떠한 완전함도, 지복도, 영광도 존재하지 않는다." 이 마지막 날 전에 죽은 신자들은 잠자는 것이 아니다. 그들은 즉시 하나님 나라에 들어간다. 그 나라는 이미 시작되었으며 그 날에 이르러서 완성될 것이다.[164]

그는 1559년판 「강요」에서도 같은 말을 한다. "신자들의 영혼은 싸움과 고난의 기간을 완수하고 난 후 함께 모여 안식을 취하게 되며, 그 곳에서 그들은 기쁨으로 약속된 영광의 결실을 기다린다. 이렇게 만물은 예수 그리스도가 구속주로 나타나실 때까지 미해결의 상태로 남아있다." 이러한 휴식은 수면이 아니다. 이것은 의식이 있으며 신자들은 하나님 나라에 동참하고 있는 것이다. 그러나 그들은 심판 이후의 때까지는 최후의 영광 속으로 들어갈 수 없을 것이다. "버림받은 자들의 상태는 유다가 말한 마귀들의 상태와 일치함은 의심할 여지가 없다. 그들은 자신들에게 부과된 형벌을 받으려고 끌려나갈 때까지 악인들과 같이 쇠사슬에 묶여 있다."[165] 그

---

164) *Opp.* 5, 211 ; *Opusc.* 44 f.
165) *Inst.* III, 25, 6.

러므로 중간 상태는 기다리는 시기이지 우리로 하여금 최종 선고를 미리 예견할 수 있게 하는 시기가 아니다.

심판 그 자체와 관련해서, 이제 현재의 삶에 관한 결론을 이끌어내야만 할 시점이다. "우리가 미래의 어느 날 변명을 하기 위해 출석해야 하는 것보다 더 심하게 우리에게 고통을 주는 것은 없다 … 그러므로 반드시 마지막 심판의 선포는 우리를 심판대 앞으로 소환하는 나팔 소리같이 우리를 전율케 할 것이다. 왜냐하면 바로 그때에 가서야 비로소 우리는 참으로 소생되어 새로운 삶을 영위할 생각을 하기 시작하기 때문이다."[166]

심판 날에 우리는 주님의 재림 및 신자들과 버림받은 자들의 분리를 보게 될 것이다. "그분은 마치 그분께서 승천하실 때 우리 눈에 보이셨던 것처럼 볼 수 있는 형상으로 내려오실 것이며, 그의 나라의 형용할 수 없는 권능을 지니고, 불멸의 빛으로, 무한한 신성의 권능으로 천사들과 함께 모든 사람들에게 나타나실 것이다. 그분은 양과 염소, 즉 선택받은 자와 버림받은 자를 분리하실 것이며, 산 자든 죽은 자든 그분의 심판을 피할 수는 없을 것이다. 왜냐하면 모든 땅 끝에서부터 나팔 소리가 들릴 것이며, 그 나팔 소리에 의하여 죽은 자와 산 자, 모든 사람들이 그분의 보좌 앞으로 불려질 것이기 때문이다."[167]

최후의 심판 이후에는 곧바로 신자들과 유기된 자들 모두의 부활이 이어진다. 칼빈은 이러한 보편적 부활이 일으키는 문제점을 해결하는데 상당히 곤혹스러움을 가졌다. "우리가 알고 있듯이 모든 사람은 아담 안에서 죽을 수밖에 없게 되었지만, 예수 그리스도가 오심으로 부활과 생명을 얻

---

166) Commentary on Acts 3:20, *Opp.* 48, 71.

167) *Inst.* II, 16, 17. 고린도전서 15장 36절에서 문제가 되는 것은 심판 날까지 살아 있는 자들이다. 칼빈은 이 점에 대하여 "그들의 유한한 삶은 일순간에 사멸되고 새롭게 변형될 것이다."(loc, cit,)라고 말함으로써 이 문제를 해결하고 있다. 다시 말하면 "현세의 육신은 부패에 종속되어 있기 때문에 무로 화한다"는 것이다 (살전 4:16에 대한 주석, *Opp.* 52, 166 f). 이러한 상태는 그에 의하면, "일종의 죽음"이다.

게 되었다. 그렇다면 부활이 모든 인간들에게 차별 없이 생명을 부여한다
는 것인가?" 그는 "하나님께서 그러한 무가치한 자들에게 행하신 선은 더
큰 저주로 변한다"는 점을 상기한 후, 육신의 부활이 심판 자체를 위한 조
건이라고 말한다. "사악한 자들을 강제로 그리스도의 심판대로 끌어내고자
하는 것이 우연히도 신자들의 부활과 공통된 것이 된다고 하는 사실을 이
상하게 생각하여서는 안 된다 … 왜냐하면 그들이 심판자 앞에 나타나지
않고 죽음에 의하여 처벌받는 것은 너무 가벼운 형벌에 지나지 않기에, 심
판자로부터 그들은 끊임없이 그리고 한없이 반역한 대가를 치르기 위해
복수를 받아야만 한다."[168]

선택받은 자들과 유기된 자들이 심판 후에 기다려야 할 운명에 관하여,
칼빈은 성경의 지적을 넘어서지 않고자 매우 조심하였다. "비록 성경이 하
나님 나라는 빛과, 즐거움과 행복과, 영광이 충만한 곳이라고 가르치고 있
기는 하지만, 성경에 언급된 모든 것은 우리의 이해를 초월한 것이며, 구주
께서 우리와 얼굴과 얼굴을 대면하여 설명하시는 날이 올 때까지는 마치
상상 속에 싸여 있는 것과 같다."[169]

성경은 오직 물질적인 비유만을 사용할 수 있는데, 이러한 비유들은 다
소 부적절하며 또 어떤 경우에는 전혀 정확하지가 못하다. 우리가 성경의
설명으로부터 추측할 수 있는 가장 분명한 것은, 복을 받은 모든 자들이
천국의 영광에 참여하기는 하지만 그들이 모두 똑같은 방식으로, 또는 똑
같은 정도로 참여하지는 못한다는 것이다. 하나님께서 이 땅에서 지금
(here and now) 자신의 신자들에게 똑같지 않게 내려주시는 은혜는 내세
에서 그들을 기다리는 영화의 모습과도 비슷하다. "하나님께서는 어떤 이
는 앞에서 걷게 하실 것이며, 또 어떤 이는 뒤에서 걷게 하실 것이다. 그러

---

168) *Inst.* III, 25, 9. 어거스틴은 경건치 못한 자들의 부활을 2차적인 죽음과
그들에게 가해질 육체적 고통으로 설명하고자 하였다. *Enchiridion*, 23, 92, M.
L., vol. XL, 274 f.; *De vera religione*, 27, 50, M. L., vol. XXXIV, 144.

169) *Inst.* III, 25, 10.

나 우리는 어떤 사람이 다른 사람보다 더 탁월한 은사를 받을 것이며, 또한 보다 완전하고 거룩한 삶을 누리게 될 것이라는 사실을 안다. 하나님께서는 현재 이 땅에서 신자들에게 역사하시는 것과 같이 마지막 날에 그들을 영화롭게 하실 것이다. 이와 같은 이유 때문에 다른 사람들을 인도한 자들은 특별한 영광을 받게 될 것이다."[170] 분명한 것은 모든 선택받은 자들이 사도들과 같이 보좌에 앉거나, 또한 사도 바울처럼 특별한 면류관을 받으리라고 기대할 수는 없다는 것이다.[171]

유기된 자들의 운명은 복을 받은 자들의 운명처럼 우리에게 자세히 알려져 있지는 않다. 여기서 다시 성경은 상상만을 그 내용으로 제공해 준다. "어떠한 묘사도 불신자들에 대한 하나님의 무서운 복수를 표현할 수 없기 때문에 불신자들이 겪어야만 하는 고통은 육체적인 것들, 어두움, 슬퍼 움, 이를 갊, 영원한 불, 그리고 그들의 마음을 끊임없이 갉아먹는 벌레들 등으로서 상징화 되었다. 성령은 그러한 비유적 표현들을 통하여 모든 감각에 파고드는 극도의 공포감을 나타내고자 의도하셨을 것이다. 예컨대 그들에게 영원부터 준비된 깊은 지옥(gehenna)이 있다고 말할 때, 그곳은 불이 타오르고 있고, 항상 그 불을 타오르게 할 수 있는 충분한 기름이 준비되어 있으며, 하나님의 영은 그 불을 타오르게 하는 유황과 같다고 비유적 표현을 사용한다."[172]

그러나 칼빈은 이러한 표현들을 문자 그대로 받아들이기를 망설인다. 그는 무엇보다도 먼저 그러한 표현들을 하나님으로부터 분리된 자의 불행을 나타내는 증거이자, 천국의 심판자의 진노에서 비롯되는 공포의 증거로 보고자 한다. 버림받은 자들의 고통에 관련된 구절들은 어떤 것에 관한 매우 정확한 묘사가 아니라, 하나님께서 "모든 것의 주인이 되실 때까지, 십자가

---

170) 다니엘서 12:2-4에 대한 주석, *Opp.* 42, 142. 이와 관련하여, 칼빈은 영광의 등급이 결코 인간의 공로에 의해서 규정지어질 수 없음을 거듭 반복한다.

171) *Inst.* III, 25, 10.

172) *Inst.* III, 25, 12.

의 짐을 지고 있는 이 땅에 있는 그의 종들을 자극하여 서두르게 하시려
고" 주시는 경고이다.

제5장

외적 수단들

1559년판 「강요」 제4권은 우리가 예수 그리스도와 교제를 나누게 하려고 성령이 취하는 외적 수단들 또는 보조 수단들에 관한 문제를 다루고 있으니, 교회에 관한 문제를 다루는데 집중하면서 모두 함께 취급한다. 이것은 첫 부분에서, 로마 교회와는 대립된 입장에서, 그리고 신령주의자들(spiritualists)을 부정하려는 목적으로, 성경 원문에 충실하게 교회의 개념을 정의코자 하였을 뿐만 아니라, 성례에 관한 여러 장에서도 나타나며, 심지어 그 책을 결론짓는 시민 정부론에 관한 설명에서도 나타나는 바, 이는 칼빈이 여기에서 전개하는 정치 사상들은 기능 면에서 그가 갖고 있는 교회의 개념을 상상하게 하며, 또한 비교하게 된다. 하지만, 칼빈의 정치 사상 및 그것과 당대의 사상의 관련성, 그리고 그 사상의 실제 적용에 관한 적절한 연구는 모두 신학과는 동떨어진 일련의 문제점들만을 제기하고 있어서, 본서의 고찰 범위를 훨씬 넘어서게 될 것이다. 여기에서 그것은 부수적인 취급을 받을 수밖에 없다.

Ⅰ. 교 회

교회의 역할에 대해 제1장의 서두에서 소개하고 있으니, 칼빈은 다음과 같이 그 문제를 진술하고 있다.

우리들의 미숙과 무지 때문에, 나는 거기에다가 우리 마음의 허무함을 추가
하고자 하는데, 우리의 믿음이 단계적으로 싹트고 성장하고 발전하기 위해서
는 외적인 도움이 필요한데, 하나님께서는 우리의 나약함을 도와주시기 위하
여 우리들에게 이것을 제공하여 주시기를 잊지 않으셨다. 그리고 복음의 전파
가 계속되게 하기 위하여 하나님께서는 이런 보배를 자신의 교회에 맡기셨다:
그는 목사와 교사를 세우셔서 그들의 입을 통하여 우리를 가르치신다; 간단히
말하여, 하나님께서는 우리 가운데 믿음과 선한 질서 안에서 거룩한 일치를 진
척시키기 위하여 도움이 되는 것은 무엇이든지 빼놓지 않으셨다. 무엇보다도
그는 성례를 제정하셨는데, 우리들이 경험을 통하여 아는 바와 같이, 우리의
믿음을 양육하고 강화하는데 매우 유용한 수단이다.[1]

교회의 목적은 우리가 하나님의 부르심에 응하기 위한 도구이자, 우리의
성화에 필요한 도움이 되는 것이다. 복음의 전파와 가르치는 사역의 제도
는 신앙을 일깨우고, 교회 공동체의 구성원들의 집단적인 성화를 증진시키
고자 하는 것이니, 칼빈은 이것을 '믿음의 일치'(the consensus of faith)
라고 불렀다; 즉, 믿음과 외적인 질서 안에서의 완전한 일치다. 성례의 주
요 기능은 신자들의 믿음을 계속 유지시켜 주고, 그들로 하여금 개별적 성
화에 이르도록 도와주는 일이다.[2]

---

1) *Inst.* IV, 1, 1.
2) 전체적으로 이 문제에 관하여는 다음을 볼 것. DOUMERGUE, op. cit.
vol. V; L. GOUMAZ, *La Doctrine du Salut*, pp. 312-36; WERNLE, op. cit.
pp. 49-67, 355-90, 403 ff.; O.RITSCHL. op. cit. vol. III, pp. 221-9; NIESEL,
op. cit. pp. 174-200; TH. WERDEMANN, "Calvins Lehre von der Kirche
in ihrer geschichtlichen Entwicklung" (*Calvinstudien*, pp. 246-338); A.
LECERF, "La Doctrine de l'Eglise dans Calvin" in the *Revue de
Théologie et de Philosophie*, Lausanne, 1929, pp. 256-70; K. FROEHLICH,
Gottesreich, Welt und Kirche bei Calvin, Munich, 1930, pp. 48-74; P.
BARTH, "Calvins Verständnis der Kirche"(*Zwischen den Zeiten*, 1930); J.
COURVOISIER, *La Notion d'Eglise chez Bucer*, pp. 135 ff.; A.
GOEHLER, *Calvins Lehre von der Heiligung*, pp. 123 ff.; E.EMMEN, *De*

하나님께서는 타락한 인간성으로 깨어져 버린 관계를 다시 확립하기 위하여 그의 아들의 성육신이라는 수단을 사용하시기까지 하셨던 것처럼, 믿음의 선물을 내려 주신 사람들의 성화를 증진시키려고 이 땅에 있는 수단을 사용해야만 했다. 이러한 땅에 있는 것으로, 인간적인 수단들은 하나님께서 교회에 부여하신 다양한 역할과 의무를 구성한다. 그러한 수단들은 지상에서 영화롭게 되신 그리스도의 사역을 성취하는데 가장 적합한 수단으로써 하나님에 의해서 선택된 것들이다. 이러한 의미로 볼 때 우리는 교회를 하나님의 기관으로 말할 수 있을 것이니, 그것은 믿는 자들로 구성된 몸이요, 또한 그 교회 안에 성직자들과 그들에게 부과된 기능들이라고 말할 수 있다.

하나님께서는 그가 선택하신 수단에 얽매인 존재가 되도록 의도하지는 않으셨으며, 목사들의 설교나 성례의 이행을 통해서가 아니라 완전히 자유롭게 자신의 은혜를 계속 내려 주신다는 점은 추호도 의심할 여지가 없다. 그러나 하나님의 뜻이 결코 어떠한 제약도 받지 않기 때문에 하나님이 자유롭다고 할지라도, 우리는 그처럼 자유롭지가 못하다: 왜냐하면 교회가 설립되었다는 사실이 우리는 교회에 속해 있어야만 한다는 것이요, 교회에 위임된 성화의 수단에 제한받는다는 의미이기 때문이다.

　　만사가 성취되어지게 하시고자 예수 그리스도께서는 어떤 이들은 사도로, 어떤 이들은 선지자로, 어떤 이들은 복음 전하는 자로, 또 어떤 이들은 목사와 교사로 주셨으니, 이는 성도를 온전케 하며, 봉사의 일을 하게 하며, 그리스도의 몸을 세우려 하심이요, 마침내 우리가 다 하나님의 아들을 믿는 것과 아는

Christologie van Calvijn, pp. 148-91; H. STROHL, "L'Eglise chez les Réformateurs" in the *Revue d'Hist. et de Philos. religieuses*, 1936, pp. 296-315; W.NIESEL, "Wesen und Gestalt der Kirche nach Calvin" in *Evangelische Theologie*, Munich, 1936; J.BOHATEC, "Calvins Lehre von Staat und Kirche", pp. 267-580; P. J. RICHEL, *Het Kerkbegrip van Calvin*, Utrecht, 1942.

일에 하나가 되어 온전한 사람을 이루어 그리스도의 장성한 분량이 충만한 데 까지 이르게 된다고 사도 바울은 말했다(엡 4:11-13). 우리는 비록 하나님께서 자신의 백성이 한 순간에 완전해질 수 있도록 하실 수 있음에도 불구하고 그들을 교회의 양육 아래서 점진적으로 자라게 하려 하심을 더 좋아하신다는 사실을 안다. 또한 우리는 그 수단으로 알려진 것이 무엇인지를 안다; 그것은 목사에게 맡겨져 있는 설교: 우리는 모든 사람들이 어떻게 그 규칙 아래 있음을 알고 있으니, 순종적이며 신사적인 심령으로 그와 같은 목적을 위하여 보내주신 목사들의 가르침을 받아야 한다 … 그러므로 우리의 처지에 대하여 불평을 하지 말고 목사들이 우리에게 분명하게 제시하여 주는 구원의 교리를 전적으로 순종하는 마음으로 받아들이자. 왜냐하면 비록 하나님의 능력이 다른 외적 수단에 함께 묶여있지는 않다고 할지라도, 하나님께서는 이와 같이 평범한 방법을 통해서 우리를 잡아두시고자 의도하셨으며, 만약에 어떤 사람이 그것을 어떤 환상에 빠진 자들처럼 거절한다면, 그 사람은 수많은 죽음의 끈에 의하여 묶이게 될 것이다.[3]

교회에서 목사들이 행하는 복음의 설교는 믿음을 우리에게 전하기 위한 일상적인 수단이요, 그것에 의해서 믿음이 우리에게 전달되어진다. 그러나 우리가 교회에 의지해야 하는 이유가 오직 그 때문만은 아니다. 우리는 우리의 모든 영적 생활과 성화를 위하여 교회에 의지한다. 이미 칼빈은 바로 앞에서 주장하였다.

나의 현재 의도는 가시적 교회(the visible Church)에 관하여 말하고자 하는 것이기 때문에, 교회를 어머니라고 부르는 것까지라도, 교회를 아는 것이 우리에게 얼마나 유익한 것이며, 또한 실제로 얼마나 필요한 것인가를 배우도록 하자; 바로 그 어머니의 모태에서 우리가 잉태되고, 양육을 받고, 그의 가슴에서 먹여 주시고 기르심으로써 마침내 우리가 우리의 육신을 벗어버리고 천사처럼 될 때까지 우리를 보호하고 돌보아주시지 않는다면, 우리는 결코 영생으로 들어갈 수 없다는 것을 알자. 왜냐하면 우리는 연약한 존재이기에 일평생 동안 배워야 하므로 자신들의 존재를 학교로부터 벗어나게 할 수 없기 때문이다. 또

---

3) *Inst.* IV, 1, 5.

한 교회의 품을 떠나서는 어느 누구도 죄사함이나 구원에 대한 어떠한 소망도 기대할 수 없다는 사실도 주목하여야 한다.[4]

칼빈은 이 구절을 통해서 자신이 뜻하는 바를 효과적으로 나타내기 위하여 키프리안(St. Cyprian)과 어거스틴의 유명한 개념을 사용하고 있으며, 또한 일반적 전통적 및 루터의 개념과 일치시키고 있으니, 교회란 우리의 어머니이며, 교회를 떠나서는 어떠한 구원도 있을 수 없음을 재차 강조한다.[5]

그러나 교회는 그리스도인 공동체로서의 가시적 측면만을 지닌 것이 아니다.[6] 교회는 또한 성도들의 교제, 다시 말하면 모든 선택받은 자들의 전체다. 1536년에 칼빈은 교회에 관하여 이와 같은 불가시적이며, 겉으로 드러나지 않는 면만을 중시하였는데, 이러한 그의 견해는 특히 루터의 생각과 일치하였다.[7] 그후 칼빈은 부처와 접촉하면서 자신의 견해를 완화하였으니, 당시에 부처는 교회에 대한 루터의 정의를 받아들이는 입장이었지만, 가시적 공동체에 대하여는 상당히 긍정적인 태도를 취하였다. 1539년 초 칼빈은 교회에 관한 개념 중에서 이런 측면을 이미 발전시켰으며, 부처의 영향은 1543년판에 더욱 두드러지게 나타난다. 예를 들면, 칼빈이 부처의 영향을 완전하게 받은 것을 보여주는 다음의 구절을 「강요」에다 삽입하였던 해가 바로 그 해였다.

---

4) *Inst.,* IV, 1, 4.

5) CYPRIAN, *De catholicae ecclesiae unitate,* 6, M. L., vol. IV, 519; Epist., 73, 22. ed. Bayard, vol. II, 275; AUGUSTINE, Sermons, M. L., XXXIX, 1512;. *De baptismo,* liv. 1V, 17, 24, M. L., vol. XLIII, 170; LUTHER, *Great Catechism* , 신조의 제3항.

6) 하지만, 이것은 교회의 한 측면만을 생각한 것으로 P. BARTH는 *Calvins Verständnis der Kirche,* p. 217에서 쓰고 있다: "칼빈에게 있어서 교회는 단지 기독교 공동체이다."

7) 참고, H. STROHL, *L'Eglise chez les Réformateurs,* pp. 297 ff.

[사도 바울은] 교회가 만일 주님께서 교회를 보존하기 위하여 제정하신 수단의 도움을 받지 않는다면 스스로 완전성을 유지할 수는 없다고 밝히고 있다: 예수 그리스도께서는 만물을 완성하고 충만케 하기 위하여 승천하셨다고 바울은 말한다. 이제, 그 수단이란 하나님께서 그 직무를 위해 임명하신 자신의 종들에게 그것을 행할 능력을 주시고 자신의 교회에 여러 은혜들을 부여하심을 의미한다. 심지어 하나님께서는 자신의 종들에게 그들의 노고가 헛되지 않도록 성령의 능력으로 그들 사역에 효능을 부여해 주심으로써 교회에 자신을 임재하도록 하신다. 그것이 바로 어떻게 성도를 회복시키며, 어떻게 우리가 그리스도의 몸을 세우고, 장성하여 우리의 머리 되신 그리스도에게까지 자라게 하시며, 어떻게 우리를 서로 하나되게 하시고, 그리스도와 연합되게 하시는가 하는 방법이다. 우리들 중에 예언을 주실 때에, 우리가 사도들을 맞이할 때에, 우리가 주어진 교리를 경시하지 않을 때 일어난다.[8]

교회는 우리 밖에 있는 기관이 아니다. 우리는 교회의 일부분이다: 우리는 문자 그대로 교회의 구성원이다. 우리가 그리스도와 교제하게 된다는 사실로부터, 우리는 우리 안에 그리스도의 역사하심에만 전적으로 의지하는 공동체의 구성원이 된다. 이와 같은 내용은 어거스틴이 자신의 저서 「하나님의 도성」에서 이미 말한 것이니, 그가 하나님의 사랑으로 생기를 얻은 자들 모두가 하나의 종교적 · 사회적 공동체를 형성한다고 주장하였다; 그리고 자신의 여러 주석과 교회에 관한 논문 속에서 부처도 교회를 하나의 유기체와 같은 것이라고 거듭 강조하였다.[9] 교회는 그리스도의 몸

---

8) *Inst.* IV, 3, 2, 참고, BUCER, *Enarrationes in Evangelia*, 1536, p. 595: "Hinc itaque est quod caput huius corporis Christus dat alios Apostolos, alios prophetas, alios Evangelistas, alios doctores et pastores, aliisve spiritus dotibus Instructos. Nam quicquid huius donat, ad communem Ecclesiae suae utilitatem donat, ut per assiduam doctrinam et admonitionem sancti Instaurentur, et illa, quae corpus suum est, incrementum sumat, donec perveniamus omnes in unitatem fidei et agnitionis ipsius filii Dei, et demum virum adultae aetatis Christi referamus."

9) 예를 찾아보기 위해서는 *Enarrationes in Evangelia*, 1536, p. 593 f. 를 참

이다; 그리스도만이 교회의 주인이며, 따라서 그리스도께서는 교회를 자신이 원하는 대로 하실 수 있다고 계속해서 주장한다.[10]

부처와 똑같이 칼빈도 특히 1543년 이후에, 최상의 교회는 산 자든 죽은 자든지 간에 모든 선택받은 자들로 구성된 불가시적(무형) 교회이지만, 이외에도 교회는 우리들의 지상에서의 삶을 사는 동안 우리와 직접 관계를 맺고 있다; 그것은 동일한 하나의 지역 안에서 그리스도인들이 함께 모여 형성하는 가시적(유형) 교회이다.

성경이 교회에 관하여 다음과 같은 두 가지 면을 언급하고 있다고 [그는 기록하였으니] 말한다: 때때로 교회라는 단어는 선택의 은혜를 입어 하나님의 자녀가 된 자들과 성령의 거룩하게 하심에 의해서 예수 그리스도의 참된 지체가 된 자들만이 속할 수 있는 참된 교회를 의미한다. 그러므로 현재 지상에 머물고 있는 성도들 뿐만 아니라, 태초 이래로 모든 선택받은 자들이 이에 해당한다. 그러나 교회라는 말은 흔히 세계도처에 흩어져 있지만 예수 그리스도 안에서 하나님을 경외함에 대한 똑같은 고백을 하고, 믿음의 증거로써 똑같은 세례를 받으며, 주님의 만찬에 참여함으로써 교리와 사랑의 통일성을 주장하며, 하나님의 말씀을 받아들이고 예수 그리스도의 계명에 순종하여 그 말씀을 전하고자 노력하는, 수많은 사람들 전체를 의미한다. 이 교회 안에는 선한 자들

조하라. "Voluit arctissimam vitae inter suos societatem esse, ut alii aliorum membra, universi ecclesiam velut corpus unum constituerent, " 혹은 *De vera animarum cura*(1538), *Scripta Anglicana*, 1577, p. 267: "Ecclesia Christi est congregatio et societas eorum, qui in Christo Domino nostro, ita e mundo congregati atque consociati sunt, ut sint unum corpus, et singuli aliorum membra: quorum unumquodque suum habet o fficium et opus ad aedificationem communem totius corporis, omniumque membrorum." 참고 COURVOISIER, op. cit, p. 98 f.

10) BUCER, *De vera animarum cura*, p. 272: "ut in Ecclesia nulla alia quam unica Christi potestas purumque regimen sit et maneat," 이것은 부처가 1551년의 「그리스도의 나라」의 첫 부분에서 자신이 만족할 만큼 발전시켰던 개념이다.

사이에 약간의 위선자들도 섞여 있다. 그 위선자들은 명칭과 외적으로 보이는 것을 제외하고는 그리스도와 아무런 상관이 없는 자들이다 …… 그러나 교회는 우리들에게 보이지 않고 오직 한 분 하나님만이 알고 계신다는 것을 우리가 믿는 것이 반드시 필요하듯이, 우리는 또한 가시적 교회를 경외하고 그 교회와 계속 교통하도록 명령 받았다.[11]

모든 선택받은 자들로만 이루어진 불가시적 교회는 그리스도의 몸과 정확히 일치하지만, 이 불가시적 교회가 가시적 교회와 정확히 일치하지는 않으니, 이는 그 가운데 유기된 자들을 받아야만 하는 까닭이다. 그러나 교회가 이처럼 분명한 다른 두 가지 측면, 즉 하나는 믿음의 대상이고, 다른 하나는 경험의 대상으로, 혹은 여러분이 구분하기를 하나는 하나님께서 보시는 교회요, 다른 하나는 우리에게 보이는 교회로 구분한다 하더라도, 이것은 두 개의 교회가 존재하는 것을 의미하는 것이 아니다.[12]

칼빈은 오직 하나의 교회, 즉 예수 그리스도를 그 머리로 하고, 그분을 예배하는 것으로 구별되는 오직 하나만의 교회를 교회를 알고 있었다. 이러한 교회의 통일성이 우리로 하여금 불가시적 교회를 기준 삼아 가시적 교회를 판단할 수 있게 하여 준다. 물론 믿는 자들과 위선자들을 구별하는 일은 우리들의 능력 밖의 일임은 누구나 인정한다. 그러나 한 교회가 예수 그리스도를 그 머리로 모시고 그분을 예배하는지를 우리가 어떻게 알 수 있는가? 이것은 가시적 교회가 그 가슴 안에 유기된 자들에게 관용을 베풀지 않을 수 없다는 사실을 미루어 볼 때, 그 교회에 속한 개개인의 자질로서는 알 수 없다.

「아우그스부르크 신앙고백」(*Augsbug Confession*)(art. Ⅶ and Ⅷ)에서 루터와 멜란히톤이 한 것과 같이, 칼빈도 참 교회를 구별하기 위하여 다음의 두 가지 객관적 기준을 받아들였다: "하나님의 말씀이 온전히 전하여지고 또한 경청되어지며, 예수 그리스도의 가르침을 따라 성례를 집행하는

---

11) Ibid.
12) 참고, A. LECERF, op. cit., 259.

곳은 어디든지 교회가 존재함을 의심해서는 안 된다."[13] 따라서 주관적인 판단을 위해서 근거가 될 수도 있는 구성원들의 자질에 의해서가 아니라, 그리스도에 의해서 제정된 은혜의 수단의 존재여부에 따라서 교회가 구성되고 객관적으로 판단되어지는 것이다. 루터와 부처가 이미 칼빈에 앞서서 그렇게 했듯이, 칼빈도 마찬가지로 재세례파들이 바랐던 바와 같이, 의로운 자들과 거룩한 자들로서 이루어진 이상적인 인간 공동체를 만들 수 있으리라 확신하였다.[14] 우리가 의로운 자들을 유기된 자들로부터 명백히 구별할 수 없으며, 또한 그리스도인들 모두가 이 땅의 삶을 사는 동안은 언제나 죄인이라는 점을 생각할 때, 오직 완전한 자만이 교회와 교통할 수 있다고 제한하는 것은 지나치며 실제적으로 불가능한 일일 것이다.

칼빈은 1536년에 그 이전부터 생각한 것들을 모아서 다음과 같이 결론 지었으니, '자비로우신 심판'에 의하여 모든 사람들이 적절하게 교회의 구성원이 되어 그들의 믿음과 그들의 행실과 성례에 참여함을 통하여 "오직 한 분이신 하나님과 우리와 함께 하신 한 분 그리스도를 고백"한다.[15] 거꾸로 말하면, 우리는 그리스도와의 교제를 근거로 하고, 외적으로는 복음의 전파와 성례의 집행을 똑같이 나타내 보임으로써 교회를 형성하여야 한다.

그러나 우리가 지금까지 보아온 바와 같이 교회가 이것에만 스스로를 제한하여서는 안 된다. 교회의 임무 중, 한 부분은 교회의 구성원들을 인도하고 도와서 성화에 이르게 하는 것이다. 만일 교회의 설교가 헛되지 않

---

13) *Inst.* IV, 1, 9.

14) BUCER, *Enarrarationes in Evangelia*, 1536, p. 323: "malos opera satanae, quam diu hoc seculum stabit, bonis suis, quorum ipse autor, fore permixtos, sed in fine seculi demum separandos, et in geennam abiiciendos. Hoc terreamus hypocritas, et consolemur nos ad tolerantiam malorum, quia aliter fieri non potest, dum hic vivimus, ferre hypocritas oportet."

15) *Inst.* IV, 1, 8. LUTHER, *Enchiridion piarum precationum*, W. A. 10, 2, P. 394.

고 성례가 효과적으로 신자들의 신앙을 강화할 수 있으려면 교회는 끊임
없는 자기성찰을 거쳐 모든 오류를 피하여야만 할 것이며, 또한 교회 구성
원들의 문제에 있어서 그들에 대한 교회적인 권징(ecclesiastical
discipline)을 행해야 한다. 선택받은 자와 그렇지 못한 자를 정확히 구별
할 수 없기 때문에, 교회가 선택받지 못한 자들을 완전히 배제할 수는 없
다: 그러나 교회가 교리나 교회의 구성원들의 행실에 대한 문제에 있어서,
무질서나 추문을 묵인하여서도 안 된다. 칼빈에게서 두드러진 권징은 교회
의 가르침의 순결성을 유지하고 성화에 이르려는 신자들의 노력을 보존하
기 위한 수단으로서 오이콜람파디우스와 부처에 의하여 시작된 일련의 방
법이다.

그러나 우리는 권징에 호의적인 강조를 하는 또 다른 고려를 간과해서
는 안 된다. 권징의 강조는 사실상, 교회의 머리로서 그리스도의 위엄과 성
도들과 그리스도와의 연합에 의해서 필수적으로 요청되어졌다. 교회에서
무질서를 야기시키는 모든 것과 교회의 지체들 사이에 추문이 될 수 있는
것은 무엇이나 그리스도를 비방하고 욕되게 하는 것이다. 이것은 특히 그
리스도와 가장 밀접한 연합을 함축하고 있는 성찬의 공동체에 있어서 참
으로 그러하였다. 그래서 권징의 개념은 바젤과 스트라스부르의 교회지도
자들에 의해서 주님의 만찬을 존중하는 마음으로 확대되었고, 이는 칼빈이
제네바에 처음 머무는 동안 시행한 것이었다.[16]

"이 속에서, 우리 주님은 자신의 몸을 우리에게 교제케 하심으로써 그분
이 우리와 하나가 되시며 우리가 또한 그분과 하나가 된다." 1543년 「강
요」에서 우리가 읽을 수 있는 이 구절은 부처에게서 받은 가장 중요한 영
향을 반영하고 있다. 그러나 "그분께서는 우리가 참여할 수 있는 오직 하
나의 몸만을 지니셨기 때문에 이 참여에 의해 우리도 또한 필연적으로 하

---

16) BOHATEC, "Calvins Lehre von Staat und Kirche", p. 339 f. 는 1537
년 칼빈과 스트라스부르 시민들 간에 서로 나누어진 의견의 교환을 언급하고 있
다. A. LANG, *Der Evangelienkommentar M. Butzers*, p. 183 f.

나의 몸을 이루어야 한다 … 우리 형제 중 어느 누가 예수 그리스도를 불
쾌하게 하거나 멸시하거나 비방치 아니하고, 우리의 불경스러움으로 그분
을 모독치 않는다면, 그는 우리로부터 멸시당하거나 거절당하거나 해를 입
거나, 혹은 어떤 식의 모욕도 받지 않을 것이다: 예수 그리스도로부터 떨
어져 있거나, 찬성하지 않거나 하지만 않는다면, 우리는 우리 형제들과 불
화하거나 분열할 수 없다."[17]

만일 교회가 그리스도의 교회로서의 특성을 보존하고자 한다면 이런 상
황하에서 권징이란 필수불가결한 것이다. 1536년 초, 칼빈은 권징의 서로
구별되면서도 상호보완적인 세 가지 목적을 구분하였다. 첫째, 하나님의
이름을 영화롭게 하려는 배려 때문이다. 심지어 교회 안에서까지 그리스도
를 욕되게 하려는 여하한 가능성도 배제하기 위하여, 하나님의 말씀을 공
공연히 거역하며 교회를 파멸의 구렁텅이 속에 집어넣으려는 이단들과 분
리주의자들에 대하여 적절한 대응 조치를 취할 수 있어야 한다. 교회는 또
한 저속한 행실로 교회를 해하는 자들을 제지하여야 한다. "왜냐하면 교회
는 그리스도의 몸이기 때문에 교회가 방탕한 자들에 의하여 더럽혀지는
것은 곧 그 머리이신 그리스도를 조금이라도 모독하는 것이기 때문이다.
그러므로 하나님의 이름이 교회 안에서 더럽혀지지 않도록 하기 위하여,
수치스런 행실로 기독교의 위신을 실추시키고 기독교의 명예를 떨어뜨리
는 자들은 교회로부터 축출당하여야 한다."[18]

권징에 의하여 교회 내에서 하나님과 그리스도에 대한 경외심을 지속시
키는 것이 필요하다면, 이와 동시에 다른 구성원들도 역시 악으로부터 보

---

17) *Inst.* IV, 17, 38.

18) *Inst.* IV, 12, 5. 칼빈이 1543년 성찬식의 집례와 권징 사이에 밀접한 관계
가 있음을 보여주는 구절을 다시 한 번 여기서 덧붙이고 있다는 점을 주목해야 할
것이다. "이 점에 있어서 우리는 또한 주의 만찬이 무분별하게 누구에게나 나누어
짐으로써 더럽혀지지 않도록 주의하여야 한다. 왜냐하면 그것을 집례하는 자가 마
땅히 배제해야만 하고 또 배제할 수도 있는 사람을 무분별하게 용납한다면 이것
은 하나님을 모독하는 죄가 분명하기 때문이다."

호받아야 한다. 이것이 칼빈이 정한 권징의 두번째 목적이다: "두번째 권
징의 목적은 흔히 그러하듯이 악한 자들과의 대화[19]를 통하여 선량한 사
람들이 타락되지 않도록 하는 것이다. 우리는 잘못을 범하기 쉽기 때문에
우리가 나쁜 예를 따르기란 너무나 쉽다. 사도는 이것의 유용성에 주목하
여 고린도 교인들에게 근친상간의 죄를 범한 자를 그들의 공동체로부터
추방하라고 명하였다. 하나의 작은 누룩이 덩어리 전체에 퍼진다고 사도는
말한다." 상기 인용한 예는 칼빈이 엄격한 종교적 태도뿐만 아니라 교회의
구성원들의 도덕성에 관한 견해까지도 가지고 있음을 보여 준다. 그리고
이 점은 칼빈이 제네바 당회에 제시한 그의 입장에 의해서 충분히 증명된
다. 그렇다면 최근 일부 사람들이 생각하고 있는 것처럼 "교회의 권징이란
교회 안에서 도덕성을 함양하기 위하여 의도된 것이 아니었다"라는 생각
은 정확한 것이 아니다.[20] 하지만, 세속적인 재판권에 견주어 볼 때, 칼빈의
마음 속에서 이 권징이란 소위 사법적인 성격을 지녔다고 정확하게 말할
수 있는 것을 갖추지 못하였음은 엄연한 사실로 남아있다. 그것은 전적으
로 강압적이지도 않으며, 또한 오직 공공질서를 보호하기 위하여서만 만들
어진 것도 아니다.

그러나 칼빈이 언급한 권징의 세번째 목적으로부터 우리 분명히 알 수
있듯이, 권징은 항상 영혼 구원의 한 부분이었다. "권징의 세번째 목적은
출교를 당하여 치욕을 겪는 자들을 회개케 하고, 또 그러한 회개를 통하여
그들을 교정하고자 하는데 있다. 그리고 이와 같이 그들의 사악함을 벌하
고 교회의 채찍으로 각성시키는 것이 그들의 구원을 위한 방편이다."[21] 권
징의 기능은 무엇보다도 최우선적으로 교육적인 것이었다.

하지만, 칼빈이 교회의 권징을 매우 중요시하였지만, 정작 그가 권징을

---

19) 다시 말하면, 그들의 행동에 의하여.

20) NIESEL, op. cit., p. 189, 참고, COURVOISIER, "La discipline
ecclésiastique dans la Genève de Calvin", p. 24.

21) *Inst.*, IV, 12, 5. BOHATEC, op. cit., p. 551.

참된 교회의 표지로 삼는 것은 삼갔음을 주목한다. 이 점이 바로 그가 부처와 견해를 달리하였던 중요한 점이다. 루터파의 두 가지 교회의 표지 (notae ecclesiae: 복음의 전파와 성례의 집행)에다가 이 스트라스부르 종교개혁자는 최종적으로 교회의 권징을 추가하였으니, 부처는 권징을 참된 교회의 필수불가결한 요소로 간주하였다.[22]

칼빈에게 있어서 권징은 마찬가지로 중요한 것이었지만, 교회의 개념에 있어서 필수적인 것은 아니었다; 그에게 있어서 권징은 단지 교회를 보호하기 위한 방편이자 성화의 수단에 지나지 않았으며, 따라서 교회의 조직에 속한 문제이지 교회의 정의에 관한 문제는 아니었다. 비록 교회가 지상에 존재하는 한 언제나 불완전한 상태일 수는 있으나, 교회는 교회 자체의 성화와 동시에 교회 구성원들의 각자의 성화를 위한 노력을 게을리 하여서는 안된다. 교회의 차원에서 볼 때, 개인의 성화는 집단적 성화와 일치한다. 교회가 그리스도의 몸인 사실은 분명하지만, 교회의 구성원들이 현재 죄인의 상태로 있다는 사실 때문에, 교회는 그리스도의 진정한 몸이 되기 위하여 항상 노력하여야 한다.

사도 바울이 말한 것은 정말로 참된 것이다: 예수 그리스도께서는 교회를 거룩하게 하고자 교회를 위해 자신의 몸을 주셨으며, 생명의 말씀의 물로써 씻어서 정결케 하시고, 뒤틀림이나 흠이 없는 영광스러운 신부로 만드시고자 하신다. 주께서 날마다 바로잡고 역사하고 계시다는 것도 사실이지만, 아직 교회의 거룩함이 완전하지 못하다. 그러나, 교회가 거룩하다는 말은 아직 불완전한 상태이지만 날마다 향상되어 가고 있다는 의미에서, 거룩이라는 그 목표에 아직 도달하지는 못하였으나 나날이 진보하고 있다.[23]

---

22) 따라서 그는 「그리스도의 나라」 (*De regno Christi, Scripta Anglicana*, p. 36)에서 참된 교회의 목회사역에 관하여 다음과 같이 썼다: "Partes vero huius sacri ministerii, Doctrina Christi, Sacramentorum eius dispensatio, et disciplinae eius administrario." 참고, G. ANRICH, *Martin Bucer*, p. 126; COURVOISIER, *La Notion d'Eglise chez Bucer*, pp. 65 ff., 125 ff.; STROHL, *L'Eglise chez les Réformateurs*, p. 284.

칼빈은 「강요」 속에서 교회의 조직에 관한 몇 가지 권징을 기록하였는데, 특히 그가 스트라스부르와 제네바에서 그 문제에 관해 직접 체험을 한 이후에 그러했다. 그러나 이 문제에 있어서도 우리는 칼빈이 부처와 매우 가까운 견해를 지니고 있음을 알 수 있는데, 이러한 점은 그들 두 사람의 가장 독특한 점이었다. 루터가 교회의 조직은 시간과 환경에 따라 달라지는 것으로 생각한 반면에, 부처와 칼빈은 교회에 대한 그리스도의 주권과 성령의 은사로부터 직접 비롯된다고 생각하였다.[24] 개인은 물론이고 어떠한 공동체라도 교회의 조직에 관여하여 그 조직을 수정하거나 좌지우지할 수는 없다. 더욱이 세부적인 사항까지도 하나님의 말씀에 의해서 규정되어 있다. 그러므로 우리는 성경의 지시를 엄격히 지켜야만 하는데, 성경의 지시는 초기 기독교 공동체에서 유효할 뿐만 아니라 성령에 의해서 계시된 질서는 영원한 효능을 지닌다. 그러나 칼빈은 초기 교회 제도의 맹목적인 모방을 옹호하지는 않으며, 따라서 그는 다음과 같은 견해로서 끝을 맺는데, 일반적으로 교회에 대해서 생각하는 것이요, 루터의 견해와 그리 동떨어진 것은 아니다.[25]

---

23) *Inst.* IV, 1, 17: 참고, 에베소서 5:27에 대한 주석, *Opp.* 51, 224 f. GOEHLER, op. cit. p. 125 f. 을 참조하라. 이와 유사한 부처의 설명을 보고자 한다면 R. STUPPERICH의 "M. Bucers Anschauungen von der Kirche" in the *Zeitschr. für system. Theologie*, 1940, p. 137을 보라.

24) 루터에 대한 다른 사람들의 논문 가운데, J.KOESTLIN, *Luthers Theologie*, vol. II, pp. 274 ff.를 보라. 부처는 교회의 조직이란 성령이 원하시는 질서에 의존한다고 자신의 여러 저술에서 생각을 밝히고 있다. 예를 들면 1534년의 Strasbourg Ordinance (A.L. RICHTER의 *Die evangelischen Kirchenordnungen*, Weimar, 1846, vol. I, p. 233을 보라) 1539년의 Ziegenhain Ordinance (Ibid. p. 290)와 1548년의 the Short Confession of Faith, *Scripta Anglicana*, p. 177 이 있다.

25) 보하텍(J. BOHATEC)은 이런 영역에서 칼빈이 가진 태도의 적응성에 최초로 관심을 기울인 학자들 중의 한 사람이었다. op. cit. p. 387. 그가 최선을 다해서 밝힌 것은 루터와 칼빈 사이에, 다른 모든 것에도 불구하고, 여전히 남아있

나는 오직 하나님의 권위에 근거하고 성경에서 나온 것이어서 모든 것들이 거룩하다고 말할 수 있는 제도 이외에는 어떤 다른 제도도 인정하고자 하는 것이 아니다 … 외적인 권징과 의식에 있어서 하나님은 우리가 어떻게 그분의 통치를 받아야만 하는가를 어떤 특정한 방식으로 결정하거나, 한 마디 한 마디로 규정하지는 않으셨으니, 그러한 것들은 시대의 변천에 따라 변하기 때문에 오직 한 가지의 동일한 형식이 어느 시대에나 항상 적절하거나 유익할 수는 없기 때문이다 … 그러므로 그러한 것들은 변화할 수 있고, 또한 새로운 것이 만들어질 수도 있으며, 이전의 것들도 교회의 유익을 위한 방편으로서 파기될 수도 있다고 우리는 결론짓는다.[26]

어떤 면에서 보면 상기 인용한 구절의 끝 부분이 서두의 주장과 완전히 모순되며, 거의 완전한 자유를 인정하는 것처럼 보일지도 모르지만 칼빈과 그의 제자들이 생각한 교회 조직은 성경적 근거를 충실히 따르고 있다는 점에 있어서 적어도 그러한 심사숙고를 하지 않는 다른 교회의 조직들과는 확실히 구별된다.

목회를 담당하는 직분들의 다양성은 성령의 다양한 은사와 만인 제사장론에 근거하여 성립된 것이다. 바울 서신의 여러 단편적인 근거들로부터 다양한 교회의 역할을 논리적으로 체계화시키고자 칼빈은 상당한 노력을 경주하였다.[27] 그러나 그는 곧 성경적 근거만이 영원한 가치를 지닌다는 자신의 원칙을 깨뜨리지 않을 수 없었다: 신약성경에 언급된 여러 목회활동들 중에서 이제는 더 이상 있어야 할 이유가 없거나, 더 이상 적용할 수 없는 것들이 몇 가지 있다: 예를 들면 사도들, 선지자들, 그리고 복음 전하는 자들이다. 우리는 또한 항존직과 임시직들을 구분하여야 한다. 그러나 칼빈은 엄격하고 명확한 분류를 하지 못했다.

칼빈은 일반적으로 성직을 1541년의 교회 법규에서와 같이, 목사, 교사,

장로, 집사의 네 가지로 구분하였다. 그러나 칼빈은 이렇게 구분하는 문장을 1543년판까지 계속 삽입시켰다가, 최종판에서는 세 가지만 언급하였다.[28] 가장 중요한 성직은 목사들과 박사들로서 그들에게는 성경의 교리를 가르치고 설명하는 임무가 주어져 있다. 더욱이 칼빈은 스트라스부르나 제네바에서 자신이 담당했던 경우처럼 때때로 목사와 교사의 두 직분을 한 사람에게 해당하는 것으로 혼합하기도 했다.[29] 결국 이런 모든 것들은 개인의 능력에 좌우된다.

목회사역에 임명할 자의 선택은 이중적인 근거, 즉 하늘의 것과 이 땅 위의 근거에 입각하여 행하여야 한다. 왜냐하면 자신의 성령으로써 개개인에게 합당한 은사를 부여하시며, 그런 의미에서 볼 때, 최우선적이면서도 참된 선택을 하시는 분은 바로 그리스도이시기 때문이다. 그러나 그리스도에 의하여 선택받은 자들이라고 해서 매사를 자기 마음대로 처리할 권리가 있는 것은 아니다: 성직 임명에 있어서 필수불가결한 조건은 한 공동체가 공식적으로 선택되어야 한다는 것이다.[30] 그러나 이러한 공동체의 선택은 목사들이나 행정당국의 승인만으로도 간단히 이루어질 수 있음을 주장하였다. 이 점에 있어서 우리는 칼빈이 오직 제한적인 추천위원들에만 관심을 두었음을 주목하여야 하며, 이것은 바로 칼빈의 귀족주의적인 경향과 전적으로 일치한다. 심지어 이러한 제한적 선출방법은 당시의 시대적 통념에도 어긋나는 것이었다. 사실, 선거추천자들의 선택은 대상 후보자들의 영적 은사에 의해서 제한되어 버린다: "바른 교리와 거룩한 생활을 하지

---

28) *Inst.* IV. 4. 1, "우리가 이미 말한 바와 같이, 성경은 세 가지 성직을 언급하고 있으며, 초대 교회는 이에 따라 모든 성직을 세 종류로 분류하였다." 참고, BOHATEC, op. cit. p. 466. 부처의 영향에 관해서는 STROHL, "Théorie et pratique des quatre ministères à Strasbourg au temps de Calvin" in the *Bull. de la Soc. de l'Hist. du Protest. français*, 1935. 를 참조하라.

29) 목사들과 박사들과의 차이점은 에베소서 4: 11 주석에서, *Opp.* 51, 197 f. 에서 보다 분명히 나타난다.

30) *Inst.* IV, 3, 10, 11 및 15.

않는 자는 누구도 선택되어서는 안된다."[31] 실제로 적합하게 실시된 교회 선거는 성령이 이미 결정하신 바를 인준하고 확인하는 것에 지나지 않는다.

목사들과 박사들 다음으로 두 가지의 순수한 '평신도직' (칼빈이 루터보다도 더 성직자와 평신도간에 모든 차이점을 두지 않았으므로, 만약에 이런 표현이 허용된다면)을 칼빈은 설정하였다. 이것들은 장로들과 집사들이다. 장로가 해야 할 가장 근본적인 임무는 교회의 이름으로 권징을 실행하는 것이었다. 칼빈의 교회 조직 내에서는 권징의 중요성이 강조되기 때문에 장로는 중요한 역할을 하였다. 1536년까지만 해도 장로에 관한 언급은 없었다.

그러나 칼빈은 바젤의 교회에서 장로들이 활동하는 것을 목격하였으며, 훗날 스트라스부르에서 같은 경험을 하였다. 1537년부터 칼빈이 '제네바 신앙조항' (Genevan Article)에 장로제도를 포함시켰던 점을 미루어 볼 때 바젤에서의 이러한 경험이 결정적이었다고 추정된다. 그러나 칼빈은 스트라스부르의 체험과 제네바에서의 교회법규 채택 이후인 1543년판 「강요」에 이르러서야 장로회에 관한 이론을 전개코자 시도하였다. 이 주제로 다시 되돌아가서 자세히 살펴볼 필요는 없다. 우리는 단지 장로들이 사람들에 의해서 선출되어야만 했고, 또한 목사들처럼 도덕 및 권징을 감독할 임무가 있었다는 사실을 주목해야 한다. 그러나 「강요」와 주석 등 여러 곳에서 우리는 목사와 박사와의 차이점에서 이미 목격했던 모호함을 간간이 발견한다. 때때로 장로들은 기능적인 의미에서 목사이자 동시에 장로이기도 하다. 이와는 대조적으로 칼빈은 때때로 오직 후자만을 지칭하기 위하여 이 용어를 사용하기도 한다.[32]

집사에 관해서는 칼빈은 보다 분명하다. 다른 직분들과 마찬가지로 선출에 의해 임명된 집사들은 가난한 자들을 보살필 책임이 있다. 디모데전서

---

31) *Inst.*, IV, 3, 12.
32) DOUMERGUE, op. cit., vol. v, pp. 153 ff.; BOHATEC, p. 464 f.

5장 9-10절에 근거하여 칼빈은 권고한다: "집사는 두 가지 종류가 있는데, 그 첫째는 가난한 자들을 위하여 구제를 조직화하고 모은 것을 나누어줌으로써 교회에 봉사하는 집사들이며, 둘째는 환자들과 빈곤한 자들을 돌봐주는 집사들이다."[33]

이들 네 가지 전문화된 목회직분들 덕택으로 교회는 본질적인 역할들, 설교, 성례의 집행, 교리의 교육, 권징에 의한 선한 질서의 유지 및 자선 행위 등을 수행할 수 있다. 그러나 어떠한 원리적인 힘에 의해서 교회가 그 구성원들에게 그 규정들을 강요할 수 있는가? 우리는 여기서 영적인 권세라는 개념에 도달하게 되는데, 그것은 국가에 세속적 권력이 속해 있는 것과 같이 교회에 속한 권세라고 칼빈은 주장한다. 칼빈은 영적인 권세는 세 부분으로 이루어져 있으며, 그 세 부분은 교리, 재판권, 법을 제정하고 집행하는 권리라고 기술하고 있다.[34] 영적인 권세의 세 가지 측면들은 상호 보완적이며 세워주고 있다. 칼빈이 이 세 가지 것들에 관하여 특별한 관심을 지니고 있음은 그가 「강요」에서 이에 관하여 상세히 설명하고 있는 것을 보면 분명해진다. 그러나 이 때문에 우리는 칼빈이 교회의 권세에 관한 로마교회의 교리로 복귀하려는 어떤 의도가 있다고 생각하여서는 안 된다. 칼빈은 이와 같은 해석이 그의 독자들 사이에 있을 수도 있다는 것을 매우 잘 인식하고 있었음이 분명하다. 더욱이 그는 로마교회의 교리에 반대하는 자신의 입장을 밝히고자 노력하였다.

칼빈의 이러한 조심스러운 태도는 불필요한 것이 절대로 아니었으니, 자신의 의도와는 달리 해석되지 않도록 그 말의 의미를 쉽게 풀어 설명하려고 하였던 것으로부터 알 수 있다. 하지만, 사실 교회의 권세, 특히 교도권에 대한 칼빈의 설명은 성경만이 유일한 권위를 갖는다는 자신의 주장을 다시 한 번 강력하게 뒷받침하는 기회를 만들어 주었다. 진정코, 만일 교회의 교리적 권세가 과거 로마교회가 범하였던 것처럼 전제정치로 흐르지

---

33) *Inst.* IV, 3, 9.
34) *Inst.* IV, 8, 1.

않으려면, 교리에 대한 엄격한 제약이 필요하다. 교리를 제한할 수 있는 권리는 교회의 구성원들에게 주어져서는 안되며, 오직 하나님의 말씀만이 그러한 권리를 지녀야 한다. "성경이 선지자들이나, 고대 율법의 제사장들이나, 사도들이나, 그 계승자들에게 부여한 위엄 및 권위에 관한 모든 것들은 그들 개개인에게 부여한 것이 아니라 그들이 맡은 성직과 임무, 보다 분명하게 말하자면 그러한 임무를 맡도록 그들을 부르신 하나님의 말씀에 부여된 것이다."[35]

교회의 가르침이 하나님의 말씀을 지배할 수 없음이 성경에 기록되어 있다: "고대 율법을 기록한 선지자들이나, 제사장들이나, 사도들과 그들의 후계자들의 서신들에 관한 것 이외에는 교회의 어떠한 것도 하나님의 말씀이라고 생각해서는 안 된다. 이 규칙에 따르지 않는 모든 교리는 합당하고 정당한 가르침이라고 할 수 없다."[36] 오직 성경만이 교리적인 문제들에 있어서 오류가 없는 것이다; 교회는 철저히 성경의 근거를 따라야만 한다. 성경 속에서 우리에게 제시된 계시는 확실하고도 완전하다. 그러므로 사도들의 후계자들이나 공의회를 통하여 추가되는 것일지라도 하나님의 권위를 가질 수가 없다.

"하나님께서는 자신이 처음에 교회에 명하신 대로의 온전함을 교회가 세상 끝까지 지켜나갈 것을 원하신다. 그러나 하나님께서는 교회로 하여금 그분의 말씀에다 어떠한 것도 더하거나 빼는 것을 금하셨다. 이것은 하나님과 하나님의 성령의 신성한 작정이지만, 우리의 적들은 범하고자 하여 마치 그들은 교회가 하나님의 말씀이 없이 성령에 의해서만 지배되는 것처럼 행동한다."[37] 우리가 성경을 통하여 알 수 있는 것과 같이, 오직 하나님의 말씀 이외에는 어떠한 영감도 권위가 없다. "하나님께서는 어떤 새로

35) *Inst.* IV, 8, 2. 이 점에 관해서는 BOHATEC, op. cit. pp. 516-29에 가장 완벽하게 설명되어 있다.

36) *Inst.* IV, 8, 8.

37) *Inst.* IV, 8, 13.

운 조항을 만들어 낼 수 있는 능력을 인간에게서 거두어 가셨기 때문에, 영적인 교리에 있어서 오직 그분만이 우리의 주인이 되시며, 교사이시다." [38] 그러므로 교회의 가르치는 권세는 성경의 교리를 체계화하고 설명하는 동시에 대적자들로부터 그 교리를 보호하는데 국한되어야 할 것이다.

교회의 입법권에 관한 칼빈의 견해는 사회적 현실에 근거하고 있는데, 다음과 같이 요약할 수 있다.

> 만일 우리가 모든 인간 단체들 속에서 평화와 화합을 유지하기 위해서 경찰들이 필요하다는 사실을 인정한다면, 또한 만일 인간들 사이에 공공질서와 인간성을 보호하기 위하여 어떤 질서가 만물에 있어야 함을 인정한다면, 무엇보다도 먼저 이와 같은 것들이 교회에 필요하다. 왜냐하면 교회는 원래 선한 질서에 의해 유지되는 것으로 불화가 생기면 완전히 분열되어 버리고 말기 때문이다. 그러므로 우리가 교회를 보호하기 위하여 최선을 다하고자 한다면 우리는 사도 바울이 가르친 대로 모든 것이 올바르게 선한 질서 속에서 행하여지도록 부단한 노력을 하여야 한다. 그러나 인간들 사이에는 마음과 판단의 커다란 불일치가 존재하기 때문에 법으로 정하지 않는 한 어떤 경찰이라도 그들을 함께 결속시킬 수 없으며, 또한 어떤 일정한 형식이 없다면 어떠한 질서도 제대로 유지될 수 없게 된다. 그래서 우리는 이러한 목적에 부합하는 법들을 결코 거부하여서는 안 된다. 오히려 그러한 법이 없다면 교회는 즉시 와해되어 무너져 버리고 말 것이다 … 그럼에도 불구하고 우리는 법의 준수가 구원에 필요한 것을 갖게 하거나 인간의 양심을 속박하지 못하며, 하나님께 드리는 경배와 예배가 마치 참된 경건이 그 안에 머물고 있듯이 그 법에 의존하지 않아야 한다는 것을 항상 유의해야 한다. [39]

이 구절과 관련하여 칼빈의 마음에는 교회 법령과 같이 교회의 지위를 규정하는 세속적인 입법에 관한 문제에는 전혀 관심이 없었으며, 오직 교회법이라고 불려지는 것, 교회 스스로 제정한 법에만 관심을 두었음에 주

---

38) *Inst.* IV, 8, 9.

39) *Inst.* IV, 10, 27. 참고 WERNLE, op. cit., pp. 355ff. BOHATEC, op. cit. pp. 529-39.

목해야 한다. 일반적인 교회 법규의 경우에서와 같이 양심을 속박하는 법의 제정을 칼빈이 원치 않았음은 의심할 여지가 없다. 또한 칼빈이 진정한 프로테스탄트 교회법의 창시자이며, 교회 자치권의 수호자였다는 것도 분명한 사실이다.[40]

칼빈은 교회 재판권에 관한 문제에 있어서 입법권에 관한 자신의 주장을 되풀이한다. "통치자나 치안 유지자가 없는 도시나 마을이 있을 수 없듯이 하나님의 교회 또한 … 어떤 영적인 치안 유지자가 필요하다. 그러나 그 영적인 치안 유지자는 세속적인 치안 유지자와는 완전히 다르다."[41] 이와 같은 교회 재판권의 전통적 근거가 되는 성경 구절들, 특히 마태복음 18장 17절에 관하여 언급한 후에, 칼빈은 다음과 같이 기술하고 있다: "그러나 사건의 내용을 완전히 알지 못한 채, 그러한 권고와 제재를 가하여서는 안 된다. 모든 사건에는 반드시 재판과 질서가 있어야 한다. 그러므로 만일 우리가 참된 열쇠의 약속을 깨뜨리거나 파기할 의사가 없다면, 또한 권고 및 그에 따른 모든 다른 징계뿐만 아니라 출교까지도 거부하려는 의사가 없다면 우리는 마땅히 교회에 재판권을 부여하여야만 한다."

여기서 칼빈은 입법권에 관하여 논의할 때만큼 독창적이지 못하다. 바젤과 스트라스부르의 경험에 대한 기억들 특히 열쇠의 권세와 교회 내의 자치적 권징을 지속적으로 지지하는 부처에 대한 기억들이 그의 마음을 분명하게 사로잡고 있었다. 칼빈은 특히 이러한 영적 재판을 세속적 재판으로부터 구별하는 차이점을 조심스럽게 적고 있다. "교회는 악인을 처벌할 수 있는 어떠한 검도 지니고 있지 않으며, 그들을 구속할 힘도 없고, 그들을 투옥할 수 있는 감옥도 없고, 그들에게 벌금형을 부과할 수도 없고, 치안당국자들이 흔히 사용하는 어떤 처벌 수단도 지니고 있지 않다. 더구나 교회의 목적은 죄를 강제적으로 처벌하는데 달려 있는 것이 아니라 자발

---

40) 오이콜람파디우스나 스트라스부르의 일부 신학자들이 같은 방향으로 노력했던 것을 고려해 볼 때에도 이것은 여전히 엄연한 사실이다.

41) *Inst.* IV, 11. 1. 참고, BOHATEC, op. cit. pp. 539-63.

적인 순종에 의하여 스스로 회개를 고백하게 하는 데 있다. 그러므로 교회
가 통치자에게 속한 어떠한 권한도 빼앗으려 하지 않고 또한 통치권자는
교회가 하는 일을 할 수 없다는 점에서 둘 사이에는 큰 차이가 있다."[42]

따라서 교회의 재판권과 정부의 재판권 사이의 차이점은 교회는 강압적
이며, 권위적인 권력을 행사하려고 하지 않으며, 오히려 그 구성원들 사이
에 선한 질서를 보호하여 주고 그들을 교육함으로써 그들에게 봉사하고자
한다는 점이다. 그러나 한편 이러한 목적은 모든 기독교 통치자들이 최소
한 어느 정도는 인식하고 있던 것이 아닌가? 칼빈은 이와 같은 주장을 여
러 차례 하였는데, 이는 그리스도인의 통치 하에서는 그와 같은 독립적인
교회 재판권이 불필요하다는 생각에 근거를 두고 있다. 그가 당회의 재판
권을 제정하고자 하였을 때, 제네바의 정부로부터 그가 겪어야 했던 경험
의 기억들이 이러한 논의 속에 엿보인다. 그러한 재판권에 반대하는 자들
에 대항하여 칼빈은 이 땅에서 우리가 영원한 효능을 지닌 그리스도의 계
명과 연관되어 있음을 당당히 주장한다. 더구나 통치자 자신도 교회 재판
에 저촉을 받을 수 있다. "테오도시우스 황제가 그러했듯이, 통치자가 부주
의 때나 자기 스스로 처벌을 받아야 한다고 느낄 때 그런 일이 종종 발생
한다."[43]

그러나 교회가 통치권자와 상호보완 관계에 있음은 의심의 여지가 없다.
두 법정은 각각의 독립된 영역을 지니고 있으며, 또한 서로 도와주어야 한
다. "통치권자가 이 땅에서 악을 처벌함으로써 교회를 추문으로부터 순화
시켜 주는 것처럼, 말씀을 전하는 목회자들도 사악한 자들의 수를 줄게 함
으로써 통치권자를 마땅히 돕게 되어야만 한다. 그것이 그들의 활동들이
서로를 방해하는 것이 아니라 상호 협력하여 서로를 도와주는 길이다."

칼빈의 「강요」와 기타 다른 좋은 저서들 속에는 두 개의 권력, 세속적인
것과 종교적인 것이 상호 보완적이어야 한다고 생각하였음이 분명하게 드

---

42) *Inst.* IV, 11, 3.
43) Ibid.

러난다.[44] 시 행정당국은 율법의 두 돌판을 분명히 존중하도록 유의하여야 한다는 사실은 의심의 여지가 없다. 그러나 그는 자신에게 합당한 한도 내에서 세속적인 재판을 행하여야 하는데 이는 마치 교회가 영적 영역 내에서 율법이 행하여지도록 유의하는 것과 같다. 그러므로 흔히 생각하듯이 신정통치(theocratic regime)로 인하여 세속적 권력이 영적 권력 아래 종속되리라는 우려는 전혀 없었다. 칼빈은 결코 제네바 행정부를 교회의 감독 하에 두는데 성공을 거둘 수 없었을 뿐만 아니라 또한 이론적으로도 본래의 신정통치 체제를 특징짓는 그러한 감독의 필요성을 주장한 적도 없었다.

오히려 칼빈은 두 권력간에 상호 보완적인 밀접한 협력체제를 주장하였으며, 또한 이러한 체제를 실행하고자 노력하였다. 교회의 목회자들은 시민들의 도덕적 교육에 기여하고, 또한 하나님의 말씀이 요구하는 바를 시행정당국자들에게 설명으로써 시민법이 요구하는 바가 말씀과 부합되게 하여야 할 임무가 있었다. 행정당국자들 편에서는 교회를 보호하고 복음의 자유로운 전파를 존중하고 배려를 할 의무가 있었다. 그러므로 칼빈이 정교하게 풀이한 교회와 국가의 관계는 교회와 국가의 관계를 혼동하였던 츠빙글리의 가르침과는 거리가 먼 내용이며, 또한 독일에서의 경우와 같이 국가에다 교회를 종속시키는 것과도 양립할 수 없는 것이다. 다른 한편으로 칼빈의 이론은 루터의 개인적인 생각들과 부처에 의해서 시행된 개념

---

44) 교회와 국가간의 관계에 관한 칼빈의 정치적 사상과 개념에 관해서는 G. BEYERHAUS, *Studien zur Staatsanschauung Calvins*, Berlin, 1910; H. HAUSHERR, *Der Staat in Calvins Gedankenwelt*, Leipzlg, 1923; H. BARON, *Calvins Staatsanschauung und das konfessionelle Zeitalter*, Munich, 1924; P. MESNARD, *L' Essor de la philosophie politique au XVIème siècle*, Paris, 1936, pp. 269-308; BOHATEC, op. cit. 특히 597-633; M.-E. CHENEVIÈRE, *La Pensée politique de Calvin*, Geneva, 1938, 특히 pp. 243-71을 참조하라. 이 마지막 논문은 유익한 개요와 더불어 많은 본문을 담고 있다.

들에 민감하게 근접하여 있다.

칼빈은 교회에 관한 설명에 있어서 무엇보다 가시적 교회(visible church)의 개념을 더 중시했으니, 한 국가 혹은 일정한 지역에 제한된 교회에 대한 개념을 발전시켰다. 교회에 관하여 언급할 때 칼빈이 주로 근본적으로 생각한 교회는 제네바, 바젤, 베른 및 스트라스부르의 교회들이거나, 또는 마지막에 프랑스 교회로 분류된 그 밖의 다른 교회들이다. 이것은 그가 지역적인 교회를 잘못 판단하여 전체적인 교회로 받아들이고 있음을 의미하는 것이 아니다. 이와는 반대로 칼빈은 가시적 교회의 통일성(the unity of the visible church)이라는 생각에 사로잡혀 있었다. 이러한 통일성은 관습이나 의식이나 조직의 차이를 불문하고 순수한 복음에 근거를 둔 모든 교회들 가운데 존재하였다. 심지어는 교리의 다양성조차도 이러한 통일성을 깨뜨려서는 절대로 안 된다. 우리는 칼빈이 제네바에서의 첫 사역 이후에 그가 이전에 재직하였던 교회가 잘못된 오류에 빠졌음에도 불구하고 자신의 지지자들을 그들과 교제케 하고자 최선을 다하였음을 기억한다.[45]

그리고 칼빈은 캔터베리 대주교가 유럽의 개신교 최고 지도자 회의를 제안하는 내용의 편지를 그에게 보냈을 때 다음과 같이 답장하였다: "주요 교회들로부터 오신 박식하시고 진실하신 분들과 함께 우리가 신앙의 문제에 관하여 토의함으로써 우리 모두에게 공통된 성경의 가르침을 우리를 따르고자 하는 이들에게 전할 수 있기를 하나님께 간구합니다. 교회들이 이처럼 서로 분열되어 우리들 사이에 어떠한 인간적인 모임도 존재할 수 없고, 실제로 진실하게 구하는 자들 외에는 신앙을 고백하는 그리스도의 지체들 사이에 있어서도 거룩한 교제가 이루어질 수 없다는 사실은 분명히 현 시대의 가장 극악한 악이라 할 수 있습니다."[46] 이러한 제안은 칼빈

---

45) 참고, 1539년 1월 5일자로 Pignée에게 보낸 서신과 6월 25일 제네바 교회에 보낸 서신, *Opp.* 10b, 309f. 와 351 ff.

46) 1552년 4월말 Cranmer에게 보낸 서신, *Opp.* 14, 312 ff.

의 열렬한 지지에도 불구하고 아무런 결실도 맺지 못하였다.

통일에 대한 한결같은 관심으로 인하여 칼빈은 그리스도의 몸을 분열시키는 분파주의자들과 투쟁하게 되어졌다. 칼빈은 「강요」에서 다음과 같이 기술하였다. "우리는 비록 그 모임이 여러 가지 결함을 지니고 있을지라도 [말씀의 순수한 역사와 성례의 깨끗한 집례 방식을 간직한 모임이라면] 거부하여서는 안 된다. 무엇보다도 교리나 성례의 집례에 있어서 약간의 결함은 있을 수 있으므로, 결코 그러한 결함으로 인하여 우리가 교회의 교제에서 멀어져서는 안 된다. 왜냐하면 하나님의 교리에 관한 모든 조항들이 하나일 수만은 없으며 다 똑같을 수는 없기 때문이다. 교리 중의 어떤 것은 우리가 반드시 알아야 할 것으로 어느 누구도 그 교리를 의심하지 않아야만 하는 것들이 있다. 이것들은 바로 기독교의 원리와 헌장 같은 것으로 예를 들면, 예수 그리스도는 하나님이시요 하나님의 아들이시라는 것, 우리의 구원은 오직 그분의 긍휼하심에만 달려 있다 등의 조항이다. 그러나 교회의 연합을 분열시키지는 않지만 교회 사이에서 논쟁의 대상이 되는 다른 조항들이 있다."[47]

칼빈이 교회 연합의 선봉장으로서 투쟁할 수 있었던 것은 이러한 근본적 신앙의 교리 덕택이었는데 이러한 교리는 멜란히톤의 아디아포라(adiaphora: 도덕적 종교적인 판단에 의하여 자유롭게 주어진 것으로, 좋지도 않고 나쁘지도 않은 것 — 역자주) 이론과 유사한 점이 있다. 이 점에 있어서 칼빈의 그리스도 중심적인 사상이 다시 새롭고도 특이한 설득력을 지니고 있음이 드러난다. 한 예로 그는 기록하기를, "결코 타협할 수 없는 근본적 교리는 우리가 그리스도를 알아야 한다는 것이다. 왜냐하면 오직 그리스도만이 교회의 유일한 근본이시기 때문이다."[48] 그러므로 교회는 긴요하지

---

47) *Inst.*, IV, 1, 12.

48) Commentary on Corinthians 3:11. *Opp.* 49, 354. 참고, DOUMERGUE, op. cit., vol. v. p. 28; H. CLAVIER, *Etudes sur le Calvinisme* pp. 52 ff.

않은 것들 때문에 그 통일성을 깨뜨려서는 안 된다. 또한 교회의 성도들도 자신의 사적인 이유 때문에 제각기 분열하여서도 안 된다: "하나님께서는 우리가 지금 주변에서 목격하고 있는 바와 같이, 교회의 회원들과 친교함으로써 그분의 교회의 교제를 유지하기를 원하시므로 스스로 교회로부터 자신을 분리하는 자는 누구든지 성도들의 교제로부터 자신을 배제시키는 큰 위험에 빠지고 만다."

II. 성례

칼빈은 성례에 관한 일반적 교리를 다루고 있는 장의 서두에서, "성례란 믿음을 지속시키고 강건케 하기 위한 복음의 설교와 매우 가깝고, 비슷한 수단이다"[49]라고 단언하였다. 그리하여 칼빈이 복음의 선포와 성례를 처음부터 나란히 취급한다고 하여서 그가 양자를 동등한 차원의 것으로 보았다는 의미는 아니다. 그와 반대로 칼빈은 자신의 교리 전체를 통해서 성례의 부차적이며, 보충적인 특성을 강조하는 한편, 복음은 만일 우리가 조잡한 종류의 도움에 의존하지 않는 연약성만 아니라면, 필요한 경우에는 그 자체만으로도 충분할 수 있을 것이요, 또한 정상적인 경우에는 그러해야만

---

49) *Inst.,* IV. 14. 1.참고, DOUMERGUE, op. cit., vol. V, pp. 320-7; GOUMAZ, op. cit., pp.337-46; WERNLE op. cit., pp. 85-93; NIESEL. op. cit., pp. 201-17 특기할 만한 논문으로는 다음과 같은 것들이 있다. J. BECKMANN, *Vom Sakrament bei Calvi*n, Tubingen. 1928, pp. 28-83; J. DE SAUSSURE, "La notion réformée des sacraments" in the *Bull. de la Soc. de l'Hist. du Protest français*. 1935, vol. LXXXIV, pp. 243-65; A. LEGERF, "L'Election et le sacrement" in *De l'élection éternelle de Dieu*, pp. 252-62; W.F. DANKBAAR. *De sacramentsleer van Calvijn*, Amsterdam. 1941(독특한 방식을 지닌 작품); R. S. WALLACE, *Calvin's Doctrine of the Word and the Sacrament*, Edinburgh. 1953, 주요 원문들을 주제별로 편리하게 분류하였음

하는 것이다.

그리고 칼빈은 성례에 관한 두 가지 정의를 연속하여 다루었다:

나는 성례란 하나님께서 우리의 연약한 믿음을 강건케 하시기 위하여 선하신 뜻의 약속들을 우리의 양심에 봉인하신 외적 표징이며 동시에 우리가 그분을 하나님으로 믿는다는 것을 사람들 앞에서 뿐만 아니라 그분과 천사들 앞에서 공동으로 증거하는 외적 표징이라고 생각한다. 혹자는 이보다 더욱 간단히 정의할 수도 있으니, 성례란 우리를 향한 하나님의 은혜를 외적인 표징에 의해서 확정하는 것인데, 이때 우리도 그분께 대해 갖고 있는 경외감을 나타내는 상호적인 것으로서의 증거이다. 이 두 가지 정의 중에서 어떤 것을 택하든지 간에 그 의미는 성례란 거룩한 것의 가시적 표징, 혹은 보이지 않는 은혜의 가시적 형태라는 어거스틴의 정의와 일치하는 것이다.[50]

여기에서 칼빈은 어거스틴의 영향을 받았음을 주저하지 않고 솔직히 인정하는데, 그의 저서에 있어서 어거스틴의 영향은 성례의 정의에만 국한된 것은 아니다. 어거스틴의 영향은 칼빈의 저서 어디에나 나타나는데, 정말로 칼빈주의의 모든 가르침은 어거스틴의 명확한 설명에서 비롯되었음은 매우 분명하다.[51] 이러한 논지에 대하여는 강한 반론이 제기될 수도 있다.

---

50) *Inst.,* IV, 14, 1. AUGUSTINE. *De Gatechizandis rudibus*, 26, 50, M. L. vol., XL. 34: *Epist* 105, 3, 12. M. L. vol. XXIII, 401.

51) 칼빈의 성례 교리에 관한 자신의 논문에서 J. BECKMANN은 다음과 같은 결론을 내리기까지 하였다. p. 163 f.: "이러한 칼빈의 교리는 어거스틴의 유형을 따른 것이 분명하다 … 이것은 어거스틴이 가장 말년에 지닌 근본적 관념과 동일한 것이다. 어거스틴의 교리를 칼빈은 어거스틴보다도 더 잘 이해하였다. 그는 참으로 성례에 관한 어거스틴의 순수한 교리를 발전시킴으로써 모든 가톨릭적인 요란스러움과는 분명히 차별화 하였다." 이것은 어떤 것을 지나치게 입증하려다가 아무것도 이루지 못하는 실례이다. 칼빈이 어거스틴을 어거스틴 자신보다도 잘 이해하였다는 말은 오직 한 가지, 칼빈의 성례 개념이 어거스틴의 개념과는 달랐다는 의미인 것이다. 그리고 가톨릭적인 요란스러움이 어거스틴의 교리로부터 나오는데 어거스틴 교리의 순수함에 관하여 논한다는 것은 매우 어리석은 일이다. 이

그러나 칼빈 신학의 다른 부분에서와 마찬가지로 여기에서도 칼빈이 성 어거스틴에게 크게 영향을 받았음은 엄연한 사실이다. 왜냐하면 우리가 알고 있는 칼빈의 형식과 표현들은 — 비록 그가 색다른 의미를 부여하는 경우는 있어도 — 어거스틴의 그것들을 강하게 따르고 있음이 분명하기 때문이다.[52] 한편에서는 루터가, 다른 한편으로는 부처가 각각 칼빈의 주장을 형성하는데 있어서 영향을 끼쳤으며, 어거스틴의 저서에 관한 그들의 해석은 칼빈으로 하여금 그같은 입장을 취하게 하였는데, 이러한 분명한 영향과 다양한 이유에도 불구하고 결코 독창적이지 못하다고는 할 수 없다.

성례의 존재는, 칼빈의 견해에 따르자면, 이미 선행하는 거룩한 약속에 근거하고 있다는 것이다; 왜냐하면 성례란 그러한 약속의 확증에 지나지 않는 것으로서 우리에게 그 약속에 대한 믿음을 더하여 주는 것이기 때문이다. 그러므로 성례는 그러한 약속 자체에 다른 약속들을 추가하는 것이 아니라 우리로 하여금 그 약속을 믿게 하여 주는 수단에 불과한 것이다.[53] "왜냐하면 우리의 믿음이란 너무나 작고 연약한 것이어서 만일 믿음이 사방에서 받쳐지고, 모든 수단에 의하여 지속되지 않는다면, 일순간에 그 밑바닥까지 혼들리게 되어 무기력해져서 완전히 무너져 버릴 수 있기 때문

러한 점은 아우그스부르크 신앙고백의 수호자로서 어거스틴을 내세우고자 하였던 16세기 저자들의 노력을 상기시켜 준다.

52) DANKBAAR, op. cit. pp. 225-40에서는 칼빈의 교리와 성 어거스틴의 교리간의 상호 근본적인 접촉점에 대한 지적이 있으며, 물론 차이점에 대해서도 지적하고 있다.

53) 성례와 약속과의 이러한 관계에 관해서는 사도행전 7:8에 대한 주석, Opp. 48, 135를 참고하라. "다음과 같은 사실을 주목하자. 즉 하나님께서는 아브라함에게 후에 할례에 의하여 확증하실 것들을 미리 약속하신다는 점이다. 그러므로 말씀이 이것들보다 앞서지 않는다면, 표징들이 우리로 하여금 이해하게 만들기 위하여서 사용된다는 것은 무의미하고 아무런 쓸모없는 것이다." GOUMAZ. op. cit. p. 339를 참조하라.

이다. 또한 우리 자신은 너무나 무지하기 때문에, 그리고 세속적이며 육체
적인 것들에게 너무나 쉽사리 굴복하고 집착하여 결국 영적인 것을 생각
하거나 이해하지도 숙고하지도 못하기 때문에 자비로우신 하나님께서는
성례를 통하여 우리의 불완전한 분별력을 조성하신다. 그러므로 이러한 세
속적인 요소들을 통하여 그분은 우리를 그분께로 인도하시며 우리가 비록
육체 가운데 거할지라도, 마치 거울 속에서와 같이, 그분의 영적 은사들을
묵상할 수 있게 하신다."⁵⁴⁾ 또한 이 점에 대해서 그렇게 느끼게 만드는 것
은 성경과 성례의 비교를 통해서이다. 우리는 칼빈이 성경주석의 수많은
구절들 속에서, 비유와 상징을 사용하여 무기력한 우리를 돕고자 오시는
하나님의 초월성에 관해서 성경 본문의 증거들을 밝힐 수 있다고 믿고 있
었다는 사실들을 알 수 있다.

그는 계속해서 "성례란 말씀과 외적 표징들로 구성된다"고 선언한다. 칼
빈은, 루터처럼 「교회의 바빌론 유수」(*De Captivitate Babylonica
Ecclesiae*)를 빈번히 인용하고, 그의 성례에 대한 개념을 공유하면서, 말
씀이란 "우리를 가르쳐서 우리로 하여금 눈에 보이는 표징이 의미하는 바
를 알게 하고 이해할 수 있도록" 성도들을 가르치려는 목적하에서 설명되
어야 한다고 밝히고 있다.⁵⁵⁾ "그러므로 성례에 관해 선포되는 말들을 통하
여서 우리는 약속을 이해할 수 있도록 하며, 따라서 그 표징이 지시하는
곳으로 사람들을 인도하기 위하여 목사에 의하여 분명하고도 명확하게 선

---

54) *Inst.* IV, 14, 3. BUCER, *Enarrationes in Evangelia*, 1536, p.40: "Ad
haec cum Deus hoc ingenio nos condidit, ut promissiones et rerum
invisibilium exhibitiones, sensibilibus signis factae, graviores sint ac plus
moveant, visum est domino, et in promissione atque exhibitione
redemptionis nostrae uti signis suis, quibus animos nostros in
contemplationem bonitatis suae amplius attollat, fidemque in se pleniorem
nobis reddat." LECERF. op. cit., p. 261.

55) *Inst.* IV, 14, 4. 참고, LUTHER, *De Captivitate Babylonica*, W. A. 6,
516 ff. 또 한 라틴어판 art. 24 of the *Augsburg Confession*을 참조하라.

포되어져야 한다."

성례의 유용성과 본질을 개략적으로 규정함으로써, 칼빈은 "성례가 우리에게 하나님의 은사에 관한 어떠한 증거도 주지 않는다"라고 주장하는 자들과 "성례에 속한 비밀스러운 권능이 있는지를 나는 모르겠다"라고 하는 자들, 츠빙글리파와 로마 가톨릭교도들의 입장에 반대한다. 전자의 견해를 요약하여 칼빈은 다음과 같이 결론짓는다: "만일 우리의 믿음이 선하다면, 믿음 그 자체를 더 선하게 할 수는 없다. 왜냐하면 믿음이 하나님의 긍휼하심에서 분리되거나, 빗나갈 수도 없을 정도로 확고하게 의존하지 않는다면 그것은 결코 믿음이라고 할 수 없기 때문이다."[56]

이에 대하여 칼빈은 우리의 믿음이 항상 불완전한 상태라는 것은, 우리가 지닌 죄의식으로 증명된다고 대답한다. 또한 그는 만일 우리가 성례가 믿음을 강건케 할 수 있다는 점에 동의한다면, "우리는 하나님의 영에 대하여 잘못하는 것"이라며, 하나님의 영광에 경의를 표하지 않는 행위라고 주장하는 견해를 논박한다. 성례를 세우신 분이 바로 하나님이 아니었던가? "성례를 통하여 영적인 양식을 제공하여 주시며 믿음을 성장케 하시는 분은 바로 그분이시며, 성례는 오직 우리의 목전에 그분의 약속들을 보여주며, 우리로 하여금 그 약속들을 확실히 믿게 하는 수단"에 지나지 않는다.[57] 끝으로, 그는 츠빙글리의 주장을 거부하는 논쟁을 제기하였는데, 츠빙글리는 '싸크라멘툼'(sacramentum)이라는 단어의 의미를 사용했던 초대 저술가들 속에서 찾아서, "단순히 신성한 표징을 나타내는 것"이라는 새로운 의미를 부여하려고 했던 점을 보여주었다.[58]

칼빈은 성례에 관한 스콜라학파의 가르침에 반대하였으니, "새 율법의 성례는 만일 우리가 죽을 수밖에 없는 죄를 막으려고 중재하지 않을 때에

---

56) *Inst.*, IV, 14, 7. ZWINGLI, *De vera et falsa religione* (Corp. Reform, vol. XC, p. 761).

57) *Inst.*, IV, 14, 12.

58) *Inst.*, IV, 14, 13. ZWINGLI, *De vera et falsa religione*, p. 758.

도 의롭게 여기시고 은혜를 내려 주신다고 하는 주장은 사악하며 전적으로 극악한 견해"라고 칼빈은 단언한다.[59] "성례가 믿음 없는 의로움을 약속하여 준다면 이는 양심을 혼란과 저주 속으로 빠뜨리게 하는 것이 되기 때문이다."

이에 대하여 그는 종교개혁자들의 논지에 다음과 같이 반박한다. "그것의 진실성에 대해 부정하지 않으며, 사물과 함께 참된 표징을 얻고자 하는 사람은, 그 안에 들어있는 말씀을 믿음으로 이해하여야만 한다."[60]

이 토론의 말미에 칼빈이 얻은 다음의 결론은 인용할 만한 가치가 있다:

> 따라서 하나님은 상징들 속에서 자신이 약속하신 것을 성취하시며, 그러한 표징들은 필요한 그것들을 만드신 이가 진실하고 신실하신 분이라는 것을 나타내주는 효과를 지닌다. 하나님께서 자신의 본래적인 힘으로 일하시는지, 혹은 외적인 상징들에 자신의 지위를 부여하고 계시는지를 아는 것이 중요하다. 그러나 내가 그것에 관한 문제를 풀어보고자 하는 바, 그분께서 어떠한 방식으로 어떤 수단을 사용하여 역사하시든지 간에 그것은 그분의 주권적인 권능으로부터 비롯되는 모든 것을 손상하는 것은 아니다. 성례의 교리가 어떤 것이 주어질지라도 성례의 존귀함은 매우 명백하게 나타나며, 또한 그것들의 필요성이 나타날 것이며, 또한 유용성이 분명하게 밝혀질 것이다. 그럼에도 불구하고 현명한 완화가 모든 면에서 그리고 어디에서나 요구되는 바, 우리가 해야할 것 이상의 것을 부과해서는 안되며 또한 성례에 관한 어떠한 것도 배제시켜서는 안 된다. 한편 성례가 우리를 의롭게 한다거나, 성령의 은혜가 마치 성례가 그릇인양 그 안에 충만하게 된다는 거짓된 상상은 폐기되어져야 한다. 그리고

---

59) *Inst.* IV, 14, 14. LUTHER, *De Captivitate Babylonica*, W. A. 533: "ita nec verum esse potest, sacramentis inesse vim e fficacem iustificationis seu esse ea signa e fficatia gratiae. Haec enim omnia dicuntur in iacturam fidei ex ignorantia promissionis divinae, nisi hoc modo e fficatia dixeris, quod, si assit fides indubitata, certissime et e fficacissime gratiam conferant." 참고, R. SEEBERG, *Dogmengeschichte.* vol, III, p. 517.

60) *Inst.* IV, 14, 15. 그러나 스콜라학파는 성례의 내용에 관하여 가장 최소한의 믿음만을 요구하였다.

다른 것에 의해서 빠지게 된 것은 명백히 표명되었으니, 즉 성례가 하나님의 기쁘신 뜻대로 역사하시는 수단이라는 것이 명백히 표현되어야 한다[61]

칼빈은 끈질기게 성례의 유용성을 강조하면서 성례란 성령이 우리에게 오셔서 우리를 그리스도에게 인도하기 위하여 사용하시는 수단이라고 보았으나, 그의 신학의 가장 깊은 요청들은 신성이 어떠한 세속적인 일에도 종속되는 것을 거부하기 때문에 칼빈은 성례 요소들과 은혜의 여하한 근본적 결합도 배제하였다.[62]

다른 한편으로 볼 때, 성례를 시행함에 있어서 믿음의 필요성이 칼빈에 의해서 특별하게 강조되어지고 있으니, 이는 그가 특히 예정을 중요시하였기 때문이다. 선택받은 자들만이 믿음을 받을 수 있기 때문에, 성례의 효능은 선택에 밀접하게 의존하고 있다.[63]

이어서 칼빈은 옛언약의 성례와 새언약의 성례 간의 관계에 관하여 언급하고 나서, 다음과 같은 결론에 도달하였으니, 그것은 그가 신약과 구약 간의 관계에 관한 설명을 한 것에서부터 이미 예견할 수 있었던 것이다.

성례란 하나님의 약속들이 보증된 것으로 도장을 찍는 것과 같으며, 하나님

---

61) *Inst.*, IV, 14, 17.

62) 제네바 일치신조(*Consensus Tigurinus*, art. 15. *Opp.*, 7, 740): *Opusc.*, 1701: "성례에 관한 이러한 모든 주장은 보다 낮은 차원에서 생각할 필요가 있으니, 그럼으로써 우리 구원의 어떤 부분이라도 피조물이나 성찬 제물들에게 주어지기 위해서는. 아무리 사소한 것이라 할지라도 만물의 창시자이신 그분으로부터 분리되어서는 안 된다."

63) *Ibid.*, 16항: "우리는 하나님께서는 자신의 권능을 무분별하게 성례를 받는 모든 자들에게 행사하시는 것이 아니라 오직 택한 자들에게만 행사하신다는 것을 가르친다. 그리고 그분은 이미 영생을 정해주신 자들만을 조명해 주시는 것처럼, 성령의 은밀한 권능으로 그들에게 성례에서 제공되는 진리를 누리는 기쁨을 제공하여 주신다." 불신자들은 단지 외적인 상징만을 받을 뿐이다. 참고, KOLFHAUS, *Christusgemeinschaft*, pp. 120, f.

께서는 예수 그리스도를 통하지 않으시고는 어떠한 약속도 인간에게 하지 않으시는 것이 분명하며, 따라서 하나님의 약속을 우리에게 가르치고 훈계하는 것이 필수적이기 때문에 성례는 우리에게 예수 그리스도를 보여주어야만 한다 … 구약의 성례와 신약의 성례 간의 차이는 오직 하나이다. 그것은 전자가 약속된 그리스도의 오심을 고대하면서 그리스도를 예표한 것임에 비하여, 후자는 그분께서 이미 오셔서 베푸시고, 계시하신 바를 증거하고 가르친다는 점이다.[64]

칼빈은 처음부터 세례와 성찬, 두 가지만을 성례에 포함하였는데, 이것은 오직 그것들만이 성경에 근거하고 있으며, 또한 "예수 그리스도를 우리에게 분명히 보여주는" 것으로 믿었기 때문이다. "왜냐하면 세례는 우리가 죄사함을 받고 물로 씻겼다는 증거이며, 성찬은 우리가 구속받았다는 증거를 포함하기 때문이다. 물은 씻음(ablution)을 상징하며, 피는 응보(retribution)를 상징한다. 이 두 가지는 모두 다 예수 그리스도에게서 발견되는데, 사도 요한이 말한 바와 같이, 그분은 우리를 씻기시고 구속하기 위하여 물과 피로 임하신 분이시다(요한 1서 5:6)."[65] 그러므로 칼빈은 이러한 두 가지 종류의 성례가 예수 그리스도의 사역을 요약하여 주는 것으로서, 죄사함과 구속을 의미한다고 주장한다. 다음의 구절에서 칼빈은 성례에서 성령의 역할을 간략하게 묘사한다. "이에 대한 증인은 하나님의 영이다. 보다 엄밀히 말하자면 세 가지인데, 물과 피와 성령이 그 증거이다. 물과 피 가운데서, 우리는 죄사함과 구속의 증거를 받는다. 그리고 성령은 가장 으뜸되는 증거로서, 이 근거를 우리에게 분명히 전하여 줌으로써 우리들로 하여금 그 증거를 믿게 하며 또한 그 증거를 듣고 이해할 수 있게 하여 주신다. 만일 그렇지 않다면, 우리는 그 증거를 이해할 수 없다."

말씀의 경우에서와 마찬가지로, 성례의 경우에 있어서도 성령은 우리로

---

64) *Inst.* IV, 14, 20. LUTHER, *De Captivitate Babylonica*, W. A. 6, 532 참고, 상기 책의 pp. 210 f.

65) *Inst.* IV, 14, 22.

하여금 성례를 받아들이고 성례 안에서 예수 그리스도를 발견할 수 있도록 역사하신다. 더욱이 성령은 성례를 통하여서 믿음을 얻는 동시에 주어지는 그리스도와의 연합(union with Christ)을 시작하고 심화시키도록 도와주신다. "[성례는] 우리를 예수 그리스도와 화합케 하는 도와주는 것들이요, 수단이다. 혹은 만일 우리가 이미 그리스도의 몸의 일부가 되었다면 천국의 삶에서 그와 완전히 연합될 때까지 그 안에서 우리를 더욱더 확고하게 하는 수단이다."[66]

그리고 요한복음 19장 34절에 관한 어거스틴의 비유적 해석을 고찰하면서 칼빈은 다음과 같이 말한다: "십자가에 못박히신 예수 그리스도의 거룩하신 옆구리로부터 물과 피가 나왔을 때 정말로 이 고귀한 신비가 우리에게 밝혀졌다. 그러한 이유 때문에 어거스틴이 그 옆구리가 우리의 성례가 비롯된 근원이며 샘이라고 주장한 것은 매우 타당하다."[67]

III.   세 례

세례에 관한 장의 주요 부분은 1536년에 이루어진 것인데, 다소 스콜라주의적인 방식으로 서두가 시작된다:

세례는 우리 기독교의 표징이며, 그 징표를 통하여 우리는 교회 공동체 안으로 영접되어진다. 그렇게 됨으로써 그리스도와 결합하게 된 우리들은 하나님의 자녀의 숫자에 들어온 것으로 간주된다. 그러나 세례는 하나님께서 주시는 것으로서 첫째, 그분께 대한 우리의 믿음을 강건케 하기 위한 것이다; 둘째, 사람들 앞에서 우리의 신앙을 고백하도록 돕기 위함이니, 이것은 내가 이미 말하였듯이, 모든 성례의 공통된 목적이다. 우리는 이제 성례 제정의 두 가지 목적

---

66) *Defensio sanae et orthodoxae doctrinae de sacramentis. Opp.* 9, 17; Opusc. 1705.

67) *Inst.* IV, 14, 22; 참고, AUGUSTINE. *In Iohannem tract.* 120, 2, M. L. vol. XXXV. 1953.

과 이유에 관하여 순서대로 다루어 나갈 것이다. 우선 세례는 우리의 믿음에
세 가지 것을 가져다주는데 이것을 또한 각각 구분하여 취급하여야 할 것이다.
첫째로… [68]

그리고 여기에서 칼빈은, 과거에 부처가 그의 「복음서 주석」과 유아 세
례에 관한 논문에서 그랬던 것처럼, 세례에 대한 루터의 생각과 츠빙글리
의 개념을 결합한다.[69] 그러나 비록 칼빈이 세례가 기독교의 신앙고백이라
는 점을 항상 상기시켜 주는데 결코 실패하지는 않았지만, 그에게 가장 중
요한 것은, 루터의 경우와 마찬가지로, 입문하는 성례의 종교적 내용에 대
해 사람들의 주의를 모으는 것이다.

무엇보다도 칼빈에게 있어서 세례란 죄의 용서(remission of sins)의
표징으로 등장한다: "세례란 우리가 사람들 앞에서 우리의 신앙을 고백하
기 위한 표징이며 표시에 지나지 않는다고 감히 말하는 자들은, 마치 중세
의 기사가 자신이 섬기는 제후가 누구인지를 나타내 보이기 위하여 그 제
후의 제복을 입는 것과 같이, 세례의 중요한 의미를 모르고 있다. 우리는
모든 믿는 자들과 세례를 받은 자들이 구원을 얻으리라는 이 약속과 함께
세례를 받는 것이다."[70] 그러나 칼빈은 습관적인 방식대로 소위 우리가
'좌파'라고 부르는 사람들에 반대하고 극단적인 '우파'에게도 경고하는

---

68) *Inst.,* IV, 15, 1. DOUMERGUE. op. cit, vol. v, pp. 329-42; WERNLE,
op. cit., pp. 93-105; J.M. USTERI. "Calvins Sacraments und Tauflehre" in
Theologische Studien und Kritiken. Gotha. 1884. pp.417-56; BECKMANN,
Vom Sakrament bei Calvin, pp.84-102; DANKBAAR. *De sacramentsleer
van Calvijn,* pp. 94-110.

69) *Quid de baptismate infantium sentiendom,* Strasbourg, 1533.

70) *Inst.,* IV, 15, 1. 참고, ZWINGLI, *De peccato originale declaratio*
(*Corp. Reform.,* vol. XCII p. 392) 칼빈이 이러한 견해를 언급하고 있다는 사실
자체가 그가 이 작품을 알았으리라는 가정을 확증해 주는 것이다. 상기 작품의 p.
145, n. 31을 보라.

논증을 곧바로 이어나간다. 우리를 정결케 하는 능력은 세례의 물 자체에 있는 것이 아니며, 바로 그리스도의 피 속에 있다.

"우리가 모든 것은 물로부터 기인한다고 잘못 생각하는 자들의 주장을 논박하기 위한 최선의 논증은 세례의 참된 의미가 무엇인지를 상기하는 일인데, 세례란 구원을 얻기 위한 모든 수단들에게서 뿐만 아니라 눈으로 목격할 수 있는 모든 가시적 요소에서 떠나서 전적으로 예수 그리스도에게만 의지하도록 만들려는 것이다."[71]

이것은 루터가 그의 위대한 종교개혁에 관한 저술들 가운데 선택한 입장과 상당히 일치한다. 그러나 칼빈이 성례의 영적인 측면과 성례가 그리스도에게만 근거하고 있음을 강조하였던 점을 미루어 볼 때, 그는 로마교회의 교리뿐만 아니라 성찬물에 지나치게 객관적으로 가치를 부여하는 일부 개신교 해석들, 루터 자신의 말년 작품과 그의 제자들이 강조한 해석들까지도 반박하고자 자신의 목소리를 높였으리라 짐작된다.[72]

칼빈은 다른 한편으로 세례에 영원한 가치를 부여한다는 점에서 루터의 견해와 다시 가까워졌다. 그는 「교회의 바빌론 유수」를 읽고 영감을 받아 다음과 같이 쓰고 있다:

세례는 단지 과거의 죄만을 사함 받기 위한 것이어서 세례 후에 우리가 지은 죄에 대해서는 또 다른 구원책을 찾아야 한다고 생각하여서는 안 된다. 옛날 시대에는 이와 같은 그릇된 생각이 당시의 사람들에게 깊숙이 스며들어 있었음이 분명하다. 왜냐하면 당시의 일부 사람들은 그들의 생명이 다하거나 죽음이 임박했을 때 세례를 받아야만 그들의 전 생애에 대한 완전한 용서를 받을 수 있다고 생각했기 때문이다. 그런데 이러한 어리석은 생각이 요즘도 간혹 주교들의 작품 속에 나타난다. 그러나 우리가 언제 세례를 받는다 할지라도 일생의 모든 것이 한 번에 씻어지고 깨끗하게 되었음을 알아야 한다. 하지만 우리가 다시 죄에 넘어질 때마다 세례를 받을 때의 기억으로 되돌아가야만 하고,

---

71) *Inst.* IV, 15, 2.

72) LUTHER. *Shorter Catechism*: "Baptismus non est simpliciter aqua, sed quae sit divino mandato inclusa et verbo Dei comprehensa."

그리고 우리들의 죄의 용서가 항상 확실하며 보장된 것이라고 하는 믿음 가운데서 우리 자신을 확고히 세워야 한다.[73]

그러나 칼빈이 여기서 세례와 회개가 밀접한 관계가 있음을 결론짓지만, 그는 다시 한 번 말하지만 루터와 마찬가지로, 하나님의 긍휼하심은 오직 회개하는 죄인들에게만 부여된다는 점을 강조한다. 그리고 "이와는 반대로 자신은 처벌받지 않으리라고 기대하면서 죄에 대한 구실과 자유를 주장하는 자들은 오직 하나님의 진노와 심판만을 불러일으킬 것이다."[74]

그러나 세례는 죄의 용서만을 의미하는 씻음을 나타내는 것만은 아니다. 세례가 가진 두번째 신앙적인 중요성은 "예수 그리스도 안에서 우리를 죽이는 것(mortification)과 또한 그분 안에서의 우리의 새로운 생활을 의미한다"[75]는 사실에 있다. 칼빈은 이 점을 뒷받침하기 위하여 로마서 6장 3절, 4절을 인용하여 설명하였는데 전에 그리스도와 우리의 연합에 관하여 언급한 것과 관련성을 깊고도 확고하게 정립하고자 노력하였다. "마치 바울은 우리가 세례를 통하여 예수 그리스도의 죽음을 본받아 우리의 정욕에 대하여 죽고 그분의 부활을 본받아 의에 대하여 살아날 것을 권고 받는다고 말하는 것이지, [사도 바울은] 단순히 우리에게 (그리스도를) 모방하라고 권고하는 것이 아니다. 그는 보다 한 차원 높은 길을 제시하고 있으니, 세례를 통하여 예수 그리스도는 우리를 그의 죽음에 참여하는 자가 되게 하여 그분께 접붙여지게 하신다고 한다."[76]

세번째로 이제 세례가 우리의 믿음에 부여하는 유익을 생각하여 보면, 그것은 바로 "우리가 그리스도와 연합함으로 인하여 그분께서는 우리를 그분의 모든 보물을 나누어주는 대상으로 삼으신다"[77]는 점이다. 여기에서

---

73) *Inst.* IV, 15, 3. LUTHER. *De Captivitate Babylonica*, W. A. 6, 528.

74) Ibid.

75) LUTHER, op. cit. p. 534.

76) *Inst.* IV, 15, 5.

77) *Inst.* IV, 15, 6.

칼빈은 그리스도와의 연합을 세례 받았는지의 여부에 달려 있다고 생각하는 듯하나, 그 밖의 다른 모든 부분에서 칼빈은 그러한 연합이, 성례와는 독립적으로, 믿음과 동시에 주어진다고 주장하여, 먼저 믿음을 전제하고, 그리스도와의 연합이 이루어진다고 생각한다. 하지만, 그리스도가 세례의 진정한 목적임이 될 것이니, "왜냐하면 세례를 통하여 주어지는 하나님의 은사에 관한 모든 것은 오직 그리스도 안에서만 발견되기 때문이다."

여기서 칼빈은 자신의 설명을 중단하고, 요한의 세례와 그리스도의 세례와의 동질성(identity)을 주장하는데, 그것은 마태복음 3장 11절에 근거하여 두 세례간의 구별을 이끌어내는 재세례파 주장과는 반대되는 것이다.[78] 칼빈은 이와 같은 경향의 크리소스톰과 어거스틴의 주장을 거절하고 부처의 주석에 동조하는 바, 세례 요한이 그리스도는 하나님의 어린 양이라고 고백하였기 때문에 사도들은 그의 세례에 어떠한 것도 덧붙일 수 없었을 것이라고 하였다. 우리가 예상할 수 있듯이, 칼빈은 구약에 나타난 그리스도인의 세례의 모습을 찾는데 있어서까지도 이 견해를 따르고 있는데, 자신의 독자들에게 '초대 교부들'의 믿음과 현재 우리 자신들의 믿음이 동일한 것임을 재차 확신시킬 수 있었다.

칼빈은 이어서 세례에 관한 가톨릭 교회의 교리를 공격하였는데, "세례

---

78) 참고, BUCER, *Enarrationes in Evangelia*, 1536, p. 45: "Neque enim audiendos puto, qui adeo alium Ioannis, et alium nostrum baptismum faciunt, ut exhibita remissio peccatorum baptismate ioannis, oblata non sit. Baptizando Ioannes gratiam Christi offerebat, et Christi scholae consecrabat, idem fecerunt et discipuli, neque aliud nobis faciendum incumbit"; p.46: "Satis constat idem esse nostrum atque Ioannis baptismum. Quem cum ille Instituerit, divinitus in hoc missus, ut sicut primus Evangelii praedicator extitit, primus Christi praeco, ita primus signi eius, quo Evangelii auditores insignirentur et Christo insererentur, usum inveheret; quid quaeso est, cur vel alium baptismum habere nos, vel per alium usum eius coepisse fingamus."

를 통하여 우리는 아담 이후 그의 모든 후손들에게 전하여진 원죄와 타락으로부터 풀려나서 자유로워지게 되며, 또한 우리는 아담이 최초로 창조되었을 때의 순전한 모습을 유지하고 있었다면 그가 지니고 있었을 원래의 의로움과 정결한 본성의 순결함과 의로움을 회복하게 된다"라고 주장한다.[79] 그러면 이것과 칼빈이 이제까지 설명하여 온 세례의 개념과는 과연 어떤 차이가 있는가? 칼빈은 가톨릭 교회의 생각이 원죄의 본질과 원래의 의로움, 그리고 세례의 은혜에 관한 잘못된 생각에서 비롯되었을 것이라고 어렵지 않게 대답한다. 우리의 모든 본성은 원죄로 인하여 타락되었으며, 바로 이러한 사실 때문에 "우리의 본성은 하나님께서 보시기에 혐오스러우며 가증스러운 것이 된다." 그러나 세례는 신자들에게 "이 저주가 세례받은 자들로부터 멀리 사라져 버리게 한다 … 우리의 구주께서 이 표징을 통하여 우리가 겪어야만 하고 고통받아야만 하는 죄책에 대해서, 적지않은 형벌을 우리에게 전가하는 죄책에서, 충분하고도 완전한 사함을 얻는다고 우리에게 약속하신다. 그리고 그들은 의로움을 받게 되는데, 하나님의 백성들은 이 땅에서 받게 된다; 주님 안에서 오직 의의 전가에 의해서(by imputation) 자비로우신 주님께서, 그들을 의롭고 무죄하다고 간주하신다."[80]

다른 말로 하면, 세례는 과거 아담이 누렸던 바와 같은 순수한 상태 그대로를 우리에게 회복시켜주는 것이 아니다. 세례는 하나님께서 우리의 죄와 그 죄로 인하여 마땅히 받아야 하는 형벌을 사하여 주신다는 확신과 하나님께서 그리스도의 의를 우리에게 전가시킴으로써 우리를 의롭게 여기신다는 확신을 우리에게 심어준다. 따라서 세례의 교리는 칭의의 교리와 논리적으로 연관되어진다.

세례의 신앙적 의미에 관하여 어느 정도 설명한 후에, 칼빈은 성례 제정의 두번째 목적, 사람들 앞에서의 신앙고백이라는 문제에 그의 관심을 돌

---

79) *Inst.* IV, 15, 10.
80) Ibid.

린다. 우리가 아는 바와 같이, 이 세례의 두번째 측면은 과거 츠빙글리만이 유일하게 인정했었다. 칼빈은 "세례는 증표이자, 표징이다"고 쓰면서, "세례로 인해서 우리가 하나님의 백성의 일원이 되고자하는 소망을 고백한다. 세례로 인해서 우리는 오직 한 하나님만을 섬기며 모든 그리스도인들과 동일한 하나의 신앙을 지녔음을 증거한다. 마지막으로 세례로 인하여 우리는 공개적으로 우리의 믿음을 공표하며 선언한다."[81] 그리스도인의 믿음을 이렇게 공개적으로 고백하는 목적은 하나님의 영광을 높이기 위함이다.

마지막으로, 「강요」의 상당한 부분을 할애하여 우리가 세례를 받아야만 한다는 점을 논의하며 또한 이 점에 대하여 재세례파의 근본적인 주장을 반박한다. 재세례파는 로마 가톨릭 사제들의 손에 의해서 시행되는 세례는 그 사제들이 참된 세례를 주기에는 부족하며 무능력하다는 이유를 들어 거부하였다. 칼빈은 우리가 그리스도 안에서 세례를 받았는가 하는 점이 문제이며 세례를 집전하는 자가 어떠한 과오나 부족한 점이 있다고 하더라도 우리를 위한 하나님의 약속은 성취된다고 하였다. 부차적으로 칼빈은 사도 바울이 이미 세례 요한에게 세례를 받았던 제자들에게 재세례를 주었다는 점을 부인하며 사도행전 19장 3-5절에 다음과 같이 언급하였다. "성령의 볼 수 있는 은혜는 안수 받은 자들의 손에 의하여 행하여지며, 그러한 은혜를 성경에서는 흔히 세례라 칭한다."[82] 이 구절은 칼빈이 자신의 교리적 전제를 정립함에 있어서 이런 구절을 사용할 때, 어떻게 그의 주석이 모험적이 되는가를 보여주는 놀라운 사례이다. 다른 종교개혁자들의 경우에서와 마찬가지로, 칼빈에게 있어서도 재세례파의 주장은 그가 그들에게 제시할 수 있는 재간에 대해서 수수께끼를 제시하였다.

이 마지막 문제는 칼빈이 재세례파의 의견에 반대하여 유아세례를 옹호하고자 하였을 때 극복해야만 했던 어려움에 비하면 작은 문제에 불과하다. 칼빈은 유아 세례의 근거를 교회의 전통 속에서 찾는 것이 불가능하다

81) *Inst.* IV, 15, 13.
82) *Inst.* IV, 15, 18.

는 입장을 취했기 때문에 어떠한 대가를 치르고라도 이런 관습에 관한 성경적 근거를 발견해야 했다. 그는 "어린아이의 세례는 성경에 계시된 어떤 명령이라기보다는 교회의 법령을 근거로 한 것임을 주장한다"는 점을 인정한다. "어린아이의 세례를 옹호하고자 우리가 전적으로 교회의 권위만을 의지해야 한다는 것은 매우 빈약하고 불행한 근거일 것이다. 그러나 이 점은 … 옳지 않다는 것이 밝혀질 것이다."[83]

물론 칼빈이 이러한 문제를 떠맡은 최초의 신학자는 아니었다. 칼빈보다 먼저 츠빙글리와 부처가 이러한 문제를 다루었으며, 칼빈과 동일한 어려움에 봉착하였다. 루터 역시 유아 세례를 옹호하는 입장을 취하였으나 그는 성경적 논의보다는 오히려 교리적으로 호소하였다. 사실상 루터는 때때로 성례에다 객관적인 가치, 즉 은혜 받은 자의 믿음과는 무관한 가치를 부여하였지만 그러나 때때로 ─ 아니, 보다 자주 ─ 어린아이들이 믿음(물론 잠재적 믿음)을 지니고 있으며, 이러한 믿음은 그들이 충분한 지적 발달을 한 연후에야 비로소 나타난다는 점이 결코 불가능한 일이 아니라고 주장하였다. 루터는 자신의 일부 작품 속에서 비록 강력한 주장은 아니었지만, 루터는 부모나 대부모(godparents)의 믿음이 자녀들의 믿음을 돕게 된다

---

83) *Inst.* IV, 8, 16. 혹시 보다 상세히 알고자 한다면 다음을 J. D. BENOIT, "Calvin et le baptème des enfants" in the *Revue d'Histoire et de Philosophie religieuses*, 1937, pp. 357-473 및 DANKBAAR, op. cit., pp. 110-27을 참조하라.

84) AUGUSTINE, *De Genesi ad litteram*, 14, 25, M. L. XXXIV, 418 f. LUTHER, *De Captivitate Babylonica*, W. A. 6, 538: "Hoc dico, quod omnes dicunt, fide aliena parvulis succurri, illorum. qui o fferunt eos; … ita per orationem Ecclesiae o fferentis et credentis … et parvulus fide infusa mutatur, mundatur et renovatur"; *Greater Catechism*, 4th part, 53: "Accedente aquae verbo baptismus rectus habendus est, etiam non accedente fide …(Baptismus) non fidei nostrae. sed verbo Dei alligatus est." 참고, W. A. 26, 154.

는 어거스틴 이후의 전통적 주장을 인정하기까지 하였다.[84]

처음에 칼빈은 어린아이들도 그들 스스로의 믿음을 부여받고 있다는 루터의 주장에 동조했다. 그는 믿음이란 구원의 필수조건이라고 강조하면서, 만약 어린아이들도 구원을 받고자 한다면 믿음을 지녀야 하며 이 조건은 어린아이들도 예외가 될 수 없는 절대이며 보편적인 필요조건이라고 하였다. "이 말은 마치 그들의 믿음이 어머니의 모태에서부터 항상 존재하여 왔으며 하나님께서는 어떤 때는 그들이 어른이 된 후에 그들을 부르시고 또 어떤 때는 그들이 어른이 되기 전에 부르신다고 이해되어서는 안 된다. 나는 단지 하나님이 선택하신 모든 자들은 그들이 부패의 감옥으로부터 빠져나올 때 나이와는 상관없이 믿음을 통하여 영생으로 들어감을 주장할 따름이다."[85] 그러나 칼빈은 이 같은 주장의 타당성을 너무 확신하지는 않은 것으로 보이는데, 왜냐하면 그는 유아 세례를 시행하는 것은, 어린아이들이 예수께 오도록 내버려두는 것을 원하시는 하나님의 뜻을 우리가 순종하는 것임을 즉시 덧붙여서 설명하기 때문이다(마 19:14).

칼빈은 재세례파로부터 끊임없는 공격을 받고, 그들과 제네바에서 후에 스트라스부르에서 많은 토론을 하고, 마지막으로 부처의 저서들을 매우 주의깊게 읽게 됨으로써 1539년판 이후부터 자신의 설명을 상당히 수정하였다. 무엇보다도 먼저 칼빈은 유아 세례가 거룩한 제도임을 입증하고자 진력한다. 신약에는 분명히 유아 세례를 외적 의식으로 행한 증거가 없지만, 외적 행사가 사람들이 흔히 그것에 대해서 간주하고 있는 것처럼 그렇게 중요한 것이 아니다. "주님께서 그분의 교회에 남기시고 명령하신 여러 표징과 성례에 대한 올바른 이해는, 단지 그것들의 외적인 것이나 외적인 의식 그 자체에만 있는 것이 아니라, 우리의 주님께서 그런 의식들을 통하여 나타내고자 하시는 여러 약속들과 영적 신비에 의해 주로 좌우된다 … 물과 외적으로 어떻게 해야 하는지에 관해 어떠한 주장을 의심할 필요가 없다; 오직 필요한 것은 이러한 모습들을 통하여 우리에게 주신 하나님의

---

85) *Opp.* 118; O. S. 1, p. 136.

약속들에 대하여 우리의 생각을 고양시키는 일이다."⁸⁶⁾

이미 칼빈은 구약과 신약간의 유사성을 다룬 앞 장에서 선택받은 자들
이 우리가 현재 행하고 있는 성례를 알고 있다고 주장했었다. 이제 그는
이러한 주장을 여기서도 다시 사용하여 할례와 세례 사이의 밀접한 유사
성을 이끌어 내고 있는데, 이것은 자신의 선배들이 했던 것과 같이, 특히
부처가 「유아 세례에 관한 논문」(*Treatise on Infant Baptism*)에서 그렇
게 했던 것인 바, "우리의 주님께서 아브라함에게 할례를 제정하실 적에
그분께서는 아브라함과 그의 후손의 하나님이 되시리라고 미리 선언하셨
으며, 그분은 모든 것이 전능하시며, 모든 것을 손 안에 넣고 계시며, 아브
라함에게 모든 선의 근원이자 번성하게 될 것이라고 선포하셨다: 이러한
말씀에 근거하여 영원한 생명의 약속을 이해하여야 한다."⁸⁷⁾ 계속해서 칼
빈은 하나님께서 그리하여 아브라함에게 죄사함을 약속하셨으며 자신을
죽이는 표징이자 상징으로써 할례를 제정하셨다고 설명한다.⁸⁸⁾ 그리스도는
세례의 근거가 되시고 "또한 할례의 근거이다." 그러므로 세례와 할례는
단지 외적 의식의 차이만 있을 뿐 동일한 약속들을 전하고 있다.⁸⁹⁾

그러나 그는 한 걸음 더 나아간다: "주께서 아브라함에게 그와 그의 후
손의 하나님이 되시리라고 하시는 한 번 맺은 언약은, 당시 유대 민족에게

---

86) *Inst.* IV, 16, 2.

87) *Inst.* IV, 16, 3. BUCER. *Quid de baptismate sentiendum*, fo 6a.
"Feodus vero erat promissio, qua Deus promittebat Abrahae, se futurum illi
et emini eius Deum, hoc est, servaorem ac vitae aeternae largitorem",
Metaphrases epist. Pauli, 1536, p. 1536, p. 154: "Cuinam obscurum sit,
circuncisionem ad hoc divinitus institutam fuisse, ut Deus ea totius naturae
nostrae ad imaginem suam et participatum vitae aeternae innovationem
polliceret, afferet et exhiberet?"

88) BUCER, Ibid. p. 296: "Vates hanc promissionem, ut Dominus sit
Deus noster, per Christum contingere praedicant, continereque in se
remissionem peccatorum plenissimam."

89) *Inst.* IV, 16, 4.

와 마찬가지로 오늘날 그리스도인들에게도 똑같이 적용되며, 또한 구약의 족장들에게 전파되어진 것과 같이, 그리스도인들에게도 전파되어 진다는 것이 분명하다. 만일 그렇지 않다면 예수 그리스도의 강림(advent)이 오히려 하나님의 긍휼하심을 삭감하고 감소시키는 결과를 낳았을 것이다."[90]

옛 언약으로부터 혜택을 입은 유대인들의 자녀들이 현재 그리스도인의 자녀들보다 혜택을 받았다고 말할 수가 결코 없다. 이와 상당히 정반대이다: "우리 주 예수님은 그의 아버지의 은총을 제한하러 오신 것이 아니라, 오히려 그 은혜를 늘리고 풍성케 하시고자 오셨음을 보여 주시고자 원하셨기에, 그분께 오는 어린아이들을 사랑스럽게 받아들이시며 안아 주신다." 그러나 이어서 칼빈은 "예수님의 이러한 포옹과 세례와는 어떠한 유사점이 있는가?"라는 점에 관하여 질문한다. 이러한 문제는 재세례파에 의해서 흔히 제기된 반론(objection)이었다; 이것이 어떻게 칼빈이 대답하였는가이다: "만일 예수 그리스도께 어린 아이를 데려가는 것이 합당한 일이라면, 예수 그리스도가 우리와 교제하며 만나는 외적 표징인 세례를 그들로 하여금 받아들이도록 어찌하여 허용될 수 없는가? 만일 하나님 나라가 그들의 것이라면, 우리가 교회로 인도함을 받으며, 하나님 나라의 후사가 됨을 공포케 하는 그 표징을 어째서 그들이 거부당하여야 하는가?"[91]

---

90) *Inst.* IV, 16, 6. BUCER, *Quid de baptismate sentiendum*, fo. 14 a: "Necesse est, cum Dominus baptizare iussit, qui in Evangelii doctrinam recipiunt, hoc est, omnium promissionum Abrahae facere participes, voluisse ut et horum infantes in foedus suum tingerentur. Nam nisi hoc voluit, non est gentibus tum baptismate collatum, quantum iudaeis olim circumcisione, quod est impium dicere."

91) *Inst.* IV, 16, 7. BUCER, Ibid., fo. 10a: "Accepit puerulos in ulnas, impositisque manibus benedixit, Quid vero obsecro haec erat benedictio? Quid pro illis oratio? Quid aliud tandem? quam redemptionis, quam humano generi perficiebat, communicatio, sine qua nihil non est noxium? nihil non maledictioni subiectum?"

칼빈은 이러한 추론을 통하여 부처의 논지를 따르고 있다. 그의 유아세례에 관한 장을 스트라스부르 개혁자의 저서와 자세히 비교해 보면, 칼빈이 어떻게 이 선배의 저술을 사용하였으며, 어느 정도까지 그의 마음에 영향을 받았는가를 확실히 알게 된다. 아마도 부처가 인용한 교부의 증거들에 의존하여 다음과 같이 쓸 수 있도록 느꼈으리라는 것을 주로 추정할 수 있다: "우리가 가지고 있는 초대 교회까지 거슬러 올라가는 고대역사는 그 당시에도 유아 세례가 행하여졌음을 분명히 증거하는 것이다."[92]

유아세례를 통하여 부모와 자녀들이 얻을 수 있는 장점들을 간단하게 지적한 후, 칼빈은 재세례파가 주장하는 주요 쟁점을 반박하여 나간다. 여기서 어린 아이의 믿음에 관한 문제가 다시 두드러지게 등장된다. "재세례파들은, 사도 바울이 믿음이란 말씀을 들음으로써 얻어진다고 하였으니, 그렇다면 선악을 분별할 능력이 없는 어린아이들은 어떻게 믿음을 얻을 수 있겠는가? 라고 말한다. 그러나 그들은 사도 바울이 주님께서 믿음을 주시기 위하여 역사하시는 방법 중에 단지 정상적인 방법만을 말한 것이지 그분께서 다른 방법으로는 역사하실 수 없음을 말한 것은 아니라는 것을 알지 못한다. 실제로 그분은 한 마디 말씀도 하지 않으시고도 많은 사람들을 내적으로 감화시켜 그분의 이름을 알게 하셨다."[93]

그러므로 하나님께서 어떻게 하셨는지 우리들이 알 수 없는 은밀한 방법으로 아이들에게 역사하신다. "주님께서 자신을 그 어린아이들 속에 드러내실 수 있는 방법이 없다고 하는 주장하는 것은 가장 불분명하며 확실하지 않은 것이다."[94] 1536년판 「강요」에서 칼빈은 전혀 어린아이의 믿음 문제에 관하여서는 언급하지 않았다. 세례란 회개와 믿음의 성례이며 어린

---

92) *Inst.* IV, 16, 8. BUCER, op. cit. fo. 22 b f: "Sancti Patres ··· non solum a baptismate infantes nunquam reiecerunt, sed etiam commendatam ab Apostolis hanc observationem diserte confirmant."

93) *Inst.* IV, 16, 19.

94) *Inst.* IV, 16, 18.

아이에게는 도저히 발견하기가 불가능할 것이라고 주장하는 그의 반대파
들에게 그는 다음과 같이 대답한다: "그 반론에 대하여 한 마디로 해결할
수 있으니, 어린아이들이 미래의 믿음과 회개를 위하여 세례를 받는다면,
비록 우리가 외관상으로는 아무것도 볼 수 없지만, 그럼에도 불구하고 그
씨앗이 성령의 숨은 역사를 통하여 어린아이들에게 여기에서 심어지게 된
다."[95]

하지만 비록 세례가 유익하고, 참으로 필수적인 것이라 할지라도, 그리
고 세례가 그리스도에 의하여 명령된 것이라 할지라도, 칼빈은 세례가 없
으면 구원이 불가능하다고 말하지는 않는다. 그는 다음과 같이 쓰고 있다:
"우리 주님은 아들을 믿는 자는 누구든지 영생을 얻으며 결코 멸망치 아
니하고, 이미 사망에서 생명으로 옮겨졌다고 말씀하신다. 그는 세례를 받
지 아니한 자들을 어디에서도 정죄하신 적이 없다. 이렇게 말한다고 해서
마치 세례를 무시해도 좋다는 듯이 세례를 경시하는 의미는 아니다; 어떤
합당한 이유가 있다면 세례를 받지 않았다는 이유로 정죄를 받아야 할 정
도로, 세례가 그렇게 절대적으로 필요한 것은 아니라는 사실을 밝히고자
하는 것 뿐이다."[96] 성례는 성령의 역사하심을 위한 단지 하나의 수단이니,
성령은 그 수단에 반드시 제한되지 않으시며 또 세례 의식 없이도 우리를
그리스도와 연합하게 만드실 수 있다. 거의 모든 전통과 일치하여 칼빈도
역시 세례를 받지 않고 죽은 어린아이들이 지옥으로 가거나 적어도 림보
(limbo)에 가야만 한다는 어거스틴의 견해를 거부한다.[97]

결론적으로 칼빈은 유아 세례를 지지하는 자신의 견해에서 마지막 한
가지 주장을 언급하였다: 이 관습은 우리로 하여금 우리와 하나님과 맺은
언약을 영속케 하여 줄 수 있게 해준다는 것이다. "하늘에 계신 아버지께

---

95) *Inst.* IV, 16, 20.

96) *Inst.* IV, 16, 26: *Sermon on Daniel* 9: 19-20, *Opp.* 41, 577. 참고. J-D
BENOIT. op. cit. p. 468 f.

97) AUGUSTINE, *Contra Julianum*, IV, 11, 44, M. L. vol. XLIV, p. 809.

서는 우리를 사랑하시기 때문에 우리의 후손을 돌보려 하시고 우리 자녀
들의 하나님이 되고자 하신다는 것을 세례라는 표징을 통하여 우리에게
눈에 보이게 증거하신다. 다윗의 예를 보건대, 하나님께서 우리를 위한 한
가족의 선하신 아버지가 되시며 우리뿐만 아니라 우리가 죽은 후 우리의
후손들에게 그분의 섭리를 확장하신다는 생각에 기뻐하여야 할 충분한 이
유가 있지 않겠는가. 그러한 기쁨 중에서 하나님께서는 특별히 영광을 받
으신다." 만일 우리가 이러한 하나님의 의도를 보지 못한다면, "우리를 위
한 하나님의 긍휼하심에 대한 은혜를 망각하고 무시하게 될 뿐만 아니라
율법의 훈련과 경외심에 있어서, 그리고 복음을 알게 하는 일에 있어서 우
리의 자녀들을 교육하는 일을 등한히 하는 결과를 낳게 될 것이다."[98]

　이 마지막 주장은 칼빈이 성경 본문으로부터 정확히 추출하고자 노력하
였던 그 어떤 구절보다도 그 자체만으로도 더 큰 가치를 지니고 있다. 유
아 세례에 관하여 명확하게 언급하는 구절을 신약에서 단 한 구절이라도
인용하는 것이 불가능하였기 때문에, 그는 할례와 어린아이에 대한 그리스
도의 축복으로부터 유도해낸 간접적인 추론과 유추만으로 만족해야만 하
였다. 칼빈은 이러한 논지의 취약성 때문에 많은 비난을 받았다. 왜냐하면
이러한 추론 방식은 적어도 신약 원문을 다룸에 있어서 그가 항상 사용하
던 훨씬 엄밀한 해석 방식과는 대조되는 것이기 때문이다. 칼빈 자신도 이
쟁점에 과한 자신의 해석 방식이 지닌 결점을 인식하였던 것으로 보인다.

　그러나 그가 신약의 기록보다 후에 나온 제도를 성경적 근거에 의하여
옹호하여야 하고, 그리고 모든 전통은 반드시 확실한 성경적 증거에 의하
여만 유효하다고 주장하는 교회의 전통을 정당화해야 할 임무를 맡게 된
순간부터, 칼빈은 어떤 다른 방식을 쓰는 것을 금하였다. 외적 훈련
(external discipline)과 의식(ceremonies)의 영역에 있어서 어느 정도의
독립성을 부여하는 함으로써, 칼빈은 우리가 좀더 나가지 않았나 하고 유
감을 갖는 그 방법을 지적하였다.[99] 그렇게 함으로써 우리가 성경 안에서

---

98) *Inst.* IV, 16, 32.

유아 세례에 대해서 받아들일 근거를 발견할 수 없다는 점을 솔직히 시인
하면서도, 유아 세례가 신실한 성도들의 경건을 위해서와 교회에게 유익하
다는 결론에 도달할 수 있었다.

IV. 성만찬

칼빈은, 세례와 관련된 모든 문제에 있어서, 주된 문제가 재세례파의 주
장을 반박하느냐에 관한 것일 때에는, 어거스틴과 루터, 그리고 근본적으
로 츠빙글리의 주장을 재현하였던 부처의 사상과 논리를 보편적으로 조화
시키고자 하는 정도로 제한하였었다. 그러나 우리가 칼빈의 세례 교리를
고찰하고 난 후에 성찬에 관한 그의 개념을 연구하기 시작하게 되면, 그가
독창적인 교리를 정립하고자 얼마나 많은 노력을 기울였는가 하는 흔적들
로 인해서 충격을 받게 된다.[100] 세례의 경우에서와 마찬가지로 성찬의 교
리를 세우는데 있어서도 그가 교부들과 그보다 앞선 선배 개혁자들의 견
해를 얼마나 광범위하게 인용하였는가 하는 점을 우리가 잊어버렸기에 하
는 말이 아니다: 종교개혁자들의 다양한 견해들은, 특히 루터파와 츠빙글

---

99) *Inst.* IV, 10, 30.

100) 칼빈의 성찬론에 관한 연구는 특별히 셀 수 없을 정도인데, 그 가치는 동
일하지 않다. 그 중에서 가장 중요한 것들만을 열거하면 다음과 같다. WERNLE.
op. cit., pp. 105-14. R. SEEBERG. *Dogmengeschichte*, vol. IV, 2, pp. 605 ff:
EBRARD. *Das Dogma vom Abendmahl und seine Geschichte*, vol II,
Frankfort. 1846: J.BECKMANN. *Vom Sakrament bei Calvin*, pp. 103-62:
E.EMMEN, *De christologie van Calvijn*, pp. 170-85, H. GOLLWITZER,
Coena Domini. Munich. 1937: A. BOUVIER, *Henri Bullinger*, pp. 110-63:
E. BIZER *Studien zur Geschichte des Abendmahlsstreits im 16.
Jahrhundert*, Gütersloh, 1940. 특히 매우 완벽한 설명으로 손꼽을 만한 것은 다
음의 저술들이다: W. NIESEL, *Calvins Lehre vom Abendmahl*, 2nd edn.
Munich, 1935와 W. F. DANKBAAR, *De Sakramentsleer van Calvijn*, 본서
의 개괄을 거의 비슷하게 따르고 있다.

리파의 대립된 논쟁들 속에서, 칼빈으로 하여금 이에 대한 정교한 교리를 수립하도록 만들었으니, 이들의 견해들을 충분히 반영하면서도 다양한 개신교의 해석들 사이에 공통분모(common ground)를 마련하도록 만들었다. 자신의 노력이란 그저 실천이 없는 순전히 말에 그친 화합에 지나지 않았고, 몇 가지 세부적인 것들을 제외하고는 루터의 논지를 그대로 받아들이는 결과가 되었지만, 부처가 칼빈보다 앞서 이런 똑같은 욕망으로 사로잡혀 왔었다.

직접적으로 츠빙글리의 영향을 받아 본 적이 없었던 칼빈은 용이하게 접할 수 있었던 루터와 부처의 저서들을 면밀하게 연구하였고, 바로 이런 저서들을 통해서 새로운 교리를 세우고자 착수할 수 있었다. 더구나 칼빈은 자신의 체계가 루터파나 정통적인 츠빙글리파에게 받아들여질 수 없다는 사실을 인식하고 난 후에는 더욱더 자신의 체계를 강조하였다. 우리가 알고 있듯이, 칼빈은 성찬의 문제에 있어서 불링거와 이해하는 데까지 나아갔으나, 그러나 이러한 동의는 너무나 많은 서로간의 반복된 양보를 통하여 얻어진 것이었기 때문에 이러한 동의가 구체화된 '제네바 일치 신조'(Consensus Tigurinus)는 진정한 칼빈주의 교리의 객관적 연구를 위한 근거 자료로서는 믿을 만하지 못하다. 한편 루터파와는 베스트팔과의 논쟁으로 인하여 돌이킬 수 없는 불화를 피할 길이 없었다. 그럼에도 불구하고, 세례에 관련된 경우에서와 같이, 성만찬에 관한 견해에 있어서도 칼빈은 항상 츠빙글리보다는 루터 쪽에 훨씬 가깝게 머물러 있었다.칼빈과 정통 루터의 옹호자들 사이의 토론이 갖는 신학적 중요성이 종종 실수로 과소평가 되어져 왔었다. 칼빈은 이 토론을 통해 자신의 입장을 분명히 밝히게 되었고 자신의 주장에다 결정적인 특성을 부여할 수 있게 되었다.

성만찬에 관한 문제를 점차 중요하게 생각하였다는 것은 「강요」가 판을 거듭할수록 이 문제에 대하여 보다 많은 지면을 할애하였다는 사실을 통하여 측정될 수 있다. 1536년에는 성찬에 관한 로마교회의 교리를 반박하는 것이 그의 주된 관심사였다; 이 논박을 위하여 단지 몇 페이지의 지면만을 할애하였는데 해를 거듭할수록 그 양이 늘어나 마침내 1559년에는 제4권의 한 장 전체가 로마교회의 교리의 오류를 폭로하는데 쓰여졌다. 1536년판 「강요」의 반(反)로마교회 논쟁에서는, 성찬의 긍정적 설명에서 그러하듯이, 무엇보다도 루터의 지대한 영향을 받았음을 보여 준다. 칼빈은 자신이 루터의 여러 저서들, 특히 「교회의 바빌론 유수」의 주의깊은 독자임을 보여 주고 있다.[101] 예컨대, 성찬은 여기에서 계약으로, 그리고 언약이라고 정의되는데, 루터는 이것을 약속과 믿음에 의하여 행하여지는 부분이라고 설명하고 있음을 우리는 발견한다.[102]

1519년 루터의 「참되고 신성한 그리스도의 몸에 관한 설교」(*Sermon upon the true and sacred body of the Christ*)라는 책으로부터 — 1524년에 루터의 이 책은 라틴어로 나타났는데 — 칼빈은 그리스도와의 연합에 관하여, 그리고 수많은 씨앗으로 구성된 빵에 비유되는 그리스도인들의 연합에 관하여, 루터의 사상을 그대로 빌렸다.[103] 1524년에 루터가 쓴 또 하나의 저서인 「신앙고백과 성례」(*Confession and the Sacrament*)도 마찬가지로 칼빈에게 상당한 도움을 주었으니, 루터의 이 저서는 그 해에 라틴어로 번역되었으며, 그 일부가 「성만찬의 신실한 시행에 관한 지침서」(*Enchiridion piarium precationum*)에 나타나는 바, 이것도 기초적으로 공헌을 한다.[104]

그러나 칼빈은 독일 개혁자의 성찬에 관한 교리에 대해서 초기의 설교 및 논문들을 제외하고는 다른 것은 거의 알지 못했다. 츠빙글리와의 논쟁을 거듭하는 가운데 쓰여진 루터의 저서들 중 대부분이 독일어로 쓰여진 채 번역이 안되었는데, 이것은 루터의 저서에 대하여 가장 열성적이었던

101) 칼빈의 차용에 관해서는 NIESEL, op. cit. pp. 23 ff.; H. GRASS, pp. 172 ff를 참고하라.

102) *Opp.* 1, 118f.; O. S. 1, 136 ff; LUTHER, *De Captivitate Babylonica* W. A, 6, 513 ff. 와 517.

103) *Opp.* 1, 119 및 126; 0. S. 1, 140-2. LUTHER, *De sacramento eucharistiae contio dignissima* W. A. 2, 743 ff. 748 f.

104) NIESEL의 다음 문구를 참조하라. op. cit. p. 24, n. 10.

번역가들이 츠빙글리의 견해에 기울어 있었기 때문임이 분명하다. 이러한 점은 1536년판 「강요」 속에 나타난 루터파의 독특한 특성에 대해서, 그리고 또한 칼빈이 얼마나 쉽게 루터의 사상을 빌릴 수 있었는가 하는 점을 설명하여 준다.

하지만 1536년 이후로 줄곧 칼빈은 적어도 한 가지 견해에 대하여서는 루터의 교리를 따르지 아니하였으니, 그리스도의 몸의 편재(ubiquity)에 관한 개념에 대하여 그러했다. 반대로 그는 그 당시에 명백하게 이러한 생각을 분명히 반박하였으면서도, 그 자신은 루터가 그러한 생각을 채택하고 있는지를 인식하지 못하였다.[105] 실제로 자신의 「로마서 주석」의 서문에 포함시키려고 하였던 한 구절에서 칼빈은 자신의 논박이 스콜라학자들을 향한 것이지 루터를 겨냥한 것이 아니라고 말했다. 그러나 1539년에 쓰여진 이 구절은 칼빈이 부처와의 대화를 통하여 루터의 견해를 보다 잘 파악하게 됨으로써 그 서문에서는 제외되었다. 또한 멜란히톤은 루터와의 싸움을 피하고자 칼빈에게 그 구절을 삽입하지 않도록 설득하였다.

그러나 이러한 설득 때문에 그 구절이 완전히 삭제되지는 아니하였으며, 훗날 칼빈은 1543년판 「강요」속에 그 구절을 사용하였다.[106] 이러한 점을 미루어 볼 때 1539년에는 칼빈이 비텐베르크의 신학자들과의 어떠한 충돌도 피하고자 주의하였음이 분명하다. 오히려 편재에 관한 문제를 제외하고는 「강요」의 초판이나 1539년의 제2판에서까지도 칼빈은 분명히 루터의 견해에 의존하고 있음을 보여준다.

루터를 제외하고, 칼빈주의 교리의 형성에 가장 많은 공헌을 한 사람은 바로 어거스틴과 부처였다. 어거스틴의 경우에 있어서 성찬에 관한 그의 영향은 성례에 미친 보편적 영향의 한 면에 지나지 않는다. 그리고, 부처의 공헌에 관하여서는 놀라운 일이 아니니, 그 예는 무수히 많이 인용할 수 있다. 이처럼 성찬 제물들을 취한다는 것과 그리스도의 몸에 의하여 영혼

105) *Opp.*, I, 121 ff; *O.S.*, 140-2. 참고. NIESEL, op. cit., pp. 25-8.

106) NIESEL의 다음 구절을 참조하라. op. cit., p. 26, n. 22.

을 양육하는 것과의 비교는 이미 부처의 「복음서 주석」(*Evangelical Commentary*) 속에 나타나는데, 이것은 칼빈이 채택한 용어와 매우 흡사한 용어로 표현되어 있다.

칼빈은 1536년에 다음과 같은 글을 썼다. "성례를 통하여 우리에게 제시된 유형적인 것들은 유추에 의하여 우리를 영적인 것들에게로 인도하여야만 한다. 그러므로 우리는 떡이 그리스도의 몸의 상징으로서 전달된다는 점을 알고 다음과 같은 유사성을 상기하여야 한다. 떡이 우리 육체의 생명에 자양분을 주고 육체를 지탱시키고 육체를 강건케 하는 것처럼, 그리스도의 몸도 우리의 영적인 생명을 양육하고 보호하여 준다."[107]

한편 부처는 자신의 주석에서 자기 입장을 다음과 같이 단언한다. "떡을 떼어 주시면서 그리스도께서는 이 떡을 받아 먹으라 이 떡은 너희에게 주는 나의 몸이니라고 말씀하셨다. 이 말은 내가 이 떡을 너희에게 육체의 입으로 먹도록 주는 것처럼 나는 나의 몸을 너희 영혼이 먹도록 너희에게 준다는 의미이다 … 마치 너희 입으로 먹고 소화시킨 이 떡이 너희의 생명을 유지시켜 주는 것처럼 … 나의 육신을 너희에게 주어서 너희 영혼 깊은 곳으로부터 믿게 하려는 것이요, 그리하여서 하나님 안에서 너희의 믿음이 양육되어지고 강건케 되어진다는 의미이다."[108]

또 다른 한편으로 1537년의 베른 대회에서 칼빈이 부처의 가르침의 모든 근본적 특성들을 재현한 성찬에 대한 한 신앙고백을 작성했으며, 부처는 기꺼이 이에 동의해 주기를 주저하지 않았었다는 사실을 기억하자.[109]

---

107) *Opp.* I. 119: O.S. I. 138.

108) BUCER. *Enarrationes in Evangelia*. 2nd edn, Marburg, 1530. in *Evangelium Matthaei*. fo. 189a. A. LANG에 의해 인용되었음, *Der Evangelienkommentar*. p. 435. 문제의 구절은 1536년 판에는 수록되어 있지 않았다.

109) 이 책의 앞에 p. 162 참조: H. GRASS의 다음과 같은 견해는 채택할 수 없다. op. cit. pp. 175 ff: 그는 부처가 이 원문을 강요받았다고 이야기하며, 또한 칼빈이 비텐베르크 협약(the Concord of Wittenberg)에 대하여 적대적이었음을

그러나 칼빈이 비록 루터에게서와 더욱 더 부처에게서 성찬의 개념에 대해서 그가 공감할 수 있는 부분을 발견할 수 있었지만, 츠빙글리에게서는 그렇다고 똑같이 말할 수 없다.[110] 「베스트팔에 대한 두번째 논박」(*Second Defence against Westphal*)에서 칼빈은 취리히 종교개혁자에 대하여 자신이 품고 있는 반감의 이유들 중의 하나를 다음과 같이 언급하였다. "나는 루터의 저서를 읽고 오이콜람파디우스와 츠빙글리가 성례에 관하여 단지 껍데기뿐인 공허한 상징만으로 인정하고 있음을 알았다. 나는 그들의 저서에 반대하였기 때문에 오랫동안 그들의 작품을 읽지 않고 피하여 왔음을 고백한다."[111] 위와 같은 주장을 지나치게 문자 그대고 받아들여서는 안된다. 특히 1536년판 「강요」가 「참 종교와 거짓 종교에 대한 주석」(*De vera et falsa religione*) 및 기타 다른 저서들에 관한 지식을 전제로 쓰여졌다는 점을 생각할 때 더욱 그렇다.

그러나 분명히 칼빈은 츠빙글리의 저서에 관하여 별로 아는 바가 없었으며, 그가 좀더 호의적일지도 모르는 성례에 관한 츠빙글리의 최후 저서에 대하여도 거의 무지하였다. 1539년 3월 19일자 서신 속에서 칼빈은 부처가 성례에 관한 자신의 오류를 철회한 점에 대한 만족을 나타내며,[112] 반면에 같은 행동을 하지않은 츠빙글리에 대하여 유감을 나타낸다. 이와 같은 유감을 그는 서신 속에서 "이 문제에 관한 츠빙글리의 견해는 잘못된 것이며 유해한 것이다."라고 말한다.[113]

취리히의 사람들은 칼빈의 이런 전적으로 부정적 태도에 대하여 오랫동안 계속적으로 비난하였다. 특히 1555년에 베른에서 있었던 한 토론 기간

인정할 수 있다고 생각한다. 반면에 사실상 그의 유보조항들은 그가 발견한 부처의 태도에서와 약간의 형식들에 들어있는 모호성에만 적용된다.

110) NIESEL. op. cit., pp. 30 ff.

111) *Opp.*, 9, 51.

112) 그러므로 그는 명백하게 루터의 경향과 일치하는 부처의 재고된 태도를 승인하고 있었다.

113) *Opp.*, 10b, 346.

동안에 더욱 두드러졌다; 그래서 칼빈은 이 문제에 대하여 자신을 변호하고자 홍미스럽게도 원인을 따지는 태도로 불링거에게 이 같은 편지를 썼으니, 그는 "전반적으로 생각해 볼 때 성례에 관한 츠빙글리의 견해가 잘못되었다고 말했던 기억이 없다."[114]

있는 그대로, 칼빈은 자신의 작품 제2판과 제3판을 저술하던 기간에는 츠빙글리를 형편없이 여겼기 때문에 아무리 사소한 것이라 할지라도 츠빙글리로부터는 직접적인 인용을 피하고자 상당한 주의를 기울였다. 이와 같은 상당한 주의에도 불구하고 츠빙글리의 것이라고 할 수 있는 여러 표현이나 구절들이 간혹 그의 작품 속에서 나타나기는 하지만, 이 저자가 정말로 빚을 지고 있는 이러한 구절들은 부처나 혹은 어거스틴에서 인용한 것이다. 다른 한편으로 칼빈이 츠빙글리의 견해를 분명히 논박한 구절들도 적지 않다. 예를 들면,「참 종교와 거짓 종교에 대한 주석」의 저자인 츠빙글리는 오직 믿음만이 그리스도인에게 중요한 것이며 성례는 믿음을 가진 자에게는 아무런 도움이 못된다고 주장하였다. 만일 그렇지 않다면 성령이 세상적인 요소들에 얽매여 있음을 인정하는 것이 된다고 그는 설명하였다.[115]

이에 반대하여, 칼빈은 믿음이란 성령의 역사하심인 것만은 사실이지만 그 대상이 없는 것은 아니라고 단언한다: 그 대상이란 바로 말씀과 성례의 지시를 받아야 한다고 하였다.[116] 우리가 성경에 담겨진 계시를 이해하기 위해서 성령의 내적 증거가 필요한 것처럼, 성령은 우리가 예수 그리스도를 알게 하기 위하여 성례를 이용하신다. 성례는 거룩한 제도이며 우리는 하나님께서 우리를 구원하기 위하여 택하신 그 수단을 거부할 권리가 없다. 성례는 말씀과 마찬가지로 계시에 근거를 둔 것이지 인간의 이성으로

---

114) *Opp.*, 15, 573.

115) ZWINGLI, *De vera et falsa religione* (Corp. Reform. vol XC, 760 f.)

116) *Opp.*, I, 118; O.S., I, 137.

부터 나오는 논증에 근거를 둔 것이 아니다.[117]

이 밖에도, 우리가 여러 차례 주목하여야 했던 것처럼, 칼빈은 믿음 그 자체가 완전한 것이라는 사실을 부인한다. 믿음은 불안정하고 가변적이며, 만일 믿음이 완전하다면 인간이 이 땅에 사는 동안 계속해서 죄인일 리가 없다는 것이다. 그러나 인간에게 성례, 특히 성찬이 필요한 중요한 이유는 바로 믿음이 언제나 불완전하기 때문이다. 1559년에 칼빈은 다시 한 번 성례를 단지 믿음의 증거로써만 표현한 츠빙글리의 개념은 잘못된 것이라고 말하였다.[118]

반면에 칼빈은 성례에다 객관적 내용(an objective content)을 부여하려는 노력을 함으로써 그리스도의 영과 순수한 영적인 교제만을 용납하려는 모든 이들에게 반대하였다. 그리스도인이 관계를 맺어야 하는 대상은 그리스도의 영뿐만 아니라 그분의 몸과 피까지도 포함되어야 한다는 것이다.[119] 특히 1537년의 「성찬에 대한 신앙고백」(*Confession on the Eucharist*)에서 강조하고 있는 이러한 생각은 칼빈의 다른 저서들 속에서도 찾아볼 수 있으며 또한 이러한 생각은 그가 얼마나 집요하게 성만찬의 실재성(reality)을 보존하고자 집착하였는가 하는 점을 나타내 준다. 그러나, 베스트팔이 칼빈이 비난받아야 된다고 생각했던 것은 바로 정확하게 말하면 지나친 영성주의자적인 태도(the spiritualistic attitude)였으니, 자신의 모든 이의 제기에도 불구하고 칼빈이 성례의 참된 내용을 공허하게 만들고, 모든 종교개혁자들과 함께 공감대를 형성하지 않으면서 성례에 참된 가치를 부여하지 않으려는 태도는 츠빙글리의 태도와 마찬가지라고 비난하였다.

여기서 다시 한 번 1559년판 「강요」에서 칼빈은 자신의 사상을 명확하

---

117) NIESEL, op. cit. p. 39.

118) *Inst.* IV, 17, 6.

119) NIESEL, op. cit. p. 39.

게 드러내 보이는데, 성찬에 관한 주장의 전개가 분명히 루터식 어조로 확
신에 차서 시작되고 있음을 부인할 수 없다.

> 하나님이 한 번 우리를 그분의 한 가족으로 받아들이시면 우리를 종으로서
> 뿐만 아니라, 그분의 자녀의 신분을 유지하게 하며, 하나님께서는 자녀를 돌보
> 는 선한 아버지로서의 역할을 수행하기 위하여, 그 이후로 일생동안 우리를 돌
> 보시며 양육하여 주시며 우리를 책임지신다. 그러나 하나님께서는 이에 만족
> 하지 않으시고 우리를 향한 이러한 자애심의 보증으로 영원한 서약을 주셨다.
> 이러한 이유로 하나님은 그분의 교회에 그분의 아들의 손을 통하여 두번째 성
> 례를 내려 주셨다: 즉, 예수 그리스도께서 생명을 주시는 떡이며, 그 떡에 의하
> 여 우리의 영혼이 양육되고 복된 영원한 생명을 얻게 되는 영적 잔치를 베풀어
> 주신다.[120]

칼빈은 성찬의 두드러진 특징을 분석함에 있어서 모든 성례의 경우에서
와 마찬가지로 영적 진리로부터 가시적 표징들을 구별한다:

> 나는 교회에서 항상 인정을 받아왔고 그리고 오늘날 신실하게 가르치는 자
> 들에 의해서 이야기되고 있는 바와 같이, 복된 성례에는 두 가지가 있다고 말
> 한다: 즉, 우리의 연약함 때문에 우리에게 주시는 가시적 표징들과 그것들에
> 의하여 상징되고 또한 계시되는 영적 진리이다. 이제 이 진리가 무엇인지를 내
> 가 밝혀보고자 한다면, 현재 문제화 된 것은 아니지만, 외적 표징 이외에도 성
> 례에 관하여 다음의 세 가지 점을 생각하여야 한다; 즉, 첫째 표의
> (signification); 이어서 본질 또는 실체; 그리고 세번째로 하나에서부터 다른
> 것으로 전달되어 나가는 효능이나 효력이다.[121]

---

120) *Inst.* IV, 17, 1. 또한 the *Tetrapolitan Confession*의 18항 참고; "cum
hanc coenam, ut ipse instituit, repetunt, verum suum corpus, verumque
suum sanguinem, vere edendum et bibendum, in cibum potumque
animarum, quo illae in aeternam vitam alantur."

121) *Inst.* IV, 17, 11.

칼빈에 의하면, 성례의 영적 진리(spiritual truth)는 표징들에 의하여 상징될 뿐만 아니라 보여지는 것(exhibited)이니, 성찬을 받는 사람들에게 제시되고 제공되어진다는 점을 주목하여야 할 것이다. 하지만, 이것은 표징들 안에 영적 진리가 포함되어 있음을 의미하는 것은 아니다. 그러나 우리는 칼빈이 의미한 성례의 영적 진리가 무엇인지를 올바르게 이해하기 위해서, 그가 말한 성례의 표상, 본질 그리고 효능의 의미를 올바르게 알아보아야 한다. 우리는 그 자신이 다음의 문단에 우리에게 제시한 매우 간결한 정의부터 출발할 것이다: "그 의미는 약속 안에 있으며 약속은 표징에 새겨져 있다. 죽음을 통하여 부활하신 예수 그리스도는 그 본질 또는 실체라고 말할 수 있다. 그리고 그 효능은 구속, 칭의, 성화, 영생 그리고 예수 그리스도에 의해 우리에게 부여되는 모든 혜택들을 의미한다."

그러나 칼빈은 우리는 이미 믿음에 의해 그러한 모든 좋은 것들을 받았기 때문에 성례란 불필요한 것이라고 하는 즉각적인 반론에 직면할 것에 대비하였다. 이에 대하여 칼빈은 대답한다: "만일 예수 그리스도가 자신을 우리와 하나로 만들지 않는다면, 그런 좋은 것들은 결코 우리에게 다다르지 않을 것이다. 그리하여, 나는 예수 그리스도께서 성찬에서 떡과 포도주라는 표징들을 통하여, 아니 우리를 구원하기 위한 모든 의를 성취하신 그분의 몸과 피를 참으로 우리에게 주신다고 말한다. 그리고 이것이 이루어지면, 첫째로 우리는 한 몸 안에서 연합하게 되며; 둘째로 그분의 본체의 참여자가 되어지며, 그분의 은혜들이 모든 이들에게 전달됨으로써 그분의 능력을 느끼게 된다."[122] 이러한 정의는 1536년판 「강요」에서의 그가 이미 정의를 내린 것과 일치하는 것이며, 또한 1537년의 「성찬에서의 신앙고백」의 정의와 1541년의 「성만찬에 관한 소론」(*Little Treatise on the*

---

122) Ibid. 1533년의 스트라스부르 총회에서 채택한 16항에서 부처가 내린 정의를 참고하라: "성찬에서 우리에게 근본적으로 제공되어 지는 분은 바로 그리스도 자신, 영생의 양식이다 … 그러나 참된 몸과 피는 말씀과 함께, 빵과 포도주로 상징화되어서 우리들, 그리스도의 참 공동체에게 제공된다.

Lord's Supper)의 정의에서도, 칼빈은 일생동안 이러한 정의를 일관되이 고수하였다. 이것은 성례 문제의 영적 진리의 핵심이 된다.

성찬의 의미는 약속들에 들어있다; 이러한 약속들은 그 표징 안에 포함되거나, 혹은 담겨져 있다고 생각된다. 그렇다면 그 약속들은 무엇 속에 존재하는가? 루터와 마찬가지로, 칼빈도 그 약속들을 성례의 말씀들과 동일시한다. 우리가 그 표징의 목적을 찾아 보아야만 하는데, 그 표징의 존재 이유를 찾아야 할 곳은 바로 그 약속이다. 성찬의 빵과 포도주 자체는 아무런 가치도 지니지 못한다. 그것들은 오직 약속에 의해서만 그 표상을 지니게 된다.

자신들 스스로 단순히 표징들만을 중요시하고 그것들에 관련된 약속들을 무시하는 자들은 혼란 상태에 빠지게 된다. 이런 말들에 의해서 우리가 의미하는 것은 약속들은 어거스틴이 잘 정의하였듯이 모든 사람들이 참되다고 고백하는 것들인데, 다시 말하면 그 성찬의 요소들이 말씀이 더하여져서 거룩한 것으로 변화한다는 의미이다. 왜냐하면 말씀은 단지 입으로만 하는 말이 아니며, 믿음을 통하여 받아들이는 것이기 때문이다 … 그 약속의 말씀에 주의를 기울이지 않은채 외적인 성례만을 준수하는 것이 얼마나 전적으로 헛된 망상이겠는가? 만일 우리가 그것들 속에 하나님께서 약속해 주신 것에 귀를 기울이지 않고 단순히 회의적인 눈으로만 그것들을 바라본다면, 정말로 그것들은 이교도들의 겉만 화려한 제물들과 아무런 차이가 없다 …

간단히 말해서, 만일 외적 표징이 약속으로부터 아무런 맛과 향기도 얻지 못한다면, 그들이 말하듯이, 표징이란 소금이나 향료가 없는 그냥 그 자체일 뿐이다. 만일 예수 그리스도께서 자신의 피로써 인간을 씻기시고 깨끗하게 하시며, 그분의 영에 의하여 인간을 거듭나게 하는 분이 바로 자기 자신이라고 하늘로부터 말씀하시지 않는다면, 죽어야만 하고 세상에 사는 인간이 다른 사람의 머리 위에 약간의 물을 부어 세례를 준다고 한들 무슨 유익이 있겠는가? 만일 예수 그리스도의 몸이 우리 영혼의 참된 양식이며, 그분의 피는 우리 영혼의 참된 영적 음료라고 말하는 목소리가 하늘로부터 선포되지 않는다면, 우리가 떡 한 조각을 먹고 포도주 한 모금을 마신다고 한들 무슨 소용이 있겠는가? 따라서, 우리는 모든 것을 올바르게 결론을 내릴 수가 있으니, 우리가 떡과 포도주와 물에 의하여서 예수 그리스도와 그분의 영적 은사들에 참여하는 자가 되는 것이 아니라, 약속에 의하여 그분께 참여하게 되는 것이요, 그로 인하여 마침내 그분은 자신을 우리에게 주시며, 믿음을 통하여 우리 안에 거하심으로써, 그 표징들을 통하여 우리에게 약속하시고 제공하신 것들을 그가 충만하게 하신다.[123]

그리하여 성례에 의미를 부여하고, 신자들을 강건케 하며, 그리스도의 몸과 피가 우리를 위하여 주어졌으며 또한 우리의 것이라는 확신을 심어주는 것은 바로 약속의 말씀이다. 그러나 그 약속은 우리가 연약함 속에 거하기 때문에 직접적으로 파악하기란 불가능한 하나의 신비이다. 그리스도가 세속적 수단들을 사용하는 것은 바로 우리의 비틀거리는 믿음을 돕고자 오시는 것이다.

칼빈은 이와 같은 생각을 누가복음 4장 20-21절에 관한 자신의 설교 속에서 약간 다른 형태로 선포한다: "진실로, 거기에 약간의 떡과 포도주 이외에 아무것도 없었다; 바울이 말한 바와 같이, 그것들은 위를 위한 것으로 사라져 버릴 음식들이다. 그러나 우리가 이 안에서 예수 그리스도를 보는 한, 우리의 연약함을 따라서 이것은 우리에게 유익을 주게 된다. 왜냐하면 만일 예수 그리스도께서 이것이 우리에게 유익하다는 것을 모르셨다면, 그분은 정말로 천국의 문을 열어서 우리로 하여금 그분의 영광을 분명히 인식케 하였을 것이기 때문이다. 그러나 그분은 무엇이 우리를 위하여 옳은 것인지를 아시며, 또한 아무런 까닭도 없이 우리가 여기에 가지고 있는 보증물(surety)을 규정하지는 않으셨을 것이다."[124]

우리들이 그리스도의 영광을 직접 묵상할 수 없기 때문에, 우리에게 약속된 불가시적인 것들의 형상인 가시적 표징들을 통하여 그분과 접촉해야만 한다. 이러한 가시적 표징들을 주의 만찬이 지니는 영적 내용의 실제와 혼동하여서는 안 된다; 가시적 표징들의 역할은 "예수 그리스도가 자신의

---

123) *Opp.* 9, 21 f; *Opusc.* 1709 f.
124) *Inst.* IV, 17, 10.

살은 참된 음식이며, 자신의 피는 참된 음료로서 우리에게 영생을 제공하여 준다고 하신 약속을 지적하여 주고자 하는 것이요, 확증하여 주려는"[125] 것이다.

우리는 이제 칼빈이 이야기하는 성찬의 본질, 혹은 본체의 의미에 관하여 살펴보자. 우리는 그분의 본체에 참여하고자 성만찬에 초대되어 그리스도의 몸을 먹고, 그리스도의 피를 마신다. 이 제도의 말씀에 포함된 약속은 단순한 약속으로만 머물러 있는 것이 아니다; 하나님께서는 실제로 우리에게 약속하신 것을 우리에게 제공하신다:

> 우리는 하나님께서 우리에게 허락하신 표징으로부터 그 본체가 우리에게 실제적으로 주어졌음을 추측할 수 있다. 왜냐하면 혹자가 하나님을 사기꾼으로 부르는 것을 원하지 않는다면, 하나님께서 그분의 진리에 관한 헛되고 무의미한 표징을 우리에게 내려 주셨다고 감히 말할 수 있는 사람은 없기 때문이다. 그러므로 만일 주님께서 참으로 우리가 떡을 떼는 가운데 그분의 몸에 참여하는 것으로 말씀하신다면 그분께서 그 표징을 항상 허락하심은 의심할 여지가 없다. 그리고 사실 신자들은 이 규칙을 항상 지켜야만 하는 것이니, 하나님께서 정하신 표징들을 볼 때에, 그 성도들은 그 사물이 제시하는 진리가 그 안에 포함되어 있음을 확실히 인식하고, 그리고 그로 인해 확고히 믿어야 한다 … 따라서, 비록 가시적 표징이 불가시적인 것의 증여를 인치도록 우리에게 허락되어진 것이라 할지라도, 우리가 항상 몸의 표징을 취함에 있어서 우리는 몸 자체를 갖는다는 것을 흔들리지 않는 확신으로 믿어야만 한다.[126]

따라서 이 제도의 말씀에 의하여 우리에게 약속된 것은 이 약속의 물질적 표징으로 동시에 정말로 우리에게 주어진다. 그러나, 그럼에도 불구하고 물질적인 요소들은 그리스도의 몸과 피와는 신중하게 구별하여야 한다. 1541년 「성만찬에 관한 논문」에서, 칼빈은 우리가 기대하는 매우 명료함으로 이 주제에 대하여 자신의 견해를 밝히고 있다:

---

125) *Inst.* IV, 17, 4.
126) *Inst.* IV, 17, 10.

이제, 만일 그럼에도 불구하고 사람들이 정말로 떡은 그리스도의 몸이며, 포도주는 그분의 피라는 것을 알고자 원한다면, 떡과 포도주는 우리에게 제시된 몸과 피를 상징하는 가시적 표징들이라고 우리는 답변할 것이다; 하지만, 몸과 피라는 이름과 명칭은 주 예수께서 우리에게 그와 같은 수단을 통하여 자신의 몸과 피를 부여하시기 때문에 붙여진 것이다. 이런 형식과 표현의 방식에 대해서는 좋은 이유가 있다. 왜냐하면 우리가 예수 그리스도의 몸과 교제를 나누어야만 한다는 것은 우리의 눈으로 뿐만 아니라 본성적인 판단으로도 이해할 수 없는 것이기 때문에, 이것을 우리에게 가시적으로 보여 주신 것이다.[127]

그리고 나서 그는 칼빈은 예수님이 세례를 받으신 후 성령이 '한 마리 비둘기'의 형태로 내려 왔음을 '비슷한 사례로서' 인용한다. 비록 세례 요한이 성령을 보았다고 말하지만, 그가 볼 수 있었던 것은 오직 비둘기일 뿐이지, 성령이란 그에게 보여질 수 없는 존재이다. 그러나 성령은 그 사람의 수용능력에 따라서 그에게 나타난다. "우리가 예수 그리스도의 몸과 피로써 교제를 나누는 것은 바로 이러한 방법에 의해서이다"라고 칼빈은 계속해서 설명한다. 성찬은 인간의 눈으로도 볼 수 없고, 인간 지성으로도 이해할 수 없는 영적인 신비(spiritual mystery)이다. 그러므로 성찬은 우리의 불완전함 때문에 가시적 표징들을 통하여 우리에게 상징화된다. 그러나 그 상징은 단순히 상징으로만 그치는 것이 아니며, 성만찬의 진리와 본성을 결합한 것이다.

칼빈에 의하면, 그리스도의 몸과 피의 영적 실체는 결코 물질적인 요소들과 그 자체가 동일한 것이 아니며, 또한 그것들 안에 포함되어 있는 것도 아니다. 영적 실체는 물질적인 것들과 동시에 우리에게 주어진다. 이러한 주장은 로마교회의 교리의 화체설(transubstantiation)이나 루터의 공재설(consubstantiation)도 아니며, 또한 츠빙글리의 기념설(symbolization)과도 다르다. 성찬의 요소들과 그리스도의 몸과 피의 관계에 관한 칼빈주의 개념의 역사적 선례를 찾아보면 부처의 교리에 가장 근

---

127) *Opp.* 5, 438 f.

접함을 알 수 있는데, 적어도 1530년부터 1535년경까지 채택된 형식에서 그러함을 발견할 수 있다.

그러나 우리는 성찬에서 신자들에게 주어지는 그리스도의 몸과 피의 의미에 대해 칼빈이 말한 것을 좀더 명확한 정의를 주도록 노력해야만 한다. 칼빈은 앞서 인용한 구절에서 성찬의 내용은 "죽으시고, 부활하신 그리스도"[128]라고 말하였다. 이제 십자가에 죽으시고 영광 받으셨던 그리스도의 몸은 오직 한분 그리스도이며, 하나의 그리스도의 몸이 존재한다. 우리가 주의 만찬에서 받는 것도 바로 그와 동일한 것이다.[129] 우리가 하나님과 나누는 교제는 오직 성육하신 그리스도의 중보를 통해서만 가능하다. 그분의 몸과 피를 통해서 우리는 영생을 얻는 것이다. 그리스도의 몸의 실재와 성육하신 그리스도의 몸과의 동일성은 고린도전서 11장 24절에 관한 칼빈의 주석에서 강하게 주장된다.

> 내 경우에 있어서는, 우리가 그리스도 그분 자신을 소유할 때, 그리스도의 혜택들을 함께 나누어가지게 된다는 것을 인정한다. 그러나 우리가 그분을 소유한다고 하는 의미는, 그가 우리를 위한 희생물로서 보내지셨다는 것을 믿을 뿐만 아니라, 그분께서 우리 안에 거하시고, 우리와 하나가 되시며, 우리가 그분의 몸의 지체가 된다는 것이다. 간단히 말해서, 우리가 그분과 연합하여 하나가 되고, 소위 말하는 하나이자 동일한 생명과 본체가 될 때 그분을 소유한다. 더욱이 나는 이 단어들이 의미하는 바를 깊이 숙고하고 좋아한다. 왜냐하면 예수 그리스도가 자신의 죽음과 부활을 통하여 은사를 우리에게 부여하실 뿐만 아니라 고난과 부활의 대상이었던 자신의 몸까지도 우리에게 나누어주시기 때문이다. 그리스도의 몸은 실제로 우리에게 주어지는데, 그들이 말하는 바와 같이, 우리 영혼에 유익한 건강한 음식이 되기 위해서 그렇다는 결론을 얻게 된다. 나는 평범하게 이야기하였지만, 내가 뜻하는 바는 우리가 진리 안에서 그분과 하나가 되도록 만들어지기 위해서, 우리의 영혼이 그분의 몸의 본체로

---

128) *Inst.* IV, 17, 11.

129) 1555년의 the *Defence against Westphal*의 서문. *Opp.* 9, 9: *Opusc.* 1694.

채워진다는 것이다.″[130]

그리스도의 몸과 성찬물들 사이의 관계에 관한 특정한 문제를 제쳐둔다면, 위에 인용한 구절로부터 우리는 아우그스부르크 신앙고백과 비텐베르크 협약에서 공적으로 제정된 내용들이 반영되어 있음을 느낄 수 있을 것이다; 그리고 이제 우리는 칼빈이 크게 주저하지 않고 루터파 신앙을 담은 문서들에 서명한 이유를 이해할 수 있을 것이다. 그러나 이와 같이 루터의 생각에 동조하였다고 해서 칼빈이, 일부 역사가들의 말과 같이, 초창기에서부터 성찬에 관한 자신의 교리가 참으로 항상 루터파적인 것이었음을 의미하는 것은 결코 아니다. 심지어 칼빈은 그 교리도 제대로 인식하지 못한 채, 루터와 그 추종자들이 지닌 선입관과는 훨씬 거리가 먼 길에 마음을 두었는데, 한편으로는 반(反)츠빙글리파들이 그처럼 강력하게 옹호하였던 개념의 일부 특정한 측면들을 받아들이도록 마침내 허용한 것이었다.

세번째로, 성찬의 영적 실재에 관한 요점은 성찬의 효과에 관한 것이다; 즉, 그리스도의 혜택들, 또는 혹자가 말하는 바와 같이, 죽음과 부활을 통해서 그리스도가 우리에게 전하여 주는 것에 관한 내용이다. 성찬에 관한 이와 같은 구조는 우리로 하여금 칼빈이 우리의 영혼은 그리스도의 몸의 본체에 의하여 양육된다고 말하였을 때 그가 주장하고자 하였던 바를 입증할 수 있게 해준다. 칼빈은 '본체'(substance)라는 용어를 스콜라학파들이 가졌던 뜻으로 쓰지 않고 있는데, 그들은 어떤 사물의 본체를 그것의 형태에 반대했었다.[131]

칼빈이 의도하는 바는 성찬에서 우리는 일종의 불가시적인 물질적 실체를 받는다는 것이 분명한데, 혹은 어떤 이가 좋아하듯이, 물질적이든 천상적인 것이든 일종의 유체(a kind of fluid)와 같은 것으로 그리스도의 몸

130) *Opp.* 49, 487.
131) 참고, NIESEL, op. cIt., p. 50, n. 103; KOLFHAUS, *Christusgemeinschaft*, p. 117 f; H. GRASS, op. cit, p. 228 ff.

이 우리의 몸으로 들어와서 용해된다는 의미라고 이해한다.[132] 이것은 일찍이 칼빈이 1536년부터 강조해 온 것인 바, 「기독교 강요」 초판을 쓸 때부터였다: "교육의 목적상, 우리는 그리스도의 몸과 피가 우리에게 참으로 효과적으로 전하여지지만 그대로 본질적으로 전하여지는 것은 아니라고 이야기한다. 우리가 그 말에 의해서 의미하는 바는 이것은 몸의 본체가 아니며, 또한 우리에게 보내어 주신 그리스도의 진정한 몸 그대로도 아니며, 바로 그분의 몸을 통하여 우리에게 부여하시는 그리스도의 모든 은사들의 본체라는 것이다."[133] 골비처(H. Gollwitzer)는 본체에 관한 칼빈의 용어를 훌륭하게 세가지로 분석하였다.

1. 사물의 본체 혹은 본성은, 따라서 육체적인 본체요; 다시 말하면 '그리스도의 실제 그대로의 몸'이다; 1536년 이후 칼빈은 이러한 본체가 우리에게 주어진다는 점을 결코 부정하지 않았다; 이 본체의 역할은 우리를 위해서 정해진 생명이 흘러나오는 근원이 되는 것이다 … 2. 그리스도 자신이 '성례의 본체'로서 간주된다. 그리스도는 그와의 개인적인 연합 속에서, 믿음으로 받아들여진다. 3. 우리가 그리스도를 받아들일 때, 우리에게 주어지는 것의 본체를 받는다; 즉 생명, 혜택들, 그분의 몸에서 비롯되는 힘이다. 이것이 영적 본체다. 이것은 동시에 "우리의 영혼 안으로 흘러들어 오는 곳", "그리스도의 몸의 영적 본체이다."[134]

---

132) 칼빈의 사상을 오로지 그대로 재현한 테오도르 베자의 일부 선언에 근거하여 H. GOLLWITZER는 자신의 *Coena Domini*, p. 119에서 다음과 같이 올바르게 자신의 견해를 말하고 있다. "몸의 본체란 여기서는 육신의 핵심, 독특한 속성에 해당하는 것이며, 말하자면 육신의 주체와 같은 것으로서, 육신의 생각과는 일치하지 않으나, 그 생각을 초월하는 것이다 … 간단히 말해서, 베자는 단지 육신의 본체가 되시는 그리스도 자신만을 정확하게 육신에 있어서 본체라고 이야기한다. 그러나 루터의 입장에서 생각할 때는 우리는 육신의 본체 자체는 그 물질을 구성하고 있는 본질임을 상상하게 된다."

133) *Opp.* 1, 123; O, S, 1, 142 f.

134) GOLLWITZER, op. cit. p. 120 f. 본체에 관한 칼빈주의의 개념에 관해서는, 비록 동일한 것은 아니지만, G. P. HARTVELT, *Verum Corpus*, Delft,

그러나 '본체'라는 용어를 때로는 물질적인 의미로 사용하고, 때로는 스콜라적인 의미로, 때로는 근원이나, 혹은 영적 은사와 동일한 의미로서도 사용함으로써 칼빈 스스로가 자신의 교리에다 모호성을 부여하여 그의 반대자들이 이것을 즉시 이용하였다는 점을 받아들여야만 한다.[135] 용어상의 이러한 결함은 그로 하여금 루터파와 갈라지게 된 오해의 한 원인이 되었으며, 혹은 적어도 그가 부정직하다고 비난받게 될 직접적인 원인이 되었다고 말하여도 지나친 과장은 아닐 것이다. 예를 들면, 베스트팔은 자신의 반대자들이 '본체'라는 용어를 다른 의미로 사용하는 것을 분명히 보지 못하였으며, 또한 보고자 원하지도 않았다; 그리고 그는 칼빈의 자기 모순을 비난하였으며, 또한 칼빈이 성례에서 그리스도의 실제 임재(real presence of Christ)를 인정하지 않는다고 비난하였다.

사실, 비록 칼빈이 그리스도의 몸의 자연적 본체가 주입된다는 점을 항상 반박하기는 하였지만, 또 다른 한편으로 그는 성찬에 존재하는 그리스도의 몸의 영적인 본체(the spiritual substance of the body of Christ)로서 간주되는 그리스도와 그분의 혜택들이 믿음에 의하여 교통되어질 수 있다고 주장하였다. 그러므로 칼빈이 오시안더에 의해서 가르쳐진 우리와 그리스도의 본체적 연합은 될 수 없다고 강력한 비난을 할 때에 칼빈 자신에게 있어서는 논리적인 것이었다. 오시안더는 그리스도의 본체와 우리들의 본체가 혼합된다고 잘못 말한 사람이다. 그리고 또 다른 측면에서 칼빈 스스로도 그리스도의 본체와의 연합이 존재함을 주장하였는데, 그러나 그는 이 본체라는 용어의 의미를 그리스도 자신과 그분께서 우리를 위하여 받으신 은사들을 포함하는 영적인 본체(spiritual substance)의 의미를 부여하였다. 하지만 칼빈은 항상 이러한 용어가 결코 "사실과 진리를 상상이나 생각으로 대신하는 것"을 의미하지는 않는다고 주장하였다. 칼빈은

1960을 연구에 참고해야만 할 것이다.

135) 우리는 그리스도와의 연합이라는 주제를 다룸에 있어서 칼빈이 본체라는 용어를 다소 무분별하게 사용하였다는 점을 기억해둘 필요가 있다.

빵 속에 그리스도의 몸이 물질적으로 임재함(material presence)을 거부
하는 반면에, 그리스도의 전부가 ─ 그분의 인성과 신성 속에서 ─ 참으로
존재한다고 주장한다.

그럼에도 불구하고 루터파는 칼빈의 교리가 츠빙글리의 교리와 마찬가
지로 공허하고 무의미한 것이라고 비난하였다. 이러한 루터파의 주장을 입
증한 것은 매우 강력한 것이 틀림없었다: 즉, 1549년에 칼빈은 츠빙글리
의 계승자인 불링거와 성례에 관한 동의서에 서명하게 되었다. 그러나 성
찬 교리에 있어서, 공식적으로 합의된 형식화 문서를 칼빈이 최대로 인정
할 수 있었던 것이기는 하지만, 그의 교리를 올바르게 판단하는 근거가 된
다고 받아들일 수는 없다.[136] 이와 같은 공식문서들에 대해 베스트팔의 증
거없는 주장은, 주로 그 문서들이 저자들의 영성주의를 특징적으로 표현하
는 모호한 구절이라는 것이다. 특히, 이것은 나의 몸이라고 한 성례에 관한
말씀의 해석에 있어서 그러했다.

칼빈에 의하면 여기서 문제가 되는 것은 그것을 표현하는 특정한 방법
이었는데, 그는 성경 안에서 다른 예들을 찾을 수 있다고 생각하였다.[137]
성경 저자들이 신비에 관하여 설명하여야 할 때, 그들은 흔히 환유
(metonymy)를 사용하였는데, 즉 그들은 사물의 이름을 가지고 그것을 나
타내는데 도움이 되는 표징으로써 흔히 사용하였다. 그러나 우리가 본 바
와 같이, 하나님께서 제정하신 표징들은 문제가 되는 사물을 제시하는 것
에 지나지 않는 단순한 상징에 그치는 것만은 아니다. 그 표징들은 그것을
보여줄 뿐만 아니라 그것에 임재하는데, 그것은 그 사물 자체가 필연적으
로 수반하고 있는 표징을 함축한다. 이제, 베스트팔은 이것이 참으로 칼빈
이 가르친 것이라는 생각에 대하여 이의를 제기하였다.

반대로 칼빈은 루터파가 "이것은 나의 몸이다"라는 말에서 동사 '이다'

---

136) LANG, *Joh, Calvin*, p. 193 ; NIESEL, op. cit., p. 54, n. 1 ; 반대 견해로
서는 DANKBAAR, op. cit., p. 156 f. 를 참조하라.

137) NIESEL, op. cit., pp. 56 ff ; GOLLWITZER, op. cit., pp. 28-39.

(is)의 문자적 의미에 속한 문제에 있어서 근본적인 것을 보지 못하였다고 비난하였다. 이것이 그들로 하여금 "결합이나 장소적인 접촉 혹은 어떤 사실적으로 이해되는 동참에 의하지 않는 몸과 피에 있어서 다른 종류의 참여를 인식할 수 없었다"고 칼빈은 말하였고,[138] 또한 그는 1560년 불어판에서 다음과 같이 약간 달리 표현하였다. "그들이 많은 훌륭한 것을 주장하고 있음이 사실이지만, 모든 것이 언급되어졌을 때에, 그것들은 장소적인 임재로써 자신들을 기만하고 있는 것이 되고 만다. 그리고, 그들이 좋아하는 대로, 마치 예수 그리스도를 조종이라도 하듯이, 예수 그리스도의 몸에 참여하려면 땅에 계시게 하지 않을 수 없다고 생각하고 있는 것이라면, 어떻게 하겠는가?"[139]

그러나 베스트팔은 부처와 심지어 루터까지도 성찬 요소들이 빵 안에나 (impanation) 국지적인 장소에 포함됨(local inclusion)을 가르치지는 않았다고 당당히 반박할 수 있었다. 이 언급은 옳았다. 루터가 1528년 자신의 신앙고백에서 가르치고, 부처가 비텐베르크 협약 전부터 인정하였던 봉헌된 떡과 그리스도의 몸 사이의 성례적인 연합은 성찬물의 빵 안에나 국지적 포함에 비유될 수 없었다. 그리고 베스트팔은 그리스도의 몸과 피와 성찬물들 사이의 연합이 어째서 반드시 동일체거나 혹은 장소적 포함관계를 의미하지 않는지의 이유를 1558년의 「변증」(*Apology*)에서 영특하게 제시하였다: "그리스도의 몸이 떡 속에 있으며, 떡으로부터 주어지며, 떡과 함께 받게 된다고 이야기할 때, 이 말은 확실히 어떤 특정한 장소를 지칭하는 것처럼 들린다. 그러나, 그 다음은 무엇인가? 모세가 하나님께서 천사들에 둘러싸인 법궤 안에 임재하셨고, 천사들 사이에 머무시고, 실로에 거하신다고 말할 때, 역시 그것은 국지적으로 들린다: 우리는 모세가 하나님을 가두거나 성막 안에 붙들어 두었다고 이의를 제기하여야 하는가?"[140]

---

138) *Inst.* IV, 17, 16 (라틴어 판).
139) NIESEL, op. cit. p. 67, n. 41.
140) NIESEL, op. cit. p. 67, n. 41에 인용되어 있음.

이에 관한 모든 쟁점은 간단히 다음과 같이 요약할 수 있다: 루터파에 의하면 그리스도와 성찬물들의 연합은 몸과 떡 사이에, 그리고 피와 포도 주 사이에 실제적인 접촉(real contact)이 있음을 의미한다. 반대로 칼빈에 의하면, 신자가 그 떡을 다 먹었을 때 비로소 그리스도의 몸을 받는다는 것이었다. 그러므로 베스트팔과 루터파는 그리스도와 성찬물들 사이에 직접적인 접촉(direct contact)이 있음을 주장하였다. 이와는 반대로 칼빈은 그리스도와 성찬물들은 서로 개별적으로(separately) 신자와 직접적인 접촉을 갖게 된다고 생각하였다. 그렇다면 이러한 차이점은 결국 중세의 프란체스코 수도회와 둔스 스코투스가 토마스 아퀴나스를 주축으로 한 전통적 가르침에 반대하여 내세운 주장으로 귀결한다. 프란체스코회의 교리에 의하면, 칼빈의 주장과 마찬가지로, 성찬에서 물질적인 요소를 받는 것과 그리스도의 영의 활동 사이에는 병행관계가 있지만, 그 요소들과 영은 서로 구별돼 머물러 있다. 이와 반대되는 관념을 지닌 자들은, 루터 및 그의 제자들의 경우에서처럼, 성찬물들과 그리스도는 서로 결합(conjunction)이 있으며[141] 그리스도는 그러한 성찬물들에 의해서, 그리고 그것을 수단으로 하여 역사하신다고 가르쳤다.[142]

그러나 (성찬) 제도에 관한 말씀의 해석은 칼빈으로 하여금 루터파와 대립하게 하였던 여러 문제점들 중에서 단지 하나에 불과한 것이다. 이 쟁점은 그리스도의 몸이 본성적으로 성찬물들 속에 존재할 수 있는가 하는 문제와 동일한 것이다. 다시 말하면, 이 문제는 실제 임재의 상태와 그것의 궁극적 한계를 어떻게 정의할 것인가 하는 것이다. 루터는 그리스도의 영광된 몸의 편재론을 열렬히 주장하였다; 이것은 성찬식이 행하여지는 곳은 어디든지 동시에 이 몸의 임재를 설명할 수 있다는 그의 생각을 기본

---

141) 우리는 여기에서는 이 연합에 관하여 미리 속단하지 않도록 하기 위하여, 의도적으로 모호한 용어를 사용하고 있다.

142) 참고. R. SEEBERG. *Dogmengeschichte*, vol. IV, pp. 510 f.와 vol IV, 2, p. 605.

으로 한 것이다.[143]

본서의 목적은 그 교리의 모든 양상들을 고찰하려는 것이 아니다; 그러나 우리는 이러한 교리가 곧 정통 루터파의 두드러진 특징으로 서로서로 인정하게 되었다는 점을 주목하여야 한다. 베스트팔은 자연스럽게 이 교리로 돌아가는 것을 자신의 목표로 삼았으며, 1536년 이후 칼빈이 이에 대하여 반론을 편 이후에는 더욱더 이러한 생각을 따랐다. 그리스도의 몸은 영화의 사건에 의하여 어느 누구도 공유할 수 없는 특권(prerogative)과 영광(glory)을 받았으며, 그로 인해서 감사하게도 어디에나 동시에 임재할 수 있다고 베스트팔은 강력히 주장하였다. 하지만 그것은 우리가 이해할 수 없는 하나의 신비이다; 우리는 그 신비를 믿는 것으로 만족하여야만 한다.[144]

칼빈은, 자기 편에서, 유비적인 관점을 채택하였으나, 전혀 상반된 결론만을 이끌어내고 말았다. 베스트팔처럼, 칼빈은 실제 임재가 발생하는 상태를 정의하고자 노력하였다. 그러나 그의 관점에서 볼 때, 그리스도의 몸이 동시에 여러 장소에 편재한다는 것을 설명하기 위해서 하나님의 전능하심이라는 교리로 돌아가서 언급하는 것은 인정할 수 없었다. 또한 성찬에 의해서 효력이 나타나게 되어지는 그리스도와의 연합을 인간 이성으로 설명한다는 것도 불가능한 것이었다.

베스트팔의 불만 중의 하나는 바로 정확하게 이 요점에 대한 것이다; 이에 대하여 칼빈은 「강요」의 중요한 구절 속에서 자신을 변호하였다: "나는 이러한 신비를 인간 이성의 수용능력으로 축소시키거나, 자연의 법칙 속에 종속시키고자 하는 것이 아니다. 나는 당신에게 묻고 싶은데, 과연 우리의 몸이 빵과 포도주에 의하여 유지되어지는 것처럼 우리의 영혼도 예수 그리스도의 살과 피에 의하여 양육되어진다고 하는 사실을 우리가 자연주의 철학자들로부터 배웠던가? … 그리스도의 살이 우리 몸 안으로 들

---

143) H.GRASS, op. cit., pp. 60-1.
144) NIESEL, op. cit., 70.

어와서 영양을 주도록 봉사를 한다는 것은 더 이상 인간의 이해와는 일치하지 않는 사안이다 … 예수 그리스도는 자신의 영으로 하시는 것처럼 똑같이 외적인 표징에 의해서 우리에게 내려와서, 자신의 육신의 본체와 자신의 보혈로부터 우리의 영혼에게 생명을 주시고자 하시는 것이다. 그러한 것이 오직 수많은 기적(several miracles)에 의해서만 가능하다고 하는 사실을 이해하지 못하는 자들은 매우 어리석은 자들이다. 왜냐하면 영혼이 영적이고 하늘에 속한 생명을 육신으로부터 빌어온다는 것, 그것도 흙으로부터 원래 빚어져서 죽어야 할 운명에 있는 육신으로부터 빌어 온다는 것은 자연스러운 이성에 정면으로 위배하는 일이기 때문이다. 하늘과 땅만큼이나 서로 멀리 떨어져 있는 것들이 함께 결합되고 연합되어서 이로 인해서 우리의 영혼이 하늘을 떠나지 않은 그리스도의 육신으로부터 자양분을 공급받는다는 말은 정말 믿기 어려운 일이다."[145]

그리스도와의 연합이 지니는 비이성적이며 초자연적인 특성을 강조한 뒤에, 칼빈은 편재론을 자신에게 있어서 전체적으로 불필요한 가설(wholly unnecessary hypothesis)처럼 보여진다고 반박하는 일에 착수한다. 우리는 하나님의 전능하심이나 혹은 하나님에게는 불가능한 것이 없다는 사실을 언급할 필요가 없는 것이다; 그러나 하나님의 뜻이 무엇인지에 대해서는 말해야 한다. 계속해서 칼빈은 다음과 같이 이야기한다.

"그러나, 예수 그리스도가 죄를 제외하고서 모든 면에서 그의 형제들과 같이 되신 것이 하나님을 기쁘게 하였다. 우리의 몸이란 무엇인가? 그것은 그 자체의 특정한 크기가 있고, 일정한 위치가 있고, 만질 수 있고, 볼 수도 있는 그런 것이 아닌가? 그리고, 그들은 말하기를, 어째서 하나님에 대해서 하나뿐인 똑같은 몸으로서 여러 장소에 한꺼번에 점유할 수 있다고 보지않느냐? 어떤 특정한 장소에만 제한하는 것이 아니냐? 전혀 형체도 없고, 크기도 없는 것으로 보느냐?고 질문한다. 정말로 무감각한 사람들이여! 하나님의 능력에 관하여 그대들은 무엇을 말하고 있는가; 그것은 하나의

---

145) *Inst.* IV, 17, 24.

육신을 동시에 육신이며, 비육신으로 만들려는 것이 아닌가"[146]

칼빈의 눈에서 볼 때에는, 그것은 정체성의 원리에 대한 모욕인데, 단순히 논리상의 오류로서만 그치는 것이 아니었다: 그것은 "하나님의 지혜의 질서를 곡해하는 일"이다. 그리스도가 우리와 동일한 육신을 받은 이상 그 육신은 우리의 것과 동일한 속성(the same properties)을 지녀야만 하는 것이다. 그리스도의 몸의 영화(glorification)는 그 자신의 본성을 어떤 것도 변화시키지 않았으며, 모든 몸을 그대로 유지하고, 그것을 영의 속성으로 변형시키지 않으셨다. 이 점에 있어서 칼빈은 결국 일찍이 츠빙글리가 루터에 대하여 반박했던 것으로 자신의 반대자들을 비난하는 것이다; 즉 그것은 육신과 영혼 사이의 절대적인 구별을 무시하는 것이다.[147] 그들은 루터 교리의 근본적 특성 중의 하나를 정확하게 집어내고 있으니, 아주 효과적으로 어거스틴 이후로 서구 신학이 주장하였던 엄격한 이원론(the strict dualism)을 결코 용납하지 않았다.

칼빈에게 있어서는, 오직 하나님의 영(the divine Spirit)만이 편재를 부여받았다; 그러나 이 말이 의미하는 것은 하나님의 편재를 의미하는 것이 아니다; 여기에서 문제가 되는 것은 인간이자 하나님이신 그리스도의 임

---

146) Ibid.

147) ZWINGLI, *De vera et falsa religione* (*Corp. Reform.* Vol. XC. 787): "Sic enim diversa sunt corpus et spiritus. ut utrumcumque accipias, non possit alterum esse. Si spiritus est. quod in quaestionem venit, iam certa relatione contrariorum sequitur, corpus non esse; si corpus, iam certus est, qui audit, spiritum non esse. Vnde corpoream carnem spiritualiter edere nihil est aliud. quam quod corpus sit, spiritum esse adserere." 그리스도의 영화된 몸이 장소적으로 존재한다는 주장은 츠빙글리의 수많은 구절들 속에서 나타난다. 예를 들면 다음을 참고하라. *Amica exegesis* (*Corp. Reform.* vol. XCII, 654 ff., 676 ff.); *Brevis ac distincta expositio* fidei, edn. Schuler and Schulthess, vol. IV, 51 ff. 이러한 주장은 오이콜람파디우스에 의해서 최초로 1525년에 개진되어졌다. 참고, W. KOEHLER, *Zwingli und Luther*, vol. i, p. 119 f.

재인데, 그리스도의 몸은 그가 하늘에 계실 때조차도 인간의 몸이 지니는 모든 특성을 지니셨다. "그리스도의 몸이 죽은 자들 가운데서 부활한 존재가 된 이후로 자신의 형체를 유지하고, 마지막 날이 올 때까지 하늘에 계신다고 가르치시는 분은 아리스토텔레스가 아니라, 바로 성령이시다."[148] "내가 떠나가는 것이 너희에게 유익이라"(요 16:7)고 하신 그리스도의 말씀은 그분이 이 세상의 것들을 버렸다는 의미라고 베스트팔이 말하였다.[149]

이에 대해서 칼빈은 "떠나서 하늘에 오른다는 말은 떠나서 올라가는 것을 단순히 보여 주는 의미가 아니라, 그 말이 나타내는 바를 그대로 행한다는 뜻이다"라고 대답하였다. 한편 그리스도는 성령을 보내시리라고 약속하셨다; 그것은 또한 이 땅에서 어떠한 그리스도의 육체적 임재가 지속된다는 생각을 배제시키는 말이다. 실제로 성령은 "그분이 안 계시는 공백 상태를 채우기 위하여" 보냄을 받았다.

논쟁은 승천(Ascension)에 관해서 고찰해 볼 때도 마찬가지로 계속된다. 그의 루터파 반대자들이 이 말을 비유적으로 해석하여 그리스도가 이 땅 위에 있는 생명의 조건들에 더 이상 얽매이지 않고 눈에 보이지 않게 되었다고 이야기하는 반면에, 칼빈은 성경의 이야기를 문자 그대로 받아들였다. "그렇게 자주 반복되는 '승천'이라는 말은 예수 그리스도가 한 장소에서 다른 장소로 이동하였다는 의미가 아니라는 말인가? 그들은 이것을 부인한다. 왜냐하면 그들은 올라감이라는 말에 의해서 두드러진 것은 그분 왕국의 위엄뿐이라고 생각하기 때문이다. 그러나 나는 다시 한 번 묻는다: 그분께서 승천하신 방법이 무엇인가? 그들이 보는 앞에서 그분께서 높이 들리어지지 않았던가? 그분이 하늘에 받아들여지셨다고 복음서 저자들이 분명히 전하고 있지 않은가?"[150]

그러나, 비록 그리스도의 몸이 하늘에 계시고, 마지막 날까지는 이 땅에

---

148) *Inst.* IV, 17, 26.
149) NIESEL, op. cit., p. 74.
150) *Inst.* IV, 17, 27.

돌아오지 않는다고 할지라도, 그의 통치는 전 세계에 미치고 있다. 참으로 칼빈은 그리스도의 영화된 몸을 장소적으로(localize) 생각하였다. 그럼에도 불구하고, 그는 "하나님의 우편에 앉아 계심"이라는 말의 의미를 루터와 동일하게 다음과 같이 풀이하였다: "비록 그분의 몸이 우리를 떠나 하늘에 올라 가셨지만, 그분은 아버지의 우편에 앉아 계신다. 이 말은 아버지의 능력과 권세와 영광을 지니고 그분이 통치하신다는 말이다."[151]

칼빈은 그리스도의 몸이 하늘에 국한되어 있음(localization)을 강조하였기 때문에, 「베스트팔에 대한 두번째 변호」(*Second Defence against Westphal*)에서 성찬에서 그리스도의 몸이 물질적으로 임재하는 것에 반대하는 주장의 결정적 근거로 개진하였다. "그리스도는 말하자면 떡 속에 숨어 있을 수가 없다. 그 이유는 엄격히 말하자면 그분이 어느 한 장소에 가두어 질 수 없는 분이기 때문이 아니라 모든 요소들 위로 들리어져서 이 세상 밖에 머물고 계신 분이기 때문이다."[152]

부수적으로, 이것은 우리로 하여금 즉흥적인 의구심을 갖게하는 바, 칼빈이 영향을 입어온 자신의 우주 개념을 얼마나 벗어났는지, 특히 고대의 세계관에 묶여 있으면서 어느 정도까지 주어진 영역의 부분과 하늘의 가시적 공간을 떠나서 그리스도의 몸의 장소화를 강조할 수 있었는지는 의문이다.

그는 이 세상 안에서 그리스도의 불가시적 물질적 임재(invisible corporeal presence)에 관한 교리를 거부한다. 이 점에 관하여 칼빈은 그리스도의 두 본성 사이의 구별이 침해를 입은 것이라고 생각했고, 츠빙글리가 그것을 가르친 바와 같이, '양성의 교류'(communication of idioms)의 부적당한 확장으로 보았다. "만일 우리가 영화된 몸의 속성들을 생각할 때에, 그것은 무한하며, 모든 [공간]을 채우는 것이라고 생각한다면, 분명히 그것의 본체는 폐기시켜버리는 것이 될 것이며, 신성과 인성

---

151) *Inst.* IV, 17, 18. 참고, 루터. W. A, 23, 133.
152) *Opp.* 9, 79; *Opusc.* 1767.

사이에는 어떠한 차이점도 존재하지 않을 것이다. 더구나 만일 그리스도의 몸이 그처럼 가변적이고 다양하여 한 장소에서는 눈에 보이고, 또 다른 장소에서는 볼 수 없는 것이라면, 반드시 제한성을 지니고 있어야만 하는 물질적인 속성은 무엇인가? 그리고 또한 통일성은 무엇이 되는가"[153]

또한 칼빈은 이 점에서 몸의 부활에 관한 믿음이 위협받고 있다고 본다: "천국으로 들어가고자 하는 우리의 모든 소망은 이 점에 근거하는 것이니, 예수 그리스도가 그곳으로 승천하셨다는 믿음과, 터툴리안이 말한 것처럼, 우리 부활에 대한 보증금(payment)을 그리스도가 이미 지불하셨다는 믿음에 근거한다. 그러나, 나는 당신에게 묻노니, 만일 예수 그리스도가 우리로부터 취하신 동일한 육신이 천국에 들어가지 못하였다면 이러한 자신감은 얼마나 나약한 것이 되겠는가?" 참으로 사도행전에는 스데반과 사도 바울이 그리스도를 보았다고 말한다; 그러나 그리스도는 천국에서 나오지 않았다; 그는 "자신의 종에게 초자연적인 시야를 부여하심으로써 그로 인해서 천국을 볼 수 있게 하셨다."

여기에서 칼빈은 다소 모험적인 주석을 큰 주저 없이 덧붙이고 있다; 그리고 베스트팔이 전개한 두 가지 다른 성경적 주장을 논박하고자 시도하는 데서도 같은 방식을 말한다: 다락방에 예수께서 나타나신 사건과 엠마오에서 떡을 떼신 후에 갑자기 사라지신 사건에 관해서 말한다. 다음의 인용문을 통해서 이것은 판단을 받게 해야만 할 것이다: "문이 닫혀진 방에 들어가셨다는 의미는 그분께서 나무 벽을 뚫고 들어가셨다는 뜻이 아니라, 그분의 신적인 힘에 의하여 스스로 문을 여는 것과 같이 만드셔서 비록 문이 닫혀 있을지라도 기적적인 방식으로 제자들 가운데 계시게 되었다는 의미이다. 그리스도가 엠마오로 가는 제자들 눈 앞에서 갑자기 사라지셨다는 누가의 말로부터 그들이 주장하는 것은 그들에겐 아무런 유익이 없고 오히려 우리에게는 유리한 것이다. 왜냐하면 그리스도는 자신의 몸을 그들이 보지 못하게 하기 위하여, 스스로 자신의 몸을 안보이게 하신

---

153) *Inst.* IV, 17, 29.

것이 아니라 단지 사라졌을 뿐이다."[154]

편재론을 옹호하기 위하여, 루터파는 최종적으로 그들의 주장에 대한 증거로서 "이 세상 끝까지 내가 너희와 함께 하리라"는 말을 인용하였다. 그러나 칼빈은 당연히 이 말이 그리스도의 물질적 임재를 지칭할 수 있다는 가능성에 대하여 이의를 제기한다: "만일 그것이 정말로 그렇다면, 예수 그리스도는 성찬식의 의식을 떠나서, 적어도 거기서 선포된 것이 영원한 연합을 뜻하는 것이라면, 육체적으로 우리 안에 거하여야 할 것이다. 그리고 하여간 우리가 성찬이 없어도 그분을 잘 받아들일 수 있음을 그들이 시인하고 있는 한, 그들은 예수 그리스도를 빵 안에 집어넣기 위하여 그렇게 맹렬하게 싸울 이유가 없다. 더구나 본문이 나타내는 바는 예수 그리스도가 그분의 육신에 관하여 이야기하고 있는 것이 아니라 그분의 제자들에게 무한의 원조를 약속하심으로써 그분이 사탄과 이 세상의 모든 공격으로부터 제자들을 보호하고 지켜주신다는 의미이다."[155]

그리고 칼빈은 계속해서 그리스도의 양성간의 관계에 관하여 다시 한번 이야기하는데, 그 싸움의 밑바탕에는 기독론적 설명과 성찬의 주제에 대한 다양성이 있는 바, 그들이 양성의 문제에 관하여 취한 입장의 차이에서 비롯된 결과였다는 점이 분명히 드러난다.[156] 칼빈은 지적하기를, "어떤 사람들은 너무나 열중한 나머지 양성의 연합 때문에 예수 그리스도의 신성이 있는 곳에는 어디든지 이것과 불가분의 관계인 육신도 또한 항상 함께 있다고 부끄러움이 없이 이야기한다. 이러한 연합(union)이 마치 하나의 혼합(fusion)과 같은 것이라 하더라도, 하나님도 아니며 인간도 아닌 그 합금(alloy)이 과연 무엇인지 알 수가 없다."

---

154) Ibid. 이 마지막 구절에 대한 주석이 논쟁의 여지가 있지만, 그럼에도 불구하고 '불가시적'(invisible)이라는 의미와 '사라져 버린'(disappeared)이라는 의미의 실제적인 차이를 너무 성급하게 부정해서는 안 된다.

155) Inst. IV, 17, 30.

156) 똑같은 일이 루터와 츠빙글리 사이에 발생한 분쟁의 진실이기도 하다.

우리가 이제까지 보아 왔듯이 이러한 생각은 칼빈에게 있어서 두려운 것이다. 그의 견해에서 볼 때, 양성은 서로 분리될(separated) 수 없는 것이기는 하지만, 각각은 그것의 속성을 안전하게 보존할 수 있는 방식으로 서로 구분(distinguished)되어진다. 성찬에서, 예수 그리스도는 "특별한 방식으로 자신의 임재를 보여 주신다; 그럼에도 불구하고 이것은 성찬에 임재하시기 위함이지 자신이 지닌 모든 것을 성찬에 가져오기 위함이 아니다; 이러한 점을 고려하여 볼 때, 몸에 관한 한 그분이 심판석에 나타나실 때까지는 계속해서 하늘에 거할 것이 분명하다."

그리하여, 분명하게 칼빈은 서로 조화시키기가 어려운 것이요, 병행하는 두 개의 구별된 선언을 하였다: 한편으로는, 그는 그리스도의 몸이 성찬에 임재(present)함으로써 '죽으시고 부활하신 예수 그리스도'를 우리에게 전달하여(communicates) 준다고 주장한다. 다시 말하면, 그분의 공로(his merits)가 우리를 위하여 얻은 혜택들을 전하여 주신다는 것이다. 다른 한편으로, 칼빈은 그리스도의 몸이 성찬의 물질적인 요소들과는 아무런 장소적(local) 혹은 공간적인 관계(spatial relationship)도 갖고 있지 않다고 주장한다. 그리스도는 육체적으로 하늘에 계시며, 따라서 불가시적으로라도 성찬의 여러 장소에 동시에 임재하실 수 없다. 칼빈은 성령께서 우리와 예수 그리스도를 하나로 연합하는 띠라고 하는 생각을 발견하였던 곳은, 에라스무스가 크리소스톰의 설교라고 밝히면서 1530년 바젤에서 출간된 에라스무스의 저술 속에 삽입시킨 설교 안에서 였다.[157]

칼빈은 이러한 생각을 1539년판 「강요」 속의 한 구절에 처음으로 사용하였던 것으로 보이며,[158] 이 원문은 그 이후에도 끝까지 수정되지 않고,

---

157) 참고. NIESEL, op. cit., p. 92.

158) 그때까지는, 그는 끈으로서의 활동을, '그리스도의 영'에다가 그 역할을 부여하였으니, 이러한 사실이 1536년의 로잔의 협의회와 1537년의 「성찬에 대한 신앙고백」(*Confession upon the Eucharist, Opp.*, 9, 884, 및 711)에서 동시에 나타난다.

그대로 남아 있어서 1559년판 속에서도 그대로 읽을 수 있다:

> 우리가 [그리스도의 몸이] 인간의 몸의 속성이 요구하는 여러 한계성을 지닌다는 것을 의심하지 않는 한, 그리고 그 몸이 하늘에 계시다는 점은 의심할 여지가 없기 때문에 … 그리스도의 몸을 부패하기 쉬운 성찬물 가운데로 끌어내린다거나 혹은 그 몸이 모든 곳에 임재할 수 있다고 상상하는 것은 매우 불합리하다. 사실 주 예수께서 그분의 영에 의해서 우리에게 은사를 전하여 주심으로써 우리가 그분과, 그분의 몸과 영과 혼과, 하나가 된다는 점을 생각한다면 그 몸에 참여하는 것이 반드시 필요한 것은 아니다. 하지만 이러한 연합의 띠는 성령이시요, 그로 인해서 우리는 함께 묶여지게 되며, 성령은 그리스도의 모든 것 혹은 그리스도가 우리에게 가져다 준 모든 것들을 전하여 주는 수로나 도관과 같은 분이다.[159]

하늘에 계신 그리스도와 땅에 있는 우리들 사이에는 무한한 거리가 있다: 오직 하나님만이 성령의 역사하심을 통하여 이 거리를 극복하실 수 있다. 그리스도는 성찬식에 내려 오시고, 우리를 그분에게까지 들어올리시고, 그분의 몸과 영과 더불어 우리를 연합시키신다. 칼빈은 이 마지막 요점에 있어서는 매우 분명하다. 베스트팔은 칼빈이 성찬식에서의 그리스도와 신자들 간의 관계를 너무 지나치게 영적으로 해석하여 그리스도의 영과 신자들의 영혼을 넘어서는 아무것도 남겨두지 않는다고 비난하였다. 이에 대하여 칼빈은 「마지막 경고」(*Last Warning*)에서 다음과 같이 답변하였다. "나는 우리의 육신이 이러한 영적 음식 및 음료에 의하여 소생된다는 점을 논박하지 않겠다. 왜냐하면 우리는 복된 부활이라는 소망 가운데서 그리스도와 교제하고 있기 때문이다. 그리고 바로 이러한 이유 때문에 우리는 그분과 영적으로 뿐만 아니라 육적으로 연합하는 것이 필요한 것이다."

성찬물들 속에 그리스도가 장소적으로 임재함을 반박하면서, 칼빈은 그

---

159) *Inst.* IV, 17, 12.

리스도와 우리 사이에 오직 성찬을 통해서만 형성되는 특권적인 관계
(previleged relationship)가 있음을 받아들였다. 칼빈은 말년에 부처에게
다음과 같은 서신을 보냈다. "비록 그리스도의 몸이 하늘에 있다고 할지라
도, 우리는 땅에서 그분의 몸으로 채워진다. 왜냐하면 그리스도는 그의 영
의 불가해한 그리고 무소부재한 능력에 의하여 자신을 우리에게 주심으로
써 장소를 이동하지 않고서도 우리 안에 거하시기 때문이다 … 우리가 참
으로 그리고 실제적으로 그리스도의 살과 피를 받고 있다는 말은 전혀 모
순된 말이 아니다. 그러므로 그리스도가 외적인 상징들을 통하여 뿐만 아
니라 그의 영의 숨은 역사하심을 통하여 우리에게 내려오시기 때문에, 우
리는 믿음에 의하여 그분에게로 올라갈 수 있다는 점을 긍정하는 한, 그분
은 실질적으로 우리에게 양식이라고 하여도 틀린 말이 아니다."[160]

성령이 우리로 하여금 그분의 임재를 느끼게 하는 것과 동일한 방법으
로 그리스도께서 임재하신다. 그리스도는 우리를 자신에게로 이끌어 우리
로 하여금 그분 및 그분의 은사들과 교제케 하신다. 누가복음 1장 36-38
절에 관한 설교의 끝부분에서 칼빈은 이러한 논제를 한층 더 발전시킨다.
그리스도와 우리 사이에 형성된 관계의 본질은 신비스러운 영역에 속하여
우리의 이해를 초월한다고 주장한다: "우리 주님 예수 그리스도는, 하늘에
거하시면서, 끊임없이 우리를 생생하게 만드신다. 그리고 참으로 태양은
높은 곳에서 우리를 비춤으로써 우리에게 빛과 에너지를 제공한다. 그렇다
면 태양이 빛과 에너지를 제공하기 위하여 지상에까지 내려 올 필요가 있
겠는가? 하지만 그것은 감각이 없는 피조물이다. 그렇다면 하나님의 아들

---

160) 1562년 12월 27일자 편지, *Opp.* 19, 603. 여기에서 칼빈이 오이콜람파
디우스와 근접하는 견해를 보이고 있음은 매우 흥미로운 일이 아닐 수 없으니, 오
이콜람파디우스는 1521년 초에 성만찬이 진행되는 동안에 지켜야 할 행위에 관
하여 다음과 같이 기록하였다. "ut videatur non modo Christus e coelis ad nos
descendere, sed et nos vid eamur in coelos ad ipsum ascendere" (E.
STAEHELIN, *Das theologiche Lebenswerk* J. Oekolamads, p. 144에 인용되
어 있음).

은 어떻겠는가? 게다가 태양은 자신의 직책을 자연의 법칙을 따라서 수행한다; 그러나 예수 그리스도는, 내가 이미 말하였듯이, 기적을 행하신다."[161]

물론 성령의 중재하심을 통해 그리스도와 교제할 수 있는 사람은 오직 신자들뿐이다. 왜냐하면 불신자가 그리스도의 임재 속으로 들어가게 되려면 그분에게로 들리움을 받아야 한다; 그러나, 그것은 그 사람이 더 이상 불신자가 아니라는 의미이다. 우리를 그리스도와 교제할 수 있게 하기 위하여, 성령은 믿음 위에 세운다. 그리하여 성찬에서 그리스도와의 연합은 믿음의 효능으로 여겨야 한다. 올바르게 생각해보면, 그것은 믿음의 충만 혹은 완성이다. 그러나 그리스도와의 이러한 연합은, 우리가 이미 본 바와 같이, 우리가 믿음에 의하여 그리스도와 결합하는 바로 그 순간부터 우리에게 주어진다. 그러므로 그것은 성찬에서 발생하는 것이 아니다.[162]

한편으로, 그리스도와의 연합은 성찬식이 끝난다고 해서 그 관계도 끝나는 것이 아니다. 그 연합은 믿음 그 자체와 마찬가지로 영원한 것이다. "우리들이 성찬에 참여자가 되게 하는 교제는 영속적이다"라고 칼빈은 「마지막 경고」에서 말한다.[163]

그러므로 그리스도와의 연합은 성찬 이전에도 성찬 이후에도 존재하며, 성찬을 넘어서며, 언제나 독립된 것이다. 칼빈에 의하면, 우리는 설교라든가, 성경 읽기, 또는 기도 등과 같은 다른 수단을 통해서도 그리스도와의 연합에 도달할 수 있기 때문이다. 그러나 여기서 우리가 성찬을 통하지 않고서는 얻을 수 없는 것이 정확히 무엇인가 하는 점을 우리 스스로 반문해 보지 않을 수 없다. 이러한 상황하에서도 말씀의 전파와 나란히 성찬이 존재할 이유가 있는가? 이 문제는 종교개혁자들이 애써 이룩한 성찬 개념의 정곡을 찌른다. 이러한 문제점이 제시되어질 수 있다는 사실은 종교개혁자들이 성례를 유기적으로 그들의 신학체계 속에서 통합하지 못하였음

---

161) *Opp.*, 46. 98.
162) KOLFHAUS, *Christusgemeinschaft bei Calvin*, p. 117.
163) *Opp.*, 9, 232, 참고 NIESEL. op. cit. p. 95f.

을 보여 준다.

그런 문제는, 물론 칼빈의 주목을 피할 수 없었다. 칼빈은 성례의 기원과 필요성을 정당화시키고자 많은 노력을 기울였다. 그래서 그는 고린도 전서 11장 23-26절에 관한 설교 속에서 다음과 같이 말하였다. "성례는 우리의 믿음을 계속 자라나게 하며, 우리의 믿음을 강건하게 하여, 결국 예수 그리스도께서 임재하실 때, 그분의 죽음과 수난의 결실을 우리가 이해하고 느낄 수 있도록 하여 준다."[164]

이보다 앞서 동일한 설교 속에서 칼빈은 다음과 같은 주장을 하였다. "성령의 은밀하고 놀라운 능력에 의하여 예수 그리스도는 우리 안에 거하시며, 그분의 생명을 우리에게 전하여 주시고, 우리로 하여금 그분의 효능에 참여케 하신다. 이런 까닭에 성찬은 하나의 기념물로서의 역할을 하지만 우리가 눈으로 명상하는 그림과 같은 단순한 기념물은 아니다. 오히려 성찬은 예수 그리스도께서 우리에게 상징하신 바를 성취하고 계시는 것에 대한 참되고도 확실한 증거이다; 우리가 성찬에 헛된 것을 상상하면서 참여하는 것이 아니라 성찬에 약속된 바 모두를 참으로 받아들이는 것이다. 그런 동안에 우리는 결국 하늘로 향하게 된다. 우리가 기억해야 할 것은 … 성례가 우리를 여기 아래에다 억류하기 위하여 제정된 것이 아니라, 오히려 우리를 주 예수 그리스도에게로 가까이 가도록 하기 위한 것이라는 점이다."

이처럼 칼빈은 기회가 주어질 때마다 성례의 유용성에 관하여 강조를 하였다. 그러나 그가 자신의 생각을 가장 분명하게 표현한 부분은 디도서 1장 1-5절에 관한 설교의 종반부일 것이다: "성찬 역시, 우리가 하나님께로 향하고자 하는 여정의 중도에서 놓여 있을 때, 하나님의 도움을 받고 있는 존재임을 우리에게 알게 하는 특별한 확신이다. 또한 성찬은 여전히 부족한 것을 올바르게 하고 완성시키고자 의도된 것임을 주목하자. 왜냐하면 만일 하나님께서 계속해서 우리로 하여금 그분의 은혜를 느끼게 하고

---

164) *Opp.* 49, 802.

성찬에서 좋은 확신을 갖게 하지 않는다면 우리의 시작은 무의미하게 될 것이기 때문이다."[165]

그리하여 성찬은 이미 그리스도와 결합한 선택받은 자들의 성화를 위한 하나의 수단이다. 성령이 우리의 믿음을 견고케 하고 심화시키는 수단이요, 성령은 성찬을 사용하여 또한 우리에게 그리스도와의 연합에 관한 확신감을 끊임없이 새롭게 하여 주시며, 또한 "우리가 그리스도의 몸의 지체로서 하나님의 아들과 맺은 거룩한 연합을 강화시키며, 그분과 공통의 삶을 가지게 하시며, 비록 우리가 죽을 수밖에 없고 타락하기 쉬운 삶을 산다고 할지라도 소망을 통하여 이미 그분의 영광의 참여자로 삼으신다."[166] 성찬은 우리의 연약함에 합당한 물질적인 혹은 유형적인 수단을 도움으로써서 말씀의 활동을 완성하고 배가시키는 사역을 한다.

하지만, 칼빈이 성찬에 관한 자신의 특별한 해석을 정당화하기 위하여 인용한 주장들이 가치가 있든 없든 간에, 우리는 그의 교리가 많은 모호성을 지니고 있음을, 종종 특이한 주석을 함으로 또는 신비라는 말에 호소함으로써 불완전하게 감추고 있는 것일 뿐임을 인정해야 한다. 비록 그가 성령의 역할에 의하여 그리스도와 신자간의 만남이 이루어진다고 말하고 있지만 어떻게 신자가 '실제로'(really) 성만찬에서 그리스도의 살과 피를 받는다는 것인지 그의 주장을 이해하는 것은 쉽지가 않다. 아마도 결정적인 이유는 그의 교리적 전제 속에서 찾아져야 할 것이 아니라, 그의 경건에서 찾아야 할 것으로 보이는데, 이 경건이 성찬에서 그리스도의 임재에 관하여 매우 긍정적인 주장을 하게 요구했다고 볼 수 있을 것이다.

좀더 형식적인 관점에서 볼 때, 칼빈은 훨씬 성공적이었다. 신자와 그리스도 사이의 연합의 대행자로서의 성령의 중재는 사실상 세례의 교리와 성찬의 교리 사이의 대칭관계를 형성한다. 더구나 이러한 생각으로 칼빈은 두 성례를 말씀의 선포에 의존케 만들었다. "첫째, 자신의 말씀으로 우리

165) *Opp.* 54, 416.
166) Sermon on 1 Corinthians 11:23-5; *Opp.* 49, 778.

주님은 우리를 가르치시고 훈계하신다. 둘째, 성례로 그분은 우리를 강건
케 하신다. 셋째, 성령의 빛으로 그분은 우리의 이해를 밝게 하여 주시고,
우리의 마음에 말씀과 성례를 모두 받아들일 수 있게 하여 주신다."[167] 말
씀과 성례에 있어서 비슷한 역할이 성령에게 주어졌으니, 성령은 단지 중
개적인 역할을 하고, 더 나아가서 칼빈의 신학 전반에 걸쳐서 그리스도에
의해서 점유된 핵심적인 입지를 강조한다.

---

167) *Inst.* IV, 14, 8.

결 론

　칼빈이 「기독교 강요」의 집필에 착수할 때에, 그의 의도는 될 수 있는 한 완벽한 해설을 만들어서 성경 이해를 위한 입문서가 되게 하려는 것이었다. 그의 주석들과 보다 대중적이고 실질적으로 평이한 그의 설교들은 결국 이러한 의도 이외에는 어떠한 다른 목적도 없었다. 이 점에 있어서 칼빈은 루터 이상이요, 그리고 멜란히톤이나 츠빙글리와는 거의 대등한 열의를 갖고 성경적 자료들을 전체적으로 체계화시키고자 진력하였다. 오를레앙이나 부르제의 법학자들뿐만 아니라, 몬테귀에서 변증가들에게서도 배웠음을 기억할 때에, 그는 종교적 명상이나 인생의 경험이 약화시킬 수 없는 논리적 취향을 간직하였다.

　하지만 그의 저술들은 논리학자의 저작물이 아니며, 철학자의 것도 아니다. 그의 교리적 체계는 엄격한 논리로 인하여 스피노자의 저술과는 비교될 수 없으며, 심지어는 아리스토텔레스나 토마스 아퀴나스와도 비교될 수 없다. 이것은 더욱이 성경에 우선적으로 근거하여 작품을 쓰고자 결심한 순간부터 그러했으니, 그렇지 않았으면 할 수 없었던 것이다. 이 성경적 기초에 충실히 머물고자 하는 한, 칼빈의 신학은 저자가 마음대로 선택한 선험적 원칙들에 근거하여 형성된 철학적 구조물의 엄격한 틀 속에 갇혀 있을 수 없었다. 만일 우리가 칼빈의 '체계'에 관하여 논하고자 한다면, 우리는 저자의 사고에 동시에 나타나는 주제의 복수성(plurality) 때문에 상당한 조심성을 가지고 해야만 한다.

　바로 이 점을 인식하는데 실패하였기 때문에, 대다수의 역사가들은 전체적으로 지배하는 것으로 추정할 수 있는 하나의 중심 사상이라는 관점에서 칼빈 교리를 재구성하고자 노력하였으나 실패하고 말았다. 우리가 아는 바와 같이, 예정론은 오랫동안 그러한 중심 사상이라고 생각되어졌다. 어떤 이는 하나님의 영광이 그의 중심 사상이라고 주장하면서 이것을 버리자고 제안하였다; 또 다른 이들은 하나님의 주권을, 또는 심지어 종말론을 그것과 바꾸어 버렸다. 더욱이 최근에는 예수 그리스도의 신성이 칼빈주의의 중심적 주제라고 제시되었으며, 아마 어떤 독자들은 우리가 본서에서 이 의견에 대해 상당히 많은 분량을 할애하였다고 생각할 것이다. 칼빈을 지배하고 있던 주된 생각이, 아마도 가장 지배적인 것은, 예수 그리스도의 신성을 강하게 부각시키고 그 신성이 조금이라도 격하되지 않도록 보호하는 것이었음은 사실이다. 그러나 예수 그리스도의 신성은 그 외의 모든 것을 추론해 낼 수 있는 칼빈의 중심사상이 아니다.

만일 어떻게 해서든지 그런 중심 사상을 발견하고자 한다면 루터가 어느 날 쓴 다음의 문장 속에서 그러한 것을 찾는 편이 나을 것이다. "우리가 가진 모든 것은 하나님으로부터 온 것이다. 그러나 오직 그리스도를 통해서만!"(Omnia quidem habemus a Deo, sed nonnisi per Christum). 그러나 이러한 생각은 모든 참된 기독교 신학이 주장할 수 있다. 그러므로 칼빈신학은 하나의 중심 사상을 바탕으로 세워진 폐쇄적 체계가 아니라 일련의 성경적 사고들을 하나하나 혹은 함께 모은 것이라고, 그래서 어떤 생각들은 논리적으로 조화시키기에는 어려움이 있을 수도 있다고 고백하는 편이 더 나을 것이다.

그가 그런 것들을 차례로 전개시킬 때에, 「기독교 강요」의 저자가 그것들을 학교에서 배운 형식적 방법의 적용에 의해서 조화시키고자 노력하였음은 의심할 여지가 없다. 즉, 두 개의 상반된 개념을 차례로 설명하고, 그 개념들이 보다 높은 원리에서 서로 연결되어 있음을 밝혔다. 평소에는 논리의 파괴가, 그가 '마치 … 처럼'이라는 말로 조심스럽게 주의를 환기시킨 것인데, 인간과 하나님의 관점의 대조를 효과적으로 하게 됨으로, 단지 외형상으로도 점차 사라져 갔다. 오직 일단의 변증가들만이 조화를 위한 이러한 시도들이 때때로 피상적이거나 부자연스러운 것이라는 사실을 부정하게 될 것이다. 하지만, 종종 그것들은 기발한 것들이며, 아니, 심지어 용납할 수 있는 것들이기도 하다. 그러나 그것들은 변증법적 대립들을 스스로 없앨 수는 없었다.

칼빈의 '역설들'(paradoxes)이라고 불리어지는 것이 엄존한다. 이 역설들은 여전히 그리스도의 양성의 통일성과 차이점 속에서 들어있고, 혹은 피조물에 대한 하나님의 영속적인 사랑과 타락한 인간에 대한 그분의 진노하심 속에, 인간을 여전히 죄인 상태로 남겨두는 칭의 속에, 중생이 느리고 항상 불안전함에 비해서 완전하고 직접적으로 전가되는 그리스도의 의 속에서, 인간의 위대함과 비참함 속에, 폐기되었지만 여전히 주장되는 율법 속에, 세상의 물건들에 부여된 가치와 그것들에 대한 경멸 속에, 동시에 가시적이며 불완전한 교회와 불가시적이며 완전한 교회에, 성례에서 그리스도의 임재와 하나님의 우편에 앉아 계심에 들어있다.

더 많은 항목들을 열거하기란 쉬운 일일 것이다. 이러한 대립되는 모든 것들은 전부 칼빈에 의해서 성경에 대한 완벽한 신뢰심으로 철저히 분석되어졌다. 혹자는 심지어 그런 그의 충실성은 그런 대립되는 것들이 남아있도록 허용하였다는 사실에 의하여 입증되어진다라고도 말할 수 있을 것이다.

그러나, 때때로 칼빈은 논리적 일관성을 유지하기 위해서, 혹은 이전에 세워진 교리적 입장에 묶여있던 것으로부터 벗어나기 위하여, 성경 본문에 대해 변칙적으로(violence) 대하기도 하였다. 성경의 권위에 대한 칼빈의 철칙이 그로 하여금 순수하게 자의적인 해석에 의해서 사람을 매혹하는 지지를 위해서 성경 본문을 연구하도록 유도하였다. 법에 대한 그의 학습의 기억들이 이 점에 있어서 상당한 역할을 담당한 것으로 보인다. 법학자들은 유스티니아누스 법전을 해석함에 있어서 이와 동일한 과정을 채택하였다. 이런 방식에 의해서 그들은 매우 교묘하게 그들의 권위로 자신들이 원하였던 바를 거의 그대로 판례케 하였으며, 때로는 그들이 권위의 생각으로 인용한 것들은 거의 아무런 관련이 없는 것도 있었다.

비록 칼빈이 인문주의자들의 방법론에 의해서 유익을 얻었음을 보여주었고, 많은 경우에 있어서 그 시대에는 보기드문 역사의 감각을 증명하여 주었지만, 그는 역시 자신의 교리의 필요에 따라서 본문을 어떻게 적용시켜야 하는가 하는 방법도 알았다.

우리는 이러한 예를 몇가지 사례들을 지적하였으며, 특별히 세례에 관해서는 더욱 두드러졌다. 그런 점에 대해서 진력하는 것은 우리에게 있어서 은혜스럽지 못한 일이 될 것이다. 그러나 진리가 우리로 하여금 솔직히 인정하라고 강요하고 있는 바는, 성경에 대한 그의 모든 충실성에도 불구하고 그가 성경으로부터 교리를 이끌어내기보다는 이미 받아들여진 교리를 지지하고자 본문에 대한 연구를 했었다는 인상을 주고 있다는 점이다.

그러나, 이 부분에 있어서 그는 전통의 입장에 머물러 있었으니, 왜냐하면 그의 선배들의 경우에도, 심지어 종교개혁 이후에까지도, 쉽게 지적할 수 있는 몇 가지 점들을 제외하고는 아무것도 바꾸지 않았다. 더욱이, 우리가 증거로서 첨가한 인용문들은 그가 얼마나 많이 교리적 전통을 근본적인 것들까지도 많이 활용하였는가를 입증해준다. 아마도 어거스틴, 멜란히톤, 부처로부터 인용한 이런 많은 것들로 인하여 칼빈에게 있어서 독창성이 상당히 결여되어 있다고 생각할 수 있을 것이다.

그러나, 사실 칼빈 자신의 가르침 중에서 확실히 특별한 몇 가지 점들, 예를 들면 성령과 그의 사역에 관한 교리를 발전시킨 것이라든가, 또는 율법의 기능에 관하여 그가 취한 개인적 태도와 같은 점을 제쳐두고, 그의 교리적 선언들의 상세한 부분들 속에서 독창성을 찾으려 하는 것은 공정치 못한 일일 것이다.

초대 교회의 전통과 자신의 통일성을 주장하려는 그의 바람이 어떤 경우에든지 그로 하여금 경솔하게 미개척 분야에 대한 모험을 금하도록 만들었을 것이다. 그의 개성적인 자취는 그가 이런 교리 혹은 저런 교리를 강조된 부분 속에서, 그리고 그리스도와의 연합이라는 자신의 개념으로부터 이끌어내려고 생각했던 실제적인 결론들 속에서 가장 잘 보여지고 있다.

칼빈이 자신의 시대에 그러한 흔적을 남길 수 있었고, 또한 그때를 넘어서서까지도 좀처럼 약화되는 것처럼 보이지 않는 영향력을 미치고 있는 까닭은 그가 강력하게 조직된 교회의 창설자였었고, 동시에 하나의 체계화 된 교리의 저자였기 때문에 지적인 엘리트와 많은 신자들까지도 그것의 주변에 집중시킬 수 있었기 때문이다. 말의 배타적 의미에서 볼 때, 칼빈은 한 사람의 사상가를 훨씬 뛰어넘는, 인류의 지도자(a leader of men)였다.

참고문헌

ADAM, J., *Evangelische Kirchengeschichte der Stadt Strassburg*, Strasbourg, 1922.
AINSLIE, JAMES L., *The doctrines of Ministerial Order in the Reformed Churches of the 16th and 17th Centuries*, Edinburgh, 1940.
ANRICH, GUSTAV, *Martin Bucer*, Strasbourg, 1914.
Strassburg und die calvinische Kirchenverfassung, Tubingen, 1928.
AUGUSTINE, ST, *Opera omnia* (MIGNE, *Patrologia latina*, vols. XXXII-XLVI.
AUTIN, ALBERT, *L'Echec de la Réforme en France*, Paris, 1918.
L'Institution chrétienne de Calvin, Paris, 1929.
BAEHLER, E., 'Petrus Caroli und Johann Calvin' (*Jahrbuch für Schweizerische Geschichte*, vol. 29, 1904).
BAINTON, ROLAND H., 'Servet et les Libertins de Genève' (*Bull. de la Soc. de l'Hist. du Protest. franç.*, vol. LXXXVII, Paris, 1938.
Hunted Heretic; the Life and Death of Servetus, Boston, 1953.
BARNAUD, J., *Pierre Viret*, Saint-Amans, 1911.
'Jacques Lefèvre d'Etaples' (*Etudes théologiques et religieuses*, Montpellier, 1936).
BARNIKOL, HERMANN, *Die Lehre Calvins vom unfreien Willen und ihr Verhältnis zur Lehre der übrigen Reformatoren und Augustins*, Neuwied, 1927.
BARON, HANS., *Calvins Staatsanschauung und das konfessionelle Zeitalter*, Munich, 1924.
BARTH, PETER, 'Die fünf Einleitungskapitel von Calvins Institutio' (*Kirchenblatt für die reformierte Schweiz*, 1925).
'Calvins Verständnis der Kirche' (*Zwischen den Zeiten*, 1930).
'Calvins Lehre vom Staat als providentieller Lebens ordnung' (*Festschrift für P. Wernle*, Basle, 1932).
'Fünfundzwanzig Jahre Calvinforschung 1909-1934' (*Theologische Rundschau*, Tubingen, 1934).
'Das Problem der natürlichen Theologie bei Calvin' (*Theologische Existenz heute*, fasc. 18, Munich, 1935).
BAUKE, HERMANN, *Die Probleme der Theologie Calvins*, Leipzig, 1922.
BAUM, J. W., *Capito und Butzer*, Elberfeld, 1860.
BAUMGARTNER, A., *Calvin hébraïsant et interprète de l'Ancien Testament*, Paris, 1889.
BAUR, FERD. CHRISTIAN, *Lehrbuch der christlichen Dogmengeschichte*, 3rd edn, Stuttgart, 1867.
BECKMANN, JOACHIM, *Vom Sakrament bei Calvin*, Tubingen, 1926.
BENOIT, JEAN-DANIEL, *Calvin à Strasbourg* (*Calvin* 1538-1938).
'Calvin et le baptême des enfants' (*Revue d'Histoire et de Philosophie religieuses*, Strasbourg, 1937).

BENOIT, JEAN-DANIEL, (*cont'd.*)
  Calvin directeur d'âmes, Strasbourg, 1947.
  Jean Calvin, la vie, l'homme, la pensée, 2nd edn, s. 1., 1948.
BETH, K., 'Calvin als reformatorischer Systematiker' (*Zeitschrift für Theologie und Kirche*, Tubingen, 1909).
BEYERHAUS, GISBERT, *Studien zur Staatsanschauung Calvins*, Berlin, 1910.
BIZER, ERNST, *Studien zur Geschichte des Abendmahlsstreits im 16. Jahrhundert*, Gütersloh, 1940.
BLANKE, FRITZ, *Aus der Welt der Reformation*, Zurich-Stuttgart, 1960.
BOHATEC, J., 'Calvins Vorsehungslehre' (*Calvinstudien*, Leipzig, 1909).
  'Die Souveränität Gottes und der Staat nach der auffassung Calvins' (*International Congres van Gereformeerden*, 1934).
  Calvin und das Recht, Feudingen, 1934.
  Die Entbundenheit des Herrschers vom Gesetz in der Staatslehre Calvins (*Zwingliana*, vol. VII, Zurich, 1935).
  'Calvins Lehre von Staat und Kirche' (*Untersuchungen zur deutschen Rechtsgeschichte*, fasc. 147, Breslau, 1937
  'Calvin et l'humanisme' (*Revue Historique*, Paris, 1938-9).
  Budé und Calvin. Studien zur Gedankenwelt des französichen Frühhumanismus, Graz, 1950.
BOIS, HENRI, *La Philosophie de Calvin*, Paris, 1919.
BOISSET, JEAN, *Sagesse et sainteté dans la pensée de Jean Calvin*, Paris, 1959.
BORGEAUD, CH., *L'Académie de Calvin*, Geneva, 1900.
  L'Adoption de la Réforme par le peuple de Genève, Geneva, 1923.
  'La Conquête religieuse de Genève' (published in the collection: *Guillaume Farel*, Neutchâtel, 1930).
VAN DEN BOSCH, W., *De outwikkeling van Bucers praedestinatiegedachten voor het optreden van Calvijn*, Amsterdam, 1922.
BOSSERT, A., *Calvin*, Paris, 1906.
BOURRILLY, V. L. and WEISS, N., 'Jean du Bellay, les protestants et la Sorbonne' (*Bull. de la Soc. de l'Hist. du Protest. franç.*, vol. LIII, Paris, 1904).
BOUSSARD, JACQUES, 'L'Université d'Orléans et l'humanisme au début du XVIe siècle' (*Humanisme et Renaissance*, Paris, 1938).
BOUVIER, ANDRÉ, *Henri Bullinger*, Neuchâtel, 1940.
BREEN, QUIRINUS, *John Calvin: a Study in French Humanism*, Grand Rapids Mich., 1931.
BRUNNER, PETER, *Vom Glauben bei Calvin*, Tubingen, 1925.
BUCER, MARTIN, *Enarrationes perpetuae in sacra quatuor Evangelia*, 2nd edn, Marburg, 1530; 3rd edn, Basle, 1536.
  Bekandnusz der vier Frey und Reichstätt . . . Schriftliche Beschirmung und verthedigung der selbigen Bekantnusz, Strasbourg, 1531.
  Quid de baptismate infantium iuxta scripturas Dei sentiendum, Strasbourg, 1533.
  Metaphrases et enarrationes perpetuae epistolarum D. Pauli Apostoli, Strasbourg, 1536.
  Scripta Anglicana, Basle, 1577.

BUCHSENSCHUTZ, L., *Histoire des liturgies en langue allemande dans l'Eglise de Strasbourg au XVIème siècle*, Cahors, 1900.

BUISSON, FERDINAND, *Sébastien Castellion*, 2 vols., Paris, 1892.

BUNGENER, FÉLIX, *Calvin, sa vie, son œuvre et ses écrits*, Paris, 1862.

BUSSER, F., *Calvins Urteile über sich selbst*, Zurich, 1950.

CADIER, JEAN, *Calvin*, Geneva, 1958.

CALVIN, JEAN, *Opera omnia quae supersunt (Corpus Reformatoren)*, Brunswick, 1863-1900; here referred to as *Opp*.

Opera Selecta (edition P. BARTH and W. NIESEL), Munich, 1926-36; referred to under *O.S.*

Institution de la religion chretienne, Paris, 1859.

Recueil des Opuscules, c'est à dire Petits Traictés de M. Iean Calvin, 2nd edn, Geneva, 1611; referred to as *Opusc.*

Commentaires sur le Nouveau Testament, Paris, 1854-5.

Institution de la Religion chréstienne, edit. *critique*, with notes and variants by J.-D. BENOIT, Paris, 1957 . . .

Supplementa Calviniana, I, *Sermones de altero libro Regum habiti . . . ed.* HANNS RUCKERT, Neukirchen, 1936-61.

Calvin, 1538-1938, Strasbourg, 1938.

Calvinstudien, Festschrift zum 400. Geburtstage Johann Calvins unter Redaktion von Lic. Dr. Bohatec herausgegeben von der Reformierten Gemeinde Elberfeld, Leipzig, 1909.

Calvin-Studien, 1959, *herausgegeben von J. Moltmann*, Neukirchen, 1960.

CANTIMORI, DELIO, *Eretici italiani del Cinquecento*, Florence, 1939 (German translation by W. KAEGI entitled *Italienische Haeretiker der Spätrenaissance*, Basle, 1949).

CAVARD, PIERRE, *Le Procès de Michel Servet à Vienne*, Vienne, 1953.

CHENEVIÈRE, MARC-EDOUARD, *La Pensée politique de Calvin*, Geneva, 1938.

CHOISY, E., 'Farel à Genève avec Calvin' (published in the symposium *Guillaume Farel*, Neuchâtel, 1930).

La Théocratie à Genève au temps de Calvin, Geneva, 1897.

Calvin, éducateur des consciences, Neuilly, 1926.

'Calvin et la science' (*Recueil de la Faculté de Théologie Protestante*, University of Geneva, 1931).

'Calvin et l'union des Eglises' (*Bull. de la Soc. de l'Hist. du Protest. franç.*, vol. LXXXIV, Paris, 1935).

CLAVIER, HENRI, *Etudes sur le calvinisme*, Paris, 1936.

CLOUZOT, H., 'Les amitiés de Rabelais en Orléans' (*Revue des Etudes Rabelaisiennes*, vol. III, Paris, 1905).

CORNELIUS, C. A., *Die Verbannung Calvins aus Genf im Jahr 1538*, Munich, 1886.

Historische Arbeiten, vornehmlich zur Reformationszeit, Leipzig, 1889.

COURVOISIER, JACQUES, 'Bucer et l'œuvre de Calvin' (*Revue de Théologie et de Philosophie*, Lausanne, 1933).

La Notion d'Eglise chez Bucer, Paris, 1933.

COURVOISIER, JACQUES, (*cont'd*.)

'Les Catéchismes de Genève et de Strasbourg' (*Bull. de la Soc. de l'Hist. du Prot. franç.*, vol. LXXXIV, Paris, 1935).

'Le Sens de la discipline ecclésiastique dans la Genève de Calvin' in the Symposium *Hommage et reconnaissance à Karl Barth*, Neuchâtel, 1946.

CRAMER, J. A., *Calvijn en de Heilige Schrift*, Wageningen, 1932.

DANKBAAR, W. F., *Calvijn, zijn weg en werk*, Nijkerk (undated).

De sacramentsleer van Calvijn, Amsterdam, 1941.

DELARUELLE, L., *Guillaume Budé, la vie, les idées maitresses*, Paris, 1907.

'De l'Election Eternelle de Dieu' (*Actes du Congrès international de Théologie Calviniste*, Geneva, 1936).

DELUZ, G., *Prédestination et liberté*, Neuchâtel, 1942.

DEMEURE, J., '*L'Institution chrétienne* de Calvin: examen de l'authenticité de la traduction française' (*Revue d'Histoire littéraire de la France*, vol. 22, Paris, 1915).

DIEHL, WILHELM, 'Calvins Auslegung des Dekalogs in der ersten Ausgabe seiner *Institutio* und Luthers Katechismen' (*Theologische Studien und Kritiken*, Gotha, 1898).

DOERRIES, H., 'Calvin und Lefèvre' (*Zeitschrift für Kirchengeschichte*, vol. XLIV, Gotha, 1925).

DOINEL, J., 'Jean Calvin à Orleans' (*Bull. de la Soc. de l'Hist. du Protest. franç.*, vol. XXVI, Paris, 1877).

DOMINICE, MAX, *L'Humanité de Jésus d'après Calvin*, Paris, 1933.

DOUMERGUE, EMILE, *Jean Calvin, les hommes et les choses de son temps*, 7 vols., Lausanne, 1899-1917; Neuilly, 1926-7.

Le Caractère de Calvin, 2nd edn, Neuilly, 1931.

DOWEY, EDWARD A., *The Knowledge of God in Calvin's Theology*, New York, 1952.

EBRARD, J. H. A., *Das Dogma vom Abendmahl und seine Geschichte*, vol. II, Frankfort, 1846.

EELLS, HASTINGS, *Martin Bucer*, New Haven, 1931.

ELSTER, L., 'Calvin als Staatsmann, Gesetzgeber und Nationalökonom' (*Jahrbücher für Nationalökonomie und Statitsik*, 1878).

EMMEN, EGBERT, *De christologie van Calvijn*, Amsterdam, 1935.

ENGELLAND, H., *Gott und Mensch bei Calvin*, Munich, 1934.

ERASME, D., *Opera omnia emendatiora et auctiora*, Leyden, 1703-6.

ERICHSON, A., *Die calvinische und die altstrassburgische Gottesdienstordnung*, Strasbourg, 1894.

L'Origine de la confession des péchés dite de Calvin, Dôle, 1896.

FAZY, H., 'Procès de Jérôme Bolsec' (*Mémoires de l'Institut national genevois*, Geneva, 1866).

'Procès de Gruet' (*Mémoires de l'Institut national genevois*, Geneva, 1886).

FEBVRE, LUCIEN, 'Le Problème de l'incroyance au XVIème siècle. La Religion de Rabelais' (*L'Evolution de l'Humanité*, vol. 53, Paris, 1942).

FEBVRE, LUCIEN, (*cont'd.*)
'L'Origine des Placards de 1534' (*Bibliothèque d'Humanisme et Renaissance*, vol. VII, Paris, 1945).

FENN, W., 'The Marrow of Calvinism' (*Harvard Theological Review*, 1909).

FICKER, JOHANNES, *Die Anfänge der akademischen Studien in Strassburg*, Strasbourg, 1912.

FRŒLICH, KARLFRIED, *Die Reichgottesidee Calvins*, Munich, 1922.

Gottesreich, Welt und Kirche bei Calvin, Munich, 1930.

GERBERT, CAMIL, *Geschichte der Strassburger Sectenbewegung*, Strasbourg, 1889.

GEROLD, THÉODORE, *Les plus anciennes mélodies de l'Eglise protestante de Strasbourg et leurs auteurs*, Paris, 1928.

GLOEDE, GÜNTER, 'Theologia naturalis bei Calvin' (*Tübinger Studien zur systematischen Theologie*, vol. 5, Stuttgart, 1935).

GODET, MARCEL, 'Le Collège de Montaigu' (*Revue des Etudes Rabelaisiennes*, vol. VII, Paris, 1909).

'La Congrégation de Montaigu' (*Bibliothèque de l'Ecole des Hautes Etudes: Sciences historiques et philologiques*, fasc. 198, Paris, 1912).

GOEHLER, A., *Calvins Lehre von der Heiligung*, Munich, 1934.

GOLLWITZER, HELMUT, *Coena Domini*, Munich, 1937.

GOUMAZ, LOUIS, *La Doctrine du salut d'après les commentaires de Jean Calvin sur le Nouveau Testament*, Nyon, 1917.

GRAF, C. H., 'Faber Stapulensis' (*Zeitschrift für historische Theologie*, 1852).

GRASS, HANS, *Die Abendmahlslehre bei Luther und Calvin*, Gütersloh, 1940.

GROBMANN, ALFRED, *Das Naturrecht bei Luther und Calvin*, Hamburg, 1935.

DE GROOT, D. J., *Calvijns opvatting over de inspiratie der Heilige Schrift*, Zutphen, 1931.

'Melchior Wolmar' (*Bullet. de la Soc. de l'Hist. du Protest. franç.*, vol. LXXXIII, Paris, 1934).

HARNACK, THEODOSIUS, *Luthers Theologie*, 2nd edn, 2 vols., Munich, 1927.

HARTVELT, G. P., *Verum Corpus: Een studie over een centraalhofdstuk uit de avond maalsleer van Calvijn*, Delft, 1960.

HAUCK, WILHELM ALBERT, *Calvin und die Rechtfertigung*, Gütersloh, 1938.

Sünde und Erbsünde nach Calvin, Heidelberg, 1939.

HAUSER, HENRI, 'A propos des idées, écononomiques de Calvin' (*Melanges d'Histoire offerts à Henri Pirenne*, vol. I, 1926).

'L'Economie Calvinienne' (*Bullet. de la Soc. de l'Hist. du Protest. franç.*, vol LXXXIV, Paris, 1935.

HAUSHERR, HANS, *Der Staat in Calvins Gedankenwelt*, Leipzig, 1923.

HEPPE, HEINRICH, *Die Dogmatik der evangelisch-reformierten Kirche* (re-edited by E. Bizer, Neukirchen, 1935).

HERMINJARD, A. L., *Correspondance des Réformateurs dans les pays de langue française*, Geneva and Paris, 1866.

HERRLINGER, *Die Theologie Melanchthons*, Gotha, 1879.

HEYER, H., *L'Eglise de Genève*, Geneva, 1909.

HIRSCH, EMMANUEL, *Die Theologie des Andreas Osiander*, Göttingen, 1919.

HOLL, KARL, *Johannes Calvin*, Tubingen, 1909.

Gesammelte Aufsätze zur Kirchengeschichte, vol. I, *Luther*, 6th edn, Tubingen, 1932; vol. III, *Der Westen*, Tubingen, 1928.

HOLLARD, A., 'Michel Servet et Jean Calvin' (*Bibliothèque d'Humanisme et Renaissance*, vol. VI, Paris, 1945).

HOLSTEN, WALTER, 'Christentum und nichtchristliche Religion nach der Auffassung Bucers' (*Theol. Studien und Kritiken*, Gotha, 1936).

HUGO, A. M., *Calvijn en Seneca*, Groningen, 1957.

HUNT, R. N. CAREW, *Calvin*, London, 1933.

HUNTER, A. MITCHELL, *The Teaching of Calvin*, Glasgow, 1920.

'The Education of Calvin' (*The Evangelical Quarterly*, London, 1937).

IMBART DE LA TOUR, P., *Les Origines de la Réforme*, vol. III; *L'Evangélisme*, Paris, 1914; *Calvin et l'Institution chrétienne*, Paris, 1935.

Internationaal Congres van Gereformeerden, La Haye, 1935.

JACOBS, PAUL, *Prädestination und Verantwortlichkeit bei Calvin*, Neukirchen, 1927.

JANSEN, JOHN FREDERICK, *Calvin's Doctrine of the Work of Christ*, London, 1956.

JOHNSON, TH. C., 'J. Calvin and the Bible' (*The Evangelical Quarterly*, London, 1932).

KAMPSCHULTE, F. W., *Johann Calvin, seine Kirche und sein Staat in Genf*, 2 vols., Leipzig, 1869-99.

KATTENBUSCH, FERDINAND, 'Arbitrium und voluntas dasselbe?' (*Theologische Studien und Kritiken*, Gotha, 1931).

KAWERAU, G., art. 'Westphal' in the *Realencyclopädie für protestantische Theologie und Kirche*, 3rd edn, vol. XXI, Leipzig, 1908.

KLINGENBURG, G., *Das Verhältnis Calvins zu Butzer untersucht auf Grund der wirtschafts-ethischen Bedeutung beider Reformatoren*, Bonn, 1912.

KOEBERLE, A., *Rechtfertigung und Heiligung*, 2nd edn, Leipzig, 1929.

KOEHLER, WALTHER, *Zwingli und Luther*, vol. I, Leipzig, 1924.

Zürcher Ehegericht und Genfer Konsistorium, vol. II, Leipzig, 1942.

KOESTLIN, JULIUS, 'Calvins *Institutio* nach Form und Inhalt in ihrer geschichtlichen Entwicklung' (*Theologische Studien und Kritiken*, Gotha, 1868).

Luthers Theologie in ihrer geschichtlichen Entwicklung, und ihrem inneren zusammenhang, 2nd edn, 2 vols., Stuttgart, 1901.

KOLFHAUS, WILHELM, 'Der Verkehr Calvins mit Bullinger' (*Calvinstudien*, Leipzig, 1909).

Christusgemeinschaft bei Johannes Calvin, Neukirchen, 1939.

Die Seelsorge Johannes Calvins, Neukirchen, 1941.

KOOPMANS, JAN, *Het oudkerkelijk dogma in de Reformatie, bepaaldelijk bij Calvijn*, Wageningen, 1938.

KRUSCHE, WERNER, *Das Wirken des Heiligen Geistes nach Calvin*, Göttingen, 1957.

KUYPER, A., 'Calvin and Confessional Revision' (*Presbyterian and Reformed Review*, 1891).

LANG, AUGUST, 'Die ältesten theologischen Arbeiten Calvins' (*Neue Jahrbücher für deutsche Theologie*, Bonn, 1893).

LANG, AUGUST, (*cont'd.*)

Das häusliche Leben J. Calvins, Munich, 1893.

Die Bekehrung Calvins, Leipzig, 1897.

'Melanchthon und Calvin' (*Reformierte Kirchenzeitung*, Elberfeld, 1897).

Der Evangelienkommentar Martin Butzers und die Grundzüge seiner Theologie, Leipzig, 1900.

Der Heidelberger Katechismus, Leipzig, 1907.

Johannes Calvin, Leipzig, 1909.

Zwei Calvinvorträge, Gütersloh, 1911.

'Zwingli und Calvin' (*Monographien zur Weltgeschichte*, fasc. 31, Bielefeld and Leipzig, 1913).

'The Sources of Calvin's *Institutes*' (*Evangelical Quarterly*, London, 1936).

LENSON, GUSTAVE, '*L'Institution chrétienne* de Calvin' (*Revue historique*, Paris, 1894).

LECERF, A., *Le Déterminisme et la responsabilité dans le système de Calvin*, Paris, 1895.

'La Doctrine de l'Eglise dans Calvin' (*Revue de Théologie et de Philosophie*, Lausanne, 1929).

'Le Souveraineté de Dieu d'après le Calvinisme' (*Internationaal Congres van Gereformeerden*, La Haye, 1935).

'L'Election et le sacrement' (*De l'élection éternelle de Dieu*, Geneva, 1936).

Introduction à la Dogmatique réformée, Section 2: *Du fondement et de la spécification de la connaissance religieuse*, Paris, 1938.

LE COQ, JOHN P., 'Was Calvin a Philosopher?' (*The Personalist*, vol. XXIX, Los Angeles, 1948).

LECOULTRE, H., 'La Conversion de Calvin' (*Revue de Théol. et de Philos.*, Lausanne, 1890).

'Calvin d'après son commentaire sur le De Clementia de Sénèque' (*Revue de Théolog. et de Philos.*, Lausanne, 1891).

Mélanges, Lausanne, undated.

LEFRANC, ABEL, *La Jeunesse de Calvin*, Paris, 1888.

Histoire du Collège de France, Paris, 1893.

Introduction to: *Jean Calvin, l'Institution chrétienne*, original text of, 1541, Paris, 1911.

Grands écrivains français de la Renaissance, Paris, 1914.

LOBSTEIN, PAUL, *Die Ethik Calvins in ihren Grundzügen entworfen*, Strasbourg, 1877.

La Connaissance religieuse d'après Calvin, Paris, 1909.

Etudes sur la pensée et l'œuvre de Calvin, Neuilly, 1927.

LOOFS, FRIEDRICH, *Leitfaden zum Studium der Dogmengeschichte*, 4th edn, Halle, 1906.

LUETGERT, W., 'Calvins Lehre vom Schöpfer' (*Zeitschr. für system. Theologie*, Gütersloh, 1932).

LUTHER, MARTIN, *Werke, Kritische Gesammtausgabe*, Weimar, 1883 . . .

Oeuvres, vol. II: *Les Livres symboliques*, transl. A. Jundt, Paris, 1947.

LÜTTGE, W., *Die Rechtfertigungslehre Calvins und ihre Bedentung für seine Frömmigkeit*, Berlin, 1909.

MANN, MARGARET, *Erasme et les débuts de la Réforme français*, Paris, 1934.

MARMELSTEIN, JOH. WILHWELM, *Etude comparatives des textes latins et français de l'Institution de la religion chrétienne*, Groningen, 1923.

MAURY, PIERRE, 'La Théologie naturelle d'après Calvin', (*Bull. de la Soc. de l'Hist. du Protest. franç.*, vol. LXXXIV, Paris, 1935).

MAXWELL, WILLIAM D., *John Knox's Genevan Service Book*, 1556, Edinburgh and London, 1931.

MAYER, C. A., 'Le Départ de Marot de Ferrare' (*Bibliothèque d'Humanisme et Renaissance*, vol. XVIII, Geneva, 1956).

MELANCHTHON, PHIL., *Opera quae supersunt omnia* (*Corpus Reformatorum*), Brunswick, 1834-60.

Die Loci Communes Philipp Melanchthons in ihrer Urgestalt, edited by G. L. Plitt and Th. Kolde, 4th edn, Leipzig, 1925.

MESNARD, PIERRE, *L'Essor de la philosophie politique au XVIème siècle*, Paris, 1936.

MEYLAN, HENRI, and DELUZ, RENÉ, *La Dispute de Lausanne*, Lausanne, 1936.

MINGES, P., 'Der Gottesbegriff des Duns Scotus auf seinen angeblichen Indeterminismus geprüft' (*Theologische Studien der Leogesellschaft*, vol. 26, Vienne, 1906).

Joannis Duns Scoti doctrina philosophica et theologica, 2 vols., Quaracchi, 1908.

MOORE, W. G., *La Réforme allemande et la littérature française*, Strasbourg, 1930.

MUELHAUPT, ERWIN, *Die Predigt Calvins*, Berlin, 1931.

MULLER, KARL, 'Calvins Bekehrung' (*Nachrichten der Gesellsch. der Wissensch. zu Göttingen*, Göttingen, 1905).

'Calvin und die Libertiner' (*Zeitschrift für Kirchengeschichte*, vol. XL, Gotha, 1922).

MULLER, P. J., *De Godsleer van Calvijn*, Groningen, 1881.

VON MURALT, L., 'Uber den Ursprung der Reformation in Frankreich', *Festschrift Hans Nabholz*, Zurich, 1934).

NAEF, HENRI, *Les Origines de la Réforme à Genéve*, Geneva, 1936.

NEUENHAUS, JOHANNES, 'Calvin als Humanist' (*Calvinstudien*, Leipzig, 1909).

NIESEL, WILHELM, 'Calvin wider Osianders Rechtfertigungslehre' (*Zeitschrift für Kirchengeschichte*, vol. XLVI, Gotha, 1928).

'Calvin und die Libertiner' (*Zeitschrift für Kirchengeschichte*, vol. XLVIII, Gotha, 1929).

'Zum Genfer Prozess gegen Valentin Gentilis' (*Archiv für Reformationsgeschichte*, vol. XXVI, Leipzig, 1929).

Calvins Lehre vom Abendmahl, 2nd edn, Munich, 1930.

'Verstand Calvin Deutsch?' (*Zeitschr. für Kirchengeschichte*, vol. XLIX, Gotha, 1930).

'Wesen und Gestalt der Kirche nach Calvin' (*Evangelische Theologie*, Munich, 1936).

Die Theologie Calvins, Munich, 1938; 2nd edn, Munich, 1957.

NIESEL, WILHELM, and BARTH, PETER, 'Eine französische Ausgabe der ersten *Institutio* Calvins' (*Theologische Blätter*, Leipzig, 1928).

NOESGEN, K. F., 'Die bei der Entstehung der Theologie Calvins mitwirkenden Momente' (*Neue kirkliche Zeitschrift*, vol. XXII, Erlangen, 1911).

'Calvins Lehre von Gott und ihr Verhältnis zur Gotteslehrer andere Reformatoren' (*Neue kirkliche Zeitschrift*, vol. XXIII, Erlangen, 1912).

NUERNBERGER, RICHARD, *Die Politisierung des französischen Protestantismus*, Tubingen, 1948.

OBENDIEK, HARMANNUS, 'Die *Institutio* Calvins als "Confessio" und "Apologie" ' (*Theologische Aufsätze Karl Barth zum 50 Geburtstag*, Munich, 1936).

OTTEN, HEINZ, *Calvins theologische Anschauung von der Prädestination*, Munich, 1938.

PACHE, EDOUARD, 'La Sainte Cène selon Calvin' (*Revue de Théologie et de Philosophie*, Lausanne, 1936).

PANNIER, JACQUES, *Recherches sur l'évolution religieuse de Calvin jusqu' à sa conversion*, Strasbourg, 1924.

Calvin à Strasbourg, Strasbourg, 1925.

Jean Calvin: Epître au Roi, Paris, 1927.

'Une Première *Institution* française dès 1537' (*Revue d'Hist. et de Philos. religieuses*, Strasbourg, 1928).

'Renée de France' (*Etudes Théologiques et Religieuses*, Montpellier, 1929).

Calvin écrivain, Paris, 1930.

Recherches sur la formation intellectuelle de Calvin, Paris, 1931.

'Notes historiques et critiques sur un chapitre de *l'Institution* écrit à Strasbourg (1539): De la vie chrétienne' (*Revue de l'Hist. et de Philos. relig.*, Strasbourg, 1934).

'Une Année de la vie de Calvin' (*Bull. de la Société Calviniste de France*, No. 45, p. 2).

PAUCK, WILHELM, 'Calvin and Butzer' (*Journal of Religion*, Chicago, 1929).

PETREMAND, J., 'Les Débuts du ministère (de Farel) à Neuchâtel' (in the symposium: *Guillaume Farel*, Neuchâtel, 1930).

DE PEYER, E., 'Calvin's Doctrine of Divine Providence' (*The Evangelical Quarterly*, London, 1938).

PFISTER, OSKAR, *Calvins Eingreifen in die Hexer- und Hexenprozesse von Peney 1545 nach seiner Bedeutung für Geschichte und Gegenwart*, Zurich, 1947.

PFISTERER, ERNST, *Calvins Wirken in Genf*, Essen, 1940; 2nd edn, Neukirchen, 1957.

POLMAN, A. D. R., *De Praedestinatieleer van Augustinus, Thomas van Aquino en Calvijn*, Franeker, 1936.

POLMAN, PONTIEN, *L'Elément historique dans la controverse religieuse du XVIème siècle*, Gembloux, 1932.

POTGIETER, FREDERICK J. M., *De verhouding tussen die teologie en die filosofie by Calvijn*, Amsterdam, 1939.

PRANTL, CARL, *Geschichte der Logik im Abendland*, vol. IV, Leipzig, 1870.

DE QUERVAIN, ALFRED, *Calvin, sein Lehren und Kämpfen*, Berlin, 1926.

QUISTORP, H., *Die letzten Dinge im Zeugnis Calvins*, Gütersloh, 1941.

DE RAEMOND, FLORIMOND, *L'Histoire de la naissance, progrès et décadence de l'hérésie de ce siècle*, Rouen, 1623.

RENAUDET, A., *Préréforme et humanisme à Paris pendant les premières guerres d'Italie*, Paris, 1916.

Etudes Erasmiennes (1521-1529), Paris, 1939.

RICHEL, PIETER J., *Het Kerkbegrip van Calvijn*, Utrecht, 1942.

RICHTER, AEMILIUS LUDWIG, *Die evangelischen Kirchenordnungen*, 2 vols., Weimar, 1846.

RILLIET, A., *Notice sur le premier séjour de Calvin à Genève*, Geneva, 1878.

RITSCHL, ALBRECHT, 'Geschichtliche Studien zur christlichen Lehre von Gott' (*Jahrbücher für deutsche Theologie*, vol. 13, Gotha, 1868).

Die christliche Lehre von der Rechtfertigung und Versöhnung, 4th edn, 3 vols., Bonn, 1895-1902.

RITSCHL, OTTO, *Dogmengeschichte des Protestantismus*, vol. III: *Die reformierte Theologie des 16. und 17. Jahrhunderts in ihrer Entstehung und Entwicklung*. Göttingen, 1926.

RODOCANACHI, *Renée de France, Duchesse de Ferrara*, Paris, 1895.

La Réforme en Italie, 2 vols., Paris, 1920-1).

SABATIER, D., 'La conversion de Calvin' (*Annales de Philosophie chrétienne*, vol, XXI, Paris, 1911).

DE SAUSSURE, J., 'La notion réformé des sacrements' (*Bull. de la Soc. de l'Hist. du Protest. franç.*, vol. LXXXIV, Paris, 1935).

SCHEIBE, M., *Calvins Prädestinationslehre*, Halle, 1897.

SCHERDING, PIERRE, 'Calvin, der Mann, der Kirche und die Bedeutung seines Strassburger Aufenthalts' (published in the collection *Calvin, 1538-1938*), Strasbourg, 1938.

SCHMIDT, ALBERT-MARIE, *Jean Calvin et la tradition calvinienne*, Paris.

VON SCHUBERT, HANS, *Johannes Calvin*, Tubingen, 1909.

Grosse christliche Persönlichkeiten, 3rd edn, Leipzig, 1933.

VON SCHULTHESS-RECHBERG, *Luther, Zwingli und Calvin in ihren Ansichten über die Verhältnis von Staat und Kirche*, Zurich, 1909.

SCHULZE, MARTIN, *Meditatio futurae vitae*, Leipzig, 1901.

Calvins Jenseitschristentum in seinem Verhältnis zu den religiösen Schriften des Erasmus, Görlitz, 1902.

SCHWEIZER, ALEXANDER, *Die Glaubenslehre der evangelisch-reformierten Kirche*, 2 vols., Zurich, 1844-5.

Die protestantische Centraldogmen, vol. I, Zurich, 1854.

SEEBERG, REINHOLD, *Die Theologie des Johannes Duns Scotus*, Leipzig, 1900.

Lehrbuch der Dogmengeschichte, vol. II, 3rd edn, 1923; vol. III, 4th edn, 1930; vol IV, 2, 2nd and 3rd edn, 1920, Tubingen.

SMITS, LUCHESIUS, *Saint Augustin dans l'œuvre de Calvin*, Assen, 1957.

VON SOOS, BÈLA, 'Zwingli und Calvin' (*Zwingliana*, vol. VI, Zurich, 1844-5).

SPRENGER, PAUL, *Das Rätsel um die Bekehrung Calvins*, Neukirchen, 1960.

STAEHELIN, ERNST, *Das Buch der Basler Reformation*, Basle, 1929.

Das theologische Lebenswerk Johannes Oekolampads, Leipzig, 1939.

STAEHELIN, R., art. 'Calvin, Johannes' (*Realencyclopädie für protestantische Theologie und Kirche*, vol. III, 3rd edn, Leipzig, 1897).

STRATHMANN, H., 'Die Entstehung der Lehre Calvins von der Busse' (*Calvinstudien*, Leipzig, 1909).

'Calvins Lehre von der Busse in ihrer späteren Gestalt' (*Theologische Studien und Kritiken*, Gotha, 1909).

STRICKER, EDUARD, *Johann Calvin als erste Pfarrer der reformierten Gemeinde zu Strassburg*, Strasbourg, 1890.

STROHL, HENRI, *l'Epanouissement de la pensée religieuse de Luther*, Strasbourg, 1924.

'La Théorie et la pratique des quatres ministères à Strasbourg avant l'arrivée de Calvin' (*Bull. de la Soc. de l'Hist. du Protest. franç.*, vol. LXXXIV, Paris, 1935).

'La notion d'Eglise chez les réformateurs' (*Revue d'Hist. et de Philos. religieuses*, Strasbourg, 1936).

'Bucer et Calvin' (*Bull. de la Soc. de l'Hist. du Protest. franç.*, vol. LXXXVII, Paris, 1938).

Bucer, humaniste chrétien, Paris, 1939.

'La Pensée de Calvin sur la Providence divine au temps où il était réfugié à Strasbourg' (*Revue d'Hist. et de Philos. religieuses*, Clermont Ferrand, 1942).

STUCKELBERGER, H. M., 'Calvin und Servet' (*Zwingliana*, vol. VI, Zurich, 1934).

'Calvin und Castellio' (*Zwingliana*, vol. VII, Zurich, 1939).

STUERMANN, WALTER E., *A critical Study of Calvin's Concept of Faith*, Tulsa, 1952.

STUPPERICH, ROBERT, *Der Humanismus und die Wiedervereinigung der Konfessionen*, Leipzig, 1936.

'M. Bucers Anschauungen von der Kirche' (*Zeitschrift für systematische Theologie*, Berlin, 1940).

TORRANCE, T. F., *Calvin's Doctrine of Man*, London, 1949.

Kingdom and Church, Edinburgh, 1956.

TROELTSCH, ERNST, *Die Soziallehren der christilchen Kirchen und Gruppen*, Tubingen, 1912.

TSCHACKERT, PAUL, *Die Entstehung der lutherischen und reformierten Kirchenlehre*, Göttingen, 1910.

UEBERWEG, F., *Grundriss der Geschichte der Philosophie*, vol. III, 12th edn, by M. Frischeisen-Koehler and W. Woog, Berlin, 1924.

USTERI, J. M., 'Die Stellung der Strassburger Reformatoren Bucer und Capito zur Tauffrage' (*Theologische Studien und Kritiken*, Gotha, 1884).

'Calvins Sakraments- und Tauflehre' (*Theologische Studien und Kritiken*, Gotha, 1884).

VAN DER LINDE, S., *De Leer van de Heiligen Geest bij Calvijn*, Wageningen, 1944.

VAN TIEGHEM, P., 'La Littérature latine de la Renaissance' (*Bibliothèque d'Humanisme et Renaissance*, vol. IV, Paris, 1944.

VIENOT, JOHN, *Histoire de la Réforme française*, vol. I, Paris, 1926.

VUILLEUMIER, HENRI, *Histoire de l'Eglise réformée du pays de Vaud*, vol. I, Lausanne, 1927.

WACKERNAGEL, RUDOLF, *Humanismus und Reformation in Basel*, Basle, 1924.

WALKER, WILLISTON. *John Calvin, the Organizer of Reformed Protestantism*, London, 1906.

WALLACE, RONALD S., *Calvin's Doctrine of the Word and Sacrament*, Edinburgh, 1953.

Calvin's Doctrine of the Christian Life, Edinburgh, 1959.

VON WALTER, JOHANNES, *Die Theologie Luthers*, Gütersloh, 1940.

WARFIELD, B. B., 'Calvin's Doctrine of God' (*Princeton Theological Review*, Princeton, 1909).

WEBER, HANS EMIL, *Reformation, Orthodoxie und Rationalismus*, 2 vols., Gütersloh, 1937-40.

WEBER, HERMANN, *Die Theologie Calvins*, Berlin, 1930.

WEISS, N., 'Arrêt inédit du Parlement de Paris contre *l'Institution chrétienne*' (*Bulln. de la Soc. de l'Hist du Protest. franç.*, vol. XXXIII, Paris, 1884).

'Calvin, Servet, G. de Trie et le tribunal de Vienne' (*Bulln de la Soc. de l'Hist. du Protest. franç.*, vol. LVII, Paris, 1908).

'Une Portrait de la femme de Calvin' (*Bull. de la Societé de l'Hist. du Prot. français*, 1907, vol. LVI pp. 222 ff).

WENDEL, F., *L'Eglise de Strasbourg, sa constitution et son organisation*, 1532-1535, Paris, 1942.

WERDERMANN, TH., 'Calvins Lehre von der Kirche in ihrer geschichtlichen Entwicklung' (*Calvinstudien*, Leipzig, 1909).

WERNLE, PAUL, *Calvin und Basel bis zum Tode des Myconius*, Tubingen, 1909.

'Zur Bekehrung Calvins' (*Zeitschr für Kirchengeschichte*, vol. XXXI, Gotha, 1910).

Der evangelische Glaube nach den Hauptschriften der Reformatoren, vol. III: Johann Calvin, Tubingen, 1919.

WILL, ROBERT, *Calvins Bedeutung für unsere Zeit*, Strasbourg, 1909.

'La première liturgie de Calvin' (*Revue d'Hist. et de Philos. religieuses*, Strasbourg, 1938).

ZANTA, LÉONTINE, *La Renaissance du stoïcisme au XVIème siècle*, Paris, 1914.

ZIMMERLI, WALTER, *J. Calvin: Psychopannychia*, Leipzig, 1932.

ZWINGLI, HULDREICH, *Opera*, edn of M. Schuler and J. Schulthess, Zurich, 1828-42.

Sämtliche Werke, ed. by E. Egli, G. Finsler, W. Köhler, O. Farner, F. Blanke, L. v. Muralt, Leipzig, 1905 . . .

● **독자 여러분들께 알립니다!**
'CH북스'는 기존 '크리스천다이제스트'의 영문명 앞 2글자와
도서를 의미하는 '북스'를 결합한 출판사의 새로운 이름입니다.

칼빈 그의 신학사상의 근원과 발전

1판 1쇄 발행 1999년 12월 25일
1판 중쇄 발행 2025년 8월 28일

지은이 프랑수아 방델
옮긴이 김재성
발행인 박명곤   **CEO** 박지성   **CFO** 김영은
기획편집1팀 채대광, 백환희, 이상지, 김진호
기획편집2팀 박일귀, 이은빈, 강민형, 박고은
기획편집3팀 이승미, 김윤아, 이지은
디자인팀 구경표, 유채민, 윤신혜, 권지혜
마케팅팀 임우열, 김은지, 전상미, 이호, 최고은

펴낸곳 CH북스
출판등록 제406-1999-000038호
전화 070-4917-2074 **팩스** 0303-3444-2136
주소 서울시 강서구 마곡중앙6로 40, 장흥빌딩 10층
홈페이지 www.hdjisung.com **이메일** support@hdjisung.com
제작처 영신사